Manual da Audiência na Justiça do Trabalho

1ª edição — 2011
2ª edição — 2017

MANOEL ANTONIO TEIXEIRA FILHO

Advogado. Juiz aposentado do TRT da 9.ª Região. Fundador e Membro da Escola da Associação dos Magistrados do Trabalho do Paraná. Membro do Instituto Latino-Americano de Derecho del Trabajo y de la Seguridad Social; da Société Internationale de Droit du Travail et de la Sécurité Sociale; do Instituto dos Advogados do Paraná; da Academia Nacional de Direito do Trabalho; da Academia Paranaense de Letras Jurídicas; do Instituto dos Advogados de São Paulo.

Manual da Audiência na Justiça do Trabalho

2.ª Edição

LTr®

EDITORA LTDA.

Rua Jaguaribe, 571
CEP 01224-003
São Paulo, SP — Brasil
Fone: (11) 2167-1101
www.ltr.com.br
Abril, 2017

Versão impressa: LTr 5742.1 — ISBN 978-85-361-9200-0
Versão digital: LTr 9126.3 — ISBN 978-85-361-9186-7

Dados Internacionais de Catalogação na Publicação (CIP)
(Câmara Brasileira do Livro, SP, Brasil)

Teixeira Filho, Manoel Antonio
Manual da audiência na justiça do trabalho / Manoel Antonio Teixeira Filho. — 2. ed. — São Paulo : LTr, 2017.

Bibliografia.

1. Dissertação ou Tese 2. Audiências — Brasil 3. Direito processual do trabalho 4. Justiça do trabalho — Brasil I. Título.

17-02638 CDU-347.9:331(81)

Índice para catálogo sistemático:

1. Brasil : Audiência trabalhista : Direito do trabalho 347.9:331(81)

À eterna memória de meus pais,
Manuel Antonio e Isalina Maria

Índice Sistemático da Matéria

Segunda Parte — Dinâmica da Audiência

Preâmbulo à 2.ª Edição

Esta 2.ª edição foi completamente atualizada, de acordo com o novo Código de Processo Civil (Lei n. 13.105, de 16-3-2015, alterada pela Lei n. 13.256, de 4-2-2016).

Procuramos examinar, com profundidade, e sob a perspectiva do processo do trabalho, as principais alterações trazidas pelo CPC, em relação ao binômio: prova/audiência, como, por exemplo, a possibilidade de os advogados formularem perguntas diretamente às testemunhas, sem a intermediação do magistrado. Nunca deixamos de expender a nossa opinião a respeito dessas inovações.

Além disso, entendemos conveniente introduzir um item específico sobre a infrações penais que soem ser cometidas durante a realização das audiências trabalhistas, pois, ao longo dos anos, notamos uma certa dificuldade, por parte de juízes e advogados, em saber como proceder diante dessas infrações.

Curitiba, verão de 2017.

O Autor

Preâmbulo

1. A audiência traduz uma fase processual de extraordinária importância — designadamente, no campo da prova —, pois será neste momento em que o juiz tomará o depoimento das partes, inquirirá as testemunhas e o perito, a fim de formar o seu convencimento jurídico acerca dos fatos relevantes da causa. Por outro lado, os litigantes, pela primeira vez, estarão frente a frente, um em relação a outro, podendo efetuar, por intermédio do magistrado, perguntas recíprocas; ou às próprias testemunhas e às do adversário, levando em conta o *onus probandi* (CLT, art. 818) que a eles incumbe. Também na audiência as partes poderão formular requerimentos e protestos; aduzir razões finais; estabelecer conciliação, etc.

2. Para além disso, é na audiência que determinados princípios processuais afloram com maior nitidez, como os da oralidade e da imediatidade. *Oralidade*, porque, de modo geral, todas as manifestações das partes, das testemunhas e de terceiros, que estejam legitimados a participar da audiência, são feitas de maneira oral — embora venham a ser transcritas na ata, que é o instrumento formal de documentação dos principais atos que soem ser praticados na audiência; *imediatidade*, porque o juiz estará em contato direto e imediato com todas essas pessoas, podendo, no caso de tomar-lhes o depoimento, perceber, até mesmo, as reações psicológicas às perguntas que a elas dirigir, agindo, assim, neste mister, como uma espécie de analista circunstancial das reações psicológicas humanas. Essa imediatidade é, também, essencial para que o magistrado do trabalho exerça uma de suas mais relevantes atribuições institucionais: instar os litigantes a uma solução consensual do conflito de interesses, à autocomposição da lide.

3. É compreensível que advogados e juízes do trabalho, em início de carreira, revelem certa hesitação em saber como deverão atuar na audiência. Daí, a insegurança que costuma tomar de assalto, muitas vezes, o espírito de uns e outros, quando têm que participar desse ato processual. A insegurança, desde sempre, foi má companheira; ela conduz ao erro, além de predispor o espírito à agressividade, à rispidez no relacionamento entre as pessoas em geral, e aos sujeitos do processo em particular. A insegurança conspira, enfim, contra o objetivo fundamental da Justiça do Trabalho, que é a conciliação, ou seja, a solução negociada do litígio. Sem a pacificação dos espíritos, por obra do magistrado, a possibilidade de transação é quase nenhuma.

4. Este livro, todavia, não é dirigido, apenas, a advogados e juízes novatos, incipientes, senão que a todos aqueles que, mesmo experientes no exercício da profissão, pretendam encontrar aqui alguma orientação ou resposta a questões que os têm inquietado em seu cotidiano profissional. Por isso, demos-lhe o título de "Manual". Não nos moveu,

entretanto, pretensão de escrever obra perfeita; o que nos impulsionou a elaborá-la nada mais foi do que o desejo de manifestar as nossas experiências no campo da advocacia e da magistratura — que, somadas, vão além da idade de muitos de nossos amáveis leitores — e de colocá-las à disposição de quantos vejam nelas alguma utilidade prática.

5. Na Primeira Parte do livro lançamos considerações gerais, de caráter introdutório, sobre a audiência, dedicando especial atenção ao problema do atraso ou do não comparecimento dos litigantes a este ato do processo. Na Segunda Parte discorremos sobre as diversas formas de resposta do réu (exceção, contestação, reconvenção, reconhecimento do direito alegado pelo autor), assim como sobre as provas orais, envolvendo o depoimento das partes, a confissão, a inquirição das testemunhas. Considerações acerca das propostas conciliatórias e das razões finais não foram ignoradas, porquanto ambas são também realizadas em audiência.

6. Se procuramos, logo nos dois primeiros capítulos da Primeira Parte, deitar conselhos aos juízes e aos advogados, no que respeita à necessidade de lhaneza, de urbanidade, no relacionamento entre uns e outros, e também com as partes e as testemunhas, foi porque os fatos revelados pela realidade forense nos mostraram ser oportuno dedicar algumas páginas ao assunto.

7. Sempre que necessário, manifestamos opinião crítica a determinados procedimentos judiciais adotados em antagonismo com a lei ou com as regras do bom-senso; não deixamos, por igual, de discordar de certos posicionamentos assumidos pela jurisprudência predominante — cristalizada, ou não, em Súmula —, indicando, sempre, as razões de nossa divergência. A propósito, diante de algumas desses desacertos, por algum motivo nos vieram à lembrança as palavras de Hamlet, que, vendo diante de seus olhos tantos erros que estavam a ser cometidos no reino da Dinamarca, e não concordando com esse estado de coisas, exclamou de si para consigo, com um certo travo de angústia: "Maldição! Ter vindo ao mundo para consertá-lo!".

8. Por fim, inserimos um Capítulo específico sobre a audiência de conciliação em dissídio coletivo, demonstrando, sempre que fosse o caso, a diferença desta em relação à audiência característica dos conflitos de interesses individuais.

Curitiba, janeiro de 2010.

O autor

Primeira Parte

Generalidades

Capítulo I

O juiz, o exercício dos seus poderes e a audiência

O fato de a Consolidação das Leis do Trabalho – habitualmente identificada sob a forma acrográfica CLT — atribuir aos juízes do trabalho "ampla liberdade na direção do processo" (art. 765) não pode ser interpretado fora do contexto político da época em que a norma legal foi editada (Decreto-lei n. 5.452, de 1.º de maio de 1943, DOU de 9 de agosto de 1943, com vigência a partir de 10 de novembro do mesmo ano: art. 911), salvo se pretendermos incorrer no equívoco de imaginar que estejamos ainda a viver a mesma realidade política daqueles tempos.

A CLT foi elaborada num momento histórico em que pululavam, por todo o planeta, os regimes políticos de nítida vocação ditatorial: António Salazar, em Portugal; Francisco Franco, na Espanha; Adolf Hitler, na Alemanha; Benito Mussolini, na Itália; Josef Stalin, na extinta União Soviética, Mao Tse-tung, na China, entre outros. Juan Domigos Perón (Argentina) e Alfredo Stroessner Matiauda (Paraguai) surgiriam pouco tempo depois. No Brasil, tínhamos Getúlio Vargas, que, alegando estar "Atendendo às legítimas aspirações do povo brasileiro à paz política e social, profundamente perturbada por conhecidos fatores de desordem, resultantes da crescente agravação dos dissídios partidários, que uma notória propaganda demagógica procura desnaturar em lutas de classes, e da extremação de conflitos ideológicos, tendentes pelo seu desenvolvimento natural a resolver-se em termos de violência, colocando a Nação sob a funesta iminência da guerra civil", fechou o Congresso Nacional, extinguiu os partidos políticos e impôs ao País a Constituição de 1937 — que alguns estudiosos, levando em consideração a gênese do texto, preferem denominar, com alguma razão, de *Carta Outorgada.* Outros a cognominam de *Constituição Polaca*, por ter sido inspirada na Constituição autoritária da Polônia, que estava a viger naquela altura.

Como a característica dos regimes dessa natureza é o aumento e, até mesmo, a hipertrofia dos poderes assumidos pelos ditadores e dos depositados nas mãos das demais autoridades públicas, compreende-se o motivo pelo qual, nos sítios do processo do trabalho, o legislador infraconstitucional atribuiu aos juízes uma expressiva amplitude de poderes diretivos (CLT, art. 765), a ponto de a doutrina haver afirmado, em determinado momento, que estes haviam sido convertidos pela norma legal em "*führer* do processo". Embora o vocábulo *führer* signifique, na língua alemã, *líder*, *guia, condutor*, a ideia que dele a mencionada doutrina crítica procurou transmitir estava intimamente associada a Adolf Hitler. A propósito, a natural vinculação desse vocábulo à figura nefanda de Hitler tem feito com que o alemão moderno procure, em certos casos, utilizar as palavras *chef* (chefe) e *leiter* (líder) no lugar de *führer*.

Pondo-se de lado essa questão semântica ou semasiológica, o que se pode afirmar, com certeza, é que a CLT, especialmente em suas disposições processuais, foi fortemente influenciada pela ideologia do regime político dominante em nosso País, na época de sua edição.

Os tempos, agora, felizmente, são outros. Vivemos em um Estado Democrático de Direito (CF, art. 1.º, *caput*), que erigiu, como valores supremos a serem tutelados, sob o *status* de princípios fundamentais, não apenas a soberania, a cidadania, os valores sociais do trabalho e da livre iniciativa, o pluralismo político, mas, em especial, a *dignidade da pessoa humana* (*ibidem*, inciso III). Essa preservação da dignidade do ser humano não constitui mero rasgo de retórica do constituinte brasileiro, mas, ao contrário, uma garantia cuja efetivação deve ser exigida do plano da realidade prática, vale dizer, das relações interpessoais ou intergrupais, sejam particulares ou institucionais. Conforme reconhecem Gilmar Ferreira Mendes, Inocêncio Mártires Coelho e Paulo Gustavo Gonet Branco: "No Brasil, igualmente, é significativo o esforço pela concretização desse princípio, tanto no plano legislativo quanto no jurisprudencial e doutrinário, *em que pesem, nunca é demais insistir, as nossas crônicas dificuldades materiais e socioculturais para tornar efetivo o respeito à dignidade da pessoa humana*" (*Curso de Direito Constitucional*. 2.ª ed. São Paulo: Saraiva, 2008. p. 154; destacamos).

A dignidade da pessoa humana é conceituada por Ingo Wolgang Sarlet como uma "qualidade intrínseca e distintiva de cada ser humano que o faz merecedor do mesmo respeito e consideração por parte do Estado e da comunidade, implicando, neste sentido, um complexo de direitos e deveres fundamentais que assegurem a pessoa tanto contra todo e qualquer ato de cunho degradante e desumano, como venham a lhe garantir as condições existentes mínimas para uma vida saudável, além de propiciar e promover sua participação ativa e co-responsável nos destinos da própria existência e da vida em comunhão com os demais seres humanos". (*Dignidade da Pessoa Humana e Direitos Fundamentais na Constituição Federal de 1988*. Porto Alegre: Livraria do Advogado, 2001. p. 60).

A este respeito, é de extrema relevância mencionar a decisão proferida pelo Tribunal Constitucional da Espanha, que, definindo e exaltando a primazia da dignidade da pessoa humana (art. 10.1, da Constituição daquele país), destacou que essa dignidade deve permanecer inalterável, *seja qual for a situação em que a pessoa se encontre*, constituindo, desse modo, um *minimum* invulnerável que todo ordenamento jurídico deve assegurar.

Por esse motivo, a interpretação de qualquer norma legal cumpre ser efetuada em estrita obediência aos preceitos constitucionais que consagram direitos fundamentais. Canotilho adverte que "a interpretação da Constituição pré-compreende uma teoria dos direitos fundamentais" (Canotilho, J. J. Gomes. *Direito Constitucional*.6.ª ed. Coimbra: Almedina, 1993. p. 505). Perez Luño, por sua vez, observa que "para cumplir sus funciones los derechos fundamentales están dotados de una especial fuerza expansiva, o sea, de una capacidad de proyectar-se, a través de los conseguientes métodos o técnicas, a la interpretación de todas las normas del ordenamiento jurídico. Así, nuestro Tribunal Constitucional há reconocido, de forma expressiva, que los derechos fundamentales son el parámetro 'de conformidad con el cual deben ser interpretadas todas las normas que componen nuestro ordenamiento' (Perez Luño, Antonio Enrique. *Derechos Humanos, Estado de Derecho y Constitucion.* 3.ª ed. Madrid: Tecnos, 1990. p. 310).

Conseguintemente, a nenhuma autoridade pública será lícito exercitar os poderes que lhe são inerentes ao cargo mediante desprezo a esse importante princípio axiológico universal, agora altaneiramente inscrito na Constituição de nossa República — o da dignidade da pessoa humana.

Esta regra, como é evidente, subordina os próprios magistrados, como detentores de uma considerável parcela de poder público.

A audiência judicial não é apenas o momento em que alguns outros princípios constitucionais (como o da publicidade dos atos processuais) e infraconstitucionais (como o da imediação) afloram com maior nitidez, notadamente, aos olhos populares, como também aquele em que os poderes diretivos do processo, que a lei concede aos juízes em geral, e aos juízes do trabalho em particular, se exteriorizam com maior intensidade, em decorrência do contato direto e pessoal do magistrado com as partes, com as testemunhas, com os terceiros; enfim, em razão da própria dinâmica da audiência.

O exercício desses poderes, contudo, não pode fazer tábua rasa da *dignidade da pessoa humana*. O CPC de 1973, produzido em um tempo em que por aqui já voltavam a soprar os afáveis ventos democráticos, advertiu que os juízes civis exerceriam as atividades inerentes ao cargo "conforme as disposições que este Código estabelece", a revelar, por esta forma, uma íntima vinculação da atuação do magistrado às disposições daquele Estatuto Processual. Essa rígida vinculação, por seu turno, reflete-se sob a forma de segurança jurídica aos jurisdicionados — por saberem, estes, de antemão, quais os atos que o juiz poderá ou deverá praticar na condução do processo e quais os que lhe são vedados realizar. O CPC de 2015, na mesma linha do Código anterior, dispõe, no art. 1.º: "O processo civil será ordenado e interpretado conforme os valores e as normas fundamentais estabelecidos na Constituição da República Federativa do Brasil, *observando-se as disposições deste Código*" (destacamos). Dir-se-á que a CLT contém norma semelhante — art. 763 —, segundo a qual o processo do trabalho "será regido pelas normas estabelecidas neste título". Sucede, porém, que neste mesmo Título (X) se localiza o art. 765, que atribui aos juízes "ampla liberdade na direção do processo". O art. 765, da CLT, representa não apenas um expressivo *plus* em relação ao processo civil, como demonstra a sua preeminência axiológica no cotejo com o art. 763, do próprio texto legal trabalhista.

De outro lado, equivocam-se quantos supõem que o *dever de urbanidade*, expresso no § 2.º do art. 459, do CPC, tem como destinatárias exclusivas as partes. O tratamento respeitoso da dignidade humana constitui, antes de mais nada, e acima de tudo, uma indispensável regra de convivência social harmoniosa, um traço marcante das sociedades civilizadas, que o CPC nada mais fez do que respeitar e incorporar. E ninguém, por certo, haveria de sentir-se à vontade para contestar a compatibilidade desta norma do processo civil com o do trabalho (CLT, art. 769) e a sua aplicação a todos os sujeitos do processo, no âmbito de suas inter-relações, em todas as situações da vida forense. Cabe, aqui, porém, um comentário *a latere*: o adjetivo *urbanidade* parece conter uma forma sutil de discriminação, pois o vocábulo urbano (de *urbanus, a, um*) signfica aquilo que se refere à cidade — em contraposição ao campo, ao ambiente rural. Deste modo, tem-se a impressão de que os habitantes do campo não são polidos, não tratam bem as pessoas, não são corteses, o que não é verdade. Seja como for, o fato é que o vocábulo *urbanidade*, no terreno processual, está a espelhar o dever de juízes, advogados, partes, membros do Ministério Público e terceiros em geral, se darem, uns em relação aos outros, a um tratamento cortês, polido, respeitoso, como convém a uma sociedade civilizada.

A propósito da harmonia social, devemos lembrar que o constituinte brasileiro inseriu no Preâmbulo da Constituição Federal em vigor a seguinte declaração: "Nós, representantes do povo brasileiro, reunidos em Assembleia Nacional Constituinte para instituir um Estado Democrático, destinado a assegurar o exercício dos direitos sociais e individuais, a liberdade, a segurança, o bem-estar, o desenvolvimento, a igualdade e a justiça como valores supremos de uma sociedade fraterna, pluralista e sem preconceito, fundada na *harmonia social*..." (destacamos). O que consta deste Preâmbulo é o que a doutrina moderna tem denominado de *conviviologia*, entendida como um misto de arte e ciência destinadas à condução do bem-estar e da harmonia entre as pessoas e entre os povos. Conforme observa Altamiro J. dos Santos, "Convivência jurídica e harmonia social pontificam-se pelo mesmo diapasão dos convívios orientados para produzir um comportamento adequado aos mais altos interesses objetivados em todas as relações entre os seres humanos e prevenir ou evitar conflitos que nunca fazem bem em convivência de qualquer nível ou dimensão" (*Comissão de Conciliação Prévia — Conviviologia Jurídica e Harmonia Social*. São Paulo: LTr, 2001. p. 93).

Moacyr Amaral Santos, por seu turno, adverte: "A testemunha, por mais humilde ou ignorante, qualquer que seja a sua posição na escala social, como colaboradora, que é, da Justiça, tem o direito de ser nessa qualidade respeitada. É à testemunha, colaboradora da Justiça, não ao particular, que se tem de respeitar, sem exceção. Ao juiz, que preside a audiência e procede à inquirição, cumpre, assim, não só para assegurar a solenidade do ato e manter a ordem dos trabalhos, como também em consideração à testemunha e à nobre função que ela exerce, impedir, por meios convenientes e adequados ao seu alcance, que as partes ou seus procuradores irroguem ofensas de qualquer natueza à testemunha. Por sua vez, esta tem o incontestável direito de exigir que a sua dignidade seja respeitada, solicitando ao juiz providências contra manifestações descorteses, desaforadas, injuriosas ou caluniosas das partes ou seus procuradores".

O CPC de 1973 estabelecia que ao juiz competia, não apenas, fazer com que as partes e seus advogados respeitassem as testemunhas, como exortar os advogados e o órgão do Ministério Público a que discutissem a causa com elevação e urbanidade (art. 446, inciso III); a ele caberia, acima de tudo, dar o exemplo, tratando de maneira cortês as partes, os advogados, as testemunhas e todos aqueles que estivessem participando da audiência. Conquanto o CPC de 2015 não tenha reproduzido essa regra, é inegável que ela se revela plenamente compatível com esse Código.

Estabelece, a propósito, o art. 3.º, do Código de Ética da Magistatura Nacional, instituído pela Resolução n. 60, de 19-9-2008, do CNJ: "*A atividade judicial deve desenvolver-se de modo a garantir e fomentar a dignidade da pessoa humana,* objetivando assegurar e promover a solidariedade e a justiça na relação entre as pessoas" (destacamos). E o art. 22, do mesmo Código: "O magistrado tem o *dever de cortesia* para com os colegas, os membros do Ministério Público, os advogados, os servidores, as partes, as testemunhas e todos quantos se relacionem com a administração da Justiça" (realçamos).

São sempre lamentáveis, por isso, os episódios, às vezes presenciados, em que o magistrado faz uso de sua autoridade para maltratar os litigantes ou as testemunhas, para ameaçá-los, amedrontá-los, ou submetê-los a situações vexatórias, seja obrigando-os a postar-se de costas para a mesa da sala em que se realiza a audiência e de frente para uma parede, ao deporem; seja colocando policiais ao lado de uns e outros, como se fossem malfeitores ou pessoas hostis; seja repreendendo-os, com veemência, simplesmente por cruzarem, por inadvertência ou nervosismo, as pernas ou os braços, por hesitarem em uma resposta, ou por estarem calçando sandálias ou vestindo uma camiseta puída, etc. Convém lembrar que o testemunho judicial constitui *serviço público* (CPC, art. 463, parágrafo único) e que a dignidade das pessoas que vão a juízo para depor não se mede pela classe social a que pertencem ou pelas roupas que vestem.

O exercício dos poderes ínsitos à magistratura deve ser realizado sem que isso implique a instauração de um terrorismo institucional, que só faz comprometer o prestígio do Poder Judiciário e espezinhar a dignidade da pessoa, vítima do destempero judicial. Ademais, atitudes de prepotência dos magistrados são incompatíveis com a excelsitude do cargo, com a serenidade que se exige dos seus ocupantes, e com os princípios da convivência democrática. Afinal, como consta do próprio Código de Ética da Magistratura Nacional, instituído pelo CNJ, o juiz tem o *dever de cortesia* para com todos os que particpam do processo (art. 22).

Um magistrado deve fazer-se respeitar pela forma serena, segura e igualitária com que conduz o processo e, em especial, as audiências. A agressividade de um juiz, não raro, é consequência de sua insegurança, do seu despreparo, e do desconhecimento dos limites legais do exercício dos poderes inerentes ao cargo. O juiz não deve ignorar o fato de, muitas vezes, as partes estarem naturalmente tensas, em razão do conflito de interesses que as envolve, motivo porque as regras de prudência e de bom-senso sugerem que ele procure acalmá-las, desarmando-lhes eventual "espírito de gladiadores".

Uma audiência que se realize em um ambiente — o quanto possível — tranquilo, de cordialidade e de respeito mútuos produz um clima propício à concórdia, à conciliação das partes, e a uma solução negociada do conflito de interesse, que é o escopo medular da Justiça do Trabalho (CLT art. 764). Audiências tensas, com tratamentos ríspidos, descorteses, conspiram contra esse elevado objetivo desta Justiça e põem a nu a fragilidade do caráter daqueles que praticam tais atos.

A sobrecarga de serviços não é motivo para quem quer que seja colocar de lado as regras de civilidade, de cortesia, de respeito no relacionamento humano.

No que toca, em particular, às relações entre o juiz e o advogado, talvez caiba aqui o conselho de Piero Calamandrei: "Seria preciso que todo advogado fosse juiz dois meses por ano e que todo juiz, dois meses por ano, fosse advogado. Assim aprenderiam a se compreender e a se desculpar; e se estimariam mais" (*Elogio dei Giudici Scritto da um Avvocato*, traduzido, no Brasil, por Eduardo Brandão sob o título *Eles, os Juízes, Vistos por um Advogado*. São Paulo: Martins Fontes, 2000. p. 66).

O poder é, verdadeiramente, algo que seduz, inebria, e infunde uma acentuada sensação de superioridade no espírito dos seus detentores, em confronto com os que não o possuem. Um juiz, entretanto, não deve ter como lema as palavras de Paul Valéry, segundo as quais "O poder sem abuso perde o encanto" ("*Le pouvoir sans abus perd le charme*"), e sim as de Virgílio ("Éclogas"): "Nem todos podemos tudo" ("*Nom omnia possumus omnes*").

Cremos que os mais de quarenta anos — aqui somados os períodos de exercício da advocacia e da magistratura dedicados à causa do Direito nos concedem um mínimo de autoridade para formular os conselhos que acabamos de submeter à consideração de todos aqueles a quem eles possam dizer respeito.

As palavras, contudo, perdem-se ao vento quando desacompanhadas de exemplos concretos. Reduzem-se a simples *inania verba*. Relatemos, por isso, uma situação real, de que participamos — sem que tenhamos, ao fazê-lo, pretensão à soberba.

Ei-la: ao tempo em que exercíamos a magistratura do trabalho em primeiro grau de jurisdição, existia a representação classista, integrada por dois juízes laicos, com mandato temporário: um, representando dos trabalhadores; outro, os empregadores. Como o volume de serviços era intenso, não participávamos das audiências iniciais. Permanecíamos no gabinete, despachando, sentenciando e praticando, enfim, os atos inerentes ao cargo. Os classistas, por sua vez, ficavam mais à vontade para conduzir as partes à conciliação. Sob este aspecto, o nosso procedimento era altamente útil, pois o número de conciliações sempre foi expressivo. Caso ocorresse algum incidente na sala de audiência, éramos avisados por um dos classistas e para lá nos dirigíamos. Pois bem. Determinada ocasião, um dos classistas foi ao gabinete e comunicou-nos que o advogado do réu estava exigindo a presença do magistrado na sala de audiência. Causou-nos uma certa surpresa o fato, pois os advogados que militavam na Justiça do Trabalho estavam, há muito tempo, a par do procedimento por nós adotado, e com ele concordes. Ao ingressarmos na sala, percebemos que esse advogado — pessoa com idade avançada e a quem não conhecíamos — estava extremamente tenso, imaginando, por suposto, que o juiz iria dirigir-lhe algumas palavras ásperas. Todavia, com serenidade, o cumprimentamos de modo cordial e, para logo, dissemos-lhe que, efetivamente, ele tinha o direito de ver a audiência conduzida por magistrado; em seguida, esclarecemos as razões pelas quais costumávamos permanecer no gabinete durante as audiências iniciais. A esta altura, a fisionomia contraída daquele advogado cedera lugar à descontração, à naturalidade. Mais alguns minutos de diálogo amistoso, soubemos tratar-se de um advogado que jamais atuara na Justiça do Trabalho e que o incidente com os classistas fora motivado pelo fato de estes, seguindo nossas orientações contidas em um manual especialmente elaborado para eles, haverem dito àquele causídico que ele não poderia atuar, no mesmo processo, como advogado e preposto — até porque não mantinha vínculo de emprego com o réu. Diante disso, indagamos ao profissional se tinha conhecimento do Provimento n. 60/87, do Conselho Federal da OAB, que vedava essa cumulação de funções. Surpreso, respondeu-nos que não. Indagamos se teria interesse em conhecer o teor desse Provimento. Respondeu-nos que sim. Pedimos, então, a um dos classistas que fosse ao nosso gabinete e trouxesse a pasta contendo todos os Provimentos, tanto da OAB quando dos Tribunais do Trabalho. O causídico leu, atentamente, o Provimento n. 60/87, da OAB, cujo art. 1.º proibia o advogado de "funcionar no mesmo processo simultaneamente como patrono e preposto do empregador", por entender serem incompatíveis entre si essas funções. Em seguida, o velho advogado pediu-nos desculpa pelo incidente que provocara. A despeito disso, dissemos-lhe que, de nossa parte, não o impediríamos de atuar como preposto e como advogado, embora devêssemos comunicar o fato à Seccional da OAB, por dever de ofício. Embaraçado, e com humildade, indagou-nos como poderia solucionar o problema, uma vez que não havia trazido ninguém para atuar como preposto. Respondemos — com algum senso de oportunismo, é verdade — que a melhor forma de resolver o problema seria fazendo um acordo, pois ele detinha poderes expressos para isso. Alguns minutos depois, o acordo era realizado, e o advogado, satisfeito por haver sido bem tratado pelo juiz, deixava a sala, com serenidade, não sem antes haver cumprimentado, pessoalmente, o magistrado, os classistas e o datilógrafo, e tecido elogios à atitude serena e respeitosa da Justiça do Trabalho para com ele.

Quanto a nós, não nos sentimos diminuídos, um mícron sequer, em nossa autoridade, por havermos nos dirigido de modo cordial àquele advogado; bem ao contrário, sentimo-nos plenamente gratificados por havermos atingido o objetivo principal da Justiça do Trabalho, que — como já ressaltamos — reside na solução negociada, consensual, do conflito de interesses, ou seja, sem aquela carga de imposição, caraterística das soluções jurisdicionais.

Não poderíamos encerrar este Capítulo sem dedicarmos algumas considerações acerca da obrigatoriedade, ou não, de o juiz fazer uso de "vestes talares" em audiência". Ao contrário do que se passa no âmbito da Justiça Comum, na do Trabalho não tem sido costume o uso de toga, pelos magistrados de primeiro grau, em audiência — justamente, porque inexiste normal legal que imponha a sua adoção. A expressão *vestes talares* foi há pouco por nós aspada porque o que se tem visto, em rigor, naqueles juízos que consagraram o uso dessa indumentária formal, são vestes... nada talares! Expliquemo-nos. O adjetivo *talar* significa "aquilo que desce até o calcanhar, até o tornozelo". As togas, que os juízes utilizam, raramente descem até os calcanhares; logo, não são *talares*.

Provavelmente, a razão pela qual os juízes do trabalho de primeiro grau criaram o hábito de não se vestir com toga tenha decorrido da preocupação em fazer com que a audiência se desenvolvesse num clima de infomalidade, de simplicidade, considerando-se não apenas a presença de trabalhadores e de empregadores, mas de juízes classistas, oriundos das categorias profissional e econômica. Conquanto a representação classista tenha sido extinta, permaneceu o hábito dos juízes de não se meterem em toga. O que deles se requer é que se trajem de maneira condigna com a austeridade do Poder em cujo nome exercem as suas funções. O uso de terno e gravata, pelos juízes, satisfaz essa exigência. No tocante às juízas, cumpre que se apresentem também de maneira discreta, sóbria, sem roupas extravagantes ou espalhafatosas. A propósito, pode-se considerar "veste talar" uma saia, que a juíza esteja usando, e que lhe toque os calcanhares...

Há mais. Para além de estar vinculado ao dever de tratar a todos com urbanidade, o juiz deve ser imparcial. A imparcialidade do magistrado está implícita na própria cláusula constitucional do juiz natural (CF, art. 5.º, inciso XXXVII), além de encontrar-se expressa em outras normas legais, como é o caso do art. 139, inciso I, do CPC. Desse dever de neutralidade também se ocupa o Código de Ética da Magistratura Nacional, aprovado pelo CNJ, cujo art. 8.º diz, conceituosamente, ser imparcial o magistrado "que busca nas provas a verdade dos fatos, com objetividae e fundamento, mantendo ao longo de todo o processo uma distância equivalente das partes, e evita todo o tipo de comportamento que possa refletir favoritismo, predisposição ou conceito". E o art. 9.º, *caput*, do precitado Código de Ética, explicita: "Ao magistrado, no desempenho da sua atividade, cumpre dispensar às partes igualdade de tratamento, vedada qualquer espécie de injustificada discriminação".

Ninguém, por certo, se atreveria a contestar a afirmação de que o juiz, como cidadão e como ser pensante, tem todo o direito de formar convicção a respeito dos mais diversos assuntos que fazem parte da cultura e do conhecimento humanos. O que não se concebe é que a independência intelectual do magistrado possa constituir pretexto para que ele a utilize em benefício de uma das partes e em desfavor da outra. Qualquer tratamento diferenciado, qualquer favorecimento, será sempre censurável quando não decorrer de expressa previsão legal. A parcialidade do juiz será sempre um atentado contra a dignidade e o prestígio do Poder a que se encontra vinculado. Já não há lugar, nos modernos sistemas processuais — e, especialmente, em nossa legislação — lugar para juízes como o "bom" Paul Magnaud (que presidiu o tribunal francês de primeiro grau de Château-Thierry, entre os anos de 1889 e 1904), para quem a distribuição da justiça variava conforme fosse a classe social, a situação econômica, as tendências políticas, filosóficas, religiosas, etc., da parte. Magnaud foi, por assim dizer, o instituidor da "jurisprudência sentimental", por meio da qual, não raro, decidia de maneira contrária às leis vigentes. Houve, na França e em outros países, inclusive no Brasil, manifestações de admiração e de indignação a Magnaud. Façamos-lhe, porém, justiça: Magnaud representou, no campo da interpretação de normais legais, uma espécie de contraponto ou de antítese à ideia do juiz como simples "*bouche de la loi*" (boca-da-lei). Em razão disso, todavia, muitos juízes passaram a agir à "*la Paul Magnaud*", incidindo, com isso, no mesmo extremismo, embora oposto, do princípio ("bouche de la loi") que pretendiam combater.

Os únicos juízes parciais, de que a Justiça do Trabalho teve conhecimento, foram os *classistas* — pessoas leigas que tinham investidura temporária no cargo, sendo, um, representante dos trabalhadores, e outro, dos empregadores. Essa representação paritária das categorias sociais da produção, contudo, foi extinta pela Emenda Constitucional n. 24/99, de tal modo que, hoje, inevitavelmente, a parcialidade de qualquer juiz configura grave violação ao seu dever de neutralidade na condução do processo, aí incluída a direção dos trabalhos da audiência e a entrega da prestação jurisdicional por meio da sentença.

Conquanto este livro não tenha como escopo o estudo da sentença, pensamos ser oportuno tecer algumas considerações acerca do binômio: juiz-sentença.

A sentença não pode constituir mero ato mecânico ou burocrático do magistrado. Este pronunciamento jurisdicional pode acarretar, em alguns casos, enome impacto na vida pessoal, familiar ou financeira da parte; pode significar, enfim, a sua redenção ou a sua ruína. Por isso, o juiz, para além de ser neutro, de possuir sólida cultura jurídica, de estar submetido ao dever de examinar, com profundidade, a prova produzida pelos litigantes, deve ter *sensibilidade* no momento em que for realizar a prestação jurisdicional. Sob este aspecto, é importante lembrar que o vocábulo *sentença* é originário do latim *sentio, is, si sum*, que significa *sentir*. A sentença expressa, pois, um sentimento do magistrado, uma sua opinião, um seu pensamento a respeito da causa que está a decidir. Não é por acaso que essa reflexão do magistrado é representada por uma palavra grega que deu origem, no Português, ao substantivo *aforismo (aphorismós,oû)*.

Para que se possa perceber o quanto é importante a *sensibilidade*, como virtude humana, e o quanto a sua falta pode provocar do espírito, devemos mencionar um trecho da obra: "O Último Dia de um Condenado à Morte", de Victor Hugo. Este notável escritor produziu o referido livro a título de libelo contra a pena de morte que vigorava em França. Victor Hugo, no trecho que reproduziremos, narra o momento em que o seu personagem principal está na prisão, aguardando a hora de ser conduzido à *Place de la Grève*, para oferecer o seu pescoço à guilhotina. Ele era um *friauche*, ou seja, um condenado à morte. Nesses momentos que antecediam à sua execução, a angústia e o desespero tomavam conta de seu espírito e convulsionavam-lhe a mente. Em meio a esse torvelinho de pensamentos aterradores e de exasperantes apreensões, recebe a visita do capelão do presídio. Sente um alívio pela presença de um ser humano, de alguém que iria consolá-lo nesses momentos de aflição incontida. Todavia, o velho capelão se limita a dirigir-lhe algumas palavras frias, estereotipadas, retirando-se em seguida. O pobre condenado à morte, então, diz de si para consigo:

> "Mas o que foi que esse ancião me disse? Nada sentido, nada enternecido, nada chorado, nada arrancado da alma, nada que viesse do coração dele para tocar o meu, nada que passasse dele para mim. Ao contrário, não sei o que de vago, inacentuado, aplicável a tudo e a todos; enfático onde deveria ter sido profundo, banal onde deveria ter sido simples; uma espécie de sermão sentimental e de elegia teológica. Aqui e ali, uma citação latina em latim. Santo Agostinho, São Gregório, que sei eu? Depois, parecia estar recitando uma lição cem vezes já recitada, repassar um tema, obliterado na sua memória de tão conhecido. Nenhum olhar no olho, nem um acento na voz, nem um gesto nas mãos.
>
> E como poderia ser diferente? Este padre é o capelão titular da prisão. Sua profissão é consolar e exortar, vive disso. Os forçados, os pacientes, são da alçada da sua eloquência. Confessa-os, assiste-os porque é função dele. **Envelheceu levando os homens para a morte. Faz tempo que ele está acostumado ao**

> **que dá calafrios nos outros; seu cabelo, bem encanecido, já não fica mais em pé; os trabalhos forçados e o cadafalso fazem parte do cotidiano para ele. Ficou insensível.** Ele provavelmente tem um caderninho, tal página os forçados, tal página os condenados. Avisam-no de véspera que haverá alguém para ser consolado a tal hora; pergunta o que é, forçado ou supliciado? Passa mais uma vista na tal página e vem para cá. Deste modo, acontece que os que vão para Toulon e os que vão para a Greve são um lugar comum para ele, e ele, um lugar comum para eles.
>
> Oh! Que mandem buscar, em vez disso, algum jovem vigário, algum velho padre, ao acaso, na primeira paróquia; que o peguem juntinho da lareira, lendo seu livro, sem suspeitar de nada, e que lhe digam: 'Há um homem que vai morrer e cabe ao senhor consolá-lo. O senhor tem de estar presente quando atarem as mãos dele, quando lhe cortarem o cabelo; o senhor terá que subir com ele para a charrete com seu crucifixo para esconder dele o carrasco; terá que sacolejar com ele nos paralelepípedos até a Greve; terá que atravessar com ele a horrível multidão bebedora de sangue; terá que beijá-lo ao pé do cadafalso, e ficar com ele até a cabeça estar aqui e o corpo lá'.
>
> Que me tragam, então, todo palpitante, todo arrepiado da cabeça aos pés; que me joguem nos braços dele, aos pés dele; e ele chorará e nós choraremos, e será eloquente e eu estarei consolado, e meu coração desaguará no dele, e ele tomará a minha alma e eu tomarei o Deus dele.
>
> Mas o que aquele bom velho é para mim? O que sou para ele? Um indivíduo da espécie infeliz, uma sombra como já viu tantas, uma unidade para acrescentar ao número das execuções." (destacamos).

Destituído de sensibilidade no exercício de suas funções, o magistrado será como o velho capelão do presídio, no romance de Victor Hugo; será alguém que já não sente crepitar em seu coração aquela chama tão necessária para fazê-lo compreender as angústias humanas e também para fazê-lo sentir-se humano.

Capítulo II

A Atuação do Advogado na Audiência

Embora o objetivo deste Capítulo seja examinar — ainda que brevemente — a atuação do advogado na audiência, no âmbito da Justiça do Trabalho, não é inútil observar que o exercício da advocacia é regulado pela Lei n. 8.906, de 4 de julho de 1994.

Reiterando o que consta do art 133, da Constituição Federal, o art. 2.º, *caput*, da Lei n. 8.906/94, declara ser o advogado indispensável à administração da justiça. Por esse motivo, chegamos a sustentar, nos primeiros dias de vigência da atual Constituição da República, o ponto de vista de que o mencionado normativo constitucional teria revogado, de maneira tácita, o art. 791, *caput*, da CLT, que atribui às partes a capacidade postulatória, consistente na faculdade de agir em juízo sem a representação por advogado. A própria Lei n. 8.906/94 estabelece, no inciso I, do art. 1.º, constituir atividade privativa do advogado "a postulação a qualquer órgão do Poder Judiciário e aos juizados especiais". Entretanto, o Supremo Tribunal Federal declarou, em 6-10-1994, nos autos da Ação Direta de Inconstitucionalidade (ADI) n. 1.127-8, promovida pela Associação dos Magistrados Brasileiros, o antagonismo da expressão "qualquer" (órgão do Poder Judiciário) com a Constituição Federal, e, em consequência, concedeu medida liminar cautelar para suspender a eficácia da sobredita expressão. Em termos práticos, isso correspondeu a afirmar que, mesmo por via transversa, o STF, declarou que o art. 791, *caput*, da CLT, não foi revogado pelo art. 133, da vigente Constituição da República.

Os direitos e prerrogativas dos advogados estão, basicamente, enumerados nos incisos I a XX, do art. 7.º, Lei n. 8.906/94. O art. 107, do CPC, menciona outros direitos. Os deveres estão contidos no Código de Ética. As infrações disciplinares se encontrram especificadas nos incisos I a XXIX do art. 34 da Lei n. 8.906/94; e as correspondentes sanções, nos incisos I a IV, do art. 35 da mesma norma legal.

Teria, porém, o advogado, direito a deixar o seu lugar na mesa da sala de audiência para acompanhar, em pé, passo a passo, o que o serventuário está lançando na ata, sob ditado do juiz? Embora esta atitude do advogado seja mais frequente nos juízes cíveis e criminais, vez e outra é verificada na Justiça do Trabalho. Estamos a presumir que não haja, na sala de audiência, um monitor de compoutador colocado sobre a mesa, para que as partes e os advogados possam acompanhar o que está sendo posto na ata. Em princípio, o advogado possui o direito de fiscalizar a redação dos depoimentos. Este direito decorre do seu dever de diligência na defesa dos direitos e interesses de seu cliente. É certo, entretanto, que se essa atitude do advogado estiver, de algum modo, causando constrangimento à parte contrária ou a testemunha — que estiverem depondo —, ou tumultuando os trabalhos da audiência, o juiz, no regular exercício do inerente poder de polícia (CLT, art. 816; CPC, art. 360), poderá solicitar-lhe que volte a ocupar o seu lugar à mesa. Ou, quando menos, que se abstenha de prosseguir na prática de atos perturbadores da boa ordem dos trabalhos. Se é certo que as salas de audiências judiciais não são cadafalsos, não menos verdadeiro é que não constuituem um palco para exibições pessoais.

Façamos uma outra pergunta, fronteiriça à anterior: durante o depoimento das partes ou testemunhas, poderia o advogado, quando lhe fosse concedida a palavra, dirigir-se a elas em pé, mesmo sem se afastar da mesa? Conquanto esta atitude também seja infrequente — para não dizer insólita — na Justiça do Trabalho, não se pode deixar de reconhecer-lhe esse direito, por força do disposto no inciso XII, do art. 7.º, da Lei n. 8.906/94 — embora, também aqui, devamos fazer a mesma advertência que fizemos há pouco, quanto à verdadeira finalidade das salas de audiências judiciais.

Dentre outros deveres dos advogados nas audiências podemos referir:

a) o de tratar, com urbanidade, não só as testemunhas (CPC, art. 459, § 2.º), mas, também, o adversário, o magistrado, os serventuários e todos aqueles, enfim, que devam participar desse ato processual. É o que consta do art. 44, do Código de Ética: "Deve o advogado tratar o público, os colegas, as autoridades e os funcionários do Juízo, com respeito, discrição e independência, exigindo igual tratamento e zelando pelas prerrogativas a quem tem direito". A este respeito, convém observar que embora haja, entre os advogados, uma compreensível competição profissional, o relacionamento entre eles, seja na audiência ou fora dela, deve ser sempre respeitoso, polido. Os autos do processo ou a sala de audiência não devem ser utilizados — como tantas vezes já se viu — como cenário para que destilem rancores, invejas ou antipatias recíprocas. Até mesmo as ironias, os sarcasmos e as chalaças devem ser postas de lado nos arrazoados e nos debates.

Por outro lado, torna-se oportuno recordar a regra contida no art. 6.º, *caput*, da Lei n. 8.906/94: "Não há hierarquia nem subordinação entre advogados, magistrados e membros do Ministério Público, *devendo todos tratar-se com consideração e respeito recíprocos*" (destacamos).

Esse dever de urbanidade, de lhaneza, não é algo que diga respeito exclusivo ao advogado e a todas as pessoas que participam da audiência, senão que constitui, como afirmamos, uma regra fundamental para a harmonia das relações sociais em geral, um imperativo essencial para a boa convivência humana.

Quando afirmamos que o advogado deverá tratar a todos de maneira cortês, não estamos a insinuar que ele não possa sustentar, com firmeza e denodo, as suas opiniões em audiência. Deve fazê-lo, todavia, com serenidade e respeito. É preciso saber que o poder de persuasão vem da qualidade do argumento e não do volume da voz que se utiliza para expor o ponto de vista. Advogado que vocifera é um destemperado. Assim, também, os que costumam ameaçar o juiz com reclamações ao corregedor, denúncias à OAB, ao CNJ, ou com a impetração de mandado de segurança. O advogado pode tomar quaisquer dessas providências legais, quando for o caso, sem ser sob a forma de ameaça, de intimidação ou de bravata;

b) o de não formular perguntas impertinentes, irrelevantes, incabíveis ou vexatórias. Para que uma pergunta seja deferida pelo juiz, ela deve atender a três requisitos básicos: 1) ter relação (pertinência) com os fatos da causa; 2) referir-se a fato relevante, assim considerado o que está ligado, direta ou indiretamente, ao o pedido formulado na inicial ou ao fundamento da resposta (exceção, contestação, reconvenção); 3) referir-se a fatos controvertidos. Não basta, pois, que o fato seja pertinente e relevante; é imprescindível que sobre ele haja controvérsia. Fatos incontroversos não são objeto de prova (CPC, art. 374, II e III). Logo, a pergunta que concernir a fato incontroverso deve ser indeferida. Vexatórias são as perguntas que implicam constrangimemnto ético ou moral à parte contrária ou às testemunhas, que submetem uma e outras a situações vergonhosas ou afrontosas de sua dignidade, de seu sentimento de pudor, de religiosidade, etc.;

c) o de não provocar incidentes desnecessários ou injustificáveis. Não estamos a cogitar daqueles incidentes processuais típicos, previstos em lei, como os embargos do devedor, os embargos de terceiro, a falsidade de documento, os artigos de atentado, etc., e sim dos incidentes que decorrerem de intervenções espontâneas realizadas durante o depoimento das partes, das testemunhas ou do perito sob a forma dos conhecidos *apartes* ou de *questões de ordem* (incidentes de fato). Não se pode negar que o inciso X, do art.7.º, da Lei n. 8.906/94 atribui ao advogado o direito de fazer uso da palavra, mediante intervenção sumária, para esclarecer equívoco ou dúvida surgida quanto a fatos, documentos ou afirmações que possam influir no julgamento da causa. O que não se permite é que essas intervenções sejam tumultuárias, perturbadoras da regularidade do andamento da audiência. De qualquer modo, a interveniência deve ser feita mediante prévio consentimento do juiz. O art. 446, parágrafo único, do CPC, é claro ao advertir que "Enquanto depuserem as partes, o perito, os assistentes técnicos e as testemunhas, os advogados não podem intervir ou apartear, *sem licença do juiz*" (destacamos).

Muitas vezes, certas intervenções do advogado, em audiência, se destinam a tumultuá-la, a confundir o adversário e o próprio magistrado. Essa prática interessa, por óbvio, àquele advogado que antevê o insucesso de seu cliente da causa. Por ser antiética, tal praxe dever ser evitada; ou combatida. Há casos, entretanto, em que a intervenção do advogado se justifica, como quando o juiz indefere pergunta por ele formulada (pergunta que era pertinente, relevante, cabível e não vexatória) e se recusa a transcrevê-la na ata; quando o advogado percebe que a parte contrária está tentando comunicar-se, mediante gestos ou sinais convencionais, com a testemunha que está depondo; quando o que se lançou na ata não corresponde ao que a parte ou a testemunha declararam; quando a parte contrária ou a testemmunha estiverem respondendo de modo vago, irônico, descortês ou agressivo, etc.

O advogado deve, também, evitar a formulação de perguntas repetitórias à parte contrária ou à mesma testemunha. Isto acontece quando ele não acompanha com atenção as declarações do depoente: em consequência, aberta a oportunidade para inquirir a parte adversa ou a testemunha, acaba repetindo as perguntas que foram feitas pelo magistrado ou pelo adversário (no caso de testemunha), fazendo com que o juiz, advertindo-o a este respeito, indefira a pergunta repetitiva — e, por isso mesmo, desnecessária. Ainda assim, o advogado terá o direito de ver transcrita na ata as perguntas que o juiz indeferir; para que essa transcrição ocorra, há necessidade de requerimento expresso (CPC, art. 459, § 3.º);

d) o de trajar-se adequadamente, ou seja, de maneira compatível com as regras de decoro forense e com a dignidade do Poder Judiciário. O próprio Código de Ética determina que o advogado deve, em sua conduta, preservar "a honra, a nobreza e a dignidade da profissão" (art. 2.º, parágrafo único, iniciso I). Cumpre ao advogado, enfim, construir uma boa imagem pessoal e preservá-la. Seria censurável, por isso, a conduta do advogado, consistente em apresentar-se na sala de audiência trajando bermuda, camiseta, camisa de clube de futebol, ou sandálias; com a barba por fazer; com o cabelo em total desalinho; embriagado ou recendendo a bebida alcoólica, etc. O mesmo se diga da advogada que estivesse com minissaia, com roupa colante ou transparente. Não se requer que o advogado se apresente como um dândi, um janota ou um Adônis, senão que de modo compatível com a austeridade dos ambientes judiciais.

Como estamos a versar sobre processo do trabalho, não poderíamos deixar de fazer menção especial ao dever de o advogado colaborar com a Justiça do Trabalho no que se refere à conciliação, ou melhor, à solução consensual do conflito de interesses. A tentativa de obter uma solução negociada da lide figura não apenas como o escopo fundamental desta Justiça (CLT, art. 764), mas, segundo dissemos, como dever do próprio advogado, como revela o art. 2.º, parágafo único, inciso VI, do Código de Ética: "São deveres do advogado: I – (...); VI – estimular a conciliação entre os litigantes (...)".

A realidade prática está a demonstrar a existência de advogados que se recusam, de modo sistemático, à conciliação. É preciso verificar, todavia, se essa recalcitrância traduz posição pessoal do advogado, ou decorre de imposição do seu cliente. Há sociedades comerciais, por exemplo, que adotam a política de não realizar transação em juízo (às vezes, durante certo período de tempo); neste caso, o que pode parecer aos olhos do juiz ser uma deliberação particular do advogado, constitui, na verdade, determinação do seu constituinte. É sempre importante ao juiz procurar, em audiência, esclarecer-se a este respeito, pois, muitas vezes, irrita-se com a atitude do advogado, supondo ser deste a recusa à conciliação, argumentando, o magistrado, inclusive, que a procuração outorgada ao causídico lhe concede poderes para transigir. Conquando, no geral, as procurações judiciais soem conter, efetivamente, cláusula atributiva desse poder, na prática, o advogado, em alguns casos, se vê tolhido de exercê-lo em decorrência de imposição, em sentido contrário, do seu cliente.

Não se nega, por outro lado, que o advogado, constituído para promover a defesa dos direitos e interesses do seu cliente, na causa, tem o dever de recusar-se à conciliação sempre que estiver convencido de que os termos pelos quais está sendo proposta são prejudiciais ao seu constituinte. Afinal, a conciliação deve ser produto da convergência da vontade dos litigantes, não se conformando, portanto, à sua natureza qualquer imposição de uma das partes em relação à outra; ou do magistrado, no tocante a uma delas ou a ambas. Por isso é que se afirma, com propriedade, ser a transação um *negócio jurídico bilateral*. Não é por acaso, aliás, que ela se encontra regulada, no Código Civil, no Título VI (Parte Especial, Livro I), que trata das várias modalidades de contrato (arts. 840 a 850).

Para que não nos alonguemos nesta questão, devemos ponderar que, dentro do possível, o advogado deverá colaborar com a Justiça do Trabalho na busca de uma solução negociada do conflito. Assim como o advogado — conforme acabamos de afirmar — tem o dever de recusar-se à conciliação prejudicial aos interesses do seu cliente, a ele cumpre aceitá-la toda vez que verificar que, ao contrário, a conciliação é interessante ao seu cliente. Havendo dúvida da parte, caberá ao seu advogado demonstrar-lhe (de maneira reservada, por suposto) a conveniência ou a inconveniência da transação.

Em tema de conciliação, a propósito, devemos advertir que a intransigência sistemática, de uma ou de ambas as partes, é péssima conselheira. A vida prática revela inúmeras situações em que a parte, tendo diante de si a sentença de mérito, que lhe foi desfavorável, conclui, com um travo de arrependimento, que melhor teria agido se aceitasse a conciliação proposta pelo adversário ou pelo magistrado. Não se pode negar, por este motivo, a sabedoria do velho adágio popular, conforme o qual "Mais vale um bom acordo do que uma péssima demanda".

Capítulo III

O Ministério Público do Trabalho e a Audiência

Embora o art. 127, da Constituição Federal, declare ser o Ministério Público "instituição permanente, essencial à função jurisdicional do Estado, incumbindo-lhe a defesa da ordem jurídica, do regime democrático e dos interesses sociais e individuais indisponíveis", a Lei Complementar n. 75, de 20 de maio de 1993, somente prevê a atuação do Ministério Público do Trabalho nas sessões dos Tribunais do Trabalho, oportunidade em que o procurador poderá manifestar-se verbalmanente sobre a matéria em debate, sempre que entender necessário, além de praticar outros atos.

A CLT também somente cogita da atuação do Ministério Público do Trabalho nas sessões do Tribunal Superior do Trabalho (art. 748, alínea "*b*") e dos Tribunais Regionais (art. 750, letra "*b*").

Está claro, portanto, inexistir imposição legal para que o Ministério Público funcione, nas audiências dos órgãos de primeiro grau da Justiça do Trabalho, na qualidade de fiscal da lei. Desconhecem-se as razões que levaram o legislador a dispensar a presença do *Parquet* nessas ocasiões. Não se pode imaginar tenha sido o fato de o Ministério Público do Trabalho não estar instalado em todas as comarcas do País, pois, neste caso, o legislador poderia ter deslocado essa atribuição de *custos legis* aos Promotores de Justiça, a exemplo do que fez em relação aos Juízes de Direito, nas localidades em que não houver Vara do Trabalho instalada (CLT, art. 668). Talvez seja razoável presumir que o legislador tenha suposto que a presença do representante do Ministério Público do Trabalho nas audiências trabalhistas pudesse conspirar contra o objetivo essencial da Justiça do Trabalho, que é a conciliação. Assim dizemos, porque o Ministério Público tende a ser muito formalista e intransigente, até mesmo por dever de ofício.

Apesar disso, entendemos que o Ministério Público do Trabalho poderá intervir nos autos, por sua iniciativa ou por solicitação do juiz, mesmo em primeiro grau de jurisdição, quando estiver em causa um interesse público. Trata-se, aqui, não de uma faculdade, e sim de um dever previsto no inciso II, do art. 83, da Lei Complmentar n. 75/93.

Nos casos em que o Ministério Público está legalmente legitimado para atuar como *parte*, é elementar que deverá participar das audiências. Dentre esses casos, podemos referir o ajuizamento: a) de ação civil pública (Lei n. 7.347, de 24-7-1985, art. 5.º; LC n. 75/93, art. 83, inciso I); ou b) de ação ("reclamação") trabalhista quando o empregado for menor de 18 anos e não possuir representante legal (CLT, art. 793).

De resto, o Ministério Público: a) agindo na qualidade de fiscal da lei (*custos legis*), terá vista dos autos depois das partes, devendo ser intimado de todos os atos do processo; poderá produzir provas, requerer medidas processuais cabíves e recorrer (CPC, art. 179, I e II); b) em qualquer caso, possuirá prazo em dobro para manifestar-se nos autos, que terá início a contar de sua intimação pessoal, na forma do art. 183, § 1.º, do CPC (art. 180, *caput*).

Por outro lado, o membro do Ministério Público será civil e regressivamente responsável quando agir com dolo ou fraude no exercício de suas funções (CPC, art. 181).

Capítulo IV

A Representação das Partes na Audiência. O Preposto

1. Considerações gerais

As figuras da representação e da substituição são inconfundíveis, inclusive, no plano processual. Embora o elemento comum entre ambas resida no fato de o representante e o substituo agirem em nome do titular do direito material, o representante, ao contrário do substituto, não é parte, ou seja, não integra a relação processual de fundo, que se estabelece entre o autor e o réu.

Em norma compatível, *mutatis mutandis*, com o processo do trabalho, dispõe o art. 75, do CPC, que serão representados em juízo, ativa e passivamente: a) a União, pela Advocacia-Geral da União, diretamente ou mediante órgão vinculado; os Estados e o Distrito Federal, por seus procuradores; b) o Estado e o Distrito Federal, por seus procuradores; c) o Município, por seu prefeito ou procurador [*V. arts. 182 e 184, relacionados*]; d) a autarquia e a fundação de direito público, por quem a lei do ente federado designar; e) a massa falida, pelo administrador judicial; f) a herança jacente ou vacante, por seu curador; g) o espólio, pelo inventariante; h) a pessoa jurídica, por quem os respectivos atos constitutivos designarem ou, não havendo essa designação, por seus diretores; i) a sociedade e a associação irregulares e outros entes organizados sem personalidade jurídica, pela pessoa a quem couber a administração de seus bens; j) a pessoa jurídica estrangeira, pelo gerente, representante ou administrador de sua filial, agência ou sucursal aberta ou instalada no Brasil; k) o condomínio, pelo administrador ou síndico.

Antes de nos dedicarmos ao exame específico das situações enumeras pelo art. 75, do CPC, devemos fazer referência à crítica formulada por Pontes de Miranda, na vigência do CPC de 1973, de que "Conforme temos sempre frisado, chamando a atenção para as graves confusões que aparecem em leis e livros, indiferentes à terminologia indispensável à expressão das leis e às exposições do direito, onde há órgão não há representação, nem procuração, nem mandato, nem qualquer outra outorga de poderes. O órgão é parte do ser, como acontece às entidades jurídicas, ao próprio homem e aos animais. Coração é órgão, fígado é órgão, olhos são órgãos; o Presidente da República é órgão; o Governador de Estado-membo e o Prefeito são órgãos. Quando uma entidade social, que se constitui, diz qual a pessoa que por ela figura nos negócios jurídicos e nas atividades com a Justiça, aponta-a como o seu órgão, que pode *presentá-la* (isto é, estar presente para dar presença à entidade de que é órgão) e, conforme a lei ou os estatutos, outorgar poderes a outrem, que então *representa* a entidade. Quando o art. 12 do Código de Processo Civil) diz que os seres sociais por ela apontados são 'repreentados em juízo, ativa e passivamente', pelas pessoas que menciona, erra, palmarmente, sempre que não houver outorga de poderes e sim função de órgãos. Onde não se trata de órgão, caberia empregar a palavra 'representação', 'representar', 'representante', 'representado', não porém onde a participação processual, ativa ou passiva, é órgão" (*Comentários ao Código de Processo Civil*. Rio de Janeiro: Forense, 1974. tomo I, p. 318-319).

Parece-nos sustentável a distinção feita por Pontes de Miranda, quanto aos vocábulos *presentação* e *representação*, seja porque o verbo presentar se encontra dicionarizado, seja pelo caráter didático que essa disjunção apresenta. Sob o aspecto essencialmente linguístico, todavia, não há dessemelhança de significados, entre um e outro, até porque a *presentação* constitui mera forma aferética de *representação*. Houaiss registra o uso do verbo *presentar* já no século XIII, d.C. (*Dicionário Houaiss da Língua Portuguesa*. 1.ª ed. Rio de Janeiro: Objetiva, 2001. p. 2.291).

Por outro lado, não se confunde a representação em juízo com a capacidade postulatória, pois esta última só é reconhecida a quem se encontra legalmente habilitado para exercê-la, caso dos advogados regularmente inscritos na OAB, conquanto, no processo do trabalho, essa capacidade (*ius postulandi*) seja cometida às partes (CLT, art. 791, *caput*), exceto para efeito de atuação no TST.

Examinemos, agora, a casuística do art. 75, do CPC, levando em conta a separação, entre si, dos vocábulos *presentação* e *representação*. Não existe, todavia, o substantivo *presentante*; só *representante*.

São casos de *presentação,* na referida norma legal, aqueles constantes dos incisos I, II, III e IV; de *representação,* os enumerados nos incisos V, VI, VII, VIII, IX e XI

a) União: a sua presentação incumbirá à Advocacia-Geral da União, de maneira direta ou mediante órgão vinculado.

A União, os Estados, o Distrito Federal e os Territórios são entidades integrantes da administração pública *direta.* No caso dos órgãos da administração *indireta*, como as autarquias e as fundações de direito público, por terem personalidade jurídica própria, a sua representação compete a quem a lei do ente federado designar.

Os procuradores das pessoas jurídicas de direito público não requerem mandato especial para atuar em juízo, uma vez que a sua nomeação para o cargo os investem, de maneira automática, no poder de representação. Neste sentido, a OJ n. 52, da SBDI-1, do TST, e a Súmula n. 644, do STF. Devem comprovar, apenas, a qualidade de procuradores.

É interessante reproduzir a regra do art. 5.º, da Lei n. 9.028/95: "Nas audiências de reclamações trabalhistas em que a União seja parte, será obrigatório o comparecimento de preposto que tenha pleno conhecimento do fato objeto da reclamação, o qual, na ausência do representante judicial da União, entregará a contestação subscrita pelo mesmo".

Dessa dicção legal extrai-se a conclusão de que, apesar da ausência do representante judicial da União, o juiz deverá receber, das mãos do preposto, a contestação subscrita pelo referido representante judicial. Não se aplica, portanto, neste caso, a Súmula n. 122, do TST — que, aliás, não deveria ser aplicada em situação alguma, em razão de sua natureza teratológica. Por outro lado, o art. 5.º, da Lei n. 9.028/95 deixa aberta uma questão relevante: se o procurador judicial da União, não houver elaborado a contestação (ou qualquer espécie de resposta), ou, se a elaborou, não a entregou ao preposto, este poderá fazer a defesa oral, se aquele não comparecer à audiência? O assunto é polêmico. Em que pese ao fato de o dispositivo legal referido deixar transparecer que a resposta, em circunstâncias normais, deva ser elaborada (por escrito) pelo procurador judicial da União, entendemos ser possível, em situações extraordinárias (como a de que estamos a cogitar), a formulação de defesa oral, pelo preposto, seja em razão do caráter genérico do art. 847, da CLT, seja porque isto se faz necessário para defender os interesses da União.

b) Estados e Distrito Federal são presentados por seus procuradores.

Conforme dissemos, na alínea *"a"*, *retro*, os procuradores das pessoas jurídicas de direito público não requerem mandato especial para atuar em juízo, uma vez que a sua nomeação para o cargo os investem, de maneira automática, no poder de representação.

c) Municípios: como está claro no texto legal, a presentação cabe ao prefeito ou ao procurador. As Câmaras Municipais são destituídas de personalidade jurídica; possuem, tão somente, personalidade judiciária. Deste modo, se a ação trabalhista for dirigida à Câmara Municipal, o processo, em princípio, deverá ser extinto, sem resolução do mérito, em decorrência da manifesta ilegitimidade da ré. Entendemos ser inadmissível, neste caso, a nomeação à autoria, de que tratava o art. 62, do CPC de 1973. Ocorre que, opostamente ao que sustentavam alguns estudiosos, esta modalidade de intervenção de terceiro não fora instituída para corrigir ilegitimidade passiva; se assim fosse, ficaria difícil explicar a razão pela qual o art. 295, inciso II, daquele CPC, incluía essa ilegitimidade como uma das causas de indeferimento da petição inicial, e o art. 267, inciso II, do mesmo Código, determinava a extinção do processo sem pronunciamento acerca da lide. Destarte, nos casos em que a ação viesse a ser exercida em face de Câmara Municipal, embora não fosse admissível a nomeação à autoria, e sim a extinção do processo sem resolução do mérito, o juiz do trabalho, invocando o princípio da simplicidade que informa o correspondente processo, poderia autorizar a mutação subjetiva no polo passivo da relação processual mediante a simples substituição da Câmara Municipal (parte ilegítima) pelo Município (parte legítima). Ao tempo em que exercíamos a magistratura em primeiro grau adotamos esse procedimento, que teve a plena concordância das partes por ser do interesse delas. Ainda na vigência do CPC de 1973, dissemos: "Em certas circunstâncias, o processo do trabalho não pode levar à risca a norma do art. 41, do CPC, conforme a qual 'Só é permitida, no curso do processo, a substituição voluntária das partes nos casos expressos em lei'; por outras palavras, será lícito ao processo do trabalho, em nome da preservação de seus princípios nucleares, colocar de lado o princípio da estabilização subjetiva da lide, materializado no sobredito preceito do CPC. Essa estabilização se efetiva com a citação; sendo assim, o juiz no trabalho, excluindo do processo a Câmara Municipal, mandará citar o Município para comparecer a juízo, a fim de, ocupando o lugar daquela,defender-se".

O CPC de 2015 eliminou a figura da *nomeação à autoria*, substituindo-a pelas disposições dos arts. 338 e 339. Estabelece o *caput* do primeiro: "Alegando o réu, na contestação, ser parte ilegítima ou não ser o responsável pelo prejuízo invocado, o juiz facultará ao autor, em 15 (quinze) dias, a alteração da petição inicial para substituição do réu". Consta do segundo: "Quando alegar sua ilegitimidade, incumbe ao réu indicar o sujeito passivo da relação jurídica discutida sempre que tiver conhecimento, sob pena de arcar com as despesas processuais e de indenizar o autor pelos prejuízos decorrentes da falta de indicação. § 1.º O autor, ao aceitar a indicação, procederá no prazo de 15 (quinze) dias, à alteração de petição inicial para a substituição do réu, observando-se, ainda, o parágrafo único do art. 338. § 2.º No prazo de 15 (quinze) dias, o autor pode optar por alterar a petição inicial para incluir, como litisconsorte passivo, o sujeito indicado pelo réu".

O art. 41, do CPC de 1973, por nós referido há pouco, foi reproduzido pelo art. 108, do CPC de 2015.

d) Autarquia e fundação de direito público. A sua presentação judicial está subordinada à legislação do respectivo ente federado.

e) Massa falida: é representada pelo administrador judicial. A representação se inicia no momento em que for nomeado pelo juiz. No CPC de 1973, a representação incumbia, também, ao síndico.

f) Herança jacente ou vacante: carateriza-se a primeira quando a pessoa falece sem deixar testamento ou herdeiro legítimo notoriamente conhecido (CC, art. 1.819); configura-se a segunda quando, praticadas as diligências de arrecadação dos bens, e ultimado o inventário, e decorrido um ano da data da primeira publicação do edital, não exista herdeiro habilitado nem penda habilitação (CC, art. 1.820). Em quaisquer desses casos, a representaçao judicial caberá ao curador (CPC, arts. 75, inciso VI, e 1.144, inciso I).

g) Espólio: é o conjunto dos bens patrimoniais do falecido (*de cujus*), a serem partilhados entre os herdeiros ou outras pessoas. Não só de bens, mas de direitos e obrigações. Por não ter personalidade jurídica, o espólio é representado pelo inventariante, que agirá nesta qualidade até o momento em que transitar em julgado a sentença homologatória da partilha dos bens. Conforme assinala Pontes de Miranda, "A 'representação' da herança pelos inventariantes é legitimação da comunidade de interesses; não tira aos herdeiros a sua qualidade de partes; são eles litisconsortes e podem falar na ação como parte, inclusive desistir ou transigir quanto à sua parte na herança. Se o inventariante se recusa a propor ação em nome do espólio, qualquer herdeiro pode propô-la. O art. 12, V, não eliminou a qualidade de partes aos herdeiros; criou, conforme a tradição, um *plus:* o *estado processual* do inventariante, quando não dativo. Trata-se de construção legal, no plano processual com o conteúdo de direito material" (obra cit., p. 328).

Indaga-se, todavia: se o inventariante ainda não houver prestado o compromisso a que se referem os arts. 1.991, do CC, e 990, parágrafo único, do CPC, quem representará o espólio em juízo? A resposta está no art. 985, do CPC: o administrador provisório. Este administrador, conforme dispõe o artigo seguinte (986), "representa ativa e passivamente o espólio".

Conforme o art. 75, § 1.º,do CPC, quando o inventariante for dativo, os sucessores do falecido serão intimados no processo em que o espólio for parte. Haverá, pois, a constituição de um regime litisconsorcial do tipo necessário (CPC, art. 114).

O tema da representação processual do espólio, no âmbito da Justiça do Trabalho, merece comentários particulares. Sucede que, por força do disposto no art. 1.º, da Lei n. 6.858, de 24 de novembro de 1980, "Os valores devidos pelos empregadores aos empregado" (além dos montantes referentes ao FGTS e ao PIS-PASEP) "serão pagos, em cotas iguais, aos dependentes habilitados perante a Previdência Social ou na forma especifca dos servidors civis e militares, e, na sua falta, aos sucessores previstos na lei civil, indicados em alvará judicial, independentemente de inventário ou arrolamento".

Nos termos da precitada norma legal, portanto, o pagamento dos valores a que fazia jus o empregado falecido será efetuado:

1. aos dependentes habilitados na Previdência Social;

2. inexistindo os dependentes mencionados no item anterior, o pagamento será feito aos sucessores, nos termos do Código Civil (art. 1.829 e seguintes). Conquanto, também neste caso, a Lei n. 6.858/1980, dispense a abertura de inventário (CPC, art. 610 e seguintes), em certas situações será necessário exigir-se a realização do inventário e a consequente nomeação do inventariante, como quando haja — como já aconteceu — duas ações trabalhistas ajuizadas em face do trabalhador falecido: uma, pela esposa, outra, pela companheira. O juiz do trabalho não tem competência para definir, neste caso, a quem cabe a representação judicial do *de cujus*. A prudência sugere, por isso, que ele suspenda o processo, por prazo razoável (CPC, art. 313, inciso VIII), aguardando que uma dessas pessoas se apresente com o termo de compromisso de inventariante (CPC, art. 617, parágrafo único). O processo referente à outra pessoa será extinto em virtude de carência da ação (ilegitimidade ativa: CPC, arts. 17 e 485, inciso VI).

Ainda pelo sistema da Lei n. 6.858/1990, havendo dependentes menores, as quotas a eles atribuídas deverão ser depositadas em caderneta de poupança e somente poderão ser liberadas quando atingirem a idade de 18 anos. O juiz, todavia, poderá determinar a liberação dessas quotas se destinadas à aquisição de moradia para os menores e sua família ou para prover-lhes a necessária subsistência e educação.

h) Pessoas jurídicas: o inciso VIII, do art. 75, do CPC, cogita, de maneira implícita, das pessoas jurídicas de direito privado, cuja representação é exercida por quem os estatutos (sociedades anônimas) ou o contrato social (sociedades por quotas de responsabilidade limitada) designarem; não havendo designação, a presentação judicial incumbirá aos diretores. Pontes de Miranda entende que o adjetivo "representados", subentendido no inciso VIII, do art. 75, do CPC, foi utilizado em seu sentido demasiadamente amplo, abrangendo a atuação das pessoas jurídicas por seu órgão e o serem representadas por seus procuradores: "O órgão não representa; o órgão presenta. Quando o órgão vai a juízo é a pessoa jurídica que está presente; e não cabe falar-se de representacão. Os atos dos órgãos das pessoas jurídicas são atos delas; e não atos de outrem, por elas" (obra cit., p. 333).

i) Sociedades e associações irregulares e outros entes organizados sem personalidade jurídica. (CC, arts. 986 a 990): serão re*presentadas* pelo administrador dos bens. Todavia, os sócios respondem solidariamente pelas obrigações sociais, ficando excluído do benefício de ordem aquele que contratou pela sociedade (CC, art. 990). As sociedades sem personalidade jurídica são sociedades de fato. Estas sociedades, quando demandadas em juízo, não poderão opor a irregularidade de sua constituição (CPC, art. 75, § 2.º). Se pudessem fazê-lo, estariam a beneficiar-se de sua negligência ou de sua torpeza – *Nemo turpitudinem potest*, adverte o velho brocardo latino.

j) Pessoa jurídica estrangeira: é a que se constitui fora do Brasil, pouco importando se os seus sócios ou dirigentes são estrangeiros ou brasileiros. A sua representação cabe ao gerente, ao representante ou ao administrador de suas unidades, sejam estas filiais, agências ou sucursais, abertas ou instaladas em nosso País. Dispõe o § 3.º, do art. 75, do CPC, que se presume estar, o gerente da filial ou agência, autorizado pela pessoa jurídica estrangeira a receber a citação inicial para para qualquer processo (de conhecimento, de execução, cautelar e especial). Esta representação é, apenas, passiva, pois destinada a facilitar a citação, vale dizer, a não causar embaraços ao autor e à justiça. Já a representação da pessoa jurídica estrangeira, para contestar a ação, é a prevista no inciso VIII, do mesmo artigo, ou seja, caberá às pessoas designadas no estatuto ou no contrato social, ou, não os designando, aos seus diretores.

k) Condomínio edilício: o inciso XI, do art. 75, do CPC — em norma reiterada pelo art. 1.348, inciso II, do CC —, dispõe que a representação judicial do condomínio incumbe ao síndico ou ao administrador. Na edição anterior deste livro, manifestamos o entendimento de que a representação não poderia ser exercida por empresa especializada, que estivesse administrando o condomínio. Reformulamos, agora, a nossa opinião, para admitir a representação por essa espécie de administradora. Ademais, conforme estabelece do § 2.º, do art. 1.348, do CC: "O síndico pode transferir a outrem, total ou parcialmente, os poderes de representação (...)".

Estivemos, até este ponto, a tratar do condomínio regularmente constituído (CC, arts. 1.332 a 1.334). Vejamos, agora, a quem incumbe a representação judicial do condomínio meramente de fato, vale dizer, cujos atos constitutivos não constam do Registro de Imóveis. Se a ação trabalhista foi ajuizada em face da totalidade dos condôminos, é elementar que, por princípio, todos eles deverão comparecer a juízo, pois são parte no processo. Pode-se admitir, em algumas situações, que componham uma espécie de comissão integrada por alguns deles, a fim de evitar certos tumultos que o comparecimento de todos causaria, se exigida a sua presença em juízo. Se a ação foi dirigida a parte dos condôminos, estes poderão vir a juízo e requerer a citação dos demais, para integrarem a relação jurídica processual, na qualidade de litisconsortes necessários (CPC, art. 114). Não nos parece o caso de chamamento ao processo, previsto no inciso III, do art. 130, do CPC, pois a sentença que vier a ser emitida não poderá constituir título executivo em favor do condômino que, acaso, vier a satisfazer o total da dívida, como prevê o art. 132, do CPC.

Além dos casos mencionados no art. 75, do CPC, devemos examinar a representação judicial: l) dos ausentes; m) das empresas em regime de liquidação extrajudicial; n) das paróquias e outras instituições religiosas; o) dos incapazes; p) do réu preso; q) do réu citado por edital; r) das embaixadas e consulados.

l) Ausentes: em matéria jurídica, ausente é a pessoa que desaparece do seu domicílio, sem que dela se tenha notícia, e que não tenha deixado representante ou administrador dos seus bens (CC, art. 22). Mesmo que tenha deixado mandatário, será declarada a ausência se este não quiser ou não puder exercer o mandato, em nele prosseguir, ou, ainda, se os poderes recebidos foram insuficientes (CC, art. 23). Nestes casos, o juiz, a requerimento do Ministério Público ou de qualquer interessado, declarará a ausência e nomear-lhe-á curador (*ibidem*). O procedimento judicial para essa finalidade é estabelecido pelos arts. 744 e 745, do CPC.

O curador será o representante processual do ausente. Aberta a sucessão provisória, cessará a curadoria, situação em que será representante judicial do espólio o inventariante (CPC, art. 75, inciso VII).

É necessário advertir, porém, que a ausência de que cuidam os arts. 22 e 23, do CC não se confunde com a situação prevista no § 1.º, do art. 841, da CLT, em que o réu não é encontrado para receber a citação, caso em que será citado por edital. Na ausência típica, regulada pelo direito civil, a citação será realizada na pessoa do curador, como tal nomeado pelo juiz competente (CC, art. 24; CPC, art. 744); no caso do art. 841, § 1.º, da CLT, o ato citatório será realizado na pessoa do próprio réu, embora por meio de edital (citação editalícia);

m) Liquidação extrajudicial:

Tratando-se de instituição bancária, financeira ou cooperativa de crédito, que se encontram sob o regime de liquidação extrajudicial, promovida pelo Banco Central do Brasil, a sua representação em juízo caberá ao interventor, pois este é dotado de plenos poderes de gestão (Lei n. 6.024/74, art. 5.º).

n) Paróquias e outras instituições religiosas

As paróquias ligadas à Igreja Católica, assim como as demais organizações religiosas, são pessoas jurídicas de direito privado (CC, art. 44, inciso IV). No caso das paróquias, a sua representação em juízo incumbirá ao pároco ou padre ou vigário correspondente àquela diocese; quanto às demais igrejas, caberá a quem for responsável pela unidade em que funciona (pastores, bispos).

Há casos, no entanto, em que a paróquia mantém uma escola ou uma creche, com diretoria regularmente constituída, e emprega trabalhadores (professores, assistentes sociais, psicólogos, cozinheiros, nutricionistas, serventes). Neste caso, a representação judicial tanto poderá ser exercida pelo pároco, como pelo diretor da escola ou da creche.

o) Incapazes

O princípio enunciado no art. 1.º, do CC, é de que todas as pessoas são capazes de direitos e obrigações na ordem civil.

Excepcionando essa regra, o próprio Código declara serem:

a) absolutamente incapazes: a.a.) os menores de dezesseis anos; a.b.) os que, por enfermidade ou deficiência mental, não possuírem o necessário discernimento para a prática de atos da vida civil; a.c.) os que, mesmo em virtude de causa transitória, não puderem manifestar a sua vontade (art. 3.º, incisos I a III);

b) relativamente incapazes: b.a.) os maiores de 16 anos e menores de 18 anos; b.b.) os ébrios habituais, os viciados em tóxicos, e os que, por deficiência mental, tenham o discernimento reduzido; b.c.) os excepcionais, sem desenvolvimento mental completo; b.d.) os pródigos (art. 4.º, incisos I a IV).

O art. 71, do CPC, por sua vez, dispõe que os incapazes serão, em juízo, representados ou assistidos por seus pais, tutores ou curadores, na forma da lei.

No caso dos menores de idade, cabe aos pais, com exclusividade, representá-los até os 16 anos de idade, e assisti-los a partir daí até atingirem a maioridade ou obterem a emancipação (CC, art. 1.690). Pode ocorrer, todavia, que o exercício do poder familiar (antigo pátrio poder) faça com que os interesses dos pais conflitem com os dos filhos. Se isto acontecer, os filhos ou o Ministério Públco podem requerer ao juiz competente que lhes designem curador especial (CC, art. 1.692). Nesta hipóse, a representação judicial dos menores ficará a cargo do referido curador.

Se os pais vierem a falecer ou a ser declarados ausentes, ou, ainda, se decaírem do poder familiar, os filhos menores de idade serão colocados sob tutela (CC, art. 1.728, incisos I e II). Competirá ao tutor, dentre outras coisas, "propor em juízo as ações, ou nelas assistir o menor, e promover todas as diligências a bem deste, assim como defendê-lo nos pleitos contra ele movidos" (CC, art. 1.748, inciso V).

Com relação às demais pessoas mencionadas nos arts. 3.º e 4.º, do CC, ficarão sujeitos à curatela (CC, art. 1.767), mediante processo de interdição judicial (CC, art. 1.768), cuja sentença produzirá efeitos imediatos, embora sujeita a recurso (CC, art. 1.773).

A *curatela* é um *munus publico* que a lei atribui a uma pessoa, para reger e defender outra pessoa, maior de idade mas incapaz, além de administrar-lhe os bens. A *tutela* constitui um conjunto de direitos e obrigações que a lei confere a terceiro, incumbindo-o de proteger um menor de idade não emancipado, que não está sob o poder familiar. Cumprirá ao tutor administrar os bens do menor e representá-los nos atos da vida civil e, também, em juízo.

Percebendo, juiz do trabalho, a incapacidade processual ou a irregularidade da representação de um ou de ambos os litigantes, deverá suspender o processo e fixar prazo razoável para que o defeito seja sanado. Não sendo cumprido o despacho judicial, no prazo e nas condições estabelecidos, se a providência estava a cargo: 1) do autor, o juiz decretará a extinção do processo; 2) do réu, será considerado revel; 3) do terceiro, será considerado revel ou excluído do processo (CPC, art. 76, incisos I a III).

Esta norma legal estará a exigir alguns comentários elucidativos. Em primeiro lugar, a capacidade processual da parte, ou a regularidade de sua representação em juízo, traduzem pressupostos de validade do processo. Por esse motivo, o juiz deve conhecer, por sua iniciativa (*ex officio*) de irregularidades concernentes a esses pressupostos (CPC, art. 485, inciso IV e § 3.º). Em segundo, constatada a irregularidade, o juiz suspenderá o processo e intimará a parte para que o defeito seja sanado, assinando-lhe, com vistas a isso, prazo razoável. Essa razoabilidade deve ser definida segundo as particularidades de cada caso concreto. Em terceiro, apesar de a norma legal afirmar que se o autor não cumprir o despacho judicial que determinou a sanação do defeito o juiz decretará a nulidade do processo, parece-nos que, em rigor, o que haverá é a extinção do processo, sem resolução do mérito, por falta de pressuposto legal válido para a constituição da relação processual (CPC, art. 485, inciso IV). Com isto, estamos a afirmar que não haverá necessidade de o magistrado pronunciar a nulidade do processo. Em quarto, embora o réu deva ser declarado revel, no caso de não atender ao despacho do juiz, isto não significa que sempre ocorrerá o efeito da revelia, que é a presunção de veracidade dos fatos alegados na petição inicial. (CPC, art. 344). Se, por exemplo, o fato narrado nessa peça depender de prova técnica indispensável, como nos casos de insalubridade e de periculosidade (CLT, art. 195, § 2.º), não se verificará o efeito da revelia, cumprndo ao juiz determinar a realização do pertinente exame pericial. Outras situações em que esse efeito não ocorre estão mencionadas no art. 345, do CPC.

p) Réu preso

O art. 72, inciso II, do CPC, determina que se designe curador especial — antigo curador à lide — se o réu encontrar-se preso (não nos ocupemos, por enquanto, do réu citado por edital) e for revel.

Estamos convencidos de que essa norma do processo civil não se aplica ao do trabalho. Pouco importa se o réu se encontrava preso antes da proposistura da ação trabalhista, ou se a prisão se deu no curso do processo, e se ele tornar-se revel, ou não. Nenhuma dessas situações, a nosso ver, autoriza a designação de curador especial. Para os efeitos da regularidade da citação, por exemplo, basta que o instrumento seja encaminhado, mediante registro postal (CLT, art. 841, § 1.º), à unidade policial ou ao estabelecimento penitenciário em que o réu se encontra preso. Para os efeitos da audiência, o juiz requisitará à autoridade policial ou ao diretor do presídio a liberação do réu, que comparecerá a juízo com escolta.

Enfim, na Justiça do Trabalho, de modo geral, não se tem admitido a incidência do disposto no art. 72, inciso II, do CPC, sem que isso — até onde sabemos — tenha sido objeto de declaração de nulidade do processo.

q) Réu citado por edital

O mesmo art. 72, inciso II, do CPC, determina a nomeação de curador especial para o réu citado por edital ou com hora certa, enquanto não for constituído advogado. Duas observações objetivas: 1) pelas mesmas razões expostas na letra anterior, não se tem exigido, na Justiça do Trabalho, a designação de curador especial ao réu cuja citação se deu por edital. A citação editalícia, no âmbito desta Justiça Especializada, ocorrerá não apenas quando o réu encontrar-se em lugar desconhecido ou incerto, mas, também, quando criar embaraços ao recebimento do intrumento citatório (CLT, art. 841, § 1.º, segunda parte). Seja como for, o fato é que se tem dispensado, tradicionalmente, a designação de curador especial, sem que isso tenha implicado a nulidade dos processos correspondentesem que isso se deu 2) entendemos que a citação com hora certa, em princípio, é inadmissível no processo do trabalho, em razão do estatuído no § 1.º, do art. 841, da CLT. Justiquemos a nossa opinião. No sistema do CPC, o princípio é de que a citação será realizada pelo correio (CPC, art. 247), exceto nos casos expressamente ressalvados pela aludida norma legal. Até aqui, esse sistema é semelhante ao do processo do trabalho. Pois bem. Um dos casos em se que pode realizar a citação com hora certa, no processo civil, ocorre quando ficar frustrada a citação pelo correio; neste caso, tentar-se-á a citação por meio de oficial de justiça. Verificada, porém, a situação prevista no art. 251, do CPC (dirigir-se, o oficial de justiça, por três vezes, ao endereço do réu, sem encontrá-lo, e havendo suspeita de ocultação), a citação será realizada com hora certa. No processo do trabalho, entretanto, se a citação pelo correio for frustrada (por embaraços criados pelo réu, ou por não ser este encontrado), o ato será realizado mediante a publicação de edital, no jornal oficial, ou, não havendo, em jornal que publicar o expediente forfense, ou ainda, na falta deste, afixado na sede do juízo pelo qual tramita o processo, como determina o § 1.º, parte final, do art. 841, da CLT. O processo do trabalho, portanto, não é omisso quanto à matéria, motivo por que não se pode aplicar a regra do art. 252, do CPC, sob pena de ofensa ao art. 769, da CLT.

Somente em casos excepcionais, a nosso ver, deverá ser admitida, no processo do trabalho, a citação com hora certa. Uma dessa situações ocorre nas ocasiões de deflagração de greve, quando o oficial de justiça estiver encontrando dificuldade em proceder à citação do representante legal de determinado sindicato (em ações como, por exemplo, de interdito proibitório), por estar, o referido representante, se esquivando ao ato citatório.

r) Embaixadas e consulados

A Convenção e Viena, de 1961, foi ratificada pelo Brasil pelo Decreto n. 56.435/65. Por força dessa Convenção, a representação do Estado acreditante perante o Estado acreditado cabe, com exclusividade, ao embaixador, que o Chefe da Missão Diplomática. Essa representação não pode ser feita pelo cônsul, pois as atribuições deste estão circunscritas, de modo geral, aos terrenos administrativo e comercial.

É oportuno registrar que a imunidade de jurisdição, outrora considerada absoluta, pois *par in parem non habet jurisdictionem*, modernamente, vem sendo abrandada ("relativizada", segundo alguns juristas), de tal maneira que somente usufurem dessa imunidade os Estados Estrangeios quanto aos atos de natureza pública (*ius imperii*) que praticam; destarte, não se compreendem nessa imunidade os atos de natureza tipicamente privada, ou seja, atos negociais ou de gestão (*iure gestiones*). Este entendimento está em harmonia com a Convenção Europeia de 1972.

A respeito do art. 114, da Constituição Federal, que atribui à Justiça do Trabalho competência para solucionar os conflitos de interesses oriundos da relação de trabalho, "abrangidos os entes de direito público externo", assim se manifestou Luiz Olavo Batista:

> "A regra do art. 114 da Constituição é de competência judiciária. Ela outorga à Justiça do Trabalho a competência para apreciar e julgar dissídios trabalhistas entre empregadores e empregados, 'abrangidos os entes de direito público externo', o que compreende a competência *ratione materiae*, para resolver essas questões assim como a *ratione personae*. Mas ela não é atributiva de jurisdição quando esta não existe.
>
> A imunidade de jurisdição é disciplinada por normas internacionais e nacionais, e produz o efeito de excluir certas categorias de pessoas e bens à jurisdição de um ente soberano. Havendo imunidade, exclui-se a jurisdição daquele ente, e naturalmente, da esfera de competência atribuída aos seus diferentes órgãos judiciais. Desta forma, a citada norma da Constituição — que é claramente de distribuição ou repartição de competência — possui apenas alcance no raio de ação da jurisdição nacional.
>
> (...)
>
> A regra do art. 114 é, sem sombra de dúvida, de competência judiciária, e resulta da divisão do poder jurisdicional do Estado brasileiro. O que ela estabelece é que, nos casos de imunidade relativa, ou seja, da não aplicação da imunidade de jurisdição e de execução em relação a certos atos, bens e funcionários de outros Estados ou de Organizações Internacionais, a Justiça do Trabalho é o órgão competente. Isto porque, interpretando as regras gerais de Direito Internacional Público, o Brasil, como outros países, relativizou a extensão dessa imunidade. Mas, para que a competência seja exercida, preliminarmente, deve-se constatar se há jurisdição do Estado sobre a pessoa.
>
> Ora, a regra da imunidade de jurisdição, repetindo, foi reconhecida pelo costume internacional. Tratados Internacionais vieram a estabelecê-la entre seus signatários.
>
> Em tese, esses Tratados seriam desnecessários, pois os costumes constituem-se em normas de Direito Internacional. Mas passaram a ser celebrados, justamente para estabelecer a imunidade e seus limites, em especial quando esta passou a ser vista como relativa. Visavam esses acordos, eliminar a possibilidade de

interpretação restritiva da imunidade (relativizando-a) ou definir claramente seus limites." (Imunidade de Jurisdição na Execução dos Projetos de Cooperação entre o PNUD e o Governo Brasileiro. In: BASSO, Maristela; CARVALHO, Patrícia Luciane de (Orgs.). *Lições de Direito Internacional — Estudos e Pareceres de Luiz Olavo Baptista.* Curitiba: Juruá Editora, 2008. p. 304 e 306-307.)

Considerando-se o fato de a capacidade de ser parte constituir pressuposto indispensável à validade da relação jurídica processual, o juiz deve conhecer, por sua iniciativa, da falta de capacidade, *ex vi* do disposto no § 3.º do art. 485, do CPC. Suspendendo o processo, o magistrado fixará prazo razoável para que seja sanada a irregularidade. Se o despacho judicial não for cumprido, e a providência couber: a) ao autor, o juiz extinguirá o processo sem resolução do mérito (CPC, art. 354); equivocara-se o inciso I, do art. 13, do CPC de 1973, ao estatuir que, neste caso, o juiz decretaria a *nulidade* do processo. Conforme dissemos na primeira edição deste livro, o que haveria seria a *extinção* do processo – tal como acabou por constar do art, 76, I, do CPC de 2015. b) ao réu, será considerado revel; c) ao terceiro, será havido como revel, ou excluído do processo (CPC, art. 76, incisos I a III, respectivamente).

A capacidade de ser parte não se confunde com a de estar em juízo. Uma pessoa pode ser dotada de capacidade de ser parte, mas destituída de capacidade de estar em juízo, como ocorre, por exemplo, com o menor de idade, que será representado ou assistido em juízo, conforme tenha menos de 16 anos (CC, art. 3.º, inciso I) ou possua mais de 16 anos de idade e menos de 18 (CC, art. 4.º, inciso I). No primeiro caso, ele é absolutamente incapaz; no segundo, relativamente incapaz.

2. O preposto

O preposto é uma das figuras mais conhecidas — e, por que não dizer, controvertidas — no processo do trabalho.

Considerando que, não raro, o empregador está constituído sob a forma de pessoa jurídica, ou que, mesmo sendo pessoa física, poderia ter dificuldade, em certos casos, de comparecer às audiências trabalhistas, o legislador permitiu-lhe fazer-se representar por preposto. O art. 843, § 1.º, da CLT, comete evidente deslize técnico ao dizer que o preposto *substitui* o empregador (preponente). O vocábulo *substituição* possui, no terreno processual, uma significação específica, traduzindo o ato pelo qual alguém, autorizado por lei, passa a agir em juízo em nome de outrem, tornando-se, assim, parte na relação processual. Por aí se percebe que o preposto, em rigor, não substitui o preponente, senão que o *representa*; logo, o preposto não se torna parte na relação jurídica processual. O art. 861, da CLT, que trata de dissídio coletivo, alude, de maneira correta, à *representação* do empregador pelo preposto. A atuação do preposto, na esfera dos conflitos individuais, está circunscrita à prática de alguns atos, como: realizar transação, formular defesa e submeter-se ao interrogatório.

Interessa-nos, em particular, o exame desta última atribuição.

Antes de nos dedicarmos ao exame do assunto, devemos observar que os arts. 1.168 a 1.171, do Código Civil, contêm disposições a respeito o preposto.

Pois bem. Nos termos inequívocos do § 1.º, do art. 843, da CLT, o preposto deve ter conhecimento dos fatos, pois a suas declarações obrigarão o preponente. Essa dicção legal constitui uma advertência do legislador ao preponente, porquanto se o preposto manifestar desconhecimento em relação a determinados fatos alegados na petição inicial, essa sua insciência se transformará em confissão presumida. Confissão também haverá se o preposto vier a admitir como verdadeiro um fato favorável ao adversário e contrário aos interesses do preponente (CPC, art. 389).

É necessário esclarecer, todavia, que o § 1.º, do art. 843, da CLT, não exige que esse conhecimento dos fatos da causa seja *pessoal*, vale dizer, que o próprio preposto os tenha presenciado ou vivenciado. Fosse assim, o réu estaria em enormes dificuldades de ordem prática, como quando o autor da ação houvesse trabalhado em diversas filiais da empresa, e o preposto houvesse trabalhado, apenas, em um ou dois desses estabelecimentos. O que a norma legal referida está a declarar é que o preposto, ao ser indagado acerca de algum fato da causa, deste tenha conhecimento, ainda que por intermédio de informação prestada por outrem. Em muitos casos de sucessão de empregadores, por exemplo, ocorre de, embora o preposto do sucessor jamais haver prestado serviço ao sucedido, estar a par dos fatos relacionados ao tempo em que o autor trabalhou este, ou seja, para o sucedido. Enfim, o que nos parece importante deixar definitivamente assinalado, nesta altura, é que o § 1.º, do art. 843, da CLT — ao contrário do que tem suposto certo setor da doutrina —, não exige que o conhecimento dos fatos, pelo preposto, seja *pessoal*. Exige, isto sim, que ele tenha ciência dos fatos da causa, independentemente dos meios pelos quais esse conhecimento lhe chegou à percepção sensorial.

É evidente, no entanto, que se o preposto tiver conhecimento pessoal dos fatos se sentirá muito mais seguro para depor em juízo, porquanto essa cognição, de ordinário, é plena, opostamente àquele que, por haver obtido mediante informação de terceiro, se revela parcial ou fragmentada.

Tendo em conta a advertência legal de que o preposto deverá ter conhecimento dos fatos principais da demanda, respostas deste como: "não sei", "ignoro", desconheço", etc. são sempre comprometedoras da situação do réu no processo.

Façamos uma ponderação necessária: o conhecimento fatual, que se requer do preposto, é aquele que se refere à capacidade mnemônica comum às pessoas em geral. Não se pode exigir, por isso, que o preposto deva ter viva lembrança sobre fatos ocorridos há muitos anos, ou, mesmo sendo recentes, que envolvam minúcias dificilmente perceptíveis, ou dados e cifras numerosos. Não se lhe pode exigir, enfim, que seja um superdotado do ponto de vista mnemônico.

O preposto deve ser empregado do preponente (CLT, art. 843, § 1.º; TST, Súmula n. 377). Excetuam-se as ações propostas por empregados domésticos, ou em face de micro ou pequenos empresários. A respeito destes últimos, dispõe o art. 54, da Lei Complementar n. 123, de 14 de dezembro de 2006: "É facultado ao empregador de microempresa ou de empresa de pequeno porte fazer-se substituir ou representar perante a Justiça do Trabalho por terceiros que conheçam dos fatos, ainda que não possuam vínculo trabalhista ou societário". A despeito de a norma legal em foco aludir à *substituição* ou *representação*, na verdade somente poderá haver *representação*, porquanto pensar-se em *substituição* significaria admitir que o preposto pudesse assumir o lugar do réu, substituindo-o para todos os efeitos processuais, vale dizer, submetendo-se, inclusive, às consequências da sentença condenatória e da correspondente coisa julgada material. Por outras palavras, seria admitir que o preposto passasse a ser o responsável pelo adimplemento das obrigações contidas na sentença condenatória, respondendo, para isso, com o seu patrimônio atual e futuro (CPC, arts. 591 e 646) – o que seria absurdo.

2.1. A carta de preposto

Para que o preposto possa representar os interesses do preponente, na Justiça do Trabalho, há necessidade de que demonstre haver recebido mandato — geralmente expresso — para esse fim (CC, arts. 653 e 1.169). Esse mandato, submetido à simplicidade do processo do trabalho, e à terminologia que lhe é caracterísitica, recebeu a denominação de "carta de preposto". Melhoria seria que se tivesse consagrado a expressão "credencial de preposição". Não lutemos, contudo, contra a tradição; ao menos, neste caso.

Seja como for, a CLT não faz nenhuma referência a essa "carta".

De modo geral, a "carta" é concedida mediante instrumento particular, informal, sendo assinado por quem detenha poderes para isso. Nunca se exigiu o reconhecimento da firma do outorgante, mesmo quando essa formalidade era imposta pela antiga redação do art. 38, do CPC de 1973, no caso de procuração judicial dada ao advogado.

A carta, em geral, contém referência ao juízo e ao processo, à denominação do preposto, sua qualificação, a declaração de que é empregado do preponente (cujo esclarecimento é importante, em face do contido da Súmula n. 377, do TST), mencionando o número de sua CTPS e da Cédula de Identidade Civil. Em regra, não se especificam os poderes que o preponente possa praticar na audiência. Nem há necessidade disso, pois, como dissemos, esse poderes estão de certo modo implícitos no art. 843, § 1.º, da CLT, conjugado com outros dispositivos do mesmo texto legal, quais sejam: a) transacionar; b) efetuar a defesa; c) prestar depoimento pessoal (ou submeter-se ao interrogatório, como se preferir).

A falta de apresentação da carta de preposto constitui mera irregularidade sanável, nos termos do art. 76, do CPC. Sendo assim, caberá ao juiz fixar prazo razoável para a falta ser suprida. Não há necessidade, em rigor, de que, para isso, o processo seja suspenso. Se o réu deixar de juntar a carta no prazo que lhe foi assinado, será reputado revel (CPC, art. 76, inciso II), cumprindo ao magistrado verificar se ocorre o efeito da revelia (CPC, arts. 344 e 345). Ocorrendo, procederá ao julgamento antecipado do pedido (CPC, art. 355, inciso II), sob o pressuposto de serem verdadeiros os fatos alegados na petição inicial (CPC, art. 344). Não ocorrendo o efeto da revelia (CPC, art. 345), o ônus da prova (CLT, art. 818) continuará com o autor, caso em que o juiz desgnará audiência para a produção de provas.

Equivocam-se, por isso, os magistrados que não concedem ao réu prazo para suprir a falta da carta de preposto – e procedem, desde logo, ao julgamento antecipado da lide.

A despeito da regra contida no art. 1.169, do CC, não está fora de cogitação a possibilidade de admitir-se a carta de preposição tácita, à semelhança do que se passa com a procuração outorgada ao advogado. Afinal de contas, sendo, a precitada carta, uma forma simplificada de mandato, torna-se regida pelo art. 656, do próprio CC, segundo o qual "O mandato pode ser expresso ou tácito, verbal ou escrito". Essa mesma norma legal, a propósito, autoriza a concessão *verbal* (oral) da carta (em audiência), conquanto este procedimento não tenha sido consagrado no âmbito da Justiça do Trabalho, que, como vimos, preferiu a forma escrita.

3. O empregador doméstico

Vimos, no item 2., retro, que o preposto do empregador doméstico não necessita ser empregado deste, por expressa disposição da Súmula n. 377, do TST. Elogie-se a Súmula, por sua sensibilidade. Não raro, no âmbito familiar, o empregador doméstico é uma só pessoa, seja o marido, a esposa ou outra qualquer. Muitas vezes, não possuem outro empregado para representá-los em juízo, ou, quem sabe, tenham enorme dificuldade em comparecer à audiência, pelos mais diversos motivos. Sendo assim, podem designar como preposto qualquer pessoa de sua confiança, com a qual mantenha, ou não, grau de parentesco; o essencial é que esta possua conhecimento dos fatos da causa, seja pessoal ou por intermédio de relato do próprioproponente (CLT, art. 843, § 1.º).

4. O grupo econômico

Quando forem rés diversas empresas componentes de um mesmo grupo econômico, cada uma delas deverá fazer-se representar em audiência. Não será admissível que todas sejam representadas por um só preposto – exceto, é verdade, se este mantiver contrato de trabalho com todas elas, porquanto, nesta hipótese, estará atendida a exigência contida na Súmula n. 377, do TST.

O grupo econômico, de que fala o § 2.º, do art. 2.º, da CLT, traduz, no terreno processual, um regime litisconsorcial passivo, podendo ser facultativo ou necessário, simples ou unitário. Esse grupo foi concebido pelo legislador, apenas, para os efeitos da responsabilidade solidária em face de eventual sentença condenatória. É um equívoco imaginar que o grupo econômico corresponda a empregador único, sendo oportuno lembrar que, salvo ajuste em contrário, "A prestação de serviços a mais de uma empresa do mesmo grupo econômico, durante a mesma jornada de trabalho, não caracteriza a coexistência de mais de um contrato de trabalho", nos termos da Súmula n. 129, do TST.

Capítulo V
Audiência

1. Etimologia

O substantivo *audiência* é proveniente do latim *audientia, ae* (silêncio dos ouvintes, atenção), de *audiens, entis*, particípio presente de *audire*, significando, de modo geral, o ato pelo qual se ouve alguém ou alguma coisa. Sob esse aspecto, o vocábulo tanto pode expressar o ato pelo qual uma pessoa está ouvindo um programa de rádio, um discurso, uma palestra, etc., como aquele em que é recebida por outra pessoa, a fim de entrevistar-se com esta.

Encontram-se dicionarizados os substantivos *audibilidade* (qualidade do que é audível), *audição* (ato de ouvir), *audito* (ação de ouvir), *auditor* (pessoa dotada de conhecimento suficiente para emitir opinião acerca de assunto de sua especialidade), *auditoria* (função do auditor), *auditório* (recinto destinado à realização de conferências, palestras, cursos, espetáculos, etc.), e os adjetivos *audiente* (que ouve, ouvinte), *auditor* (o que ouve, ouvinte), *auditivo* (relativo à audição ou ao ouvido), *audível* (que se pode ouvir, perceptível aos ouvidos), dentre outros.

A expressão latina *audi nos*, por outro lado, significa *ouvi-nos*, embora, na linguagem popular, tenha passado a corresponder às súplicas constantes, aos pedidos insistentes que alguém faz a outrem.

A propósito, em certa ocasião pudemos ouvir, de alguém que é dado ao gosto pelos neologismos (ou melhor: pelas deturpações vocabulares), a palavra "escutação", como sinônimo de audiência. Ora, como se não bastasse tal afronta ao léxico, essa forma pernóstica também não resiste a uma investida lógica (e semântica), pois escutar não é o mesmo que ouvir. *Escutar* significa prestar atenção a; *ouvir* quer dizer perceber, captar determinado som pelo sentido da audição. Assim, nem sempre quem está escutando está ouvindo: escuto o rádio, mas nada ouço, em virtude das interferências eletromagnéticas ou da vozearia que há ao meu redor. O mesmo se diga em relação a *olhar* e *ver:* posso estar olhando para algum lugar, mas não estar vendo o que nele se encontra.

2. Conceito

Segundo Cândido Rangel Dinamarco ("Instituições de Direito Processual Civil", São Paulo: Malheiros Editores, vol. III, 4.ª ed., 2004, p. 635), "Audiência de instrução e julgamento é a sessão pública dos juízos de primeiro grau de jurisdição, da qual participam o juiz, auxiliares da Justiça, testemunhas, advogados e partes, com o objetivo de obter a conciliação destas, realizar a prova oral, debater a causa e proferir sentença".

Do ponto de vista estritamente *legal*, a esse conceito muito se aproxima do que é próprio da audiência trabalhista. Assim dizemos, porque sob o rigor da expressão literal dos arts. 843, 845 e 849, da CLT, a audiência, no processo do trabalho, é uma e contínua, motivo por que, nela, devem ser praticados todos os atos integrantes do procedimento, quais sejam: formulação da primeira proposta conciliatória; recepção da resposta do réu (exceção, contestação, reconvenção, reconhecimento do direito alegado pelo autor); interrogatório dos litigantes; inquirição das testemunhas; esclarecimentos do perito ou de terceiros; razões finais; segunda proposta de conciliação e, por fim, o julgamento.

Todavia, se levarmos em conta o *processo da praxe* – que se caracteriza, dentre outros traços, pelo fracionamento da audiência em: a) inicial; b) de instrução; e c) de julgamento — veremos que o conceito formulado por Dinamarco está mais próximo destas duas últimas.

Em termos gerais, podemos enunciar o seguinte conceito de audiência trabalhista: é o ato público, em princípio indispensável, no qual o réu pode apresentar a sua resposta à petição inicial, e o juiz procede à instrução, formula propostas destinadas à solução consensual do litígio, concede prazo para razões finais e profere sentença.

Decompondo os elementos integrantes do conceito que formulamos, temos:

a) *ato público*, não apenas porque assim determina o art. 813, *caput*, da CLT, mas porque, sendo a sentença um ato processual, está rigidamente submetido ao requisito constitucional da publicidade (CF, art. 92, inciso IX). Em situações extraordinárias, previstas em lei, a audiência poderá realizar-se em segredo de justiça (CPC, art. 189), caso em que a publicidade será restrita, uma vez que desse ato processual participarão, somente, o magistrado, o serventuário (escrevente ou digitador), as partes, seus advogados, testemunhas e o perito. Importa dizer: o público não terá acesso à sala de audiência;

b) *em princípio indispensável,* porque será nela que o réu apresentará a sua resposta à petição inicial, sob a forma de exceção, de contestação, de reconvenção ou de reconhecimetnodo do direito alegado pelo autor. Fizemos a ressalva de que, *em princípio*, a audiência é indispensável, porque haverá uns poucos casos em que, ao contrário, ela poderá ser dispensada, como quando o juiz entender que a resposta do réu pode ser oferecida no serviço de protocolo e não houver necessidade de instrução oral. A esta situação se ajustam, por exemplo, algumas ações cautelares e a ação civil pública, em que pese ao fato de, quanto a esta última, alguns juízes entenderem que também a resposta deva ser apresentada em audiência;

c) *no qual o réu pode apresentar a sua resposta à petição inicia*l, porquanto, conforme afirmamos na letra anterior, é na audiência, em princípio, que o réu poderá manifestar — oralmente ou por escrito — a resposta processual que pretender. A ordem da formulação das respostas é esta: 1) exceção (de suspeição, de impedimento ou de incompetência relativa); 2) reconhecimento do direito em que se fundam os pedidos do autor; 3) contestação; 4) reconvenção. Devemos observar, no entanto, que a presença do réu à audiência não é obrigatória. Para efeito de regularidade no estabelecimento da relação jurídica processual o importante é que ele tenha sido citado para comparecer à audiência. Ausente o réu — e, também, a sua resposta aos termos da inicial —, ele será revel e o processo prosseguirá, seja para a produção de provas (quando não ocorrer o efeito da revelia), seja para o proferimento da sentença (quando aquele efeito ocorrer);

d) *o juiz procede à instrução*, designadamente a oral (interrogatório dos litigantes, inquirição das testemunhas e do perito). Poder-se-ia entender injustificável o fato de havermos, aqui, restringido a instrução à oral. Ocorre que, tanto na teoria quanto na prática, sempre entendemos que os momentos de produção da prova documental são os da petição inicial e da resposta do réu. Vale dizer, a inicial já deve vir acompanhada dos documentos em que se funda (CLT, art. 787), o mesmo se dizendo em relação à resposta do réu (CPC, art. 434). Somente em situações excepcionais será admissível a juntada de outros documentos fora desses momentos específicos, previstos em lei (CPC, art. 435);

e) *formula propostas destinadas à solução consensual do litígio,* uma vez que a finalidade essencial da Justiça do Trabalho reside na solução negociada da causa (CLT, art. 764). Com vistas a isso, o sistema legal impõe ao juiz formular aos litigantes por, quando menos, duas vezes propostas destinadas a este fim. A primeira ocorrerá logo no iníco da audiência, antes da resposta do réu (CLT, art. 846, *caput*); a segunda, após as razões finais (CLT, art. 850, *caput*);

f) *concede prazo para razões finais,* porque, após o encerramento da instrução, o juiz deverá abrir o prazo de dez minutos, a cada parte, para a apresentação de razões finais. Note-se que o efetivo oferecimento dessas razões não é obrigatório; o que a lei exige é que o juiz conceda oportunidade para que os litigantes as formulem, se assim desejarem. Na prática, as razões finais têm sido remissivas, vale dizer, as partes se limitam se reportar-se ao que foi alegado e provado nos autos. Especialmente no caso de audiência una e contínua, entretanto, as razões finais constituem o momento oportuno para serem arguidas nulidades processuais, sob pena de preclusão;

g) *e profere sentença.* A sentença é o mais importante dos diversos atos integrantes do universo processual. Nenhum outro ato se pratica no processo que não vise a preparar, direta ou indiretamente, a emissão da sentença. Ela materializa a entrega da prestação jurisdicional buscada pelas partes. É por meio da sentença que o juiz acolhe ou rejeita os pedidos formulados pelo autor e pelo réu (CPC, art. 490, *caput*). Há casos em que a sentença põe fim ao processo sem resolução do mérito; as situações em que isso pode ocorrer estão previstas, basicamente, nos incisos I a X, do art. 485, do CPC.

No processo do trabalho, raramente a sentença é emitida na mesma audiência em que se realizou a instrução. Os juízes costumam designar audiência específica para o julgamento. Essa atitude, embora implique alargamento do tempo de duração do processo, é justificável, pois o juiz, muitas vezes, necessita examinar, detalhadamente, as alegações do autor e as do réu, os documentos por eles juntados, os depoimentos de ambos e das testemunhas, etc., providências que ele dificilmente poderia adotar na própria audiência em que ocorreu a instrução oral do processo. No processo de conhecimento, não raro, é preferível que o magistrado emita uma boa sentença, ainda que tardiamente, a uma sentença emitida desde logo, mas de má qualidade jurídica.

Fala-se, comumente, no plano do processo do trabalho, em *audiência de instrução*, para designar a que é destinada ao interrogatório dos litigantes e à inquirição das testemunhas. Há nesta expressão, contudo, um eveidente equívoco. Dá-se que a instrução processual não ocorre, apenas, na audiência, senão que antes dela, bastando, para isso, que a petição inicial se faça acompanhar por documentos. *Instrução*, em tema processual, é o conjunto dos atos e diligências que se realizam em juízo com o objetivo de comprovar a veracidade dos fatos alegados pelas partes. Sob este aspecto, percebe-se que a prova *documental*, assim como a *pericial*, integram o conceito de instrução processual. Deste modo, a instrução que se realiza em audiência é, preponderantemente, a *oral*. Dissemos *preponderantemente*, porque, em alguns casos, permitem-se às partes juntar documentos nessa audiência. Seja como for, o fato é que a correntia expressão *audiência de instrução* não pode significar que a *instrução* só se realiza em audiência.

Não deixa de ser curioso observar, a propósito, que, posto à frente o referido *processo da praxe*, teríamos três conceitos de *audiência* no híbrido sistema do processo do trabalho, a saber:

a) *audiência inicial*: ato destinado à primeira tentativa de solução negociada do conflito de interesses (CLT, art. 846) e ao recebimento da resposta do réu (CLT, art. 847);

b) *audiência de instrução*: destinada à produção da prova oral (depoimento das partes, inquirição das testemunhas: CLT, art. 820), à obtenção de esclarecimentos do perito (CPC, art. 477, § 3.º) e de terceiros, à formulação de razões finais (CLT, art. 850, *caput*, primeira parte) e à segunda tentativa de solução negociada do litígio (idem, *ibidem*, parte final);

c) audiência de julgamento: destinada à manifestação final do juízo acerca da causa (sentença), podendo dizer respeito ao mérito (lide), ou não.

Como se percebe, no processo do trabalho instituído pela praxe o conceito de audiência está intimamente ligado à espécie de atos que nela são praticados. O conceito que apresentamos no início deste item possui, todavia, caráter genérico, não levando em conta a fragmentação da audiência, adotada pela *praxis* .

3. Finalidade

Na terminologia jurídica, a palavra *audiência* tem um sentido específico, porquanto designa a sessão, pública e solene, em que o juiz não só ouve as partes, as testemunhas, os peritos e outras pessoas — cujas declarações sejam úteis ou necessárias para o esclarecimento ou comprovação dos fatos da causa —, como, também, pratica outros atos relativos ao procedimento, como, p. ex., despachando, formulando propostas de conciliação e proferindo sentença. Por isso, vista sob o ângulo de sua estrutura, a audiência constitui um ato processual complexo, porquanto enfeixa um conjunto de atos individualizados, legalmente preordenados e interligados. É da aglutinação orgânica desses atos que se forma o todo, a que se denomina audiência judicial.

No passado, entretanto, como, *e. g.*, ao tempo das Ordenações reinóis portuguesas, a audiência não tinha a finalidade que apresenta nos sistemas processuais vigorantes atualmente em nosso meio, pois, nela, o juiz ouvia as partes (ou seus advogados) com o objetivo de apreciar requerimentos apresentados por elas, e, eventualmente, resolvia certas questões menos intricadas. Àquele tempo, como registrava a doutrina do período, a audiência era "um ato coordenador da atividade forense em geral". Tanto isto é certo que, com vistas a essa coordenação, o juiz poderia designar uma ou mais audiências por semana, para atender a uma rápida solução do conflito.

É curioso observar o procedimento que As Ordenações do Reino estabeleciam, no Regimento das Audiências (Título XIX do Livro III), quanto aos preparativos para a realização deste ato processual. Dispunham que os juízes "nos dias, em que houverem de fazer audiências, tenham ordenado hora certa, na qual a hajam de começar a fazer. Aí qual hora os Tabeliães, Escrivães, Procuradores e Distribuidores irão à casa da audiência, sendo que o Alcaide e o Meirinho, onde os houver, irão com seus homens à casa do Julgador, e virão com ele à audiência, e o Porteiro irá à sua casa, e lhe trará os feitos, que tiver despachados, para se publicarem". Quanto à audiênca em si, constava do n. 1 do referido texto: "E o Julgador publicará logo todos os feitos que levar despacho, e não dirá que os há por publicados. E acabados de publicar, ouvirá os presos que estiverem na audiência, se os aí houver; e após os presos, ouvirá os Procuradores. E os Advogados, que primeiro forem às audiências, falarão primeiro, posto que os que depois deles forem, sejam mais antigos e estejam presentes".

À época em que os Estados-Membros podiam legislar sobre matéria processual, a doutrina reconhecia a existência, nos Códigos estaduais, de três tipos de audiência: a) a *ordinária*, destinada ao expediente comum das questões forenses; b) a *extraordinária*, designada para o prosseguimento do processo, com prévia intimação das partes; c) a especial, que era marcada para a realização de um ato específico.

O CPC de 1939 — o primeiro de caráter unitário em nosso País — aboliu a audiência ordinária que era praticada nos Códigos estaduais, considerando-a inútil e produto de um ritualismo superado. E, a despeito de esse CPC não haver adotado o sistema oral puro, para as audiências, teve o mérito de consagrar os princípios da *imediação*, da *concentração* e da *identidade física do juiz*. Os dois primeiros foram incorporados ao processo do trabalho. O da *identidade física*, embora tenha sido rechaçado pelo STF (Súmula n. 222) e pelo TST (Súmula n. 136), necessita ser repensado, em decorrência da extinção da representação classista, pela Emenda Constitucional n. 24/1999, fazendo com que os órgãos de primeiro grau da Justiça do Trabalho deixassem de ser colegiados (Juntas de Conciliação), para se tornarem monocráticos (Varas). Retornaremos ao assunto da identidade física do juiz no item subsequente (4.c)

Hoje, como dissemos, a audiência (em especial, a concernente ao processo de conhecimento) se destina não apenas à audição dos litigantes e de terceiros, mas, também, a permitir ao juiz buscar uma solução negociada do conflito de interesses (transação), a adotar algumas providências de última hora, a oferecer oportunidade para os litigantes apresentarem razões finais e a realizar o julgamento, seja de mérito ou não.

4. Audiência e oralidade

Muito se fala no princípio da oralidade. Este, contudo, não se resume às manifestações orais das partes, testemunhas ou terceiros, como se possa imaginar. Seu conteúdo é mais amplo e complexo, por ser constituído: 4.1.) pelo predomínio da palavra oral; 4.2.) pela imediatidade do juiz; 4.3.) pela identidade física do magistrado; 4.4.) pela concentração dos atos do procedimento; 4.5.) pela irrecorribilidade (autônoma) das decisões interlocutórias.

4.1. Pelo predomínio da palavra oral

É, precisamente, por ocasião da audiência que se manifesta com mais nitidez o predomínio da palavra oral. Com efeito, será *oralmente* que o réu apresentará a sua defesa (conquanto, na prática, esta venha sendo feita, na maioria das vezes, por escrito), que o juiz formulará as propostas conciliatórias, interrogará os litigantes, as testemunhas e o perito; que uns e outros responderão a essas perguntas e às que lhes forem formuladas por outros sujeitos do processo; que as partes aduzirão razões finais e efetuarão outros requerimentos ou manifestações.

Cabe-nos lembrar que não possuímos, nos dias atuais, em nosso sistema processual — mesmo o trabalhista —, uma oralidade *pura*, mas, somente, como dissemos, a prevalência da forma oral. Assim afirmamos, porque, em determinados momentos do processo, o que predomina é a forma oral, não a escrita, como se dá na audiência. Segue-se, que no processo do trabalho (assim como no civil) os atos escritos convivem com os orais, ora predominando estes, ora aqueles. Diante disso, não será despropositado cogitarmos, entre nós, de uma oralidade *mista;* ou *parcial.*

No âmbito dos tribunais, a oralidade aflora no momento da sustentação da tribuna e nas intervenções dos advogados, tendentes a esclarecer equívoco ou dúvida surgida em relação aos fatos, documentos ou afirmações capazes de influenciar no julgamento, e a replicar acusação ou censura que lhes tenham sido dirigidas na ocasião (Lei n. 8.906/94, art. 7.º, inciso X). Os próprios juízes, exclusive o relator, manifestam o seu voto por essa forma, que também é adotada pelo Ministério Público, em suas intervenções na sessão.

Em princípio, pode-se afirmar que oralidade contribui para a celeridade do procedimento, ao passo que a forma escritural tende a retardá-lo, a torná-lo mais formal e, o que é pior, a incentivar o formalismo, que constitui uma deturpação da função social do processo. Há situações, porém, em que, ao contrário, a oralidade conspira contra a celeridade, ao passo que a escrituralidade reduz o tempo do processo, como se dá, por exemplo, com a resposta do réu: apresentada por escrito, consome muito menos tempo do que se manifestada sob a forma oral, em vinte minutos (CLT, art. 847).

4.2. Pela imediatidade do juiz

De outro lado, é também na audiência que o juiz tem contato direto, pessoal, com os litigantes e com todos os que devam estar presentes a esse ato, ou seja, é nessa ocasião que vem à tona o princípio da imediatidade, ou da imediação, de inegável utilidade prática, por permitir que o magistrado estabeleça uma comunicação (oral) imediata com todos, podendo, inclusive, perceber as reações psicológicas ou emocionais das pessoas a que está a ouvir, e, com isso, avaliar a sinceridade, ou não, das declarações que realizarem ou das respostas que apresentarem. É nessa oportunidade, ainda, que o juiz, quando for o caso, indeferirá as perguntas formuladas pelas partes quando lhe parecerem inoportunas, impertinentes, irrelevantes, capciosas, vexatórias e o mais, assegurando, contudo, ao interessado o direito de vê-las reproduzidas na ata, desde que assim requeiram (CPC, art. 459, § 2.º). Mais do que isso, a imediatidade enuncia esse momento particular em que o magistrado procede, diretamente, à coleta da prova oral, com o que exerce um controle eficiente a respeito desses meios probantes. É nesse instante, enfim, que ele, mais do que um mero condutor de audiências, do que um simples interrogador, age como analista sutil e arguto do psiquismo humano — habilidade que as experiências da vida cuidam de acumular-lhe no espírito, aprimorando-lhe a técnica e a eficiência.

Como disse Chiovenda, "quer o princípio da imediação que o juiz, a quem caiba proferir a sentença, haja assistido ao desenvolvimetno das provas, das quais tenha de extrair o seu convencimento, ou seja, que haja estabelecido contato direto com as partes, com as testemunhas, com os peritos e com os objetos do processo, de modo que possa apreciar as declarações de tais pessoas e as condições de lugar, e outras, baseado na impressão imediata, que delas teve, e não em informações de outros" (*Instituições de Direito Processual Civil*. São Paulo: Saraiva, 1945. vol. III, n. 309).

Conforme se nota, na esfera do processo civil o princípio da imediatidade, ou da imediação, está intimamente ligado ao da identidade física do juiz — que examinaremos no próximo item. No processo do trabalho, contudo, em que ainda hoje não se admite este último princípio, o da identidade não se vincula, necessariamente, ao fato de o juiz que procedeu à instrução oral ser o mesmo que emitirá a sentença (pois nem sempre isto acontece), mas ao fato de a imediatidade ser útil ou necessária para efeito da própria instrução processual.

É, também, por meio da imediatidade que o magistrado procede à acareação da parte com a testemunha ou de uma testemunha com outra (CPC, art. 461, II), e indefere diligências inúteis ou meramente proteladoras requeridas pelos litigantes (CPC, art. 370, parágrafo único), além, evidentemente, de tentar conduzi-los a uma solução consensual do litígio (CLT, arts. 846, 850, *caput*, 852-E), escopo fundamental da Justiça do Trabalho (CLT, art. 764).

O princípio da *imediatidade*, sob certo aspecto, se entrelaça com o da *oralidade,* pois traduz a necessidade de o juiz estar em contacto direto com as partes e terceiros, designadamente na audiência, aos quais se dirigirá de maneira oral.

Curiosamente, porém, a forma oral, consagrada, dentre outras razões, por prestar bons serviços à celeridade do procedimento, acabou, em certas situações, máxime no processo do trabalho, conspirando contra esse escopo, de tal modo que hoje é a forma *escritural* que vem sendo utilizada como instrumento de celeridade. Corolário expressivo disso, como já salientamos, é a defesa do réu, que, por lei (CLT, art. 847), deveria ser formulada sob a forma oral, em vinte minutos, mas que, pela necessidade de reduzir-se o tempo a ser despendido com a prática desse ato, tem sido feita, na grande maioria dos casos, por escrito, numa praxe que, por ter apresentado resultados extremamente satisfatórios, deveria ser incorporada, de *lege ferenda*, ao sistema oficial, legislado.

Cremos, aliás, que não nos faltam razões ao supormos que a formulação *oral* da defesa do réu, nos dias atuais, sói acarretar uma certa irritação ao magistrado, porquanto esta forma de resposta acarreta considerável consumo de tempo, provocando, com isso, um transtorno na pauta – em regra elaborada com espaços de tempo, entre uma audiência e outra, muito menores do que a parte legalmente dispõe para efetuar a defesa oral (CLT, art. 847).

Entrementes, considerando que o art. 847, da CLT, ainda está em vigor, fica evidente a impossibilidade de o juiz *proibir* a parte de formular, de maneira oral, a sua defesa. A consagração, pela praxe trabalhista, da defesa escrita conveio não somente ao magistrado (pela economia de tempo que apresenta para ser recepcionada) como ao próprio réu, que não se vê constrangido a elaborar a defesa em plena audiência, muitas vezes sob os tamborilar impaciente dos dedos do magistrado, e sob os olhares perturbadores e fulminantes do adversário, e, além disso, desprovido dos meios tecnológicos e de consulta que poderia dispor, caso a defesa fosse realizada por escrito em seu escritório.

Em síntese, o que se percebe, nos dias atuais, em relação à defesa do réu, é: a) a larga e crescente utilização da forma escrita; b) o emprego da forma oral apenas em situações extraordinárias. A formulação, por escrito, da defesa, conquanto esteja em desacordo com o art. 847, da CLT, não gera nulidade por não acarretar prejuízo à parte contrária (CLT, art. 794); prejuízo, aliás, que deve ser *manifesto* (*ibidem*).

A propósito, desde longa data temos sugerido a reformulação da mencionada norma legal, a fim de ser adotada a forma *escrita* da defesa, que seria apresentada, em prazo preestabelecido, ao serviço de protocolo. Economizar-se-ia, com isso, um tempo considerável. Afinal, se o processo do trabalho foi buscar ao processo civil inúmeras disposições (dentre as quais, algumas nocivas), para adotá-las em caráter supletivo, não seria demais que importasse, daquele processo comum, a forma escrita da defesa (CPC, art. 335), por ser altamente recomendável, desde que a adaptasse às suas particularidades.

4.3. Pela identidade física do magistrado

Este princípio traduz a vinculação do magistrado ao processo, máxime, com a instrução que haja realizado.

Na vigência do CPC de 1939, essa identidade era surpreendentemente rígida, como revelava o art. 120 daquele Código: "O juiz transferido, promovido ou aposentado concluirá o julgamento dos processos cuja instrução houver iniciado em audiência, salvo se o fundamento da aposentação houver sido a absoluta incapacidade física ou moral para o exercício do cargo. O juiz substituto, que houver funcionado na instrução do processo em audiência, será o competente para julgá-lo, ainda quando o efetivo tenha reassumido o exercício. Parágrafo único. Se, iniciada a instrução, o juiz falecer ou ficar, por moléstia, impossibilitado de julgar a causa, o substituto mandará repetir as provas produzidas oralmente, quando necessário".

Lia-se, a propósito, na Exposição de Motivos daquele Código do passado: "O princípio que deve reger a situação do juiz em relação à prova e o da concentração dos atos do processo postulam, necessariamente, o princípio da identidade física do juiz. O juiz que dirige a instrução do processo há de ser o juiz que decide o litígio. Nem de outra maneira poderia ser, pois o processo visando à investigação da verdade, somente o juiz que tomou as provas está realmente habilitado a apreciá-las do ponto de vista do seu valor ou da sua eficácia em relação aos pontos debatidos".

A rigidez dessa identidade física do juiz com a causa, a cuja instrução oral houvesse dado início ou concluído, baseava-se na equivocada pressuposição de que, por haver coligido tais provas, somente o mesmo juiz estaria apto para apreciá-las e proferir a sentença. O fato é que essa regra provocava enormes transtornos de ordem prática, pois os magistrados que haviam realizado a instrução deveriam efetuar o julgamento, ainda que *transferidos*, *promovidos* ou *aposentados* — sem se falar no juiz substituto, que, mesmo com o retorno do titular, deveria proferir as sentenças pertinentes às causas a cuja instrução houvesse presidido. Tudo isso gerava um enorme retardamento na solução dos conflitos, para desespero dos litigantes, e do autor em particular, porquanto fora ele quem, por definição, provocara o exercício da função jurisdicional do Estado, visando a promover a defesa de interesses ou direitos vinculados a bens ou a utilidades da vida, e, por isso, esperava uma rápida solução da lide.

Com o objetivo de abrandar o rigor desse sistema, o art. 132, CPC de 1973, estabelecia: "O juiz, titular ou substituto, que concluir a audiência julgará a lide, salvo se estiver convocado, licenciado, afastado por qualquer motivo, promovido ou aposentado, casos em que passará os autos ao seu sucessor". Dispunha, ainda, o parágrafo único dessa norma, que "o juiz que proferir a sentença" poderá mandar repetir as provas, se entender necessário. Um pequeno retoque nessa expressão legal: não se tratava aí de juiz que **proferir** a sentença, e sim de juiz que **irá** proferi-la.

É elucidativo, a respeito do tema, este trecho da Exposição de Motivos do CPC de 1973: "Ocorre, porém, que o projeto, por amor aos princípios, não deve sacrificar as condições próprias da realidade nacional. O CPC se destina a servir ao Brasil. Atendendo a estas ponderações, julgamos de bom aviso limitar o sistema de processo oral, não só no que toca ao princípio da identidade da pessoa física do juiz, como também quanto à irrecorribilidade das decisões interlocutórias. O Brasil não poderia consagrar uma aplicação rígida e inflexível do princípio da identidade, sobretudo porque, quando o juiz é promovido para comarca distante, tem grande dificuldade para retornar ao juízo de origem e concluir as audiências iniciadas. O projeto preservou o princípio da identidade física do juz, salvo nos casos de remoção, promoção ou aposentadoria. A exceção aberta à regra geral confirma-lhe a eficácia e o valor cientíico".

O CPC de 1973 não dedicou atenção ao tema da identidade física do juiz.

Em termos gerais, a doutrina e a jurisprudência do processo civil assim vinham se manifestando a respeito do assunto, na vigência do CPC de 1973:

1. o fato de a audiência de instrução e julgamento haver sido presidida por juiz substituto, e a sentença proferida pelo juiz titular, não acarreta a nulidade do processo se não houver prejuízo para as partes (RT 614/162);
2. havendo permuta entre magistrados da mesma comarca, permanece a vinculação do juiz que encerrou a instrução (RJTJSP, 99/367);
3. não se aplica o art. 132 do CPC quando o juiz se limitou a formular proposta de conciliação sem dar início à instrução (RT, 628/155 e JTACivSP, 111/332);
4. é nula a sentença proferida por desembargador em processo em que, como juiz de primeiro grau, concluíra a audiência de instrução (RTJ, 100/820 e 91/211);
5. o pressuposto para a aplicação do princípio da identidade física do juiz é a realização de prova oral em audiência, onde o magistrado tem participação ativa na tomada de dados que podem influenciar sua convicção. A sentença proferida por outro juiz, diverso daquele que presidiu a audiência, só acarreta nulidade se tiver havido colheita de prova oral naquela audiência (JTACivSP, 109/356);
6. a expressão "sucessor", contida no art. 132 do CPC, deve ser entendida com larga abrangência e não em sentido estrito. A norma não especifica que, com a promoção do juiz que preside o processo, a sentença somente será proferida por aquele que for colocado na vaga aberta por titularidade, sendo válida a sentença proferida por juiz substituto antes do preenchimento do cargo vago (JTJ, 141/39).

Segundo as Súmulas ns. 222, do STF, e 136, do TST, o princípio da identidade física do juiz é inaplicável na Justiça do Trabalho. Dois fatos, basicamente, deram origem a esse entendimento: a) a, outrora, composição colegiada dos órgãos de primeiro grau — então denominados de Juntas de Conciliação e Julgamento; b) a necessidade de assegurar-se a celeridade na tramitação processual.

Todavia, as Juntas de Conciliação e Julgamento foram extintas pela Emenda Constitucional n. 24/1999, sendo substituídas pelas Varas do Trabalho, órgãos monocráticos (CF, art. 112). Desapareceu, com isso, um dos argumentos que justificavam a inaplicabilidade, na Justiça do Trabalho, do princípio da identidade física do magistrado. Sucede que, ao tempo das Juntas, quem deveria — por força da legislação vigente — realizar o julgamento das causas eram os juízes classistas, cabendo ao juiz togado redigir a correspondente sentença. Sob este aspecto, era razoável o argumento quanto a ser inaplicável ao processo do trabalho o princípio civilista da identidade física do juiz, pois (ainda que em tese) não era este quem realizava o julgamento.

Restou, contudo, o argumento que afasta a incidência desse princípio como providência destinada a assegurar a celeridade processual. Esse argumento deve prevalecer? Entendemos que não. Como demonstramos há pouco, no passado, o princípio da identidade física do juiz era extremamente rígido (CPC de 1939, art. 120); no sistema do CPC de 1973 foi abrandado por diversas exceções (estar, o magistrado, convocado, licenciado, afastado por qualquer motivo, promovido, aposentado), de tal modo que a sua aplicação não acarretará grave retardamento à tramitação dos processos na Justiça do Trabalho. A não aplicação desse princípio era particularmente inconveniente em algumas situações, como: a) quando o juiz incumbido de proferir a sentença não fosse o que participou da instrução processual (mormente, da oral); b) quando o juiz que julgasse os embargos de declaração não fosse o que redigiu a sentença embargada. Em ambos os casos, não raro, ocorria um profundo descompasso entre o que o atual juiz decidira e o que o primitivo (que estava lotado na mesma Vara, embora dela momentaneamente afastado) decidiria. Pior ocorreria se, no primeiro caso, o juiz mandasse repetir as provas (CPC, de 1973, art. 132, parágrafo único), cuja medida provocaria um considerável retardamento na entrega da prestação jurisdicional.

Pensamos, em razão disso, ser necessário reformular-se o conteúdo das Súmulas ns. 222, do STF, e 136, do TST, para admitir-se a incidência do princípio da identidade física do juiz no processo do trabalho, tal como regulado no art. 132, do CPC de 1973. Já não existem as razões jurídicas e fatuais que justificaram a adoção das mencionadas Súmulas.

4.4. Pela concentração dos atos do procedimento

A concentração dos atos do procedimento judicial é medida que se destina, essencialmente, a atender à necessidade de rápida solução do conflito de interesses — anseio que jamais seria atingido se muitos dos atos processuais não pudessem, por exemplo, ser aglutinados numa só audiência (resposta do réu, proposta de conciliação, instrução oral, alegações finais, etc.). Sob certo aspecto, essa concentração permite que se mantenha a carga de dramaticidade dos fatos da causa, dramaticidade que seria fortemente diluída sem a possibilidade de os atos processuais serem praticados na mesma ocasião, ou, quando menos, o mais próximo possível, uns dos outros.

No plano ideal, é desejável que a própria sentença seja proferida o mais próximo possível dos fatos da causa, a fim de poder-se, de um lado, interpretá-los com a carga de dramaticidade que geralmente possuem (apanhando-os, portanto, em sua efervescência), e, de outro, realizar-se com brevidade a solução do conflito de interesses.

A realidade cotidina tem demonstrado que quando a sentença é emitida muito tempo depois de o autor haver ingressado em juízo, ou de haver sido efetuada a coleta da prova, o juiz tem diante de si uma realidade algo rarefeita, difusa, glacial, onde quase não há pulsação ou vida, motivo por que ele tende a efetuar um julgamento insensível. Os próprios Tribunais, ao realizarem o julgamento de recursos, se ressentem dessa ausência de intimidade com a prova oral, pois são levados a apreciá-la e a valorá-la a partir de registros constantes das atas das audiências. Assim, ao contrário dos juízos de primeiro grau, que têm contato direto com os protagonistas do conflito de interesses, e, em decorrência, com os meios de prova, o tribunal se limita a apreciar meros relatos documentais dos fatos. Mesmo no caso de ação rescisória, a instrução oral, quando necessária, é realizada por juiz de primeiro grau, em virtude de carta de ordem (CPC, art. 972) expedida pelo relator. Estas considerações motivam-nos a ponderar que os tribunais, sempre que possível, deveriam prestigiar os pronunciamentos dos órgãos de primeiro grau de jurisdição com relação aos *fatos* da causa, por terem sido eles os coletores da prova.

Não podemos deixar de reconhecer que o princípio da concentração dos atos do procedimento atende, também, à política de economia processual, que pode ser resumida no máximo de atuação do Direito com um mínimo de atividade jurisdicional.

Todos esses argumentos parecem justificar a existência de audiência uma e contínua, no sistema do processodo trabalho; todavia , estamos diante de uma aporia, de um conflito entre a lei e a realidade. Não se nega que, em tese, a concentração dos atos processuais em uma só audiência atende ao princípio da celeridade — anseio de muitos, elevado ao predicamento de preceito constitucional (CF, art. 5.º, LXXVIII). Entretanto, essa concentração pode acarretar danos aos direitos das partes, inclusive, os previstos na própria Constituição da República. Admitamos, por exemplo, que o réu apresente sua defesa, elaborada em dezenas e dezenas de laudas e instruída por centenas de documentos, e o juiz abra oportunidade para que o autor se manifeste a respeito disso tudo na própria audiência. É evidente que, neste caso, o autor estará sendo lesado em seu direito constitucional ao contraditório e à ampla defesa (art. 5.º, LV), pois estas garantias não ficam atendidas pelo simples fato de o juiz haver concedido oportunidade para ele pronunciar-se acerca da defesa e dos documentos: é indispensável que a parte disponha de tempo necessário não apenas para tomar conhecimento do conteúdo da defesa e dos documentos, como para apresentar as objeções e impugnações que a situação esteja a merecer — além de, quando for o caso, juntar documentos destinados a serem contrapostos aos apresentados pelo adversário.

Deste modo, a) ou o juiz concede à parte todo o tempo de que esta necessita para manifestar-se sobre a defesa e os documentos que a instruem — e, neste caso, talvez fosse necessária meia hora, uma hora ou mais (acarretando, com isso, um enorme atraso no início das audiências subsequentes); b) ou o juiz destinaria uns poucos minutos para a parte realizar o seu pronunciamento — e, neste caso, estaria a restringir-lhe os direitos constitucionais ao contraditório (pleno) e à ampla defesa, com virtual nulidade do processo.

Em um Estado Democrático de Direito, eventual conflito (antinomia) entre princípios constitucionais, deve ser sempre resolvido em favor daquele que se liga, de modo direto, aos fundamentos do próprio regime político. Destarte, entre a celeridade, de um lado, e o direito ao contraditório e à ampla defesa, de outro, o sacrifício deverá ser sempre do primeiro, em benefício destes últimos e em homenagem à Democracia.

Em termos concretos, portanto, estamos a dizer que a concentração dos atos processuais em audiência única e contínua somente será possível quando não implicar violação aos direitos constitucionais das partes.

4.5. Pela irrecorribilidade (autônoma) das decisões interlocutórias

Decisão interlocutória (*inter-* + *locutório*, de *loqu* = *falar*, *exprimir-se*) é o ato pelo qual o juiz, no curso do processo, resolve questão incidente (CPC, art. 203, § 2.º).

O princípio da irrecorribilidade das decisões dessa natureza figura como uma das características do processo do trabalho, como demonstra o art. 893, § 1.º, da CLT. É conveniente efetuarmos, aqui, um pequeno reparo: em rigor, o princípio da irrecorribilidade das decisões interlocutórias não significa que essas decisões jamais possam ser atacadas por meio de recurso; o que o mencionado princípio veda é a impugnação imediata e autônoma de tais decisões. Estas, porém, são suscetíveis de impugnação no recurso que vier a ser interposto da senteça — seja de mérito, ou não. Trata-se, portanto, de impugnação diferida, remetida para momento futuro.

Vale lembrar que o procedimento constitui o conjunto de atos processuais (que se inicia pela petição do autor) destinados a preparar a emissão da sentença de mérito, principal acontecimento do universo processual. Muitas vezes, porém, nesse percurso entre a petição inicial e a sentença surgem diversos incidentes, que devem ser removidos pelo juiz, para que o trâmite do procedimento seja desobstruído. São, justamente, esses atos "removedores" de empecilhos à livre e regular tramitação processual a que o Código denomina de decisões interlocutórias. O que caracteriza as decisões desta natureza não é a circunstância de haverem examinado, ou não, o mérito da causa e sim de não haverem dado fim ao processo. Uma decisão interlocutória pode examinar o mérito da demanda, como quando, por meio dela, o juiz pronuncia, *ex officio*, a decadência em relação a determinado pedido constante da inicial, mas o processo prossegue no tocante aos demais pedidos, não afetados pela *interlocutio*.

A expressão "sentença interlocutória", que, vez e outra, é utilizada por pessoas pouco afeitas ao rigor da terminologia processual, em lugar de *decisão interlocutória*, contém uma indisfarçável contradição nos próprios termos, pois a referida decisão, como se salientou, é proferida no curso do processo, ao passo que sentença é o ato pelo qual o juiz, quase sempre, põe fim ao processo, examinando, ou não o mérito da causa (CPC, art. 203, § 1.º). Dissemos *quase sempre*, porque, no processo civil, há casos em que a sentença não o extingue (CPC, art. 513 e seguintes). No processo do trabalho, contudo, podemos seguir conceituando a sentença como ato judicial que dá fim ao processo, pois aqui não foi realizado o sincretismo entre conhecimento e execução (de título judicial, por quantia certa, contra devedor privado) que ocorreu no processo civil.

Na verdade, do ponto de vista histórico há uma certa justificativa para a expressão "sentença interlocutória". Ocorre que, no direito romano antigo, as sentenças se contrapunham às *interlocutiones*, que compreendiam todas as manifestações do juiz no curso do processo, sem, contudo, dar fim a este. Todavia, em decorrência de uma deturpação provocada pelo direito germânico – que, depois, se alastrou para os direitos Intermédio e Canônico – passou-se a denominar de "sentenças interlocutórias" aqueles pronunciamentos do magistrado, realizados no curso do processo, pelos quais ele solucionava determinados incidentes. Chegou-se, até mesmo, a admitir o recurso de apelação contra esses pronunciamentos — prática que contrariava os princípios do direito romano, que só permitia o uso da apelação contra sentença, ou seja, contra o ato judicial que julgasse o mérito.

Modernamente, contudo, como dissemos, é inaceitável a expressão "sentença interlocutória", pois a ideia de sentença é inconciliável com a de interlocução: enquanto aquela diz respeito ao pronunciamento final do magistrado, esta se destina a remover certos obstáculos surgidos no curso do processo. Sob esta perspectiva, pode-se afirmar que as interlocuções visam a preparar o advento da sentença, que é — reiteremos — o principal acontecimento do universo processual. A propósito, constava do Anteprojeto do CPC de 1973 que decisão interlocutória era o ato pelo qual o juiz, no curso do processo, resolvia questões incidentes, "a fim de preparar a sentença final" (art. 180, § 2.º).

O legislador do CPC de 1973 deixou clara a existência de *decisões* interlocutórias e de sentenças, atribuindo a cada um desses atos judiciais conceitos próprios e inconfundíveis (art. 162, §§ 1.º e 2.º, aqui referidos em ordem inversa), conquanto, por força da Lei n. 11.232/2005, tenha sido, mais tarde, levado a retocar o conceito de sentença, sem, contudo, alterar-lhe a essência. O CPC de 2015 conceitua a sentença como o pronunciamento do juiz, feito com fulcro nos arts. 485 e 487, que "põe fim à fase cognitiva do procedimento comum, bem como extingue a execução".

O legislador de 1973 não levou em conta a natureza do ato judicial, para classificá-lo como decisão interlocutória ou como sentença, mas a repercussão objetiva desse ato no processo: se tiver eficácia para extingui-lo, será, em princípio, sentença; se não, decisão interlocutória. Aliás, podemos mesmo asseverar que, do ponto de vista legal, se o ato do juiz não for sentença, nem despacho ordinatório ou de mero expediente, inclinar-se-á a ser reconhecido como decisão interlocutória. A propósito desse nosso entendimento, manifestado na vigência do CPC de 1973, devemos observar que o Código de 2015 declara ser decisão interlocutória "todo pronunciamento judicial de natureza decisória que não se enquadre na descrição do § 1.º do art. 203". Verifica-se, assim, que o conceito de decisão interlocutória é efetuado por exclusão do de sentença.

O ato pelo qual o juiz homologa os cálculos de liquidação, por exemplo, tem natureza de decisão interlocutória, conquanto o art. 884, § 3.º, da CLT, a ele se refira, de maneira equivocada, como sentença. Dá-se que o precitado ato judicial monocrático não põe fim ao processo (de execução); logo, de sentença não se cuida.

A corrente afirmação de que a irrecorribilidade das decisões interlocutórias representa uma emanação do princípio da *oralidade*, merece alguma reserva. Na verdade, as decisões dessa natureza podem ser objeto de recurso, em alguns casos, como, por exemplo, da decisão unipessoal que não admite recurso. Embora a lei (CLT, art. 897, letra "*b*") aluda a esse ato judicial como *despacho*, trata-se, na verdade, de decisão de traço interlocutório, da qual o próprio sistema oficial admite a interposição do recurso de agravo de instrumento (*ibidem*). Recorrível, também, por meio de agravo será a decisão monocrática proferida com fundamento no art. 896, § 5.º, da CLT. O mesmo se diga quanto à decisão emitida com fulcro no art. 932, incisos IV, V e VI), do CPC.

Em alguns casos, vedada a possibilidade de interposição de recurso, por ser interlocutória a decisão, e de formulação de reclamação correcional, será possível a impetração de mandado de segurança, desde que o interessado se sinta seguro para comprovar, mediante documentos: a) a existência de um seu direito líquido e certo; b) a violação (ou a iminência de violação) desse direito pelo ato judicial. O ato pelo qual o juiz, em execução provisória, não aceitava os bens oferecidos à penhora pelo devedor e ordenava a realização do ato constritivo em dinheiro deste, configurava decisão interlocutória, que poderia ser atacada via mandado de segurança, cujo procedimento recebeu a chancela da Súmula n. 417, inciso III, do TST. O inciso III dessa Súmula, entretanto, foi eliminado pela Resolução n. 212/2016, do Pleno do TST (DEJT de 20, 21 e 22-9-2016).

5. Prazo mínimo para a realização da audiência

Estabelece o art. 841, *caput*, da CLT, que o réu será notificado (citado) para comparecer à audiência, "que será a primeira desimpedida, depois de cinco dias".

A jurisprudência, decorrido um certo tempo de hesitação inicial, acabou por fixar o entendimento de que esse quinquídio, a que se refere a norma legal mencionada, diz respeito ao prazo mínimo para a realização da audiência destinada a receber a defesa (resposta) do réu.

Mais tarde, a própria norma legal consagrou esse entendimento, como revela o inciso II, do art. 1.º, do Decreto-lei n. 779/69, ao dispor que as pessoas jurídicas mencionadas no seu *caput* possuem "o quádruplo do prazo fixado no art. 841, *in fine*, da Consolidação das Leis do Trabalho". Prazo, portanto, de vinte dias para oferecer defesa; ou melhor, para *responder* aos termos da petição inicial (exceção, contestação, reconvenção, reconhecimento do direito alegado pelo autor).

Destarte, se for concedido ao réu prazo inferior a cinco dias, para responder à inicial, haverá nulidade processual, não apenas por ofensa à referida norma da CLT, mas, acima de tudo, aos incisos LIV e LV, do art. 5.º, da Constituição Federal, que impõem observância ao devido processo legal (*due processo of law*) e às garantias do contraditório e da ampla defesa, respectivamente. Tratando-se da Fazenda Pública, o prazo mínimo será de vinte dias. Entretanto, se a Fazenda, apesar disso, apresentar sua defesa, digamos, no prazo de cinco dias (fixado pelo juiz), sem arguir a nulidade, ficará precluso o seu direito de alegá-la mais tarde, em face do disposto no art. 795, *caput*, da CLT, conforme o qual a nulidade deverá ser denunciada pelas partes "à primeira vez em que tiverem de falar em audiência ou nos autos". O prazo mínimo, previsto em lei, para a formulação da defesa, não configura norma de ordem pública, motivo por que o réu poderá renunciar a ele.

Se, no entanto, o réu comparecer à audiência e alegar nulidade, o juiz deverá conceder-lhe o prazo mínimo de cinco ou de vinte dias para dias para apresentar defesa, conforme seja o caso, atendendo, assim, à regra do art. 841, *caput*, da CLT (e ao inciso II, do art. 1.º, do Decreto-lei n. 779/69, quanto à Fazenda Pública). Em que pese ao fato de, por princípio, a resposta do réu dever ser apresentada em audiência (CLT, art. 847), nada obsta a que, em nome da celeridade processual, lhe seja permitido oferecê-la no serviço de protocolo. Designar-se nova audiência para que, nela, o réu apresente sua resposta, implicará, muitas vezes, considerável retardamento do curso processual, como quando a audiência vier a ser designada para dali a dois ou três meses ou mais.

A registrar-se, ainda, a observação de que, na prática, não é o juiz quem designa a audiência, e sim o diretor de secretaria, de modo automático (CLT, art. 841). O próprio instrumento de citação (a que a CLT denomina de notificação) é expedido por este funcionário do juízo (*ibidem*).

Faz-se necessária, a esta altura, uma ponderação. Embora, como vimos, doutrina e jurisprudência tenham firmado o entendimento de que o prazo de cinco dias, previsto no art. 841, *caput*, da CLT, seja para o réu apresentar defesa — como o que concordamos —, há casos extremamente complexos, que justificam a concessão de prazo de maior duração. É o que se passa, muitas vezes, com a ação civil pública. De modo geral, as matérias que dão conteúdo às pretensões deduzidas neste tipo de ação são complexas, de tal maneira que o prazo de cinco dias, para responder, torna-se exíguo, caracterizando, inclusive, transgressão à garantia constitucional da ampla defesa (CF, art. 5.º, LV). Sendo assim, poderá o próprio magistrado assinar, de ofício ou a requerimento do réu, prazo mais extenso, imprescindível para a preservação da mencionada garantia constitucional. Com vistas a isso, levará em conta as peculiaridades do caso concreto.

De resto, a forma *escrita* da defesa se encontra largamente consagrada pelo processo da praxe e, a despeito de desatender à regra do art. 847, da CLT, não acarreta nenhuma nulidade, porquanto, de modo geral, não traz (manifesto) prejuízo ao réu. Bem ao contrário. Sob este aspecto, é oportuno recordar o princípio da *instrumentalidade*, materializado nos arts. 188 e 277, do CPC, conforme o qual quando a lei prescrever determinada forma para o ato processual, sem a cominação de nulidade, o juiz o considerará válido se, realizado de outro modo, atingir-lhe a finalidade essencial. É o que se verifica com a resposta escrita, mesmo quando apresentada fora da audiência.

Constitui ato de manifesta hipocrisia ignorar-se a existência de um processo instituído pela praxe forense, por ela consagrado e por todos reconhecido, do qual a resposta escrita faz parte, assim como os habituais "protestos antipreclusivos" e a substituição das razões finais por memoriais escritos, entre outros.

Uma nótula de arremate: mesmo que se trate de pessoa com idade igual ou superior a 60 anos, ou portadora de doença grave, a audiência não poderá ser designada por prazo inferior a cinco dias da data da citação, sob pena de transgressão da regra contida no art. 841, *caput*, da CLT. O art. 1.211-A, do CPC (inserido pela Lei n. 10.173/2001), em sua redação primitiva, concedia prioridade na tramitação dos processos às pesssoas com idade igual ou superior a 65 anos. Posteriormente, a Lei n. 12.008, de 29 de julho de 2009, alterou essa redação, para: a) reduzir a 60 anos a idade da parte ou do interveniente; b) incluir, nessa prioridade, também os que forem acometidos de doença grave. O CPC de 2015, no art. 1.048, ampliou essa prioridade, pois acrescentou às duas pessoas aqui mencionadas os casos regidos pela Lei n. 8.069, de 13-7-1990 (Estatuto da Criança e do Adolescente).

A pessoa interessada na obtenção deste benefício deverá: a) juntar prova de sua condição; b) requerer o benefício ao juiz competente para apreciar o litígio. Isto feito, o magistrado determinará ao cartório ou à secretaria a adoção das providências necessárias ao cumprimento da lei (CPC, art. 1.048, § 1.º). Os autos do processo deverão receber identificação própria que evidencie o regime de tramitação prioritária (*ibidem*, § 2.º). Essa prioridade processual, uma vez concedida, não se extinguirá com a morte do beneficiado, estendendo-se ao cônjuge sobrevivente, ao companheiro ou compnaheira em união estável. Essas normas são compatíveis com o processo do trabalho, que é omisso neste particular (CLT, art. 769).

6. Unidade da audiência

Sob o ângulo rigorosamente da literalidade da lei, a audiência deveria ser una e contínua (CLT, art. 849; CPC, art. 365). Circunstâncias ponderáveis, todavia, fizeram com que, na prática, ela fosse fragmentada, ou seja, se tornasse descontínua, sendo, mesmo, absolutamente natural falar-se nos dias de hoje — tendo em vista o procedimento ordinário — em audiência inicial, de instrução e de julgamento. Isso não significa que haja mais de uma audiência: na verdade, ela é una, sob o aspecto ontológico, embora se realize desdobradamente, significa dizer, de modo descontínuo, por meio de sessões específicas. No procedimento sumaríssimo, a audiência é una não apenas no texto da lei (CLT, art. 852-C), mas, também, na prática. Pelo menos, por enquanto.

Se bem refletirmos, veremos que o juiz, ao encerrar a audiência dita inicial e designar a de instrução, está, na verdade, *suspendendo* a audiência — que, como afirmanos, é ontologicamente uma —, para ter continuidade ("prosseguimento", costuma-se dizer) em outra data. O mesmo se diga quanto à designação da audiência instrutória, em relação à de julgamento.

Dentre os motivos que impuseram a partição da audiência trabalhista (procedimento ordinário) sobressai a necessidade de o magistrado tentar um número maior de conciliações em cada pauta; sendo assim, como a audiência denomina "inicial" tem uma duração rápida, tornou-se possível a inclusão em pauta de diversas dessas audiências, com o escopo de buscar-se uma solução consensual do conflito. Frustrada esta tentativa, o réu oferecerá resposta, designando-se, se for o caso, outra data para o prosseguimento da audiência, oportunidade em que as partes serão interrogadas, e as testemunhas, inquiridas, assim como serão aduzidas razões finais e será renovada a proposta de conciliação. Isto feito, apraza-se a audiência destinada ao julgamento.

É inegável que o fracionamento da audiência acarreta uma dilatação do tempo do trâmite processual – lembrando-se que a Constituição da República assegura a "razoável duração do processo e os meios que garantam a celeridade de sua tramitação" (art. 5.º, inciso LXXVIII); no entanto, é necessário não se perder de vista o fato de a realização de audiência una (compreendendo desde a instrução oral até o julgamento da lide), em muitos casos, implicar ofensa a determinadas garantias constitucionais, como, em especial, as do contraditório, da ampla defesa e do devido processo legal. (CF, art. 5.º, incisos LV e LIV, nesta ordem). Conforme dissemos, linhas atrás, há situações em que o réu apresenta defesa consistente em diversas laudas e instruída por expressiva quantidade de documentos (dezenas ou centenas), sendo verdadeiramente impossível (e insensato) exigir-se que o autor sobre eles se manifeste na mesma audiência, em uns poucos minutos. Impor-lhe esse pronunciamento, em tais circunstâncias, é afrontar as garantias constitucionais há pouco mencionadas e ensejar a alegação de nulidade processual. Dar seguimento à audiência (ouvindo as partes, interrogando as testemunhas, abrindo oportunidade para as razões finais e formulando a última proposta de conciliação) e permitir ao autor, posteriormente a tudo isso, manifestar-se sobre os documentos apresentados pelo réu, no prazo que se lhe assinar, será subverter a ordem lógica de prática dos atos processuais, será tumultuar-se o procedimento, por modo a autorizar a formulação de reclamação correcional.

No processo de conhecimento — ao contrário do que se passa no terreno *sui generis* do processo cautelar —, em alguns casos será preferível decidir-se bem, ainda que com alguma tardança, a decidir-se mal, embora desde logo. Convém advertir que uma decisão precipitada, proferida em nome da necessidade de rápida entrega da prestação jurisdiconal, pode conduzir a resultados opostos ao desejado, como quando a sentença é anulada pelo tribunal com fundamento na violação das garantias constitucionais do contraditório, da ampla defesa e do devido processo legal. Nesta hipótese, a obsessão de celeridade terá conduzido, de modo paradoxal, ao retardamento da solução do conflito de interesses.

7. O fracionamento da audiência

Alguém poderia imaginar que a partição da audiência estaria contravindo o art. 849, da CLT, que diz da sua continuidade, e, também, o princípio da concentração dos atos do procedimento. Entretanto, a questão não deve ser examinada sob este ângulo eminentemente legalista, pois há que se reiterar o fato essencial de que a cisão da audiência visou, em última análise, a atender ao escopo medular da Justiça do Trabalho, que consiste na na solução negociada do conflito intersubjetivo de interesses (CLT, art. 764, *caput* e § 1.º). Daí, a razão de ser das denominadas "audiências iniciais". Por outro vértice, a designação de audiências "de instrução" se destinou não apenas a permitir ao juiz poder melhor inteirar-se a respeito dos fatos probandos, como a assegurar o direito de o autor manifestar-se, em prazo razoável, sobre a defesa e os documentos que a instruem. Por fim, a audiência "de julgamento" justificou-se segundo as razões já mencionadas: ensejar a que o magistrado possa formar, com maior segurança, a sua convicção jurídica acerca dos fatos essenciais da lide.

Não estamos, aqui, a deitar censuras aos magistrados que cumprem à risca a regra contida no art. 849, da CLT, realizando a audiência de forma contínua, no procedimento ordinário – desde que isto não implique violação das garantias constitucionais dos litigantes. Tais juízes merecem os nossos elogios, porquanto sabemos ser extremamente desgastante a realização de audiência una, na qual se realizam todos os atos do procedimento, inclusive, o julgamento, e se elabora a sentença correspondente. O que estamos a asseverar é que a fragmentação da audiência, em princípio, não induz nulidade processual, em virtude da inexistência de *prejuízo* às partes. Esclareça-se, para logo, que o fato de elas terem de comparecer mais vezes a juízo não constitui critério adequado para avaliar e definir a existência de prejuízo. Segue-se, que somente se o fracionamento da audiência for manifestamente prejudicial aos direitos e interesses dos litigantes é que se poderá pronunciar a nulidade processual (CLT, art. 794).

Contudo, não podemos deixar de reiterar a observação de que, em muitos casos, a realização de audiência contínua só se torna possível mediante o sacrifício de considerável parcela dos direitos processuais das partes, assegurados pela Constituição da República, em especial os respeitantes ao contraditório e à ampla defesa, e ao devido processo legal. Para fornecer um novo exemplo: se o trabalhador não sabia que o empregador iria alegar, na defesa, a prática de falta grave, como poderia produzir contraprova desse fato, na mesma audiência em que a contestação foi apresentada? Como poderia, também, o trabalhador manifestar-se, em poucos minutos, na mesma audiência, acerca dos inúmeros documentos juntados pelo empregador, que poderiam somar dezenas ou centenas? Demais, há situações em que a audiência contínua é inadmissível, como quando o empregador oferece, além da contestação, reconvenção: aqui, o adiamento é inevitável, a fim de permitir-se ao trabalhador responder à reconvenção. O mesmo se afirme quanto às exceções em geral (suspeição, impedimento, incompetência), pois estas, assim que recebidas, suspendem o processo principal (CLT, art. 799, *caput*).

Demonstrado que o fracionamento da audiência só acarretará nulidade se vier em manifesto prejuízo aos direitos ou interesses dos litigantes, vejamos, agora, uma espécie de variante dessa situação.

Em determinadas situações, o juiz ouve os litigantes e, depois, designa outra data para o prosseguimento da audiência, a fim de inquirir as testemunhas. Noutras,ele inquire as testemunhas do autor e marca outra audiência, para ouvir as do réu: haveria nulidade nesses procedimentos? Separemos a situações.

Embora os litigantes e as testemunhas, como regra, devam ser ouvidos na mesma audiência, o fato de o juiz interrogar, numa audiência, as partes, e, noutra, as testemunhas, não acarretará, só por isso, nulidade processual, a despeito de não se dever estimular esse procedimento. O ideal é a concentração da coleta da prova oral, para evitar que as partes, já ouvidas, possam influir nas declarações das testemunhas. Além disso, a designação de audiências distintas (a primeira, para interrogar os litigantes; a segunda, para inquirir as testemunhas) traz o grave inconveniente de prolongar, ainda mais, a duração da fase instrutória, e, em consequência, retardar a solução do litígio.

Se, contudo, o juiz ouvir as testemunhas de uma das partes numa audiência, e as da outra em audiência posterior, certamente estará propiciando uma declaração de nulidade do processo pelo tribunal. Assim dizemos, porque a regra legal é a da incomunicabilidade das testemunhas. Dispõe, com efeito, o art. 456, do CPC, que o juiz deverá inquirir as testemunhas separadamente (e de maneira sucessiva), "*providenciará que uma não ouça o depoimento das outras*" (destacamos). Essa incomunicabilidade se destina a impedir que a testemunha a ser inquirida possa ser influenciada pelas que já depuseram, colocando em risco, deste modo, a persecução judicial à verdade dos fatos da causa (verdade real).

Muitas vezes, o juiz procura justificar esse fracionamento da coleta da prova oral com o argumento do "adiantado da hora". *Data venia*, embora a lei disponha que as audiências devam ser realizadas entre às 8h e às 18h horas e não possam ultrapassar cinco horas contínuas (CLT, art. 813, *caput*), nada obsta a que o juiz, em nome do princípio da incomunicabilidade das testemunhas (CPC, art. 456), prorrogue a audiência para além das 18h. O mesmo princípio autoriza o magistrado a fazer com que a audiência dure mais do que cinco horas consecutivas, sem receio de estar, com isso, transgredindo a regra contida no *caput* do art. 813, da CLT.

Em rigor, nulidade haverá se, digamos, o juiz ouvir alguma testemunha de uma das partes numa audiência e as restantes (ainda que sejam da mesma parte) em outra, pois o que se deve colocar à frente é o fato de que, igualmente nessa hipótese, estará sendo malferida a regra legal da incomunicabilidade das testemunhas. Esse princípio, a propósito, só pode ser afastado nos casos expressamente previstos em lei, como, *v. g.*: a) quando se tratar de carta-precatória (ou rogatória); b) quando houver necessidade de a prova testemunhal ser produzida antecipadamente (CPC, art. 381); c) quando a testemunha tiver o direito de ser inquirida em sua residência ou no local em que exerce as funções (CPC, art. 454); d) quando se tratar de testemunha referida (CPC, art. 461, I); e) quando o processo for anulado. Por outras palavras: a regra é de que as testemunhas depõem em juízo (CPC, art. 453), de modo separado e sucessivo (CPC, art. 456). As exceções estão contidas, em boa parte, no art. 454, do mesmo Código.

Uma nótula sobre o art. 365, do CPC de 2015.

Dispõe o art. 365, do CPC de 2015: "A audiência é una e contínua, podendo ser excepcional e justificadamente cindida na ausência de perito ou de testemunha, desde que haja concordância das partes. Parágrafo único. Diante da impossibilidade de realização da instrução, do debate e do julgamento no mesmo dia, o juiz marcará seu prosseguimento para a data mais próxima possível, em pauta preferencial".

O *caput* dessa norma é inaplicável ao processo do trabalho, na parte em que condiciona a cisão da audiência — em virtude do não comparecimento do perito ou de testemunha —, à concordância dos litigantes. Na Justiça do Trabalho, como o magistrado possui ampla liberdade na direção do processo (CLT, art. 765), a cisão da audiência pode ser por ele determinada, independentemente de concordância das partes. O que se exige é que o magistrado justifique a sua determinação.

Quanto ao parágrafo único do art. 365, do CPC, nada obsta a sua incidência no processo do trabalho.

8. Publicidade

Quando afirmamos, há pouco, que a audiência constitui um ato público e solene, estávamos, por certo, com a atenção concentrada nas disposições dos arts. 813 e 815, da CLT, e 368 e 358, do CPC. Retornamos, agora, ao assunto, para observar que o princípio da publicidade, considerando a sua importância no contexto dos regimes democráticos, está previsto (ainda que de maneira implícita) no art. 5.º, inciso LX, da Constituição Federal. Assim asseveramos porque esta norma constitucional adverte que a publicidade dos atos processuais só poderá ser restringida quando feita em nome do interesse social ou da necessidade de preservação da intimidade do indivíduo.

Aliás, é oportuno ressaltar que o princípio em exame não fica circunscrito à audiência, senão que compreende o universo dos atos processuais, no qual a audiência ostenta, sem dúvida, posição realçada. Destarte, só em situações excepcionais é que se poderá pôr de lado esse salutar princípio, como nos casos mencionados no art. 189, do CPC, em que o processo tramita em segredo de justiça.

O princípio da publicidade das audiências permite o controle popular desse ato processual, pois é sabido que, ressalvados os casos do art. 189, do CPC, qualquer pessoa pode presenciar a audiência, conquanto, não sendo parte ou não estando, por qualquer modo, legitimada, não possa nela intervir, nem perturbar os trabalhos que aí se realizam, sob pena de o juiz, fazendo uso do seu poder de polícia, mandar retirar da sala os assistentes que estiverem perturbando os trabalhos da audiência (CLT, art. 816), ou se comportando de maneira inconveniente (CPC, art. 360, II).

É proveitoso recordar as palavras sentenciosas de Eduardo Couture sobre a publicidade da audiência: "La justicia oral e pública consiste em poder realizar de viva voz este alto menester de decidir la suerte de los conciudadanos. Las ventajas de la publicidad no pueden ser postas en duda. Cada tiempo, quando se debaten estas cosas, se repite el famoso aforismo de Mirabeau: no lo temo a los jueces, ni a los más abyectos, ni a los más depravados, ni a mis mismos enemigos, si es que su justicia deben hacerla em presencia del pueblo. Todos sabemos bien que el pueblo es el juez de los jueces" (*Estudios de Derecho Procesal Civil*. Buenos Aires: Ed. Ediar, 1948. tomo I, p. 153).

9. Estrutura da audiência

Por outro ângulo, a solenidade da audiência está em que ela constitui um ato formal, que se desenvolve, em síntese, segundo estes estádios concatenados:

a) abertura (CLT, art. 815, *caput*);

b) pregão (das partes, testemunhas ou demais pessoas que devam comparecer (*ibidem*);

c) primeira proposta de conciliação (CLT, art. 846, *caput*);

d) apresentação da defesa (exceção, contestação, reconvenção (CLT, art. 847);

e) interrogatório dos litigantes e produção das demais provas orais (CLT, art. 848);

f) razões finais (CLT, art. 850, *caput*);

g) segunda proposta de conciliação (*ibidem*);

h) julgamento (CLT, art. 850, *ibidem*).

A Lei n. 5.478, de 25 de julho de 1968, dispondo sobre a ação de alimentos, parece haver-se inspirado no procedimento trabalhista, pois determina que o juiz formule: a) a primeira proposta de conciliação após a leitura da inicial e da resposta (art. 9.°, *caput*); b) a segunda, após as alegações finais (art. 11, *caput*).

Quanto à ordem dos interrogatórios (ou depoimentos), em particular, é a seguinte, nos termos do art. 848, da CLT:

a) partes;

b) testemunhas;

c) peritos.

A inversão dessa ordem acarreta nulidade processual? Cremos que não, desde que o depoimento das partes seja tomado antes do das testemunhas. Com isto, estamos a dizer que o juiz poderá, por exemplo, ouvir o perito antes das partes, seguindo-se a inquirição das testemunhas.

No processo civil, a propósito, a ordem sequencial é esta:

a) peritos e assistentes técnicos;

b) partes;

c) testemunhas (art. 361, I a III).

Tanto no processo do trabalho quanto no processo civil, em princípio, será ouvido, primeiro, o autor, e, depois, o réu; do mesmo modo, serão primeiramente inquiridas as testemuhas do autor, para, depois, seguir-se a inquirição das do réu.

No processo do trabalho, todavia, conforme demontraremos mais adiante (Segunda Parte, Cap. VII, 2.9., "a" e Cap. IX, 16) tem-se admitido a inversão da ordem dos depoimentos das partes e das testemunhas, sempre que o ônus da prova incumbir ao réu.

Estabelece o art. 847, da CLT, que antes de o réu apresentar a sua defesa o juiz deverá proceder à leitura da petição inicial, conquanto a norma faculte às partes dispensá-lo dessa formalidade. Na prática, essa exigência legal não vem sendo atendida, por revelar-se inútil. Ela só se justifica no caso de o réu ser analfabeto, ou não entender a Língua Portuguesa — e, ainda assim, não estar acompanhado por advogado. De qualquer modo, o juiz, *ad cautelam*, deve fazer constar da ata que as partes dispensaram a leitura da petição inicial. Originalmente, a referência à leitura da petição inicial constava do art. 846, da CLT; mais tarde, por força da Lei n. 9.022/95, essa regra foi transposta para o art. 847, onde ainda hoje se localiza.

Cremos que o único argumento capaz de justificar, nos dias atuais, leitura da inicial seja o *ius postulandi* de que trata o art. 791, *caput*, da CLT. Por isso, dissemos, há pouco, que se o réu possuir advogado regularmente constituído e esteja presente na audiência, não fará nenhum sentido essa leitura; neste caso, aliás, a falta da leitura não acarretará a nulidade do processo, por inexistência de prejuízo manifesto (CLT, art. 794).

10. A ata

O substantivo *ata* é originário do latim *acta, actorum*, que significa "coisas feitas, obras, feitos".

No terreno processual, a ata constitui o instrumento formal (e oficial) de documentação não só dos atos processuais realizados na audiência, mas dos principais fatos ou acontecimentos aí verificados. Atos, para esse efeito, seriam, entre outros, as propostas conciliatórias, a resposta do réu, a juntada de documentos, o interrogatório das partes, a inquirição das testemunhas ou do perito, as razões finais. Fatos, o atraso ou ausência de uma ou de ambas as partes, os requerimentos formulados pelos litigantes, os protestos antipreclusivos por eles manifestados, as deterrminações feitas pelo juiz, etc.

O "livro de registro das audiências", a que se referem os arts. 815, parágrafo único, e 817, da CLT, corresponde não só ao *termo* de que trata o art. 367, do CPC, como ao que se convencionou, na prática, denominar de *ata*.

Nos processos de alçada exclusiva das Varas do Trabalho, o juiz poderá dispensar o resumo dos depoimentos das partes e das testemunhas, caso em que deverá fazer constar da ata a sua conclusão acerca da matéria de fato (CLT, art. 851, § 1.º). Aqui, aliás, o legislador fez expressa menção à ata.

Nas causas submetidas ao procedimento sumaríssimo, a ata registrará, de maneira resumida, "os atos essenciais, as afirmações fundamentais das partes e as informações úteis à solução da causa trazidas pela prova testemunhal" (CLT, at. 852-F). Também aqui o legislador não fez referência ao "livro de registro das audiências", senão que à ata. Ressalte-se, entretanto, a má técnica utlizada na redação desta norma legal, nomeadamente, no que tange às "informações" úteis trazidas pela prova testemunhal. Ora, testemunha não presta *informação*, senão que *depoimento*, cujas declarações constituem meio de prova. *Informações* prestam o perito (CPC, art. 158) e outras pessoas, físicas ou jurídicas, que embora não estejam vinculadas ao processo, têm o dever de colaborar com o Poder Judiciário para o descobrimento da verdade (CPC, arts. 378 e 380, I).

Aplica-se à ata a regra do art. 211, do CPC, segundo a qual não são admissíveis nos atos e termos processuais espaços em branco, assim como entrelinhas, emendas ou rasuras, exceto se os espaços forem inutilizados e estas, expressamente ressalvadas. A não inutilização do espaço em branco poderá fazer com que venha a ser abusivamente preenhido por quem essa atitude for conveniente; a ausência de ressalva fará com que seja posta em dúvida a autenticidade do texto inserido entre linhas, emendado ou rasurado. As providências previstas no art. 211, do CPC, devem ser adotadas pelo magistrado; caso este se omita, cumprirá ao advogado (ou à parte, se estiver atuando pessoalmente), antes de assinar a ata, chamar a atenção do juiz para o fato.

Conquanto a lei só exija, na ata, a assinatura do juiz que presidiu a audiência (CLT, art. 851, § 2.º), por força da praxe e da influência do CPC de 1973 (art. 457, § 2.º) passou-se a colher, também, os autógrafdos das partes, de seus advogados e das testemunhas — procedimento que, à evidência, não gera nulidade. Ao contrário, traz maior segurança não só ao magistrado como, por igual, a todos aqueles que particparam da audiência; em especial, as partes. Na verdade, a precitada norma do CPC não exigia a assinatura das partes. O CPC de 2015 reproduziu a regra no art. 367, § 2.º, fazendo expressa referência à dispensa da assinatura das partes, "exceto quando houver ato de disposição para cuja prática os advogados não tenham poderes". Isso significa que, verificada a exceção prevista na lei, a parte deverá assinar a ata.

A ata deverá ser juntada aos autos dentro do prazo improrrogável de 48 horas, contado da data da audiência (CLT, art. 851, § 2.º).

A lei não ordena o fornecimento de cópia da ata às partes; entretanto, sempre que possível, cópia deverá ser entregue a estas, por motivos que nos parecem elementares. Atualmente, em decorrência dos avanços tecnológicos, os registros dos fatos ocorridos em audiência é realizado mediante a digitação da ata no computador, ficando esta à disposição das partes, via *internet*, em sítios do correspondente Tribunal Regional.

Um dos grandes erros em que, algumas vezes, incorrem as partes e seus advogados consiste em não ler a ata antes de assiná-la. Realmente, há casos em que a parte ou seu advogado somente percebem, algum tempo depois (horas, dias, semanas) de haverem assinado a ata, que determinados registros, dela constantes, estão incorretos, como, por exemplo, as declarações de uma testemunha sobre determinado fato. Em tais situações, dificilmente o juiz admitirá a retificação da ata, por não se tratar de mero erro material (CLT, art. 833), e sim, de erro intelectual. Por isso, é sempre aconselhável que a parte ou seu advogado leiam a ata antes de lançar nela a sua assinatura — em que pese ao fato de sabermos que essa leitura deverá ser feita às pressas, considerando-se o azáfama e os atropelos característicos das audiências trabalhistas.

Naqueles juízos que mantêm um monitor — vinculado ao computador — voltado para as partes posicionadas na mesa da sala em que se realiza a audiência o risco de haver falhas na redação da ata fica extremamente reduzido, pois as partes e seus advogados podem controlar, em tempo real, por intermédio do referido monitor, a fidelidade, ou não, dos registros lançados na ata, e intervir — invocando questão de ordem — sempre que verificarem haver divergência entre o que dela deveria constar e o que efetivamente constou.

Idealmente, por isso, todas as salas de audiências deveriam contar com esse utilíssimo recurso tecnológico.

Falando, aliás, nessa espécie de recurso, devemos chamar a atenção para o fato de alguns juízes do trabalho estarem adotando o sistema de gravação audiovisual dos depoimentos das partes, das testemunhas e de quantos devam ser ouvidos em juízo. Com vistas a isso, é proveitoso transcrevermos o artigo em que o Dr. Eduardo Milleo Baracat, Juiz Titular da 9.ª Vara do Trabalho de Curitiba, defende a adoção desse sistema — por ele já posto em prática, no tocante às testemunhas:

> "Audiência trabalhista e telefone sem fio
>
> Para quem nunca assistiu a uma audiência trabalhista, convém explicar como ocorre, tradicionalmente, a tomada dos depoimentos. Inicialmente, o juiz faz

suas perguntas ao depoente, e apenas as respostas que o juiz considerar relevantes, serão por ele ditadas para o secretário digitá-las. Depois, o juiz autoriza que os advogados façam perguntas. Mas essas perguntas, curiosamente, não são dirigidas ao depoente, mas ao juiz que, por sua vez, repete-as ou as refaz ao depoente. Somente as respostas que o juiz considerar relevantes serão ditadas pelo juiz e digitadas. E, assim, sucessivamente. Ou seja, apenas o que o juiz ditar será consignado na transcrição do depoimento.

Muito parecido com aquela brincadeira de crianças chamada "telefone sem fio", através da qual forma-se um círculo, e uma delas formula uma frase que é dita no ouvido da seguinte, que vai sendo repetida, desta forma, até a última criança. Dificilmente, quando chega ao fim do círculo, a frase é repetida da mesma forma ou com o mesmo significado que foi, por primeiro, formulada.

O sistema tradicional de colheita de depoimentos tem uma infinidade de problemas, que prejudica o registro no processo da realidade do depoimento. Primeiro, porque nunca o depoimento é vertido para o papel exatamente, com as mesmas palavras que foi prestado, seja porque inviável para o andamento das audiências, seja porque o juiz para tornar o texto legível e, com certa correção gramatical, acaba impondo sua compreensão pessoal da fala, esquecendo-se de que aquela compreensão pode não ser a única, nem, talvez, a que mais se aproxime da realidade que se está procurando reproduzir. Evidentemente, o juiz, como ser humano, é caracterizado por uma individualidade única, influenciada pelo meio, contexto sócio-econômico, idade, sexo, estado de saúde, nervosismo, estresse, humor, grau de irritabilidade, religião, vícios intencionais ou não, que vão influenciar todo o processo psíquico de percepção, desde a audição do que foi dito, passando pela compreensão e, finalmente, pela verbalização através do ditado. Essa operação psíquica, realizada no calor dos debates não é isenta; não pode ser isenta, porque o juiz é falível, mormente quando pressionado durante a audiência. O magistrado, em decorrência, irá interferir, mesmo que involuntariamente, na autenticidade do depoimento. Segundo, porque permite o abuso de poder do juiz durante a audiência. Não é raro que advogados reclamem de juízes que não consignam das atas informações importantes prestadas pelos depoentes, ou que durante os depoimentos intimidem partes, testemunhas e, até mesmo, advogados.

Constata-se que o sistema tradicional de registro de audiências está dissociado do Estado democrático de direito, onde deve prevalecer a transparência dos atos judiciais, não permitindo, em decorrência, a completa realização da justiça.

O sistema audiovisual dos depoimentos supera esses problemas, pois capta não apenas a fala, mas também a imagem do depoente, que, indiscutivelmente, possui um conjunto de informações que muitas vezes supera a própria palavra (uma imagem diz mais do que dez mil palavras), registrando, como nenhum outro o tom da voz, o gaguejar, o tartamudear, a vacilação, a insegurança, ou a segurança, a convicção, a presteza no responder, o tom jocoso, rancoroso, apaixonado, displicente ou reverente do falar. Essas características de um depoimento são impossíveis de serem resumidas e ditadas pelo juiz durante a audiência, mas são de fundamental importância para a formação do convencimento não apenas do juiz, mas também do tribunal. Ademais, o registro audiovisual torna a audiência mais célere, dinâmica, com evidentes benefícios para a prestação jurisdicional. Não há razão para se degravar os depoimentos, antes de enviar os autos para o Tribunal. É que toda a riqueza do depoimento seria perdida com sua redução a termo.

É hora de se eliminar o telefone sem fio das audiências trabalhistas, pois o desenvolvimento tecnológico já permite a adoção, a preço acessível, do sistema audiovisual nas Varas do Trabalho, como ocorre desde setembro de 2006 na 9.ª Vara de Curitiba. Importante não se rechaçar essa importante conquista, por receio de mudança, ou qualquer outro motivo, que impeça sua implantação plena" (Jornal *O Estado do Paraná*, edição de 11-3-2007, Caderno "Direito e Justiça").

A gravação dos depoimentos pelo sistema audiovisual, no entanto, foi recebida com alguma reserva pela classe dos advogados. Um dos problemas derivantes desse sistema reside no momento em que estes profissionais necessitam transcrever trechos dos depoimentos das testemunhas nas razões do recurso ordinário que estão a elaborar. Ocorre que como não há registro por escrito, eles perdem muito tempo realizando a transcrição desses depoimentos. Não raro, necessitam ouvir diversas vezes o mesmo trecho, para poderem ter certeza do que aí consta e realizar a correspondente transcrição fiel. Há, pois, uma considerável dificuldade operacional para os advogados, que, em alguns casos, pode configurar violação à garantia constitucional da ampla defesa. Os próprios juízes encontram esse tipo de dificuldade no momento de redigirem as sentenças. Espera-se, por isso, que o sistema seja aprimorado, por forma a evitar esses embaraços para as partes e seus procuradores judiciais — e, ainda, para os magistrados.

Essa dificuldade, aliás, também existe para os juízos deprecados, pois estes, de modo geral, não estão familiarizados com o sistema de registro audiovisual dos depoimentos tomados em audiência, motivo por que, muitas vezes, o magistrado acaba não conseguindo ter acesso ao conteúdo do CD ou do DVD que lhe foi remetido com a carta precatória, para servir como subsídio, com vistas ao depoimento das testemunhas a serem inquiridas no juízo deprecado. Os próprios relatores, nos tribunais — sejam os Regionais, seja o Superior do Trabalho —, seguramente também não se sentem confortáveis diante de depoimentos que foram objeto de registro pelo sistema audiovisual, pois há sempre um considerável consumo adicional de tempo no ato de transcrever esses depoimentos no voto do relator ou do revisor.

Tais fatos demonstram a necessidade de aprimoramento do sistema, a fim de poder ser, efetivamente, utilizado em proveito de todos.(1)

---

(1) No momento em que escrevíamos este livro, em sua 1.ª edição, foi lançada a seguinte notícia no sítio do TST: "O TST e o Conselho Superior da Justiça do Trabalho (CSJT) receberam o *software* de gestão e gravação audiovisual de audiências, elaborado pela Comissão de Informática do TRT da 9.ª Região (PR). Intitulado *"Fidelis"*, o programa

11. A duração da audiência

Dispõe o art. 770, *caput*, da CLT, que os atos processuais serão realizados nos dias úteis, das 6h às 20h. Essa é, também, a disposição do art. 212, *caput*, do CPC. A propósito, aplica-se ao processo do trabalho, em caráter subsidiário, a regra do § 1.º da sobredita norma do CPC, segundo a qual serão concluídos depois das 20h os atos iniciados antes, "quando o adiamento prejudicar a diligência ou causar grave dano".

Conquanto as audiências se configurem, sem dúvida, como ato processual, estabelece o art. 813, *caput*, da CLT, que elas serão realizadas na sede do juízo, entre 8h e 18h, em dias úteis, "*não podendo ultrapassar cinco horas seguidas*" (destacamos). O art. 813, *caput*, da CLT, constitui, portanto, exceção à regra do art. 770, *caput*, do mesmo texto legal.

Certo setor da doutrina entende que as cinco horas contínuas, previstas no art. 813, *caput*, da CLT, se referem à *totalidade* das audiências do dia. Não pensamos assim. A nosso ver, as cinco horas dizem respeito a *cada* audiência constante da pauta. Se a *intenção* (elemento subjetivo) do legislador teria sido, por hipótese, a de impor a duração máxima de cinco horas para *todas* as audiências do dia, isto é algo que já não possui a relevância que pudesse ter. A lei é um organismo vivo e sua interpretação deve ser feita à luz das transformações que a dinâmica social acarreta no plano da realidade. Atualmente, com a pletora das ações que, cotidianamente, deságuam na Justiça do Trabalho, chega a soar absurda a conclusão de que as precitadas cinco horas de duração concernem à totalidade das audiências previstas na pauta. Para além disso, tal inferência conspiraria, de certo modo, contra o mandamento constitucional de duração razoável do processo e de celeridade na sua tramitação (CF, art. 5.º, inciso LXXVIII).

Em suma: desde que o conjunto das audiências constantes da pauta diária se realize no período das 8h às 18h, em dias úteis, nada haverá que se possa opor quanto a isso, pois nenhuma transgressão legal existirá nesse procedimento.

12. A programação da duração da audiência

No item a anterior, nos pronunciamos acerca da *duração* da audiência; agora, iremos ocupar-nos com a *programação* dessa duração, que é coisa diversa.

---

permitirá a gravação e degravação de audiências e de eventos realizados nas salas de sessões de Varas do Trabalho e de Tribunais Regionais. A ferramenta surgiu da necessidade de se examinar e recuperar com mais rapidez trechos específicos dos depoimentos das audiências e teve o apoio do CSJT no avanço do projeto. O *"Fidelis"* vai funcionar como uma espécie de lápis de cor, que pintará variados assuntos de um depoimento com cores diferentes, de forma a organizar o registro oral. Ele será capaz de fazer marcações eletrônicas de tempo ao longo da gravação, separando os trechos pela qualificação do depoente (como autor, preposto, testemunha do autor e testemunha do réu), por assuntos e subtemas, conforme a Tabela de Assuntos do CNJ (liberação de guias, horas extras, FGTS, insalubridade). Após a conclusão da gravação, o juiz instrutor assinará eletronicamente o arquivo, que será disponibilizado para consulta a magistrados, partes e advogados em ambiente virtual, um Portal de Audiências. O CSJT já estuda a implantação da nova ferramenta em toda Justiça do Trabalho, buscando o aprimoramento de rotinas e a integração dos órgãos trabalhistas. O *software* será colocado à disposição de todos os órgãos do Poder Judiciário, por meio do Conselho Nacional de Justiça".

A referida programação integra o que bem poderíamos denominar de *planejamento judicial*.

Muitas vezes, os juízes, por inexperiência ou por falta de apurado senso de organização, não programam a duração da audiência de instrução oral do processo. Isso acontece naqueles juízos que adotam o fracionamento da audiência em inicial, de instrução e de julgamento. Expliquemos. Há juízes, por exemplo, que costumam designar cinco audiências de instrução por dia, com intervalo, digamos, de vinte minutos, uma em relação a outra. Ocorre que a designação dessas audiências é feita sem qualquer critério, ou seja, sem que o juiz verique, de antemão, qual a provável duração de cada uma. Sendo assim, pode acontecer de ele designar para o mesmo dia cinco audiências extremamente complexas, que poderão consumir, cada uma, mais de uma hora de duração, cuja consequência será um generalizado atraso de todas as audiência incluídas na pauta do dia.

Essa situação ainda mais se agrava quando falta ao magistrado uma objetividade inquiritória ou quando ele costuma perder o controle da audiência. No primeiro caso, ele formula longas e repetitivas indagações às partes ou às testemunhas; no segundo, permite que as partes ou seus advogados façam perguntas desnecessárias. A consequência é que, seja num caso, seja noutro, a audiência acabará tendo uma duração muito superior à que seria efetivamente necessária para atingir a sua finalidade.

Com o objetivo de fornecer um contributo pessoal para atenuar esse quadro, que sói exasperar as partes, os advogados e as testemunhas, devemos relatar o procedimento que adotávamos, ao tempo em que integrávamos a magistratura do trabalho. Não estamos a insinuar que o nosso sistema de controle era infalível; todavia, não podemos deixar de dizer que reduzia, de maneira considerável, a possibilidade de ocorrerem largos atrasos nas audiências de instrução ou graves distensões do tempo previsto para a sua duração.

Pois bem. Tínhamos o hábito de classificar as audiências instrutórias em três graus, segundo a complexidade presumida: simples, médio e máximo, atribuindo-lhes os "pesos" um, dois e três, respectivamente. Assim, na audiência inicial, frustrada a tentativa de conciliação, e com vistas à audiência de instrução, procurávamos indagar às partes se tinham interesse no depoimento do adversário (argumentando-lhes que, em alguns casos, seria dispensável), quantas testemunhas pretendiam trazer (ponderando-lhes que, modernamente, o que conta não é a quantidade de testemunhas, mas a qualidade do testemunho, de tal modo que o depoimento de uma só testemunha pode valer mais, do ponto de vista de valoração, do que o de duas ou três); enfim, procurávamos nos inteirar sobre quantas pessoas seriam ouvidas na futura audiência, empenhando-nos, sempre que possíível, em reduzir esse número ao estritamente necessário, evitando, por esse modo, a perda de tempo para todos. Em seguida, considerando o grau de complexidade da instrução, calculávamos o tempo que cada pessoa (partes e testemunhas, ou somente partes, ou somente testemunhas, dependendo de cada caso) levaria para depor e multiplicávamos esse número pelo tempo presumido que cada uma consumiria. O produto dessa multiplicação indicava se a instrução seria simples, média ou máxima, conforme sua complexidade. Para as primeiras, destinávamos cerca de quinze minutos (peso um); para as segundas, trinta minutos (peso dois); para as terceiras, quarenta e cinco minutos (peso três). Como o tempo máximo fixado para a duração das audiências era de cento e vinte minutos, isto significava que poderíamos designar, para o mesmo dia, oito audiências simples; ou quatro médias, ou duas de complexidade máxima, vale dizer, que poderíamos designar umas e outras, desde que a soma não excedesse a cento e vinte minutos. O efeito prático da adoção desse critério objetivo era que, raramente, as audiências "de instrução" ultrapassavam o tempo de duração previsto.

Além disso, solicitávamos às partes, advogados e testemunhas que comparecessem ao fórum com bastante antecedência (cerca de uma hora antes), pois a audiência de que participariam poderia ser antecipada no caso de haver acordo na anterior ou esta ser adiada. Fique claro que não impúnhamos esse comparecimento com larga antecedência, senão que aconselhávamos fosse isso feito pelo motivo já indicado.

Ao início da audiência eram definidos os pontos controvertidos, após consulta aos litigantes. É certo que, antes disso, havíamos lido, atentamente, a petição inicial e a contestação e examinado os documentos que instruíam uma e outra. Em seguinda, pedíamos às partes (ou aos seus advogados) que formulassem perguntas objetivas, evitando as discursivas. Em qualquer caso, cuidávamos de indeferir as que nos parecessem impertinentes, irrevantes, inoportunas ou vexatórias. Em suma, procurávamos dar um ritmo célere à audiência, por forma a fazer com que fosse respeitado o prazo estabelecido para a sua duração, preocupando-nos sempre, nesse mister, em não contravir as garantias processuais que a Constituição da República atribuía (e ainda atribui) às partes.

O poder monopolístico, que as normas legais outorgam aos magistrados na direção do processo, não pode prescindir de um mínimo de organização, de disciplina, de planejamento no que se refere ao seu exercício.

Saber administrar, de maneira racional, o tempo de duração das audiências chega e a ser um dever do magistrado, se levarmos em conta que muitas pessoas (partes, advogados, testemunhas) podem ser prejudicadas pela distensão do tempo necessário para a realização desses atos. Os juízes que exerceram a advocacia antes de ingressarem na magistratura bem sabem das consequências danosas que a falta de controle quanto à duração das audiências acarreta, por exemplo, para os advogados que tenham de participar de outras audiências, no mesmo dia, em outras Varas.

Sem que se instile em nossas palavras qualquer laivo de soberba, devemos dizer que a técnica de programaççao da duração das audiências deveria ser ensinada tanto nos cursos de preparação para o ingresso na magistratura do trabalho, quanto nos cursos dirigidos aos próprios magistrados.

Não estamos a sugerir que as audiências trabalhistas sejam realizadas de maneira atropelada e com superficial investigação dos fatos da causa; o que estamos a alvitrar é que os senhores juízes busquem, dentro do possível, programar a duração das audiências, fazendo uso, para isso, do método ou da técnica que lhe parecerem mais apropriados. Não nos esqueçamos de que o tempo constitui uma das dimensões humanas; por isso, saber controlá-lo é um imperativo de administração eficiente — e, porque não dizer, de bem viver. Assim como a celeridade processual significa um máximo de atuação do direito com um mínimo de atividade jurisdicional, também audiência ideal (de instrução, especialmente) pode ser vista como um máximo de atividade probatória com um mínimo de consumo de tempo.

13. O atraso das partes no comparecimento à audiência

Uma das controvérsias que ainda hoje andam a envolver juízes, partes, advogados, doutrina e jurisprudência concerne ao atraso dos litigantes no comparecimento à audiência.

O que se busca saber, nessa verdadeira cizânia há muito tempo instalada, de maneira perturbadora, nos sítios do processo do trabalho, é se o juiz deve tolerar, ou não, tais atrasos.

Na prática, as coisas se passam deste modo: feito o pregão, verifica-se que uma das partes não está presente. A contar daí, duas situações podem ocorrer: a) a parte se mantém ausente; ou b) comparece durante a realização da audiência. Não nos interessa, por enquanto, o primeiro caso, até porque ele será examinado mais adiante, em item específico. Concentremos a nossa atenção, portanto, no segundo.

Sejamos francos e objetivos: as partes têm não apenas o dever de comparecer à audiência (CLT, art. 843, *caput*), mas de fazê-lo *no horário designado*. Isso é algo elementar, pois decorre do bom senso. Afinal, não se fixam horários (especialmente, em juízo) para que sejam desrespeitados. Por motivos sociológicos, nós, brasileiros, nos demos ao gosto pouco elogiável de não cumprir horários relativos aos nossos compromissos em geral, designadamente, os sociais e familiares. Esse mau hábito se encontra de tal modo arraigado em nosso meio que já se tornou — é lamentável reconhecer — um autêntico traço cultural, que causa sobressaltos a certos povos estrangeiros. Em alguns eventos sociais, aliás, parece até mesmo fazer parte da etiqueta (*noblesse oblige:* Honoré de Balzac, "*Le Lys dans La Vallée*") um discreto atraso no comparecimento. O problema é que esse malsinado costume de nossa gente pode produzir efeitos devastadores na esfera dos direitos das pessoas, quando submetidos à apreciação judicial, sob a forma de ação ou de resposta a esta. Não estamos, aqui, por certo, a nos dirigir aos senhores advogados, senão que às partes.

Pois bem. Se o juiz não permitir a participação, na audiência, do litigante que compareceu com atraso, não estará, ao rigor da lei, perpetrando nenhuma violência contra suposto direito deste; não estará, em princípio, malferindo-lhe a garantia constitucional da ampla defesa. Entender de modo diverso corresponderá a asseverar que a parte possui o *direito* de chegar atrasada às audiências judiciais — o que seria algo, no mínimo, absurdo e perturbador do sistema, pois inexiste norma legal que lhe assegure essa surrealista faculdade. Ademais, a quantos minutos corresponderia esse presuntivo "direito" (ou "faculdade"): a um, a dois, a cinco, a dez, a vinte, ou mais?

Andou bem, portanto, a SDI-1, do TST, ao adotar a OJ n. 245, com este teor: "Revelia. Atraso. Audiência. Inexiste previsão legal tolerando atraso no horário de comparecimento da parte à audiência". Conquanto esta Orientação se refira, apenas, à revelia, a advertência nela contida é aplicável, como diretriz, à generalidade dos casos em que a parte, seja autora ou ré, comparece com atraso à audiência.

Sabemos existirem opiniões mais complacentes, segundo as quais enquanto a audiência não estiver encerrada a parte poderá dela participar. Ora, antes de mais nada, é necessário advertir que a audiência (assim como o processo, em geral) não é '"propriedade" dos litigantes; logo, estes não podem dispor da audiência como lhes aprouver. É sempre conveniente lembrar que o processo constitui método estatal (ou seja, oficial) de solução de conflitos, não sendo, por isso, lícito às partes dele fazer uso conforme seus interesses ou conveniências pessoais. Como se não bastasse isso, o entendimento de que o litigante teria o direito de participar da audiência enquanto esta não estivesse encerrada provocaria um tumulto com relação às audiências posteriores, constantes da pauta, fazendo com que o início destas ficasse gravemente retardado. O que não se dizer, então, se as outras partes resolvessem comparecer com atraso às demais audiências do dia?

O argumento de que o ato de a parte comparecer à audiência, ainda que tardiamente, traduz o seu ânimo de defesa, *data venia*, conquanto não seja desprezável, não possui a relevância que se tem alardeado, pois se esse *animus* devesse ser alteado à categoria de dogma, de regra geral e inflexível, a ser acatada pelo magistrado, teríamos de admitir recursos, contrarrazões, embargos ou contraminutas intempestivos e o mais.

Que fique devidamente clarificada a nossa opinião acerca do assunto: as partes têm o dever de comparecer à audiência no horário fixado. A pontualidade é um dever delas. Segue-se, que o juiz não está obrigado a tolerar nenhum atrasamento dos litigantes, exceto se este atraso decorrer de motivo de força maior ou de outra razão ponderável e relevante, devidamente comprovada. É evidente que, na prática, poderão ocorrer controvérsias quanto a ser de força maior, ou não, o motivo alegado pela parte. Congestionamento viário do trânsito de veículos automotivos, por exemplo, costuma ser apontado como um desses motivos. Se esse congestionamento constitui algo habitual, frequente (sendo este fato, até mesmo, notório), não deve ser considerado como motivo de força maior, pois o atraso à audiência decorreria de falta de previsibilidade da parte. Se, ao contrário, o congestionamento foi algo extraordinário, decorrente de fato imprevisível (queda de árvore, de ponte, de poste, etc.), o juiz poderá permitir o atraso, desde que, de algum modo, a parte faça prova do motivo que a impediu de comparecer no horário preestabelecido.

Isso não significa, todavia, que o magistrado não possa consentir um pequeno atraso — embora, insistamos em dizer, não esteja obrigado a isso —, independentemente de força maior ou de qualquer outro motivo relevante. Cuida-se, pois, de uma sua faculdade. Caso o juiz se disponha a fazer uso dela, como reitor soberano do processo (CLT, art. 765), deverá atender a determinados critérios indispensáveis, sem os quais o seu ato poderá ser fulminado de nulo. O primeiro desses critérios diz respeito ao tratamento isonômico. Assim, ele poderá tolerar que tanto o autor quanto o réu se atrasem. Se permitir, por exemplo, que somente o autor o faça estará dispensando um tratamento iníquo, conducente à pronúncia de nulidade processual. Por outro lado, esse critério deverá abarcar a generalidade das situações, de tal modo que todos os autores e todos os réus possam comparecer a todas as audiências de todos os processos com um discreto atraso. Se permitir que essa tolerância beneficie, apenas, determinados autores ou determinados réus, haverá tratamento discriminatório, anti-igualitário, capaz de nulificar o processo. Por fim, deverá estabelecer um critério quanto ao limite máximo de tempo em que o atraso será consentido. Esse limite deverá, por óbvio, ser calcado em uma regra de comedimento e de equanimidade para com os litigantes.

O problema é que os juízes, ao permitirem o atraso no comparecimento das partes à audiência, estarão, a nosso ver, se desvencilhando, de modo perigoso, do rigor da lei, e, com isso, rendendo ensejo à adoção de critérios marcadamente pessoais, subjetivos — e, talvez, arbitrários — que comporão, no conjunto, um quadro de heterogeneidades tumultuantes, aumentando, com isso, o desassossego das partes e da jurisprudência.

É recomendável, portanto, que o juiz permaneça ao lado da lei, fazendo prevalecer os rigores desta, conquanto lhe seja perfeitamente lícito, em situações extraordinárias, dela afastar-se para autorizar que o litigante participe da audiência, ainda que haja comparecido com certo atraso, desde que justificado. Entrementes, a fim de que o juiz tenha *autoridade moral* para exigir pontualidade às partes, é fundamental que dê o exemplo, realizando as audiências — o quanto possíivel —- nos horários preestabelecidos.

14. O atraso do juiz à audiência

Como afirmamos no item anterior, os horários devem ser cumpridos, nomeadamente em juízo. O mesmo se diga quanto aos prazos. Esta regra é aplicável a todos os sujeitos do processo, compreendendo, por isso, os próprios magistrados.

Dir-se-á, contudo, que o processo do trabalho tolera até quinze minutos de atraso no comparecimento do juiz à audiência a que deva presidir, como demonstra o parágrafo único, do art. 815, da CLT — inspirado no art. 265, do CPC de 1939. Indaga-se, contudo: essa norma da CLT teria sido revogado pelo incixo XX, do art. 7.º, da Lei n. 8.906/94, segundo o qual se inscreve no elenco dos direitos do advogado o de "retirar-se do recinto onde se encontre aguardando pregão para ato judicial após 30 (trinta) minutos do horário designado e ao qual não tenha comparecido a autoridade que deva presdiir a ele, mediante comunicação protocolizada em juízo"? Embora reconheçamos que a Lei n. 8.906/94 tenha, em princípio, preeminência em relação a qualquer outra que contenha disposições que possam ser aplicáveis ao advogado, no exercício de sua profissão, devemos chamar a atenção ao fato de que os trinta minutos previstos na Lei n. 8.906/94, embora figurem, formalmente, como direito do advogado, se vistos sob outro ângulo constituem uma espécie de dever imposto a este profissional, qual seja, o de aguardar, por esse período de tempo, o comparecimento do juiz à sala de audiência. Em princípio, pois, essa norma se impõe ao advogado no âmbito da Justiça Comum, seja estadual ou federal. Ocorre, todavia, que o parágrafo único do art. 815, da CLT, contém norma mais favorável, pois reduz esse dever a quinze minutos. É necessário observar que esses quinze minutos dizem respeito não só aos advogados, mas às partes (e às próprias testemunhas), quando estiverem atuando em juízo pessoalmente, no exercício de seu *ius postulandi* (CLT, art. 791, *caput)*; basta ver que o precitado dispositivo da CLT declara que poderão retirar-se "os presentes". A imaginarmos que o inciso XX, do art. 7.º, da Lei n. 8.906/94 teria revogado o parágrafo único do art. 815, da CLT, teríamos duas ordens de dificuldades a serem enfrentadas: a) tanto o advogado quanto a parte teriam o dever de aguardar a presença do juiz por trinta minutos — conclusão que implicaria o absurdo de afirmar que a Lei n. 8.906/94 poderia ser aplicada, também, às partes, vale dizer, a quem não é advogado; b) a sobredita Lei seria aplicável, apenas, ao advogado, caso em que produziríamos situação surrealista, em que, presentes o advogado e a parte, aquela poderia ausentar-se quinze minutos após, mas este, somente trinta minutos depois...

Em suma, pensamos que o parágrafo único do art. 815, da CLT, a despeito de haver sido revogado no que se refere ao direito de o juiz atrasar-se no comparecimento à audiência, segue vigendo em relação às partes e advogados.

O assunto, entretanto, merece maiores esclarecimentos.

O tema, até aqui, foi examinado sob a perspectiva do *dever* de o advogado aguardar o atraso do juiz durante algum tempo. Sucede que estamos convencidos de que o parágrafo único, do art. 815, da CLT, foi *tacitamente revogado* pelo art. 35, VI, da Lei Complementar n. 35, de 14-3-79 (LOMAN), no que se refere ao magistrado. Este dispositivo inseriu no rol dos *deveres* do juiz o de comparecer *pontuamente* à hora de iniciar-se o expediente ou a sessão. Nem se objete que a lei, ao falar em *sessão*, estaria voltada, apenas, aos tribunais. Ora, em primeiro lugar, a audiência é também uma sessão (pública e solene, como já assinalamos); em segundo, seria insensato imaginar que somente os juízes dos tribunais estariam obrigados a comparecer, com pontualidade, às sessões; não, porém, os juízes de primeiro grau. Nenhuma lógica seria capaz de dar sustentação a esse tipo de raciocínio ou de argumento discriminatório.

A inferência a tirar-se, portanto, em face do art. 35, inciso VI, da LOMAN, é de que *todos* os juízes devem comparecer, com pontualidade, à hora fixada para o início do expediente ou das sessões, implícitas no conceito destas as audiências que são realizadas em primeiro grau de jurisdição.

De qualquer sorte, do ponto de vista ético-deontológico, mesmo que estivesse ainda a viger o art. 815, parágrafo único, da CLT, naquilo que se pudesse imaginar como direito de o juiz atrasar-se para a audiência por quinze minutos — o que se admite, somente, por apego à argumentação —, o magistrado, nada obstante, deveria comparecer à audiência no horário estabelecido, porquanto, como advertimos, se ele deseja impor às partes a regra da pontualidade deve ser o primeiro a acatá-la. A este respeito, é relevante observar que o art. 20, do Código de Ética da Magistratura Nacional, aprovado pelo CNJ, dispõe, no art. 20: "Cumpre ao magistrado velar para que os atos processuais se celebrem com a máxima pontualidade (....)".

Em termos concretos, pois, se o juiz deixar de comparecer à audiência no horário fixado, sem qualquer justificativa plausível, estará transgredindo um dever específico; como esse atraso (especialmente se reiterado) configura ato de negligência, isso significa que o magistrado ficará sujeito à pena de advertência, prevista nos arts. 42, I, e 43, da LOMAN.

Quanto às partes, terão o direito de retirar-se da sala de audiências, após quinze minutos de atraso do magistrado, e requerer à secretaria da respectiva unidade judiciária certidão de que compareceram à audiência no horário estabelecido, sem que o juiz estivesse presente. É evidente que, na prática, nem sempre as coisas se disporão com esses rigores. Afinal, nada obsta a que os litigantes aguardem, por alguns minutos a mais, o comparecimento do magistrado. Entrementes, se, por algum motivo, o autor (trabalhador) decidir-se pela espera e o réu (empregador) por deixar a sala de audiência (e as dependências do órgão judicial), o magistrado, comparecendo tardiamente à audiência, deverá adiá-la, uma vez que o fato de o autor haver permanecido a aguardá-lo não neutraliza o direito de o adversário retirar-se da sala quando ultrapassado o horário para o início da audiência. O mesmo se diga no caso de ter sido o autor quem se retirou da sala de audiência.

Não é justo que as partes fiquem submetidas à regra da pontualidade — e sofram as consequências processuais do eventual desacato a ela —, mas não possam resguardar os seus interesses ou compromissos quando a quebra dessa regra for praticada pelo juiz.

Uma ressalva, contudo, torna-se indispensável: ao cogitarmos, até aqui, do atraso no comparecimento do juiz à audiência, estivemos a pressupor que ele nem sequer estaria no prédio em que esta se realizaria. Ou que estivesse em seu gabinete, sem, contudo, ingressar na sala de audiência no horário estabelecido. Se, no entanto, o juiz estiver em tal sala e o pregão atinente a determinada audiência for realizado além do horário designado, em virtude de a audiência anterior haver-se prolongado, não faz sentido pensar em atraso no *comparecimento* do juiz. O atrasamento, na hipótese, foi quanto ao *início* da audiência pretérita, pelo motivo já mencionado. Neste caso, as partes devem permanecer nas proximidades da sala de audiência (ou no lugar de praxe), aguardando o pregão, sob pena de sofrerem as consequências legais de seu desatendimento a essa regra de prudência.

15. O não comparecimento do autor à audiência una

Deixando, o autor, de comparecer, sem justificativa legal, à audiência a que a praxe tem denominado de una (por ser ininterrupta), a consequência processual a ser adotada é a prevista no art. 844, *caput*, da CLT, que alude a um canhestro "arquivamento da reclamação". Valendo-nos de uma linguagem compatível com os rigores científicos da atualidade, devemos dizer que a consequência será a extinção do processo sem resolução do mérito.

Da declaração contida no art. 844, *caput*, da CLT, extraem-se as seguintes conclusões:

a) o legislador exigiu a presença do autor na audiência, como requisito para o regular desenvolvimento da relação jurídica processual iniciada com a citação válida;

b) a extinção do processo, sem exame do mérito, constitui uma espécie de *favor legislativo* ao autor, porquanto este poderá intentar, novamente, a ação, uma vez que a lide (mérito) não foi solucionada. Para que se possa compreender o motivo pelo qual estamos a reconhecer, aqui, a existência de um *favor legislativo* ao autor, basta pensarmos na possibilidade de a norma legal sobredita haver estatuído que, ausente este, o réu poderia apresentar defesa, sendo o autor considerado confesso.

Caso a matéria versada na ação seja, exclusivamente, de direito, ou sendo de direito e de fato não houver necessidade de produzir prova em audiência, não se poderá aplicar a regra do art. 355, inciso I, do CPC, por modo a permitir que o juiz realize o julgamento antecipado da lide? Dizendo-se por outras palavras: não se poderá deixar de aplicar a norma do art. 844, *caput*, da CLT? Sob certo aspecto, a resposta está implícita na própria pergunta, pois não sendo a CLT omissa quanto à matéria (CLT, art. 769), não se poderá adotar, em caráter supletivo, norma do CPC. O art. 844, *caput*, da CLT, não faz nenhuma distinção quanto a ser a matéria de fato ou de direito, com vistas à extinção do processo, sem resolução do mérito, quando o autor deixar de comparecer, sem justificativa legal, à audiência inicial. Deste modo, o processo do trabalho, bem ou mal, possui norma a respeito do assunto.

Dispõe o art. 732, da CLT, combinado com o art. 731, do mesmo texto legal, que se o autor der causa a duas extinções do processo, sem resolução do mérito, em virtude de sua ausência injustificada à audiência, "incorrerá na pena de perda, pelo prazo de seis meses, do direito de reclamar perante a Justiça do Trabalho". Essas normas legais, a nosso ver, foram tacitamente revogadas pela Constituição Federal de 1946. Expliquemo-nos. A CLT entrou a viger em 1943. Em 1946, a Constituição Federal, em seu art. 141, § 4.º, estabelecia: "A lei não poderá excluir da apreciação do Poder Judiciário qualquer lesão de direito individual". Ora, nos seis meses a que se referem os arts. 731 e 732, da CLT, o autor não poderia exercer o direito de ação assegurado pelo texto constitucional do período. É evidente, pois, a colisão desses dispositivos da CLT com a Constituição Federal de 1946. Como esta foi *posterior* àqueles, o fenômeno jurídico que aí se verificou não foi o da inconstitucionalidade, e sim o da *revogação*. Inconstitucionalidade haveria se a norma ordinária fosse posterior à Constituição (e conflitasse com esta). O § 4.º, do art. 141, da Constituição da República, de 1946, revogou, portanto, pela via tácita, os arts. 731 e 732, da CLT, que assim permanecem até os dias atuais.

Torna-se importante ressaltar que a Carta outorgada em 1937, em cuja vigência surgiu a CLT, não continha disposição dessa natureza.

É oportuno lembrar, por outro lado, que os textos constitucionais posteriores (de 1967, art. 150, § 4.º; Emenda n. 1/69, art. 153, § 4.º; e 1988, art. 5.º, inciso XXXV) reproduziram a cláusula assecuratória do direito de ação, que constitui, aliás, uma das mais importantes manifestações dos Estados Democráticos de Direito.

A registrar-se, ainda, o fato relevante de a Constituição de 1988 haver oferecido expressivo contributo ao tema ao assegurar o exercício do direito de ação não somente nos casos de *lesão* de direito, mas de *ameaça* de lesão — particularidade que colocou em realce as denominadas *tutelas de urgência*, das quais as ações cautelares, o mandado de segurança e a antecipação dos efeitos da tutela figuram como emanações características.

Da sentença que declara a extinção do processo, sem resolução do mérito, em virtude da ausência injustificada do autor à audiência inicial, cabe recurso ordinário (CLT, art. 895, "*a*"). A propósito, em livros anteriores observamos que a expressão "sentença definitiva", constante do texto legal referido, não deveria ser interpretada em seu sentido estritamente literal. Explicávamos que no sistema do CPC de 1939 – que estava a viger quando surgiu a CLT — a sentença *definitiva* era a que punha fim ao processo com exame do mérito; a sentença *terminativa* findava o processo sem apreciar o mérito. Deste modo, se levássemos à risca a redação da letra "*a*", do art. 895, da CLT, seríamos forçados a concluir que no processo do trabalho a sentença somente poderia ser impugnada por meio de recurso (ordinário, no caso) se houvesse examinado o mérito (lide) da causa, vale dizer, se fosse *definitiva*. A doutrina e a jurisprudência trabalhistas, contudo, desde muito tempo deram interpretação mais adequada a esse preceito legal, passando a admitir a interposição de recurso ordinário da sentença, tenha esta apreciado (definitiva), ou não (terminativa) o mérito.

Quando elaborávamos este livro, adveio a Lei n. 11.925, de 17 de abril de 2009 (Diário Oficial da União da mesma data) que deu nova redação, dentre outros, ao art. 895, CLT, que passou a ser a seguinte: "Art. 895: I – das decisões definitivas *ou terminativas* das Varas e Juízos, no prazo de 8 (oito) dias; e II – das decisões definitivas *ou terminativas* dos Tribunais Regionais, em processos de sua competência originária, no prazo de 8 (oito) dias, quer nos dissídios individuais, quer nos dissídios coletivos"(destacamos).

O legislador atendeu, finalmente, às críticas da doutrina ao inserir no texto o adjetivo *terminativas*.

Em certas situações, é aconselhável que o autor — cujo processo tenha sido extinto sem resolução do mérito em virtude de sua ausência injustificada à audiência una — não interponha recurso da sentença, e sim, trate de exercer, novamente, a ação, cuidando, desta feita, de comparecer à audiência. A interposição de recurso, no caso, poderá ser-lhe prejudicial, porquanto o tribunal levará muitos meses para julgar o apelo e, provalmente, não o proverá, fazendo, assim, com que o autor perca muito tempo até poder ingressar, outra vez, com a ação. A situação, aqui, é muito semelhante àquela em que o processo é extinto, sem resolução da lide, em decorrência de inépcia da petição inicial.

Enfim, cumprirá ao autor analisar, em cada situação concreta, a conveniência de recorrer da senteneça que extinguiu o processo sem prospeção do mérito, ou ajuizar, novamente, a ação.

16. O não comparecimento do réu à audiência una

Se o réu, regularmente citado, deixar de comparecer, sem justificativa plausível, à audiência una, será revel e, talvez, confesso quanto à matéria de fato (CLT, art. 844, *caput*, parte final). A observar-se que, no processo de conhecimento trabalhista, a citação não é pessoal; basta que o seu instrumento (a que a CLT denomina de notificação) seja remetido pelo correio (CLT, art. 841, § 1.º) e entregue no endereço constante dos autos. Presume-se recebida a citação quarenta e oito horas depois de sua regular postagem; o seu não recebimento ou a entrega após o decurso deste prazo constitui ônus do réu (TST, Súmula n. 16).

Determinados setores da doutrina criticam a orientação contida na Súmula n. 16, do TST, pelo fato de esta infundir uma certa insegurança jurídica nos réus. Aparentemente, esse segmento doutrinário possui razão, pois a certeza da citação é algo indispensável em um processo que, como o nosso, se subordina aos princípios fundamentais de um Estado Democrático de Direito. Ocorre, porém, que a precitada Súmula traz, em seu texto, uma regra de prudência, consistente na possibilidade de o réu comprovar não haver recebido o instrumento de citação, ou que esta se deu em prazo muito superior às 48 horas presumidas pela Súmula (e desde que isto lhe tenha acarretado manifesto prejuízo quanto à elaboração da defesa: CLT, art. 794). Desta forma, a regra pragmártica, representada pela presunção de recebimento do instrumento de citação 48 horas depois de sua postagem, pode ser neutralizada pela comprovação, por parte do réu, de que isso não ocorreu.

Tornemos a ressaltar que, na Justiça do Trabalho, nunca se exigiu que a citação, no processo de conhecimento, fosse pessoal. Essa pessoalidade é imposta pelo CPC (art. 242), embora o ato citatório possa ser realizada pelo correio (CPC, arts. 246, inciso I, 247 e 248). No processo do trabalho, só há exigência de citação pessoal, por oficial de justiça, na execução (CLT, art. 880, *caput*, e § 2.º). No processo cognitivo trabalhista, como a citação não é pessoal, basta que o seu instrumento seja entregue no endereço constante da petição inicial, mediante a assinatura do aviso de recebimento. Tem-se considerado válida a citação mesmo nos casos em que o réu, estando instalado em edifício (residencial ou comercial, seja recebido pelo encarregado da portaria. Entende, a jurisprudência, neste caso, que se o instrumento de citação, recebido pelo porteiro, não chegar às mãos do destinatário, ou chegar tardiamente, isso é algo que diz respeito exclusivo à falta de organização interna dos serviços de portaria do edifício, não possuindo nenhuma relevância jurídica para os efeitos do processo. Se, de um lado, essa manifestação jurisdicional pode ser objeto de crítica, pela insegurança que infunde no espírito dos réus, por outro, justifica-se diante de situações concretas em que o réu, conluiando-se com o empregado encarregado da portaria, tomava ciêbcia da citação, com grande antecedência, mas alegava em juízo, por exemplo, que esta lhe fora entregue pelo porteiro, apenas, no dia da audiência.

Retornemos ao exame do art. 844, *caput*, parte final, da CLT, que considera revel e confesso o réu que deixar de comparecer à audiência, e, em consequência, de se defender. Nota-se, para já, que o legislador não concedeu ao réu o mesmo *favor* com que distinguiu (e privilegiou) o autor. Este, se não comparecer à audiência, ensejará, como vimos, a extinção do processo sem resolução do mérito, fato que lhe permitirá ajuizar a ação outra vez. Ausente o réu, as consequências serão a revelia e a provável confissão quanto à matéria fatual.

Revelia e confissão, porém, não se confundem. A revelia nada mais é do que a ausência injustificada de contestação (e não de *resposta* do réu, pois esta compreende, além da contestação, a exceção, a reconvenção e o reconhecimento do direito alegado pelo autor). Destarte, se o réu não excepcionar o juízo, nem reconvir ao autor, não será revel. Se-lo-á, apenas, se deixar de oferecer contestação. A revelia é um fato processual constatável de maneira objetiva. A confissão constitui mera presunção de veracidade dos fatos alegados pela parte contrária. Como ela somente diz respeito a fatos, pode ocorrer de o réu, embora revel, ser vencedor na causa, como quando a matéria integrar o conceito daquelas que se convencionou denominar "de direito", em contraposição às "de fato".

Como, na maioria dos casos, a revelia induz confissão — pois nas causas trabalhistas são preponderantes os *fatos* — há uma tendência de a pessoa não versada em Direito supor que a confissão seja algo automática e inevitável, na generalidade das situações em que o réu deixar de apresentar contestação. Como dissemos há pouco, não havendo fatos, não pode existir confissão. Nos casos de adicionais de insalubridade e de periculosidade, por exemplo, a prova técnica (pericial) é indispensável, por força do disposto no art. 195, § 2.º, da CLT. Desta forma, mesmo sendo o réu revel, o juiz deverá ordenar a realização do exame pericial, e, se o laudo concluir pela inexistência de insalubridade ou de periculosidade, o pedido formulado pelo autor deverá ser rejeitado, fazendo com que o réu, conquanto revel, seja vencedor na causa.

O mesmo se assevere quando o réu for revel e o pedido feito pelo autor revelar-se juridicamente impossível: o juiz deverá julgar a causa em detrimento do autor. A este respeito, cabe um escólio adicional. Em que pese ao fato de a expressão *pedido juridicamente impossível* estar largamente consagrada pela legislação, pela doutrina e pela jurisprudência, ela, a nosso ver, é incorreta, é acirológica, por assim dizer. Ocorre que, no caso, juridicamente impossível não é o pedido, e sim, o *atendimento* a ele. Por isso, melhor seria que se passasse a aludir a *pedido juridicamente inatendível*.

Mais uma nótula: o pedido juridicamente impossível figurava, no inciso III do parágrafo único do art. 295, do CPC de 1973, como uma das causas de inépcia da petição inicial e de consequente extinção do processo sem resolução do mérito (CPC de 1973, art. 267, I e VI), por forma a permitir que o autor ajuizasse, novamente, a ação (*ibidem*, art. 268, *caput*). Diante disso, escrevemos: "A doutrina das condições da ação foi concebida por Enrico Tullio Liebman, sendo incorporada ao atual CPC brasileiro (art. 267, VI). Mais tarde, porém, Liebman revê a sua doutrina e reduz as condições da ação a duas: legitimidade e interesse processual, excluindo, pois, o pedido juridicamente impossível – no que andou certo. Assim opinamos, porque se o pedido juridicamente impossível se caracteriza pelo fato de haver, no ordenamento legal, um veto ao seu acolhimento, é elementar que o juiz, ao fazer valer esse veto, estará extinguindo o processo *com* resolução do mérito, de modo a impedir que o autor venha a formular, outra vez, uma pretensão vedada pela ordem legal".

O CPC de 2015, excluiu, de maneira correta, o pedido juridicamente impossível do elenco das matérias que autorizam o indeferimento da petição inicial por inépcia (art. 330, § 1.º)

Se não ocorrer o *efeito* da revelia — que é a confissão presumida quanto aos fatos narrados na peça de provocação da atividade jurisdicional —, o ônus da prova continuará com o autor (quando este for o caso: CLT, art. 818), motivo por que o juiz designará audiência para que ele produza prova quanto à veracidade dos fatos alegados na inicial (CPC, art. 348). O art. 323, do CPC de 1973, estabelecia que o juiz mandaria o autor especificar as provas que pretendia produzir *em audiência*. Essa declaração legal fez com que lançássemos o seguinte comentário, na primeira edição deste livro: "Tratando-se, no entanto, de audiência una e contínua, as provas, em princípio, deverão ser produzidas na própria audiência em que se verificou a revelia. Um escólio esclarecedor: se não ocorreu o *efeito* (confissão presumida) da revelia, isto significa que, em princípio, não havia matéria de fato a ser comprovada. Assim sendo, a prova que o autor deverá produzir não terá como objeto fatos, o que corresponde a afirmar que não lhe será concedido ouvir testemunhas. A prova haverá de ser técnica, ou seja, pericial. Eventualmente, o juiz lhe imporá a prova do direito, como se daria quando os pedidos estivessem calcados em legislação municipal, estadual, estrangeira ou em direito consuetudinário (CPC, art. 337). Nesta hipótese, a prova seria não somente quanto ao direito, mas, ainda, de que a norma legal invocada estava em vigor ao tempo dos fatos (*ibidem*)".

O CPC de 2015 estabelece, no art. 348, que se o réu não contestar a ação, o juiz, verificando que não se deu o efeito da revelia, "ordenará que o autor especifique as provas que pretende produzir, se ainda não as tiver indicado". Já não se fala, pois, na produção de provas apenas *em audiência.*

Ocorrendo, entretanto, o efeito da revelia, o juiz procederá ao julgamento antecipado do mérito (CPC, art. 355, II). Julgar antecipadamente o mérito não significa, de modo necessário, proferir a sentença na própria audiência em que se deu a revelia, embora seja este o procedimento adotado, de maneira geral, pelos juízes do trabalho. Deste modo, não incorrerá em nenhum deslize o magistrado que designar outra data para o julgamento. Muitas vezes, as matérias versadas na causa são de extrema complexidade, exigindo que o juiz lhes dedique um estudo aprofundado, meticuloso. Do ponto de vista técnico, julgar antecipadamente o mérito expressa a possibilidade de o magistrado proferir a sentença sem necessidade de proceder à *instrução* (máxime, a oral) do processo. É precisamente este o sentido da expressão: "O juiz julgará *antecipadamentedo* pedido" (destacamos), contida no inciso II, do art. 355, do CPC.

O CPC de 2015, no art. 355, inciso II, inovou, de modo expressivo, o tema da revelia, porquanto, após afirmar que se o réu for revel e ocorrer o efeito da revelia, o juiz não deverá julgar antecipadamente o mérito se houver *requerimento de prova*, "na forma do art. 349". Consta desta norma legal: "Ao réu revel será lícita a produção de provas, contrapostas às alegações do autor, desde que se faça representar nos autos a tempo de praticar os atos processuais indispensáveis a essa produção". Em que pese ao fato de o assunto estar aberto a debates, entendemos que essa norma é inaplicável ao processo do trabalho, por força do disposto no art. 844, *caput*, da CLT, segundo o qual o não comparecimento do réu à audiência "importa revelia, além de confissão, quanto à matéria de fato". O parágrafo único do art. 844, da CLT, não corresponde ao inciso II, do art. 355, do CPC. Expliquemo-nos. Enquanto a sobredita norma do CPC veda o julgamento antecipado do mérito se o réu revel houver formulado o requerimento de produção de provas, nos termos do art. 349, o parágrafo único do art. 844, da CLT, apenas prevê o adiamento do julgamento quando ocorrer motivo relevante – sem que esse adiamento implique o direito de o réu revel produzir provas, invocando o art. 349, do CPC.

Convém lembrar que a revelia também não constitui motivo para o juiz deixar de examinar as matérias sobre as quais deve pronunciar-se *ex officio*, como é o caso, por exemplo, das preliminares previstas no art. 337, do CPC. O exame desses temas não constitui faculdade, senão que *dever* do magistrado, como evidencia a redação do § 5.º, da aludida norma legal: "Excetuadas a convenção de arbitragem e a incompetência relativa, o juiz conhecerá de ofício das matérias enumeradas neste artigo". O CPC de 1973 aludia, apenas, ao compromisso arbitral (art. 301, § 4.º). A decadência também deve ser objeto de pronunciamento *ex officio* pelo magistrado (CC, art. 210). Há, no entanto, controvérsia sobre se o juiz do trabalho pode pronunciar, por sua iniciativa, a prescrição extintiva. Nos termos do inciso 5.º, do art. 219, do CPC de 1973, o magistrado não apenas poderia, como *deveria*, pronunciar *ex officio* essa prescrição. A polêmica instalada no arcabouço da doutrina e da jurisprudência se referia à aplicação, ou não, dessa norma ao processo do trabalho. Conquanto, pelo que podemos obervar, a tendência fosse de recusar-se essa aplicação, entendíamos, em sentido oposto, que essa incidência seria inafastável. Ocorre que o § 5.º do art. 219, daquele CPC, altera a prescrição liberatória à categoria de matéria de ordem pública, equiparando-a, neste aspecto, à decadência. E a decadência sempre figurou entre os temas que o juiz deveria conhecer *ex officio*. E prosseguíamos: "Não é momento de nos dedicarmos a aprofundadas reflexões sobre a prescrição nos direitos material e processual do trabalho. Em todo o caso, devemos dizer que, do ponto de vista estritamente ideológico, a prescrição é incompatível com esses direitos, pois se o seu fundamento é a inércia do titular, no que se refere ao exercício desses direitos, é evidente que este pressuposto não encontra terreno propício no direito do trabalho, pois é fato notório que o trabalhador, estando em vigor o seu contrato de trabalho, geralmente deixa de ir a juízo, para pleitear a reparação de direitos lesados, não por inércia, por negligência, e sim, por fundado receio de ser demitido. Seria possível, por esse motivo, sustentar-se, sob o pano-de-fundo ideológico, a incompatibilidade da prescrição liberatória com o direito material do trabalho. Entrementes, esse argumento ideológico acaba sendo pulverizado pelo sistema nornativo vigente, porquanto a própria Constituição da República prevê a prescrição extintiva dos direitos dos trabalhadors (art. 7.º, inciso XXIX). Sendo assim, parece-nos que o inciso 5.º,do art. 219, do CPC, está em harmonia com a sobredito dispositivo constitucional, do qual se nutre".

O CPC de 2015 não reproduziu, com a mesma clareza, a regra do art. 219, § 5.º, do CPC de 1973, embora o art. 332 disponha, no § 1.º, que o juiz poderá rejeitar o pedido ("julgar liminarmente *improcedente o pedido*" (*sic*), diz a norma) se "verificar, desde logo, o ocorrência de decadência ou de prescrição". Não ficou claro se essa *verificação* poderá dar-se *ex officio*, ou depende de alegação ou de requerimento do réu. O tema, entrementes, se desanuvia com a leitura do art. 487, inciso II, que se ocupa da extinção do processo com resolução do mérito. Dá-se, que entre essas causas de extinção, consta a de o juiz "decidir, *de ofício* ou a requerimento, sobre a ocorrência de decadência ou *prescrição*" (destacamos). A despeito disso, remanenscerá a controvérsia, nos sítios da doutrina e da jurisprudência, sobre se essas normas do CPC são aplicáveis ao processo do trabalho.

17. O não comparecimento das partes à audiência una

Sendo una e contínua a audiência, e a ela nenhuma das partes comparecer, a consequência será a extinção do processo sem resolução do mérito, facultando-se ao autor ajuizar, outra vez, a ação.

Nota-se, assim, que a solução para este caso é idêntica à que se dá quando a ausência é, apenas, do autor. Acontece, como já dissemos, que o legislador do processo do trabalho tornou indispensável a presença do autor na audiência (una, no caso), particularidade que fez com que a doutrina e a jurisprudência adotassem o mesmo princípio em relação à audiência inicial, esta instituída pela praxe judiciária.

Como, por força de lei, é fundamental a presença do autor na audiência (seja inicial ou una), não há possibilidade de o juiz, ausente aquele, proferir o julgamento antecipado da lide, sob o argumento de que se trata de matéria somente de direito. Essa atitude do magistrado, além de implicar transgressão aos arts. 764, *caput*, e § 1.º, e 844, *caput*, da CLT, acarreta prejuízo ao autor (se a sentença lhe for desfavorável), pois este não poderá promover, outra vez, a ação; sob certo aspecto, o próprio réu poderia sentir-se prejudicado, pois apesar de vencedor na causa não pôde exercer o seu direito constitucional de ampla defesa. A sentença, emitida em tais circunstâncias, seria nula, sob a perspectiva de ambos os litigantes. Legitimados para interpor recurso ordinário estariam não somente as partes como o Ministério Público do Trabalho, ainda que este não tenha oficiado como fiscal da lei. Não cremos que as situações em que o *Parquet* possa recorrer das sentenças proferidas pela Justiça do Trabalho estejam restritas às previstas no art. 898, da CLT. Afinal, dentre as relevantes atribuições institucionais que a Constituição da República atribui ao Ministério Público está "a defesa da ordem jurídica" (art. 127, *caput*). No caso em exame, teria ocorrido, por parte do juiz, violação aos arts. 764, *caput*, e § 1.º, e 844, *caput*, da CLT – lembrando-se que as normas processuais pertencem ao ramo do Direito Publico.

Algumas vezes, a ausência de ambos os litigantes à audiência é um indício de que transacionaram extrajudicialmente, embora tenham deixado de dar ciência do fato ao juízo no qual se processa a ação.

Perguntamos: se o autor comprovar o motivo pelo qual não lhe foi possível comparecer à audiência, o juiz, convencendo-se da credibilidade dessa comprovação, poderá reconsiderar a sua decisão e restabelecer o processo (que havia sido extinto sem resolução do mérito)? Não está em discussão, aqui, se ao autor seria mais conveniente tentar obter o restabelecimento do processo, ou promover, outra vez, a ação. Estamos cogitando do primeiro caso, para verificarmos da possibilidade, ou não, desse restabelecimento. Em princípio, poder-se-ia imaginar ser possível o referido restabelecimento, pois a sentença extinguira o processo sem prospecção do mérito. Conquanto este argumento seja simpático à causa da simplicidade do processo do trabalho, não pode ser aceito. Ocorre que, nos termos do art. 463, do CPC, a sentença — seja de mérito, ou não — somente pode ser modificada nas situações ali indicadas, a saber: a) para corrigir inexatidões materiais ou retificar erros de cálculo; b) por meio de embargos de declaração. Ou seja, a sentença, *tout a court*, não pode ser alterada depois de publicada, a não ser nos casos expressamente previstos no mencionado dispositivo legal. Além disso, o autor não teria prejuízo algum, decorrente da impossibilidade de ser restabelecida a sentença, uma vez que poderia exercer, outra vez, a ação — cuidando, agora, de comparecer à audiência.

18. O não comparecimento do autor à audiência inicial

Segundo a dicção algo simplória do art. 844, *caput*, da CLT, se o autor deixar de comparecer, de modo injustificado, à audiência (inicial) haverá o "arquivamento da reclamação".

Desde logo, devemos expungir desse texto legal as imperfeições que o comprometem, sob o aspecto científico. Se "reclamação" corresponder à ação, vê-se, sem grande esforço, que o legislador, em atitude desassombrada e contrária aos princípios da física, imaginou a possibilidade de ser arquivada a ação. Ora, esta possui existência imaterial, traduzindo-se nesse importante direito subjetivo público — que, entre nós, foi alcandorado à categoria constitucional — de os indivíduos ou as coletividades invocarem a prestação da tutela jurisdicional do Estado, com vistas a evitar a lesão de direito ou a reparar o dano a ele acarretado. Dessa maneira, o que se arquivam são os *autos* do processo, que têm existência material, uma vez que são formados pelo conjunto das petições, documentos, etc., juntados pelas partes, pelo juízo ou por terceiros (CLT, art. 777).

Mesmo assim, a expressão "arquivam-se os autos" não corresponde ao fato que, efetivamente, ocorre, quando o autor deixa de comparecer, sem justificativa, à audiência inaugural. Afinal, pelo quanto sabemos, os funcionários do juízo, zelosos, sempre mantêm os autos dos processos nos arquivos da secretaria... O legislador, na verdade, quis expressar que essa ausência do autor, por implicar uma quebra do dever de comparecimento à audiência (CLT, art. 844, *caput*), provoca a *extinção do processo sem resolução do mérito*. Em razão disso, o autor poderá ajuizar, novamente, a ação, tenha pago, ou não, as custas a que foi condenado. Não se aplica ao processo do trabalho, portanto, a regra do art. 486, § 2.º, do CPC.

Prevê a lei, entretanto, a possibilidade de o autor, caso não possa comparecer à audiência por doença ou outro motivo ponderoso, devidamente comprovado, ser representado por trabalhador que pertença à mesma profissão ou pelo sindicato de sua categoria (CLT, art. 843, § 2.º). O verdadeiro sentido dessa norma legal precisa ser adequadamente explicado, sob pena de conduzir a certas distorções interpretativas. Não foi, por certo, intenção do legislador permitir que um colega de profissão ou um dirigente do sindicato passasse a *ocupar o lugar do autor* no processo sempre que este não pudesse comparecer à audiência. Veja-se que a lei se refere à *representação* e não à *substituição*. Assim, em se tratando de audiência inicial, entendemos que a representação do autor, por tais pessoas, tem a finalidade exclusiva de adiar a audiência, evitando, desse modo, a extinção do processo (CLT, art. 844, *caput*). Caberá ao juiz, portanto, designar uma nova audiência inicial. O máximo que se poderia aceitar é que o juiz considerasse realizada a audiência (inicial) e marcasse outra, em prosseguimento, destinada à instrução oral, à qual o autor deveria comparecer, em pessoa. Reconhecemos que esse procedimento atropelaria a primeira proposta de conciliação, pois esta não poderia ser formulada ao "representante" do autor, sabendo-se que este não tem poderes para transigir. Todavia, se o advogado do autor estiver presente, nada impedirá que a proposta seja formulada e aceita — caso em que o processo será extinto com resolução do mérito (CPC, art. 487, III, "*b*").

No caso de haver regime litisconsorcial ativo, o processo será extinto, apenas, em relação àqueles autores (litisconsortes) que não comparecerem à audiência, prosseguindo, pois, quanto aos que estiverem presentes a esse ato.

Em determinadas Varas do Trabalho instituiu-se a praxe de, nos litisconsórcios ativos integrados por numerosas pessoas, constituir-se uma espécie de "comissão", formada por três, quatro ou cinco litisconsortes, com a incumbência de representar os demais em todos os atos do processo, inclusive, na audiência inicial. Essa peculiar "comissão", embora não prevista em lei, tem o efeito prático de evitar o comparecimento a juízo de todos os litisconsortes, cujo número elevado poderia acarretar graves transtornos aos trabalhos da audiência — a começar, não raro, pela impossibilidade física de serem todos acomodados na sala. É evidente que a aceitação dessa "comissão" ficará sempre reservada ao prudente arbítrio do magistrado, que avaliará as situações em que ela poderá ser constituída sem prejuízo para a defesa e para a entrega da prestação jurisdicional. Com isso, estamos a asseverar que a constituição da referida "comissão" não pode ser produto exclusivo da vontade dos litisconsortes ativos, ou destes e da parte contrária. Afinal, quem detém o poder de direção do processo — com exclusividade, destaque-se — é o magistrado.

É interessante observar que, em muitos casos, o advogado, constituído por diversos trabalhadores do mesmo estabelecimento, prefere ingressar com ações individuais, embora pudesse formar um litisconsórcio ativo em decorrência da presença dos requisitos legais (CPC, art. 46). Se, de um lado, essa atitude do advogado exigirá a sua presença nas diversas audiências que forem realizadas, de outro, traz, subjacente, o objetivo de fazer com que o réu efetue um depósito em relação a cada processo, para efeito de interposição de recurso da sentença que aí for proferida. Tanto mais se compreende as razões dessa estratégia se considerarmos o conteúdo do inciso III, da Súmula n. 128, do TST, que, por princípio, declara ser suficiente o depósito realizado por uma das empresas condenadas solidariamente.

19. O não comparecimento do réu à audiência inicial

Do mesmo art. 844, *caput*, da CLT, que acabamos de examinar, vem a declaração de que se o réu deixar de comparecer à audiência (inicial), sem justificativa plausível, será revel e confesso quanto à matéria de fato.

Alguns comentos são necessários, acerca deste dispositivo legal.

Para já, deve ser reiterada a observação, que fizemos em item anterior, de que revelia não se confunde com confissão, ainda que, quase sempre, andem lado a lado. Pondo ao largo certos rebuços estilísticos, podemos dizer, de forma incisiva, que na ordem processual revelia nada mais é do que a ausência injustificada de contestação. Por outro lado, revelia não é '"pena", como se costuma alardear, sem a devida reflexão: é fato processual, pois o réu não está *obrigado* a se defender, para que se possa cogitar de "pena" a ser-lhe aplicada. A resposta que a lei lhe permite oferecer à ação insere-se no conjunto de seus direitos e *faculdades* processuais. Nada além disto. Confissão, por sua vez, é a aceitação — presumida ou expressa, voluntária ou provocada —, por uma das partes, de fato contrário aos seus interesses manifestados na causa e favoráveis ao adversário (CPC, art. 389).

O *efeito* da revelia é a presunção de veracidade dos fatos narrados na petição inicial. Cuida-se de regra de ordem pragmática, adotada pelas legislações para superar o problema do ônus da prova nas situações em que o réu deixa de se defender.

Nem sempre, contudo, a revelia induz confissão. Isso ocorrerá, em caráter excepcional, quando: a) havendo pluralidade de réus, algum deles contestar a ação; b) o litígio versar sobre direitos indisponíveis; c) a petição inicial não estiver acompanhada do instrumento público que a lei repute indispensável à prova do ato; d) as alegações de fato formuladas pelo autor forem inverossímeis ou estiverem em contradição com prova constante dos autos. (CPC, art. 345, I a IV); e) a prova for, eminentemente, técnica (perícia); f) a matéria for, exclusivamente, de direito.

É insustentável, porém, sob o ponto de vista jurídico, o entendimento jurisprudencial cristalizado na Súmula n. 122, do TST, na parte em que dispõe: "A reclamada, ausente à audiência em que deveria apresentar defesa, é revel, ainda que presente seu advogado munido de procuração (...)". *Data venia*, a revelia, como dissemos, se configura pela ausência (injustificada) de contestação; ora, no caso, o advogado do réu poderia estar portando a defesa (logo, escrita) ou formulá-la oralmente, no prazo legal, razão pela qual não se poderia pensar em revelia. O curioso é que, em alguns dos casos em que não comparecem à audiência nem o réu, nem o seu advogado, o tribunal, em razão de recurso interposto pelo revel, anula o processo por entender que estava presente (segundo a prova documental produzida em grau de recurso: TST, Súmula n. 8) o ânimo de defesa...

Alguns juízes, procurando abrandar a insensibilidade e as consequencias danosas da Súmula n. 122, admitem que, ausente o réu à audiência inicial, mas presente o seu advogado munido de procuração, este produza a defesa, embora considerem o réu confesso. Essa solução, contudo, também não é aceitável, pois sabendo-se que, por força da praxe, a audiência dita inicial não é destinada ao depoimento das partes (mas, apenas, à formulação da primeira proposta conciliatória e à recepção da resposta do réu), como pode este ser, juridicamente, considerado confesso, se a confissão decorre da ausência de depoimento pessoal — depoimento que, reiteremos, não seria tomado naquela audiência?

É o caso de indagar-se: se estivessem presentes na audiência o preposto e o advogado do réu, a quem o juiz perguntaria se haveria possibilidade de acordo? Ao advogado, certamente. A quem o magistrado perguntaria se o réu possuía defesa a ser apresentada? Ao preposto, certamente. Como se percebe, a Súmula n. 122, do TST, atribui ao preposto uma importância que, na prática, ele não ostenta. Sejamos francos: na audiência inicial, presente o advogado do réu, o preposto não mais é do que um convidade de pedra, um totem profano, pois quase nada fala, quase nada decide. Dir-se-ia, contudo, que a malsinada Súmula estaria em consonância com o art. 844, *caput*, parte final, da CLT. Ora, é necessário lembrar que a aludida norma legal foi elaborada sob dois pressupostos básicos: a) que a audiência seria, sempre, una e contínua (CLT, art. 849); b) que a parte estaria atuando sem advogado, vale dizer, exercendo o *ius postulandi* que lhe concede o art. 791, *caput*, da CLT. Nada mais lógico, por isso, que a ausência do réu à audiência implicasse a sua revelia, pois ele não teria apresentado defesa. Todavia, levando em conta a existência da praxe, que fragmentou a audiência em inicial, de instrução e de julgamento, torna-se juridicamente insustentável a manifestação jurisprudencial cristalizada na Súmula n. 122, do TST, porquanto, conforme argumentamos, estando presente à audiência inicial o advogado do réu, munido de procuração, caberá a ele apresentar a defesa ou elaborá-la de maneira oral, o que significa dizer que a presença do preposto é desútil, é de nenhum importância prática.

Bons serviços aos princípios jurídicos e às garantias constitucionais do processo (em especial, as da bilateralidade, do contraditório e do devido processo legal: CF, art. 5.º, incisos LIV e LV) o TST prestaria se reformulasse o teor da Súmula n. 122, para reconhecer o direito de o advogado presente à audiência apresentar a resposta que portasse por escrito, ou que desejasse formular oralmente, mesmo estando ausente o preposto.

Enquanto o TST não rever o teor da referida Súmula — se é que, algum dia, o fará — só nos resta lembrar aos senhores juízes do trabalho que as Súmulas da mais alta Corte de Justiça Trabalhista de nosso País ainda não estão providas de efeito vinculativo. Supondo, então, que alguns magistrados, num gesto de independência intelectual, decidam colocar de lado a mencionada Súmula, vejamos como deveriam agir em face das diversas situações em que comparecesse à audiência inicial, apenas, o advogado do réu, mas não o preposto. Dentre essas situações, destacamos aquelas em que o advogado: a) possui procuração e está portando defesa escrita; b) possui procuração e deseja formular a defesa oralmente; c) não possui procuração, mas porta defesa escrita; d) não possui procuração nem defesa escrita.

Examinemo-las.

No primeiro caso (a), a procuração e a defesa deverão ser juntadas aos autos, dando-se vista ao autor por prazo razoável e designando-se outra audiência, em prosseguimento, se houver necessidade. Nada impede, todavia, a transação, desde que o advogado do réu detenha poderes para isso. O que se deve levar em conta, acima de tudo, é que inexistirá, aqui, revelia: afinal, não é revel quem se defende por meio de procurador habilitado e regularmente constituído. A praxe fará com que o juiz, invocando o dever do réu, de comparecimento à audiência (CLT, art. 844, *caput*), o considere confesso — desde que haja matéria fatual capaz de ensejar o efeito da revelia. Vimos, porém, que não faz sentido lógico nem jurídico declarar-se confesso quem não seria interrogado nessa oportunidade. Se o juiz não aceitar a defesa, o advogado deverá requerer que conste da ata o seu "protesto" por cerceamento (ou melhor: restrição) desse direito — regra de cautela que lhe permitirá, mais tarde, arguir a nulidade do processo, excetuadas a petição inicial e a citação.

No segundo (b), a procuração será juntada aos autos, devendo o juiz permitir que o advogado formule a defesa no prazo de vinte minutos, pois — é necessário ressaltar — o art. 847, da CLT, continua em vigor, ainda que um pouco encoberto pelas brumas da praxe. De resto, tudo o que dissemos na letra anterior aqui também se aplica.

No terceiro (c), o fato de o advogado não possuir procuração não o impedirá de juntar a defesa. Ainda que não se possa afirmar com rigor absoluto, mas o fato de ele estar portando defesa escrita (instruída, por suposto, com documentos) é um considerável indício de que foi constituído pelo réu como seu procurador judicial. Na situação em foco, deverá o advogado invocar os arts. 5.º, § 1.º, da Lei n. 8.906/94, e 104, § 1.º, do CPC, e requerer a juntada da procuração no prazo de quinze dias, prorrogável por igual período, mediante despacho do juiz. Também aqui se aplicam as demais considerações exaradas na letra *"a"*, *retro*.

No quarto (d), embora a situação seja um pouco mais delicada, pois o advogado não possui procuração expressa nem defesa escrita, nada impede que o juiz, levando em conta as alegações e argumentos por este apresentados, permita-lhe aduzir oralmente a defesa, fixando-lhe prazo para a juntada da procuração, sob pena de o réu ser declarado revel (CPC, art. 76, § 1.º, II).

Lançadas estas considerações, devemos dizer que a Súmula n. 122, do TST, é aproveitável na parte em que esclarece que o testado médico, destinado a elidir a revelia, "deverá declarar, expressamente, a impossibilidade de locomoção do empregador ou de seu preposto no dia da audiência". No mais, a sobredita Súmula presta um evidente desserviço ao Direito.

Seria aplicável ao processo do trabalho a regra do art. 72, inciso II, do CPC, segundo a qual o juiz deverá nomear curador especial ao revel citado por edital ou com hora certa, "enquanto não for constituído advogado"?

Para logo, é necessário observar que, mesmo no sistema do processo civil, a designação de curador especial só se dará nos casos, já mencionados, de citação: a) por edital; b) com hora certa. Isto significa dizer que não incidirá a regra do inciso II, do art. 72, do CPC, quando a citação for efetuada pessoalmente. Feita a observação, devemos dizer que a precitada norma legal não incide no processo do trabalho. Em primeiro lugar, porque a designação de curador especial criaria certos transtornos ao procedimento, a começar pela dificuldade de encontrar quem pudesse exercer essas funções — e as aceitasse; em segundo, porque, embora as funções do curador especial possam ser considerads *munus* público, ele não detém poderes para praticar atos que impliquem disponibilidade do direito material do revel, como confessar, transigir, etc.; em terceiro, porque, durante todos esses longos anos de vigência da CLT, a prática demonstrou ser desnecessária a nomeação de curador especial, considerando-se, inclusive, o fato, por nós referido há pouco, de ele não poder transigir, fazendo com que a Justiça do Trabalho fique inibida em seu objetivo (CLT, art. 764) de buscar uma solução negociada da lide (conciliação). Nem se ignore a particularidade de, no processo do trabalho, o revel ser sempre intimado da sentença (CLT, art. 852), oportunidde em que poderá interpor recurso ordinário, com a finalidade de elidir a revelia e, caso tenha sucesso em seu apelo, abrir caminho para contestar o mérito da causa, fazendo, para isso, uso de todos os direitos e faculdades que a lei lhe atribui como integrante do polo passivo da relação jurídica processual.

20. O não comparecimento do advogado à audiência inicial

A ausência de um ou de ambos os advogados — que tenham sido regularmente constituídos pelas partes — à audiência inicial não impede a realização deste ato judicial, nem que as partes pratiquem, pessoalmente, todos atos que forem necessários à defesas dos seus direitos ou interesses manifestados na causa, ou transacionem.

Deste modo, dotados de capacidade postulatória (CLT, art. 791, *caput*), poderão as partes recusar as propostas conciliatórias ou transigir; prestar depoimento, formular reperguntas ao adversário ou às testemunhas; contraditar estas últimas; protestar, aduzir razões finais, etc.

O réu, em particular, poderá elaborar, de maneira oral, a sua defesa, no prazo legal (CLT, art. 847). Seria absurdo imaginar que o ele estaria inibido de formular a sua resposta à petição inicial pelo simples fato de o seu advogado — constituído previamente nos autos — haver deixado de comparecer à audiência. Impedi-lo de defender-se, pessoalmente, seria perpetrar manifesta violação ao seu direito constitucional de ampla defesa, com inevitável nulidade do processo. O que pode acontecer é de o réu, com a aquiescência do advesário e do próprio juiz, alegando fato relevante, obter o adiamento da audiência, a fim de que, à próxima, compareça o seu advogado, a quem competirá, então, apresentar defesa escrita ou aduzi-la sob a forma oral. Ou então, que a sua defesa seja apresentada no serviço de protocolo, em prazo preestabelecido pelo juiz, designando-se, desde já, audiência destinada à instrução oral do processo.

Não se pode ignorar a circunstância de que, não raro, quando o réu se dispõe a defender-se, em audiência, de maneira pessoal, o que se tem, na verdade, é um *desastre*, pois, desconhecedor das regras processuais, ele acaba por fazer uma defesa confusa, e, o que é pior, omissa, vindo a sofrer, em razão disso, as consequências da aplicação supletiva do art. 341, do CPC, que exige a impugnação especificada dos fatos, sob pena de serem presumidos verdadeiros os que não forem contestados (ressalvados os casos previstos nos incisos I a III, e no parágrafo único, da referida norma legal).

Não estamos a dizer que o juiz, em virtude disso, deverá acolher o requerimento do réu e adiar a audiência inicial, sempre que o advogado deste deixar de comparecer. Já deixamos clarificado que o adiamento só será possível se com ele anuírem a parte contrária e o magistrado. Ao falarmos dos riscos de uma contestação oral estamos, apenas, chamando a atenção para o fato de essa forma de defesa, nos tempos atuais, envolver grave risco para o réu, considerando-se a quantidade de pedidos que, em regra, se contêm na incial e a complexidade das matérias que dão conteúdo a muitas dessas postulações e, acima de tudo, a incidência do art. 341, do CPC.

21. O não comparecimento de uma das partes à audiência em que deveria depor

A partir do momento em que se consagrou a prática de fragmentar a audiência, o sistema oficial (representado pelo processo legislado) ficou sem condições de dar uma resposta satisfatória a determinadas situações decorrentes da praxe estabelecida, pois o sistema oficial só prevê, como princípio, audiência contínua (CLT, art. 849).

Uma dessas situações se caracterizou pelo fato de uma das partes não comparecer à audiência de instrução. Se o não comparecimento fosse à audiência inicial, a solução seria evidente: no caso do autor, o processo seria extinto sem exame do mérito; no caso do réu, este seria revel, e, provavelmente, confesso quanto à matéria de fato. Para esse efeito, sempre foi possível aplicar-se o art. 844, *caput*, da CLT. Todavia, doutrina e jurisprudência, nos primeiros momentos, manifestaram certa dificuldade em encontrar uma solução adequada para o problema surgido com a ausência de *um* dos litigantes à audiência *de instrução*. Chegou-se a pensar que se poderia adotar, nessa hipótese, a mesma solução aplicável no caso de a falta ser à audiência inicial. Isso, contudo, não era possível, pois: a) ausente o autor, o réu, que havia oferecido contestação, adquirira uma espécie de direito a ver julgado o mérito da causa, ainda que em seu desfavor; b) ausente o réu, este não poderia ser declarado revel, exatamente porque havia apresentado defesa na audiência anterior.

Visando a dar cobro a essa indefinição, o Tribunal Superior do Trabalho editou a Súmula n. 9, para declarar que "A ausência do reclamante, quando adiada a instrução após contestada a ação em audiência, não importa arquivamento do processo". Feitas as necessárias ressalvas quanto à impropriedade científica dos termos em que a Súmula foi redigida — pois não se arquiva o processo; arquivam-se os autos —, no essencial ela está correta: não comparecendo o autor à audiência de instrução, o processo não será extinto. Entretanto, a Súmula apresentou uma solução parcial e precária do problema, seja porque só se ocupou com a ausência do autor, seja porque, ainda assim, não mencionou quais as *consequências* processuais, para ele, de sua falta a esse ato processual.

Mais tarde, a Súmula n. 74, do mesmo Tribunal, estabeleceu que será confessa a parte que deixar de comparecer, injustificadamente, à audiência em que seria interrogada. Note-se: será confessa qualquer das partes, seja esta autora ou ré. Do ponto de vista estrito do processo civil, não há negar o acerto da orientação jurisprudencial compendiada nessa Súmula. Entretanto, se examinarmos a questão sob a óptica particular do processo do trabalho, veremos ser possível concluir que essa orientação não está em harmonia com o sistema deste processo. Justifiquemo-nos. Em nenhum momento, o processo do trabalho cogita da confissão do autor. Objetar-se-á, no entanto, que isso se deveu ao fato de este processo prever audiência contínua (CLT, art. 849), de tal maneira que a única solução para a ausência do trabalhador seria, efetivamente, a extinção do processo sem resolução do mérito (CLT, art. 844, *caput*). Com isso, se está a asseverar que, consagrada, pela prática, a fragmentação da audiência, não se tem como aplicar a regra inscrita no art. 844, *caput*, da CLT, motivo por que incidirão as normas constantes do processo civil. Não é bem assim. Ainda que devamos admitir que o referido dispositivo da CLT foi redigido com vistas à audiência contínua, isso não significa que sejamos forçados a aceitar a possibilidade de o autor ser confesso quando deixar de comparecer à audiência de instrução. Basta notar que se o legislador quisesse pespegar ao autor a confissão (que, repita-se, não é "pena") teria declarado, no próprio art. 844, *caput*, da CLT, que o seu não comparecimento à audiência (una) geraria a presunção de veracidade dos fatos alegados na defesa. Contudo, assim não dispôs, preferindo declarar que, na espécie, o processo será extinto sem pronunciamento acerca do mérito, com o que permitiu ao autor intentar, outra vez, a ação.

Temos plena consciência de que esse nosso posicionamento é heterodoxo, e até mesmo perturbador do sono de certos setores da doutrina e da jurisprudência, comprometidos com uma rendição incondicional ao processo civil. Sob o aspecto da pureza do sistema do processo do trabalho e da forte influência ideológica que sobre ele deve exercer o direito material correspondente (a única razão de ser do processo do trabalho, saliente-se), contudo, cremos ser plenamente possível sustentar a opinião que acabamos de manifestar — o que temos feito, aliás, desde 1983, quando escrevemos o livro "A Prova no Processo do Trabalho" (S. Paulo: Editora LTr).

Em suma, conquanto assim entendamos, não podemos deixar de reconhecer que a doutrina e a jurisprudência, fundadas na Súmula n. 74, do TST, e em caráter praticamente unânime, consideram o autor confesso quando deixa de comparecer, sem justificativa, à audiência em que seria interrogado.

Como consequência, os juízes soem encerrar a instrução processual e, aduzidas razões finais e rejeitada a segunda proposta de conciliação (o advogado do autor estaria na audiência), designar data para o julgamento.

Uma outra nótula se faz necessária. Os juízes costumam fazer constar da ata da audiência de instrução, nos casos de ausência injustificada do autor (ou do réu), a aplicação da "pena" de confissão quanto à matéria de fato. Que confissão não é "pena" já o dissemos diversas vezes, em linhas anteriores. Esse procedimento judicial é incorreto, por ser precipitado. Ausente o autor (ou o réu), o juiz deveria limitar-se a mandar registrar na ata este fato, além de encerrar a instrução processual (quando o ônus da prova fosse de um ou de outro), reservando-se, todavia, para apreciar, na sentença, os efeitos dessa ausência injustificada. Dizer-se, na ata, que a parte é confessa implica afirmar que se presumem verdadeiros os fatos alegados pelo adversário. Ora, que ato jurisdicional excêntrico seria esse pelo qual o juiz, em meio a uma audiência de instrução, *julga* mediante presunção — verazes tais fatos? Estaríamos diante de uma surrealista decisão interlocutória?

Uma das perguntas – pertinentes ao tema que estamos a examinar — que costumam ser formuladas por aqueles que atuam na Justiça do Trabalho é se se a parte não comparecer à audiência de instrução, na qual deveria depor, o seu advogado pode terá direito de ver inquiridas as suas testemunhas presentes. O assunto, embora esteja ainda a provocar acirrada controvérsia nos sítios da doutrina e da jurisprudência, parece-nos de fácil solução: essas testemaunhas não poderão ser inquiridas, porquanto, a despeito de havermos afirmado, há pouco, ser incorreto o procedimento do juiz, consistente em declarar na ata a confissão da parte ausente, o certo é que essa confissão será pronunciada na sentença. Vale dizer, a confissão já está configurada, na audiência, como fato processual, conquanto os seus efeitos somente venham a ser tornados concretos na sentença. E, por estar configurada, significa que são presumidos verdadeiros os fatos alegados pelo adversário; sendo assim presumidos, incide a regra do art. 374, inciso II, do CPC, segundo a qual não depedem de prova os fatos afirmados por uma das partes e confessados pela outra. Dizendo-se por outro modo, os fatos confessados, por se haverem tornarem incontroversos, não necessitam ser objeto de prova — ou de contraprova, acrescentamos.

22. O não comparecimento de ambas as partes à audiência em que deveriam depor

A Súmula n. 74, do TST, não elucida, como já alertamos, o que acontecerá se *ambas* as partes deixarem de comparecer à audiência de instrução, para a qual estavam regularmente intimadas. Sabemos que se *uma* delas não comparecer será confessa (registrada a nossa divergência quanto a considerar-se confesso o trabalhador).

Ausentes as duas, é óbvio que não se poderá reputá-las confessas. Isso seria ilógico, pois os fatos por elas alegados, por serem excludentes entre si, não podem ser considerados verdadeiros, e não verdadeiros a um só tempo. Ou seja, o efeito de uma confissão neutralizaria o efeito da outra, de tal maneira que nada restaria em tema de prova produzida.

Seria injustificável, por outro lado, simplesmente designar-se nova audiência, pois isso significaria submeter o juízo à incúria ou à conveniência dos litigantes.

Por isso, sempre que as partes, sem justificativa, deixarem de comparecer à audiência em que seriam interrogadas — e afastada a possibilidade de serem considerados confessas — a solução consistirá em apreciar os fatos por elas narrados segundo o ônus da prova que a cada uma incumbia (CLT, art. 818). Destarte, se o autor estava postulando horas extras e equiparação salarial, é provável que o primeiro pedido seja rejeitado (o *onus probandi* era dele) e o segundo, acolhido (era do réu o encargo de provar o fato impeditivo, modificativo ou impeditivo, que opusera, a teor da Súmula n. 6, VIII, do TST).

Se, neste caso, o juiz decidir, em relação a ambas as matérias, a favor do autor com fundamento exclusivo no princípio *in dubio pro misero* estará proferindo sentença suscetível de ser anulada pelo tribunal, em grau de recurso, porquanto o citado princípio só se aplica em tema de interpretação de norma legal, não em terreno de prova. Com efeito, se as legislações material e processual trabalhistas são protecionistas do trabalhador, é lógico, é compreensível que o intérprete, diante de um texto legal ambíguo, opte pela interpretação mais favorável ao empregado, pois essa sua atitude estará em plena harmonia com o espírito, com o substrato da própria norma interpretada.

Mesmo nos casos que configuram o que se convencionou denominar de "prova dividida" não há lugar para a incidência do difundido princípio *in dubio pro misero*. Neste caso, incumbirá ao juiz decidir a favor de quem produziu a melhor prova. Estamos, pois, a falar deste momento particular da atividade do magistrado, em que a ele caberá valorar a prova produzida pelas partes, segunbdo o princípio do livre convencimento motivado, expresso no art. 131, do CPC de 1973 — e implícito no art. 371, do CPC de 2015 —, a que a doutrina tem designado, com certa impropriedade, de princípio da persusão racional.

23. O não comparecimento do advogado à audiência de instrução

No sistema do processo civil (CPC, art. 362, II), a audiência de instrução poderá ser adiada quando, por motivo justificado, não puder comparecer "qualquer pessoa que dela deva necessariamente participar". Dentre essas pessoas se incluem o perito, as partes, as testemunhas e os advogados, às quais se referia o art. 453, inciso II, do CPC de 1973.

A norma do inciso II, do art. 362, do estatuto processual civil, seria aplicável ao processo do trabalho, máxime no que diz respeito aos advogados?

Conquanto, neste processo, as partes ainda disponham do *ius postulandi* (CLT, art. 791, *caput*), que lhes permite praticar, sem o patrocínio de advogado, nas "reclamações" trabalhistas, todos os atos processuais necessários à defesa dos seus direitos e interesses externados nos autos, estamos convencidos de que se a parte possuir advogado regularmente constituído nos autos, e este comprovar a sua impossibilidade de comparecer à audiência de instrução, ela deverá ser adiada, sob pena de nulidade processual.

A nosso ver, portanto, as garantias constitucionais da ampla defesa e do devido processo legal (CF, art. 5.º, incisos LV e LIV, nesta ordem) impõem o adiamento da audiência, na situação em exame, inclusive, no processo do trabalho. Mantemos esta opinião mesmo que a parte seja graduada em Direito, pois sempre deverá ser respeitado o seu direito de fazer-se representar por advogado, especialmente, no que se refere à prática de atos processuais em audiência.

Um esclarecimento essencial: estamos a pressupor que a parte haja outorgado procuração somente a um advogado. No caso de a outorga haver sido feita a diversos advogados, para que atuem no processo independentemente da ordem de nomeação, não se justificará o adiamento se, por exemplo, o advogado que subscreveu a inicial ou a contestação não puder compercer à audiência, pois, nesta hipótese, qualquer outro advogado nominado no instrumento do mandato poderá suprir essa falta.

Voltemos à situação em que a procuração tenha sido outorgada apenas a um advogado. Dissemos que, neste caso, se o advogado não puder comparecer à audiência, por motdivo relevante e comprovado, o ato processual deverá ser adiado. Poder-se-ia indagar se manteríamos esta opinião se do mandato constasse poderes para substabelecer. Em princípio, a opinão seria mantida. Ocorre que a constituição de advogado, em certos casos, tem caráter personalíssimo (*intuitu personae*), pois foram levadas em consideração, por exemplo, a notória cultura jurídica deste profissional, ou a sua especialização, etc. Sabemos que o fato de constar da procuração poderes para substabelecer é produto, muito mais, de uma prática habitual, do que da manifestação de vontade do outorgante. De qualquer modo, também aqui o magistrado deverá ter a sensibilidade e o bom-senso necessários para decidir, de maneira justa, se acolhe ou rejeita o requerimento de adiamento da audiência.

Há, todavia, uma outra questão a ser enfrentada: como deverá proceder o juiz, caso o advogado deixe de comparecer à audiência de instrução sem justificar o motivo de sua ausência? O processo civil apresenta a solução, em seu âmbito: o juiz *poderá* dispensar a produção de provas pela parte cujo advogado não comparecer (art. 362, § 2.º). Embora o legislador tenha utilizado o verbo *poder*, na elaboração do texto, a demonstrar, com isso, que a dispensa da prova constitui *faculdade* do juiz, pensamos que essa norma do CPC seja incompatível com o processo do trabalho. Realmente, ainda que o advogado tenha deixado de comparecer, sem justificativa, à audiência de instrução, o juiz do trabalho não pode ignorar que — bem ou mal — continua a viger o art. 791, *caput*, da CLT, que, como dissemos há pouco, atribui aos litigantes capacidade postulatória, de tal arte que, mesmo ausente o advogado, a parte, se não desejar requerer o adiamento da audiência, poderá praticar, na audiência de instrução (para nos limitarmos a esta), todos os atos que aí soem ser realizados: contradita de testemunhas; reperguntas à parte contrária; inquirição de suas testemunhas e das do adversário; apresentação de razões finais; manifestação sobre a segunda proposta de conciliação, etc.

Impedi-la de assim agir será transgredir, a um só tempo, os arts. 791, *caput*, da CLT; e 5.º, incisos LIV e LV, da Constituição Federal, rendendo, por esse modo, ensejo à nulidade do processo, porquanto, em tais situações, é razoável presumir que o prejuízo da parte será considerável e manifesto (CLT, art. 794).

Veja-se, a respeito, esta ementa de acórdão:

"ADVOGADO — AUDIÊNCIA DE INSTRUÇÃO — AUSÊNCIA JUSTIFICADA — ADIAMENTO INDEFERIDO — NULIDADE — Ainda que subsistente o *jus postulandi*, a parte tem direito de ser representada nos atos processuais por advogado, configurando ofensa ao seu direito de defesa e ao próprio devido processo legal obstá-la de fazer uso dessa faculdade. Não há, pois, qualquer incompatibilidade na aplicação subsidiária do art. 453, II (que corresponde ao art. 362, II, do CPC de 2015, acrescentamos) do CPC, no Processo do Trabalho. Portanto, o indeferimento de adiamento da audiência de instrução, oportunamente requerido e justificado pelo comprovado impedimento de comparecimento do único advogado, representa cerceamento de defesa, justificando a declaração de nulidade processual a partir daí. (TRT 9.ª R. – ACO 02781-2005-014-09-00-3 – Rel. Arion Mazurkevic – J. 2-5-2008)".

Como dissemos, se o requerimento de adiamento da audiência for feito por ambas as partes o juiz, em princípio, deverá deferi-lo (CPC, art. 362, inciso I). Não estamos, com isso, a reconhecer às partes eventual poder de disposição do processo. De maneira alguma. Elas, como é evidente, não detêm essa potestade. O que estamos a asseverar é que se o requerimento de adiamento da audiência for feito pelos litigantes, em conjunto, constituirá medida de bom senso judicial o seu deferimento, mesmo no processo do trabalho. É óbvio que esse requerimento de adiamento deverá ser motivado; não raro, por exemplo, esse motivo está ligado à possibilidade de as partes tentarem uma transação ou de possuírem outra audiência no mesmo horário.

Resumindo: se o advogado não puder comparecer à audiência de instrução, o juiz poderá adiá-la, dependendo do motivo alegado e da prova produzida. Se o juiz indeferir o requerimento, isso não impedirá a parte que consituiu o advogado ausente de produzir provas, pois esta ainda detém capacidade postulatória (CLT, art. 791), que lhe permite praticar, notadamente em primeiro grau de jurisdição, todos os atos processuais necessários à defesa dos seus direitos ou interesses. Se estivéssemos a cuidar de processo civil, as consequências seriam graves, pois o juiz poderia impedir a parte de produzir provas, com fundamento no art. 362, § 2.º, do CPC. Contudo, a própria jurisprudência do processo civil, em atitude com a qual concordamos, tem feito uma espécie de temperamento da regra contida no referido dispositivo do CPC, de modo a considerar que a parte, mesmo sem advogado, tem o direito de ver inquiridas as suas testemunhas presentes. Por mais forte razão, assim haver-se-á de entender no processo do trabalho.

24. O adiamento da audiência

24.1. A requerimento de uma das partes

24.1.1. Impossibilidade de comparecimento da parte

Examinamos, no item anterior, a impossibilidade de o *advogado* de uma das partes comparecer à audiência.

Vejamos, agora, o que se passa quando uma das *partes* não pode estar na audiência.

Autor. Se a impossibilidade de comparecimento for por motivo relevante, ou de força maior (CLT, art. 501), caberá ao autor requerer o adiamento da audiência, produzindo prova do fato impediente. Essa comprovação, sempre que possível, deve ser documental. Assim, por exemplo, se ele se encontra enfermo, deverá juntar atestado médico, do qual conste a sua impossibilidade de comparecer à audiência. A Súmula n. 122, do TST, esclarece que o atestado médico deverá declarar, de modo expresso, a impossibilidade de locomoção do empregador ou seu preposto. A alusão a estas pessoas se justifica pelo fato de a Súmula estar a cuidar da elisão da revelia. De qualquer modo, a mencionada Súmula pode ser utilizada como elemento analógico para os demais casos, ou seja, em que o empregado esteja impossibilitado de ir à audiência, seja inicial ou de instrução (ou em que o empregador não possa comparecer à de instrução).

A ponderar, todavia, que, em certos casos, embora a parte possa locomover-se — pessoalmente ou com o auxílio de terceiros —, ela não tem condições de expressar-se em juízo, em decorrência, digamos, de acidente vascular cerebral, popularmente conhecido como "derrame", ou de haver realizado uma cirurgia na boca. Em tais situações, o seu comparecimento à audiência seria inútil, motivo pelo qual bem agirá o juiz se adiar a realização desse ato processual.

Réu. A situação do réu é um pouco mais delicada. De modo geral, ele está constituído sob a forma de pessoa jurídica e designa preposto para representá-lo em todos os atos processuais (CLT, art. 843, § 1.º). Em princípio, se o preposto não puder comparecer à audiência, seja inicial ou de instrução, poderá ser substituído por outro. Se, todavia, somente o preposto original possuir conhecimento dos fatos, caberá ao réu dar ciência disso ao juiz e, produzindo prova documental da impossibilidade de comparecimento do preposto à audiência, requerer o adiamento desta, especialmente se for a de instrução. Se o réu for pessoa física, sem condições de designar preposto, a solução será requerero adiamento da audiência (inicial ou de instrução) toda vez em que não puder comparecer a juízo. Também aqui fará prova documental dessa impossibilidade.

Em alguns casos, o autor, tomando ciência do requerimento de adiamento da audiência, formulado pelo réu, desiste do depoimento deste, a fim de que a audiência possa ser realizada. A despeito disso, o juiz pode estar interessado no depoimento do réu, hipótese em que designará nova data para a realização deste ato do processo. Caso contrário, referendará a desistência manifestada pelo autor.

Caberá, enfim, ao juiz, fazendo sempre uso da experiência e do bom-senso, verificar, caso a caso, se o requerimento de adiamento da audiência, formulado pelo autor ou pelo réu, se justifica, ou não; se o documento juntado pela parte é idôneo e convincente; se não se trata de mero estratagema do requerente para protelar o curso do processo, etc.

Conforme argumentamos antes, se o empregado não puder comparecer à audiência, em virtude de doença ou de outro motivo relevante, devidamente comprovado, a lei lhe faculta fazer-se representar por outro empregado integrante da mesma profissão ou pelo sindicato representativo da categoria (CLT, art. 843, § 3.º). Essa representação é, apenas, para efeito de adiar a audiência, uma vez que esses representantes – por definição — não substituem o autor, ou seja, não se tornam parte na relação jurídica processual. Sendo assim não podem ser interrogados em nome dos representados.

24.1.2. Ausência de testemunha

Procedimento *ordinário*. O princípio inscrito no art. 825, *caput*, da CLT, é de que as testemunhas devem comparecer à audiência independentemente de intimação. As que não comparecerem — elucida o parágrafo único desta norma legal — "serão intimadas *ex officio*, ou a requerimento da parte (...)".

Na prática, se o litigante requerer o adiamento da audiência, com fundamento no *caput* do art. 825, da CLT, alegando que uma ou mais de suas testemunhas deixaram de comparecer, o juiz deverá munir-se de extrema cautela.

Em primeiro lugar, perguntará à parte se ela *convidou* a testemunha a comparecer. Se a resposta for negativa, deverá indeferir o requerimento, pois a testemunha, certamente, não seria dotada de poderes paranormais, capazes de permiti-la adivinhar que a parte necessitaria de sua presença em juízo, em determinado dia e horário. Se a resposta for positiva (a testemunha teria sido convidada), o juiz deverá indagar qual é o nome e o endereço desta. Ao menos o nome ou o apelido deverá ser indicado pela parte, a fim de constar da ata. Convencendo-se de que a testemunha fora, efetivamente, convidada, o juiz adiará a audiência, mandando intimá-la. Convencendo-se do contrário, indeferirá o requerimento.

Adiada a audiência, algumas situações poderão ocorrer em relação à nova:

a) comparece a testemunha: o juiz lhe indagará se havia sido realmente convidada pela parte, ou não. Se a resposta for afirmativa, a inquirirá, exceto se for incapaz, suspeita ou impedida; se for negativa, a dispensará e aplicará à parte, que mentiu haver feito convite à testemunha, a multa prevista no art. 81, do CPC;

b) comparece pessoa diversa daquela que constou da ata: o juiz não deverá ouvi-la. É preciso deixar claro que o adiamento da audiência ocorrera em razão de *determinada* testemunha (cujo nome constou da ata haver deixado de comparecer). Sendo assim, não se justifica que, agora, a parte apresente testemunha *diversa*, no lugar daquela. Por outras palavras, o adiamento da audiência estava vinculado a *determinada* testemunha (*intuitu personae*) e não a qualquer outra;

c) não comparece a testemunha: o juiz ordenará a sua condução coercitiva, além de aplicar-lhe a multa prevista no art. 730, da CLT (art. 825, parágrafo único).

Procedimento sumariíssimo. Aqui, a solução diverge da adotada no procedimento ordinário. Sucede que, por força do disposto no art. 852-H, § 3.º, da CLT, a audiência somente será adiada se a parte fizer *prova*, no ato, de que a testemunha ausente havia sido convidada a comparecer.

Sendo assim, duas situações poderão verificar-se em audiência:

1. a parte comprova (com documentos ou com testemunhas) que convidara a testemunha: o juiz determina o adiamento, mandando intimá-la. Ao dispor que o juiz ordenará a "imediata condução coercitiva" da testemunha, a norma legal não está, necessariamente, a impor que ele suspenda a audiência e, ato-contínuo, determine a condução coercitiva da testemunha, para participar da audiência. Nem sempre será possível adotar esse procedimento, cabendo, por isso, ao juiz, adiar a audiência e fazer com que a testemunha seja coercitivamente conduzida à próxima.

Se a testemunha comparecer e afirmar que não havia sido convidada, denunciando, inclusive, ser falsa a assinatura do documento juntado pela parte para comprovar o alegado convite, o juiz deverá adotar as providências que a situação exige, dentre as quais podem ser mencionadas: suspender a audiência e determinar a realização de exame pericial para verificar a autenticidade ou a falsidade da assinatura da testemunha no referido documento; dispensar a testemunha, se a falsidade da assinatura puder ser constatada no ato, visualmente; aplicar à parte a multa prevista no art. 18, do CPC. Sempre que for o caso, mandará oficiar à autoridade policial competente, para a instauração de inquérito penal;

2. a parte não comprova o convite feito à testemunha: o juiz indeferirá o requerimento de intimação e dará prosseguimento à audiência. A parte poderá requerer que da ata conste o seu "protesto" contra esse ato judicial, alegando, como fundamento (fragilíssimo, no caso), o habitual "cerceamento defesa". Com isto, procurará anular o processo, em grau de recurso, caso a sentença seja desfavorável aos seus interesses exteriorizados na causa. A possibilidade de sucesso, neste caso, será mínima.

24.2. A requerimento de ambas as partes

Se ambos os litigantes requererem o adiamento da audiência, a tendência será de o juiz deferi-lo. É bem verdade que, especialmente no processo do trabalho, as partes não têm o poder de dispor do processo. De qualquer modo, elas deverão indicar (e, às vezes, comprovar) o motivo pelo qual pretendem obter o adiamento da audiência. Cumprirá ao juiz levar em consideração esse motivo, para efeito de deferir ou de indeferir o requerimento conjunto.

Não raro, o pedido de adiamento, conforme dissemos, tem como causa a intenção de as partes iniciarem conversação (ou nela prosseguirem), visando a uma solução negociada (transação) do conflito de interesses. Em tais casos, constituirá medida de bom-senso o deferimento judicial do adiamento.

O art. 362, inciso I, do CPC, permite que a audiência de instrução e julgamento seja adiada mediante *convenção* das partes. O art. 453, inciso I, do CPC de 1973 também permitia o adiamento, desde que isso ocorresse uma única vez. Entendemos que essa norma — se levada à risca a sua expressão literal — é inaplicável ao processo do trabalho.

Justifiquemo-nos. O texto legal em exame se refere à *convenção* das partes. Isto significa dizer que o adiamento será produto exclusivo da vontade convergente dos litigantes, que apenas comunicarão ao juiz essa deliberação. No processo do trabalho, fortemente assinalado por um caráter inquisitivo, não basta a manifestação volitiva das partes: para que ocorra o adiamento da audiência (seja ela qual for) é necessário que se requeira ao juiz, vale dizer, que essa intenção dos litigantes seja submetida à apreciação judicial. Havendo indeferimento, a vontade do juiz prevalerá em relação à das partes.

Não podemos, também, ignorar o fato de o adiamento da audiência poder, algumas vezes, acarretar certos transtornos nas pautas do juízo, principalmente, quando a audiência for de longa duração. Logo, o adiamento não depende, apenas, da conveniência das partes, senão que, por igual, da conveniência do juízo.

O que se pode admitir, no processo do trabalho, portanto, é que as partes, em conjunto, *requeiram* o adiamento da audiência, cabendo ao juiz deferir ou indeferir esse requerimento, conforme sejam as razões que o fundamentam. Sob este aspecto, as partes podem requerer o adiamento da audiência por mais de uma vez, pois já não há a limitação imposta pelo art. 453, I, do CPC de 1973 — que, aliás, pressupunha , como o art. 362, inciso II, do CPC de 2015 — a eficácia, *per se*, da manifestação da vontade dos litigantes. De qualquer forma, a limitação imposta pelo CPC de 1973 não incidia quando se tratasse de adiamento *requerido* pelas partes (e não, por força de *convenção* entre elas); sendo assim, a audiência poderia ser adiada tantas quantas forem as vezes em que esse adiamento fosse necessário ou conveniente. Em que fosse, enfim, justificável, como quando as partes estivessem em fase de conversação, visando a uma solução negociada do conflito de interesses.

24.3. Por iniciativa do juiz

O juiz, como reitor soberano do processo (CLT, art. 765), pode, por sua iniciativa exclusiva, adiar audiências, inclusive, por motivo de ordem pessoal. Razões de foro ético, no entanto, recomendam que ele indique a causa do adiamento: enfermidade ou mal-estar súbitos, doença em pessoa da família, falecimento de parente ou de colega de profissão, participação em congresso jurídico, envolvimento em acidente de automóvel, etc.

Algumas vezes, o adiamento decorre de razões técnicas, como a falta de energia elétrica na sala de audiências e nas demais dependências da Vara; ou de razões de segurança, como o risco de desabamento, a ameaça de invasão, a existência de bomba ou de qualquer outro artefato explosivo, etc.

É elementar que, tirante situações como as mencionadas, o juiz deverá, o quanto possível, evitar o adiamento da audiência, a fim de não acarretar uma dilatação do tempo de duração do processo, ou seja, um retardamento na entrega da prestação jurisdicional. Rememoremos, mais uma vez, a regra contida no art. 5.º, inciso LXXVIII, da Constituição Federal, que assegura a “razoável duração do processo e os meios que garantam a celeridade de sua tramitação”.

Há casos em que o juiz percebe que as partes estão, efetivamente, dispostas a uma conciliação, mas dependem, para isso, de consultar outras pessoas que não se encontram na audiência. Diante disto, o bom-senso sugere que adie a audiência (para a data mais próxima possível), a fim de que os litigantes possam realizar as consultas desejadas e, com isso, acabem transacionando. Quando não, que suspenda, por alguns minutos, a audiência, a fim de que as partes possam estabelcer contato (telefônico ou por qualquer outro meio) com quem detenha poderes para autorizar a conciliação, nos termos em que esteja sendo proposta.

Pode ocorrer, ainda, de uma das partes, poucos dias antes da audiência de instrução, juntar aos autos inúmeros documentos, sem que a secretaria da Vara tenha tempo suficiente para cumprir o despacho judicial que determinou a intimação da parte contrária para manifestar-se (em dez dias, digamos) sobre esses documentos. Diante disto, será prudente o adiamento da audiência, para evitar que a parte oposta à que juntou os documentos alegue nulidade processual por restrição à garantia constitucional da ampla defesa.

Enfim, a experiência, o bom-senso e a sensibilidade serão sempre os melhores conselheiros que o juiz deverá consultar toda vez que pensar em assumir a iniciativa de adiar uma audiência.

Em princípio, não cabe recurso do despacho judicial que determina o adiamento da audiência (CPC, art. 1.001). Em determinados casos, contudo, a parte poderá impetrar mandado de segurança contra esse ato, desde que esteja em condições de comprovar um seu direito líquido e certo de ver mantida a data inicialmente fixada para a realização da audiência. Se a discordância da parte quanto ao adiamento da audiência prender-se, por exemplo, ao fato de a sua testemunha estar na iminência de ausentar-se do país, em caráter definitivo ou por longo período, talvez o problema possa ser solucionado não com o exercício da ação mandamental, mas com a medida cautelar de produção antecipada dessa prova (CPC, arts. 381 a 383), contanto que haja condições de fazer com que a audiência a isso destinada seja realizada em data que permita à parte inquirir a testemunha antes de esta ausentar-se.

25. A antecipação da audiência

Embora constitua fato raro, no processo do trabalho, o juiz pode antecipar a audiência. Essa antecipação tanto pode se referir ao horário do início quanto ao dia da realização, assim como poderá decorrer de iniciativa do magistrado, ou de requerimento de um ou de ambos os litgantes.

A antecipação no tocante ao horário de início tem sido mais frequente do que a do dia de realização. Realmente, há casos, por exemplo, em que determinada audiência estava designada para as 14h, e a anterior, para as 13h. Ocorrendo, digamos, de ter havido acordo na audiência das 13h, podem as partes, cuja audiência estava designada para as 14 h, dirigir-se ao juiz, solicitando a antecipação desta. Nada impede que o mgistrado acolha esse requerimento. É certo que o próprio juiz pode, como dissemos, tomar a iniciativa de antecipar a audiência. Aqui, porém, ele deverá tomar a cautela de consultar as partes a respeito, pois estas podem ser prejudicadas pelo adiamento, como quando as testemunhas que deverão depor ainda não tiverem chegado à sede do juízo, porque lhes fora dito que a audiência se iniciaria às 14h. Enfim, verificará o magistrado, em cada caso, quanto à possibilidade ou conveniência de ser antecipado o horário de início da audiência.

Algumas vezes, aliás, essa antecipação decorre de uma inversão, de uma troca (negociada) do horário de início desse ato processual. Efetivamente, há situações em que uma audiência seria iniciada às 15h, e a posterior, às 16h. Um dos litigantes — ou mesmo um dos advogados — que participariam da audiência das 16, que está atrasada, receia não poder embarcar no voo das 17h, para outra localidade. Diante disso, o advogado, conversando com o da parte contrária e com os que atuariam na audiência das 15h, obtém a concordância de todos em que a audiência das 16 horas seja antecipada para as 15h, passando a das 15h a ser realizada às 16h. Submetido o requerimento à apreciação do juiz, este, em princípio, não terá razões para indeferi-lo.

Com referência à antecipação quanto ao dia da realização da audiência, várias situações poderiam se verificar. Resumindo-as, podemos dizer que essa antecipação poderia advir de: a) requerimento de uma das partes; b) requerimento conjunto das partes; c) por iniciativa do juiz.

a) No primeiro caso, o juiz deverá examinar as razões pelas quais a parte está pretendendo antecipar o dia da audiência, podendo indeferir, de plano, o requerimento, se reputar despiciendas ou irrelevantes essas razões. Se entender que o fundamento do requerimento é ponderável, ouvirá a outra parte em prazo que lhe assinar, decidindo depois disso. Se o requerimento for feito pelo réu, cumprirá ao magistrado verificar se o adiamento não consituti estratégia para retardar a entrega da prestação jurisdicional.

b) Se a antecipação for requerida por ambos os litigantes, o juiz, em princípio, tenderá a deferi-lo, exceto se, por exemplo, não houver, nas pautas, dia disponível para encaixar a audiência. Não basta, portanto, que a antecipação seja requerida em conjunto, pelas partes, para ser concedida; para isso, é necessário verificar-se a conveniência, para o juiz, dessa antecipação, ou, até mesmo, a existência de condições técnicas para autorizá-la.

c) O juiz também pode tomar a iniciativa de antecipar o dia de realização da audiência — com fulcro no art. 765, da CLT, e até mesmo em atendimento à regra contida no art. 139, II do CPC, que, reproduzindo o mandamento inscrito no art. 5.º, inciso LXXVIII, da Constituição Federal lhe impõe o dever de velar pela duração razoável do processo. Caso o magistrado resolva tomar essa iniciativa, deverá, previamente, consultar as partes, pois estas podem vir a ser prejudicadas pela antecipação. Imaginemos, por exemplo, que um dos litigantes não estará no país no dia para o qual o juiz pretende antecipar a audiência; ou que esteja submetendo-se, em tal data, a uma cirurgia, já programada, que lhe exigirá alguns dias de recuperação, etc. Sempre, pois, que a antecipação do dia de realização da audiência puder acarretar prejuízo processual a um a ambos os litigantes, o juiz deverá abster-se dessa antecipação.

Com vistas a isso, é oportuno advertir que a ampla liberdade na direção do processo, que o art. 765, da CLT, atribui aos juízes do trabalho, e o dever de velar pela duração razoável do processo (CPC, art. 139, II) têm o seu limite instransponível no direito das partes. Não fosse assim, essa amplitude de poderes e esse dever haveriam de converter-se, na prática, em arbitrariedade, em prepotência judicial. O arbítrio cederia lugar à arbitrariedade.

26. Realização da audiência a portas fechadas

Ficou fartamente demonstrado, a esta altura, que os atos processuais em geral devem ser públicos, em especial a audiência (CLT, art. 813). Essa publicidade figura como expressiva emanação, no campo do processo, dos princípios democráticos enunciados na Constituição da República. Justamente por esse motivo é que, segundo estamos convencidos, a declaração constitucional (art. 93, inciso IX) de que serão públicos os julgamentos realizados pelo Poder Judiciário não deve ser inteligida de maneira restritiva, devendo-se, ao contrário, entender que essa norma da Constituição abrange todos os atos do procedimento (*due process of law*), dentre os quais, em especial, a audiência.

A publicidade da audiência não deixa de representar uma forma pela qual a opinião pública pode fiscalizar, de maneira direta, a atuação dos juízes. Convém lembrar que "o povo é o juiz dos juízes". Estamos a deitar essas considerações porque, de modo geral, todas as pessoas podem assistir à audiência — conquanto delas só devam participar aquelas que se encontrem vinculadas à relação processual, além, é evidente, do juiz e dos serventuários do juízo, do Ministério Público, dos peritos e de outras pessoas, cuja presença seja necessária.

A Constituição Federal, após impor a publicidade dos atos processuais (art. 93, inciso IX), permite à lei infraconstitucional "limitar a presença, em determinados atos, às próprias partes e a seus advogados, ou somente a estes, em casos nos quais a preservação do direito à intimidade do interessado no sigilo não prejudique o interesse público à informação". Nessa mesma linha de excepcionalidade, dispõe o inciso LX, do art. 5.º, da Constituição Federal, sobre a possibilidade de a lei restringir a publicidade dos atos processuais "quando a defesa da intimidade ou o interesse social o exigirem" (art. 5.º, inciso LX).

Dando concreção a esses preceitos constitucionais, o art. 189, do CPC, autoriza que o processo se desenvolva em segredo de justiça: a) quando assim exigir o interesse público ou social; b) que versem sobre casamento, separação de corpos, divórcio, separação, união estável, filiação, alimentos e guarda de crianças e adolescentes; c) em que constem dados protegidos pelo direito constitucional à intimidade; d) que versem sobre arbitragem, inclusive sobre cumprimento de carta arbitral, desde que a confidencialidade estipulada na arbitragem seja comprovada perante o juízo.

Nestes casos, a audiência será realizada a portas fechadas. No processo do trabalho, como é notório, somente tem incidência o contido nas letras *"a"*, *"c"* e *"d"*, porquanto a Justiça do Trabalho é destituída de competência para apreciar ações concernentes às matérias enumeradas na alínea "*b*". Vejamos, em razão, qual o conceito de *interesse público*, para essa finalidade.

Trata-se, na verdade, de um conceito algo vago, impreciso, não definido pelo legislador; por esse motivo, sempre haverá um largo campo de atuação da doutrina, cuja consequência será a elaboração de conceitos diversos, e, não raro, díspares, conflitantes, em virtude deste traço do espírito human, a que se chama de idiossincrasia.

Hélio Tornaghi nos diz que o interesse público é mais facilmente compreendido quando cotejado com o particular. Este último é o que traduz utilidade ou vantagem para uma pessoa ou para um grupo de pessoas; o primeiro nunca é individual, motivo porque será sempre possível identificar os interessados; o segundo, ao contrário, nunca é indiiviual, mas, coletivo, social (*Comentários ao Código de Processo Civil*. São Paulo: RT, 1978. vol. II, p. 11).

Embora, no geral, possam ser aceitas as observações desse ilustre jurista, na verdade, nem sempre o fato de poder-se apontar a pessoa interessada significará a presença de um interesse essencialmente particular, o que correspponde a afirmar, em contraface, que pode haver interesse público mesmo que pertinente a uma pessoa, subjetivamente identificável.

Digamos que o réu, em defesa apresentada a uma ação trabalhista, alegue que o autor foi demitido por justa causa em virtude de ser traficante de drogas ilegais (estupefacientes). Embora essa alegação diga respeito específico àquele autor — sendo, por isso, subjetivamente identificável — não se pode negar que há, neste caso, um manifesto interesse público, materializado na proteção ao direito constitucional à imagem (CF, art. 5.º, inciso X) — direito que não é titular exclusivo o autor, senão que toda e qualquer pessoas, ou seja, a coletividade. Permitir que a de instrução seja assistida pelo público em geral poderá comprometer a imagem do trabalhador perante a comunidade, criando-lhe, com isso, enormes dificuldades para para conseguir novo emprego. Assim sendo, ele poderá requerer que o processo se desenvolva em segredo de justiça, a fim de proteger um seu direito constitucional à imagem, ao qual está subjacente um interesse público. Bem agirá, pois, o juiz, se deferir o requerimento do autor, por forma a fazer com que as audiências se realizem a portas fechadas.

Como bem disse Alberto Silveira Rodrigues, "para construir uma imagem, leva-se uma vida. Para mantê-la, uma eternidade. Para perdê-la, alguns segundos. Recuperá-la, nunca mais" (Ética, responsabilidade e as palavras. Jornal *Folha de S. Paulo*, edição de 13-3-2003, p. A-3).

Entendemos que, sendo efetivamente o caso de interesse público, o juiz pode determinar que o processo tramite em segredo de justiça mesmo que não haja requerimento da parte interessada. Conduz-nos a essa conclusão a linguagem imperativa do *caput* do art. 189, do CPC: "Os atos processuais são públicos, todavia *tramitam em segredo de justiça* os processos: (...)"; destacamos. O legislador não disse que o processo *poderá* tramitar em segredo de justiça, e sim, que *tramitam*. Reforça a nossa inferência a ampla liberdade que a lei atribui aos juízes do trabalho (CLT, art. 765).

Não é suficiente, todavia, que o magistrado, em qualquer situação, se limite a declarar a existência de um interesse público ou social, para os efeitos do art. 189, do CPC: é imprescindível que ele esclareça em que consiste esse interesse, ou seja, que justifique as razões de fato que, submetidas ao crivo da lei, o autorizem a deixar de lado o princípio constitucional da publicidade ampla dos atos processuais.

Tema controverso é o respeitante ao binômio: segredo de justiça, *versus* liberdade de imprensa.

O que está em disputa, aqui, é saber se, nos casos em que o processo tramita em segredo de justiça, a imprensa pode revelar os fatos da causa.

Não se nega que a liberdade de imprensa é um direito assegurado constitucionalmente (CF, art. 220), e que constitui um dos traços marcantes dos Estados Democráticos de Direito. Esse direito — como quase todos os outros –, entretanto, não é ilimitado. A sua limitação, aliás, está materializada no próprio § 1.º, do art. 220, da Constituição Federal, que faz remissão aos incisos IV, V, X, XIII e XIV, da Suprema Carta. O inciso XIV, em particular, assegura a inviolabilidade da intimidade, a vida privada, a honra e a imagem das pessoas. Na precisa argumentação de Dalmo de Abreu Dallari, "O povo necessita da liberdade de imprensa, mas tem igual necessidade de respeito à honra, à intimidade e à privacidade, bem como de outros direitos fundamentais, devendo-se sempre procurar a concliação e harmonização dos direitos. Numa sociedade democrática, ninguém deverá ser o único árbitro dos limites e das conveniências quanto ao respeito dos direitos, pois tal privilégio seria uma concessão totalitária, semelhante à do monarca absolutista que só se submetia ao julgamento de sua própria consciência" ("Liberdade e Intimidade: direitos fundamentais", jornal Folha de São Paulo: 6-8-2001, p. A-3).

Muitas vezes, por exemplo, emissoras de televisão prentendem demonstrar imagens do que se passa ou passou em uma sala de audiência. Tratando-se de processo que tramite em segredo de justiça, é de elementar conclusão que essa filmagem não será possível. Não sendo o caso de segredo de justiça, a solução variará, a nosso ver, segundo as circunstâncias, ou melhor, as razões pelas quais a emissora de televisão deseja realizar a filmagem. Muitas vezes, as pessoas envolvidas no processo possuem notoriedade nos meios sociais, políticos, esportivos, etc., motivo por que as emissoras de televisão têm interesse em divulgar imagens da sala da audiência de que essas pessoas estão participando, como partes ou como testemunhas. Por princípio, o juiz não deve permitir a filmagem, mesmo que as referidas pessoas não se recusem a ser filmadas. Não se pode esquecer que a sala de audiência não é um palco de espetáculos teatrais, nem as partes são atores, nem o juiz, um saltimbanco, cujas imagens possam ou devam ser exibidas para gáudio ou entretenimento do público em geral. Se é certo que possa haver um interesse público na informação (CF, art. 5.º, inciso XIV), não menos verdadeiro é que a intimidade traduz uma garantia constitucional (CF, art. 5.º, inciso LX), que, não raro, está jungida a uma outra garantia prevista na Constituição da República: da dignidade da pessoa humana (art. 1.º, inciso III). Caso, todavia, a filmagem tenha caráter didático, porque a emissora de televisão pretende exibir um programa no qual demonstre o funcionamento do Poder Judiciário (ou da Justiça do Trabalho, em particular), o juiz poderá autorizar a filmagem, desde que com isto concordem as pessoas que aparecerão nas imagens.

Embora pareça-nos estar claro que, por força do disposto no § 1.º, do art. 220, da Constituição Federal, a liberdade de imprensa encontre limites nos casos em que o processo judicial tramita em segredo de justiça, essa restrição, a nosso ver, é quanto à divulgação dos *fatos* da causa, e não, necessariamente, quanto à existência do processo. Destarte, não haverá transgressão a direitos constitucionais do indivíduo se os meios de comunicação noticiarem que determinada pessoa é ré em processo judicial.

Quando se diz que um processo corre em segredo de justiça significa que as portas da sala de audiências deverão ficar fechadas, não sendo permitida a presença do público. De outro lado, as partes, seus advogados, o juiz, o representante do Ministério Público e todos os que devam participar da audiência ficam subordinados ao dever de sigilo, sob as penas da lei. Em síntese, o segredo de justiça é sinônimo de publicidade restrita, em contraposição à publicidade ampla, que é a regra.

Devemos investigar, agora, se a audiência for realizada a portas fechadas, fora dos casos permitidos em lei, implicará nulidade processual. Por outra forma de expressão: cumpre-nos examinar quanto à liceidade de a audiência ser conduzida com as portas cerradas mesmo que o processo não se encontre sob o regime de segredo de justiça.

Em princípio, esse procedimento deve ser censurado, pois não se pode negar que espelha desrespeito à regra enunciada pelo art. 813, da CLT — e, também, pelo art. 93, inciso IX primeira parte, da Constituição Federal, conforme a interpretação ampliativa que conferimos a este dispositivo. Logo, haverá nulidade processual, desde que a parte prove que o fechamento das portas da sala de audiências lhe acarretou prejuízo manifesto (CLT, art. 794).

Há situações extraordinárias, no entanto, que justificam o fato de o juiz ordenar que as portas sejam fechadas. Isso poderá ocorrer, por exemplo, quando não for possível, por algum motivo, conter a vozearia que se tenha formado na antessala, cujo volume esteja perturbando os trabalhos da audiência. Se o magistrado conseguir dar cobro a essa algaravia, é evidente que não se justificará o fechamento da porta da sala de audiências. Em outras situações, o fechamento das portas provém de razões de ordem técnica, como quando essa providência for imprescindível para permitir que o aparelho condicionador do ar possa funcionar com eficiência, em dia de calor ou de frio intensos.

Enfim, embora a norma legal exija que a audiência funcione com as portas da sala abertas (para dar-se concreção ao princípio da publicidade ampla), situações especiais poderão justificar a quebra desse princípio, fazendo com que a audiência se desenvolva com as portas cerradas, ainda que o processo não esteja submetido ao regime de segredo de justiça, e sem que isso acarrete nulidade processual. O fato de as portas estarem fechadas não significa que estejam impedidas de ingressar na sala todas as pessoas que pretendam assistir à audiência. Mesmo assim, poderá ser pronunciada a nulidade da audiência, contanto que a parte prove que essa determinação do juiz acarretou manifesto prejuízo aos seus direitos, faculdades ou interesses processuais, como quando o pregão for efetuado no interior da sala, que se encontrava com as portas trancadas.

27. Realização da audiência fora dos horários previstos em lei

Na Justiça do Trabalho, as audiências devem ser realizadas no período das 8 horas às 18 horas, em dias úteis (CLT, art. 813).

Por outro lado, a lei determina que a duração da audiência não exceda a cinco horas contínuas, exceto se houver matéria urgente (*ibidem*). Com isso, provavelmente, o legislador tencionou evitar um desgaste, tanto físico quanto mental, de todos os que devam participar desse ato processual; em especial, do juiz, pois este geralmente realiza diversas audiências no mesmo dia. Deixamos registrada, em páginas anteriores, a nossa opinião de que as cinco horas contínuas dizem respeito a cada audiência da pauta, e não ao conjunto delas.

Vamos, agora, ao núcleo da questão: se a audiência for realizada fora desses limites horários previstos em lei haverá nulidade? Separemos as situações: a) inicio da audiência anterior às 8 horas; b) início posterior às 18 horas.

No primeiro caso, em princípio, haverá nulidade processual, pois, a não se entender desse modo, a parte acabaria sendo obrigada a comparecer à audiência, por exemplo, às 3 ou 4 horas da madrugada. Poder-se-á redarguir, contudo, que somente haveria nulidade se daí adviesse manifesto prejuízo às partes, nos termos do art. 794, da CLT. Essa regra legal, porém, deve ser adequadamente interpretada diante de certas situações peculiares, como a que estamos a examinar. Mesmo que o início da audiência antes do horário previsto em lei possa não trazer manifesto prejuízo aos litigantes, isso não corresponde a afirmar, necessariamente, que ficará afastada a possibilidade de ser feita a pronúncia de nulidade processual — desde que tenha sido arguida pelo interessado, no momento oportuno. Como afirmamos há pouco, a não se pensar dessa maneira as partes ficariam sujeitas à vontade arbitrária do juiz, que poderia marcar audiências para horários verdadeiramente inconcebíveis, como às 2, 3 ou 4 horas da madrugada. Muitas vezes, como aqui, a nulidade se configuraria não tanto pela virtual existência de prejuízo para os litigantes, mas por violação de norma de ordem pública.

Segue-se, que somente em casos excepcionais, devidamente justificados, que configurem o que a lei denomina de "matéria urgente", é que se poderá iniciar a audiência antes das 8 horas da manhã; fora disso, estaremos diante de arbitrariedade judicial, que, por isso, deve ser sempre combatida.

No segundo caso, ou seja, de iniciar-se a audiência após as 18 horas, devemos levar em consideração duas situações: 1) isso se deveu à necessidade de ser cumprida a pauta do dia; 2) as audiências tiveram inicio após as 18 horas.

1. O fato de determinada audiência haver sido iniciada após as 18 horas, em decorrência da necessidade de ser concluída a pauta do dia, em principio, não implicará nulidade processual. Afinal, a primeira audiência da pauta começou dentro do horário estabelecido em lei. O que houve foi que as primeiras audiências acabaram tendo uma duração muito superior à prevista, provocando, com isso, um atraso das posteriores, que, então, tiveram de ser iniciadas depois das 18 horas.

2. Se, no entanto, o juiz marcou o início da pauta para depois das 18 horas, seguramente estará rendendo ensejo à declaração de nulidade de todas as audiências, salvo se se tratar de "matéria urgente", ou de qualquer motivo ponderoso que justifique esse ato. A propósito, a expressão "matéria urgente", utilizada pelo legislador, não deve ser interpretada sob o ponto de vista essencialmente literal, porquanto, em rigor, toda matéria da competência da Justiça do Trabalho haveria de ser reputada urgente, se considerarmos que, quase sempre, o trabalhador está postulando parcelas de natureza alimentar. O que se deve entender é que a audiência poderá ser realizada fora dos limites horários estabelecidos em lei em casos excepcionais, que reclamam uma urgente tutela do direito, sob pena, por exemplo, de este sofrer lesão irreparável ou de difícil reparação.

Aliás, asseveramos, em primeiras linhas pretéritas, que as audiências não podem durar mais do que cinco horas contínuas. Sendo assim, também se aplicam aqui as observações que fizemos acerca dos motivos capazes de justificar o início excepcional das audiências além das 18 horas, de tal maneira que a sessão dure mais do que cinco horas contínuas, sem que haja qualquer nulidade nisso.

28. Realização da audiência em outro local

O princípio geral, enunciado no *caput* do art. 813, da CLT, é de que as audiências serão realizadas na sede do juízo.

A mesma norma legal, entretanto, permite a realização da audiência em outro local, em circunstâncias extraordinárias (a que ela denomina de "casos especiais).

Digamos, para ilustrar, que a sala de audiências, existente na sede do juízo, esteja em reformas, sendo, por isso, necessário que as audiências se realizem em local diverso. Para tanto, o magistrado deverá mandar afixar edital nos lugares de praxe, nas dependências do juízo, com antecedência mínima de 24 horas (CLT, art. 813, § 1.º). Na prática, entrementes, esse prazo poderá ser exíguo, razão por que o juiz deverá providenciar para que o edital seja afixado com maior antecedência. Às partes, de qualquer maneira, fica assegurado o direito de alegar nulidade processual, desde que comprovem que a comunicação do adiamento da audiência foi feito com prazo inferior ao previsto em lei, ou que, mesmo sendo superior, acarretou-lhes manifesto prejuízo.

Na verdade, conquanto o sistema do processo do trabalho preveja o edital como forma de cientificação quanto à mudança de local em que serão realizadas as audiências, cremos que essa comunicação deverá ser feita às partes e seus advogados por meio de intimação específica. Quando não, que o edital seja publicado em jornal particular, de grande circulação, a fim de que as partes e os interessados em geral possam, efetivamente, ficar sabendo em que local as audiências serão realizadas. A simples afixação do edital na sede do juízo, ainda que atenda ao requisito da lei, frustra o objetivo de ampla divulgação do fato, podendo, com isso, importar graves prejuízos aos direitos e interesses das partes e de terceiros, principalmente se considerarmos a exiguidade do prazo de 24 horas de antecedência previsto no art. 813, § 1.º, da CLT. Não podemos esquecer que a mudança do local das audiências não foi por elas provocada.

Em suma, a prudência sugere que o juiz ordene a intimação direta das partes, por via postal ou mediante oficial de justiça, evitando, o quanto possível, que a comunicção da mudança do local de realização da audiência seja efetuada, apenas, por edital.

29. O poder de polícia do juiz

Ao juiz incumbe, com exclusividade, a direção do processo (CPC, art. 139). O processo do trabalho, em particular, comete-lhe amplos poderes diretivos (CLT, art. 765).

Para que o juiz possa desempenhar, com eficiência, as suas funções de condutor do processo, a lei lhe atribui o poder de polícia, pelo qual pode: a) manter a ordem e o decoro na sala de audiências; b) determinar que se retirem da sala de audiência os que se comportarem de modo inconveniente; c) requisitar força policial; d) tratar com urbanidade as partes, os advogados, os membros do Ministério Público e da Defensoria Pública e qualquer pessoa que participe do processo; e) registrar em ata, com exatidão, todos os requerimentos apresentados em audiência (CPC, art. 360, incisos I a V). Em rigor, as situações mencionadas nas alíneas *"d"* e *"e"* (incisos III e IV) *retro*, não envolvem o *poder de polícia* do magistrado. O que nessas letras se contêm, na verdade, são *deveres* do magistrado — deveres que o legislador de 2015 inseriu, heterotopicamente, no art. 360, que se ocupa, no *caput* e nos incisos I, II e III, efetivamente, do referido poder. O art. 445, do CPC de 1973 só enumerava estes poderes: 1) manter a ordem e o decoro na sala de audiências; 2) determinar que se retirassem da sala de audiência os que se comportassem de modo inconveniente; 3) requisitar força policial.

Em face do disposto no art. 360, do CPC — e considerando as ponderações que fizemos quanto aos falsos poderes mencionados nos incisos III e IV dessa norma legal — podemos classificar o poder de polícia do juiz em: 1) preventivo (manutenção da ordem e do decoro e 2) repressivo (retirada de pessoas da sala de audiência). A requisição de força policial pode ser feita em ambos os casos, funcionando, sempre que necessário, como instrumento indispensável para a execução prática do poder de polícia do magistrado.

Embora de modo mais lacônico, o art. 816, da CLT, estabelece que "O juiz ou presidente manterá a ordem das audiências, podendo mandar retirar do recinto os assistentes que a perturbarem". Esta norma da CLT está em harmonia não apenas com os demais sistemas processuais que consagram o poder de polícia do magistrado, mas com o próprio art. 765, dela própria, que concede a este, como disemos, ampla liberdade na direção do processo. A audiência, como é evidente, integra o processo.

Como condutor soberano dos trabalhos na audiência, o juiz deve, em certos casos, agir de maneira enérgica, sem, contudo, ser prepotente ou ditatorial.

Já advertia José Maria Frederico de Souza Pinto (*Doutrina das Ações*, de José Homem Corrêa Telles, Lisboa: E & H. Laemmert, 1865, aumentada e adequada ao foro do Brasil por José M. F. de Souza Pinto) que "todos os empregados da justiça devem apresentar-se decentemente trajados na audiência; as partes, os advogados e procuradores devem individualmente concorrer para que nela reine o silêncio e a ordem; todos devem respeitar o juiz, interpor seus recursos com moderação e comedimento, e abster-se de mutuamente se injuriarem " — sob pena de o magistrado exercer o seu poder de polícia, para fazer valer essas regras, acrescentamos.

O ambiente da audiência, no que se refere às relações do juiz com as partes e advogados; ou entre uma parte e outra; entre um advogado e outro; entre os advogados e as partes, deve ser, como regra, de respeito e de cordialidade mútuos.

Por outro lado, o magistrado, no regular exercício do seu poder de polícia, está legalmente autorizado a ordenar que se retirem da sala de audiência as pessoas em geral, desde que estejam se comportando de maneira inconveniente e perturbadora dos trabalhos. Assim, por exemplo, se alguém do público presente estiver conversando em voz alta; tentando comunicar-se (por gestos ou palavras) com as partes, seus advogados ou testemunhas; vaiando ou aplaudindo as manifestações ou respostas das partes ou testemunhas, fazendo uso de telefone celular, etc., o juiz poderá determinar-lhe que se retire da sala de audiência. Havendo recusa, poderá fazer uso de força policial, para que a sua ordem seja cumprida. De qualquer forma, é sempre prudente que o magistrado, primeiro, advirta essa pessoa a respeito de sua atitude inconveniente, só vindo a impor a medida drástica de retirada da sala de audiência no caso de recalcitrância do perturbador. Aqui, como em qualquer outra situação, o bom-senso do magistrado será o seu melhor conselheiro.

A questão se torna delicada, entretanto, quando se trata de verificar a possibilidade de o juiz determinar que se retire da sala de audiência a própria parte, contanto que esta esteja tumultuando os trabalhos da audiência.

Diante de situações dessa natureza, a experiência sugere que, num primeiro momento, o magistrado admoeste o litigante quanto às consequências de suas atitudes indesejáveis; se não obtiver êxito nessa advertência, poderá, num segundo momento, suspender a audiência, e, em conversa reservada com o advogado da parte renitente, tentar solucionar o problema. O diálogo ainda é o melhor caminho para resolver certos incidentes que soem ocorrer durante as audiências judiciais.

Indaga-se, porém: frustradas todas as tentativas de fazer com que o litigante se demovesse de seu comportamento inconveniente, que solução deveria o juiz adotar: a) suspender a audiência? b) ordenar que a parte se retirasse da sala?

Nenhuma dessas soluções, como se percebe desde logo, seria ideal, ainda que a adoção de uma delas se tornasse inevitável para dar cobro às atitudes indesejáveis da parte e, com isso, permitir que a audiência se desenvolvesse sem interferências tumultuadoras. Demonstremos.

A suspensão da audiência, em alguns casos, é desaconselhável, uma vez que poderá beneficiar o próprio infrator, sempre que este for o réu: assim, bastaria ao réu adotar atitudes inconvenientes, na audiência, para que esta fosse, ato contínuo, suspensa, em detrimento dos interesses do autor. A suspensão só se justificaria se, por algum motivo, ambas as partes estivessem a perturbar a audiência, como quando passassem a discutir, de maneira acalorada e agressiva, mesmo diante da ordem de moderação ou de silêncio imposta pelo magistrado. Fora disso, como dissemos, embora seja lícito ao juiz, em algumas situações particulares, suspender a audiência em virtude de comportamento inconveniente de uma das partes, a suspensão só deverá ser feita se não acarretar prejuízo à parte contrária, ou, por outras palavras, se não vier em benefício do próprio infrator. Em princípio, se a perturbação da audiência estiver sendo realizada pelo autor, nada impede a suspensão, considerando-se que esta, supomos, vem sempre em detrimento deste litigante.

De qualquer forma, isto é axiomático: providenciará o juiz para que eventual imposição para que a parte se retire da sala de audiência não traga manifesto prejuízo a esta, sob pena de ensejar virtual declaração de nulidade do processo, por restrição ao direito de defesa (costumeiramente denominado de "cerceamento"). Se a parte estiver assistida por advogado, a retirada daquela da sala de audiência não lhe trará, em princípio, nenhum prejuízo. O mesmo não se pode dizer se ela não possuir advogado, pois neste caso o prejuízo será inevitável. Imagine-se, por exemplo, que o réu, sem advogado, seja retirado da sala de audiência (por estar perturbando os trabalhos) antes do depoimento do autor: como poderá ele, réu, formular perguntas ao adversário se não pôde presenciar o interrogatório deste, se não soube o que o juiz lhe perguntou nem o que foi respondido?

Se a parte desacatar o juiz poderá ser presa (CP, art. 331); todavia, o magistrado cuidará para que a retirada desta da sala de audiência somente acorra em momento que já não possa produzir nenhum prejuízo processual a este litigante.

Em situações mais graves, como quando a sua segurança física ou a segurança das partes, dos advogados destas, das testemunhas, do perito e de outros estiver em risco, em decorrrência de atitudes manifestamente hostis de quem quer que seja, o juiz poderá determinar a revista pessoal, a fim de verificar se estas pessoas portam armas ou artefatos capazes de provocar danos físicos a quem se encontra na sala de audiência.

O Regimento Interno do TST, por exemplo, estabelece no Capítulo IV, que trata da *Polícia do Tribunal*: "Art. 42. O Presidente, no exercício das atribuições referentes à Polícia do Tribunal, determinará as providências atinentes ao resguardo da disciplina, da ordem e da integridade universal da Corte, na sede ou nas dependências. Parágrafo único. No desempenho dessa atribuição, o Presidente poderá implantar sistema informatizado de controle de acesso às dependências do Tribunal, e requisitar, quando necessário, o auxílio de outras autoridades".

Caso se configure o crime de falso testemunho, o magistrado tem o poder de efetuar a prisão em flagrante (CPP, art. 319, inciso III), mandando entregar o preso à autoridade policial competente – que, no caso, é a federal. A este respeito, dispõe o Regimento Interno do TST: "Art. 43. Ocorrendo infração de lei penal na sede, ou nas dependências do Tribunal, o Presidente instaurará inquérito, podendo delegar essa atribuição a Ministro da Corte. Parágrafo único. Nos demais casos, o Presidente poderá proceder na forma desse artigo, ou requisitar a instauração de inquérito à autoridade competente".

30. Sentença não proferida em audiência

No sistema do processo do trabalho, conforme já observamos em página anterior, o julgamento — assim como quase todos os atos integrantes do procedimento — deve ser realizado em audiência. É o que patenteiam, dentre outros, os arts. 849, 850 e 852, da CLT.

Esse princípio, com pequenas nuanças, vem sendo respeitado na prática. Aliás, é pertinente repisar que, por força das circunstâncias, a audiência acabou se tornando descontinua (conquanto permaneça ontologicamente una), desdobrando-se em "inicial", "de instrução" e "de julgamento", sendo a última destinada, especificamente, a este momento especial em que o juízo profere a decisão e redige a sentença.

Muitas vezes, entreanto, no dia designado para o julgamento, a sentença não se encontra pronta. Neste caso, o juiz designa nova audiência para esse fim, incumbindo-lhe fixar, desde logo, a data correspondente. É digno de censura, por isso, o hábito de designar-se *sine sine* o julgamento. É caso que autoriza a reclamação correcional.

Em certas situações, todavia — que constituem objeto de nossa investigação —, a sentença é juntada aos autos em data diversa (geralmente, posterior) daquela constante da ata que a ela se refere, deixando transparecer que foi proferida fora da audiência. Por outras palavras, embora a sentença venha embutida numa ata, em rigor ela não foi produzida *em audiência*, a cuja conclusão se chega mediante o cotejo entre a data estampada na ata e a mencionada no termo de juntada desta peça aos autos. Diante disso, pergunta-se: seria nula a sentença?

A um primeiro lançar de olhos no art. 852, da CLT, a resposta parece ser afirmativa, pois essa norma legal declara que as partes serão intimadas da decisão na própria *audiência* em que foi proferida.

Um exame mais detido do caso, no entanto, conduz a conclusão diversa. O fato de a sentença haver sido elaborada fora da audiência, ou seja, no gabinete do juiz ou em outro local, não a tornará nula. É oportuno lembrar a regra medular estampada no art. 794, da CLT de que só haverá nulidade quando o ato inquinado acarretar manifesto prejuízo às partes. Ora, o fato de a sentença haver sido elaborada fora da audiência, por si só, não traz nenhum prejuízo aos litigantes, pois estes serão intimados desse ato processual. É relevante observar que a *forma* constitui, sem dúvida, elemento importante para a segurança das partes no processo, mas o *formalismo* traduz uma aberração.

Em verdade, na prática, a maioria das sentenças é elaborada fora da audiência (habitualmente, no gabinete do juiz ou em sua residência); a sua publicação, com efeito de intimação, é que ocorre em audiência.

Cumpre-nos formular, agora, uma indagação de grande importância prática: há necessidade de ser designada audiência para a publicação da sentença?

Separemos as questões, conforme digam respeito: a) ao procedimento ordinário; b) ao procedimento sumaríssimo.

a) Procedimento ordinário. Se, no plano da realidade prática, as coisas se dispusessem como determina a Lei (CLT, art. 850, *caput*, parte final), a sentença seria sempre proferida (e publicada) em audiência, pois esta seria una, implica dizer, nela seriam praticados todos os atos processuais, excluída a petição inicial e a citação (notificação).

Sabemos, porém, que por motivos justificáveis muitos juízes passaram a fragmentar a audiência, tripartindo-a em inicial, de instrução e de julgamento — ainda que, sob o aspecto ontológico, se possa sustentar que a audiência siga sendo una, apenas desenvolvendo-se em sessões específicas. Nestes casos é que se revela a importância da pergunta por nós formulada há pouco, pela qual se busca saber se há, efetivamente, necessidade de ser designada audiência exclusiva para o julgamento e a publicação da sentença.

Entendemos que não. A existência dessa audiência (ou desse fragmento da audiência una) se justificava ao tempo em que o processo do trabalho cometia aos juízes classistas o encargo de proceder ao julgamento das lides submetidas à competência do órgão jurisdicional, de cuja composição participavam. A essa época, era absolutamente indispensável a designação de audiência específica, pois nela seria realizado o julgamento, pelos juízes classistas, mediante a tomada de seus votos (o art. 850, parágrafo único, da CLT, dispondo que "O presidente da Junta, após propor a solução do dissídio, tomará os votos dos vogais e, havendo divergência entre estes, poderá desempatar ou proferir decisão que melhor atenda ao cumprimento da lei e ao justo equilíbrio entre os votos divergentes e ao interesse social" foi implicitamente revogado pela Emenda Constitucional n. 24/99). Essa EC extingiu a representação classista; com isso, os órgãos de primeiro grau da Justiça do Trabalho passaram a ser unipessoais, monocráticos. Sendo assim, não vemos necessidade de o juiz designar audiência específica para o julgamento das causas, pois este pode ser realizado fora da audiência.

Dir-se-á, contudo, que o próprio processo civil prevê a realização de audiência de instrução e *julgamento* (arts. 358 a 368). Parcela considerável da doutrina vinculada a esse processo, no entanto, tem sustentado a opinião de que não há exigência legal absoluta para a designação de audiência destinada ao julgamento, argumentando com o julgamento antecipado do mérito, que pode ser realizado de plano. Podemos acrescentar o caso do art. 332, daquele Código, que permite ao magistrado rejeitar, *in limine* o pedido que contrariar: "I – enunciado de súmula do Supremo Tribunal Federal ou do Superior Tribunal de Justiça; II – acórdão proferido pelo Supremo Tribunal Federal ou pelo Superior Tribunal de Justiça em julgamento de recursos repetitivos; III – entendimento firmado em incidente de resolução de demandas repetitivas ou de assunção de competência; IV – enunciado de súmula de tribunal de justiça sobre direito local".

Seja como for, o fato é que, tendo os olhos voltados, apenas, para a realidade do processo do trabalho, já não vemos necessidade de ser designada audiência específica para o julgamento e a publicação da sentença no procedimento ordinário. O primeiro pode ser realizado no gabinete do juiz (ou em outro local); a segunda dar-se-ia com a publicação do dispositivo no diário oficial. Sejamos francos: o *julgamento*, em raríssimas ocasiões, é efetuado *em audiência*. O mesmo se afirme quanto à *elaboração* da sentença. Uma exceção são os casos de revelia.

Reconhecemos que a designação de audiência, para a finalidade específica de publicação da sentença, tem, em seu benefício, o fato de as partes já serem consideradas intimadas do julgamento a partir dessa data, nos termos da Súmula n. 30, do TST, de tal arte que se deixarem de comparecer a este ato processual — do qual estavam cientes —, no dia subsequente, se for útil, terá início automático a contagem do prazo, seja para oferecimento de embargos declaratórios, seja para a interposição de recurso ordinário (CLT, art. 775)

A verdade é que, nos tempor atuais, o julgamento e a elaboração da sentença não são realizados em audiência, e sim no gabinete do magistrado ou em sua residência, funcionando a audiência somente como ato formal de publicidade da sentença. Essa publicidade, imposta pelo art. 93, inciso IX, da Constituição Federal, pode ser concretizada, como dissemos, por meio de publicação do dispositivo (*decisum*) no diário oficial — exatamente como se dá em relação aos acórdãos emitidos pelos tribunais do trabalho.

b) Procedimento sumariíssimo. Aqui, como a audiência tem sido, na prática, efetivamente una — assim entendida a que não sofre a fragmentação, em regra, característica do procedimento ordinário —, é elementar que nela também será realizado o julgamento e redigida a sentença.

Se, no futuro, a audiência concernente ao procedimento sumaríssimo acabar sendo fragmentada — à semelhança do que se passa com a do procedimento ordinário — em inicial, de instrução e julgamento, este útimo ato processual, em rigor, não necessitará ser realizado em audiência, pelas mesmas razões expostas na letra *"a"*, *retro*.

31. Infrações penais praticadas, com maior frequência, nas audiências trabalhistas

Tema, de grande interesse prático, e que não tem merecido muita atenção por parte da doutrina, diz respeito às infrações penais que soem ser praticadas durante as audiências nos órgãos da Justiça do Trabalho.

Dentre essas infrações podemos referir as seguintes:

31.1. Dos crimes praticados por particular contra a administração em geral

a) Desobediência

Código Penal, art. 330: "*Desobedecer a ordem legal de funcionário público": Pena – detenção, de quinze dias a seis meses, e multa*".

Tem-se entendido, na doutrina e na jurisprudência, que não estará caracterizado esse crime se houver norma *não penal* que preveja algum tipo de sanção, civil ou administrativa, sem acumular com a pena do art. 330, do Código Penal. É o caso, por exemplo, da testemunha que deixa de comparecer, sem justificativa plausível, à audiência, pois, em relação a isso, o art. 730 da CLT estabelece multa pecuniária. Ademais, a testemunha será conduzida de forma coercitiva (CLT, art. 825, parágrafo único).

b) Desacato

Código Penal, art. 331: "*Desacatar funcionário público no exercício da função ou em razão dela: Pena – detenção, de seis meses a dois anos, e multa*".

Desacatar, para os efeitos da norma penal em exame, significa ofender, com gestos, palavras ou outros meios, o magistrado que está presidindo a audiência. Esse delito pode ser praticado pelas partes, pelas testemunhas, pelos peritos e pelos próprios advogados. É bem verdade que o art. 7.º, § 2.º da Lei n. 8.906, de 4-7-1994, dispõe: "O advogado tem imunidade profissional, não constituindo injúria, difamação ou desacato puníveis qualquer manifestação de sua parte, no exercício de sua atividade, em juízo ou fora dele (...); destacamos. Ocorre que a expressão legal "ou desacato" foi declarada inconstitucional pelo STF (ADI 1.127).

31.2. Dos Crimes Contra a Administração da Justiça

c) Falso testemunho

Código Penal, art. 342: "*Fazer afirmação falsa, ou negar ou calar a verdade, como testemunha, perito, contador, tradutor ou intérprete em processo judicial, ou administrativo, inquérito policial, l ou em juízo arbitral: Pena – reclusão, de 2 (dois) a 4 (quatro) anos, e multa*".

Embora estejamos cogitando de falso testemunho, o delito compreende, também, o perito, o tradutor, o contador e o intérprete, conforme evidencia o dispositivo do CP aqui reproduzido.

Note-se que o crime se configura pela prática de um destes atos: 1) fazer afirmação falsa; 2) negar a verdade; c) calar a verdade. No primeiro caso, a pessoa altera a verdade dos fatos; no segundo, nega um fato verdadeiro; no terceiro, deixa de revelar a verdade de que tem conhecimento.

Justamente para alertar a testemunha acerca das disposições penais que lhe podem ser aplicadas, o art. 828, da CLT, determina que o juiz a advirta a esse respeito. O CPC possui norma no mesmo sentido, exigindo, inclusive, que a testemunha preste o compromisso formal de dizer a verdade do que souber e lhe for perguntado (art. 458). Há, pois, dois momentos: no primeiro, a testemunha presta o referido compromisso; no segundo, o juiz a adverte sobre as sanções penais que a ela poderão ser aplicadas.

Uma observação relevante: o fato (falso testemunho) deixa de ser punível se, antes da emissão da sentença, no processo em que se deu o ilícito, o agente retratar-se ou declarar a verdade (CP, art. 342, § 2.º).

d) Coação no curso do processo

Código Penal, art. 344: "*Usar de violência ou grave ameaça, com o fim de favorecer interesse próprio ou alheio, contra autoridade, parte, ou qualquer outra pessoa que funcione ou é chamada a intervir em processo judicial, policial ou administrativo, ou em juízo arbitral: Pena – reclusão de 1 (um) a 4 (quatro) anos, e multa além da pena correspondente à violência*".

A coação pode ser produto de violência praticada ou de grave ameaça. O objetivo do coator é favorecer a interesse próprio ou de terceiro. Vítimas da violência ou da ameaça podem ser o juiz, o serventuário, a testemunha, o perito, o intérprete, o tradutor, enfim, todos aqueles que atuem ou sejam chamados a atuar em processo judicial, em procedimento policial, administrativo ou juízo arbitral.

No âmbito do processo do trabalho, a violência ou as graves ameaças têm tido como destinatárias, de maneira preponderante, as testemunhas.

e) Fraude processual

Código Penal, art. 347: "*Inovar artificiosamente, na pendência de processo civil ou administrativo, o estado de lugar, de coisa ou de pessoa, com o fim de induzir a erro o juiz ou o perito: Pena – detenção, de três meses a dois anos, e multa*".

Dispunha o art. 879, do CPC de 1973: "*Comete atentado a parte que, no curso do processo: I – (...); III – pratica outra qualquer inovação ilegal no estado de fato*".

Conquanto o CPC de 2015 não tenha reproduzido a regra, pode-se obter com uma tutela de urgência (arts. 300 e 301) o mesmo resultado prático a que conduziria o atentado.

f) Patrocínio infiel ou tergiversação

Código Penal, art. 355: "*Trair, na qualidade de advogado ou procurador, o dever profissional, prejudicando interesse, cujo patrocínio, em juízo, lhe é confiado; Pena – detenção, de seis meses a três anos, e multa. Parágrafo único – Incorre na pena deste artigo o advogado ou procurador judicial que defende na mesma causa, simultânea ou sucessivamente, partes contrárias*".

Trata-se de deslealdade do advogado em relação ao seu constituinte. Quando a parte outorga procuração ao advogado se estabelece entre ambos uma relação de confiança recíproca. Deste modo, se o advogado do autor passar, na mesma causa, também a defender interesses da parte contrária, não apenas estará quebrando essa relação de confiança como praticando o ilícito de patrocínio infiel ou tergiversação. Mesmo que o advogado não se ponha a defender, *simultaneamente*, no mesmo processo, os interesses do autor e do réu, poderá incorrer no referido crime se, por exemplo, renunciar ao mandato que lhe foi outorgado por uma das partes e passar, a contar daí, a atuar em defesa dos interesses da outra, na mesma causa.

31.3. Outros crimes

31.3.1. Dos Crimes contra a Honra

g) Calúnia, difamação e injúria

Calúnia: Código Penal, art. 138: "*Caluniar alguém, imputando-lhe falsamente fato definido como crime: Pena – detenção, de seis meses a dois anos, e multa*".

O crime de calúnia admite a exceção da verdade, como demonstra o § 3.º do art. 138, do CP.

Difamação. Código Penal, art. 139: "*Difamar alguém, imputando-lhe fato ofensivo à sua reputação: Pena – detenção de três meses a um ano, e multa*".

Aqui, é admissível a exceção da verdade somente quando o ofendido for funcionário público e a ofensa disser respeito ao exercício das suas funções (*ibidem*).

Injúria. Código Penal, art. 140: *"Injuriar alguém, ofendendo-lhe a dignidade ou o decoro: Pena – detenção, de um a seis meses, ou multa"*.

Não constituem difamação ou injúria punível, entre outros casos, quando a ofensa irrogada em juízo, na discussão da causa, for feita pela parte ou por seu procurador (CP, art. 142).

Conforme vimos no exame do delito de desacato, o art. 7.º, § 2.º da Lei n. 8.906, de 4-7-1994, dispõe: *"O advogado tem imunidade profissional, não constituindo injúria, difamação ou desacato puníveis qualquer manifestação de sua parte, no exercício de sua atividade, em juízo ou fora dele (...)"*. A expressão legal "ou desacato", entretanto, foi declarada inconstitucional pelo STF (ADI n. 1.127). Desse modo, permanecem íntegras as expressões *injúria* e *difamação*, de tal modo que subsiste a imunidade profissional do advogado em relação a elas, desde que esteja no exercício de sua atividade. Essa imunidade, todavia, não compreende a *calúnia*. Se, por exemplo, o advogado alegar que o magistrado está lançando na ata da audiência, de modo distorcido, as declarações das partes ou das testemunhas, cometerá o crime de calúnia, uma vez que estará imputando ao juiz um fato definido, legalmente, como crime (falsidade ideológica: CP, art. 299).

A esse respeito, é oportuno recordar a regra inscrita no art. 78, do CPC, que proíbe as partes, seus advogados, assim como aos juízes, aos membros do Ministério Público e da Defensoria Pública, e a qualquer pessoa que participe do processo, utilizar expressões *ofensivas* nos escritos apresentados. O art. 15 do CPC de 1973 falava de "expressões *injuriosas*".

31.3.2. Dos crimes contra a organização do trabalho

h) Frustração de direito assegurado por lei trabalhista

Código Penal, art. 203: *"Frustrar, mediante fraude ou violência, direito assegurado pela legislação trabalhista: Pena – detenção de 1 (um) ano a 2 (dois) anos, e multa, além da pena correspondente à violência"*.

O art. 9.º, da CLT, por sua vez, declara serem nulos de pleno direito *"os atos praticados com o objetivo de desvirtuar, impedir ou* ***fraudar*** *a aplicação dos preceitos contidos na presente Consolidação"* (destacamos).

31.3.3. Dos crimes contra a fé pública

i) Falsificação de documento público

Código Penal, art. 297: *"Falsificar, no todo ou em parte, documento público, ou alterar documento público verdadeiro: Pena – reclusão, de dois a seis anos, e multa"*.

O § 3.º dessa norma do CP declara sujeitar-se às mesmas penas quem incidir em uma das previsões contidas nos incisos I a III: inserir ou fazer inserir na folha de pagamento ou em documento de informação destinado a fazer prova perante a Previdência Social pessoa que não possua a qualidade de segurado obrigatório (I); na CTPS do empregado ou em documento que deva produzir efeito perante a Previdência Social, declaração falsa ou diversa da que deveria ter sido prestada (II); em documento contábil ou em qualquer outro relacionado com as obrigações da empresa perante a Previdência Social, declaração falsa ou diversa da que deveria ter sido prestada (III).

i) Falsidade ideológica

Código Penal, art. 299: "*Omitir, em documento público ou particular, declaração que dele devia constar, ou nele inserir ou fazer inserir declaração falsa ou diversa da que deveria ser escrita, com o fim de prejudicar direito, criar obrigação ou alterar a verdade sobre fato juridicamente relevante; Pena – reclusão, de um a cinco anos, e multa, se o documento é público, e reclusão, de um a três anos, e multa, se o documento é particular*".

Praticará esse crime, por exemplo, o empregado ou o empregador que incorrer em uma das previsões do art. 49, da CLT: "I – fazer uso, no todo ou em parte, de qualquer documento falso ou alterar o verdadeiro; II – afirmar falsamente a sua própria identidade, filiação, lugar de nascimento, residência, profissão ou estado civil e beneficiários, ou atestar os de outra pessoa; III – servir-se de documentos, por qualquer forma, falsificados; IV – falsificar, fabricando ou alterando, ou vender, usar ou possuir Carteira de Trabalho e Previdência Social assim alteradas; V- anotar dolosamente em Carteira de Trabalho e Previdência Social ou registro de empregado, ou confessar ou declarar em juízo ou fora dele, data de admissão em emprego diversa da verdadeira".

31.3.4. Dos crimes contra o patrimônio

k) Fraude à execução

Código Penal, art. 179: "*Fraudar execução, alienando, desviando, destruindo ou danificando bens, ou simulando dívidas: Pena – detenção, de seis meses a dois anos, ou multa. Parágrafo único. Somente se procede mediante queixa*".

Estabelece o art. 792, do CPC: "*Art. 792. A alienação ou a oneração de bem é considerada fraude à execução: I – quando sobre o bem pender ação fundada em direito real ou com pretensão reipersecutória, desde que a pendência do processo tenha sido averbada no respectivo registro público, se houver; II – quando tiver sido averbada, no registro do bem, a pendência do processo de execução, na forma do art. 828; III – quando tiver sido averbado, no registro do bem, hipoteca judiciária ou outro ato de constrição judicial originário do processo onde foi arguida a fraude; IV – quando, ao tempo da alienação ou da oneração, tramitava contra o devedor ação capaz de reduzi-lo à insolvência; V – nos demais casos expressos em lei*".

Sobre a fraude à execução iremos manifestar-nos, detalhadamente, no comentário ao art. 792, do CPC. O importante a ressaltar, desde logo, é que essa fraude, além de tornar-se ineficaz em relação ao exequente, constitui *crime*.

O art. 301 do Código de Processo Penal estabelece: "Qualquer do povo poderá e as autoridades policiais e seus agentes deverão prender quem quer que seja encontrado em flagrante delito". Com fundamento nessa norma legal, o juiz do trabalho poderá determinar a prisão em flagrante de qualquer pessoa. O art. 302 desse Código considera em flagrante delito quem: "I – está cometendo a infração penal; II – acaba de cometê-la; III – é perseguido, logo após, pela autoridade, pelo ofendido ou por qualquer pessoa, em situação que faça presumir ser autor da infração; IV – é encontrado, logo depois, com instrumentos, armas, objetos ou papéis que façam presumir ser ele autor da infração". O art. 303 esclarece que, nas infrações permanentes, a pessoa é considerada em flagrante delito enquanto não cessar a permanência, ou seja, a prática continuada do ato delituoso. Conquanto o art. 301, do CPP, afirme que qualquer pessoa do povo possa (e as autoridades policiais devam) prender *qualquer pessoa*, o juiz somente poderá ordenar a prisão em flagrante de advogado quando se tratar de crime inafiançável, conforme ressalta ao art. 7.º, § 3.º, da Lei n. 8.

De lege lata, os juízes do trabalho não possuem competência para julgar os crimes que ocorrem no âmbito da Justiça do Trabalho, inclusive, nas audiências.

Em alguns casos, a competência é da Justiça Federal Comum; noutros, da Justiça Estadual. Quanto ao crime de falso testemunho, em especial, dispõe a Súmula n. 165, do STJ: "Compete à Justiça Federal processar e julgar crime de falso testemunho cometido no processo trabalhista". Estabelece, por outro lado, o art. 40, do Código de Processo Penal: "Quando, em autos ou papéis de que conhecerem, os juízes e tribunais verificarem a ocorrência de crime de ação pública, remeterão ao Ministério Público as cópias e os documentos necessários ao oferecimento da denúncia". Assim se dispôs, porque a titularidade da ação penal pública é do Ministério Público, nos termos do art. 24, do referido Código.

Todavia, conforme consta da Súmula n. 714, do STF, "É concorrente a legitimidade do ofendido, mediante queixa, e do Ministério Público, condicionada à representação do ofendido, para a ação penal por crime contra a honra de servidor público em razão do exercício de suas funções". Desse modo, se o juiz do trabalho, no exercício de suas funções, for vítima de calúnia, difamação ou injúria, tanto poderá remeter ofício de representação — instruído com as peças processuais necessárias — ao Ministério Público Federal, quanto contratar advogado para oferecer queixa-crime. Se o crime foi cometido por advogado, estará também caracterizada a infração prevista no art. 34, inciso XXVIII ("praticar crime infamante'), da Lei n. 8.906, de 4 de julho de 1994 (Estatuto da OAB), razão pela qual o juiz ofendido deverá remeter ofício documentado à correspondente Seccional da OAB, para a aplicação da penalidade cabível, que, no caso, será de censura (Lei n. 8.906/94, art. 35, inciso I).

Segunda Parte

Dinâmica da Audiência

Capítulo I

A Abertura

Dispõe o art. 814, da CLT, que à audiência deverão comparecer, com a necessária antecedênca, "os escrivães ou secretários" — e, por certo, também o magistrado. Duas breves observações: a) a referência a *escrivães* se justifica pelo fato de, inexistindo Vara do Trabalho na localidade, a jurisdição trabalhista ser cirscunstancialmente exercid pelo juiz de direito (CLT, arts. 668 e 669). A figura do escrivão é característica da Justiça Estadual (CPC, art. 152); b) no tocante ao *secretário*, embora fosse essa a antiga denominação desse auxiliar do juízo trabalhista, a atual é diretor de secretaria.

De maneira algo formal, o art. 815, da CLT, afirma que, na hora designada, o juiz "declarará aberta a audiência".

Na prática, todavia, a abertura da audiência se dá sem esse formalismo sugerido pela norma legal, pois o magistrado não emite declaração quanto a isso, limitando-se a verificar se o digitador e o serventuário encarregado dos pregões estão presentes, se os autos relacionados na pauta encontram-se sobre sua mesa, se o computador (ou a máquina de datilografia) e o sistema de som (onde houver) estão em condições de regular funcionamento, etc.

É comum, também, nesse momento, o juiz definir com o digitador e com o serventuário encarregado do pregão algumas questões que estão pendentes de solução, ou traçar certas orientações concernentes à pauta, a algum processo em particular ou ao pregão. Tal é o que poderíamos denominar de "fase dos aprestos", vale dizer, dos preparativos para o início das audiências do dia.

Alguns juízes costumam receber, antes do começo das audiências, os advogados que têm algum assunto urgente a tratar.

Estando tudo em ordem, o magistrado determinará o pregão das partes.

Capítulo II

O Pregão das Partes

O vocábulo pregão, originário do latim *praeconium*, de *praeconari* (apregoar, proclamar), significa, na terminologia processual, a convocação que o porteiro dos auditórios, ou outro serventuário do juízo efetua às partes, para que ingressem na sala de audiência, a fim de que esta tenha início. Quem efetua o pregão recebe o nome de pregoeiro (aquele que anuncia em voz alta).

No horário previamente designado, as partes serão chamadas a ingressar na sala de audiência. Na Justiça do Trabalho, o pregão é efetuado, de modo geral, não pelo diretor da secretaria, e sim por um serventuário do juízo. Em situações algo raras, o próprio magistrado o realiza, seja pessoalmente, seja por meio de sistema de som. O que não se deve admitir é que uma das partes, a título de "gentileza" ou de colaboração com o juízo, realize o apregoamento. Este procedimento não apenas é irregular, pois a parte não é funcionária do órgão jurisdicional, como é também inconveniente, seja por fazer parecer que o litigante que efetuou o pregão desfruta de algum prestígio especial no âmbito da Vara, seja porque pode conduzir a incidentes, como quando o litigante contrário alega que o pregão, em relação a ele, teria sido feito (propositadamente, por suposto) em voz baixa, inaudível — conquanto, como dissemos, apregoar signifique chamar, proclamar ou anunciar em voz *alta*.

Ao tempo em que havia a representação classista na Justiça do Trabalho, alguns magistrados cometiam aos vogais (juízes leigos) a incumbência de realizar o pregão das partes. A utilidade dessa delegação de atribuições era dupla: de um lado, evitar o deslocamento de um serventuário para realizar esse chamamento; de outro, propiciar aos classistas a oportunidade de, ao mesmo tempo, indagar às partes se estavam dispostas à conciliação. Este último procedimento era muito útil, porquanto, com certa frequência, os classistas retornavam à sala de audiência informando ao juiz que os litigantes acabaram de transacionar, faltando, apenas, a formalização do ato, ou dependiam de uma breve intervenção do magistrado para que esse negócio jurídico bilateral se concretizasse. Em que pese ao fato de a representação classista haver sido extinta, nada obsta a que o serventuário incumbido do pregão busque saber dos litigantes se há possibilidade de conciliação, argumentando, inclusive, quanto à conveniência dela para ambos.

As partes e seus advogados devem ficar atentas ao pregão, sob pena de, não o ouvindo, ensejarem a extinção do processo, a declaração de revelia, a confissão — conforme se trate do autor ou do réu e de tratar-se de audiência inicial ou de instrução.

Sendo a audiência a primeira da pauta, esse risco é menos acentuado, pois as partes soem estar mais atentas. Quando, porém, a audiência é posterior à primeira, o risco é mais acentuado, uma vez que esta nem sempre se realiza no horário preestabelecido, fazendo com que, não raro, as partes se distraiam, percam a concentração e, em decorrência disso, não percebam que o apregoamento foi realizado.

Um dos incidentes que costumam ocorrer se refere ao fato de a parte alegar não ter ouvido o pregão efetuado por intermédio de sistema de som. Não lhe será fácil produzir prova a este respeito. Muitas vezes, há uma vozearia, um alarido no local em que as diversas pessoas que participarão das audiências do dia se concentram (antessalas, corredores), fazendo com que o chamamento para determinada audiência não seja ouvido por um dos litigantes; ou por ambos, em certas situações. Em outros casos, há uma falha no sistema de som, impedindo, com isso, que as partes fiquem sabendo que o pregão está sendo realizado. Quando a falha é duradoura, como quando o sistema sonoro simplesmente deixa de funcionar, o próprio juízo pode reconhecê-la e, em razão disso, mandar chamar pessoalmente as partes e seus advogados; quando, todavia, a falha é momentânea, ou seja, acontece, apenas, no exato momento do pregão, as partes terão enormes dificuldades em produzir prova disso.

Regra de prudência sugere, por esse motivo, que as partes ou seus advogados fiquem sempre atentos quanto ao que está a ocorrer na sala em que se realiza a audiência anterior àquela de que participarão. Em muitos casos, sempre que for possível, é recomendável que permaneçam no interior da própria sala de audiências, aguardando o momento de serem chamados.

O pregão é sempre dirigido às partes, conforme se encontram identificadas nos autos. Qualquer retificação quanto ao nome ou denominação destas deverá ser feito na audiência. Não se apregoam os advogados dos litigantes, até porque, em se tratando de audiência inicial, o órgão jurisdicional, em princípio, desconhece quem seja o advogado do réu — se é que o possui.

Tratando-se de litisconsórcio, é necessário que o pregão seja realizado em nome de todos os compartes, a fim de evitar-se a alegação de nulidade processual por aqueles que não foram nominalmente chamados. Essa providência é tanto mais necessária no caso de regime litisconsorcial passivo, pelas consequências que a ausência do litigante à audiência pode acarretar-lhe (revelia, confissão). Somente em casos excepcionais — como quando a quantidade de litisconsortes seja extremamente numerosa — é que se poderá, por uma questão de ordem prática, apregoar alguns deles. Mesmo assim, se o juiz verificar que nem todos os litisconsortes estão na sala de audiência, deverá providenciar para que o nome dos ausentes seja objeto de pregão específico, caso não tenham sido expressamente referidos no chamamento inicial.

Devem ser evitados, enfim, pregões em que o serventuário aluda a "Fulano de Tal e *Outros*...". Essa fórmula pragmática "e *Outros*" só tem sido admitida para efeito de constar da "capa" dos autos do processo, ou de certos atos do juiz (despachos, decisões interlocutórias, sentenças, acórdãos), por medida de economia de tempo e de espaço.

Atendendo ao pregão, os litigantes e seus advogados ingressarão na sala de audiências.

É curioso — para não dizer piegas — observar que, algumas vezes, a parte indaga a seu advogado se deverá cumprimentar, ou não, a outra, quando se encontrarem na sala de audiência. Independentemente do motivo ou da intenção que levou a parte a formular essa indagação, as regras de civilidade e de boa educação recomendam que ela cumprimente, de maneira cordial, o adversário. Ademais, essa atitude é importante para o desarmamento dos espíritos conflitivos ou hostis e, deste modo, preparar um ambiente propício a uma solução consensual do litígio, objetivo essencial da Justiça do Trabalho. A regra vale, também, para os advogados.

Capítulo III

A Posição das Partes na Mesa

Estamos diante daquilo que alguém – afeito aos rasgos do gongorismo — poderia chamar de "topologia cênica das partes na audiência". Pondo de lado essa rotulação, e o seu traço manifestamente pernóstico, devemos observar que a lei não estabelece qual a *posição* que os litigantes e seus advogados devem ocupar na mesa da sala de audiências. À época em que havia, na Justiça do Trabalho, a representação classista, firmou-se a praxe, em alguns juízos, de o representante do trabalhador postar-se à esquerda do magistrado, e o representante do empregador, à direita. Deste modo, automaticamente, ao ingressarem na sala de audiência, partes e advogados posicionavam-se ao lado dos respectivos representantes classistas (vogais). Aliás, ocorriam, nessa época, algumas situações curiosas, e até mesmo jocosas, como quando, nos casos em que o empregador era o autor da ação (de consignação em pagamento, por exemplo), o próprio representante classista patronal ficava em dúvida se continuaria a sentar-se à direita do juiz, ou se passava para a esquerda, pois o empregador, agora, era o autor...

Atualmente, as partes, ao adentrarem à sala de audiência, já não encontram a antiga referência dos juízes classistas. Os advogados que conhecem a praxe estabelecida no juízo, quanto à posição que as partes devem ocupar à mesa da sala de audiências, cuidam de orientar os seus constituintes quanto a isso.

De qualquer modo, o fato de o litigante e seu advogado vierem a posicionar-se do lado que, usualmente, é reservado para o adversário, e assim realizar-se a audiência, nenhuma nulidade processual advirá daí, pois essa questão topológica é irrelevante, se cotejada com os reais escopos do processo, chegando, mesmo, a ser despicienda — coisa de nonada, como diria Guimarães Rosa, em *"Grande Sertão: Veredas"*.

O que, talvez, essa inversão no posicionamento das partes possa gerar são alguns episódios hilariantes. Lembramo-nos de certa ocasião em que as partes estavam na audiência inicial sem advogado. A tradição, na Junta (hoje, Vara) em que exercíamos a magistratura, era de o réu sentar-se à nossa direita, e o autor, à nossa esquerda. Não percebemos o ingresso das partes na sala de audiência, pois estávamos lançando alguns despachos em autos contendo requerimentos que requeriam urgente apreciação. Terminados os despachos, dirigimo-nos à parte que estava à nossa direita, indagando-lhe se havia possibilidade de acordo. Respondeu-nos que sim. Indagamos-lhe qual era a sua proposta. — "R$ 10.000,00", respondeu-nos. Voltamo-nos para a outra parte, que deveria ser o autor, e perguntamos se aceitava a proposta feita pelo seu adversário. Para nossa surpresa, disse-nos: — "Só aceito 5.000.00". Logo compreendemos que, na verdade, quem estava à nossa direita não era o réu (ao contrário do que imaginávamos) e sim o autor; e que à esquerda se sentara o réu — motivo por que este considerou elevada a proposta do adversário...

Pondo de lado episódios dessa natureza, cabe-nos indagar: sendo parte o Ministério Público, qual a sua posição na mesa? O tema, embora possa parecer irrelevante, foi objeto de profundas controvérsias judiciais.

O art. 18, da Lei Complementar n. 75/93, estabelece: "São prerrogativas dos membros do Ministério Público da União: I – institucionais: a) sentar-se no mesmo plano e imediatamente à direita dos juízes singulares ou presidentes dos órgãos judiciários perante os quais *oficiem*" (destacamos).

Posteriormente, o Conselho Superior da Justiça do Trabalho editou a Resolução n. 7/2005, para dispor: "Art. 1.º A prerrogativa de assento à direita e no mesmo plano do Magistrado, prevista na línea *"a"*, do inciso I, do art. 18, da Lei Orgânica do Ministério Público da União, é assegurada a todos os membros do Ministério Público do Trabalho que oficiarem como *'custos legis' ou como parte* nos órgãos da Justiça do Trabalho. Art. 2.º Havendo disponibilidade de espaço físico nas Varas do Trabalho ou a possibilidade de adaptação das unidades, deve ser colocado o assento do Procurador no mesmo plano e à direita do Magistrado" (destacamos).

O Ministério Público, no exercício de suas atribuições constitucionais (CF, art. 127), pode atuar como: a) *fiscal da lei* ou b) como *parte*. Somente no primeiro caso é que ele, em rigor, *oficia*. Aliás, o *Parquet* pode oficiar mesmo nos processos em que figura como parte — a demonstrar, por este modo, que ambas as atribuições ou *status* não se confundem. Pois bem. A letra *"a"*, do inciso I, do art. 18, da Lei Complementar n. 75/93, atribui aos membros do Ministério Público a prerrogativa de sentar-se à direita do magistrado e no mesmo plano deste nos processos em que *oficiar*, ou seja, funcionar como *fiscal da lei* (*custos legis*). Embora certas vozes costumem afirmar que a interpretação literal de um texto de lei seja a mais pobre de todas, isto não significa que a letra da lei deva ser sempre desprezada. Afinal, é por meio da literalidade que a norma legal se manifesta ao mundo sensível. A propósito, também se diz que quando se invoca o espírito da lei é porque a sua letra é desfavorável aos interesses do intérprete. Seja como for, estamos convencidos de que a Lei Complementar n. 75/93 restringiu a sobredita prerrogativa do Ministério Público aos processos em que funcionar como *fiscal da lei*. Sob esta perspectiva, percebe-se que a Resolução n. 7/2005, do CSJT, transbordou dos limites da Lei Complementar ao estender essa prerrogativa aos casos em que o Ministério Público atua na qualidade formal de *parte*.

Há, também, um outro aspecto, de ordem política que não pode ser desconsiderado. A prevalecer o entendimento de que o membro do Ministério Público teria direito de sentar-se no mesmo plano do juiz e à direita deste, inclusive nos processos em que atuasse como parte, teríamos a seguinte visão cênica da sala de audiências: na mesa transversal à destinada aos litigantes estariam, lado a lado, o magistrado e o membro do Ministério Público; na outra mesa, solitária, isolada, estaria a parte contrária, com o espírito certamente tomado por uma compreensível sensação de inferioridade e com a mente perturbada pela ideia de que a Justiça e o Ministério Público estariam unidos contra ela. Não nos parece essa a visão que um Estado Democrático de Direito deva propiciar ao réu.

A este respeito, é oportuno transcrevermos as considerações que Franceso Carnelutti expendeu com vistas ao proceso penal: "Disso resulta, naturalmente, a exigência de igualdade entre o Ministério Público e o defensor, sobre a qual se funda o equilíbrio do processo penal. (...) As forças da lógica operam, certamente, sobre a história; mas encontram, em razão da miséria humana, resistências, que lhes diminuem a ação. (...) Se, na reforma do processo penal, cuja urgência é, enfim, profunda e difusamente sentida, não nos dermos conta disso, faltará uma das direções mais seguras. *Até que o espectador de um processo penal não se escandalize porque o Ministério Público está no alto, ao lado do juiz, e o defensor embaixo, ao lado do imputado, não se criará o ambiente propício a uma verdadeira civilidade penal*" (Mettere il pubblico ministero al suo posto. In: *Rivista di Diritto Processuale*, Padova, Cedam, vol. VIII, Parte I, p. 264, 1953). Destacanos.

A relevância das atribuições que a Constituição da República comete ao Ministério Público, e as *efetivas* prerrogativas a ele atribuídas, não deixam de existir pelo simples fato de o membro do *Parquet* sentar-se à mesa reservada para as partes, nos processos em que age nesta qualidade.

Capítulo IV

A Primeira Proposta de Conciliação

O objetivo fundamental da Justiça do Trabalho, como tantas vezes assinalamos, é a conciliação, a solução negociada do conflito de interesses.

Algumas vezes, as partes manifestam certa irritação com a insistência do magistrado em obter uma solução consensual do litígio. É preciso esclarecer, contudo, que o empenhar-se em uma solução negociada da lide não traduz um ato de vontade pessoal do juiz, ou uma sua faculdade: trata-se, acima de tudo, de um *dever* que lhe impõe a norma legal. Dispõe, realmente, o § 1.º, do art. 764, *da CLT*, que "os juízes e Tribunais do Trabalho empregarão sempre os seus bons ofícios e persuasão no sentido de uma solução conciliatória dos conflitos" — sejam estes individuais ou coletivos.

Não foi obra do acaso, aliás, haver-se denominado, originalmente, de Juntas de *Conciliação* e Julgamento os órgãos de primeiro grau da Justiça do Trabalho. Esses órgãos somente se tornariam judicantes se fossem frustradas as suas tentativas de obter uma solução amigável do litígio. Vale dizer, primeiro, buscava-se a conciliação. Só depois de recusadas as propostas conciliatórias é que se passaria à instrução e ao julgamento da causa. Embora os atuais órgãos de primeiro grau desta Justiça Especializada tenham passado a ser denominados de Varas, não perderam a finalidade histórica com vistas à qual foram instituídos. Sob este aspecto, nada mudou.

Conquanto seja escopo fundamental da Justiça do Trabalho (CLT, art. 764), a conciliação figura como um dos casos de solução não jurisdicional do conflito, mesmo sendo realizada no âmbito desta Justiça Especializada. Para que se possa bem entender nossa assertiva, devemos esclarecer, desde logo, que a CLT atribui à conciliação a mesma finalidade da *transação*, compreendida esta como um negócio jurídico bilateral, mediante o qual as partes, fazendo concessões recíprocas, podem prevenir o litígio, ou (como é o mais comum na Justiça do Trabalho), dar-lhe fim (CC, art. 840). A *conciliação*, na verdade, estaria restrita à pacificação dos espíritos, à condução das partes à concórdia, sem que, necessariamente, para isso, devessem *transacionar*. A transação constitui uma forma de solução consensual da lide, um negócio jurídico bilateral, em contraposição à solução jurisdicional, esta com seu traço marcadamente impositivo por ser ato estatal. Materialmente, portanto, a transação é produto exclusivo da vontade das partes. O fato de ela ocorrer nos autos de ação judicial não lhe confere a natureza de ato jurisdicional. A sentença, que os Juízes do Trabalho emitem em tais situações, não se destina a solucionar a lide, senão que a chancelar, a homologar esse negócio jurídico particular, bilateral. Sem a sentença, não haveria título executivo (CPC, art. 515). Assim, se o acordo não fosse cumprido, o credor não teria como promover a execução forçada. Estabelece, a este respeito, o art. 334, § 11, do CPC: "A autocomposição obtida será reduzida a termo e homologada por sentença"., observando-se que, nos termos dos incisos II e III, do art. 515, do CPC, são títulos executivos judiciais a decisão homologatória de autocomposição judicial e a de autocomposição extrajudicial (de qualquer natureza), respectivamente. O art. 831, parágrafo único, da CLT, por seu turno, dispõe que o termo de conciliação valerá como sentença irrecorrível, "salvo para a Previdência Social quanto às contribuições que lhe forem devidas".

Em rigor, nem sempre que há transação ocorre conciliação, entendida esta, como se esclareceu, como a pacificação do espírito dos litigantes. Tanto isto é certo que, não raro, as partes transacionam, embora se mantenham no mesmo estado de animosidade ou de intolerância que as levou a contender em juízo.

A importância da conciliação, como forma de solução consensual de conflitos de interesses, justifica o resumo histórico que faremos, a seguir, a respeito do tema.

A conciliação constitui um ato humano, que remonta a milênios. Se é certo que o espírito de beligerância figura como uma das caraterísticas dos seres humanos, não menos verdadeiro é que a conciliação acabou sendo adotada como forma de dar fim a essa animosidade dos espíritos, a esse estado de conflitualidade.

Na Grécia, por exemplo, havia os *Irenoficiali*, que eram incumbidos e apaziguar os litigantes, lembrando-se que o vocábulo I*rene*, na língua helência, significa a paz obtida pela razão, não pela força. O poema épico, *Ilíada*, de Homero, nos mostra alguns episódios em que as disputas entre os guerreiros gregos cessava em decorrência de conciliação. Na Odisseia temos Areta, esposa de Alcínoo, rei dos feácios, também solucionando as disputas travadas entre os seus súditos.

Na Roma antiga a conciliação teve, também, um lugar de destaque. Tanto isto é certo, que se chegou a erigir, nas proximidades do Fórum, um templo dedicado à Deusa *Concórdia* — personificação latina da harmonia, da paz, entre os cidadãos romanos. A primeira construção foi feita por Camilo em 367, a.C. A deusa Concórdia era invocada nas festas familiares da Caristia, e, em 1.º de abril, pelas mulheres casadas junto de Fortuna e Vênus. No período Imperial, a Concórdia Augusta era cultuada com a protetora da harmonia, notadamente matrimonial, da casa do Imperador. Os *Feciali, por sua vez,* eram sacerdotes encarregados de controlar a fúria popular; ademais, sem o consentimento dos *Feciali,* o imperador não poderia declarar guerra ou efetuar a paz com outros povos. É interessante observar, todavia, que durante o governo de Calígula a conciliação foi desestimulada; havia uma razão de ordem econômica para isso: é que, como Roma enfrentava dificuldades financeiras, foi estabelecido um imposto de 40% sobre o valor das ações judiciais, a ser recolhido para os cofres públicos. Sob esta perspectiva, a conciliação conspirava contra o objetivo do governo romano, sendo, por isso, até mesmo considerada, nesse período, como uma fraude aos cofres públicos. Com a adoção do cristianismo, Roma voltou a estimular a conciliação. Os imperadores cristãos reconheceram o direito dos bispos agirem como conciliadores nas controvérsias de natureza civil existentes entre os fiéis.

Um dos primeiros países a instituir a conciliação oficial foi a Holanda. Posteriormente, a Revolução Francesa de 1789, inspirada na legislação holandesa, edita, por meio da Assenbleia Constituinte, um Decreto, em 16 de agosto de 1790, instituindo a conciliação e os juízes de paz (*juges de paix*). A Constituição Francesa de 1791 assim dispôs, no Capítulo V, art. 6.º: "Os Tribunais ordinários não podem receber nehuma ação civil, sem que lhes seja certificado que as partes compareceram, ou que o demandante fez citar a parte adversa, perante os mediadores para tentar a conciliação".

A conciliação também foi adotada pelo direito luso-brasileiro.

As Ordenações renóis filipinas (1595) estabeleciam: "E no começo da demanada dirá o juiz a ambas as partes, que antes que façam despesas, e se sigam entre eles os ódios e dissensões, *se devem concordar*, e não gastar suas fazendas por seguirem suas vontades, porque o vencimento da causa sempre he duvidoso. E isto, que dissemos, de reduzirem as partes a *concórdia*, não he de necessidade, mas somente de honestidade nos casos, em que o bem puderem fazer" (Livro 3, Título XX, § 1.º). Destacamos;

A Constituição Política do Império do Brasil, jurada a 25 de março de 1824 (cerca de três anos depois de a corte portuguesa haver deixado o nosso País, retornando a Lisboa), dispunha, em seu art. 161: "Sem se fazer constar, que se tem intentado o meio da *reconciliação*, não se começará Processo algum" (destacamos). E constava do art. 162: "Para este fim haverá Juizes de Paz, os quaes serão electivos pelo mesmo tempo, e maneira, por que se elegem os Vereadores das Camaras. Suas attribuições, e Districtos serão regulados por Lei" (mantivemos a grafia da época).

O famoso Regulamento Imperial n. 737, de 25 de novembro de 1850, também dispunha: "Art. 23: Nenhuma causa commercial será proposta em Juizo contencioso, sem que préviamente se tenham tentado o meio da conciliação, ou por acto judicial, ou por comparecimento voluntario das partes" (mantivemos a grafia da época). A Consolidação das Leis do Processo Civil, elaborada pelo Conselheiro Antonio Joaquim Ribas, estabelecia no art. 185: "Em regra nenhum processo pode começar sem que se faça constar que se tem intentado o meio conciliatório perante o Juiz de Paz".

É certo, porém, que, proclamada a República, o Governo Provisório editou o Decreto n. 359, de 26 de abril de 1890, cujo art. 1.º estatuía: "É abolida a conciliação como formalidade preliminar ou essencial para serem intentadas ou prosseguirem as ações civis e comerciais". Essa regra foi reproduzida pelo Decreto n. 763, de 19 de setembro de 1890. Tais decretos decorreram do entendimento de que a conciliação não se harmonizava com a liberdade de atuação dos direitos e interesses individuais e de que a experiência demonstrara a pouca utilidade das tentativas de conciliação. Esclareça-se que essa conciliação era extrajudicial. A "Constituição da República dos Estados Unidos do Brazil", promulgada a 24 de fevereiro de 1891, no entanto, permitia aos Estados-membros legislar sobre matéria processual (a competência para legislar sobre direito processual *federal* era privativa do Congresso Nacional: art. 34, item 23). Em razão disso, alguns códigos estaduais previram a conciliação, ainda que de maneira facultativa.

O Código de Processo Civil de 1939 (Decreto-lei n. 1.608, de 18 de setembro) nada dispôs acerca da conciliação.

A CLT (Decreto-lei n. 5.452, de 1.º de maio de 1943), seguindo a tradição da legislação trabalhista esparsa – e opostamente ao processo civil – não somente consagrou a conciliação como a elegeu como um dos objetivos fundamentais da Justiça do Trabalho (arts.764, 846, 850 e 860,entre outros).

Após alguns anos de hesitação, o próprio processo civil curvou-se à conciliação, reconhecendo, nela, uma forma mais rápida e socialmente mais adequada de solução dos conflitos de interesses (CPC de 1973, arts. 125, IV, 278, 331, 447, 449). O CPC de 2015 não abandonou essa linha de orientação, pois prevê a realização de audiência *de conciliação* (art. 334) e declara que, instalada a audiência de instrução e julgamento, o juiz tentará *conciliar* as partes (art. 359)

Não se pode negar que essa atitude do processo civil se inspirou na larga — e bem sucedida — experiência do processo do trabalho, conquanto não se possa deixar de reconhecer que as raízes remotas da conciliação retrotraem a épocas prístinas, conforme procuramos demonstrar. Em rigor, a CLT parece ter servido como fonte de inspiração, bem antes, para a Lei n. 968, de 10 de dezembro de 1949, que tornou obrigatória a tentativa de conciliação nas ações de desquite litigioso e de alimentos.

A Lei n. 9.099, de 26 de setembro de 1995, que instituiu os Juizados Especiais Cíveis e Criminais, dispõe, no art. 21: "Aberta a sessão, o Juiz togado ou leigo esclarecerá as partes presentes sobre as vantagens da conciliação, mostrando-lhes os riscos e as consequências do litígio (...)".

A precitada norma legal, de um lado, buscou inspiração na CLT (ainda que este fato não tenha sido expressamente reconhecido pelo legislador), de outro, serviu como modelo para a redação de alguns dos dispositivos da Lei n. 9.957, de 13 de janeiro de 2000, que instituiu o procedimento sumariíssimo na Justiça do Trabalho. Note-se o texto do art. 852-E, da CLT: "Aberta a sessão, o juiz esclarecerá as partes presentes sobre as vantagens da conciliação (...)".

Deixemos para trás as considerações históricas, para prosseguirmos com os comentários de ordem prática.

Sendo a conciliação/transação um negócio jurídico bilateral, cujo conteúdo é produto exclusivo da manifestação volitiva das partes (transatores), isto significa que podem ser objeto dela não apenas os pedidos constantes da inicial, como aqueles que ao autor seria lícito formular. Essa possibilidade estava prevista, de maneira expressa, no inciso III, do art. 475-N, do CPC de 1973, que inseriu no rol dos títulos executivos "a sentença homologatória de conciliação ou de transação, *ainda que inclua matéria não posta em juízo*" (destacamos). O CPC de 2015, ao aludir à *decisão homologatória de autocomposição judicial* (art. 515, inciso II), como título executivo, não repetiu a expressão constante do inciso III, do art. 475-N, do CPC de 1973: "*ainda que inclua matéria não posta em juízo*". Teria, com o isso, o CPC de 2015 vedado a possibilidade de serem inseridas, na transação, parcelas não postuladas na ação? De maneira alguma. Constituindo, a transação, um negócio jurídico bilateral, as partes podem redimensionar os limites objetivos da lide, por forma a fazer com que sejam compreendidas pela transação matérias não integrantes das pretensões deduzidas na causa. Os juízes que se recusam a homologar transação realizada nestas condições não se dão conta, por suposto, da verdadeira natureza jurídica desse ato das partes. Além disso, supõem que serem aplicáveis ao caso as normas dos arts. 141 e 492, do CPC, segundo as quais o juiz deve decidir a lide nos limites em que foi proposta, sendo-lhe defeso proferir sentença, em benefício do autor, de natureza diversa da postulada, ou condenar o réu em quantidade superior ou em objeto diverso do que lhe foi demandado. Ora, estas normas legais só se aplicam quando houver solução *jurisdicional* da lide, vale dizer, quando a condenação for imposta por sentença. Na transação, como já elucidamos, não há solução jurisdicional, senão que *privada*, por ser produto exclusivo da manifestação da vontade das partes. Não é outra a razão pela qual se tem inserido a transação no grupo das modalidades de autocomposição dos litígios.

Dispõe o art. 846, da CLT, que o juiz, aberta a audiência, "proporá a conciliação". Cuida-se, como se percebe, da primeira proposta judicial tendente a obter uma solução negociada (e privada) do conflito de interesses. Anteriormente à Lei n. 9.022, de 5 de abril de 1995, que deu nova redação aos arts. 846 e 847, da CLT, a primeira proposta de conciliação era formulada *após* a apresentação da defesa. Esse antigo procedimento era mais lógico, porquanto, ao formular a proposta, o magistrado já havia tomado conhecimento do teor da defesa, e, por esse motivo, ficava mais à vontade para apresentar uma proposta que pudesse satisfazer a ambas os litigantes. Atualmente, como vimos, primeiro, o juiz propõe a conciliação, para, depois, rejeitada a proposta, receber a defesa do réu. Isso significa dizer que, em tese, o juiz é levado a propor a conciliação sem saber qual é o conteúdo da defesa. Estamos convencidos, por isso, de que a alteração legislativa introduzida nos arts. 846 e 847, da CLT, foi desacertada. As razões com as quais se procurou justificar essa alteração jamais foram convincentes. Em todo o caso, nada obsta a que o magistrado, na prática, adote o antigo procedimento, consistente em, primeiramente, receber a defesa do réu, para, depois, formular a proposta inicial de conciliação, conquanto da ata conste o inverso.

O dever legal imposto aos juízes do trabalho, para que façam uso de seus "bons ofícios e persuasão" com vistas a conseguir uma solução consensual no litígio, não se exaure em uma simples indagação do magistrado às partes sobre se possuem interesse em solucionar o conflito por essa forma. Cumpre ao juiz, como determina a lei (CLT, art. 764, § 1.º), *empenhar-se* em obter a conciliação, não devendo esmorecer diante da primeira resposta negativa das partes. É evidente que, nesse mister, o magistrado deverá ter o cuidado de não coagir os litigantes, nem de prejulgar a causa, sob consequência, neste último caso, de tornar-se suspeito. O que ao juiz cabe é efetuar ponderações acerca da conveniência do acordo para ambas os litigantes. A incerteza, no processo de conhecimento, quanto a quem pertence o direito disputado, constitui um elemento expressivo de que se poderá valer o juiz em sua tentativa de conduzir as partes a uma solução negociada da lide. Enfim, caberá a cada magistrado fazer uso de seu poder de persuasão, com o objetivo de evitar uma solução jurisdicional — sempre impositiva — do conflito, com o que poderá estar, a um só tempo, prestando bons serviços às partes, ao escopo da Justiça do Trabalho, e a si próprio.

Acabamos de afirmar que o juiz deverá ter o cuidado de não prejulgar a lide quando de sua tentativa de conciliar os litigantes. Há situações extraordinárias, contudo, que lhe permitem essa circunstancial transposição de limites, como quando o pedido formulado pelo autor for juridicamente impossível. Nesta hipótese, o magistrado deverá alertar o autor quanto ao fato – não, propriamente, para que este desista da ação, e sim para que reduza, de maneira acentuada, a sua pretensão, a fim de que a conciliação e torne viável. Aparentemente, haveria incoerência do juiz ao, de um lado, esclarecer o autor de que o pedido por este formulado é juridicamente impossível (ou *inatendível,* como preferimnos), e, de outro, solicitar-lhe que reduza a sua pretensão. Ocorre que, na situação em exame, a conciliação (transação) poderia ser realizada sem que tivesse, necessariamente, como objeto o direito alegado na inicial. Já diziam os romanos: *mors omnia solvit* (a morte tudo resolve); assim, também, a conciliação.

Em seu dever de tentar obter a solução consensual do conflito, é sempre recomendável que o juiz ouça também as ponderações das partes, permitindo, em muitos casos, que conversem diretamente entre si (desde que o façam com polidez e respeito mútuo), que conferenciem, de maneira reservada, com seus advogados, que elaborem cálculos, que realizem telefonemas e o mais. É certo que esses atos devem ser praticados com alguma rapidez, para não provocarem um acentuado atraso na realização das audiências posteriores.

Certa feita, ocorreu-nos em audiência um fato peculiar. O País estava sob o regime militar. O prédio das Juntas de Conciliação, em Curitiba, encontrava-se localizado ao lado da Delegacia Regional do Trabalho, cujo delegado era um austero e probo general aposentado, muito conhecido e respeitado em todo o Estado. Mantínhamos na sala de audiência um telefone para uso das partes, durante a fase de tentativa de conciliação. Certo, dia, um preposto — pessoa simples — fez uso desse telefone, para falar com o seu superior hierárquico, a fim de pedir-lhe autorização para fechar o acordo que havíamos proposto. O que se pôde ouvir, a contar daí, por parte do preposto, foi algo como isto: — "Olha, fulano, eu estou aqui no *Ministério* do Trabalho e o 'homem' (referindo-se a mim) está querendo que o acordo seja feito por 'x' valor". Em seguida, após ouvir a resposta do superior hierárquico, o preposto retornou à mesa e, dirigindo-se a mim, disse: — "Não tem acordo". Considerando que o valor proposto por nós (e aceito pelo autor) era pequeno, quase irrisório, entendi que o réu estava com má-vontade, e, então, assumindo um ar convenientemente grave, indaguei ao preposto: — "O senhor sabe quem eu sou?". E, como ele havia dito ao seu superior que estava do prédio *do Ministério* do Trabalho, completei, com a mesma gravidade forçada — "Sou o general (...), delegado do trabalho!". O preposto arregalou os olhos. Em menos de cinco minutos, o acordo estava fechado... Sem dispensa das custas a cargo do réu...

Percebi, diante disso, o quanto era verdadeira a afirmação popular, vogante na altura, de que um quepe possuía mais prestígio do que uma toga.

Capítulo V

A Resposta do Réu

1. Introdução

A CLT, pouco afeita aos rigores científicos, alude, de maneira genérica, à *defesa* do réu. Essa atitude do legislador trabalhista, sob certo aspecto, é justificável, pois o texto foi redigido com a preocupação de ser entendido mesmo por quem não possuísse formação jurídica — lembrando-se que o art. 791, *caput*, da CLT, atribui capacidade postulatória aos litigantes, faculdade que lhes permite demandar em juízo sem a participação de advogado.

O CPC de 1973, mais devotado à técnica, se refere à *resposta* do réu, que, nos termos do art. 297, compreendia a exceção, a contestação e a reconvenção. Apesar disso, o legislador cometeu, aqui, dois deslizes: a) inseriu a contestação antes da exceção, quando, na verdade, a ordem era inversa; b) disse menos do que pretendia (*minus dixit quam voluit*), pois havia uma outra resposta do réu que não era mencionada nesta norma legal: tratava-se do reconhecimento do direito alegado pelo autor — que o inciso II, do art. 269, do CPC, em má técnica, designava de reconhecimento da "procedência do pedido". Um pedido sempre "procede", pois *proceder* significa vir de algum lugar. Os pedidos são rejeitados ou acolhidos (CPC, art. 490).

O CPC de 2015 abandonou a referência à *resposta do réu*, passando a mencionar, de maneira específica, apenas a *contestação* (arts. 335 a 342) e a *reconvenção* (art. 343), uma vez que eliminou as *exceções* (incompetência relativa, suspeição e impedimento). Considerando que a CLT, além de admitir, em caráter supletivo, a reconvenção, prevê a contestação (defesa, art. 847) e as exceções (art. 799), devemos continuar a aludir à *resposta do réu*, expressão tomada por empréstimo ao CPC de 1973 e largamente posta em uso pela doutrina e pela jurisprudência trabalhistas.

Vimos, em capítulos anteriores, que embora a resposta do réu devesse ser sempre formulada oralmente, por força do disposto no art. 847, da CLT, na prática, desde muito tempo, ela passou a ser apresentada sob a forma escrita, na maiora dos casos.

O importante a assinalar é que, após formular a primeira proposta de conciliação — e sendo esta rejeitada —, o juiz abrirá oportunidade para que o réu apresente a sua resposta. Nos termos do art. 847, CLT, ela será oral, dispondo o réu, para isto, de vinte minutos; por força da praxe, contudo, vem sendo apresentada por escrito.

Antes de examinarmos, especificamente, cada uma das espécies de resposta (exceção, contestação, reconvenção, reconhecimento do direito alegado pelo autor), devemos lançar algumas considerações de ordem propedêutica.

A defesa do réu pode ter como objeto: a) apenas o processo; b) apenas o direito material que dá conteúdo aos pedidos; c) um e outro, ao mesmo tempo.

a) Defesa quanto ao processo. De modo geral, a defesa se realiza com vistas ao direito material alegado pelo autor, em que pese ao fato de, em situações extraordinárias, poder haver processo sem direito material, ou melhor, ser possível o exercício da ação sem que o autor pretenda a tutela de um direito material, como se dá, *v. g.*, na ação declaratória negativa.

Em alguns casos, no entanto, o réu se defende não mediante uma resistência às pretensões materiais formuladas pelo adversário, mas por meio de objeções de natureza puramente processual. Diz-se, por isso, que a defesa aqui é *indireta*, em contraposição à direta, que tem como objeto o mérito da causa.

Justifica-se a denominada "defesa indireta" pela existência de duas relações jurídicas distintas, que se estabelecem no processo: uma, de natureza material; outra, processual. Aquela representa o conteúdo; esta, o continente, embora a fórmula ideada não possa ser aplicada à generalidade das situações, porquanto, como dissemos, pode haver ação sem direito material. É, portanto, dessa inegável duplicidade de relações jurídicas, que se estabelecem em juízo, que emana a possibilidade de a defesa ser feita com relação, somente, ao processo (ou no tocante, apenas, ao mérito; ou quanto a ambos, de maneira simultânea, conforme veremos).

A defesa quanto ao processo (indireta), por sua vez, pode levar em conta: 1) o processo em si, como método ou técnica de solução estatal de conflitos de interesses; 2) a figura do juiz, como condutor exclusivo do processo e seu sujeito desinteressado.

Comumente, a defesa (1) quanto ao processo, em si, é efetuada em sede de preliminar, na contestação, abrangendo, p. ex., os pressupostos de constituição e de desenvolvimento regulares da relação processual. Os primeiros podem ser de caráter subjetivo (partes) ou objetivo (ação); os segundos dizem respeito a certos atributos das partes (capacidade de ser parte, capacidade de estar em juízo, capacidade postulatória), e ao procedimento (inicial apta, citação válida, inexistência de perempção, de litispendência, de coisa julgada ou de conexão). Também se compreendem na defesa quanto ao processo em si a alegação de falta das condições da ação, da autorização conjugal, quando necessária, da inexistência de procuração, etc.

A defesa relativa ao processo, que tenha como escopo a pessoa do juiz, (2) é efetuada, quase sempre, mediante exceção: de incompetência, de impedimento e de suspeição. Um retoque: embora as exceções de impedimento e de suspeição se refiram, realmente, à pessoa do *juiz*, a de incompetência concerne ao *juízo*, por não levar em conta a pessoa do magistrado, senão que o órgão jurisdicional a que ele se encontra vinculado.

Sob certo aspecto, é lícito afirmar que toda defesa do réu, que não tenha como objeto o mérito da causa, pode ser considerada indireta, o que equivale a dizer, processual. A finalidade da defesa indireta, aliás, é, exatamente, a de impedir um pronunciamento jurisdicional sobre o mérito, ou, quando menos, de retardar esse pronunciamento, até que seja removida a causa da objeção, como se dá, *v. g.*, nos casos de incompetência, impedimento e suspeição.

2) Defesa quanto ao mérito. Aqui, o réu não formula nenhuma impugnação de índole essencialmente processual, senão que se dedica a resistir às pretensões materiais formuladas pelo autor.

A defesa quanto ao *meritum causae* pode ser direta ou indireta.

É *direta* quando se volta para a causa de pedir e para os pedidos. Neste caso, o réu tanto pode impugnar os fatos narrados pelo autor, afirmando, por exemplo, que não são verdadeiros (jornada de trabalho, despedida sem justa causa, prestação de serviços em locais insalubres, perigosos ou penosos, etc.) ou que deles não decorrem as consequências jurídicas imaginadas (reintegração de quem não é estável no emprego, equiparação salarial com paradigma que é empregado de outra empresa, etc.).

Será *indireta* a defesa quanto ao mérito sempre que o réu, reconhecendo os fatos constitutivos do direito alegado pelo autor, outro lhe opuser, capaz de modificar (houve novação), impedir (a dívida ainda não se venceu) ou extinguir (ocorreu o pagamento do valor pleiteado) esse direito.

Inserem-se, ainda, no conceito de defesa indireta, com relação ao mérito, as alegações de prescrição extintiva e de decadência. Ambas são, também, classificadas por muitos como "prejudiciais de mérito" ou "exceções substanciais". Seja qual for o título que se lhes pespegue ou a posição taxinômica que se lhes reserve na contestação, o certo é que uma e outra não constituem defesa processual (indireta) nem defesa direta quanto ao mérito, mas, defesa indireta com relação a este, ou seja, quanto às pretensões materiais postas em juízo pelo autor.

3) Defesa quanto ao processo e quanto ao mérito. Conquanto nada obste a que o réu se defenda, apenas, quanto ao processo, ou, somente, quanto ao mérito, os fatos da realidade prática estão a revelar que ele, sempre que é o caso, cuida de oferecer defesa com relação a ambos, mormente, quando se encontra assistido por bom advogado.

Considerando-se, aliás, a possibilidade de a defesa quanto ao processo ser de eficiência capaz de impedir, até mesmo, o exame do mérito, compreende-se o conceito, difundido nos meios forenses, de que os advogados que dominam as normas processuais são os semideuses do processo. Só não se esclarece quem são os próprios deuses... Se é que possui alguma importância essa "divinização" forense.

Se a defesa tiver como objeto o processo e o mérito, é elementar que, por primeiro, deve ser formulada aquela, para, só depois disso, ser apresentada esta. Em princípio, apesar dessa ordem lógica a que nos referimos, as duas espécies de defesa devem ser feitas numa só peça, como se dá com as preliminares à contestação. Em outras situações, porém, as defesas devem ser oferecidas em peças separadas, como acontece quando a concernente ao processo tiver como fundamento a incompetência do juízo, ou o impedimento ou a suspeição do juiz. Sendo a exceção e a contestação modalidades distintas de resposta, não devem ser encambulhadas em peça única.

De qualquer modo, as considerações que exaramos, até este ponto, acerca das respostas que o réu possa apresentar em juízo, tiveram um sentido nitidamente propedêutico. Mais à frente, nos dedicaremos, de modo específico, ao exame das diversas espécies de resposta.

Examinemos, agora, de maneira individualizada, as modalidades de respostas do réu, admissíveis no processo do trabalho.

2. Exceção.

2.1. Etimologia e conceito

O vocábulo *exceção* provém da forma latina *exceptio,* do verbo *excipere,* e significa, de modo geral, a ação de excetuar; de isentar; de colocar de parte. Têm previsão léxica, ainda, o adjetivo *excecional*, o substantivo *excecionalidade* e o verbo *excecionar*.

No particularismo da terminologia jurídica, o substantivo *exceção* expressa o instrumento que a lei coloca à disposição das partes sempre que desejarem arguir a incompetência relativa do juízo, a suspeição ou o impedimento do magistrado.

Conquanto a exceção, geralmente, seja apresentada pelo réu, essa modalidade de resposta também pode ser manejada pelo autor. Este, p. ex., poderá fazer uso da exceção para alegar a suspeição ou o impedimento do juiz. Seria insensato imaginar que somente o réu pudesse arguir a suspeição ou o impedimento, como se o autor devesse submeter o julgamento da sua ação a juízes suspeitos ou impedidos. O que não se concede ao autor, *em princípio*, é valer-se da exceção para alegar a incompetência relativa, do juízo. O motivo é elementar: como a incompetência em razão do território é relativa, isso significa que o autor, ao ajuizar a petição inicial no órgão jurisdicional relativamente destituído de competência, "elegeu", ainda que de maneira inadvertida, esse juízo como competente. Tanto isso é verdadeiro, que se o réu não arguir, mediante exceção, a incompetência, o juízo no qual foi posta a demanda se torna competente para apreciá-la. Embora a doutrina e a jurisprudência costumem dizer que, neste caso, a competência se "prorroga", preferimos pensar em *deslocamento* da competência, pois a "prorrogação" sugere uma ideia de dilatação, de ampliação, que não reflete, com a necessária fidelidade terminológica, o fenômeno processual derivante do silêncio do réu, no que respeita a denunciar a incompetência relativa do juízo.

Há, no entanto, situações *especialíssimas*, em que se admite a apresentação de exceção de incompetência em razão do lugar pelo próprio autor. Digamos que este haja ingressado com ação na Justiça Comum, e o réu arguido, como preliminar, a incompetência absoluta desta Justiça. Acolhida a preliminar, o magistrado da Justiça Comum determina a remessa dos autos à Justiça do Trabalho. Esta não suscita conflito de competência; nem as partes o fazem. O feito, porém, é distribuído não a uma das Varas existentes na localidade em que o autor prestou serviços (CLT, art. 651) e sim a Vara de outra localidade. Nesta hipótese, o autor poderia ingressar com exceção de incompetência *ratione loci*, no juízo para o qual a causa foi distribuída, sob pena de, negando-lhe essa possibilidade, constrangê-lo a ver a causa julgada por juízo destituído de competência em razão do território.

Feitas essas ressalvas, podemos conceituar a exceção, sob o seu aspecto formal, como o instrumento pelo qual as partes podem arguir a suspeição ou o impedimento do magistrado ou a incompetência relativa do juízo. Trata-se, portanto, de um direito subjetivo processual dos litigantes, que o exercerão em qualquer tempo ou grau de jurisdição, salvo se já houver coisa julgada em contrário ou preclusão Esse direito subjetivo, do ponto de visto do réu, se manifesta sob a forma de resposta excecional; o mesmo não se pode afirmar com relação ao autor, pois quando este faz uso da exceção não está, à evidência, respondendo ao adversário, senão que procurando evitar que um juiz suspeito ou impedido participe do processo; ou que a causa seja julgada por órgão jurisdicinal destituído de competência *ratione loci*. Por este motivo, a exceção pode ser oferecida pelo autor mesmo antes da citação do réu, sempre que for o caso.

Se nos detivermos no estudo do tema, aliás, seremos tentados a concluir que a exceção, mesmo quando apresentada pelo réu, não deveria ser havida como resposta deste, por tratar-se de mero procedimento incidental destinado a impedir que a causa seja instruída e decidida por juízo incompetente ou por magistrado suspeito ou impedido. A exceção, aqui, como se nota com clareza, não se liga diretamente às pretensões materiais formuladas pelo autor (ao contrário, portanto, do que acontece, em regra, com a contestação, a reconvenção e o reconhecimento do direito alegado), uma vez que tem como objeto o próprio órgão jurisdicional. A despeito disso, em nosso sistema processual, como foi dito, a exceção integra o rol das respostas possíveis de serem apresentadas pelo réu.

Conforme asseveramos, no processo do trabalho a resposta do réu, em qualquer das suas espécies, deve ser oferecida, via de regra, em audiência. Não é diferente o que se passa com a exceção.

Desta maneira, em audiência, o réu, sempre que for o caso, deverá arguir, mediante resposta excecional, a incompetência do juízo, o impedimento ou a suspeição do magistrado. Considerando que exceção e contestação constituem modalidades distintas de resposta, e, acima de tudo, que o órgão jurisdicional somente poderá apreciar a contestação após remover o obstáculo trazido pela exceção, a lógica sugere que o réu só ofereça contestação depois de julgada a exceção. Sob o aspecto rigorosamente técnico, esta é a solução a ser adotada, em concreto, até porque seria inconcebível que o réu devesse apresentar a contestação a um juízo que alega ser incompetente, ou a um magistrado a quem inquina de impedido ou de suspeito. Somente, portanto, depois de *apreciada* a exceção é que a contestação deveria ser apresentada. Sendo a exceção rejeitada — e independentemente da causa alegada — a contestação será entregue no mesmo juízo; se for acolhida a exceção de incompetência, a contestação será oferecida no juízo para o qual se declinou a competência; se for acolhida exceção de impedimento ou de suspeição, dar-se-á a entrega da contestação no mesmo juízo que julgou a exceção, embora deva ser apreciada por outro magistrado.

Conquanto tenhamos deixado clara nossa opinião de que a contestação só deveria ser apresentada após o julgamento da exceção (procedimento que é tecnicamente correto), coloquemos um grão de sal no problema.

Se a contestação vier a ser oferecida juntamente com a exceção, seja em peça distinta ou numa só, e o magistrado mandar autuá-las, não se pode dizer que a contestação terá sido nula, exceto se o réu comprovar que esse procedimento judicial lhe acarretou manifesto prejuízo (CLT, art. 794). É evidente que o juiz não deverá permitir a prática de nenhum ato pertinente à contestação (ou ao processo principal, melhor dizendo) sem que a exceção seja definitivamente julgada. Cumpre rememorar que a exceção acarreta a automática suspensão do processo principal ao qual se liga a contestação (CLT, art. 799, *caput*). A conveniência de ordem prática, quanto ao oferecimento simultâneo da exceção e da contestação, está em que, sendo aquela rejeitada, não haverá necessidade de proceder-se à intimação do réu, a fim de apresentar contestação, porquanto esta já se encontra juntada aos autos. Assim, rejeitada a exceção e decorrido o prazo para recurso (se cabível, na espécie: CLT, art. 799, § 2.º; TST, Súmula n. 214, "*c*"), competirá ao juiz, tão só, designar audiência relativa à instrução oral do processo principal, disto mandando intimar as partes. Por aí se percebe que embora seja tecnicamente correto o procedimento segundo o qual a contestação só deve ser apresentada após a exceção ser julgada em definitivo, a sua inconveniência está em que, rejeitada a exceção, deverá ser designada data específica para o oferecimento da contestação, o que, na prática, implica considerável consumo de tempo, levando-se em conta o notório (e crescente) congestionamento das pautas trabalhistas.

A contar do momento em que se consagrou a prática da contestação escrita, não há razão para impedir-se que a *exceção* também se beneficie dessa praxe, vale dizer, que seja apresentada sob a mesma forma.

É com a forma escrita, aliás, que ela vem sendo oferecida, na maioria das situações reveladas pelo cotidiano forense. Aplicam-se à exceção escrita os mesmos motivos que justificaram a aceitação da contestação grafada. É elementar que se, em algum caso, o réu desejar aduzir oralmente a exceção (seja de incompetência, de impedimento ou de suspeição), o juiz não poderá impedir que o faça, pois, como alertamos, o art. 847, da CLT, ainda está a viger, a despeito de uma densa cortina de fumaça que sobre ele fez descer a praxe da escrituração.

Como a resposta do réu, *lato sensu*, é apresentada, de modo geral, em audiência, a exceção oral deverá ser manifestada neste ato, fazendo com que ocorra a suspensão do processo principal (CLT, art. 799, *caput*). Assim como a escrita, a exceção de incompetência territorial (e unicamente esta), oposta sob a forma oral, poderá ser indeferida pelo juiz, *in limine*, quando ficar patente a sua "improcedência".

2.2. Classificação

Tradicionalmente, a doutrina classifica as exceções em: a) dilatórias e b) peremptórias.

a) *Dilatórias* são aquelas que ampliam o curso do procedimento, retardando, dessa forma, a emissão da sentença de mérito. Essa distensão do procedimento, que lhes é própria, não se reveste, em princípio, daquele intuito procrastinatório de que se fazem providos certos atos que as partes — máxime o réu — soem praticar no processo. Constituem exemplos característicos das exceções do tipo dilatório as que têm como núcleo a suspeição ou o impedimento do magistrado e a incompetência relativa do juízo. No passado, a doutrina costumava incluir no elenco dessas exceções, ainda, a ilegitimidade de parte e a prevenção da jurisdição. A partir da vigência do CPC de 1973, todavia, essa atitude passou a ser insustentável, pois matérias como a ilegitimidade e a prevenção foram retiradas do campo das exceções e deslocadas, de maneira correta, para o das preliminares ao mérito, na contestação (art. 295, inciso II, daquele CPC; art. 330, inciso II, do CPC de 2015).

b) *Peremptórias* são as exceções que findam o processo, com ou sem resolução do mérito, quando acolhidas. Note-se que as denominadas dilatórias apenas suspendem o curso do procedimento, não acarretando, portanto, a extinção do processo. Outrora, eram indicadas como exemplos de exceções peremptórias as que se fundassem, *v. g.*, em litispendência, coisa julgada ou perempção. Essa posição doutrinária estava em harmonia com o disposto no art. 182, inciso II, do CPC de 1939, colocando-se, porém, em antagonismo com o sistema introduzido pelo estatuto processual civil de 1973, que deslocou esses temas (*ad instar* do que fez quanto à ilegitimidade e a prevenção) para o terreno da contestação, na qual devem ser alegados como preliminares (art. 301, V e VI). No CPC de 2015, a matéria é regida pelos incisos VI e VIII do art. 337.

Assim, a litispendência e a coisa julgada, que, na vigência do Código de 1939, possuíam o *status* processual de exceção, foram, no texto do CPC de 1973 e de 2015, convertidas em preliminares de mérito. Essa modificação topológica foi acertada, valendo recordar que a exceção tem o efeito de suspender o processo principal, que só prosseguirá quando aquela for definitivamente resolvida (CLT, art. 799, *caput*).

Moacyr Amaral Santos entende que o fato de o CPC de 1973 não aludir à coisa julgada, à litispendência, à perempção e a outras mais, como *exceções*, não significa que as tenha excluído (obra cit., p. 168). Invoca, em amparo ao seu argumento, a opinião ilustre de Pontes de Miranda, para quem "os legisladores que apenas vão tratar do seu processo (relativo às exceções), de modo nenhum podem excluí-Ias somente porque delas não falam. O problema de técnica legislativa, que se lhes apresenta, é o de determinar qual a espécie de defesa formal (contestação, via excetiva) em que devem entrar e quais as que devem entrar numa e noutra" (obra cit., *ibidem*).

Divergimos desses notáveis juristas. A litispendência e a coisa julgada, já no sistema do Código de Processo Civil de 1973, deveriam ser alegadas (exclusivamente) como preliminar, na contestação, não por mero capricho do legislador; mas por não se submeterem ao fenômeno da preclusão. Tanto isso é verdadeiro, que o juiz, delas, poderia conhecer *ex officio*, em qualquer tempo ou grau de jurisdição, contanto que não tivesse sido proferida a sentença de mérito (CPC de 1973, art. 267, § 3.º). O tema, no CPC de 2015, passou a ser disciplinado pelos incisos IV, V de VI, do art. 485, e pelo § 3.º do mesmo dispositivo legal. A propósito, nesse mesmo normativo foi incluído o inciso IX, segundo qual, no caso de morte da parte, a ação seja considerada, por força de lei, intransmissível. Em suma, o juiz poderá agir *ex officio* nas situações previstas nos incisos IV, V, VI e IX, do art. 485, § 3.º, do CPC de 2015.

A singularidade, aliás, de o legislador haver transferido a litispendência, a coisa julgada e a perempção para os domínios da contestação fez com que perdessem a razão de ser as antigas exceções da espécie peremptória, de tal modo que não seria desarrazoado asseverar que, a contar do no sistema do Código de 1973, só restaram as exceções dilatórias. Essa atitude inovadora do legislador foi, a nosso ver, elogiável, porquanto a litispendência e a coisa julgada, conforme asseveramos, não estão sujeitas à preclusão.

A CLT, em seu art. 799, *caput*, alude, apenas, às exceções de suspeição e de incompetência, importa em dizer: a) não trata do impedimento e b) não diz que somente a incompetência relativa pode ser objeto de exceção. Há uma justificativa histórica (ou cronológica) para esse fato. Sucede que a CLT foi dada a lume quando estava a viger o CPC de 1939 — o primeiro Código unitário que o País conheceu. No art. 182, deste álbum processual: a) também não se falava do impedimento (inciso I), mas, só, da suspeição e da incompetência; b) o inciso II, do mesmo dispositivo, deixava claro que a incompetência absoluta também poderia constituir fundamento da exceção, ainda que ao juiz fosse permitido pronunciar essa incompetência "em qualquer tempo ou instância" (§ 1.º).

O processo do trabalho, entretanto, passou a reger-se pelos arts. 304 a 306, do CPC de 1973, de acordo com o qual poderiam ser objeto de exceção a suspeição e o impedimento do magistrado, assim como a incompetência relativa do juízo. Para quem possa colocar em dúvida a nossa afirmação de que, no sistema desse Código, somente a incompetência relativa ensejaria a exceção, devemos chamar a atenção à singularidade de que embora o mencionado texto processual não referisse, de maneira expressa, no art. 304, essa espécie de incompetência, a sua alusão ao art. 112 deixava patente tratar-se da relativa. Constava dessa norma legal: "Argui-se, por meio de exceção, a incompetência *relativa*" (destacamos). Além disso, o art. 301, inciso II, do mesmo digesto processual, demonstrava que a incompetência *absoluta* deveria ser alegada na contestação, como preliminar.

O CPC de 2015, todavia, eliminou as exceções. A incompetência relativa passou a constituir preliminar da contestação (art. 337, inciso II) e o impedimento e a suspeição do magistrado devem ser objeto de petição específica (art. 146). Como argumentamos em linhas anteriores, essa alteração no sistema do CPC de 2015 não repercute no processo do trabalho, porquanto o art. 799, *caput*, da CLT, segue prevendo as exceções. Logo, se não há omissão da CLT (art. 769), nenhum intérprete está, legalmente, autorizado a invocar, em caráter supletivo, normas do processo civil. Há mais: ainda que o art. 799, da CLT, se refira somente às exceções de suspeição e incompetência, é elementar que se deve considerar aí inclusa, também, a de impedimento.

2.3. Espécies de exceção

Como ficou dito, no passado ensejavam o uso da exceção a suspeição do magistrado; a incompetência do juízo; a litispendência; a coisa julgada; a ilegitimidade de partes; a prevenção; e, ainda, a transação; o pagamento; a coação, etc.

Nos tempos modernos, no entanto, as exceções compreendem, exclusivamente, as de: a) suspeição; b) impedimento e c) incompetência relativa (CLT, art. 799, *caput*), pois matérias como a litispendência, a coisa julgada, a ilegitimidade de parte, a incompetência absoluta, e outras mais, devem ser alegadas em sede de contestação, como preliminar do mérito (CPC, art. 337). É proveitoso rememorar que, embora no sistema do CPC de 2015, a incompetência relativa tenha sido deslocada para o campo das preliminares do mérito, no processo do trabalho ela continua a ser alegada por meio de exceção (CLT, art. 799, *caput*).

As exceções de suspeição ou de impedimento do magistrado podem ser formuladas tanto pelo autor quanto pelo réu; a de incompetência (relativa), *em princípio*, só pode ser da iniciativa do réu, porquanto, conforme opinamos anteriormente, ao autor, que "escolheu" o foro (território), com vistas ao ajuizamento da inicial, não é lícito alegar a incompetência relativa.

Poder-se-ia contra-argumentar que podendo, em tese, o próprio autor alegar a incompetência absoluta do juízo, não haveria motivos jurídicos para tolher-lhe a possibilidade de arguir a incompetência relativa. Não é bem assim. Em primeiro lugar, não está muito nítida, na lei, a possibilidade de o autor tomar a iniciativa de denunciar a incompetência absoluta do juízo. O art. 64, do CPC, deixa transparecer que somente ao réu será possível alegá-la. Em segundo, mesmo que se admita, apenas para argumentar, que o autor possa arguir a incompetência absoluta, isso não autorizaria, por si só, reconhecer-lhe o direito de alegar a relativa *em qualquer situação*. É que, a respeito daquela, não há preclusão, pois o juiz pode pronunciá-la *ex officio* (CPC, art. 337, § 5.º) ademais, somente a sentença proferida por juízo absolutamente incompetente é rescindível (CPC, art. 966, inciso II, razão por que também o autor teria interesse em arguir a incompetênciia absoluta, como providência destinada a evitar o exercício, mais tarde, pelo réu, da pretensão rescisória.

Nossa opinião, portanto, é de que o autor: a) *em princípio*, não pode alegar a incompetência *relativa*, por uma questão de ordem lógica, na medida em que o foro (território) foi por ele escolhido e eventual silêncio do réu fará com que a competência se transfira para o juízo incompetente. Dissemos *em princípio*, porque, em situações excepcionais, ele terá interesse em fazê-lo, como quando os autos, remetidos pela Justiça Comum, que se declarou incompetente, digamos, em razão da matéria, forem distribuídos a Vara do Trabalho destituída de competência territorial; b) não pode arguir, formalmente, a incompetência *absoluta*, porquanto, também aqui, foi ele quem deu causa à escolha do juízo incompetente. A situação, nesta hipótese, contudo, é *sui generis*: conquanto não se deva reconhecer ao próprio autor o direito de arguir, de modo formal, a incompetência absoluta, não há a menor dúvida de que se ele o fizer, o juiz não poderá desconsiderar a comunicação do fato e, se for o caso, declarar-se incompetente. Vê-se, pois, que, em última análise, a pronúncia jurisdicional de incompetência absoluta acabou sendo *provocada*, ainda que por via oblíqua, pela iniciativa do autor. Neste caso, o juiz não estará, em rigor, acolhendo nenhuma alegação, mas, declarando, *ex officio*, a incompetência absoluta. A intervenção do autor teve a finalidade exclusiva de chamar a atenção do magistrado para o fato. Eventual recusa do magistrado em tomar conhecimento da petição do autor, elaborada com essa finalidade, teria o grave inconveniente de fazer com que o processo continuasse, por mais ou por menos tempo, sendo conduzido por um juiz absolutamente desapercebido de competência para isso, em desrespeito à própria Constituição da República (art. 5.º, inciso LIII).

Mais adiante, iremos examinar, com profundidade, as exceções de suspeição, de impedimento e de incompetência, que foram, por ora, apreciadas, apenas, sob o ângulo superficial de uma propedêutica oportuna.

2.3.1. Exceção de Incompetência

2.3.1.1. Introdução

Conforme procuramos demonstrar nos itens antecedentes, no sistema do processo do trabalho apenas a incompetência relativa pode ser objeto de exceção, ou seja, aquela que diz respeito ao território (*ratione loci*). Neste sentido, também, a Súmula n. 33, do STJ: "A incompetência relativa não pode ser declarada de ofício". A incompetência absoluta — em razão da matéria, da pessoa, da hierarquia — deve ser alegada na contestação, como preliminar (CPC, art. 337, inciso II, em parte), embora possa ser declarada *ex officio* (CPC, art. 337, § 5.º) e alegada em qualquer tempo ou grau de jurisdição (CPC, art. 64, § 1.º).

Uma das diferenças quanto aos efeitos processuais entre a incompetência absoluta e a relativa é que somente a sentença proferida por juízo absolutamente destituído de competência pode ser atacada pela via rescisória (CPC, art. 966, inciso II). Convém elucidar, contudo, que a regra inscrita no art. 64, § 1.º, do CPC, encontra seu limite "temporal" no fenômeno da coisa julgada material. Assim, formada a *res iudicata*, é certo que a sentença proferida pelo juízo absolutamente incompetente produzirá efeitos jurídicos até que venha a ser desconstituída mediante ação rescisória.

Pudemos ver, nas páginas pretéritas, que no sistema do vigente Código de Processo Civil de 1973 as exceções apresentavam, apenas, sentido dilatório — distendiam o curso do procedimento —, pois a litispendência, a perempção, a coisa julgada, etc., que, na vigência do Código de 1939 davam conteúdo às exceções peremptórias — findavam o processo, com ou sem exame do mérito —, foram, Código de 1973, topologicamente deslocadas para o terreno da contestação, sob a forma de preliminares (CPC, art. 301).

O CPC de 2015, tal como já asseveramos, anatematizou as exceções, conquanto estas continuem a existir no sistema do processo do trabalho (CLT, art. 799, *caput*).

Antes de prosseguirmos, devemos chamar a atenção para um fato relevante: embora o CPC, permita, em certos casos, ao autor (art. 47, § 1.º) ou a ambas as partes (art. 63) eleger o foro no qual exercerá a ação, essas disposições não incidem no processo do trabalho. A CLT dispõe, como princípio, que a competência territorial das Varas do Trabalho se define segundo o local em que o empregado presta ou prestou serviços (art. 651, *caput*). Desta forma, mesmo que o empregador deseje promover ação em face do trabalhador ("inquérito" para apuração de falta grave; ação de consignação em pagamento, etc.), deverá observar a mencionada regra legal. Se o empregador realizar atividades fora do local de contratação do trabalhador, este poderá terá a faculdade de ajuizar ação no foro de contratação ou no da prestação dos serviços (*ibidem*, § 3.º). O § 1.º do mesmo dispositivo legal regula a competência no caso de o empregado ser agente ou viajante comercial. De modo geral, essas normas da CLT se destinam a proteger, com maior ou menor intensidade, os interesses do trabalhador. É, justamente, o caráter tutelar desses preceptivos legais que afasta a incidência supletiva, no processo do trabalho, dos arts. 47, § 1.º, e 63, do CPC. Se fosse admitida a possibilidade de o trabalhador eleger o foro de sua predileção, para efeito de exercício da ação, isto poderia render ensejo a que o empregador, estando ainda a viger o contrato de trabalho, procurasse fraudar as disposições do art. 651, da CLT, em prejuízo do trabalhador. Seja como for, o fato é que os pressupostos que motivaram a fixação da competência territoral dos juízes, no sistema do processo civil, não coincidem com os que levaram o legislador trabalhista a estabelecê-la. Essa diferença onto-teleológica é o quanto basta para refutar a aplicação subsidiária dos arts. 47, § 1.º, e 63, do CPC, ao processo do trabalho.

Caso, porém, o autor, por inadvertência, ajuíze a ação em órgão jurisdicional trabalhista incompetente *ratione loci* (território) e o réu não argua, mediante exceção, essa incompetência, o efeito prático é que se tornará competente o juízo ao qual a petição inicial foi distribuída. Não se trata, aqui, em rigor, de *foro de eleição* — que pressupõe a efetiva manifestação de vontade do autor — e sim de que equívoco (logo, involuntário) quanto à localidade em que a ação foi proposta. Equívoco que, repise-se, se não for denunciado pelo réu, por meio de exceção, fará com que a competência se desloque para o juízo, a princípio, incompetente.

Repisados esses assuntos, devemos nos dedicar, agora, ao exame do procedimento característico da exceção de incompetência.

2.3.1.2. Prazo

Conforme deixamos expresso em páginas antecedentes, só pode ser objeto de exceção a incompetência relativa, porquanto a absoluta, deve ser alegada na contestação, como preliminar (CPC, art. 337, inciso II, em parte).

Por outro lado, apenas ao réu, em princípio, será lícito arguir a incompetência relativa, pois não seria lógico permitir-se ao autor fazê-lo, uma vez que o fato de a ação ser exercida perante juízo relativamente destituído de competência proveio de ato exclusivo do próprio autor. Dessa forma, não seria concebível que este, havendo escolhido o juízo, viesse, depois, a inquiná-lo de incompetente. Há, todavia, situações excepcionais (por nós já referidas), que legitimam o oferecimento dessa exceção pelo próprio autor.

Dessa nota singular se extrai a inferência de que, em princípio, a exceção de incompetência relativa só pode ser apresentada sob a forma de resposta do réu, porquanto, como afirmamos, preceitos de ordem lógica repelem o uso dessa espécie de exceção, pelo autor. Reiteremos, todavia, que não estamos a asseverar ser absolutamente impossível a ocorrência de um caso em que se justifique o oferecimento de exceção de incompetência pelo autor, e, sim, que essa possibilidade é extremamente remota, em face dos mencionados preceitos de conteúdo lógico. Em páginas anteriores, deste livro, indicamos uma situação em que a exceção de incompetência (relativa) poderia ser apresentada pelo autor.

Assim, como a exceção de incompetência relativa, de modo geral, cabe ao réu, este deverá apresentá-la em audiência, salvo se determinada situação especial — dessas, com que a vida, muitas vezes, nos surpreende — justificar o oferecimento desse tipo de resposta antes da audiência. O que não se permite é que a exceção ingresse *após* a audiência destinada à resposta do réu, pois, nesta hipótese, haverá preclusão "temporal", decorrente da perda do momento oportuno para oferecê-la, qual seja, a audiência "inicial". Por isso, transcorrida esta, sem que o réu tenha apresentado a exceção, a competência se desloca para o juízo diante do qual a ação foi exercida.

No processo do trabalho, a exceção, em princípio, deverá ser apresentada em audiência (pelo réu), por força do disposto no art. 846, da CLT. Não ignoramos que, em regra, deva ser assim, segundo o princípio de que toda e qualquer espécie de resposta do réu deve ser manifestada em audiência. Na esmagadora maioria dos casos, é exatamente dessa maneira que as coisas se passam, no campo da realidade prática, embora essa modalidade de resposta não seja apresentada sob a forma oral, e sim, por escrito – com as demais, aliás. Nas exceções não há obrigatoriedade de o juiz formular propostas tendentes à conciliação — até porque seria um contrassenso pensar que um juízo arguido de incompetente estivesse legalmente compelido a obter uma solução negociada de um conflito (processo principal, suspenso), para cuja solução talvez não possua competência.

2.3.1.3. Procedimento

2.3.1.3.1. Considerações gerais

Em circunstâncias normais, o procedimento relativo à exceção de incompetência é o seguinte: a) apresentada a petição, devidamente fundamentada e instruída com os documentos em que se baseia, e indicado o juízo para o qual a competência é declinada, o juiz abrirá vista ao excepto, pelo prazo de vinte e quatro horas (CLT, art. 800); b) conquanto a CLT estabeleça que a decisão deva ser proferida na primeira sessão subsequente (art. 799, *caput*), isto não será possível quando houver necessidade de realizar-se instrução oral (depoimento das partes, inquirição de testemunhas). Acolhida a exceção, os autos serão remetidos ao juízo competente (CPC, art. 64, § 3.º).

É óbvio que, no terreno da realidade prática, nem sempre as coisas se passam da maneira remansada, como acima se narrou.

Devemos considerar, logo de início, a possibilidade de a petição inicial ser indeferida, quando a exceção de incompetência "for manifestamente improcedente" (conforme constava do art. 310, do CPC de 1973). Malgrado se trate de decisão, o ato será passível de impugnação somente na oportunidade da interposição do recurso ordinário (CLT, art. 799, 2.º). Não se aplica aqui a alínea "*c*" da Súmula n. 214, do TST, pois esta pressupõe o *julgamento* da exceção, e não, o indeferimento liminar da petição inicial. O processo civil, contudo, admite o uso da apelação (CPC, art. 296, *caput*).

Conforme já dissemos, somente pode ser objeto de exceção a incompetência relativa (em razão do território, por exemplo), porquanto a absoluta (pessoa, matéria, hierárquica ou funcional), como várias vezes ressaltamos, constitui preliminar da contestação.

Isso corresponde a afirmar, sob o ângulo do rigor da técnica, que, no processo do trabalho, constitui erro de procedimento alegar: a) a incompetência relativa como preliminar da contestação (embora seja correto no sistema do CPC); b) a absoluta, sob a forma de exceção.

Esses erros de procedimento, entretanto, não devem conduzir ao indeferimento da petição, mormente no plano do processo do trabalho, no qual deve ter ampla incidência o princípio da instrumentalidade, consagrado pelo art. 277, do CPC, conforme o qual, quando a lei prescrever determinada forma, sem a cominação de nulidade, valerá o ato se, realizado de maneira diversa, atingir a sua finalidade. Assim, se, *v. g.*, a parte alegar a incompetência relativa como preliminar da contestação incumbirá ao juiz aplicar, em nome da simplicidade que devem ter os atos do procedimento trabalhista, por analogia, um outro princípio, próprio dos recursos, que é o da fungibilidade, por modo a fazer com que a incompetência relativa seja processada sob a forma prevista em lei, vale dizer, de exceção.

É evidente que essa "fungibilidade analógica" deverá ser registrada na ata da audiência, em que a petição for apresentada. A primeira consequência prática dessa atitude do juiz consistirá na suspensão do processo principal, por força do disposto no art. 799, *caput*, da CLT. Como, na situação que estamos a examinar, a incompetência relativa foi arguida como preliminar da contestação, e, segundo vimos, sendo tratada como exceção acarretará a suspensão do processo principal, temos que nenhum ato respeitante ao processo primacial poderá ser praticado, sem que a exceção tenha sido definitivamente julgada. Deste modo, a contestação será juntada aos autos (para que a incompetência, nela embutida, possa ser processada como exceção), sem que o magistrado dê vista à parte contrária, a fim de pronunciar-se sobre a *contestação* e sobre os documentos que, porventura, a instruam. Essa oportunidade para que parte contrária se manifeste acerca da contestação só lhe será concedida, como esclarecemos, após o julgamento da exceção de incompetência.

Em seguida, o juiz intimará o excepto, para falar a respeito da exceção, cujo prazo, no processo do trabalho, é de vinte e quatro horas (CLT, art. 800), procedendo, a partir daí, da forma como indicamos anteriormente.

Caso a alegação de incompetência absoluta seja efetuada sob a forma de exceção, e não de preliminar, na contestação, o mesmo princípio da instrumentalidade dos atos do procedimento recomenda que o juiz a processe como preliminar, e não como exceção. É certo que se a única resposta apresentada pelo réu tiver como conteúdo exclusivo a mencionada alegação de incompetência, este correrá o risco de,rejeitada a alegação, ver desabar sobre si a regra inserta no art. 341, *caput* do CPC, de acordo com a qual presumir--se-ão verdadeiros os fatos não contestados (princípio da impugnação especificada).

Uma outra questão a ser analisada — e que, de certa forma, se enastra com as anteriores — concerne à forma pelo qual a exceção de incompetência (logo, relativa) deve ser oferecida. Em rigor, a petição alusiva à exceção de incompetência (assim como às de impedimento e de suspeição) deve ser apresentada em peça específica, apartada da contestação. Assim o é, em primeiro lugar, porque sendo a exceção e a contestação modalidades distintas de respostas do réu, não devem ser encambulhadas na mesma petição; em segundo, por um motivo de ordem lógica, que será agora exposto: se se argui a incompetência de determinado juízo, não faz sentido apresentar-se a ele a contestação, pois isso traduz um claro ilogismo — contesta-se perante órgão jurisdicional que se alega ser desapercebido de competência (relativa).

A despeito de provir de uma base lógica a apresentação, em peças e em momentos distintos, da exceção de incompetência e da contestação, não se deve, em concreto, indeferir a petição que contiver, de forma aglutinada, essas duas espécies de respostas. Estamos falando, convém lembrar, de processo do trabalho. Pois bem. Se o oferecimento da exceção de incompetência se desse em petição separada (o que seria legalmente correto, sem dúvida), haveria um inconveniente de ordem prática, na hipótese de ser rejeitada, conforme vimos. Realmente, rechaçada a alegação de incompetência, expendida pelo réu, este teria de ser intimado para apresentar contestação (podendo, inclusive, reconvir), o que provocaria, na prática, um considerável consumo de tempo, pois haveria necessidade de ser designada audiência específica para a formulação da sua defesa. Se a exceção de incompetência, ao contrário, fosse feita na mesma peça da contestação, rejeitada a arguição de incompetência (cuja decisão, em princípio, é irrecorrível e imediato e de maneira autônoma: CLT, art. 799, § 2.º; TST, Súmula n. 214), poderia ser aprazada, desde logo, audiência destinada à instrução oral do processo principal, assegurando-se, antes disso, o direito de o autor manifestar-se sobre o teor da contestação e dos documentos que a instruem.

De igual modo se haveria de proceder caso fossem apresentadas, no mesmo ato, embora em peças diversas, a exceção de incompetência e a contestação: esta poderia ser recebida (juntada aos autos), conquanto saibamos que o processo principal esteja suspenso, em decorrência da exceção de incompetência. A despeito de a contestação fazer parte do aludido processo, a sua juntada aos autos não corresponderia a uma violação de norma legal, senão que a uma louvável providência destinada a atender às expressivas particularidades do processo do trabalho e aos seus princípios informativos, dentre os quais sobressaem os da símpleza e da celeridade.

Como asseveramos há pouco, no sistema do processo do trabalho a decisão resolutiva das exceções em geral é irrecorrível, de imediato. Assim, se for rejeitada a exceção, a parte deverá aguardar o proferimento da sentença de mérito, para, só então, impugnar aquela decisão; se a decisão acolher a exceção, os autos serão encaminhados ao juízo havido como competente, hipótese em que, se este não suscitar conflito (negativo) de competência, caberá à parte aguardar a emissão da sentença de fundo para poder atacar, preliminarmente, no recurso que interpuser perante aquele juízo, a decisão pertinente à exceção de incompetência.

A CLT, entrementes, estampa uma exceção a respeito do assunto ao admitir a interposição de recurso quando a decisão for "terminativa do feito" (art. 799, § 2.º). A imprecisa redação dessa norma legal, entrementes, ensejou o surgimento de interpretações discrepantes. Em termos gerais, a doutrina e a jurisprudência passaram a entender que a locução: "salvo (...) se terminativas do feito" deveria ser interpretada no sentido de ser recorrível a decisão que acarretasse o afastamento da causa da jurisdição trabalhista. Destarte, se, por exemplo, o juízo trabalhista concluísse que a competência seria da Justiça Estadual, seria admissível o recurso ordinário ao Tribunal do Trabalho.

Em que pese ao fato de, sob o aspecto teórico, essa posição doutrinária e jurisprudencial parecer correta, do ponto de vista estritamente técnico ela merecia ser rejeitada.

Efetivamente, tendo em vista que, em regra, a exceção só se justifica quando se tratar de incompetência relativa (*ratione loci*), de duas, uma: a) ou o Juízo de Direito Estadual tinha, verdadeiramente, competência, por encontrar-se investido na jurisdição trabalhista (CLT, art. 668), e, neste caso, não se deveria admitir recurso da decisão que acolhesse a exceção de incompetência; b) ou o Juízo de Direito tinha competência por ter sido de natureza civil ou comercial a relação jurídica estabelecida entre as partes, e, nesta hipótese, a incompetência, por ser absoluta, deveria ter sido alegada não como exceção, mas como preliminar do mérito, sem se ignorar a particularidade de que, nas ações versando sobre a existência, ou não, de relação de emprego, constitui erro inescusável alegar, o réu, a incompetência do juízo (mesmo que o faça sob a forma de preliminar), uma vez que à Justiça do Trabalho compete, constitucionalmente, não apenas declarar a existência de relação de emprego entre as partes, como a inexistência dessa relação — cuja investigação, portanto, se imbrica, de modo *sui generis*, com a do próprio mérito da ação. Sendo assim, negado o vínculo, não se há de ordenar a remessa dos autos ao MM. Juízo de Direito, pois, perante este, não seria aproveitável a petição inicial, que conteria pedidos característicos das lides trabalhistas: aviso prévio, horas extras, adicionais noturno, de periculosidade e insalubridade, equiparação salarial, FGTS, etc.

Tempos depois, o TST, por meio da Súmula n. 214, letra "c", deu uma interpretação ao art. 799, § 2.º, da CLT, segundo a qual será recorrível a decisão proferida em sede de exceção de incompetência territorial que acaretar a remessa dos autos a Tribunal Regional distinto daquele a que o juízo excepcionado se encontra vinculado. Isto significa, dentre outras coisas, que: a) se um juiz do trabalho *acolher* a exceção de incompetência e determinar a remessa dos autos a outro juiz do trabalho, cuja Vara esteja situada na *mesma* Região, dessa decisão não caberá recurso, porque ambos os órgãos de primeiro grau estão vinculados ao *mesmo* Tribunal; b) se o juiz do trabalho *acolher* a exceção e ordenar a remessa dos autos a juízo que esteja situado em outra Região, essa decisão será recorrível, pois os referidos juízes estarão vinculados *a distintos* Tribunais do Trabalho; c) se o juiz de direito, investido circunstancialmente na jurisdição trabalhista, *acolher* a exceção, e determinar a remessa dos autos a juízo trabalhista instalado na *mesma* Região, a decisão será irrecorrível, pelas mesmas razões expostas na letra "a", retro; d) em quaisquer da situações examinadas, não caberá recurso ordinário (imediato e autônomo) se o juiz rejeitar a exceção de incompetênca territorial.

Tendo em conta, pois, o princípio de que os pronunciamentos do juízo trabalhista, em sede de exceção de incompetência, são irrecorríveis, salvo se "terminativos" do feito

(CLT, art. 799, § 2.º), chega-se às conclusões de que: a) no primeiro caso, esse pronunciamento assume o caráter de decisão interlocutória *sui generis*, em virtude do veto legal à sua impugnação imediata e autônoma; b) no segundo, o pronunciamento é tratado como sentença, também *sui generis*, pois é dotado de aptidão para dar fim, não ao processo, mas à atuação do órgão jurisdicional no qual a ação fora ajuizada. É, precisamente, esse traço, ainda que imperfeito, de sentença, que permite a sua impugnação por meio de recurso ordinário, nos termos da alínea "*c*", da Súmula n. 214, do TST.

Devemos reconhecer, todavia, que sob o rigor da ciência processual e dos conceitos que lhe são inerentes não há, no primeiro caso, decisão interlocutória *genuína*, porquanto a exceção de incompetência não pode ser considerada como "incidente processual", do mesmo modo como, no segundo, inexiste sentença, porquanto o pronunciamento do juízo não tende a dar fim ao processo (CPC de 1973, art. 162, § 1.º, em sua redação primitiva), senão que a determinar a remessa dos autos a outro órgão jurisdicional.

Como estamos a discorrer sobre o procedimento da exceção de incompetência, devemos ocupar-nos, mais uma vez, com um problema, ou melhor, com um equívoco geralmente verificado nas ações em que o autor pretende obter um provimento jurisdicional declaratório da existência de relação de emprego com o réu, cumulado com um condenatório.

É frequente, nessas ações, o réu alegar, em sua resposta, ser parte ilegítima, e, em decorrência disso, ser o autor carecedor da ação, e, ainda, incompetente o juízo.

Quanto à primeira alegação, é manifesta a sua impropriedade, pois ainda que inexista o vínculo de emprego pretendido pelo autor, o réu será a única pessoa legitimada para responder às pretensões por aquele deduzidas. É o que a doutrina tem denominado de "pertinência subjetiva da ação" (Liebman). Ilegitimidade passiva haveria, isto sim, se o autor houvesse exercido o direito deação em face de pessoa diversa daquela para qual efetivamente prestou serviços. Fora disso, o réu será parte legítima para integrar a relação jurídica processual, cuja legitimidade não deixará de existir mesmo que a sentença venha a declarar a inexistência de vínculo de emprego entre as partes. Incidirá em erro inescusável o pronunciamento jurisdicional, que, neste caso, considerar o réu parte ilegítima, pois estará baralhando as condições da ação (das quais a legitimidade *ad causam* é uma delas) com o mérito (*res in iudicio deducta*). Deste modo, se o juízo ficar convencido de que não se configuraram os pressupostos constitutivos da relação de emprego, deverá *rejeitar* os pedidos formulados pelo autor, ou seja, emitir um pronunciamento acerca do mérito. Aliás, se, na espécie, ele preferisse declarar, erroneamente, a ilegitimidade do réu, e, sendo esta, como dissemos, uma das condições da ação, como justificaria o fato de, sendo o autor (supostamente) carecente do direito de ação, haver provocado uma dicção jurisdicional sobre o fundo da demanda, importa dizer, sobre o mérito?

Ponha-se de lado, portanto, de uma vez por todas, esse equívoco primário de imaginar-se que a inexistência do vínculo de emprego pretendido (mérito) torna o autor carecedor da ação, por ser o réu, supostamente, parte ilegítima (condição da ação), exceto se desejar-se deitar por terra todos os avanços científicos obtidos no campo processual.

Deslize técnico, não menos comprometedor, haverá se, após declarar-se que a relação jurídica material havida entre as partes não era de emprego, mas civil ou comercial, ordenar-se a remessa dos autos para a Justiça Comum. Dir-se-á, talvez, que a nossa crítica é infundada, por ignorar a norma contida no art. 64, § 3.º, do CPC, consoante a qual, sendo acolhida a exceção, "os autos serão remetidos ao juízo competente". Respondamos, então, de maneira proléptica, que essa norma legal deve receber adequada interpretação, quando aplicada ao processo do trabalho.

Citemos o exemplo da ação em que o autor se considera empregado do réu e este alega que entre ambos havia, ao contrário, um contrato comercial. Convencendo-se, o juízo trabalhista, que não havia, realmente, um contrato de trabalho, mas, sim, de representação comercial, de nada valerá a remessa dos autos à Justiça Comum, porquanto, no âmbito desta, a petição inicial será inaproveitável, na medida em que dela constam, apenas, pedidos típicos de um contrato de trabalho como: horas extras, adicional noturno, equiparação salarial, férias, gratificação natalina e o mais. Logo, transitando em julgado a sentença que não reconheceu a existência do colimado vínculo de emprego, a consequência deverá ser, apenas, a extinção do processo sem exame do mérito (CPC, art. 485), com o arquivamento dos autos, desde que pagas as custas a que o autor, acaso, tenha sido condenado.

O que se tornou de possível ocorrência, após o advento da Emenda Constitucional n. 45/2004, que ampliou, de modo significativo, a competência da Justiça do Trabalho (CF, art. 114), é — tomando-se o exemplo do representante comercial — a formulação de *pedidos em ordem subsidiária* (CPC, art. 326): primeiramente, de existência de relação de emprego, com todos os efeitos legais daí derivantes (anotação do contrato na carteira de trabalho; aviso prévio, férias, 13.ºs salários. FGTS, etc.); segundamente, se rejeitado o primeiro pedido, o de condenação do réu ao pagamento de comissões, etc. pelas vendas efetuadas na qualidade de representante comercial autônomo. Neste último caso, a competência da Justiça do Trabalho estaria definida pela existência de relação de trabalho, *lato sensu*. Caso, porém, o autor tenha formulado, apenas, pedido de reconhecimento de vínculo de emprego com o réu, e a sentença rejeitar-lhe essa pretensão, de nada servirá a remessa dos autos à Justiça Comum, porquanto, como dissemos há pouco, essa peça de provocação da atividade jurisdicional não terá como ser aproveitada neste juízo, levando-se em conta a natureza dos pedidos formulados pelo autor. O art. 64, § 3.º, do CPC, deve receber, no âmbito da Justiça do Trabalho, uma interpretação que não conflite com os objetivos da norma — nem com o bom-senso.

2.3.1.3.2. O procedimento, em detalhes

1) Petição inicial. O excipiente deverá arguir a incompetência em petição fundamentada e devidamente instruída, indicando o juízo para o qual declina.

Algumas anotações devem ser feitas a respeito dessa formalidade.

A petição inicial deverá, no processo do trabalho, ser elaborada mediante observância dos requisitos subjetivos e objetivos, previstos nos arts. 840, da CLT, e 319, do CPC.

Sendo assim, essa peça haverá de ser precisa, clara e concisa (requisitos subjetivos), além de indicar o juízo a que é dirigida; os nomes e prenomes das partes (dispensa-se a referência ao estado civil, profissão, residência e domicílio, porquanto essas informações já constam dos autos principais); o pedido, com as suas especificações (requisitos objetivos).

O valor da causa, e as provas com que o excipiente pretende demonstrar a veracidade dos fatos alegados, mencionados no art. 319, do CPC (incisos V e VI, respectivamente), são inexigíveis no processo do trabalho, em face do art. 840, § 1.º, da CLT, conquanto seja recomendável que o autor indique esses elementos. Por outro lado, embora o mencionado dispositivo do estatuto processual civil não aluda à data e à assinatura do advogado, esses dados são necessários no processo do trabalho, por força do contido no art. 840, § 1.º, da CLT.

A petição inicial deverá ser, ainda, fundamentada. Isso significa que o excipiente deverá mencionar as razões de fato e de direito pela quais entende ser incompetente, *ratione loci*, o juízo. A essa exigência formal se soma uma outra, consistente na indicação do órgão jurisdicional para o qual se declina. Articulando-se esses dois requisitos, pode-se concluir que não basta o excipiente indicar os motivos pelos quais reputa ser o juízo incompetente: é necessário, ainda, que aponte aquele que, segundo julga, seja o competente, e para o qual deverão ser remetidos os autos.

Estamos pressupondo, por certo, que a petição inicial da exceção de incompetência seja escrita, até porque é por essa forma que ela habitualmente tem sido apresentada. Caso, no entanto, o excipiente queira arguir oralmente, em audiência, a incompetência, o juiz não poderá impedir que o faça, pois ainda está em vigor o art. 840, § 2.º, da CLT, que prevê essa forma de resposta (defesa). Mesmo que a exceção seja oferecida sob a forma oral, cumprirá ao excipiente atender aos requisitos legais, em especial, quanto à apresentação dos motivos que o levam a considerar o juízo incompetente e à menção daquele que reputa ser o dotado de competência.

Cabem, a propósito, nesta altura, algumas indagações: a) a inicial deve ser apresentada somente no juízo por onde se processa o processo principal?; b) se a inicial não for fundamentada, deverá ser indeferida?; c) se o excipiente deixar de mencionar o juízo para o qual declina a competência a petição inicial merecerá indeferimento?; d) e se ele apontar, nessa peça, juízo diverso daquele que, efetivamente, detém a competência?

Passemos às respostas.

a) Em princípio, a petição da exceção de incompetência deveria ser apresentada somente no juízo da causa principal. Mais tarde, por força da Lei n. 11.280/2006, inseriu-se um parágrafo único no art. 305, do CPC de 1973, para facultar-se o protocolo na petição inicial no juízo de domicílio do réu, ou seja, do excepto. A hipótese, como se nota, é de o réu estar domiciliado (ou estabelecido) em comarca diversa daquela na qual se processa a causa principal. Pode-se afirmar, por isso, que essa alteração legislativa visou a propiciar uma certa comodidade do réu. Deve ser esclarecido, entrementes, que a petição será somente *protocolada* no domicílio deste, uma vez que o *julgamento* da exceção será realizado pelo juízo da causa principal. É por essa razão que o parágrafo único do art. 305, daquele CPC, ordenava que, protocolada a inicial da exceção no juízo de domicílio do réu, este deveria proceder à imediata remessa dos autos àquele. Dizia, essa norma legal, que a referida remessa deveria ser requerida pelo excipiente. No processo do trabalho não há necessidade desse requerimento; a remessa imediata ao juízo do processo principal constitui, a nosso ver, dever do juízo no qual se protocolou a exceção de incompetência. A não se entender deste modo, estar-se-ia, em alguns casos, permitindo que o excipiente deixasse de formular esse requerimento em prejuízo do excepto. Ou seja, aquele estaria a beneficiar-se da própria torpeza; ou da sua incúria. Convém lembrar que o juiz do trabalho tem, por força de lei, a faculdade de impulsinar, *ex officio*, o processo.

Conquanto o CPC de 2015 haja eliminado as exceções, pensamos que se poderia, no processo do trabalho — que manteve as exceções: CLT, art. 799, *caput* — poderia ser adotada a faculdade prevista no parágrafo único do art. 305, do CPC de 1973.

b) Acabamos de ver que a exigência de que a petição inicial da exceção de incompetência seja fundamentada está jungida à necessidade de dar-se a conhecer ao juízo os motivos pelos quais se o considera incompetente em razão do território. Todavia, se, em determinado caso, o excipiente deixar de indicar essas razões jurídicas, a inicial não deverá ser indeferida, de plano. Conquanto a falta de motivação da inicial possa estar em desacordo com o art. 319, III, do CPC, caberá ao juiz fixar prazo de quinze dias para que a falta seja suprida (CPC, art. 321), vindo a indeferir aquela peça, tão só, se o seu despacho não for cumprido (CPC, arts. 321, parágrafo único e 330, IV). Se assim dispõe o processo civil, a despeito de seu formalismo acentuado, por mais forte razão haverá de adotar-se essa providência no processo do trabalho, menos preocupado e menos comprometido com os aspectos formais do procedimento, sem nos esquecermos da faculdade que este processo concede às partes, consistente em postular em juízo sem advogado.

Nossas considerações, acerca da ausência de motivação na inicial de exceção de incompetência, provavelmente, se consumam no plano das abstrações, porquanto nos parece muito rara, na prática, a possibilidade de o excipiente arguir a incompetência territorial do juízo sem mencionar as razões por que o faz.

c) Pode acontecer, no entanto, de o excipiente apresentar os motivos segundo os quais está convencido da incompetência do juízo, mas deixar de apontar qual o juízo que reputa ser competente. No sistema do CPC de 1973, haveria uma falta contra o art. 307, parte final. O CPC de 2015, todavia, não formula essa exigência, conforme se lê nos arts. 64 a 66. Entrementes, como dissemos há pouco, é razoável exigir de alguém, que alega a incompetência de certo juízo, a indicação do competente. Uma coisa está, de maneira entranhada, enlaçada à outra. Por esse motivo, o juiz do trabalho poderá, por despacho, exigir essa indicação – até porque, acolhida a exceção, os autos deverão ser remetidos ao juízo competente (CPC, art. 64, § 3.º).

Não estamos a afirmar, portanto, que a inexistência de menção ao juízo que seria o competente conduziria, de imediato, ao indeferimento da petição inicial. Valem, aqui, as mesmas ponderações que fizemos na letra antecedente, quanto à falta de fundamentação dessa peça. Assim, o juiz, verificando que não há a especificação do juízo que o excipiente julga ser o competente, deverá assinar-lhe o prazo de quinze dias (CPC, art. 321), para que a omissão seja sanada. Perguntamos, contudo: não cumprida a determinação, a inicial deverá ser indeferida, à semelhança do que ocorreria se a falta fosse de fundamentação? Sejamos sensatos: nem sempre. Embora o juiz não possa conhecer, *ex officio*, da incompetência relativa, essa particularidade não o inibe de,apresentada a exceção e convencendo-se da incompetência territorial arguida, ordenar a remessa dos autos ao juízo competente, ainda que este não tenha sido indigitado pelo excipiente. É providencial lembrar que estamos tratando de processo do trabalho, no qual, muitas vezes, as normas do processo civil devem incidir com o necessário abrandamento de seus rigores formais, em decorrência do *ius postulandi* que — bem ou mal — ainda vigora no processo do trabalho (CLT, art. 791, *caput*).

De tal arte, se, no sistema do processo civil, a falta de atendimento ao despacho judicial constituía causa inexorável para o indeferimento da inicial, no campo sensível do processo do trabalho esse descumprimento nem sempre deve produzir tal consequência. Podemos, mesmo, dizer que este processo, em decorrência de seus princípios informadores e de sua razão teleológica indeclinável, deve, no particular, converter em regra o que, provavelmente, no processo civil constitua exceção. Por outras palavras: no processo do trabalho, a regra a ser observada, no que toca à ausência de indicação, pelo excipiente, do juízo que repute ser o competente, é a de que a falta poderá ser suprida pelo magistrado. Afinal, a jurisdição e a competência dos órgãos da Justiça do Trabalho são fixadas em lei federal, motivo por que o próprio juízo, ao acolher a exceção, poderá determinar a remessa dos autos ao que considerar competente, bastando, para isso, que consulte a lei.

Somente, pois, em situações excepcionais, a petição inicial de exceção de incompetência *ratione loci* deverá ser inferida, por inexistência de indicação do juízo que seria o competente; ainda assim, desde que o excipiente deixe de atender ao despacho destinado a permitir-lhe o suprimento da omissão (CPC, art. 321, parágrafo único).

d) Questão que se entrelaça, profundamente, com a anterior, concerne à equivocada designação, pelo excipiente, do juízo dotado de competência territorial para apreciar a demanda. Digamos que ele aponte, como competente, o juízo A, quando, na verdade, a competência seria do B. Estaria o juízo no qual ingressou com a exceção de incompetência vinculado aos termos da inicial, de tal modo que, pronunciando a sua incompetência, deveria determinar o envio dos autos ao juízo mencionado pelo excipiente, ainda que este fosse, também, incompetente? Pensamos que não.

Conforme argumentamos na letra anterior, a competência dos órgãos da Justiça do Trabalho se encontra fixada em lei fededral. Segue-se, que, vindo o juízo a declarar a sua incompetência, em virtude da arguição formulada, deverá ordenar o encaminhamento dos autos ao juízo que, segundo a norma legal, é o provido de competência territorial. Nem se diga que sendo a incompetência *ratione loci* relativa o excipiente poderia eleger o juízo que melhor lhe aprouvesse. Esse argumento só se justifica com relação ao autor (excepto), nunca quanto ao réu (excipiente). A reação deste, por meio de exceção, tem o objetivo exclusivo de manifestar a sua discordância quanto ao juízo escolhido pelo autor, com a finalidade de que a ação seja apreciada pelo juízo legalmente provido de competência. Não pode, pois, a exceção ser utilizada como forma artificiosa de o réu-excipiente eleger o juízo de sua ocasional predileção.

Sendo a exceção uma das modalidades de resposta do réu, é curial que deva ser apresentada em peça específica. Sob esse aspecto, o oferecimento da exceção, como uma espécie de preliminar, no próprio instrumento de contestação, espelha, a um só tempo, dois erros técnicos. Primeiramente, porque, como dito, sendo a exceção uma resposta específica, deve ser apresentada em peça apartada, até porque a lei permite o indeferimento dessa inicial, como consta do art. 321, do CPC; segundamente, porque se revela ilógico apresentar a contestação a um juízo que se alega (na exceção) ser incompetente. Há um outro patente ilogismo, nesse ato, pois se a exceção precede à contestação e, por força de lei (CLT, art. 799, *caput*), suspende o processo principal, não se concebe como, suspenso este, possa ser oferecida a contestação, sabendo-se que esta se prende ao referido processo.

Não queremos, com isso, dizer que o juiz do trabalho deva se recusar a admitir uma exceção de incompetência (logo, em função do território), pelo simples fato de vir encambulhada com a contestação. Nada disso. O que pretendemos, em um primeiro momento, é advertir quanto ao deslize técnico, à mera irregularidade formal que implica o oferecimento, em peça única, da exceção e da contestação; em um segundo momento, entretanto, queremos advertir que o magistrado deve receber a exceção e processá-la, declarando, porém, na ata da audiência, a imediata suspensão do processo principal, a fim de que nenhum ato, relativo a este, venha a ser praticado sem que a exceção tenha sido definitivamente julgada – salvo se o ato for daqueles que a lei considera *urgentes*.

Se a petição inicial estiver em desacordo com os arts. 840, § 1.º, da CLT, e 319, do CPC, incumbirá ao juiz, como tantas vezes ressaltamos, abrir o prazo de quinze dias para que a irregularidade seja sanada (CPC, art. 321); deixando o excipiente de cumprir, sem qualquer justificativa plausível, a diligência, a petição inicial será indeferida (*ibidem*, parágrafo único).

A decisão, pela qual o magistrado indefere, de plano, a petição inicial de exceção de incompetência em razão do lugar possui caráter interlocutório, motivo por que não será impugnável, de imediato (CLT, art. 799, § 2.º).

2) Manifestação do excepto. Verificando, o juiz, que a petição da exceção de incompetência está regularmente elaborada, deve abrir vista ao excepto, para que se manifeste no prazo improrrogável de 24 horas (CLT, art. 800).

Como, no processo do trabalho, a resposta excecional do réu, em regra, é apresentada em audiência — na qual se encontra o autor-excepto —, este deverá ser, na mesma audiência, intimado para pronunciar-se a respeito da exceção, no referido prazo. Os prazos estabelecidos em hora, a propósito, devem ser contados minuto a minuto; essa regra, entretanto, raramente é observada, na prática, pois as 24 horas se convertem em um dia. De qualquer forma, uma coisa é certa: o excepto tem o direito de dispor de 24 horas para falar sobre a exceção. Por isso, muitos juízes (como nós, ao tempo em que atuávamos em primeiro grau) têm tido a cautela de deixar esclarecido, na ata da audiência, que prazo somente passará a fluir, digamos, a partir do dia X, pois se a fluência se iniciasse a contar do dia subsequente ao da audiência (como, em princípio, seria de lei), talvez o excepto não dispusse, por inteiro, do prazo, uma vez que os autos ainda estariam na secretaria do juízo, para efeito de juntada da ata, da petição de exceção e dos documentos que, porventura, a tenham instruído, e de numeração sequencial destes.

É bem verdade que o juiz poderia determinar que tais documentos fossem imediatamente autuados pela secretaria, de tal maneira que o excepto pudesse fazer carga dos autos logo após o encerramento da audiência, hipótese em que o prazo de 24 horas se venceria no dia subsequente, salvo se não fosse útil. Os azáfamas e atribulações, que costumam caracterizar as audiências trabalhistas, contudo, muitas vezes impedem que o magistrado aja desse modo, até mesmo porque a secretaria não teria condições de autuar, de pronto, todos os documentos (poderiam somar dezenas), numerando-os e rubricando-os. Dessa dificuldade é que se originou a praxe de dispor-se que o prazo, para o excepto, seria contado a partir de certa data (geralmente, 24 horas depois), a fim de permitir que a secretaria, nesse ínterim, autue a petição, a procuração e os demais documentos que a acompanham.

Nada obsta a que o excepto, por outro lado, decline, desde logo, do prazo legal (CLT, art. 800), e se manifeste acerca da exceção na própria audiência em que esta foi apresentada. Esse comportamento será aconselhável naqueles casos em que não há matéria de fato, pois isso abrevia, de maneira considerável, o procedimento relativo à exceção, permitindo, inclusive, que o juízo profira a decisão nessa mesma audiência, se para isso se sentir habilitado. Nesta hipótese, o magistrado poderia, após o proferimento da decisão resolutiva da exceção, que, em princípio, é irrecorrível autonomamente (CLT, art. 799, § 2.º), restabelecer, ato contínuo, o curso do processo principal, que ficara suspenso em decorrência da exceção (CLT, art. 799, *caput*), cuja finalidade prática consistiria no recebimento da contestação (escrita) do réu, caso ele a portasse; ou, mesmo, na possibilidade de o réu aduzir oralmente a sua defesa, se assim o desejasse.

Se o excepto deixar de responder, no prazo de 24 horas, será confesso quanto à matéria factual.

3) Instrução. Vindo o excepto a manifestar-se no prazo legal e havendo necessidade de produção de prova oral, o juiz designará audiência para esse fim (CPC, art. 309).

Alguns comentários devem ser efetuados acerca do assunto.

A alguns, pareceria despropositada a produção de provas orais em sede de exceção de incompetência. Sabemos que, na fase do Anteprojeto do Código de Processo Civil de 1973, alguns juristas chegaram a manifestar profunda divergência quanto à designação de audiência para essa finalidade. O douto Luiz Antônio de Andrade, em Congresso realizado na cidade de Campos do Jordão, chegou a afirmar: "Realmente difícil, senão impossível, é conceber-se a necessidade ou conveniência de prova testemunhal para que o juiz fique habilitado a decidir questão de competência, matéria estritamente de direito, que é, e não de fato". Sem discutir o mérito do argumento desse eminente jurista, podemos dizer que, no sistema do processo do trabalho, há situações em que se torna absolutamente indispensável a realização de audiência destinada à produção de provas testemunhais (e, antes, ao interrogatório das partes), porquanto as exceções de incompetência, por serem exatamente em razão do lugar, podem exigir a inquirição de testemunhas para determinar-se, por exemplo, o local em que o trabalhador prestou serviços, tendo em vista a regra contida no art. 651 e parágrafos, da CLT, supondo-se, como é óbvio, a existência de controvérsia acerca disto.

Tem-se dito, ainda, que a possibilidade de realização de audiência para a produção de provas orais, em exceção de incompetência, constituiria um grande estímulo para manobras procrastinatórias por parte do réu-excipiente. O argumento, *data venia,* não convence. Em primeiro lugar, se há, efetivamente, necessidade de serem comprovados determinados fatos, pertinentes e relevantes, não se pode pensar em manobras protelatórias, e, sim, em imprescindibilidade da produção de provas orais, mormente, a testemunhal. Em segundo, se o requerimento alusivo à produção de provas dessa natureza possuir, na verdade, o objetivo de fazer com que seja retardado o restabelecimento do processo principal, vale dizer, o julgamento de lide, caberá ao juiz indeferi-lo, nos termos do art. 370, parágrafo único, do CPC.

Vamos além. Há situações em que se torna indispensável a realização, até mesmo, de exame pericial com o objetivo, *e. g.*, de determinar se há, ou não, falsidade material quanto à cláusula do contrato concernente ao local da prestação dos serviços. É elementar que deverá ser evitada, o quanto possível, a realização de exame pericial, seja pelo retardamento da solução da exceção, que ele acarreta, seja pelas despesas com honorários, que provoca. Não é, todavia, porque se trata de exceção de incompetência (que deve, sem dúvida, ter um procedimento célere) que se irá eliminar a produção de provas fundamentais para a formação do convencimento jurídico do magistrado a respeito dos fatos descritos na resposta excecional. Muitas vezes, não se pode evitar nem mesmo a inquirição de testemunhas mediante carta-precatória, salvo se o requerimento, nesse sentido, for motivado pela intenção, perceptível, de retardar a sentença de mérito (processo principal).

A prova emprestada, por todas essas situações narradas, pode ser de grande utilidade, por apresentar a vantagem de economizar tempo; esclareça-se, todavia, que essa espécie de prova deve ser aceita pelos litigantes, não podendo, por isso, ser imposta por um deles, ao outro, ou pelo juiz, a ambos. A economia de tempo, que a prova emprestada produz, não é razão jurídica bastante para retirar, das partes, o direito de livre escolha quanto aos meios probantes de que se pretendam utilizar, tendo em conta o ônus que a cada uma incumbe, as consequências processuais do não atendimento a esse encargo legal e as peculiaridades do caso concreto.

4) Decisão. O ato pelo qual o juízo soluciona a exceção de incompetência é mera decisão, e não, sentença. O motivo é evidente: não tendo, esse ato, aptidão para

dar fim ao processo principal, de sentença não poderá ser denominado, sob pena de grave deturpação do conceito inscrito na antiga redação do art. 162, § 1.º, do CPC de 1973, que continua a valer no plano do processo do trabalho ("sentença é o ato pelao qual o juiz põe termo ao processo, decidindo ou não o mérito da causa"). Este processo especializado, conforme demonstramos, atribui a essa decisão um caráter marcadamente interlocutório (conquanto, em sua essência, não o seja), haja vista o fato de não permitir a sua impugnação autônoma, mas, apenas, quando da interposição de recurso da sentença proferida no processo principal (CLT, art 799, § 2.º), seja de mérito, ou não. A única possibilidade de haver recurso dessa decisão seria quando ela acolhesse a exceção de incompetência, em razão do território, e determinasse a remessa dos autos a Tribunal do Trabalho "distinto daquele a que se vincula o juízo excepcionado, consoante o disposto no art. 799, § 2.º, da CLT", nos termos da Súmula n. 214, letra "*c*", do TST.

Estabelece o art. 64, do CPC, que, sendo acolhida a alegação de incompetência, os autos serão remetidos ao juízo competente. Alguns escólios se fazem oportunos:

a) em primeiro lugar, torna-se evidente que se o juízo acolher a arguição de incompetência, isso corresponde a um seu reconhecimento expresso quanto a não ser competente para apreciar a demanda; sendo assim, nada mais lógico do que a determinação legal para que envie os autos ao juízo competente;

b) em segundo, cabe ao excipiente apontar, na inicial, qual o juízo que entende ser dotado de competência, valendo destacar que:

1) ao reconhecer a sua incompetência, o juízo não está obrigado a remeter os autos ao juízo indicado pelo excipiente, caso esteja convencido de que um outro, na verdade, é o competente, para o qual, então, deverá encaminhar os autos; 2) mesmo que o excipiente não aponte o juízo que reputa ser competente, pode o juízo, ao acolher a exceção, suprir essa falta, fazendo com que os autos sejam remetidos ao que detém a competência, segundo a lei.

O juízo para o qual os autos foram endereçados não está, entretanto, obrigado a acatar a decisão do juízo que o reconheceu como competente. Não concordando com aquela decisão, poderá suscitar conflito negativo de competência, que será apreciado pelo Tribunal, nos moldes dos arts. 803 a 810, da CLT; do que dispuser sobre o assunto o Regimento Interno da Corte; e, ainda, em caráter supletivo, dos arts. 953 a 958, do CPC;

c) cuidando-se de incompetência absoluta (que não deve ser objeto de exceção, mas de preliminar de mérito, como tantas vezes assinalamos), nem sempre o juiz que se declara incompetente deve determinar a remessa dos autos ao que considerou competente. Esse envio dos autos só deverá ocorrer quando o conteúdo da petição inicial puder ser apreciado (ou m elhor: aproveitado) por este juízo. Expliquemo-nos. Se o autor ingressa na Justiça do Trabalho pretendendo obter um provimento declaratóno da existência de relação de emprego com o réu, formulando, em razão disso, pedidos típicos do contrato de trabalho (aviso prévio, férias, 13.º salário, horas extras e o mais), e vier-se a concluir que ele não era empregado, mas sócio do estabelecimento, de nada valerá a ordem de encaminhamento dos autos à Justiça Comum, porquanto esta não terá como apreciar pedidos que pressupunham a existência de um contrato de trabalho — não reconhecido pela Justiça do Trabalho. Sendo assim, motivos de foro pragmático sugerem que, quando o juízo que se declarar incompetente perceber que a petição inicial não poderá ser aproveitada por aquele que entende ser competente, deverá extinguir o processo sem exame do mérito, permitindo, com isso, que o autor possa ingressar no Juízo Comum com a ação que desejar, exceto se pretender impugnar, por meio de recurso ordinário, a sentença (e aqui se trata mesmo de sentença) declaratória da incompetência da Justiça do Trabalho.

Dupla exceção. Questão importante respeita a saber sobre a possibilidade de, no mesmo processo, uma das partes apresentar, digamos, exceção de incompetência e a outra, de suspeição ou de impedimento, e qual delas deverá ser apreciada por primeiro.

Está fora de qualquer dúvida razoável o direito que cada litigante possui de oferecer as exceções previstas em lei. O que se deve considerar, para esse fim, é se ditas exceções são realmente cabíveis. Seria, mesmo, desatinado supor que o fato de uma das partes haver apresentado certa exceção isso inibisse o direito de a outra oferecer a exceção que desejasse.

Houve um caso concreto, de que tivemos conhecimento, em que o réu alegou a incompetência do juízo, e, na mesma audiência, o autor arguiu a suspeição do magistrado. Não nos interessa, neste momento, examinar qual o procedimento a ser observado pelo juiz em situações como essa. Admitida a possibilidade da apresentação simultânea dessas exceções, só nos resta opinar sobre qual delas deveria ser apreciada em primeiro lugar.

A dificuldade que alguns estudiosos têm enfrentado, ao debruçar-se sobre o tema, talvez derive do fato de que tanto a imparcialidade do juiz (que pode ser comprometida pela suspeição) quanto a competência do juízo constituem pressupostos de desenvolvimento regular da relação processual, estando, assim, situados no mesmo plano axiológico. Se bem refletirmos, no entanto, logo veremos que, na espécie em estudo, a exceção de suspeição deveria ser apreciada por primeiro, pois um juízo inquinado de suspeito não pode praticar nenhum ato no processo, exceto os concernentes à própria instrução dessa exceção. Poder-se-ia pensar que a exceção de incompetência deveria ser apreciada com precedência quanto às demais, pois não se compreende como um juízo, que se alega incompetente, possa se pronunciar sobre qualquer outro assunto, ainda que este se refira à suspeição. Não é bem assim. A suspeição, como sabemos, está intimamente vinculada à necessidade de as partes terem a causa julgada por magistrado imparcial. A ser apreciada, em primeiro lugar, a exceção de incompetência territorial, e vindo esta a ser rejeitada, poderia ficar ainda mais destacada a suspeição do juiz, que teria decidido contra o réu por ser, talvez, amigo íntimo do autor. Ou inimigo figadal do réu.

2.3.1.3.3. Exceção e litisconsórcio

Situações de solução mais difícil poderão ocorrer no caso de a exceção de incompetência vir a ser formulada nos regimes litisconsorciais.

Admitamos, p. ex., que haja dois autores, no mesmo processo (litisconsórcio ativo) e que o réu venha a alegar, mediante exceção, a incompetência do juízo, apenas, com relação a um deles.

Em tese, várias soluções poderiam ser propostas, a saber: a) indeferir a petição de exceção, por tratar-se de incompetência ligada, somente, a um dos litisconsortes; b) receber a exceção, com a consequente suspensão do processo principal; c) receber a exceção, sem suspender o processo principal quanto ao outro litisconsorte; d) desmembrar as ações, de tal modo que ficasse desfeito o regime litisconsorcial. Examinemo-las.

a) Indeferir a petição. Esta solução é inaceitável. Se a petição concernente à exceção de incompetência se encontra regularmente elaborada, vale dizer, atende a todos os requisitos legais, não há fundamento jurídico para repeli-la. Fazê-lo, seria, além disso, subtrair do réu a possibilidade, que lhe é assegurada em lei, de arguir a incompetência territorial do juízo perante o qual a ação foi posta. Nem se ignore que a formação do regime litisconsorcial ativo foi algo que não derivou da vontade do réu, e, sim dos autores, motivo por que não seria ético prejudicar-se aquele em virtude de um ato a que não deu causa. Mais ainda: estar-se-ia, de certa forma, permitindo que os autores se beneficiassem do fato de haverem exercido a ação perante um juízo destituído de competência para apreciá-la.

b) Receber a exceção e suspender o processo principal. Embora esta proposta tenha em seu favor o mérito de não prejudicar o réu, em seu direito de excepcionar o juízo, pesa contra ela, com certa gravidade, o fato de fazer com que o outro litisconsorte (não o excepto) seja altamente prejudicado pela suspensão do processo principal. Mais do que isso, poderia acontecer de o juízo acolher a alegação de incompetência e determinar a remessa dos autos ao que considerasse competente, abrindo, com isso, oportunidade para que o réu apresentasse, diante daquele juízo, nova exceção de incompetência, desta feita pertinente ao outro litisconsorte. Imagine-se, então, se o juízo, para o qual os autos haviam sido encaminhados em decorrência do acolhimento da primeira exceção, resolvesse acatar a segunda e, em consequência, ordenasse o envio (ou devolução?) dos autos ao juízo anterior...

Caso, aliás, o juiz mandasse encaminhar os autos ao órgão jurisdicional declarado competente, teríamos uma daquelas situações extremamente escassas, insólitas mesmo, em que o outro litisconsorte (mais uma vez: não excepto), embora fosse autor ação, poderia alegar a incompetência do juízo, no que respeita a ele...

Logo, pelas consequências tumultuárias do procedimento, que a solução *sub examen* inevitavelmente acarretaria, deve ser desprezada.

c) Receber a exceção, sem suspender o processo principal. A solução, nesta hipótese, não seria menos aberrante do que a anterior. Se a não suspensão do processo principal teria o objetivo meritório de evitar prejuízos ao outro litisconsorte (não excepto), por outro lado, conduziria a uma subversão dos princípios e das normas legais regentes da matéria, que ordenam a imediata suspensão desse processo, assim que a exceção de incompetência *ratione loci* for recebida (CLT, art. 799, *caput*). Acima de tudo, seria ilógico prosseguir-se com o processo principal, inclusive quanto ao excepto, sem que o problema da incompetência tivesse sido resolvido em definitivo.

Mantido o regime litisconsorcial, a continuidade do processo principal poderia ensejar a que o excipiente impetrasse mandado de segurança contra o ato do juiz, argumentando com o seu direito líquido e certo de ver suspenso esse processo, com o oferecimento da exceção de incompetência (CLT, art. 799, *caput*). Descartamos o uso da correição parcial por não vermos, nessa atitude do juiz, um ato tumultuante do procedimento, mas, sim, lesivo de um direito subjetivo, "líquido e certo", do excipiente. Não se configuraria, aí, enfim, uma inversão tumultuária do "devido processo legal", o desrespeito judicial a um dispositivo de lei, que impõe a suspensão do processo.

d) Desmembramento das ações. Não há proibição legal quanto à possibilidade de serem disjungidas as ações que correspondem a cada litisconsorte; na verdade, o art. 113, § 1.º, do CPC, autoriza esse desmembramento quando se tratar de litisconsórcio facultativo.

Em termos práticos, o juiz, para evitar os inconvenientes a que conduziria a adoção de quaisquer das soluções até aqui examinadas, poderia determinar que o advogado dos autores (litisconsortes) reproduzisse as principais peças dos autos, a fim de serem autuadas em separado, ou seja, de constituírem novos autos, que se destinariam à ação do litisconsorte--excepto, ficando o outro liberado para prosseguir com o seu processo. Do ponto de vista estatístico, ou, mesmo, da distribuição dos feitos, os novos autos, por tal modo obtidos, poderiam receber o mesmo número do anterior, de que se desmembraram, apondo-se, apenas, ao lado da numeração, por exemplo, a letra "*a*", para distingui-los daqueles.

Por mais de uma vez assim agimos, ao tempo em que exercíamos a judicatura em primeiro grau de jurisdição, sem que tivesse ocorrido qualquer contrariedade dos litigantes. Bem ao contrário, estes aplaudiram a providência, cuja finalidade foi a de não acarretar prejuízos ou transtornos a eles.

Esse procedimento, já submetido, portanto, ao crivo da realidade prática, consistiu, como se percebe, no desfazimento do regime litisconsorcial (que era originário), em decorrência de um fato imprevisto (logo, superveniente), representado pela arguição de incompetência territorial no juízo, com relação a um só dos litisconsortes.

Separadas as ações, cada parte poderá seguir livremente o seu caminho, a sua "via sacra processual", sem as amarras do regime litisconsorcial, que, se de início eram convenientes, passaram a ser um enorme empecilho em decorrência da exceção apresentada pelo réu.

Desnecessário alertar que nossas considerações estão sendo expendidas com vistas ao litisconsórcio do tipo *facultativo*, que se caracteriza pela ausência de obrigatoriedade de sua formação; nos regimes litisconsorciais *necessárlos*, a solução que preconizamos não seria possível, sendo, por isso, de receber-se a exceção de incompetência e determinar-se a suspensão do processo principal, ainda que isso viesse contra os interesses do outro litisconsorte, não excepto. O litisconsórcio necessário, como a própria denominação está a indicar, não pode ser desfeito, sob pena de nulidade da sentença que vier a compor a lide.

Cogitamos, até aqui, do litisconsórcio ativo. Vejamos, agora, como se passam as coisas no terreno do litisconsórcio passivo.

Havendo um só autor, mas dois ou mais réus, pode acontecer de um destes vir a arguir, via exceção, a incompetência territorial do juízo. Ainda que não se trate de litisconsórcio necessário (sendo, portanto, meramente facultativo), as particularidades da exceção farão com que o processo principal seja suspenso para ambos os litisconsortes. Não será aplicável à espécie, por isso, a regra geral contida no art. 117, do CPC.

É inegável que a vida poderá apresentar situações que não se amoldem à solução que estamos a alvitrar, pois sabemos que a realidade concreta é muito mais rica e dinâmica do que possam imaginar os doutrinadores. Em princípio, contudo, a exceção oferecida por um dos litisconsortes ao outro aproveita, fazendo com que a suspensão do processo principal se dê no tocante a ambos. Se, em determinado caso, uma particularidade relevante desaconselhar a adoção dessa regra, caberá ao juiz encontrar a solução mais adequada. Queremos, apenas, advertir que não lhe será lícito desfazer o regime litisconsorcial passivo, que tenha sido regularmente constituído, porque essa espécie de litisconsórcio se destina a atender aos interesses do autor, com vistas, muitas vezes, à execução da sentença condenatória.

Uma outra consequência se extrai de nossos comentários: no litisconsórcio passivo, mesmo sendo facultativo, se apenas um dos litisconsortes passivos arguir a incompetência do juízo, em razão do lugar, o silêncio do outro em nada o prejudicará, ainda que a incompetência pudesse ser também alegada por este. Em resumo: havendo um dos litisconsortes apresentado exceção de incompetência, o fato de o outro nada alegar a respeito não fará com que a competência se desloque para o juízo perante o qual a ação foi posta.

2.3.2. Exceção de suspeição

2.3.2.1. Introdução

No momento em que o Estado avocou o monopólio da administração da justiça assumiu, também, de modo automático, o compromisso histórico de solucionar os conflitos de interesses submetidos à cognição jurisdicional de maneira não apenas rápida e boa, mas, sobretudo, por meio de juízes imparciais.

A imparcialidade do magistrado constitui, por isso, um dever do Estado e um correspondente direito das partes. No que respeita, em especial, à suspeição, o próprio *caput* do art. 145, do CPC, declara haver suspeição do magistrado, nos casos que menciona.

Daí, a existência, em nosso sistema processual, de vetos à atuação de juízes considerados, aprioristicamente, pelo sistema legal, impedidos ou suspeitos.

Tratando-se de impedimento, o dever de abstenção do magistrado é absoluto, inflexível; esse dever, no caso de suspeição, é relativo. Apesar disso, em quaisquer dessas situações se a parte interessada não arguir, no prazo legal, mediante exceção, a suspeição ou o impedimento, formar-se-á para ela a preclusão, fato que a impedirá de tentar afastar o juiz da condução do processo. Somente em sede de ação rescisória é que a parte poderá tentar anular o processo, tendo como fulcro o impedimetno do magistrado (CPC, art. 966, inciso II), justamente porque, conforme ressaltamos há pouco, o dever de abstenção do magistrado, no caso de impedimento, é absoluto. Dentro desssa mesma linha de logicidade, a suspeição, por traduzir ou veto legal meramente relativo, não constitui fundamento ou causa para o exercício da ação rescisória.

A parte dispõe de quinze dias para arguir, mediante exceção, a suspeição do juiz; esse prazo é contado da data em que o interessado teve conhecimento do fato configurador da suspeição (CPC, art. 146). Todavia, se a parte, mesmo dentro do referido prazo, vier a praticar algum ato processual que implique aceitação tácita do magistrado, não mais poderá fazer uso da exceção, pois terá ocorrido, no caso, a preclusão lógica. A este respeito, dispunha o CPC de 1939, no art. 186: "Será ilegítima a suspeição quando o excipiente a provocar ou, depois de manifestada a sua causa, praticar qualquer ato que importe a aceitação do juiz recusado". O estatuto processual civil de 1973 não repetiu essa regra, assim como o de 2015. Para o processo do trabalho é irrelevante esse silêncio do CPC, pois o parágrafo único do art. 801, da CLT, dispõe que "Se o recusante houver praticado algum ato pelo qual haja consentido na pessoa do juiz, não mais poderá alegar a exceção de suspeição, salvo sobrevindo novo motivo" E prossegue: "A suspeição não será também admitida se do processo constar que o recusante deixou de alegá-la anteriormente, quando já a conhecia, ou que, depois de conhecida, aceitou o juiz recusado ou, finalmente, se procurou de propósito o motivo de que ela se originou".

Assim, se, no terreno das exceções, a parte tinha conhecimento do motivo da suspeição, mas, apesar disso, praticou no processo algum ato que possa ser interpretado como aceitação tácita do juiz suspeito, não mais poderá ingressar com a exceção, mesmo que dentro do prazo legal.

Se levarmos em conta os diversos sistemas continentais existentes, acerca do dever de abstenção do magistrado, podemos dizer que, em nosso meio, as situações de impedimento traduzem o *iudex inhabilis*, e as de suspeição, o *iudex suspectus*. O sistema do *iudex inhabilis* se caracteriza pelo fato de a própria lei proibir a atuação do magistrado que se encontre em uma das situações por ela previstas (dever absoluto de abstenção); pelo do *iudex suspectus*, como a denominação evidencia, a lei embora especifique os casos de suspeição do magistrado, exige a iniciativa das partes, no que tange a alegá-la (dever relativo de abstenção).

Cada sistema de processo, enfim, deverá ocupar-se com o problema da suspeição e do impedimento dos juízes, procurando solucioná-lo segundo a tradição legislativa; as novas necessidades sociais e as singularidades do processo correspondente. O sistema adotado pelo Código de Processo Civil brasileiro em vigor, se não é perfeito, sob os ângulos prático e doutrinário, também não contém falhas de tal gravidade que possam comprometer a sua eficiência.

Contêm, o impedimento e a suspeição pontos comuns, porquanto tanto um quanto outra: a) podem ser pronunciados *ex officio*, pelo juiz, a qualquer tempo. Seria insensato pensar-se que haveria preclusão para o magistrado, nesse tema; b) podem ser alegados pelo autor ou pelo réu, no prazo de quinze dias, sob consequência de preclusão "temporal".

As causas de suspeição se encontram arroladas no art. 145, do CPC. Essa atitude do legislador foi correta, porque, caso se limitasse a dizer que o juiz suspeito estaria impedido de atuar no processo, sem, contudo, indicar as causas de suspeição, isso levaria, por certo, a discussões intermináveis acerca do assunto, não só na doutrina e na jurisprudência, como — e o que seria mais preocupante — nos próprios casos concretos. Pensamos, no entanto, que o mencionado rol de causas não seja, em rigor, exaustivo, podendo o juiz ser também considerado suspeito sempre que a sua atitude, o seu comportamento estiver proibido por norma legal. Argumentemos com o inciso III, do art. 36, da LOMAN. Nos termos deste normativo, é defeso ao juiz manifestar, por qualquer meio de comunicação, opinião sobre processo pendente de julgamento, a que esteja dirigindo. Se, por exemplo, o magistrado formular um juízo depreciativo a respeito de uma das partes, ou antecipar o resultado do julgamento (prejulgar), fazendo-o com certa publicidade, é elementar que se tornará suspeito para continuar a exercer as suas funções, naquele processo. Essa causa de suspeição, com se vê, não está prevista no art. 135, do diploma processual civil, mas na LOMAN, ainda que esta não aluda à suspeição. Mas, o que se insinua no seu art. 36, III, primeira parte, é exatamente isto.

A CLT, influenciada pelo CPC de 1939, encambulhou, num mesmo dispositivo, casos de impedimento e de suspeição (art. 801). A inimizade pessoal; a amizade íntima e o interesse particular na causa são, efetivamente, casos de suspeição; o parentesco por consanguinidade ou afinidade até o terceiro grau civil, contudo, é, sob a óptica do rigor lógico, motivo de impedimento.

Mesmo no processo do trabalho, as causas de suspeição devem ser as apontadas pelo art. 145, do CPC, não se justificando que situações como a de ser, uma das partes, credora ou devedora do juiz, de seu cônjuge ou de parentes destes, em linha reta ou na colateral até terceiro grau civil, não possam conduzir à suspeição do magistrado. O mesmo se afirme quanto ao fato de o juiz receber dádivas, antes ou depois de iniciado o processo; de aconselhar uma das partes sobre o objeto da ação; ou subministrar, a um dos litigantes, meios para atender às despesas do litígio. Ou, ainda, ser o juiz herdeiro presuntivo, donatário ou empregador de uma das partes.

Todas essas causas de suspeição, e outras mais, serão examinadas a seguir, sob a óptica particular do processo do trabalho.

Tal qual o impedimento, a suspeição do magistrado pode ser alegada por qualquer das partes.

Comumente, é o réu quem a argui. O momento oportuno para fazê-lo é o do comparecimento à audiência. Neste caso, a suspeição será objeto de resposta excecional, que, como é lógico, antecede à contestação. A fixação desse momento é relevante para determinar a eventual ocorrência de preclusão. Lembremos que o dever de abstenção do juiz impedido, como afirmamos, é absoluto, cuja quebra pode ensejar o acesso à via rescisória. Na suspeição, todavia, o dever de abstenção do magistrado é, apenas, relativo. Afinal, há, contra ele, unicamente, uma *suspeita* de imparcialidade, em decorrência da configuração objetiva de uma das causas previstas em lei (CPC, art. 145). A despeito disso, se o réu deixar de arguir a suspeição ou o impedimento no momento em que comparecer à audiência formar-se-á, contra ele, a preclusão *temporal*, que o impedirá, mais tarde, de alegar tanto um quanto outra na mesma relação processual.

Deixemos clarificada a nossa opinião: se o réu tiver conhecimento, antes da audiência, de fato capaz de caracterizar a suspeição do magistrado, poderá aguardar a realização desta, para oferecer a pertinente exceção. Conquanto seja esta a regra, o bom-senso sugere que, em determinadas situações, se reconheça ao réu a faculdade de apresentar a exceção antes mesmo da audiência, como quando, *v. g.*, o juiz suspeito puder conceder medida liminar ou antecipação dos efeitos da tutela que contrarie legítimos interesses do réu. Vedar-lhe essa possibilidade seria submetê-lo ao constrangimento de ver a causa dirigida por um juiz suspeito, pelo menos, até o dia da audiência.

No que atine ao autor, a suspeição deverá ser alegada no prazo de quinze dias (CPC, art. 146), contados da data em que tomou conhecimento da distribuição da peça inicial para o juiz considerado suspeito. Nossa observação parte do pressuposto de que o autor, quando da distribuição, sabia da existência de fato suficiente para motivar a suspeita com relação ao magistrado.

Tratando-se de causa de suspeição superveniente, vale dizer, da qual nem o autor nem o réu tinham, no início, conhecimento, a correspondente arguição deverá se efetuada no prazo de quinze dias, a contar do momento em que passaram a ter ciência da referida causa. Decorrido esse prazo, sem que a exceção seja apresentada, ocorrerá preclusão, em virtude da qual os litigantes não mais poderão manifestar suspeita quanto ao magistrado, com fundamento no mesmo motivo.

A preclusão estará sempre circunscrita a determinada causa, motivo por que as partes poderão alegar, mais tarde, a suspeita do juiz, com base em causa diversa da anterior.

Alguns regimentos internos de tribunais regionais do trabalho fixam o prazo de cinco dias para o oferecimento de exceção de suspeição dirigida a seus magistados. Colocamos em dúvida a legalidade de tais disposições regimentais, pois a competência para legislar sobre processo é privativa da União (CF, art. 22, inciso I). Não se trata, aqui, de norma de *procedimento*, senão que de *processo*, motivo por que nem mesmo se pode cogitar da aplicação do inciso XI, do art. 24, da Constituição Federal, que só prevê a possibilidade de atividade legislativa concorrente entre os poderes *executivos* da União, dos Estados-Membros e do Distrito Federal.

Mesmo diante do silêncio das partes, o juiz poderá declarar-se suspeito por motivo íntimo, segundo lhe faculta o parágrafo único do art. 145, do CPC. Essa declaração poderá ser formulada assim que ele tomar conhecimento da petição inicial ou da contestação, ou em fase mais avançada do procedimento, tudo dependendo do momento em que ficar ciente do fato bastante para autorizá-lo a dar-se por suspeito. Como a suspeição é por motivo *íntimo*, fica evidente que o magistrado não está obrigado a revelar esse motivo às partes. É recomendável, porém, que em determinados casos o Corregedor procure saber qual foi esse motivo, notadamente, quando o juiz tiver o hábito de invocar essa espécie de suspeição para afastar-se do processo.

Por enquanto, não nos ocupamos com outros aspectos concernentes à suspeição (e ao impedimento) como, *e. g.*, às suas causas legais, ao seu procedimento e ao mais, porque o escopo deste item se restringe ao exame dos prazos ou dos momentos em que ela deve ser apresentada no processo do trabalho.

2.3.2.2. Casuística

a) Amizade íntima ou inimizade (CPC, art. 145, inciso I)

Amizade íntima. O ser humano é, por natureza, gregário. O convívio em sociedade faz com que os indivíduos se relacionem entre si. Conforme seja o grau desse relacionamento, poderão surgir amizades. Algumas destas não passarão de consequência natural e efêmera desse contacto social e das circunstâncias que o ditaram; outras, contudo, traduzirão um profundo sentimento de afeição entre as pessoas, fazendo com que a amizade se torne íntima, significa dizer, profunda. Assim como a de Hamleet em relação a Horácio.

Do ponto de vista da necessidade de harmonia nas relações sociais, seria ideal que todos os indivíduos se unissem, uns aos outros, por vínculos de amizade intensa, pois isso, certamente, evitaria muitos dos conflitos que soem eclodir nas sociedades organizadas, colocando em risco a sua estabilidade, e, o que é pior, a sobrevivência dos seus integrantes.

O magistrado é um ser a quem a lei não proíbe, propriamente, de de possuir amizades íntimas, embora o impeça de exercer as suas funções nos processos em que figure como parte pessoa à qual se ligue por essa espécie de amizade. Conquanto seja desagradável dizer, o fato é que o juiz do trabalho, na qualidade de órgão estatal incumbido de solucionar os conflitos de interesses ocorrentes entre os indivíduos ou as coletividades, deve ter uma vida social algo reservada, nomeadamente nas pequenas cidades, porquanto a amizade íntima com as pessoas poderá torná-lo suspeito de atuar nas causas em que estas sejam, ou venham a ser, parte. Sob este aspecto, pode-se afirmar que o juiz está condenado a não possuir sentimentos de afeição aprofundada, exceto para com os de seu círculo familiar.

Cabe recordar que o vocábulo *suspeição* é originário do latim *suspectio,* que significa suspeita, desconfiança, conjectura desfavorável quanto à probidade de alguém.

Perceba-se, no entanto, que não é qualquer amizade que tornará o magistrado suspeito, mas, apenas, aquela a que a lei denomina de *íntima*, vale dizer, a entranhada, a que é extremamente profunda, capaz, por isso mesmo, de acarretar influência considerável no seu espírito, no seu dever de neutralidade. Andou bem, sem dúvida, o legislador em incluir a amizade íntima entre as causas de suspeição do juiz, pois este, na prática, poderia, mesmo que de modo inconsciente, decidir a favor do amigo, para não desagradá-lo, ainda que a prova dos autos sugerisse decisão oposta. Não é próprio da natureza humana contrariar os interesses dos amigos especiais.

O que separa a simples amizade da amizade íntima é uma questão de grau de intensidade. Nos casos concretos, nem sempre estará desembaraçada de dificuldades a mensuração desse grau, até porque a lei não oferece critérios ou métodos para isso. Por outras palavras, sabe-se que a amizade íntima constitui motivo de suspeição do magistrado; o que não se pode precisar, muitas vezes, é se a amizade é, verdadeiramente, profunda.

Podem ser apontados, todavia, como indícios dessa amizade: o fato de a parte frequentar, de maneira habitual, a casa do magistrado, ou vice-versa; a troca de favores ou de obséquios entre eles; o fato de o juiz ser namorado ou noivo de uma das partes, ou com ela conviver maritalmente, etc.

Dentro dessa linha de raciocínio, o compadrio pode ser indicado como causa de suspeição do magistrado, pois é razoável imaginar que este só se compadrou com outrem em virtude de uma amizade intensa, ou seja, íntima.

É interessante observar a disposição constante do Código de Manu, filho de Brahma, a respeito da suspeição das testemunhas, cuja regra pode ser aplicada, em certa medida, aos magistrados: "Não devem ser admitidos em juízo homens cúpidos; nem aqueles dominados por interesse pecuniário; nem os amigos; nem os inimigos; nem os criados de servir; nem os homens de reconhecida má-fé; nem os enfermos; nem os criminosos; nem os que estão na dependência de outrem; nem os que se dedicam a misteres cruéis; nem os velhos e as crianças; nem os homens da classe mista; nem os ébrios; nem os loucos; nem os que sofrem fome e frio; nem os afadigados; nem os coléricos; nem os enamorados; nem os ladrões".

O mesmo Código de Manu considerava as pessoas enamoradas "privadas de sentido" para comparecer a juízo. E, com razão, sabendo-se que o amor profundo representa, sob esse aspecto, uma espécie de paroxismo da amizade íntima, devotada a alguém — geralmente, do outro sexo.

Em outras situações, contudo, torna-se tormentoso investigar — e, sobretudo, definir — se se trata de mera amizade ou de amizade íntima. O fato, por exemplo, de o juiz ser visto com determinado indivíduo, ou grupo de indivíduos, de maneira habitual, em acontecimentos sociais, como inaugurações, festas, casamentos, práticas esportivas, etc., por si só não induz a existência de uma amizade entranhada; talvez essa amizade se conforme ao conceito daquelas a que se tem denominado de "sociais", "formais" ou "protocolares". Pode dar-se, todavia, que por trás dessa aparente amizade "social" esteja um intenso sentimento de afeição entre o juiz e tais pessoas, de modo a poder-se sustentar a sua suspeição, nos processos de que participem esses indivíduos.

De qualquer modo, ainda que tenhamos referido alguns exemplos em que estaria delineada a amizade íntima do magistrado, e outros, em que essa intimidade não se configuraria, em princípio, o certo é que não se pode, de maneira apriorística, estabelecer os casos em que a amizade se situa num ou noutro polo. A verificação do grau de intensidade da amizade deverá ser realizada com vistas a cada caso concreto, segundo as particularidades que estejam a assinalá-lo. O juiz, *v. g.*, pode ter sido, efetivamente, amigo íntimo de uma das partes, mas já não o ser quando do ajuizamento da ação, em virtude de o longo período de tempo sem contato com a parte ter feito diluir ou, mesmo, desaparecer o sentimento profundo de afeição que havia para com esta. Em outros casos, o que se vê não é uma amizade íntima, e, sim, uma profunda manifestação de afinidade ideológica, política, religiosa, etc. do magistrado, com relação a um dos litigantes, que se evidencia, *e. g.*, pelo fato de o magistrado saudá-lo, de maneira efusiva, em audiência ... e quase ignorar a presença do adversário, por tal forma discriminado.

Enfim, em tema de amizade íntima, o que mais há são aquelas zonas cinzentas, grises, que impedem uma nítida percepção dos fatos, fazendo com que, não raro, à míngua de elementos palpáveis, se conclua pela inexistência dessa amizade arraigada.

Inimizade capital. A inimizade capital representa a antítese da amizade íntima, embora possam ser seus destinatários, indiferentemente, o autor ou o réu, conforme seja o caso. Seja naquela ou nesta, porém, o que as caracterizam é o marcante traço da intensidade: ambas devem ser figadais, profundas, de sorte a perturbar o senso de equilíbrio e de justiça do magistrado.

Ocupemo-nos com a inimizade.

Do mesmo modo como a vida em sociedade conduz ao estabelecimento de amizades íntimas, também produz inimizades capitais, ou seja, mortais, entranhadas, em decorrência de fatores diversos. Não interessa ao escopo deste livro examinar as causas sociológicas dessa inimizade, nada obstante se saiba que decorrem de múltiplas causas, dentre as quais sobressaem o espírito de emulação entre os indivíduos, o contraste de opiniões e de paixões, que podem ser de natureza política, econômica, cultural, étnica (infelizmente) e o mais. A vaidade também tem contribuído, de maneira considerável, para alimentar a fogueira das dissensões humanas. Assim como a competitividade, seja intelectual, esportiva, dos mercados, etc.

Como elementos indicativos (ou indiciários, como se preferir) de inimizade do juiz para com a parte, podemos selecionar, entre tantos, os seguintes: haver ajuizado ação, civil ou criminal, em face da parte, ou ter figurado como réu em ação promovida por esta, pouco importando o resultado do julgamento; haver, o juiz, agredido, física ou moralmente, a parte, ou ter sido por ela agredido, mesmo que, em virtude desse fato, a vítima não tenha ingressado em juízo (criminal); haver, o juiz, manifestado, em público, atos de repúdio profundo à parte, ou vice-versa, independentemente dos motivos que determinaram a sua atitude e de possuir, ou não, razão nessa diatribe infamante.

Mesmo nos casos indicados, uma regra de temperamento se impõe: se tais fatos ocorreram há muito tempo, é provável que a inimizade tenha cedido lugar a uma simples malquerença sem maiores consequências no senso de imparcialidade do magistrado, de tal modo a autorizar a sua atuação no processo em que figure o antigo desafeto. Apressamo-nos a esclarecer, todavia, que o tempo, nem sempre, é um dissipador de inimizades; em muitos casos, ao contrário, ele as exacerba, impregnando, cada vez mais, o espírito do juiz e obliterando o seu dever de proceder a uma reta aplicação da norma legal. Percebe-se, por isso, o extremo cuidado que deve ter aquele a quem couber decidir se, no exemplo mencionado, a inimizade nascida de um fato ocorrido há vários anos já se diluiu na esteira do tempo, ou, inversamente, recrudesceu, hipertrofiou-se.

Um magistrado não se tornará inimigo da parte, entretanto, pelo simples motivo de havê-la advertido em audiência ou por despacho ou com ela discutido, de forma acalorada, acerca de fatos da causa. Mesmo uma objurgação do juiz não o fará, por si só, inimigo da parte, a ponto de torná-lo suspeito de exercer as suas funções no processo. Por mais forte razão, uma simples antipatia para com o litigante não o converterá em inimigo mortal deste.

O CPC de 1973, no art. 135, *caput*), afirmava que a inimizade deveria ser *capital*, para deixar claro que somente a aversão profunda seria capaz de gerar a presunção de parcialidade do magistrado. O CPC de 2015 eliminou o adjetivo *capital*. Remanesceu, apenas, o substantivo *inimizade* (art. 145, inciso I). Diante disso, somos levados a concluir que a suspeição do magistrado estará configurada se (comprovadamente, por certo), este for *inimigo* da parte. Inimigo, sem mais nada. Pareceu-nos justificável essa alteração legislativa, pois o fato de o juiz ser inimigo da parte é o quanto basta para comprometer o seu dever de neutralidade. Sendo assim, deverá ser afastado da condução do processo.

A propósito, na vigência do CPC de 1973 a despeito de a norma legal (art. 135, inciso I) aludir à *parte*, entendíamos que seria suspeito, também, o juiz que fosse inimigo do *advogado* da parte. Não concordávamos, por isso, com certo segmento da jurisprudência que não admitia, como causa de suspeição, o fato de o juiz ser inimigo do advogado de um dos litigantes. Ora, não havia motivo lógico para separar o destinatário dessa inimizade. Se o magistrado tivesse o seu espírito dominado por forte aversão ao advogado, era evidente que haveria de deixar-se influenciar por esse sentimento mesquinho, e, em função disso, tenderia a decidir contra o constituinte do advogado, máxime se levássemos em conta que os contatos do juiz eram — e continuam sendo — mais frequentes com o advogado do que com a parte. Ou seja, para o juiz sempre foi mais perceptível a figura do procurador judicial, motivo por que não nos parecia sensato afirmar que a suspeição somente haveria se a inimizade fosse com relação à parte, que quase não mantém contatos pessoais com o magistrado.

Pois bem. O CPC de 2015 acabou por perfilhar esse nosso entendimento, ao dispor que será suspeito o magistrado que for inimigo não somente "de qualquer das partes", mas, também "de seus advogados" (art. 145, inciso I).

Como asseveramos há pouco, se o juiz censurar ou advertir o advogado, por algum ato ou omissão deste, seja em audiência ou não, isso não será motivo bastante para considerá-lo inimigo do advogado. Se, todavia, esse procedimento do magistrado for sistemático, ou seja, ele costumeiramente advertir ou censurar o advogado, em quase todos os processos de que este participa, ainda que inexistam razões relevantes para tais admoestações, é bem provável que essa reiteração (mormente, se infundada) de censuras e de advertências, por espelharem uma "perseguição" obsessiva do juiz, uma retaliação pessoal, tende a assumir a feição de inimizade, e, em decorrência disso, torná-lo suspeito para atuar nas causas de que participa o advogado.

Será suspeito, contudo, o juiz que for inimigo de um ascendente ou descendente da parte, ou do cônjuge desta? Em princípio, não, pois essa aversão deve ser direta, equivale a dizer, ter como destinatária a própria parte ou seu advogado. Há situações, por exemplo, em que o juiz é, longe de qualquer dúvida razoável, inimigo de um dos litigantes, embora mantenha amizade com os filhos, com os pais ou com o cônjuge deste. De qualquer maneira, ficará reservado a cada caso concreto o prudente exame sobre a extensão dessa inimizade com o ascendente, o descendente ou o cônjuge da parte e o grau de comprometimento desse estado de espírito do juiz no tocante a esta.

Em que pese ao fato de não ser possível, conforme dissemos, fixar-se, de modo apriorístico, os exemplos (não as causas, pois estas se encontram previstos em lei) de suspeição derivante de inimizade (e de amizade íntima), podemos enunciar, com objetivo pragmático, a seguinte regra norteadora de ambas as causas de suspeição: sempre que a amizade ou a inimizade do juiz para com a parte ou seu advogado forem capazes, por sua intensidade, de influir, poderosamente, no espírito daquele, e, em razão disso, perturbar o seu dever legal de imparcialidade, essa amizade será íntima, e estará configurada a inimizade, fazendo, com que o magistrado se torne suspeito para exercer as suas funções no processo em que figure o litigante ou o advogado deste.

b) Presentes, conselhos e subministração de meios (CPC, art. 145, inciso II)

Presentes. O CPC de 1973 aludia a dádivas. O vocábulo *presentes* não apresenta sinonímia com doação. Desta se ocupava, como visto, o inciso III, do art. 135, do CPC de 1973. *Presentes* têm o sentido *de oferenda*, oblação, sendo produto de um sentimento, de uma afeição, que, nem sempre, se encontram presentes na doação.

Em resumo, presentear não é o mesmo que doar, do ponto de vista jurídico.

Se o juiz receber, de uma das partes, *presentes*, antes ou depois de iniciado o processo, tornar-se-á suspeito para exercer, aí, as suas funções. O motivo pelo qual o legislador inseriu os *presentes* no elenco das causas de suspeição do magistrado não foi, supostamente, a amizade íntima que possa estar insinuada ou evidenciada nesse ato da parte dadivosa (se fosse assim, o inciso II, do art. 145, do CPC, seria tautológico, pois a espécie estaria disciplinada pelo inciso I, do mesmo artigo), mas o natural sentimento de gratidão que brotaria no espírito do magistrado, fazendo-o, talvez, afastar-se do seu ontológico e indeclinável dever de imparcialidade, para retribuir, com uma prestação jurisdicional facciosa, a generosidade da parte.

É indiscutível que o *presente* recebido no curso do processo é muito mais comprometedor da neutralidade do juiz do que o recebido antes da instauração do processo. Pouco importa, entretanto, esse elemento cronológico. Aceita o presente, antes ou depois de iniciado o processo, a suspeição do magistrado estará configurada. Elementarmente, se este o recusar, não se cogitará de suspeição. Note-se que a lei fala em "receber presentes". Cabe, nesta altura, um escólio a respeito do substantivo mencionado. Nada obstante o legislador o tenha utilizado no plural ("presentes"), isso não quer dizer que a suspeição do magistrado somente ocorrerá se ele receber *mais de um presente* da parte, no mesmo processo. É claro que se o presente for de pequena monta, como um simples chaveiro, uma lapiseira comum, contendo propaganda de determinada marca, haverá necessidade de que esses presentes sejam dados com alguma repetição, e com certa *exclusividade*, pois, isoladamente, nada representam como elemento de risco à imparcialidade do magistrado. Quem sabe, nem sequer possam ser considerados como presentes, para os efeitos do art. 145, inciso II, do CPC, e, sim, meros brindes promocionais. Se, contudo, o chaveiro ou a lapiseira recebidos forem de ouro e incrustados com brilhantes ou outras pedras preciosas, é patente que, pelo seu elevado valor econômico, tornará suspeito o magistrado que os aceitou, porquanto, neste caso, não têm, essas verdadeiras joias, o mínimo traço de promoção comercial, ou, como dissemos, de "brindes" despretensiosos, representando, isto sim, um considerável acréscimo ao patrimônio econômico do magistrado.

O que irá definir, em concreto, o presente como causa de suspeição do juiz nem sempre será, portanto, a espécie de objeto que lhe é ofertado (e recebido) e, sim, o seu valor econômico. Alguns bens, a propósito, são, por sua natureza, de grande expressão econômica, como, *e. g.*, automóveis, apartamentos, lanchas, etc. Neste caso, a suspeição do juiz, que os aceitar, é manifesta — e, sobremaneira, lamentável.

Conta-se, a propósito, que dois fazendeiros estavam a litigar sobre a posse ou propriedade de certo imóvel. Um deles, pretendendo agradar o juiz, disse ao seu advogado que daria um porco de presente ao magistrado. O advogado o aconselhou a não fazer isso, pois sendo o juiz pessoa reconhecidamente honesta, o presente poderia gerar efeito contrário ao desejado. Mesmo assim, o fazendeiro mandou o suíno ao magistrado. Tempos depois, o juiz profere a sentença em favor deste fazendeiro. O seu advogado não entende como isto pôde acontecer. O fazendeiro, então, esclarece que mandou entregar o porco... em nome do adversário!

Um escólio adicional: a suspeição do magistrado estará caracterizada não apenas quando ele receber presente de uma das partes (ou de ambas), e sim, de "pessoas que tiverem interesse na causa", como terceiros em geral, como dilucida o inciso II, do art. 145, do CPC.

Aconselhamento acerca do objeto da causa. A função institucional do juiz é dirigir o processo e efetuar a entrega da prestação jurisdicional solicitada; nunca; a de dar conselhos aos litigantes a respeito da causa.

Se o magistrado, desatento à sua posição teleológica no processo, dedicar-se a aconselhar uma das partes a agir desta ou daquela maneira; a requerer a produção de certas provas; a impugnar documentos apresentados pelo adversário; a ensiná-la a formular quesitos, a sugerir que requeira o benefício da assistência judiciária gratuita e o mais, é elementar que a sua atitude delineará uma censurável parcialidade, da qual brotará a suspeição inevitável. Como tantas vezes assinalamos, ao longo deste livro, o juiz é o Estado ministrando justiça; e, nesse mister, ele deve ser rigorosamente, neutro, imparcial, subministrando um tratamento igualitário às partes (CPC, art. 145, inciso II). Colocado entre os contendores, mas acima deles, incumbe-lhe dirigir o processo, rumo ao seu acontecimento máximo, ao seu ponto de culminância, que é a sentença de mérito. Nesse itinerário, não lhe é dado lançar conselhos a nenhum dos litigantes, pois isso corresponde a uma inclinação iníqua, a um afastamento de seu ponto de equilíbrio. Sempre temos dito que nenhum juiz consegue propender para a esquerda sem se afastar da direita, e vice-versa, sem que vá, nesta nossa advertência, algum traço de ideologia política.

O aconselhamento do juiz a uma das partes implica, a um só tempo, quebra do seu indeclinável dever de imparcialidade, e ato de deslealdade ou de discriminação, para com o outro litigante. Nem se imagine que inexistirá suspeição se o magistrado ocupar-se em dar conselhos a ambas as partes. Duas violações de um mesmo dever, longe de converter-se em ato regular, logo, tolerável, sublinham a gravidade da violação. Juízes que assim agem, mais do que transgressores de deveres essenciais, são destemperados emocionalmente. Melhor seria que pusessem de lado a toga e vestissem beca.

Tenha-se em conta, porém, que o aconselhamento capaz de suscitar a suspeição do magistrado é o realizado nos casos concretos, submetidos à sua cognição jurisdicional. A ressalva é necessária para elucidar que se a parte reproduzir, nos autos, trechos de opiniões do juiz, manifestadas em livros, em artigos doutrinais, em conferências, ou em aulas, não fará com que este se tome suspeito, ainda que se saiba de sua natural tendência de fazer prevalecer, no caso concreto, ditas opiniões, pois estas foram expendidas abstratamente. Essas opiniões, convém observar, ele não as emitiu na qualidade de magistrado, senão que de jurista ou de professor. Mesmo que as tivesse externado como juiz, em outros casos concretos, isso não o faria suspeito para funcionar nos processos futuros, como é de uma obviedade ofuscante.

Solução diversa haveria de ser adotada se ele viesse a elaborar um parecer, sob encomenda de uma das partes, ainda que antes do ajuizamento da ação, e esse parecer fosse, mais tarde, juntado aos autos do processo. Dá-se que esse parecer, por certo, foi pago pela parte, cujo fato faz surgir determinado vínculo entre esta e o juiz. Não só por isso. É que o parecer foi pedido pela parte ao magistrado-jurista, seguramente, com vistas a uma demanda futura, concreta, que, por obra da coincidência, acabou sendo submetida à apreciação jurisdicional do mesmo magistrado. Queremos crer que haja, aqui, razões bastantes para reputá-lo suspeito.

Para concluir: conquanto a lei (CPC, art. 145, inciso II), se refira ao fato de o juiz haver aconselhado a parte quanto ao "objeto da causa", não se deve tomar o vocábulo "objeto" em sua acepção técnica, restrita, no sentido de pedido, ou de utilidade ou bem da vida que se visa a obter ou assegurar com o provimento jurisdicional impetrado. Objeto, para os efeitos do inciso II, do art. 145, há de ser conceituado como tudo aquilo que diga respeito à ação ou ao processo, *lato sensu*: fundamentos jurídicos do pedido; espécie de ação adequada; requerimentos cabíveis; impugnações; provas, etc. Sempre que o juiz aconselhar uma das partes acerca desse objeto, estará rendendo ensejo à sua suspeição, decorrente de uma parcialidade injustificável.

Subministração de meios. Se o juiz, por algum motivo, fornecer à parte meios materiais para atender às despesas do processo, tornar-se-á suspeito, pois o seu ato faz transparecer uma parcialidade vedada por lei.

Certo setor da doutrina vê, nessa subministração de meios, um interesse do magistrado, com relação à causa. Pode acontecer, com efeito, em algumas situações, de o juiz propiciar a um dos litigantes meios para atender às despesas processuais por estar interessado no resultado do julgamento. Em rigor, porém, a suspeição do juiz estará caracterizada pelo fato objetivo de fornecer esses recursos financeiros à parte, pouco importando que possua, ou não, interesse na causa. A presença de eventual interesse do magistrado, a propósito, é tratada no inciso IV, do art. 145, do CPC, não no II, sobre o qual estamos a discorrer.

Em livros anteriores, manifestamos a opinião de que mesmo que o magistrado forneça tais recursos financeiros a ambos os litigantes, isso não fará com que esse tratamento isonômico anule a causa da suspeição: ao contrário, ambas as partes poderiam argui-la, em peças autônomas. Não mudamos nosso entendimento. Reconhecemos, apenas, agora, que, na prática, essa possibilidade será extremamente remota, consideando-se que ambas as partes foram beneficiárias dessa magnanimidade judicial e somente elas detêm, legalmente, legitimidade para arguir exceção de suspeição. Não podemos ignorar, entretanto, o fato de a subminitração de meios ter sido absolutamente desproporcional, em razão, por exemplo, de o juiz haver sido muito mais generoso para com uma das partes.

A sua suspeição não deixará, ainda, de existir, se houver, apenas, emprestado à parte quantia necessária para o pagamento das despesas do processo. Esse gesto do magistrado revela, mesmo assim, a sua inclinação no tocante a este litigante, ainda que tenha sido movido por sentimentos nobres, como de filantropia ou de compaixão. Ao juiz não é dado tê-los, nos processos a que preside, pois tais sentimentos, conquanto sejam nobres e elogiáveis no geral, tornam o magistrado suspeito, no particular.

Não se encaixa, à evidência, na previsão do inciso II, do art. 145, do CPC, a concessão, pelo juiz, de assistência judiciária gratuita aos necessitados, desde que regularmente requerida. Por outro lado, se essa assistência judiciária for concedida à parte que a ela não fazia jus e nem a requereu, o reconhecimento da suspeição do magistrado será inevitável, porquanto, em última análise, o que acabou fazendo foi subministrar, por sua iniciativa, meios para que a parte promovesse a defesa dos seus diretos e interesses, no processo, sem, como se disse, que tenha formulado qualquer requerimento neste sentido e sem que tivesse direito a essa assistência.

Sempre, portanto, que o juiz conceder o benefício da assistência judiciária gratuita a um dos litigantes, sem que este a tenha requerido e sem que a ela faça jus, estará colocando à disposição do outro litigante fortes argumentos para arguir a sua suspeição, com fulcro no inciso II, do art. 145, do digesto de processo civil.

Não se confunda, entretanto, a assistência judiciária gratuita, de que trata o art. 14, da Lei n. 5.584/70, com a justiça gratuita, disciplinada pelo art. 790, § 3.º, da CLT. Aquela se traduz na designação de advogado para patrocinar a causa, devendo ser requerida pelo interessado; esta consiste na dispensa do pagamento de certas despesas processuais (custas, emolumentos, despesas com publicação em diário oficial, etc.), podendo ser concedida de ofício.

Em alguns casos, a propósito, o juiz dispensa uma das partes do pagamento das custas a que foi condenada. Se essa dispensa decorrer de comprovada modificação da situação financeira deste litigante, levando-o ao empobrecimento, não se há que cogitar de suspeição; se, todavia, nada justificava essa dispensa — por possuir a parte, digamos, excelente situação econômico-financeira — o ato do magistrado poderá ser indicativo de parcialidade; logo, de suspeição. É sempre prudente não se perder de vista o disposto no art. 790, § 3.º, da CLT, que estabelece os requisitos para a concessão do benefício da justiça gratuita.

c) Credora ou devedora do juiz (CPC, art. 145, inciso III)

O CPC de 2015 declara que se qualquer das partes for credora ou devedora do magistrado, de seu cônjuge ou companheiro ou parentes destes, em linha reta até o terceiro grau, inclusive, ele será suspeito (art. 145, inciso III). Essa disposição do CPC pode ser aplicada ao processo do trabalho, observando-se que o art. 801, letra "*c*", da CLT, faz referência ao parentesco por consanguinidade ou afinidade.

O que está na base dessas normas legais é a pressuposição de que o magistrado poderia estar propenso, no plano psicológico: a) a agradar o seu credor, ou b) irritar-se com o seu devedor e, em quaisquer desses casos, afastar-se do seu dever de neutralidade na condução do processo. Não há negar que, em princípio, a parte, sendo credora do juiz, possui uma certa ascendência sobre este, designadamente, se considerarmos os casos em que o débito do magistrado seja de elevada monta.

Para esse efeito, não importa se se trata de dívida vencida, ou não: leva-se em conta, unicamente, o fato objetivo de a parte ser credora do juiz.

Uma ponderação, no entanto, parece-nos indispensável. Embora, segundo a vetusta parêmia latina, não seja lícito ao intérprete distinguir onde a lei não o faz, pensamos que o bom senso esteja a sugerir a inferência de que não deverá ser reputado suspeito o juiz que for devedor de um dos litigantes nas mesmas condições como diversas pessoas o são, por fazer parte dos objetivos sociais deste litigante, digamos, a concessão de crédito pessoal de ou financiamento. Citemos, como exemplo, o juiz que obteve, de determinado estabelecimento bancário, um financiamento para a aquisição de casa própria e que, mais tarde, esse estabelecimento venha a ser réu em uma ação trabalhista, cujo processo deva ser conduzido pelo referido magistrado. Conquanto este seja, na verdade, devedor do réu, não nos parece que se possa, de maneira inexorável, considerado suspeito. É provável que o réu possua milhares e milhares de devedores, nas mesmas condições do magistrado, razão por que o fato de este haver obtido (mediante os procedimentos usuais) um financiamento com tal estabelecimento não o torna, só por isto, suspeito, aos olhos do autor, imaginando-se que ele, juiz, estaria predisposto a decidir em favor do réu, para não desagradar ao seu credor. Estamos afirmando, portanto, que a suspeição somente estará caracterizada quando o crédito obtido pelo juiz contenha uma nota algo particular, pessoal, vale dizer, tenha sido concedido em decorrência de sua qualidade de magistrado, expressando, assim, uma espécie de deferência seletiva, de tratamento especial da parte para com ele.

À luz desse critério que estamos a preconizar, não deverá ser inquinado de suspeito o juiz que haja adquirido mercadorias, mediante prestações periódicas, em determinada loja comercial. Assim como os estabelecimentos bancários, as lojas comerciais costumam conceder créditos, ou descontos, ou realizar vendas a prazo, sem que isso represente um tratamento especial, diferenciado, para com o juiz. Muitas vezes, aliás, pela quantidade de clientes que possuem, os estabelecimentos bancários ou as lojas comerciais nem sequer ligam o nome do magistrado ao universo de devedores, de tal arte que a relação que se estabelece entre aqueles e o magistrado é marcadamente impessoal, abstrata e, não, particular, ou seja, de caráter especial.

O mesmo se diga quanto ao crédito obtido pelo cônjuge do juiz, ou pelos parentes destes, em linha reta, ou, na colateral, até o terceiro grau.

Suspeição haverá, por igual, se qualquer das partes for credora ou devedora do cônjuge do juiz, da sua companheira ou dos parentes destes (CPC, art. 145, inciso III). O mesmo se afirme quanto ao fato de qualquer das partes ser devedora das pessoas aqui mencionadas.

Se, no caso de o juiz ser devedor da parte, a sua suspeição emana da presunção de que estará, psicologicamente, propenso a agradar ao credor, na hipótese de ser, ao contrário, credor da parte, é uma situação algo ambivalente. Com efeito, sendo o magistrado credor de um dos litigantes, tanto poderá tender a favorecer a quem lhe deve, para, desse modo, assegurar a satisfação do crédito que possui com a parte (pois a sentença favorável poderá atribuir a esta um considerável acréscimo patrimonial), quanto poderá sentir-se motivado a decidir contra o devedor, como medida de represália, por encontrar-se este, suponhamos, em estado de inadimplência, ou, até mesmo, discutindo no juízo civil a existência da dívida, o seu valor ou a sua quitação.

Seja qual for, enfim, o móvel psicológico da inclinação do juiz, o fato concreto é que, sendo ele credor de um dos litigantes, será suspeito para exercer as suas funções no processo de que este participe.

d) Interesse no julgamento do processo (CPC, art. 145, inciso IV)

O juiz não é parte na relação processual. É, isto sim, sujeito do processo. Sujeito desinteressado, esclareça-se. Assim dizemos, porque a ele não é lícito possuir interesse nos processos que dirige, utilizado aqui o vocábulo *interesse* em seu sentido técnico, ligado à necessidade de a parte obter um provimento jurisdicional, ou à utilidade que esse provimento pode representar para o seu círculo jurídico ou patrimonial.

Sendo, o magistrado, o Estado distribuindo justiça, não seria tolerável que pudesse, sempre que isso fosse de sua conveniência, abandonar o seu ontológico dever de neutralidade para manifestar interesse no julgamento do processo e, mais do que isso, procurar fazer com que, por suas mãos, as coisas se dispusessem, em concreto, segundo tais interesses que possuísse.

A imparcialidade, por ser, como frisamos, um elemento ontológico da magistratura, faz, até mesmo, com que soem pleonasticamente expressões como: "juiz imparcial"; "juiz neutro", como se fosse possível a existência, como regra, de juízes togados "parciais", corresponde a afirmar, tendenciosos.

O interesse, capaz de conduzir à suspeição do magistrado, tanto pode ser de natureza econômica, moral, política, religiosa, etc. É conveniente rememorar, aliás, que o Código de Processo Civil, de 1973 e de 2015, ao contrário do de 1939, não exige que o interesse, como uma das condições da ação, seja econômico ou moral. A propósito, o art. 3.º do Código de 1973 declarava a necessidade de haver interesse (além de legitimidade) para "propor ou contestar ação". Havia, contudo, nessa dicção da norma legal um manifesto *minus dixit quam voluit*, porquanto o interesse era, também, indispensável para excepcionar, reconvir, recorrer, impugnar, embargar e o mais. O CPC de 2015, na mesma linha de nosso entendimento, dispõe, no art. 17, que o interesse e a legitimidade são necessários "para postular em juízo".

Em suma, o interesse, como uma das condições da ação e como requisito para a prática de qualquer ato processual, não precisa ser qualificado de econômico ou moral.

Sob certo aspecto, esse princípio é aplicável ao magistrado, conquanto, como dissemos, ele não seja parte na relação jurídica processual. Embora não o seja, acaba por externar, em determinados casos, contra a lei, interesses na causa, como se parte fosse. Faz-se recomendável, entretanto, uma ponderação: se o interesse do juiz for daqueles essencialmente jurídicos, não deverá ser considerado suspeito. Se, por exemplo, se discute na causa a constitucionalidade, ou não, de lei ou de ato normativo do poder público, o juiz, como um estudioso do Direito, pode ter, em abstrato, "legítimo" interesse em pronunciar o antagonismo da norma infraconstitucional com a Suprema Carta Política do País. O interesse "intelectual" na matéria sobre a qual contendem as partes não torna o juiz interessado no julgamento. Caso, porém, esse interesse intelectual não seja abstrato, estando, ao contrário, vinculado a um outro, de natureza econômica, moral, política, etc., que o magistrado possua, a sua suspeição adquire contornos visíveis, motivo por que poderá a parte requerer, mediante exceção, o seu afastamento da condução do processo.

Questão instigante, por nós já enfrentada, pela rama, em páginas transatas, diz respeito à suspeição do magistrado quando o direito em disputa também lhe pertencer. Perceba-se que estamos falando, a partir de agora, em direito, não em simples interesse. Imaginemos, *v* .g., que o juiz seja condômino de um imóvel, que esteja sendo reivindicado por um dos condôminos, perante terceiro. Conquanto o juiz não apareça como parte, nesse processo, há um seu direito, como condômino, sendo debatido em juízo. Poder-se-ia pensar, aqui, em suspeição do magistrado, em face do seu notório interesse na causa; entendemos, contudo, que ele estará, na verdade, impedido de exercer as suas funções nesse processo, em decorrência de o seu direito, derivante do condomínio, estar em disputa. Em resumo, em que pese ao fato de ele não ser parte na relação jurídica processual, é parte na relação de direito material, motivo por que se torna possível a incidência extensiva (ou exegética), neste caso, da regra inscrita no inciso I, do art. 145, do CPC.

Há, também, controvérsia doutrinária a respeito da suspeição do magistrado que tenha de apreciar ação em que estejam sendo postulados direitos dos quais ele seja beneficiário imediato. É o caso, por exemplo, em que os juízes federais (aí incluídos os do trabalho), de determinada região, ingressam na Justiça Federal, pretendendo obter um reajuste de vencimentos, que lhes teria sido sonegado pelo Governo Federal. É evidente que o juiz federal, a quem a petição inicial for distribuída, terá interesse na causa, na medida que se beneficiará da sentença que vier a proferir, caso acolha os pedidos formulados pelos autores — em cujo rol ele está inserido. A nosso ver, não se pode pensar, na espécie, em *suspeição*, pois o referido juiz é, na verdade, parte da causa; logo, a discussão deverá ser deslocada para o campo do impedimento (CPC, art. 134, inciso I). Pois bem. Ainda que a solução seja perturbadora dos princípios, parece-nos que o caráter excepcional da situação autorizaria a participação desse magistrado no processo. A entender-se que ele estararia impedido, estar-se-ia conduzindo o problema a um impasse, a uma aporia, pois se todos os juízes federais de primeiro grau, de determinada região, forem parte na ação, isso significa que a eventual lesão de direito material, por eles sofrida, ficará sem apreciação, sendo violentado, desse modo, o direito público subjetivo de ação, que a Constituição Federal assegura a todos os indivíduos (art. 5.º, inciso XXXV). Dizer-se, por absurdo, que a ação deveria ser apreciada por juízes federais de outra região judiciária seria, não apenas, deitar por terra as regras fixadoras da competência territorial, mas, sobretudo, pensar-se que essa providência resolveria o problema, em sua raiz. Ora, ainda que tais juízes não fossem impedidos, por não serem parte no processo, possuiriam interesse na causa, em decorrência da matéria debatida nos autos. Dessa forma, nada mais se faria do que contornar o impedimento para cair na suspeição.

Não nos parece o caso de aplicar-se, aqui, a regra do art. 102, inciso I, letra "*n*", da Constituição Federal, pois o interesse na causa não é de *todos* os membros da magistratura, senão que, apenas, dos juízes federais. O assunto, entretanto, é controvertido.

A situação em foco difere daquela em que o juiz tem diante de si uma ação idêntica à que ajuizou. Digamos, *e. g.*, que o autor esteja alegando a nulidade de determinado ato de autoridade administrativa, contra o qual o magistrado também havia se insurgido e, em razão disso, ingressado em juízo, visando a anulá-lo. Neste caso, a identidade de matéria faz aflorar a suspeição do magistrado, pois é razoável supor que ele tenderá a decidir, em prol do autor, exatamente porque ajuizou ação igual, perante outro juízo, na qual pretende obter o mesmo resultado prático que o daquele. A respeito desse exemplo, duas observações se impõem. Primeiramente, não há, aqui, mero interesse intelectual do magistrado, senão que um interesse concreto, material, de índole econômica; segundamente, a sua suspeição deriva não só desse interesse, mas é reforçada pelo fato de que um outro juiz poderia apreciar a demanda, supondo-se que tal magistrado não estivesse a buscar em juízo a decretação da nulidade do referido ato administrativo.

No exemplo anterior, em que a ação foi ajuizada pelos juízes federais de determinada região, nenhum outro haveria, na mesma região, que pudesse apreciá-la sem estar, virtualmente, impedido, por ser parte na relação jurídica processual. Para situações excepcionais, há que se encontrar soluções também excepcionais, insólitas. É o que poderíamos denominar de "lógica das excepcionalidades".

e) Suspeição por motivo íntimo (CPC, art. 145, § 1.º)

A despeito de o CPC haver especificado, no art. 145, *caput*, as causas de suspeição do magistrado, estatuiu, no parágrafo único dessa norma, que ele poderá, ainda, declarar-se suspeito por motivo íntimo.

Essa disposição não constitui novidade, no plano do processo civil, porquanto já constava do CPC de 1973 (art. 135) e do próprio Código de 1939 (art. 119). A diferença, entre dois textos legais, está em que, no de 1939, o juiz, ao considerar-se suspeito por motivo íntimo, deveria comunicar os correspondentes motivos "ao órgão disciplinar competente" (art. 119, § 1.º). Se deixasse de efetuar essa cientificação, e os motivos da suspeição (apreciados em segredo de justiça) fossem reputados irrelevantes, o magistrado ficaria sujeito à pena de advertência (art. 119, § 2.º). O Código de 1973 não exigiu essa comunicação. O CPC de 2015, ao contrário do de 1939, dispensa, de maneira expressa, essa comunicação (art. 145, § 1.º)

A expressão: "motivo de foro íntimo", contida no § 1.º art. 145, do CPC de 2015, é algo vaga, porque deixa ao talante exclusivo do magistrado a natureza da razão pela qual se considerou suspeito para exercer as suas funções no processo. O que se pode construir, no plano doutrinário, acerca do assunto, é que esse motivo "de foro íntimo" não pode ser identificado com nenhuma das causas mencionadas pelo art. 145, do CPC.

Teria sido acertada a modificação introduzida pelo Código atual, consistente em dispensar o juiz de informar ao órgão competente as razões de a sua íntima suspeição? Entendemos que não. Se, de um lado, pode-se dizer que essa comunicação poderia criar um certo constrangimento ao magistrado, de outro deve ser levado em conta o fato de que a desnecessidade dessa cientificação à Corregedoria pode fazer com que alguns juízes usem o "motivo de foro íntimo" como pretexto para reduzir o seu volume de trabalho, uma vez que, por tal modo censurável, deixarão de participar, por exemplo, de processos que apresentem extrema complexidade.

Não estamos, com isso, insinuando que todos os juízes seriam tentados a tais expedientes pouco éticos, até porque os magistrados são altamente operosos e responsáveis no desempenho das funções inerentes ao cargo. Parece-nos, todavia, que a existência de um dever do magistrado comunicar as razões determinantes de sua íntima suspeição corresponderia não só a dar uma certa satisfação à Corregedoria, mas a evitar que, mesmo em situações esporádicas, a falta da revelação desses motivos pudesse deixar a critério exclusivo do juiz a escolha dos processos de que não desejasse participar, sem uma razão ponderável para isso.

Embora não haja, no sistema do processo civil vigente, um dever de o juiz indicar os motivos íntimos pelos quais se declarou suspeito, é sempre recomendável que ele os revele ao corregedor, por uma questão de ordem ética, mesmo que não venha a ser solicitado a fazê-lo. Afinal, a escusa de atuar em certo processo constitui uma exceção à regra implícita no sistema, segundo a qual o juiz tem o dever de prestar a tutela jurisdicional, desde que regularmente provocado pela parte interessada.

De qualquer modo, é óbvio que o magistrado terá de cientificar ao presidente do tribunal a sua declaração de suspeição por motivo de foro íntimo, a fim de que seja designado outro, para funcionar naquele processo. É proveitoso registrar que o texto do anteprojeto do CPC de 1973, após referir a faculdade de o juiz considerar-se suspeito por motivo íntimo, trazia a expressão: "cuja revelação lhe cause grave dano moral". Por força da emenda n. 196, apresentada pelo Deputado Dias Menezes, foi suprimida a mencionada expressão.

Em todo o caso, ela deixava claro que o juiz só poderia declarar-se suspeito por motivo íntimo se a revelação dos motivos fosse capaz de acarretar-lhe forte contrangimento ou grave dano moral. Embora essa locução haja sido eliminada do texto, cremos que o seu espírito deve constituir uma espécie de diretriz ética a ser observada pelo magistrado, sempre que estiver propenso a dar-se por suspeito, em virtude de razões de foro íntimo.

Mesmo reconhecendo que o juiz não esteja obrigado a indicar o motivo íntimo de sua suspeição, isso não quer dizer que ele poderá fazer uso abusivo dessa faculdade, sem submeter-se a nenhum controle, por parte do corregedor. Se, com frequência, ele declarar-se suspeito sob com esse fundamento, é indispensável que o corregedor procure inteirar-se acerca dos motivos que levam o magistrado a afastar-se, seguidamente, da condução dos processos. Não se pode desconsiderar, em episódios como tais, o direito das partes a uma prestação jurisdicional célere — direito que poderá ficar duramente comprometido com a reiterada designação de outros juízes para atuarem nos processos em que o titular se deu por suspeito, e a demora que essa designação, muitas vezes, acarreta. A situação fica tanto mais grave se considerarmos as regiões em que o número de juízes substitutos é escasso.

2.3.2.3. Suspensão do processo

Dispunha o art. 306, do CPC de 1973, que, *recebida* a exceção, o processo ficaria suspenso. O CPC de 2015, todavia, estabelece que a suspensão se dará com a simples *arguição* da suspeição ou do impedimento (art. 313, inciso III).

O art. 799, *caput,* da CLT nada nos diz a esse respeito. Em face disso, torna-se indispensável a pergunta: no processo do trabalho, a suspensão ocorrerá já com a *arguição* da suspeição (ou do impedimento), ou haverá necessidade ela ser *recebida* pelo juiz?

Entendemos que, no tocante à suspeição e ao impedimento, o art. 313, inciso III, do CPC de 2015, veio reforçar a opinião que manifestamos na primeira edição deste livro, quando estava a viger o CPC de 1973.

Na altura, iniciamos por dizer que parecia existir uma antinomia entre os arts. 306 e 265, III, daquele Código, pois enquanto o primeiro declarava que o processo principal ficaria suspenso com o *recebimento* da exceção, o segundo afirmava a que a suspensão se daria quando fosse *oposta* a exceção. Afirmamos, porém, que essa antinomia, embora existisse, era parcial, conforme procuramos demonstrar com estas considerações, que agora as reiteramos com vistas ao sistema do CPC de 2015: "Com efeito, o adjetivo *recebida*, utilizado pelo legislador na redação do art. 306, do CPC (referíamo-nos ao Código de 1973), traz, implícita, a possibilidade de a petição concernente à exceção ser indeferida: o que pode ser *recebido*, pode ser *rejeitado*. Tida como verdadeira essa premissa, concluímos que o recebimento da exceção, como requisito para operar a suspensão do processo principal, só faz sentido quando se tratar de *incompetência* (relativa, como é evidente). Dá-se que, em princípio, as petições referentes às exceções de impedimento e de suspeição não podem ser indeferidas (não cogito do tema no âmbito dos tribunais, onde alguns regimentos internos admitem o indeferimento liminar da exceção, por ato do relator). Deste modo, basta que sejam *apresentadas* em juízo para que produzam o efeito suspensivo mencionado pelo legislador. Quanto à incompetência, entretanto, o regime é diverso, pois o art. 310, do CPC, prevê, de forma expressa, a possibilidade de a petição inicial ser indeferida, 'quando manifestamente improcedente'. Neste caso, a exceção só provocará a suspensão do processo principal se for, efetivamente, admitida ('recebida') pelo juiz. Sob este ângulo, fica patente o antagonismo entre os arts. 306 e 265, III, ambos do CPC".

Em decorrência desses argumentos, concluímos: "a) considerando que as petições atinentes às exceções de impedimento e de suspeição não podem ser indeferidas (exceto, no plano de alguns tribunais, por força de suas normas *interna corporis*), por falta de previsão legal, basta a sua *entrega* em juízo para que se produza a suspensão do processo principal. Malgrado essa suspensão se dê de modo automático, é sempre recomendável que o juiz a declare, seja por despacho exarado na própria inicial, seja na ata da audiência, a fim de evitar possíveis controvérsias ou dúvidas (ainda que injustificadas) sobre a suspensão; b) já a petição inicial da exceção de incompetência pode ser indeferida, nos termos do art. 310, do CPC. Assim, o processo principal só ficará suspenso se essa petição for *recebida*. Cumpre-nos elucidar que esse recebimento não precisa ser expresso: basta que o juiz não indefira, desde logo, a petição inicial, para concluir-se que a recebeu.

Em resumo, na vigência do CPC de 1973 entendíamos que: a) a petição inicial referente às exceções de suspeição e de impedimento não poderiam ser indeferidas por falta de previsão legal; b) a petição atinente à exceção de incompetência (relativa) poderia ser indeferida, pois a isso o juiz estava autorizado pelo art. 310 daquele Código.

Pois bem, conquanto o CPC de 2015 haja, conforme salientamos, eliminado as exceções, entendemos que, no processo do trabalho: a) as exceções de suspeição e de impedimento não podem ser indeferidas, como nunca puderam; b) nem mesmo a de incompetência, pois deixou de haver norma legal autorizadora (CF, art. 5.º, inciso II).

No terreno dos tribunais, as coisas se passam de maneira diversa, não tanto porque os regimentos internos costumam regular a matéria, mas porque, nessa regulação, o juiz relator da exceção não é aquele que se aponta como suspeito ou impedido. Com isso, eventual indeferimento da petição inicial da exceção não é feito pelo próprio juiz suspeito ou impedido, o que retira, ainda que em tese, uma possível carga de represália ou de amargor, desse ato de indeferimento.

Asseveramos que a suspensão do processo principal perdurará até o julgamento definitivo da exceção. Alguns estudiosos poderiam pensar que a resolução definitiva da exceção só se verificaria com o trânsito em julgado da sentença ou do acórdão, na hipótese de ser interposto recurso daquela. Nada disso.

Devemos advertir que, no sistema *sui generis* do processo do trabalho, as decisões sobre impedimento e suspeição são irrecorríveis, podendo o interessado impugná-las, apenas, quando do recurso que interpuserem da sentença de fundo (CLT, art. 799, § 2.º).

As decisões em sede de incompetência só serão recorríveis se implicarem a subtração da causa da jurisdição trabalhista ("terminativas do feito", a teor da norma legal sobredita) ou ocorrerem quaisquer das situações previstas na Súmula n. 214, do TST. Como só pode ser objeto de exceção a incompetência relativa, e, como a absoluta, que deve ser alegada na contestação, como preliminar, é a única dotada de aptidão para gerar efeito "terminativo", vê-se que, em rigor, há uma contradição nos termos do art. 799, § 2.º, da CLT, ao aludir, de um lado, às exceções, e, de outro, à decisão, nela proferida, como capaz de acarretar a terminação do feito, ou seja, de deslocar a apreciação da causa para outro juízo, não trabalhista.

Cumpre entender, portanto, que o julgamento definitivo se refere ao efetuado pelo juízo acerca da própria exceção, e, não ao supostamente proferido pelo tribunal, em grau de recurso, pois se sabe que a decisão concernente à exceção é, em princípio, irrecorrível de imediato.

É oportuno alertar, a propósito, que o processo do trabalho atribui o caráter de decisão interlocutória ao ato pelo qual o órgão jurisdicional resolve as exceções. Exatamente por isso é que não permite a sua impugnação autônoma e imediata. A impugnação, como dissemos, é diferida para a oportunidade do recurso a ser interposto da sentença de mérito (TST, Súmula n. 214). No caso da incompetência relativa (territorial), somente haverá possibilidade de recurso quando o acolhimento desta acarretar a remessa dos autos para "Tribunal Regional distinto daquele a que se vincule o juízo excepcionado", conforme consta da letra "*c*", da mencionada Súmula.

Pelo quanto expusemos até esta parte, arrematamos: com o julgamento da exceção, realizado em primeiro grau, cessará a suspensão do processo principal, que, dessa forma, terá seu curso retomado. A precitada decisão não se sujeita à via impugnativa autônoma, em decorrência de uma atitude ideológica perfilhada pelo legislador trabalhista. De qualquer modo, ainda que fosse possível a interposição imediata de recurso — o que se admite, apenas, para argumentar —, o trâmite do processo principal ficaria restabelecido, porquanto o recurso ordinário (para falarmos somente deste) trabalhista não possui efeito suspensivo (CLT, art. 899, *caput*).

De resto, a suspensão do processo principal, em decorrência da exceção, é de boa lógica, porquanto não seria prudente que esse processo tivesse curso perante um órgão jurisdicional que se afirma destituído da indispensável competência territorial, ou sob a condução de um juiz a quem se inquina de impedido ou de suspeito.

Um outro escólio se faz imprescindível. Declara o art. 314, do CPC, que durante a suspensão do processo principal é proibida a prática de qualquer ato que a ele diga respeito, embora o juiz possa ordenar a realização de atos reputados urgentes, como providência destinada a evitar danos irreparáveis, "salvo no caso de arguição de suspeição e de impedimento".

Esses "atos urgentes" são, portanto, os de natureza cautelar, vinculados ao poder geral de cautela que a norma legal (CPC, art. 301, parte final) atribui aos magistrados.

Note-se que o legislador optou entre duas situações aparentemente contrapostas, representada, a primeira, pela proibição quanto à prática de atos atinentes ao processo principal, enquanto este estiver suspenso, e, a segunda, pela possibilidade de serem realizados atos considerados urgentes. Se bem examinarmos a espécie, veremos que esse entrechoque de situações não existe, pois os "atos urgentes" derivam de uma tutela de urgência de natureza cautelar, sendo certo que a regra legal (CPC, 314) só torna defesa a prática de atos ligados diretamente ao processo suspenso, que é o principal (cognitivo).

Há, todavia, uma exceção legal à possibilidade de o juiz determinar a realização de atos urgentes, durante a suspensão do processo, com o objetivo de evitar dano irreparável: é quando for oferecida exceção de impedimento e de suspeição, a que o art. 313, III, do CPC, se como *arguição*).

O problema da prática de atos urgentes, durante a suspensão do processo principal, provocada pela exceção, ainda não se encontra, inteiramente, investigado. Indagamos: seja qual for o fundamento da exceção, o juiz poderá realizar os atos que considerar urgentes? Entendemos que não. A nosso ver, esses atos somente podem ser praticados no caso de a exceção calcar-se na incompetência (relativa) do juízo. Assim afirmamos porque sendo a incompetência meramente relativa (*ratione loci*), nada impede que o ato seja efetivado por juízo distinto daquele que se indica como competente. Se a competência em razão da matéria, da pessoa ou da hierarquia for, efetivamente, da Justiça do Trabalho, não há razão jurídica plausível para impedir-se que simples divisão territorial constitua obstáculo à outorga de uma providência cautelar tendente a pôr a salvo direitos em estado de periclitância.

Não podemos admitir, todavia, que se permita a um juiz suspeito ou impedido praticar atos, ainda que urgentes, estando suspenso o processo principal. De duas, uma: a) o ato urgente é requerido pela própria parte que ofereceu a exceção, e, nesta hipótese, torna-se incoerente a sua atitude de dirigir-se a um magistrado que considera suspeito ou impedido (o que é pior), para solicitar uma tutela de urgência ou da evidência; b) a prática de ato urgente é requerida pelo adversário do excipiente, que, ao ser atendido, só fará realçar a suspeição ou o impedimento do magistrado, e, o que é mais grave, em detrimento do adversário, que ingressou com a exceção. A solução que preconizamos, portanto, é que a tutela seja requerida a outro juiz, ainda que atuando no mesmo órgão jurisdicional em que funciona o magistrado inquinado de suspeito ou de impedido, para evitar os transtornos ou inconvenientes indicados.

No processo civil, essa opinião adquire maior consistência diante do fato de o julgamento da exceção de impedimento ou de suspeição ser feito não pelo próprio magistrado destinatário dessas objeções, mas pelo tribunal, como revela o art. 146, § 1.º, daquele Código. Este assunto, porém, como é próprio do Direito — que não integra a categoria das ciências exatas — é suscetível de polêmica; seja como for, deixamos depositado, aqui, o nosso contributo para o encaminhamento da disucussão do problema, sem termos a ousadia de pretender solucioná-lo.

2.3.3. Exceção de impedimento

2.3.3.1. Comentário

O estatuto processual civil de 1939 não estabelecia nenhuma distinção de ordem sistemática entre as causas de impedimento e de suspeição. Todas elas vinham enfeixadas sob o título de suspeição e se encontravam arroladas no art. 185.

Pedro Baptísta Martins chegou a afirmar ser inteiramente destituída de interesse pragmático qualquer separação nesse sentido (*Comentários ao Código de Processo Civil*. Rio de Janeiro: 1939. vol. III, tomo I, p. 54).

A CLT, editada na vigência do CPC, deixou-se influenciar por este, de tal modo que também não distinguiu os casos de suspeição dos de impedimento (art. 801). Tudo aqui foi tratado (e encambulhado) como suspeição, embora o parentesco (letra "*c*") diga respeito ao impedimento.

Conforme demonstraremos adiante, o impedimento, no processo do trabalho, não deriva, apenas, do parentesco do juiz, senão que também de todas aquelas causas mencionadas no art. 144, do CPC, incisos I a IX.

O diploma processual civil de 1973, assim como o de 2015, mais didáticos, trataram, de maneira separada, os casos de impedimento e de suspeição (arts. 134 e 135; 144 e 145, nesta ordem). Essa disjunção não derivou de mero capricho do legislador, justificando-se, acima de tudo, por motivos científicos e práticos. Científicos, porque as causas de impedimento do magistrado são muito mais graves do que as de suspeição, vale dizer, apresentam-se mais comprometedoras de sua atuação; práticos, porque o silêncio da parte, diante do impedimento, é irrelevante, pois o fato de ela nada alegar acerca do assunto não faz com que se torne sem efeito a proibição legal de o juiz impedido funcionar no processo; na suspeição, ao contrário, a falta de manifestação da parte, no momento oportuno, implicará aceitação da presença do magistrado no comando processual. Além disso, conforme salientamos, somente a sentença emitida por juiz impedido é rescindível (CPC, art. 966, II).

A doutrina de nosso País tem sustentado, de maneira uniforme, que a razão de as normas legais haverem instituído o veto à atuação judicial, nas situações de impedimento (e, também, de suspeição), decorreu da preocupação de assegurar-se a imparcialidade do magistrado na condução do processo. Nós mesmos, em páginas transatas, escrevemos que a neutralidade do juiz constitui um dos pressupostos necessários ao regular desenvolvimento da relação jurídica processual. Isso não quer dizer que estejamos plenamente de acordo com aqueles que veem no impedimento uma política legislativa devotada à necessidade de evitar a participação no processo de um magistrado parcial, tendencioso. Expliquemo-nos. Não há negar que o juiz, como órgão estatal incumbido de solucionar os conflitos de interesses, deve ser imparcial e que o fato, por exemplo, de ele ser parente ou cônjuge de um dos litigantes, ou, mesmo, parte, coloca em risco esse princípio fundamental da neutralidade. Todavia, se admitirmos a hipótese em que um magistrado impedido tenha conduzido o processo, desde o início, e decidido contra a parte a quem, em princípio, se imaginava que estaria propenso a favorecer (por ser seu cônjuge ou parente), parece-nos que ficará um pouco abalado o argumento segundo o qual o veto legal, sob a forma de impedimento, se vincula, *exclusivamente*, ao receio de imparcialidade do magistrado. Pensamos, assim, que há, nesse veto, também um conteúdo de natureza ética (pois não podemos nos esquecer que o processo é o método formal de que se utiliza o Estado para solucionar as lides), de tal sorte que mesmo vindo o juiz a decidir contra os interesses de um seu parente ou de seu cônjuge, qualquer destes poderá tentar obter um decreto jurisdicional de nulidade do processo ou de desconstituição dos efeitos da coisa julgada material, conforme seja o caso.

Em resumo, a proibição legal de o magistrado atuar em determinadas causas provém não somente da preocupação de assegurar-se aos litigantes a imparcialidade judicial, mas, *também*, de razões de ordem ética — capazes, por si sós, em algumas situações, de conduzir à nulidade do processo ou à desconstituição da *res iudicata*, quando o juiz não observar essa imposição legal de abstenção, no que tange ao exercício das suas funções.

A propósito, determinado setor da doutrina vinha entendendo, na vigência do CPC de 1973, que se o magistrado violasse essa proibição legal seriam o nulos apenas os atos decisórios (assim, Arruda Alvim: *Código de Processo Civil Comentado*. São Paulo: Revista dos Tribunais, 1981. vol. VI, p. 30).

Fundava-se, esse ponto de vista, por suposto, no art. 113, § 2.º, daquele CPC, que se referia à declaração de incompetência absoluta. Divergíamos, *data venia*, dessa corrente de opinião. Quando o Código afirmava serem nulos somente os atos decisórios, no caso de incompetência absoluta, estava pondo à frente o fato de que, em última análise, não teria havido nenhum prejuízo às partes. Afinal, o juiz não estava impedido de atuar, nem pairava sobre ele qualquer suspeição. Tratando-se, contudo, de impedimento, a declaração de nulidade deveria afetar todo o processo (e, não apenas, os atos decisórios), pois o art. 134 do digesto de processo civil era claro ao advertir que o juiz estava proibido de exercer as suas funções no processo em que se configurou o seu impedimento. Essa proibição legal, portanto, não estava circunscrita aos denominados "atos decisórios", abarcando, por isso, todo e qualquer ato que o magistrado pudesse ou devesse praticar no processo. Seria insensato, *e. g.*, supor que o juiz impedido pudesse inquirir testemunhas e apreciar as contraditas apresentadas; mandar juntar ou desentranhar documentos; nomear perito e o mais.

O CPC de 2015 tratou de modo diverso o tema, ao dispor que "Salvo decisão judicial em sentido contrário, conservar-se-ão os efeitos de decisão proferida pelo juízo incompetente até que outra seja proferida, se for o caso, pelo juízo competente". Deste modo, no sistema do novo Código, e ao contrário do anterior, a própria decisão emitida pelo juízo incompetente permanece, até que seja substituída por outra, proferida pelo juízo competente.

Não se pense, entretanto, que os atos praticados por magistrado impedido integram a classe (algo inexplorada pela doutrina) dos inexistentes. Nada disso. Inexistentes seriam esses atos se quem os realizasse não fosse juiz, vale dizer, pessoa que não estivesse formalmente investida no cargo de magistrado. Sendo-o, referidos atos existem, ainda que comprometidos por vícios insanáveis. Se fossem inexistentes, é óbvio que não poderiam ser objeto de ação anulatória ou rescisória, e, sim, de ação declaratórja (de inexistência), embora esta nem sempre seja necessária, como se dá no caso do art. 104, § 2.º, do CPC.

Dissemos, há pouco, que o impedimento corresponde a um veto legal absoluto à atuação do juiz. Essa afirmação é inteiramente verdadeira, não apenas em face da dicção inequívoca da norma legal (CPC, art. 144, *caput*), mas também se levarmos em conta o fato de que, na suspeição, o dever judicial de abstenção é relativo, haja vista que se a parte deixar de arguir a suspeição no momento oportuno esse seu silêncio permitirá a participação do magistrado no processo, ainda que seja amigo íntimo ou inimigo capital de uma das partes; credor ou devedor de qualquer delas; tenha interesse no objeto da lide, etc.

As próprias causas de impedimento, legalmente previstas, justificam a razão por que o veto legal, neste caso, é inflexível. Essas causas, aliás, podem ser objetivamente constatadas, pois a prova, em regra, é documental (sem prejuízo de outros meios, por lei admitidos), ao passo que as causas de suspeição envolvem, muitas vezes, aspectos fortemente subjetivos, como se dá com a amizade íntima, com a inimizade, com o interesse no objeto do litígio, entre outras. Não se questionam, pois, no impedimento, razões de natureza subjetiva do juiz, ou seja, o elemento intencional. Assim, mesmo que o magistrado, no foro de sua consciência, saiba que não será parcial, tendencioso, subsistirá o obstáculo legal à sua atuação no processo sempre que se configurar uma das situações indicadas nos incisos I a IX, do art. 144, do CPC.

O juiz, como representante, por excelência, do Estado, tem o dever de ser neutro, imparcial, seja na condução do processo — oportunidade em que deve ministrar um tratamento equânime às partes, nos termos do art. 139, I, do CPC —, seja no momento da entrega da prestação jurisdicional. Eventual quebra desse dever de imparcialidade poderá conduzir à decretação de nulidade do processo.

A imparcialidade do magistrado constitui um pressuposto legal de validade da relação jurídica processual.

2.3.3.2. Prazo

Ao contrário da incompetência relativa, o impedimento do magistrado pode ser alegado por qualquer dos litigantes. Se, por exemplo, o juiz for irmão do autor, a exceção deverá ser oferecida pelo réu; se o parentesco do magistrado for com o réu, a arguição de impedimento haverá de ser formulada pelo autor.

No que concerne ao prazo para o oferecimento da exceção, entretanto, há alguma dificuldade para precisá-lo, em determinadas situações.

1) Consideremos, inicialmente, que a arguição deva ser feita pelo réu. Em princípio, seria de sustentar-se que a exceção deveria ser oferecida em audiência, sob a forma específica de resposta, levando-se em conta a dicção do art. 335, do CPC, congeminada com a do art. 846, da CLT. Conquanto seja assim que venha ocorrendo

na prática, isso não quer dizer que a exceção de impedimento do juiz somente possa ser apresentada em audiência. Procuraremos demonstrar, nas linhas que se seguirão, que essa arguição poderá ser realizada não apenas na audiência, mas, quando for o caso, antes ou depois dela.

Com efeito, se o réu, ao ser citado, ficar ciente do impedimento do magistrado, tanto poderá aguardar a audiência, para apresentar a pertinente exceção, como antecipar-se a esse momento, e, desde logo, oferecer a exceção. Imaginemos que o réu tenha justificado receio de que, antes da audiência, o juiz impedido venha a praticar certos atos processuais relevantes, capazes de exercer influência na sua vida ou no seu patrimônio, como conceder liminar, *inaudita altera parte*, ou tutela de urgência ou da evidência. Neste caso, seria insensato exigir que a exceção somente fosse formulada em audiência, quando as referidas influências poderiam estar consumadas. Pensemos na ação em que o trabalhador procura conseguir um provimento jurisdicional declaratório na nulidade da transferência de local de trabalho, que lhe está sendo imposta, cuja inicial tenha sido distribuída para um magistrado impedido. Se o réu devesse aguardar a audiência, para ingressar com a exceção, correria o risco de ver o juiz conceder, liminarmente, a medida inibitória (CLT, art. 659, inciso IX), que corresponde, em sua essência, a uma espécie de antecipação provisória dos efeitos inerentes ao provimento de mérito. É evidente que, no exemplo citado, o réu teria inegável interesse — mais do que isso: necessidade — de afastar o juiz da condução do processo, logo de início, a fim de colocar-se a salvo de ocasional constrangimento jurídico, pessoal ou patrimonial, causado pela atuação do magistrado impedido.

O mesmo se afirme, *mutatis mutandis*, quanto às tutelas provisórias (CPC, art. 294), hipótese em que um juiz impedido poderia conceder, de plano e sem audiência do réu, a providência solicitada.

O réu pode, ainda, alegar o impedimento do juiz *depois* da audiência, ou seja, após haver contestado a ação, desde que a causa do impedimento seja *superveniente* (o magistrado vem a casar-se com uma das partes; tornar-se tio ou sobrinho de uma delas, etc.). Em livro anterior, dissemos que a exceção, neste caso, poderia ser arguida a qualquer tempo, ou seja, mesmo depois de decorrido o prazo de quinze dias, previsto no art. 305, do CPC de 1973, levando em conta o fato de o impedimento constituir um veto legal absoluto à atuação do magistrado. Não haveria, aqui, preclusão para a parte. Na verdade, expressamo-nos de maneira imperfeita naquela altura; por isso, estamos, agora, corrigindo o nosso pronunciamento. Embora o art. 305, daquele CPC, dispusesse que o direito de formular exceção poderia ser exercido em qualquer tempo ou grau de jurisdição, a mesma norma legal fixava em quinze dias o prazo para isso, contado da data em que a parte teve conhecimento do fato motivador da exceção (de incompetência relativa, de suspeição ou de impedimento). Exaurido esse prazo, sem que a exceção tivesse sido apresentada, formar-se-ia, contra a parte, a preclusão "temporal", que lhe retiraria a possibilidade de exercer o direito de procurar afastar o juiz da causa em decorrência de seu impedimento (para cogitar, apenas, desta causa legal). Restaria à parte, nesta hipótese, ingressar, no momento oportuno, com ação rescisória, fundada no inciso II, do art. 485, daquele CPC.

2) Também ao autor será lícito alegar, mediante exceção, o impedimento do juiz, tão logo tenha ciência do motivo capaz de obstar a atuação deste, no processo (CPC atual, art. 146)

Se, por exemplo, ele souber que a petição inicial foi distribuída a um juiz impedido, cumprir-lhe-á, ato contínuo, ingressar com a exceção. Em algumas Regiões da Justiça do Trabalho, a propósito, adotou-se um procedimento, que, se não está previsto em lei, com esta não conflita: por ato do Diretor do Fórum ou do Corregedor, determina-se que as petições iniciais subscritas por certo advogado não sejam distribuídas a determinado órgão de primeiro grau, a fim de ser evitado o impedimento do magistrado que aí atua. É óbvio, que, neste caso, haverá compensação na distribuição.

Em algumas localidades, há um só órgão de primeiro grau da jurisdição trabalhista. Diante disso, se o autor entender que o juiz está impedido de exercer as suas funções no processo, deverá, segundo pensamos, apresentar, a um só tempo, no serviço de protocolo, a petição inicial e a exceção; dessa forma, resolvida esta, o processo principal será deflagrado de imediato, possibilitando, assim, a citação do réu.

Em livro anterior afirmamos que também para o autor não haveria preclusão do direito de ingressar com exceção de impedimento, considerando-se a existência de veto legal absoluto à atuação de magistrado impedido. Estamos reformulando essa opinião. Decorrido o prazo de quinze dias, contados da ciência do autor quanto ao fato determinante do impedimento do magistrado (CPC, art. 146), sem que seja apresentada a correspondente exceção, ficará precluso o direito de ele vir a fazê-lo posteriormente. Transitando em julgado a sentença, estará aberta a via para o exercício da ação rescisória (CPC, art. 966, inciso II).

Em circunstâncias normais, portanto, a parte — seja o autor ou o réu — deverá arguir, por meio de exceção, no prazo de quinze dias, o impedimento do juiz, sob consequência de preclusão. Em face disso, surge uma questão interessante: e se o motivo do impedimento somente aflorar após o proferimento da sentença, estando aberto, ainda, o prazo para a interposição de recurso: como compatibilizar-se o prazo recursal trabalhista de oito dias com o prazo de quinze dias para a arguição do impedimento (CPC, art. 146)? Devemos, desde já, observar que neste caso não se poderá alegar o impedimento por meio de exceção, uma vez que a sentença já foi proferida e publicada, tendo, por isso, o juiz exaurido a sua função naquela fase do processo de conhecimento; logo, na situação em exame ele não poderia julgar a exceção, pois isso poderia implicar a anulação da sentença e a consequente violação da regra contida no art. 494, do CPC. Sendo assim, a alegação de impedimento deverá ser feita a título de preliminar do recurso que vier a ser interposto da sentença — o que corresponde a afirmar que o prazo para essa alegação será coincidente com o da interposição do apelo. A finalidade dessa preliminar será obter a nulidade de todo o processo, ou de parte deste, dependendo do momento em que o juiz impedido passou a atuar nos autos. Vê-se, portanto, que embora a parte somente tenha tomado conhecimento da causa de impedimento do magistrado depois da sentença, os efeitos do acórdão do tribunal, declaratório da nulidade do processo, retroagirão ao momento em que o juiz impedido praticou o primeiro ato no processo. Ao admdir o recurso, o magistrado poderá informar as razões pelas quais não se considera impedido de atuar naquele processo, ou reconhecer o seu impedimento. A parte contrária, terá, nas contra-razões, oportunidade para manifestar-se sobre o impedimento alegado. Esta solução que estamos a preconizar, embora não seja ortodoxa, é a que, segundo cremos, melhor se ajusta à particularidades do caso e às normas legais incidentes.

2.3.3.3. Casuística

O art. 144, do CPC, indica os casos de impedimento do magistrado:

a) Em que interveio como mandatário da parte, oficiou como perito, funcionou como membro do Ministério Público ou prestou depoimento como testemunha

a.a.) Mandatário da parte

Embora, em geral, na prática, o impedimento do magistrado decorra de mandato judicial, o veto legal à sua atuação no processo alcança também os casos de mandato extrajudicial. Desse modo, pouco importa que o juiz figure nos autos como advogado de uma das partes, como representante legal (nos termos do art. 75, do CPC) ou preposto, porquanto, em todas essas situações, estará impedido de atuar.

São frequentes os casos em que o advogado se torna juiz do trabalho, e, mais tarde, tem diante de si autos de processo no qual funcionou como procurador judicial de um dos litigantes. O impedimento, aqui, estará configurado, impondo-lhe o dever de abster-se de funcionar nesse processo. Mesmo que a procuração recebida tenha sido revogada ou haja ele renunciado ao mandato, não deixará de existir o impedimento, ainda que tenham sido mínimos os atos praticados. Pensamos, mesmo, que o impedimento se caracteriza pela mera outorga da procuração, ainda que o advogado, agora juiz, não tenha praticado nenhum ato no processo. Sucede que essa simples outorga já revela uma relação (profissional) entre o magistrado e a parte, fato que é suficiente para obstar a atuação do primeiro nos autos em que a segunda figura como parte. Não ignoramos que a lei se refere à *intervenção* do advogado no processo. A despeito disso, seguimos entendendo que o fato de a procuração por ele recebida habilitá-lo a intervir no processo é suficiente para fazer nascer o seu impedimento, tempos depois, como juiz. Como dissemos, a existência dessa procuração demonstra que houve uma relação de confiança (portanto, com certa intimidade) entre o magistrado (então, advogado) e a parte.

Estamos convencidos de que também haverá impedimento se o mandatário da parte era *estagiário de direito*, que, tempo depois, ingressa na magistratura e passa a atuar nos mesmos autos em que exercera a mencionada representação. Note-se que a norma legal em foco não faz referência ao advogado, e sim, ao fato de alguém haver intervindo nos autos na qualidade de *mandatário* da parte. E o estagiário, nos casos previstos em lei, pode ser investido nos *status* formal de mandatário.

Questão ainda não arrostada a fundo pela doutrina respeita ao fato de o juiz haver emitido parecer, cujas conclusões sejam favoráveis a um dos litigantes. Estamos, como se nota, cogitando daquelas situações em que o magistrado é, também, o que se convencionou denominar de jurista ou jurisconsulto.

O assunto deve ser examinado sob dois ângulos distintos:

1) se o parecer foi elaborado a pedido de terceiro, sem qualquer vinculação com o caso concreto, nenhuma restrição haverá à atuação do magistrado. Nesta hipótese, a parte apenas usou o mencionado parecer como adminículo doutrinal às suas razões, à semelhança do que ocorre com os artigos elaborados pelos juristas em geral e publicados em revistas ou jornais especializados, que são juntados aos autos pelos litigantes;
2) se o parecer foi produzido a pedido de uma das partes, a situação, também aqui, se desdobra, conforme essa elaboração tenha ocorrido: a) antes do ajuizamento da ação, ou b) no curso do processo.

No primeiro caso, não se poderá cogitar de impedimento, pois não há previsão legal para ao fato. Haveria, entretanto, motivo para *suspeição* do magistrado, não por eventual amizade íntima com a parte que solicitou o parecer, mas pela justificável tendência de o juiz julgar de acordo com as conclusões lançadas no parecer, particularidade que faria aflorar o seu interesse no julgamento da lide em favor do mencionado litigante (CPC, art. 145, inciso V). Ademais, é razoável imaginar que a parte pagou honorários por esse parecer. No segundo, a suspeição seria ainda mais nítida, porquanto o juiz, ao confeccionar o parecer a pedido de uma das partes, encontrando-se em curso o processo, estaria, ainda que por vias transversas, sutis, aconselhando, censuravelmente, essa parte acerca do objeto da causa, e, com isso, incidindo na restrição legal (CPC, art. 145, inciso II). Essa suspeição, a nosso ver, estaria configurada mesmo que o parecer tivesse sido elaborado de maneira gratuita.

Em suma, tanto num caso quanto noutro não haverá impedimento, e sim, suspeição.

a.b.) Perito

Havendo, o magistrado, oficiado nos autos como perito, estará impedido de aí atuar. É elementar que se trata de hipótese em que o perito funcionou antes de haver-se tornado juiz; se já o fosse, não poderia exercer as suas funções de experto.

Haverá impedimento mesmo que o juiz tenha atuado como assistente do perito.

Pergunta-se: a partir de que momento se estabelece, para o magistrado, o impedimento, em decorrência de haver atuado nos autos como perito: da prestação do compromisso legal; da realização do exame técnico; da apresentação do laudo?

A simples prestação do compromisso legal, a nosso ver, não cria o impedimento, pois esse ato não traduz uma efetiva atuação do perito, senão que o atendimento a uma formalidade legal. Cabe esclarecer que a despeito de o art. 466, *caput*, do CPC, dispensar o perito desse compromisso, a CLT o exige, como demonstra o art. 827: o juiz poderá arguir "os peritos *compromissados*". (destacamos)

Quanto ao fato de haver realizado o exame (mas não tendo chegado a apresentar o laudo correspondente), em princípio deve gerar o impedimento, pois o juiz poderá ser levado a decidir sob forte influência de seus conhecimentos privados do fato, adquiridos em função da perícia, o que é inadmissível, porquanto não se trata de fato notório, nem incontroverso (CPC, art. 374, incisos I a III), e, quanto menos, de máxima de experiência (CPC, art. 375).

Por mais forte razão, o impedimento se caracterizará se houve a entrega do laudo. Realmente, se já consta dos autos o parecer do perito, e considerando que constitui meio de prova, não será lícito ao magistrado formar o seu convencimento jurídico com base em um laudo por ele próprio produzido, ao tempo em que exercia as funções de experto. Mesmo que o juiz — argumentando-se em tese — não acatasse as conclusões estampadas no laudo, isso não tornaria lícita a sua atuação nos autos, uma vez que, neste, oficiou como perito.

a.c.) Membro do Ministério Público

Tendo o juiz funcionado como agente (membro) do Ministério Público, estará impedido de exercer as funções no processo. Uma nótula é necessária: se o Ministério Público atuou como *parte*, o impedimento do magistrado decorrerá da dicção do inciso IV, do art. 144, do CPC; se como fiscal da lei, o impedimento virá do inciso I, do mesmo dispositivo legal. Foi com vistas a esta última hipótese que expendemos nossas considerações a propósito do assunto.

Cabe, aqui, uma indagação: se o procurador do trabalho participou de sessão do tribunal, na qualidade de fiscal da lei, sem, contudo, haver se manifestado, ele estará impedido de atuar nesse mesmo processo se, mais tarde, já aposentado, passar a advogar? O assunto é polêmico, Os que sustentam não haver impedimento, neste caso, argumentam com o fato de o ex-procurador não haver praticado nenhum ato na referida sessão do tribunal. Não concordamos com essa opinião. Embora possa não ter se manifestado nessa oportunidade, ele poderia ter tido acesso aos autos, conversado com os juízes integrantes da turma ou câmara, trocado ideias com estes, etc., de tal modo que não seria ético que ele, valendo-se dessa prerrogativa, viesse, mais tarde, a valer-se das opiniões dos juízes como fundamento dos argumentos que aduziria, como advogado, no mesmo processo.

a.d.) Testemunha

É óbvio que se o juiz prestou declarações nos autos, como testemunha, estará impedido de aí atuar. Sendo o testemunho um meio de prova, seria aberrante do bom-senso imaginar que o juiz pudesse decidir com fulcro nas próprias declarações prestadas como testemunha. Mesmo que ele desprezasse essas declarações, o seu impedimento subsistiria, em face de sua participação.

É irrelevante, ainda, que viesse a decidir contra a parte que o arrolou como testemunha, ou que a sua indicação haja decorrido da iniciativa do magistrado, que, na época, conduzia o processo ("testemunha referida").

Assinale-se que a situação contemplada pela norma legal em exame é a do juiz que presta declarações, como testemunha, antes de haver ingressado na magistratura. Assim dizemos, porque se o juiz da causa for apontado como testemunha, deverá: a) declarar-se impedido, se tiver conhecimento de fatos, que possam influir na decisão; b) se nada souber, mandará excluir o seu nome (CPC, art. 452, incisos I e II). A proibição legal de o magistrado da causa servir como testemunha consta, por igual, do art. 447, § 2.º, inciso III, do mesmo Código.

Preceitua o § 4.º do art. 447, do digesto processual civil, contudo, que, sendo estritamente necessário, poderão ser ouvidas "testemunhas" menores de idade, impedidas ou suspeitas. Em rigor, a menção legal às testemunhas é equivocada, dado que se tais pessoas ficam dispensadas do compromisso legal (CPC, art. 458), como afirma o art. 447, § 4.º, é evidente que serão ouvidas como meros informantes. Essa nossa objeção, entrementes, não alcança o juiz da causa. Assim, como asseveramos há pouco, se ele for arrolado como testemunha e tiver conhecimento de fatos capazes de influir no resultado do julgamento deverá dar-se por impedido, caso em que a parte que o indicou não poderá desistir do seu depoimento (CPC, art. 452, inciso I). A proibição quanto a essa desistência se destina a impedir que a parte indique o magistrado como testemunha apenas para afastá-lo da direção do processo. Desta forma, ele deverá ser inquirido pelo juiz que for designado em seu lugar, não como informante, e, sim, como testemunha. O impedimento, de que fala o art. 452, I, do CPC, é quanto ao exercício das funções de magistrado, não sendo defeso, portanto, ao juiz (que se afastou do processo) ser ouvido como testemunha.

O que não se pode admitir é que o juiz se ofereça como testemunha para ser inquirido no processo a que dirige. Essa atitude seria comprometedora do prestígio e da dignidade do Poder Judiciário, pois o que as partes desejam é que o magistrado conduza com imparcialidade o processo e profira a sentença, e, não, que se disponha, por iniciativa própria, a servir como testemunha em favor de uma delas.

b) De que conheceu em outro grau de jurisdição, tendo proferido decisão

Por força da norma legal supracitada, o juiz estará proibido de exercer as suas funções no processo que conheceu em outro grau de jurisdição, tendo-lhe proferido sentença ou decisão. O CPC de 1973 aludia ao fato de o juiz haver conhecido da causa *em primeiro grau* de jurisdição, tendo-lhe proferido *sentença* ou decisão (art. 134, IV).

No texto do Projeto do Código de Processo Civil de 1973, esse veto era previsto, apenas, com relação aos processos em que o magistrado houvesse emitido sentença. Em decorrência de alteração introduzida por Emenda apresentada pela Comissão Especial do Senado, acrescentou-se ao texto o vocábulo *decisão*, por forma a tornar mais ampla a proibição dirigida ao magistrado. Essa modificação foi acertada, considerando-se os termos segundo os quais se encontrava redigido, primitivamente, o dispositivo citado. Ocorre que se a referência fosse, apenas, à sentença, o juiz poderia funcionar no mesmo processo, em segundo grau, ainda que, em primeiro, houvesse proferido, nele, alguma decisão (geralmente, interlocutória). Por outro lado, se o texto aludisse, somente, às decisões, isso poderia levar à absurda conclusão que o fato de haver proferido sentença não criaria o impedimento do magistrado.

Todavia, o CPC de 2015, conforme vimos, considera suspeito o juiz que tenha conhecido o processo em outro grau de jurisdição, "tendo proferido decisão" (art. 144, II). O vocábulo *decisão* foi aqui utilizado em sentido genérico, por forma a compreender a própria sentença.

A regra inscrita no art. 144, inciso II, do atual digesto de processo civil, merece alguns escólios exegéticos.

Em primeiro lugar, o impedimento do juiz se prende ao fato de haver proferido, num mesmo processo, decisão. Em princípio, portanto, esse impedimento inexistirá se, embora sendo idêntica a matéria, ele a tenha apreciado em primeiro grau, mediante sentença, num determinado processo, vindo a examiná-la, mais tarde, no tribunal, em outro processo. Em segundo, como o impedimento se constitui no tocante ao mesmo processo, algumas conclusões lógicas se extraem: a) esse veto subsistirá ainda que o magistrado tenha sido, digamos, relator do acórdão num Tribunal Regional, e, mais tarde, quando integrante do Tribunal Superior do Trabalho, venha a ser sorteado como relator, no mesmo processo, em face do recurso de revista interposto do acórdão emitido pelo Regional. Não se justificava, pois, a referência restritiva que o CPC de 1973 fazia ao fato de o juiz haver proferido sentença ou decisão *em primeiro grau de jurisdição*; ora, se ele funcionou no mesmo processo, ainda que, num primeiro momento, num Tribunal Regional, e, num segundo, num Tribunal Superior, terá sido desrespeitado o verdadeiro objetivo da vedação contida no inciso II, do art. 144; b) se, porém, o juiz proferiu a sentença rescindenda, não estará impedido de participar do julgamento (inclusive como relator) da ação rescisória. Esse é o entendimentio jurisprudencial cristalizado na Súmula n. 252, do Supremo Tribunal Federal. Dá- se que, neste caso, a atuação do juiz, na ação rescisória, ocorre em outro processo, vale dizer, em processo diverso daquele em que foi lançada a sentença rescindenda. A ação rescisória — nunca é inútil recordar — instaura uma nova relação jurídica processual, razão por que dela pode participar o juiz que haja funcionado no julgamento que produziu a sentença cujos efeitos se visa a desconstituir.

Impõe-se, aqui, uma regra de temperamento, de bom senso. Parece-nos que, a despeito da Súmula n. 252, do Excelso Pretório, haverá impedimento se a ação rescisória fundar-se em certos fatos que digam respeito à *pessoa* do magistrado, como se verifica, por exemplo, nas alegações de prevaricação, concussão, corrupção e impedimento. A considerar-se que inexistirá impedimento, ter-se-á de admitir que o juiz, em sede de ação rescisória, pode manifestar- se, sob a forma de voto, acerca da afirmação, feita pela parte, de atos de corrupção ou de concussão, que lhe são irrogados, e que teriam sido praticados quando do proferimento da sentença rescindenda. Se bem pensarmos, veremos que ele estaria, nesta hipótese, sendo juiz em causa própria, o que é inconcebível em um Estado Democrático de Direito; c) se o magistrado houver, tão somente, proferido despacho não estará impedido de participar do processo. Uma ressalva, entretanto, se faz necessária, O despacho, que não inibe a atuação do juiz no processo, em outro grau de jurisdição, é, apenas, aquele do tipo ordinatório ou de expediente, destinado à simples impulsão processual.

Sabemos, contudo, que há certos despachos que contêm um *plus*, com relação aos ordinatórios: são os *decisórios*, que configuram um ato resolutivo, por parte do magistrado, com carga mais intensa do que aquela que pode ser encontrada em alguns despachos de mero expediente. Exemplo característico do despacho-decisório (conquanto não seja o único), de que estamos a cuidar, é aquele pelo qual o magistrado não admite recurso. O caráter profundamente decisório desse despacho fez, inclusive, com que o legislador trabalhista o tornasse suscetível de ataque pelo recurso de agravo de instrumento (CLT, art. 897, letra "*b*"). Desta forma, se o juiz emitiu o despacho-decisório, denegatório do recurso, não poderá participar do julgamento, no tribunal, do agravo de instrumento interposto daquele despacho, pois a sua atuação estaria se dando no mesmo processo. É sempre relevante lembrar que o recurso, ao contrário da ação rescisória, não instaura uma nova relação jurídica processual, senão que, de certa maneira, distende, amplia a que se formou em primeiro grau.

Para efeito de configuração do impedimento, pouco importa se a sentença (para cogitarmos somente desta) tenha apreciado, ou não, o mérito da causa. Assim, se, em primeiro grau, o juiz extinguiu o processo sem resolução do mérito, por haver, *e. g.*, declarado inepta a petição inicial, estará impedido de participar do julgamento do recurso ordinário que vier a ser interposto dessa sentença, ou mesmo do recurso interposto da sentença de mérito, proferida no mesmo processo, no caso de o tribunal haver afastado o decreto de inépcia e ordenado a devolução dos autos ao juízo de primeiro grau, para apreciar os pedidos formulados pelo autor, como entendesse de direito. Em todas essas situações, ao juiz seria defeso participar do julgamento do recurso, por haver proferido a sentença impugnada.

Podemos, mesmo à luz do art. 144, inciso II, do CPC, construir as seguintes regras, de ordem prática: a) o juiz estará impedido de atuar no mesmo processo, em outro grau de jurisdição, sempre que, nele, houver emitido decisão (*lato sensu*), ou não. É despiciendo, para esse fim, que a sentença (sendo de mérito) tenha sido desconstituída em virtude de ação rescisória; b) o juiz, contudo, não estará impedido de participar do julgamento da sentença rescindenda por ele proferida, exceto se a ação rescisória fundar-se em fatos que digam respeito, essencialmente, à pessoa do magistrado, à sua honorabilidade, ao seu caráter, etc. (prevaricação, concussão, corrupção, impedimento). Em todo o caso, será sempre recomendável que o magistrado, para preservar a imagem do Poder Judiciário perante a comunidade em geral, se afaste da causa (ação rescisória), ainda que a isso não esteja obrigado.

Estaria, contudo, impedido de atuar no tribunal, no processo de mérito, o magistrado que, ao tempo em que exercia as suas em primeiro grau de jurisdição, proferiru sentença no processo cautelar conexo com a ação principal, de mérito? Certamente que sim. Em que pese ao fato de o inciso II, do art. 144, do CPC, permitir entrever que somente haveria impedimento se o juiz atuasse *no mesmo processo*, as regras de bom senso sugerem que seja considerado impedido de atuar no processo principal — vale dizer, em *outro* processo — sempre que o cautelar esteja intimamente vinculado ao principal. A propósito, esse impedimento haveria mesmo que se tratasse de dois processos de mérito, desde que conexos. Digamos, por exemplo, que o juiz haja proferido sentença *declaratória* (portanto, quando atuava em primeiro grau) a favor do autor e que, posteriormente, já no tribunal, os autos pertinentes a outro processo de mérito — desta feita, contendo sentença *condenatória* —, conexo com o anterior, lhe sejam distribuídos, como relator ou revisor, ou que sejam incluído em pauta de julgamento por turma de que o referido magistrado participe mesmo não sendo relator nem revisor.

c) Quando nele estiver postulando, como defensor público, advogado ou membro do Ministério Público, seu cônjuge ou companheiro, ou qualquer parente, consanguíneo ou afim, em linha reta ou colateral, até o terceiro grau, inclusive

Se estiver postulando nos autos, como defensor público, advogado, membro do Ministério Público, o cônjuge ou a companheira, do juiz, ou qualquer outro parente seu, consanguíneo ou afim, em linha reta ou na colateral, até o terceiro grau, o magistrado estará impedido de exercer as suas funções nesse processo.

A razão é óbvia: presume-se que o juiz terá o seu senso (e, acima de tudo, o dever) de imparcialidade perturbado pelo fato de o defensor público, o advogado ou o membro do Ministério Público, que esta atuando em nome da parte, ser seu cônjuge, companheira ou parente. Por esse motivo, o legislador, cauteloso, o afastou da direção do processo.

Perceba-se, contudo, que a caracterização do impedimento do magistrado, na espécie em exame, pressupõe que o defensor público, o advogado ou o membro do Ministério Público já se encontrasse postulando nos autos. É o que consta do § 1.º, do art. 144, do CPC. Adverte, por outro lado, o § 2.º da norma legal mencionada ser proibida a criação de fato superveniente, com o objetivo de caracterizar o impedimento do magistrado.

Na edição anterior deste livro, manifestamos a opinião de que se a companheira ou a concubina do magistrado estivesse atuando como advogada da parte, o caso seria de suspeição, lembrando que aquele Código não fazia referência a nenhuma delas. O CPC de 2015, entretanto, inseriu a companheira (ou companheiro) no elenco das causas de impedimento do magistrado (art. 144, III). E assim deverá ser considerado, doravante. Quanto à concubina, porém, entendemos que continua a ser motivo de suspeição, em virtude de sua íntima relação com o magistrado (CPC, art. 145, I),

Como ficará, no entanto, a situação se o casamento foi desfeito (divórcio) ou declarado nulo? Não se podendo, neste caso, falar em cônjuge, e não sendo razoável imaginar-se que o ex-cônjuge jamais pudesse influir na disposição do ânimo do juiz, julgamos que, também aqui, haverá causa de *suspeição*. Parente é a pessoa que se vincula a uma outra por um mesmo tronco (consanguinidade) ou por ser uma delas consanguínea do cônjuge da outra (afinidade). Linha reta é a que liga ascendentes e descendentes: avós, pais, filhos, netos; linha colateral é a que se estabelece entre entre pessoas que têm o mesmo tronco, excluídos os ascendentes e os descendentes: irmãos, primos.

Observemos que a norma legal proíbe o juiz de exercer as suas funções na causa em que atue, como advogado, um seu parente em linha *reta, sem limitação de grau* (essa limitação só existe no caso da linha *colateral*).

Segundo o art. 1.591, do CC, são parentes em linha *reta* "as pessoas que estão umas para com as outras na relação de ascendentes e descendentees". O art. 1.592, do mesmo Código, declara serem parentes em linha *colateral* ou *transversal,* até o quarto grau, "as pessoas provenientes de um só tronco, sem descenderem uma da outra".

Em razão disso, é oportuno rememorarmos, nesta altura, algumas regras a respeito da fixação dos graus de parentesco. Esse grau se define segundo o número de gerações que separam duas pessoas. Há, entretanto, uma peculiaridade quanto à contagem das gerações, pois se considera uma na linha reta e outra na colateral. Desse modo, na primeira, subimos ou descemos os graus necessários para ir de uma pessoa para outra. Se desejarmos seguir, p. ex., do filho para o pai, subiremos um grau; se pretendermos o contrário, deveremos descer um grau. Temos, pois, que pai (ascendente) e filho (descendente) são parentes em primeiro grau; avô e neto, em segundo; bisavô e bisneto, em terceiro; trisneto e trisavô, em quarto grau; tetraneto e tretravô, em quinto grau, e, assim, sucessivamente. Como esclarece a primeira parte do art. 1.594, do CC, na linha reta os graus de parentesco são contados pelo número de gerações.

Contagem diversa ocorre na linha colateral. Aqui, subimos de uma pessoa até o descendente comum, para, depois, descermos até a outra. Daí vem que irmãos são parentes em segundo grau; tios e sobrinhos, em terceiro; primos, em quarto, e, assim, por diante. Por *afinidade*, temos os sogros (primeiro grau); genros e noras (primeiro grau); padrasto (primeiro grau); enteado (primeiro grau); cunhado (segundo grau). A este respeito, dispõe a parte final do art. 1.594, do CC, que na linha colateral as gerações são também contadas pelo número delas, "subindo de um dos parentes até o ascendente comum, e descendo até encontrar o outro parente".

O mesmo critério é utilizado para definir os graus de parentesco por afinidade. Por isso, cunhados são parentes em segundo grau; sobrinho (por afinidade) em terceiro, etc.

Para os efeitos do inciso III do art. 144, do CPC, deve ser reiterada a observação de que não há limite para o impedimento na linha reta; já na colateral, o dever de abstenção do magistrado só existe até o parentesco em segundo grau (irmão).

Com relação ao ex-cônjuge e seus parentes por afinidade, deixa de existir a causa de impedimento do magistrado. Ocorre que apenas a afinidade em linha reta não desaparece com a dissolução do casamento; assim sendo, a afinidade em linha colateral se extingue (CC, art. 1.595, § 2.º). Como consequência desta última, em rigor, o magistrado não está impedido de exercer as suas funções na causa em que o seu ex-cunhado atua como advogado. Apesar disso, poderão existir fortes razões para que o juiz seja considerado suspeito, seja porque mantém amizade íntima com o seu ex-cunhado, seja porque se tornou seu inimigo (CPC, art. 145, inciso I).

O mesmo se pode afirmar com relação ao compadrio: conquanto este não seja caso de impedimento, pode revelar uma suspeição do magistrado.

Uma nota elucidativa: se bem examinarmos, veremos que o inciso III, do art. 144, do CPC, contém uma vedação recíproca. Deste modo, se o defensor público, o advogado ou o membro do Ministério Público já estava atuando no processo, o juiz não pode funcionar neste mesmo processo; se, ao contrário, o juiz já estava exercendo as suas funções no processo, as referidas pessoas ficam impedido de atuar nesta mesma causa (CPC, art. 144, § 2.º).

d) Quando for parte no processo ele próprio, seu cônjuge ou companheiro, ou parente, consanguíneo ou afim, em linha reta ou colateral, até o terceiro grau, inclusive

d.a.) O juiz

Conquanto o juiz, na qualidade de representante estatal, seja sujeito desinteressado do processo, está legalmente impedido de funcionar nos casos em que seja parte. É proveitoso lembrar que o vocábulo *parte* é originário do latim *pars, partis*, e sugere a ideia de porção de um todo — que é a lide —, de elemento fragmentário de alguma coisa. A proibição legal, a que nos referimos, corresponde, na ordem processual, ao dito popular, segundo o qual "ninguém pode ser juiz em causa própria".

Embora se entenda como parte a pessoa integrada na relação jurídica processual, como sujeito do contraditório estabelecido perante o juiz (Liebman), o conceito dessa figura, para os efeitos da vedação contida no art. 144, inciso IV, do digesto de processo civil, é amplo. Assim, haverá também de ser considerado parte o magistrado que figurar no processo como opoente, litisdenunciado, nomeado à autoria, chamado ao processo, terceiro embargante, assistente.

Do mesmo modo, será tido como parte o juiz que se encontre como substituído nos autos. Se, por exemplo, o magistrado é professor em determinado estabelecimento de ensino superior, em face do qual o sindicato representativo da correspondente categoria profissional ingressa em juízo na qualidade de substituto processual, e coincidindo de a ele ser distribuída a inicial, deverá declarar-se impedido. Ainda que o magistrado não seja parte, na ação ajuizada pelo sindicato (este, sim, na verdade é parte), nem por isso deixará de existir o veto legal à sua atuação no processo, pois não se pode ignorar o fato de que ele é o titular do direito material postulado naquela ação. E isso é o quanto basta para fornecer a medida do seu interesse na demanda.

A entender-se de modo diverso, na situação de que estamos a nos ocupar, estar-se-á a consagrar o absurdo de autorizar o juiz a proferir sentença em uma causa na qual são evidentes os seus interesses como substituído. Estar-se-á, em derradeira análise, a permitir que seja juiz de sua própria causa.

Como regra, podemos dizer que o magistrado estará impedido de atuar no processo, à luz do art. 144, inciso IV, do CPC, sempre que ficar patente o seu interesse pessoal (e direto) no objeto da ação.

Somente em casos verdadeiramente excepcionais, em que nenhuma outra solução jurídica possa ser encontrada, será permitida a atuação do magistrado em processo no qual figure como parte ou como interessado direto. Se, digamos, os juízes federais ajuizarem ação diante da União, visando ao obtenimento de determinado reajuste dos vencimentos, que venha a beneficiar toda a magistratura federal (juízes de primeiro e de segundo graus, a competência para apreciar a ação será da própria Justiça Federal. Desse modo, a ter-se como suspeitos os juízes federais, a ação ficaria sem ser apreciada, o que é inadmissível diante do art. 5.º, inciso XXXV, da Constituição da República. O mesmo se afirme quanto aos Ministros do STF, no caso de haver sido exercida, neste Tribunal, "ação em que todos os membros da magistratura sejam direta ou indiretamente interessados" (CF, art. 102, inciso I, letra "*n*").

Fora disso, o impedimento deve ser declarado pelo magistrado, logo que tomar conhecimento do fato determinante, sob pena de ensejar que a parte o faça, por meio de exceção específica.

Nunca é desútil repisar que a participação, no processo, de juiz impedido, é de tal modo grave que a sentença, por ele proferida, pode ser objeto de ação rescisória (CPC, art. 966, inciso II), como tantas vezes assinalamos.

d.b.) Cônjuge, companheiro ou parente

Não se confundem as situações previstas nos incisos III e IV, do art. 144, do estatuto processual civil. Enquanto na primeira (inciso III, por nós já examinada, o parentesco é entre o advogado da parte e o juiz, na segunda (inciso IV), esse parentesco se dá entre a própria parte e o magistrado.

Nesta hipótese, o juiz estará impedido sempre que for cônjuge, companheiro ou parente (consanguíneo ou afim) de um dos litigantes, em linha reta, ou na colateral, até o terceiro grau.

Tanto no caso do inciso III, quanto no do IV, o parentesco, por consanguinidade ou afinidade, em linha reta, será sempre causa de impedimento do magistrado. A diferença (além da já destacada no início) entre os dois incisos está em que, neste, o impedimento existirá, na linha colateral, até o terceiro grau (tio ou sobrinho).

O processo do trabalho, no entanto, não faz nenhuma distinção entre a linha reta e a colateral, afirmando, apenas, que o impedimento ("suspeição", diz, mal, o art. 801, letra "*c*", da CLT) haverá se o juiz for parente de uma das partes, por afinidade ou onsideraidade, até o terceiro grau civil.

Voltemos a dedicar atenção ao vocábulo *cônjuge*, utilizado pelo legislador para estabelecer uma das causas de impedimento do magistrado. É evidente que se o juiz for casado com a parte, o impedimento estará configurado. Afirmamos há pouco, todavia, que a concubina não pode ser considerada cônjuge, para efeito de incidência do inciso IV, do art. 144, do CPC, motivo por que deve ser causa de simples suspeição do magistrado. Mantemos essa opinião. Apesar disso, queremos, aqui, referir uma situação não apreciada anteriormente, capaz, a nosso ver, de fazer com que as relações afetivas do juiz com a concubina possam, realmente, gerar o seu impedimento. É quando houver filhos comuns e desde que a filiação seja reconhecida, na forma da lei. Neste caso, a presença de filho (ou de filhos) faz com que o vínculo efetivo entre o juiz e a concubina se torne mais concreto e expressivo, de tal modo que se possa onsidera-lo impedido de funcionar nos autos em que a concubina seja parte (mesmo não sendo ele, juiz, réu).

e) Quando for sócio ou membro de direção ou de administração de pessoa jurídica parte no processo

Se o juiz for ocupante de cargo de direção ou de administração de pessoa jurídica, parte na causa, estará impedido de exercer as suas funções nesse processo. Pouco importa, para esse fim, que se trate de pessoa física de direito público ou de direito privado.

É bem verdade que dispondo o art. 95, parágrafo único, inciso I, da Constituição Federal em vigor, ser vedado ao juiz "exercer, ainda que em disponibilidade, outro cargo ou função, salvo uma de magistério", torna-se praticamente impossível que ele acumule, com as suas funções de magistrado, a de membro de direção ou de administração de pessoa jurídica, ainda que esta não tenha finalidade econômica.

A Lei Orgânica da Magistratura Nacional (Lei Complementar n. 35, de 14 de março de 1979), aliás, também proíbe o juiz de: a) exercer o comércio ou participar de sociedade comercial, inclusive de economia mista, exceto como acionista ou cotista; b) exercer cargo de direção ou técnico de sociedade civil, associação ou fundação, de qualquer natureza ou finalidade, salvo de associação de classe, e sem remuneração (art. 36, incisos 1 e II).

O Conselho Nacional de Justiça, pela Resolução n. 10, de 19-12-2005, declarou, no art. 1.º, *caput*, ser "vedado o exercício pelos integrantes do Poder Judiciário de funções nos Tribunais de Justiça Desportiva e em suas Comissões Disciplinares (Lei nº 9.615, de 24.03.98, arts. 52 e 53)". O mesmo Conselho, pela Resolução n. 34, de 24-4-2007, assentou: "art. 1.º Aos magistrados da União e dos Estados é vedado o exercício, ainda que em disponibilidade, de outro cargo ou função, salvo o magistério", esclarecendo, no § 1.º, do art. 2.º, que essa vedação inclui o desempenho de cargo ou função administrativa ou técnica em estabelecimento de ensino, embora ressalve, no § 3.º do mesmo dispositivo, que "Não se incluem na vedação referida no § 1.º deste artigo as funções exercidas em curso ou escola de aperfeiçoamento dos próprios Tribunais, de associações de classe ou de fundações estatutariamente vinculadas a esses órgãos e entidades"

Em resumo: naqueles casos em que a lei permite ao juiz ocupar outro cargo ou exercer outras funções, além da magistratura, ele estará impedido de atuar na causa em que atue como órgão de direção ou de administração de pessoa jurídica, parte na causa. Se, por exemplo, o juiz do trabalho ocupar cargo na Amatra ou na Anamatra, estará impedido de atuar nos autos em que essas entidades de classe forem parte na causa, como quando figurarem como rés em ação promovida por empregado, ou ex-empregado da entidade associativa.

Eventual desrespeito, por parte do magistrado, a essas normas legais e constitucionais proibitivas da acumulação de cargos ou funções o submeterá às penalidades previstas na LOMAN e em outros normativos aplicáveis à espécie.

O art. 147, do CPC, indica um outro caso de impedimento do magistrado. Isto ocorre quando dois ou mais juízes forem parentes, consanguíneos ou afins, em linha reta, e na colateral em terceiro grau, inclusive, e um deles conhecer da causa, no tribunal, antes do outro. Nesta hipótese, este último estará impedido de atuar no mesmo processo, devendo, por isso, escusar-se, e remeter os autos ao seu substituto legal.

O CPC de 1973 fazia menção ao *segundo grau* de parentesco, fato que nos motivou a escrever, na primeira edição deste livro: "Na verdade, o parentesco apto a gerar o impedimento do magistrado, na situação em exame, na linha colateral, não deve ser de *segundo* grau, e sim, de *terceiro*, por força do disposto no art. 128, *caput*, e parágrafo único, da Lei Complementar n. 35/79. Ademais, no âmbito específico da Justiça do Trabalho, a letra '*c*', do art. 801, da CLT, faz expressa referência ao *terceiro* grau".

O parentesco de que trata o art. 147, do CPC não é, apenas, o natural, mas, também, o civil (que decorre da adoção). Por este motivo, Se a relação entre dois magistrados integrantes da mesma turma ou câmara for de adotante e de adotado, o primeiro deles, que conhecer da causa, impedirá que o outro dela participe. É necessário deixar aclarado, porém, que nenhuma norma legal impede que pai e filho, dois irmãos, tio e sobrinho, marido e mulher tenham assento no mesmo tribunal; o que se proíbe é de participarem da mesma sessão de julgamento, seja de órgão fracionário, seja do pleno.

As causas de impedimento (e de suspeição) são aplicáveis aos juízes de todos os tribunais. Se o magistrado violar o seu dever de abstenção, poderá ser recusado por qualquer das partes, por meio de exceção (CLT, art. 799, *caput*).

f) Quando for herdeiro presuntivo, donatário ou empregador de qualquer das partes

Esta causa de impedimento do magistrado constava como de suspeição no CPC de 1973 (art. 135, III).

Herdeiro presuntivo (ou presumido) é a pessoa que está apta a herdar. O adjetivo "presuntivo" revela, assim, tratar-se de situação futura. Para os efeitos da norma legal em exame, é irrelevante investigar se o herdeiro presuntivo é legítimo (herda em virtude de parentesco) ou testamentário (herda por força de disposição inserta em testamento), porquanto, em ambos os casos, haverá impedimento do juiz.

Se, porém, o testamento excluir o juiz da herança, é óbvio que não se poderá pensar em impedimento. É evidente que se o testamento for cerrado somente se saberá se o juiz é herdeiro com a abertura do testamento, o que se dá, em regra, após o falecimento do testador.

Por outro lado, se o juiz for herdeiro legítimo isso não significa, necessariamente, que estará impedido de dirigir o processo, porquanto, para tanto, cumprirá verificar se não há parentes mais próximos, que possam afastá-lo da herança.

Donatário. Se o juiz recebeu alguma doação da parte, esse fato faz presumir um certo sentimento de gratidão do magistrado, que, em função disso, poderá desviar-se do seu dever de imparcialidade para favorecer, ainda que de maneira inconsciente, o doador. Por esse motivo, a lei considera impedido o magistrado que seja donatário de um dos litigantes, como forma de preservar o direito do adversário deste, quanto a um julgamento imparcial.

Cremos, todavia, que só deva constituir causa de impedimento a doação espontânea, ou seja, a que deriva de um ato de liberalidade do doador. A doação remuneratória nada possui de espontaneidade, representando, isto sim, uma contraprestação pelos serviços realizados.

Embora a lei não se refira ao valor da doação, ao incluí-la como motivo de impedimento do magistrado, uma vez mais, as regras de bom senso alvitram que só as de considerável monta devam ser consideradas para esse fim. No entanto, as doações de pequeno valor, desde que reiteradamente feitas pela mesma pessoa, podem representar um indício da existência de amizade íntima, de uma afeição profunda, entre o juiz e o doador, forma a considerá-lo, senão como impedido, ao menos como suspeito de atuar no processo (art. 145, I).

Empregador. Prevê o processo civil, como causa de impedimento do juiz, o fato de ele ser empregador da parte.

Transportada essa disposição para o terreno peculiar do processo do trabalho, devemos examiná-la sob alguns aspectos, que nos parecem relevantes: a) se o juiz do trabalho for empregador do autor (geralmente, doméstico ou rural) e estiver figurando no processo como parte (réu), o impedimento estará configurado pelo inciso VII do art. 144, e não pelo inciso VI; b) não sendo o juiz parte na causa, o impedimento estará caracterizado pelo inciso VI do art. 144 (a singularidade de ser empregador de um dos litigantes tenderá a fazer com que certos sentimentos de afetividade o levem a decidir em prol do empregado, seja este autor ou réu na ação); c) se o juiz for ex-empregador da parte (e não for réu na causa) será prudente perscrutar se guarda, com relação a esta, sentimentos que possam refletir amizade íntima ou inimizade capital — circunstâncias que, uma vez comprovadas, o tornarão *suspeito* de atuar no processo.

g) Em que figure compo parte instituição de ensino com a qual tenha relação de emprego ou decorrente de contrato de prestação de serviços

Não raro, o juiz exerce cargo de magistério em estabelecimento de ensino, com a qual possua relação de emprego. Esta é, a propósito, a única exceção destacada pelo art. 95, parágrafo único, I, da Constituição Federal, ao vedar ao magistrado o exercício de outro cargo ou função, ainda que em disponibilidade. Destarte, se o juiz for empregado de instituição de ensino, ou com ela mantenha contrato de prestação de serviços, estará impedido de atuar na causa em que essa instituição figure como parte.

Em que pese ao fato de a norma legal fazer referência à *parte*, entendemos que haverá impedimento do juiz mesmo que a instituição de ensino haja intervindo na causa na qualidade de *assistente*, seja simples (CPC, art. 121) ou litisconsorcial (CPC, art. 124) embora o assistente não seja parte, mas, *terceiro*. O litisconsorte, entretanto, é parte (CPC, art. 113).

Se, na causa, figurar como parte cliente do escritório de advocacia do seu cônjuge, companheiro ou parente, consanguíneo ou afim, na linha reta ou colateral, até o terceiro grau, inclusive, o juiz estará impedido de atuar no processo. O impedimento estará caracterizado, mesmo que a causa esteja sendo patrocinada por advogado de outro escritório. O motivo de impedimento, previsto no inciso em exame, não se confunde com o constante do inciso III, do mesmo artigo. Enquanto, no caso deste inciso, o impedimento deriva do fato de as pessoas ali mencionadas estarem atuando na qualidade de defensor público, advogado ou membro do Ministério Público, no inciso VIII as pessoas mencionadas figuram no processo como parte.

A propósito, o impedimento de que cuida deste inciso também ficará configurado se a procuração tiver sido outorgada a membro de escritório de advocacia que possua em seus quadros advogado que, individualmente, ostente a condição aí prevista, ainda que não intervenha, de maneira direta, no processo. Basta, portanto, o simples fato de a procuração ter sido outorgada a advogado que figure como membro do escritório de advocacia que está patrocinando a causa.

Pode ocorrer de o juiz haver promovido, em outra Vara do Poder Judiciário a que se encontra vinculado, ou mesmo de outro ramo do Judiciário, ação em face da parte ou do advogado que figuram no processo que lhe cabe dirigir. Neste caso, ele estará impedido de atuar no processo. Um retoque doutrinário: em rigor, a ação não é exercida "contra" o réu, e sim, contra o Estado, que é o detentor monopolístico da atividade jurisdicional. Isso fica tanto mais claro se entendermos que a ação constitui o direito (de natureza constitucional, entre nós), pelo qual os indivíduos ou as coletividades invocam a prestação jurisdicional com o objetivo de evitar a lesão de um bem ou utilidade da vida, ou de reparar essa lesão. Por esse motivo, a ação é dirigida *contra* o Estado e *diante* do réu. A realidade demonstra, no entanto, haver uma forte e arraigada tradição de aludir-se ao ajuizamento da ação "contra" o réu. O deslize não é grave.

2.3.4. O procedimento referente à suspeição e de impedimento

2.3.4.1. No processo civil

Lembremos que o CPC de 2015 eliminou a exceção, como modalidade de resposta do réu. Permaneceram, apenas, a contestação e a reconvenção. O processo do trabalho, entrementes, ainda mantém as exceções (CLT, art. 799, *caput*), além de prever a contestação (defesa) e admitir a reconvenção.

O procedimento da alegação de suspeição e do impedimento, na esfera do processo civil, é o seguinte, em traços gerais:

1) no prazo de quinze dias, contados do conhecimento do fato motivador da suspeição ou do impedimento do magistrado, a parte formulará petição específica, indicando o fundamento da recusa, podendo juntar documentos em que se baseia a alegação, e indicar o rol das testemunhas (CPC, art. 146, *caput*);

2) ao receber a petição inicial, o juiz terá dois caminhos a seguir: a) se admitir o motivo da recusa determinará a imediata remessa dos autos ao seu substituto legal

(CPC, art. 146, § 1.º, primeira parte); b) caso contrário, determinará a autuação apartada da petição e oferecerá as suas razões, no prazo de quinze dias, acompanhadas de documentos e do rol de testemunhas, se for o caso, ordenando, depois disso, a remessa dos autos ao Tribunal, onde, então, ocorrerá o julgamento da exceção (*ibidem*, segunda parte);

3) o relator deverá declarar os efeitos em que recebe o incidente. Se for: a) sem efeito suspensivo, o processo voltará a tramitar; b) com efeito suspensivo, assim permanecerá o processo até o julgamento do incidente (CPC, art. 146, § 2.º, incisos I e II, respectivamente).

4) Enquanto o relator não declarar o efeito em que recebe o incidente, ou quando este for recebido com efeito suspensivo, a tutela de urgência será requerida ao seu substituto legal (*ibidem*, § 3.º).

5) se o tribunal entender que a exceção não tem fundamento legal (é "improcedente", diz a lei) determinará o arquivamento dos autos (*ibidem*, 4.º);

6) sendo acolhida a alegação, e em se tratando de suspeição ou de impedimento manifestos, o tribunal condenará o magistrado nas custas e remeterá os autos ao substituto legal deste; o magistrado poderá recorrer dessa decisão (*ibidem*, § 5.º);

7) se o tribunal reconhecer a suspeição ou o impedimento, deverá fixar o momento a partir do qual o juiz não poderia ter atuado (*ibidem*, § 6.º);

8) o tribunal decretará a nulidade dos atos do juiz, casos tenham sido praticados quando já existente o motivo da suspeição ou do impedimento (*ibidem*, § 7.º).

Esse não é o procedimento concernente à suspeição e ao impedimento, no processo do trabalho, pois, conforme dissemos, aqui, tanto aquela quanto este, devem ser — como sempre foram — objeto de exceção (CLT, art. 799, *caput*).

2.3.4.2. No processo do trabalho

Dispõe o art. 802, § 1.º, da CLT, *verbis*: "Nas Varas e nos Tribunais Regionais, julgada procedente a exceção de suspeição, será logo convocado, para a mesma audiência ou sessão, ou para a seguinte, o suplente do membro suspeito, o qual continuará a funcionar no feito até decisão final. Proceder-se-á da mesma maneira quando algum dos membros se declarar suspeito".

Antes de nos dedicarmos à interpretação dessa norma legal, façamos um retoque indispensável: conquanto o texto reproduzido só se refira à exceção de suspeição, o procedimento, por ele traçado, é igualmente aplicável ao impedimento. Como anotamos antes, embora o art. 801, da CLT, só mencione a suspeição, na verdade inclui, no rol das causas que a determinam, o parentesco (letra "*c*"), que é, à evidência, motivo de impedimento. Neste particular, a norma trabalhista cedeu à influência exercida pelo art. 185, do CPC de 1939.

Preocupemo-nos, por enquanto, apenas, com a exceção oferecida em primeiro grau de jurisdição, embora o art. 802, da CLT, também a preveja no âmbito dos Tribunais Regionais.

Voltemos a atenção ao art. 801, dessa norma legal, que deixa transparecer que o juiz inquinado de suspeito ou de impedido participa da instrução e do julgamento do incidente. O nó górdio do problema, a *vexata quaes*tio, por assim dizer, reside, principalmente, na expressão: "será logo convocado, para a mesma audiência (...), o suplente do membro suspeito". Sob o ângulo estritamente literal, parece-nos irrecusável a conclusão de que o dispositivo sobredito autoriza a participação do juiz inquinado de impedido ou de suspeito, tanto na instrução quanto no julgamento da exceção. A não se entender dessa maneira, por que motivo o legislador terá dito que só se a exceção for julgada "procedente" (vale dizer, acolhida) será convocado, para a mesma audiência ou para a próxima, o suplente, a não ser para demonstrar que o juiz recusado atua na instrução e no julgamento da exceção? Note-se que, no sistema do processo civil, como dissemos, o magistrado, se não reconhecer o móvel da recusa, apresentará as suas razões, acompanhadas de documentos e do rol das testemunhas, após o que enviará os autos ao Tribunal competente, onde a exceção será julgada. No processo do trabalho, contudo, o art. 801, da CLT, afirma, implicitamente, que a exceção não somente é apreciada pelo o juiz inquinado de impedido ou suspeito, como este participa da instrução e do julgamento da exceção.

Devemos ponderar, entretanto, que o legislador trabalhista assim dispôs porque, na época, o órgão de primeiro grau da Justiça do Trabalho era colegiado, sendo constituído por um juiz togado e vitalício, que o presidia, e por dois juízes classistas, temporários. Era a estes últimos que a lei atribuía o encargo de julgar (CLT, 850, parágrafo único), cabendo àquele redigir a sentença, como ato formal.

Deste modo, o juiz togado, inquinado de impedido ou de suspeito, não participaria, *em tese*, do julgamento, conquanto participasse da instrução.

Extinta, porém, a representação classista e passando a ser monocrático o órgão de primeiro grau da jurisdição trabalhista, tudo sugere que, mesmo mantida a exceção, se adote, neste ponto, o procedimento traçado pelo art.146 do CPC, segundo o qual o juiz sobre quem paira a denúncia de impedimento ou de suspeição não participa da instrução nem do julgamento da exceção, pois a competência, para isso, é do Tribunal correspondente. Poder-se-ia dizer que esta nossa sugestão é inaceitável, à luz do art. 769, da CLT, porquanto o processo do trabalho não é omisso quanto à matéria. Para logo, rejeitemos essa possível objeção com dois argumentos: em primeiro lugar, os arts. 801 e 802, da CLT, devem receber uma interpretação que se harmonize com a nova realidade trazida pela extinção da representação classista no âmbito dos órgãos da Justiça do Trabalho, pela Emenda Constitucional n. 24/1999; em segundo, o afastamento do juiz inquinado de impedido ou de suspeito da instrução e do julgamento da exceção é imperativo dos Estados Democráticos de Direitos, como é o caso do Brasil (CF, art. 1.º, *caput*).

Mesmo ao tempo em que a Justiça do Trabalho era integrada pela representação classista, nos sentíamos à vontade para alvitrar que, embora o juiz inquinado de impedido ou de suspeito pudesse, legalmente, participar da instrução e do julgamento da exceção, procurasse ele, sempre que possível, afastar-se do processo, quando a exceção fosse oferecida, para evitar, em derradeira análise, que acabasse realizando um comprometedor julgamento em causa própria. Chamávamos a atenção ao fato de o princípio constitucional do juiz natural (Const. Fed., art. 5.º, XXXVII) não dever ser inteligido, apenas, como juiz preexistente à lide, senão que como juiz imparcial, a despeito do sentido algo pleonástico dessa expressão. Sendo assim, era razoável pensar que o juiz inquinado de suspeito tenderia, ainda que inconscientemente, a conduzir, de modo seletivo, as declarações das testemunhas, para que atestassem a sua insuspeição. De certa forma, pois, a participação do magistrado impedido ou suspeito na instrução e no julgamento da exceção se colocava em antagonismo com a garantia fundamental do juiz natural (e imparcial), que a Constituição da República atribuía aos indivíduos (art. 5.º, inciso XXXVII).

Somente se ficasse patente que a exceção nada mais representava do que estratagema da parte para afastar o juiz do processo é que este deveria participar da instrução e do julgamento da exceção. A linha fronteiriça entre a exceção honesta e a artificiosa, todavia, nem sempre seria perceptível; na dúvida, melhor seria que o magistrado a tivesse como honesta e, em razão disso, se pusesse ao largo, para que um outro juiz fosse convocado.

Todas as considerações que até aqui expendemos tiveram em conta a exceção (de suspeição ou de impedimento) dirigida a juiz do trabalho. Se, todavia, for destinatário da exceção o juiz de direito — circunstancialmente investido na jurisdição trabalhista, na forma dos arts. 668 e 669, da CLT —, o procedimento não será o traçado pelo art. 802 e § 1.º, da CLT, e sim o estabelecido pelo art. 146, do CPC. Assim afirmamos em face do disposto no § 2.º, do art. 802, da CLT, conforme o qual "Se se tratar de suspeição de Juiz de Direto, será este substituído na forma da organização judiciária *local*" (destacamos). Mesmo neste caso, será competente para apreciar o recurso interposto da decisão resolutiva da exceção (quando admissível: TST, Súmula n. 214, "*c*"), ou do recurso que vier a ser interposto da sentença de fundo (CLT, art. 893, § 1.º), o Tribunal Regional do Trabalho correspondente.

3. Contestação

3.1. Introdução

Dentre as formas legalmente previstas de resposta do réu às pretensões manifestadas pelo autor a contestação figura, sem dúvida, como a mais importante. Assim afirmamos, porque se o réu deixar, por exemplo, de oferecer exceção ou reconvenção, as consequências danosas para o seu círculo jurídico serão, por certo, muito menos graves do que as derivantes da falta de contestação, conforme procuraremos demonstrar ao longo das páginas seguintes.

Devemos, aliás, desde logo observar que a falta de contestação caracteriza não só a revelia, senão que traz consigo, quase sempre, a aceitação tácita da veracidade dos fatos alegados na petição inicial, segundo o ônus da impugnação especificada, de que se ocupa o art. 341, do CPC, e que está implícito no art. 844, *caput,* parte final, da CLT.

A contestação representa, por assim dizer, a forma clássica de resposta do réu, sendo, não por obra do acaso, a mais frequente de todas, inclusive, nos domínios do processo do trabalho. Mais do que isso, ela é uma expressão dos regimes democráticos, aos quais repugna a ideia de que alguém possa ser condenado sem haver recebido oportunidade para defender-se. A Constituição Federal, a propósito, assegura a todos o direito ao contraditório, à ampla defesa e ao devido processo legal (art. 5.º, incisos LV e LIV). A história política dos povos demonstra que o direito de defesa, em sentido amplo — no qual se inclui o processual — tende a ser coarctado ou cerceado nos regimes de vocação ditatorial. Os argumentos dos acusados não convêm aos tiranos.

Vista, a contestação, sob a perspectiva estritamente processual, podemos afirmar que se traduz na mais alta manifestação do princípio da bilateralidade, segundo o qual o juiz não deve emitir nenhuma decisão acerca de pedido ou requerimento formulado por uma das partes sem ouvir, antes, a parte contrária. Só em situações verdadeiramente excepcionais, expressamente previstas em lei, será lícito ao juiz atender à solicitação de um dos litigantes sem audiência prévia do outro, como se passa, *e. g.*, no terreno cautelar e na ação mandamental (Lei n. 1533/51, art. 7.º, II). Essa concessão *inaudita altera parte* da medida, contudo, encontra no caráter "provisório" do provimento de cautela a sua justificativa; afinal, a medida liminar pode ser revogada por despacho ou pela sentença proferida no próprio processo cautelar. O mesmo se afirme quanto à liminar, na ação de segurança, e à antecipação dos efeitos da tutela. Por outro lado, a concessão *inaudita altera parte* de certas medidas de urgência não implica transgressão à garantia constitucional do contraditório. É necessário esclarecer que o contraditório pode ser imediato ou mediato. No caso da concessão de providência jurisdicional sem prévia audiência da parte contrária o contraditório será mediato, vale dizer, irá configurar-se, mais tarde, com a citação do réu, para oferecer a resposta que desejar.

Nenhum princípio tuitivo do patrimônio jurídico do trabalhador, por mais fortes e inveteradas que sejam as razões históricas e políticas em que se assente, será capaz de justificar eventual eliminação do direito de defesa do empregador. Mesmo nos sítios peculiares do processo do trabalho seria inconcebível a ideia de que a tutela dos direitos dos trabalhadores pudesse (ou devesse) ser empreendida, na prática, mediante o sacrifício do direito de resposta do empregador.

Ao direito subjetivo público, do trabalhador, de ver apreciada pelo Poder Judiciário qualquer ameaça ou lesão de direito (Const. Federal, art. 5.º, inciso XXXV), corresponde o do empregador de responder às pretensões deduzidas pelo adversário (Const. Federal, art. 5.º, incisos LIV e LV, por extensão). Veja-se, porém, que a lei não exige que o réu *responda* à ação, e, sim, que lhe seja oferecida a *oportunidade* para responder, se assim desejar. Como anotamos, páginas atrás, se a exigência legal fosse de que o réu efetivamente respondesse à inicial, estaríamos diante de uma norma absurda, não tanto pelo fato de impor que alguém se defendesse contra a sua vontade, mas, acima de tudo, por propiciar aos maus réus condições de fazer com que o procedimento não tivesse curso, enquanto não resolvessem demover-se de seu intuito de não se manifestar acerca das alegações e dos pedidos formulados pelo adversário.

Tanto no sistema do processo civil quanto no do processo do trabalho, portanto, o réu resistirá (estamos cogitando da contestação) às pretensões formuladas pelo autor se isso for de sua conveniência. O que se faz imprescindível, reitere-se, é a concessão de *oportunidade* para que se defenda.

Quando falamos em autor e réu não estamos a nos referir, necessariamente, a trabalhador e empregador, segundo essa ordem nominal. Embora, na ampla maioria dos casos, no processo do trabalho o autor seja o trabalhador, e o réu, o empregador, há situações em que essas posições se invertem, passando o empregador a figurar no polo ativo da relação processual, e o autor, no passivo, como se dá, por exemplo, nos (impropriamente) chamados "inquéritos" para apuração de falta grave (CLT, art. 494), na ação de consignação em pagamento (CPC, arts. 539/549) e na reconvenção (CPC, art. 343). Essa ocasional alteração topológica, todavia, em nada altera o direito de ampla defesa, constitucionalmente assegurado (art. 5.º, inciso LV) — que, na hipótese, será exercido pelo trabalhador.

O mesmo se afirme com relação às lides derivantes de relação de trabalho, *lato sensu* (CF, art. 114, inciso I), ou seja, de relação materialmente regida pelo direito comum, para cuja solução dos conflitos de interesses seja competente a Justiça do Trabalho.

3.2. Etimologia e conceito

O substantivo *contestação* é originário da forma latina *contestatio*, de *contestari*. Para Antenor Nascentes, o termo provém de *contestare*, cujo significado é o de contender com alguém por meio de testemunhas (*testis*) e de provas, embora tenha adquirido o sentido antonímico de refutar (*Dicionário Etimológico da Língua Portuguesa*. 1.ª ed. 2.ª tir. Rio de Janeiro: 1955. p. 133).

Desde sempre, os estudiosos se preocuparam em enunciar um conceito de contestação; assim, colhem-se na seara doutrinal, entre outros, os seguintes: "É a direta contradição do réu à ação do autor" (João Monteiro); "É a negação dos fatos em que se apoia o direito em ação ou a adução de outros que importem o seu desaparecimento" (Affonso Fraga). Os conceitos reproduzidos, no entanto, são, *data venia*, insuficientes para refletir o verdadeiro alcance da contestação. O de João Monteiro, *v. g.*, peca por aludir, apenas, à direta contradição do réu, como se não fosse possível a ocorrência da denominada "defesa indireta"; o de Affonso Fraga, conquanto tenha o mérito de insinuar a possibilidade de haver defesa indireta, não refere a viabilidade de a contestação ter um objeto meramente processual.

Para nós, a contestação consiste no instrumento pelo qual o réu se opõe, direta ou indiretamente, às pretensões formuladas pelo autor. Justifiquemos o conceito.

Em regra, a contestação se dirige ao direito material alegado pelo autor, aos pedidos por este formulados (*res in iudicio deducta*), seja para negar a existência da situação jurídica em que se baseia a pretensão, seja para contrapor um fato que faça eliminar tal situação. Em vários casos, entretanto, o réu, antes de resistir, propriamente dito, às pretensões de direito material do autor, apresenta objeções de ordem puramente processual, como é o caso das preliminares, a que alude o art. 337, do CPC. Caracteriza-se, em tais casos, aquilo que a doutrina tem denominado de "defesa processual".

Sendo assim, qualquer conceito de contestação, para ser completo, deve considerar, também, a defesa processual ou indireta. Em suma: a contestação pode ser como objeto não somente a pretensão deduzida pelo autor, de direito material (defesa direta), como o próprio processo (defesa indireta). Na defesa direta, como ficou dito, o réu visa a obter um provimento jurisdicional que rejeite os pedidos apresentados pelo adversário; na indireta, ele se dirige ao processo como instrumento pelo qual o autor impetra a tutela da jurisdição, seja para obter a extinção do processo sem resolução do mérito, seja para sanar eventuais irregularidades processuais.

Em princípio, na contestação, o réu não formula pedidos, não deduz nenhuma pretensão, senão que resiste a ela. Sob este aspecto, pode-se asseverar que a contestação não altera as dimensões da lide, não modifica, enfim, os lindes objetivos da entrega da prestação jurisdicional, embora deva ser reconhecido que ela amplia o campo de cognição do juiz pelo trazimento de fatos capazes de modificar, de impedir ou de extinguir o direito em que o autor funda a ação. Os limites da lide são estabelecidos pelo autor, na petição inicial. Somente na reconvenção é que, tipicamente, o réu formula pretensões, oportunidade em que se transforma em autor, para os efeitos dessa modalidade reversiva de resposta. A compensação e a retenção (CLT, art. 767), entrementes, podem ser apontadas como exceções ao princípio de que o réu, na contestação, não formula pedidos (de direito material).

A compensão é modalidade de extinção das obrigações, sendo regulada pelos arts. 368 a 380, do CC. Seus pressupostossão: a) a existência de dívidas recíprocas (CC, art. 368); b) líquidas; c) vencidas; d) e de coisas fungíveis (CC, art. 369). A compensação somente poderá ser alegada com a contestação (TST, Súmula n. 48) e desde que tenha por objeto dívida de natureza trabalhista (TST, Súmula n. 18).

A retenção também constitui matéria de defesa. Seus pressupostos são: a) que o retentor seja credor; b) que detenha, de maneira legítima, a coisa retida; c) exista nexo entre a coisa retida e o crédito; d) não haja obstáculo legal á retenção. No âmbito das relações de trabalho, por exemplo, o empregador que for credor do empregado poderá reter ferramentas de trabalho. No caso de danos acarretados pelo empregado ao empregador, a retenção, para ser lícita, deverá estar expressamente prevista, nos termos do art. 462, § 1.º, da CLT.

3.3. Escorço histórico

Não há uma uniformidade doutrinária quanto ao momento em que a contestação surgiu no direito romano. Para alguns, ela já era encontrada no período das *legis actiones*; para outros, só apareceu na época do processo formulário.

Uma coisa é certa: a contestação já era conhecida na fase do processo por fórmulas, no qual aparecia com as denominações de *lis ordinata, iudicium acceptum, constitutum*, etc.

Este processo se caracterizava pelo fato de determinadas fórmulas de ações e de defesas serem elaboradas por jurisconsultos, cabendo aos litigantes pronunciá-las em juízo, na presença do pretor. O rigorismo dessas fórmulas fazia com que se a parte deixasse de mencionar uma única sílaba ou palavra não lhe fosse concedida a ação. Se o fosse, o pretor autorizava o uso da ação, cabendo ao autor formular as suas alegações, e ao réu, responder. Tanto as alegações do autor quanto as do réu deveriam ser comprovadas por meio de testemunhas, derivando daí a denominação de litiscontestação (*litis et cum testatio*).

A litiscontestatio constituía, por isso, o procedimento por meio do qual se firmava, com testemunhas, o acordo necessário para a formação da instância.

Com Justiniano, a contestação da lide sofreu algumas alterações (mas não deixou de existir), seja quanto à forma, à natureza ou aos efeitos. Basta observar que se estabelecia entre as partes um outro contrato, que não afetava a relação jurídica original, em que se baseava a *res in iudicio deducta*, e que permitia a reparação do erro causado na ação durante todo o curso do processo.

Na síntese de Affonso Fraga, a contar do momento em que se formava a *litiscontestatio* surgia um vínculo obrigatório que unia as partes, sujeitando-as a acatar os efeitos que produzia, e que eram estes: a) cada litigante tinha o direito de exigir que a demanda prosseguisse da maneira como fora iniciada, e que fosse resolvida por sentença; b) os pontos essenciais da causa se consideravam fixados, não podendo, por essa razão, o autor modificá-los; c) nenhum dos contendores poderia alienar o objeto ou o direito disputado; d) o autor, se vencedor na demanda, devia ser reposto na situação em que se encontraria se a sentença fosse prolatada ao tempo do surgimento da *litiscontestatio*; e) o objeto da lide deveria, no caso de a sentença ordenar a sua restituição, ser entregue com os seus pertences e acessórios, da mesma forma como se achava à época em que a lide foi contestada; f) a obrigação proveniente da instância atingiria o patrimônio de ambos os litigantes; g) a contestação da lide interrompia a prescrição, tanto a aquisitiva quanto a extintiva (*Instituições do Processo Civil do Brasil*. São Paulo: Saraiva, 1940. Tomo II, p. 269).

Em termos gerais, o direito canônico abeberou-se dessas disposições do direito romano, conquanto haja efetuado pequena adaptação da *litiscontestatio*, mediante as alterações introduzidas pelos glosadores na Idade Média.

Conforme pudemos ver, a fase processual *in jure* se realizava ante o magistrado, culminando com a *litiscontestatio*, por meio da qual os litigantes se obrigavam a prosseguir no processo, perante o juiz nomeado (fase *apud iudicem*) e a acatar a sentença que fosse por ele proferida. A *litiscontestio* não deixava de representar, também, o momento formal em que o réu se opunha às pretensões do autor, advindo dessa particularidade, provavelmente, o fato de o vocábulo passar para os tempos modernos com o sentido de contestação, de defesa, de objeção.

O CPC de 1939 não dedicou mais do que dois artigos (180 e 181) à contestação. O Código de 1973, ainda que haja disciplinado a matéria em quatro artigos (300 a 303), fê-lo de maneira minuciosa. O CPC de 2015 dedicou à matéria os arts. 335 a 342. A CLT, por sua vez, em nome de uma concisão injustificável, cuida do tema em único artigo (846), e, ainda assim, sem aludir às matérias que podem ser objeto de defesa, exceto quanto à compensação e à retenção, que são previstas no art. 767.

3.4. Finalidade e efeitos

Vista sob o ângulo dos interesses do réu, podemos sustentar que a contestação se destina a permitir-lhe que se oponha aos fatos e pretensões deduzidas pelo autor. Que se defenda, enfim, seja de maneira direta, atacando o direito material em que se funda a *res in Iudicio deducta*, seja indireta, oferecendo objeção ao próprio processo.

Convém rememorar que a contestação figura como uma das espécies de resposta do réu, à qual é inerente a ideia de resistência, de oposição. Se o réu reconhecer a "procedência" do pedido não estará, por certo, oferecendo contestação, e, sim, manifestando uma espécie de *resposta*, que, ao contrário, implica reconhecimento do direito alegado pelo adversário (CPC, art. 487, inciso III, "*a*").

A contestação, como asseveramos há pouco, constitui uma das mais significativas expressões dos regimes democráticos, de tal maneira que a doutrina e a jurisprudência não devem admitir eventual renúncia do réu ao direito de defender-se. O que se tolera é a possibilidade de o réu, citado, deixar de responder à ação.

Examinada, porém, sob o ponto de vista de seus efeitos processuais, a contestação possui esse escopo característico de definir os limites objetivos da lide (e, não, necessariamente, do mérito, como procuramos demonstrar a seguir). Efetivamente, embora a inicial estabeleça os limites do pedido, das pretensões formuladas pelo autor, à contestação se reserva a finalidade de fixar os contornos da lide, entendida esta, na lição carnelutiana, como a pretensão resistida e insatisfeita. Sob este ângulo, é correto dizer que, sem resistência, não há lide, embora o processo possa ser extinto mediante resolução do mérito como acontece, *v. g.*, em casos como o de revelia.

A contestação faz surgir, ainda, a preclusão das razões de defesa que não foram alegadas no momento oportuno, exceto se: a) relativas a direito superveniente; b) competir ao juiz conhecer delas de ofício; c) por expressa autorização legal puderem ser formuladas em qualquer tempo e grau de jurisdição (CPC, art. 342, incisos I a III).

Por outros termos, podemos dizer que cabe à contestação definir os lindes da controvérsia, para os efeitos da produção de provas. Deveras, se só podem ser destinatários de prova os fatos controvertidos (além de pertinentes, relevantes e determinados), e se os fatos não impugnados especificamente fazem gerar a presunção de sua veracidade (CPC, art. 341), logo se percebe que a contestação também atua no sentido de delimitar o campo da prova. Se o réu deixar de impugnar algum fato alegado pelo autor tal fato se tornará incontroverso, razão por que o juiz, com fundamento nos arts. 370 e 374, incisos II e III, do CPC, não deverá permitir que o réu produza prova a respeito.

A propósito do assunto, convém advertir que o magistrado, com vistas à correta aplicação da regra contida no art. 130, do estatuto de processo civil, deverá, sempre, empenhar-se em realizar uma leitura meticulosa da petição inicial e da contestação, a fim de inteirar-se acerca dos limites da controvérsia, com o que evitará duas situações desagradáveis, não raro encontradas na prática, consistentes em: a) deferir a produção de provas desnecessárias; b) indeferir a produção de provas necessárias. O mesmo se afirme, particularmente, quanto à instrução oral, em que, muitas vezes, o juiz defere perguntas (dirigidas às partes ou às testemunhas) que dizem respeito a fatos incontroversos (e vai, nisso, uma perda de atividade jurisdicional, com resultados, quase sempre, tumultuários) ou indefere as que têm como objeto fatos controvertidos, imaginando que não os sejam (e, desse modo, restringe ou cerceia o direito de defesa da parte, rendendo ensejo à arguição de nulidade processual).

3.5. Prazo e forma

Contestação. Conforme comentamos nas linhas anteriores, a contestação oral, premida pela força das circunstâncias, cedeu terreno à contestação escrita. Em certas Regiões do País, chegam a ser extremamente escassas as respostas orais, a ponto de os juízes manifestarem uma ponta de irritação toda vez que o réu pretenda formulá-las por essa forma legal. Essa reação judicial se justifica pelo fato de as audiências ditas "iniciais" serem realizadas, em média, a cada cinco ou dez minutos, uma em relação à outra, de tal modo que se o réu decidir fazer uso dos vinte minutos que a lei lhe concede (CLT, art. 847) isso importará avançar sobre duas, três ou quatro audiências subsequentes, fazendo gerar, em muitas situações, uma reação em cadeia, que produzirá um colossal atraso nas demais audiências.

Se analisarmos a questão sob uma óptica sistemática, veremos que a contestação escrita constitui, hoje, uma necessidade quase vital para o réu. Expliquemo-nos. Tem-se entendido e assim sempre sustentamos — que o art. 341, *caput*, do CPC, é aplicável ao processo do trabalho, com o qual é compatível. Essa norma do processo civil materializa o princípio doutrinal da impugnação especificada dos fatos, ao dispor que caberá ao réu pronunciar-se precisamente sobre os fatos alegados na petição inicial, sob pena de serem presumidos verdadeiros os que não forem objeto de contrariedade.

Os fatos narrados na inicial devem, portanto, ser especificamente impugnados, pois não mais se admite a "contestação por negativa geral", muito em voga na vigência do Código de 1939. Ora, sabendo-se que as petições iniciais trabalhistas contêm, em regra, inúmeros fatos, dos quais se originam diversos pedidos, torna-se difícil — para não dizer impossível — ao réu desincumbir-se, com eficiência, do ônus da impugnação especificada, de que cuida o art. 341, do CPC, se tiver de efetuar a sua resposta em audiência, de maneira oral, no prazo de vinte minutos. Poder-se-ia dizer que, em nome da preservação desses vinte minutos legais, o princípio inscrito no mencionado dispositivo do processo civil é inconciliável com o processo do trabalho. O argumento é ponderável, sem dúvida. Todavia, não cremos que a excelência dos efeitos práticos do ônus da impugnação especificada deva ser desprezados em benefício de uma oralidade que, em decorrência da complexidade das coisas da vida e das próprias relações jurídicas, acabou sendo anatematizada pelas exigências da realidade. Nem desprezemos o argumento de que nos casos em que a inicial contém diversos e complexos pedidos, a exigência de formulação oral da reposta do réu, no prazo de vinte minutos, poderá configurar violação à garantia constitucional da ampla defesa, pois esse prazo será insuficiente para atender-se a essa garantia inscrita na Constituição da República (art., 5.º, inciso LV).

Tudo sugere, a propósito, que, *de lege ferenda*, a resposta seja, obrigatoriamente, apresentada por escrito, em prazo preestabelecido, à feição do que se passa no processo civil. Sejamos francos: já não há lugar para o sonho das respostas orais. Já não estamos, faz tempo, em 1943, quando, a despeito da II Guerra Mundial, a vida forense fluía serena e sem atropelos. Como afirmamos, as relações jurídicas entre os homens se tornaram mais intricadas e conflitivas a partir da segunda metade do século XX. A base do direito material do trabalhador foi expressivamente ampliada, e, com isso, aumentaram os conflitos de interesses e as demandas judiciais. A própria competência da Justiça do Trabalho foi elastecida pela Emenda Constitucional n. 45/2004. O processo moderno teve de ser revisto para poder atender à sua finalidade, enquanto método estatal de resolução de lides. Ninguém ignora que a simplicidade estrutural do processo do trabalho legislado assume, hoje, ares de simploriedade, diante desse fenômeno da "complexização" das relações humanas e dos conflitos de interesses que daí decorrem.

Podemos apontar, como argumentos em prol da contestação escrita, com prazo predeterminado, no processo do trabalho, dentre outros, estes: a) se o réu deixar de responder, a sua revelia ocorrerá em muito menos tempo do que se verificaria, se a resposta devesse ser oferecida em audiência. Com isso, caso a matéria seja, exclusivamente, de fato, o réu será, também, confesso, permitindo, dessa maneira, o julgamento antecipado do mérito (CPC, art. 355), vale dizer, que a entrega da prestação da tutela jurisdicional, impetrada pelo autor, seja obviada, em proveito deste; b) havendo contestação (escrita, protocolada), o juiz terá condições de verificar quanto à necessidade, ou não, de designar audiência, destinada à instrução oral. No sistema atual, oferecida a contestação em meio ao burburinho e ao azáfama próprios da audiência "inicial", o juiz costuma aprazar audiência de instrução, sem ter, muitas vezes, condições de examinar a necessidade dessa designação; c) do réu se poderá exigir integral submissão ao ônus da impugnação especificada dos fatos, na medida em que a contestação será redigida no escritório do seu advogado, mediante o uso de aparatos tecnológicos (como o computador), permitindo, com isso, que haja melhores condições para a contrariedade a cada fato narrado na inicial, o que, como alertamos, nem sempre será possível fazê-lo em meio à algaravia das audiências "iniciais"; d) a apresentação da resposta escrita, no serviço de protocolo, evita que as partes tenham de comparecer à audiência "inicial", assim como as preserva das consequências legais da ausência injustificada (autor: extinção do processo sem exame do mérito; réu: revelia e confissão fictícia) a esse ato procesual.

A exigência da formulação de propostas conciliatórias poderia ser atendida por vários modos, que não nos cabe aqui analisar.

Insistamos, contudo, neste ponto: de *lege lata*, o réu ainda tem o direito de oferecer oralmente a sua resposta, porquanto o art. 847, da CLT, está em vigor. A força da praxe consistente na apresentação de contestação escrita é tão forte que provoca situações curiosas e anômalas, como a de o magistrado receber a contestação escrita, na audiência "inicial", mas não permitir que o réu, no mesmo ato, a complemente, de modo oral, para alegar, *e. g.*, a prescrição extintiva, que não constou do texto. *Data venia*, o fato de o réu haver oferecido contestação escrita não lhe retira o direito de, ato contínuo, complementá-la oralmente. Não há preclusão consumativa na espécie. Diante da intransigência do juiz, seria o caso de o réu colocar de lado a contestação escrita e aduzi-la totalmente de maneira oral, incluindo aí a arguição de prescrição extintiva, que o magistrado não lhe permitiu acrescentar ao texto primitivo. Cuidará o réu, por suposto, de não exceder ao limite legal de vinte minutos.

Essas situações algo surrealistas, que brotam da realidade prática, em virtude da existência de dois processos do trabalho — que, muitas vezes, culminam conflitantes entre si, pela dificuldade de saber-se qual deles prevalecerá — têm o efeito pernicioso de infundir uma insegurança no espírito de todos, principalmente, das partes e seus advogados, pois cada juiz acaba tendo o "seu" processo, ou, na indefinição, adotando, ora o da lei, ora o da praxe, em uma atitude pendular, que, além de colocar atônitos e confusos os litigantes, faz abalar a credibilidade no Judiciário.

É desejável, por tudo isso, que, em futuro, a forma escrita da contestação (e das demais espécies de resposta) seja a única admissível, cuja apresentação deverá ser feita no protocolo, em prazo predeterminado. Assim como na literatura, o realismo da resposta escrita deve ser um movimento de reação ao romantismo das respostas orais, este, alienado dos fatos de nossa realidade.

Se o réu decidir realizar a sua contestação sob a forma oral e, ao fazê-lo, passar a utilizar expressões injuriosas ao adversário, o juiz, *ex officio* ou a requerimento do interessado, o advertirá para que se demova dessa atitude; se o réu perseverar no uso dessas expressões, só restará ao juiz cassar-lhe a palavra (CPC, art. 78, § 1.º). Neste caso, o réu poderia arguir a nulidade do processo, fundando-se na restrição ao direito constitucional de ampla defesa? Entendemos que não. Não se nega que a Constituição da República concede esse direito aos indivíduos e às coletividades em geral (CF, art. 5.º, inciso LV). O exercício do referido direito público subjetivo, entretanto, não deve ser permitido quando se der mediante ofensa à lei — no caso, ao art. 78, do CPC. Supor que haveria, na situação em exame, trangressão ao direito constitucional de ampla defesa seria permitir que o réu seguisse, de maneira impune, violando a lei, fazendo uso de expressões injuriosas do adversário ou do próprio magistrado. O que se deve levar em conta é que, no caso, o juiz concedeu-lhe *oportunidade* para exercer esse direito previsto da Constituição Federal; todavia, o réu fez mau uso do direito, cuja consequência inevitável foi a cassação da sua palavra. É relevante observar que o magistrado o havia advertido, previamente, para que se abstivesse de valer-se de expressões injuriosas — e que este desobedeceu a ordem judicial.

Por sua iniciativa ou a requerimento do interessado, o juiz determinará que as expressões ofensivas sejam riscadas. A requerimento do ofendido, ordenará a expedição de certidão com integral teor das mencionadas expressões, colocando-as à disposição da parte interessada (CPC, art. 78, § 2.º).

Também a contestação em ação rescisória deve ser por escrito, no prazo de 15 a 30 dias (CPC, art. 970), porquanto a regra do art. 846, da CLT, só tem pertinência aos órgãos de primeiro grau de jurisdição, sendo certo que é originária dos tribunais do trabalho a competência em sede de ação rescisória. Relativamente à ação civil pública, a situação está confusa e, por isso, indefinida: há juízes que impõem o oferecimento da contestação em audiência, há os que só a admitem mediante apresentação ao serviço de protocolo, em prazo que fixam. Não há, também, uniformidade nessa fixação, pois alguns juízes concedem o prazo de dez dias, outros de quinze, outros de vinte, e assim por diante.

A contestação, no processo de conhecimento trabalhista, no que respeita ao prazo, não apresenta maiores dificuldades de compreensão (e de formulação), porquanto, como assinalamos, deve ser oferecida em audiência.

Merece exame especial, todavia, a contestação: 1) nas tutelas provisórias; 2) na ação rescisória; 3) na ação civil pública; 4) na ação monitória, uma vez que o processo do trabalho legislado não contém regulação sobre essas matérias

1. Tutelas provisórias

1.1. Tutela antecipada requerida em caráter de urgência. A tutela provisória pode fundar-se em urgência ou evidência (CPC, art. 294, *caput*). A tutela de urgência pode ser cautelar ou antecipada comportando a ser concessão em caráter antecedente ou incidental (*ibidem*, parágrafo único),

Na tutela antecipada requerida em caráter antecedente, o réu será citado com antecedência mínima de vinte dias para a audiência de conciliação ou mediação (CPC, arts. 303, § 1.º, inciso II, e 334, *caput*),

1.2. Tutela cautelar requerida em caráter antecedente. O prazo para a contenstação é de cinco dias (CPC, art. 307)

No prazo para contestar, o réu poderá oferecer exceção, de suspeição ou de incompetência, pois o fato de cuidar-se de processo de tutela provisória não o impede de recusar o juiz da causa. O próprio autor pode arguir a suspeição ou o impedimento do magistrado, pois a necessidade de ele de uma rápida tutela acautelatória ou antecipatória não pode constituir pretexto para deitar por terra certos princípios processuais seculares e fundamentais, como o concernente à imparcialidade do magistrado.

Ser-lhe-á permitido, ainda, alegar a prescrição extintiva e a decadência, casos em que, pondo-se de lado a regra de que nas tutelas provisórias cautelares não se forma a coisa julgada quanto ao direito material, ocorrerá, aqui, em caráter excepcional, a extinção do processo mediante resolução do mérito (CPC, art. 487, II).

Como compatibilizar, entrementes, a regra do art. 846, da CLT, consoante a qual a defesa, no processo cognitivo, deve ser apresentada em audência, com a do art. 306, do CPC, que fixa em cinco dias o prazo para a resposta do réu, no caso de tutela cautelar requerida em caráter antecedente? Deveria, enfim, no processo do trabalho, ser designada audiência para que o réu oferecesse sua resposta à ação cautelar?

Certamente que não. A celeridade, que é própria do procedimento cautelar, não pode ser violentada pela irritante lentidão do processo de conhecimento (procedimento ordinário). Se alguém pretende contra-argumentar que, concedida liminarmente a medida cautelar, não traria nenhum prejuízo para o autor eventual demora quanto à designação de audiência para que o réu apresentasse contestação, devemos dizer, desde já, em atitude proléptica, que essa alegação seria imperfeita por, quando menos, duas razões jurídicas. Em primeiro lugar, nem sempre o juiz concede, *in limine*, a providência acautelatória; assim, eventual designação de audiência, para o oferecimento da resposta do réu viria, sem dúvida, em detrimento dos interesses legítimos do autor, além de causar grave lesão à indispensável celeridade do procedimento cautelar. Em segundo, o problema da designação de audiência, para o fim mencionado, não deve ser visto sob o ângulo exclusivo dos interesses do autor, pois a demora na designação dessa audiência pode causar danos ao réu, na hipótese de ser concedida a liminar.

Em suma: impõe-se, pelas razões expostas, a integral aplicação, ao processo do trabalho, do disposto no art. 802, do CPC, de tal sorte que a contestação à tutela cautelar antecedente seja apresentada no prazo de cinco dias, no setor de protocolo..

A Fazenda Pública, entretanto, disporá do prazo em dobro para contestar, por força do disposto no art. 1.º, inciso II, do Decreto-lei n. 779/69.

2. Ação rescisória. A contestação, aqui, não difere, substancialmente, da tradicional, pois é necessário lembrar que a ação rescisória também integra o processo de conhecimento.

A contestação será sempre por escrito, em prazo que variará de quinze a trinta dias, conforme deliberação do relator (CPC, art. 970).

Incumbirá ao réu, ao elaborar a contestação, suscitar, quando for o caso, e no que couber, as preliminares descritas no art. 337, do CPC. Outras preliminares poderão ser levantadas, como a ausência de decisão de mérito (CPC, art. 966, *caput*), a falta de previsão legal para o fundamento da rescisória (*ibidem*, incisos I a VIII), ser, o ato judicial, meramente homologatório (CPC, art. 966, § 4.º), etc. Quanto a esta última, é necessário chamar a atenção ao fato de, ao contrário do processo civil, o do trabalho — pela voz da jurisprudência — haver firmado o entendimento de que a sentença (termo) homologatória de conciliação (ou transação) pode ser objeto de ação rescisória (TST, Súmula n. 259).

Não é só. Caberá ao réu, também, denunciar a falta do depósito a que se refere o art. 836, *caput*, da CLT. Como se sabe, por força da Lei n. 11.495, de 22-6-2007, que deu nova redação ao mencionado dispositivo legal, a parte (seja quem for) que ajuizar ação rescisória deverá depositar, previamente, quantia correspondente a vinte por cento do valor da causa – exceto se comprovar a sua miserabilidade jurídica.

Cumprirá ao réu, ainda, suscitar – quando for o caso – as denominadas "prejudiciais de mérito", como a prescrição extintiva e a decadência. A respeito desta última, é importante observar que o prazo decadencial para o exercício da ação rescisória é de dois anos, contados da data do trânsito em julgado da última decisão proferida no processo (CPC, art. 975).

No mais, ingressará o réu na prospecção do mérito dessa ação desconstitutiva, sustentado as razões que o caso concreto comportar.

O TST, por sua composição Plena, ou pelas SDIs-1 e 2, adotou expressiva quantidade de Súmulas e de Orientações Jurisprudencias acerca da ação rescisória . É recomendável, por isso, que o réu, ao preparar-se para elaborar a contestação em ação rescisória, lance os olhos sobre esse vasto universo de jurisprudência consolidada sobre o tema, para não vir a ser desagradavelmente surpreendido pela decisão judicial.

3. Ação civil pública. Muitos juízes do trabalho costumam determinar a citação do réu, na ação civil pública, para que respondam "no prazo legal". Ora, essa expressão infunde extrema insegurança ao réu, pois a Lei n. 7.347/85, que regula o exercício da referida ação, não fixa o prazo para a resposta. É bem verdade que o art. 19, dessa norma legal, manda aplicar à ação civil pública, no que couber, as disposições do CPC; e o CPC, no art. 335, estabelece que o prazo para o réu responder é de quinze dias. Se a solução do prazo para responder à ação civil pública, no processo civil, fica por este modo resolvido, no terreno do processo do trabalho o tema não é pacífico. Assim dizemos, em primeiro lugar, porque se poderia entender que a resposta deveria ser oferecida *em audiência* e não no serviço de protocolo. É certo, porém, que o art. 1.º, da Instrução Normativa n. 27/2005, do TST, repeliria essa conclusão, pois exclui do procedimento trabalhista as ações que enumera. Essa enumeração não é taxativa, mas, meramente ilustrativa, como revela a expressão: "tais como", que antecede è referida enumeração. Mesmo assim, ainda que a resposta, nos termos dessa Instrução, deva ser oferecida no serviço de protocolo, poder-se-ia entender que o prazo seria de cinco dias, por analogia à regra contida no art. 841, *caput*, da CLT. Para além disso, há juízes que fixam o prazo de dez, de quinze, de vinte dias para o réu responder. Enfim, instalou-se, na prática, um verdadeiro mistifório quanto ao prazo para a apresentação de resposta à ação civil pública na Justiça do Trabalho. O ideal seria que o legislador ou o próprio TST editasse norma que pusesse fim a essa controvérsia, que instala profunda insegurança no espírito de todos aqueles que atuam nesta Justiça Especializada. Particularmente, pensamos que uma destas duas soluções deveria ser adotada: a resposta deveria ser apresentada em audiência (procedimento trabalhista) ou no serviço de protocolo, no prazo de quinze dias (procedimento do processo civil). Qualquer outra solução nos parece aberrante. O importante é que o réu, ao ser citado, saiba de que prazo disporá para responder à ação. Esta segurança jurídica é indispensável ao nosso Estado Democrático de Direito (CF, art. 1.º).

4. Na ação monitória. Devemos dedicar, agora, um escólio acerca do prazo para o réu oferecer embargos ao mandado de solvendo, na ação monitória (CPC, art. 700).

No sistema do processo civil esse prazo é de quinze dias (art. 701); no do trabalho, todavia, os embargos deverão ser apresentados em audiência, pois o princípio característico deste processo é que toda resposta do réu seja feita (ou oferecida) nessa oportunidade, ressalvadas as situações examinadas nos itens anteriores. Cumpre observar que, na ação monitória, os mencionados embargos constituem uma forma peculiar de resposta do réu.

Poder-se-ia redarguir que estamos sendo contraditórios, pois há pouco sustentamos que a resposta do réu, na tutela cautelar antecedente deveria se subordinar ao art. 306, do CPC, vale dizer, ser apresentada em prazo preestabelecido (cinco dias), no serviço de protocolo do juízo. Ora, nenhuma contradição existe entre as opiniões que manifestamos acerca desses assuntos. Devemos esclarecer que a ação monitória integra o processo de conhecimento, conquanto seja regida por procedimento especial. Sendo assim, os embargos do réu devem ser manifestados em audiência, porquanto, como ressaltamos, esse é o princípio característico do processo do trabalho. No que atine à resposta cautelar, afirmamos que o prazo deveria ser o do CPC justamente porque, neste caso, o procedimento deve ser mais rápido do que o ordinário (processo cognitivo), sob pena de consumar-se a lesão do direito do solicitante da medida.

Ademais, a designação de audiência, em virtude da ação monitória, não se destina somente à recepção dos embargos do réu, mas a criar oportunidade para que a Vara tente uma solução negociada do conflito, pois a transação, como sabemos, traduz o escopo essencial da Justiça do Trabalho.

Seja qual for a espécie de ação, a contestação deverá, desde logo, ser instruída com os documentos em que se funda. A regra do art. 434, do CPC, é aplicável ao processo do trabalho. Equivocam-se aqueles que sustentam ser possível, neste processo, juntar documentos a qualquer tempo, enquanto não encerrada a instrução. Conforme dissemos em outras linhas, o vocábulo *instrução* possui, na liguagem processual, um sentido muito amplo, pois compreende não apenas a produção de provas orais, como documentais e técnicas. Pois bem. A instrução documental do processo tem como suas fases específicas — e, de certo modo, preclusivas — a petição inicial (CLT, art. 787) e a contestação (CPC, art. 434). A instrução que se segue após esta fase é a *oral*, consistente em depoimetno das partes, inquirição de testemunhas, etc., e a técnica (exames periciais), embora, em alguns casos, a perícia possa anteceder à prova testemunhal. Não há motivo, seja ético ou legal, portanto, para que a parte deixe de apresentar, com a inicial ou com a contestação, documentos relevantes que possui, reservando-se para juntá-los no momento em que bem entender. Seria, mesmo, de indagar-se: por que motivo autor e réu deixam de juntar, à inicial e à contestação, respectivamente, documentos importantes, que estão em seu poder, a não ser em razão de uma estratégia pouco ética, consistente em juntá-los gradualmente, conforme a sua conveniência pessoal? Não raro, a apresentação de documentos após a produção da prova testemunhal prejudica a instrução oral, pois as testemunhas não têm oportunidade de pronunciar-se acerca do conteúdo desses documentos. Enfim, temos para conosco, desde sempre, que o art. 434, do CPC, incide no processo do trabalho, por forma a admitir-se a juntada de documentos, pelo réu, após a oferta da contestação, somente no caso do art. subsequente (435) do mesmo estatuto de processo civil, ou seja, quando forem novos, assim entendidos os destinados a fazer prova depois dos articulados, ou para contrapô-los aos que forem produzidos nos autos.

O art. 830, da CLT, em sua redação primitiva, exigia que os documentos apresentados sob a forma de cópias fossem autenticados pela secretaria do órgão jurisdicional por onde tramitava o processo. Posteriormente, a praxe passou a admitir que essas cópias fossem autenticadas por tabelião. Em escritos anteriores dissemos que, num caso ou noutro, estávamos diante de uma formalidade desnecessária e prejudicial à parte, porque, muitas vezes, o litigante contrário nem sequer impugnava a cópia do documento, mas, mesmo assim, a jurisprudência entendia que ela não tinha validade, por não atender à norma do art. 830, da CLT. Por esse motivo, recebemos – ainda que com discreto entusiasmo —, as modificações introduzidas no CPC de 1973, que dispensavam, em alguns, casos, a autenticação das cópias, atribuindo à parte ou ao advogado a faculdade de declarar, sob sua responsabilidade pessoal, a autenticidade das cópias juntadas aos autos do processo. Estamos a referir-nos aos arts. 364, inciso IV, e 544, § 1.º, daquele CPC. Mais recentemente, a Lei n. 11.925, de 17 de abril de 2009 (Diário Oficial da União da mesma data, deu nova redação ao art. 830, da CLT, que passou a ser a seguinte: "*Art. 830. O documento em cópia oferecido para prova poderá ser declarado autêntico pelo próprio advogado, sob sua responsabilidade pessoal.* Parágrafo único. Impugnada a autenticidade da cópia, a parte que a produziu será intimada para apresentar cópias devidamente autenticadas ou o original, cabendo ao serventuário competente proceder à conferência e certificar a conformidade entre esses documentos".

Esta alteração legislativa provocou, sem dúvida, um grande rigozijo em nosso espírito, pois representou uma vitória contra o formalismo perverso de outrora. Devemos, porém, chamar a atenção para um fato, sobre o qual a jurisprudência será chamada a manifestar-se. O art. 830, da CLT, atribui somente ao *advogado* a faculdade de declarar a autenticidade das cópias por ele juntadas aos autos. Esqueceu-se, o legislador, todavia, que o art. 791, da CLT, atribui às próprias *partes* capacidade postulatória, por meio da qual podem promover a defesa dos seus direitos e interesses, sem a constituição de advogado. Deste modo, o bom-senso sugere que se estenda também à parte, que estiver atuando em juízo sem advogado, a faculdade de declarar autênticas as cópias dos documentos por ela anexados aos autos, sob pena de estabelecer-se, em relação à parte, uma odiosa discriminação, onerando-a com os custos da autenticação das cópias por tabelião e sujeitando-as às consequências processuais da ausência desta formalidade.

Como estivemos, até esta altura, a discorrer sobre prazos processuais concernentes a determinadas ações do processo civil que incidem no do trabalho, pensamos ser oportuno dedicar alguma atenção à OJ n. 310, da SBDI-1, do TST, conforme a qual "Litisconsortes. Procuradores distintos. Prazo em dobro. Art. 191 do CPC. Inaplicável ao processo do trabalho. A regra contida no art. 191 do CPC é inaplicável ao processo do trabalho, em face da sua incompatibilidade com o princípio da celeridade inerente ao processo trabalhista". O art. 229, do CPC, determina que os prazos processuais sejam contados em dobro quando, nos regimes litisconsorciais, as partes tiverem advogados diversos, de escritórios de advocacia distintos. Com todo o respeito que nos mereça a OJ n. 310, da SBDI-1, do TST, é necessário dizer que o argumento, por ela utilizado, quanto à incompatibilidade da norma do CPC com o processo do trabalho não resiste à força da realidade. Ora, há Varas do Trabalho designando a audiência inicial para seis, oito, dez meses adiante, ou mais; os Tribunais Regionais consomem, também, meses e meses para o julgamento das causas que estão afetas à sua competência; o próprio TST — fato notório — chega a levar anos para julgar recursos; todavia, a incompatibilidade com o princípio da celeridade do processo do trabalho foi alegada pela SBDI-1, do TST, para vedar a incidência supletiva, neste processo, da regra inscrita no art. 191, do CPC, como se, efetivamente, o processo do trabalho fosse célere em todos os seus momentos, e a mera duplicação do prazo conspirasse, gravemente, contra esse escopo de celeridade na prestação jurisdicional... A precitada OJ, em muitos casos, perpetra violação à garantia constitucional da ampla defesa (CF, art. 5.º, inciso LV), pois nem sempre existe harmonia entre os litisconsrtes, fato que lhes dificulta, por exemplo, o estabelecimento de um ajuste para efeito de retirada dos autos da secretaria do órgão jurisdicinal, com vistas à contestação que a cada um incumbe realizar ou ao recuso que pretendem, *per se*, interpor. É certo que a aplicação do art. 229, do CPC, não resolve este problema; todavia, ameniza-o, pois, pelo menos, o prazo será maior. O próprio legislador civil deu um passo em direção ao cumprimento da sobredita norma constitucional ao alterar a redação do § 2.º, do art. 40, do CPC de 1973, para permitir que, nos casos em que o prazo fosse comum (e mesmo que não se cuidasse de litisconsórcio), as partes pudessem retirar os autos da secretaria por uma hora, independentemente de ajuste entre elas, a fim de obterem as cópias de que necessitavam. O CPC de 2015, dando um passo à frente, permite que o autor retire os autos da secretaria pelo prazo de duas a seis horas, para obtenção de cópias, sem necessidade de ajuste com a parte contrária e sem prejuízo da continuidade do prazo (art. 107, § 3.º)

Espera-se que o TST não só entenda compatível com o processo do trabalho essa faculdade atribuída pelo CPC aos procuradores das partes, como admita a aplicação no processo trabalhista da regra contida no art. 107, § 3.º, do CPC, deitando por terra, por esse modo, a malsinada OJ n. 310, da SDI-1.

3.6. Defesas direta e indireta

Alguns juristas desceram às minúcias no campo da classificação das defesas. José Frederico Marques, por exemplo, refere às defesas: a) *processual*, como a que o réu apresenta antes de discutir o mérito da causa. Nesse sentido, menciona os arts. 331 e 267, do CPC, de 1973, que correspondem, *mutatis mutandis*, aos arts. 336 e 485, respectivamente, do CPC de 2015. Alude, o renomado escritor, ainda, à subespécie de defesa processual peremptória, que, segundo ele, é aquela cujo acolhimento acarreta fim ao processo, por inadmissibilidade da prestação jurisdicional; como exemplo, cita os incisos IV, V, VI, VII, IX e X, do art. 267, e II, III, IV, V, VI, VIII, X e Xl, do art. 301, ambos do CPC de 1973; b) *dilatória*, que não extingue o processo, mas apenas dilata o curso do procedimento, como era o caso da fundada nos incisos I, II, VII, VIII e IX, do art. 301, do CPC, e IV, do art. 267; c) de mérito, a de que fala o art. 336, do CPC de 2015 (art. 300, do CPC de 1973) d) *direta*, quando o réu impugna o fato constitutivo do direito do autor; e) *indireta*, quando o réu opuser fato capaz de modificar, impedir ou extinguir o direito do autor (CPC de 2015, art. 350: *Manual de Direito Processual Civil*. 4.ª ed. São Paulo: Saraiva, 1979. vol. II, p. 77/81).

A despeito de classificações como a realizada por Frederico Marques possuírem caráter didático, as consideramos destituídas de maior interesse prático, porque, a nosso ver, decorrem de uma fragmentação excessiva de um tronco básico, formado pelas defesas: a) direta e b) indireta, consoante o conceito de cada uma, que formulamos em linhas anteriores.

Efetivamente, segundo o próprio sistema concebido pelo Código de Processo Civil, as defesas do réu podem se dirigir, em essência: a) ao mérito da causa (arts. 336 e 341) b) ou ao próprio processo (arts. 337 e 485).

Talvez, seja prudente esclarecer que estamos tomando o vocábulo *defesa* em seu significado estrito de *contestação*, motivo por que não estamos a fazer referência, *e. g.*, às exceções (incompetência, impedimento e suspeição).

Não vemos, também, maior proveito prático na classificação da contestação em: a) direta, como sendo aquela em que o réu nega o fato constitutivo do direito do autor e b) indireta, pela qual opõe um fato modificativo, impeditivo ou extintivo do direito do adversário (José Carlos Barbosa Moreira, *O Novo Processo Civil Brasileiro*. 4.ª ed. Rio de Janeiro: Forense, vol. I, p. 65).

Como dissemos há pouco, a classificação fundamental, medular, deve ter em mira, de um lado, o direito material alegado pelo autor (contestação direta), e de outro, o processo (contestação indireta). Tudo o mais, *concessa venia*, representa a "quinta roda do carro", no terreno da realidade prática. Assim, se o réu contesta a estabilidade no emprego pretendida pelo autor, pouco importa se está alegando um fato modificativo, impeditivo ou extintivo desse direito, pois a verificação, sob esse ângulo, só interessa ao tema do ônus da prova. Como conceito, a contestação, na espécie, será direta, porquanto voltada para o direito material em que se funda a ação. Se o réu asseverar, no entanto, que não houve citação, que o juízo é absolutamente incompetente, que a inicial é inepta, que há perempção, litispendência, coisa julgada ou conexão, que o autor é carecedor da ação, etc., estará realizando uma contestação pela via indireta, porquanto o seu alvo não é o direito material (estabilidade no emprego), mas o universo poliédrico do processo, como método estatal de solução de conflitos de interesses.

Apreciada a matéria sob o aspecto pragmático, a contestação indireta deve anteceder à direta, como patenteia o art. 301, do diploma processual civil, conquanto ambas sejam realizadas na mesma peça.

3.7. Exceção e contestação

O Código de Processo Civil de 1939, sob o influxo da tradição doutrinal, aludia à exceção como sendo toda e qualquer defesa indireta, fosse quanto ao mérito ou quanto ao processo. Estatuía o seu art. 4.º: "O juiz não poderá pronunciar-se sobre o que não constitua objeto do pedido, nem considerar exceções não propostas para as quais seja por lei reclamada a iniciativa da parte" (destacamos).

Em resumo, aquele Código considerava exceção não só a defesa que tivesse por objeto a incompetência, o impedimento, a suspeição, a litispendência e a coisa julgada, mas o próprio mérito da causa, sempre que o réu alegasse fato modificativo ou extintivo do direito do autor, pois essa espécie de defesa era igualmente havida como indireta. Pelo que se tem notícia, o anteprojeto do Código de 1973, elaborado pelo Prof. Alfredo Buzaid, mantinha essa orientação; entrementes, por força de Emenda introduzida no Senado, rompeu-se com essa tradição, para atribuir à palavra *exceção* um senso mais estrito, do qual foi excluída a defesa indireta de mérito. Entendemos que a modificação foi acertada, pois todo o ataque ao mérito, à *res in iudicio deducta*, deve ficar reservado, verdadeiramente, à contestação, tendo em conta o fato de que o autor visa a obter um pronunciamento a respeito do mérito (que lhe seja favorável, é óbvio), daí por que a objeção que ele vier a manifestar quanto ao fundo da demanda deve receber o nome de contestação — ainda que esta possa dirigir-se, também, a certos aspectos do processo.

No sistema do estatuto de processo civil de 1973, portanto, a contestação tanto poderia voltar-se para o mérito da causa (direito substancial), como para o processo (no geral, sob a forma de preliminares), ficando reservada para a exceção as arguições de incompetência relativa do juízo, de impedimento ou de suspeição do magistrado (CPC, arts. 304 a 314).

Toda essa disciplina legal pertinente às modalidades de resposta do réu era aplicável ao processo do trabalho, com o qual se revelava compatível (CLT, art. 769). O que se deveria realizar, apenas, era adaptação dessas modalidades às particularidades do procedimento trabalhista.

O CPC de 2015, todavia, eliminou as exceções, mantendo, apenas, como respostas do réu, a contestação e a reconvenção. As exceções, entretanto, continuam a ser previstas no processo do trabalho (CLT, art. 799, *caput*).

3.8. Requisitos

Conquanto o Código de Processo Civil e o processo do trabalho não indiquem os requisitos formais para a validade da contestação, é certo que esta se rege, em determinados pontos, pelas disposições do CPC atinentes à petição inicial (art. 319).

Desta maneira, a contestação deverá mencionar:

a) o juízo para o qual é dirigida. Na petição inicial, não há condições de o autor apontar o juízo a que se dirige, pois este só será conhecido após a distribuição, exceto se houver, na base jurisdicional, uma só Vara do Trabalho. Ao elaborar a contestação, entretanto, o réu já tem conhecimento de qual seja o juízo, razão por que deverá mencioná-lo. Se houver equívoco na referência ao juízo, mas a contestação for entregue àquele por onde se processa a ação, essa escorregadela não acarretará a nulidade do ato, nem qualquer prejuízo processual ao réu. A mesma solução não poderia, contudo, ser adotada se a contestação, embora aludindo ao juízo correto, fosse entregue em juízo diverso daquele para o qual a petição inicial foi distribuída. É verdade que há uma certa divergência doutrinária acerca do assunto, mas, pelo que nos cabe opinar, um dos requisitos para que se repute efetivamente realizada a contestação é a sua entrega no juízo correto.

Realmente, não basta que o réu se defenda: é imprescindível que o faça no juízo incumbido de proceder à entrega da prestação jurisdicional invocada pelo autor. Reconhecemos, todavia, que esse problema não é muito frequente no processo do trabalho, porquanto a resposta do réu (e, em particular, a contestação) é oferecida em audiência, sendo, por isso, raro acontecer de a sua apresentação se dar em juízo diverso.

Estamos, em nossas considerações, pressupondo a contestação por escrito, forma pela qual, por força do costume, ela vem sendo apresentada. Se ela for realizada sob a forma oral, em audiência, é evidente que não fará sentido exigir que o réu mencione o juízo a que se dirige;

b) Nomes, prenomes, estado civil, a existência de união estável, profissão, o número de inscrição no Cadastro de Pessoas Físicas ou no Cadastro Nacional da Pessoa Jurídica, o endereço eletrônico, o domicílio e a residência das partes. Em rigor, essas indicações são desnecessárias na contestação, por já constarem da petição inicial. Nada impede, contudo, que a contestação as repita, em relação ao réu — até mesmo, para corrigir eventual erro nos elementos identificadores deste contidos na peça inaugural. Com efeito, em certos casos, há erro, na inicial, quanto ao nome, prenome, estado civil, profissão — e, até mesmo, domicílio e residência — do réu, sendo necessário que a contestação os corrija, lembrando, todavia, que, em geral, no processo do trabalho o empregador-réu, geralmente, está constituído sob a forma de pessoa jurídica.

A propósito, há situações, p. ex., em que a inicial qualifica a ré como sociedade de economia mista, quando esta é entidade autárquica. Diante disto, é indispensável que a contestação chame a atenção do juízo para o fato, pois sendo, a ré, uma autarquia, será beneficiária das prerrogativas inscritas no Decreto-lei n. 779/69, dentre as quais se inclui o prazo em quádruplo para contestar, em dobro para recorrer, e a remessa *ex officio*, na hipótese de o pronunciamento jurisdicional lhe ser desfavorável;

c) O procedimento. Caberá ao réu, também, quando for o caso, impugnar o procedimento adotado pelo autor. Digamos que este haja atribuído à causa um valor inferior a quarenta salários mínimos, a fim de ver a causa regida pelo procedimento sumariíssimo (CLT, art. 852-A). Se o réu pretender que o procedimento seja o ordinário, por estar convencido de que o valor da causa excede a quarenta salários mínimos, deverá manifestar-se a esse respeito na contestação. Mesmo no silêncio do réu, o juiz poderá determinar (*ex officio*, portanto), a conversão do procedimento, quando a própria petição inicial contiver elementos que deixem patente que o valor dos pedidos (ou da causa) não corresponde ao procedimento escolhido pelo autor;

d) Os fatos e os fundamentos jurídicos do pedido. Esse requisito, próprio da petição inicial, deve ser adaptado à contestação, de tal modo que esta mencionará os fatos e os fundamentos jurídicos pelos quais o réu resiste às pretensões deduzidas pelo adversário. O réu, na contestação, em regra, não formula pedidos. Exceções, como dissemos, são a compensação e a retenção (CLT, art. 767).

Cabe, aqui, um escólio, que pode ser tomado como conselho: de modo geral, as contestações trabalhistas devem ser objetivas, concisas. Alguns advogados, talvez para se demonstrarem zelosos aos olhos do cliente, constumam elaborar contestaçãoes longas, constituindo autênticos tratados ou cartapácios, recheando-as com transcrições doutrinárias e jurisprudenciais, que, muitas vezes, só fazem irritar os magistrados — em regra sobrecarregados de serviços. Não se pode esquecer, ademais, que sendo a Justiça do Trabalho especializada, os seus magistrados, em regra, têm conhecimento das opiniões doutrinárias e das manifestações jurisprudenciais acerca dos temas sobre os quais de pronuncia a contestação, motivo por que, não raro, são desnecessárias essas citações no instrumento de resposta do réu.

Contestações longas só se justificam em casos especiais, seja em razão da matéria, do valor, da pessoa que promoveu a ação. Do ponto de vista estratégico, é necessário alertar que quanto mais se escreve maior é o risco de cair-se em contradição, significa dizer, de fazer afirmações antagônicas, que acabam comprometendo a eficiência e a credibilidade da defesa em seu conjunto. Maior, também, é o risco de esquecer-se de impugnar um ou mais dos inúmeros fatos que soem ser alegados nas iniciais trabalhistas, e, com isso, ensejar a aplicação do art. 302, do CPC, que considera confessados os fatos não impugnados de maneira expressa.

e) O pedido e suas especificações. Como dissemos na letra anterior, o réu, na contestação, *em princípio*, não efetua pedidos, senão que, apenas, se opõe às pretensões do autor. Não se deve confundir, no entanto, o pedido com o requerimento. Aquele está diretamente ligado ao direito material. Assim, deve ser objeto de pedido, por parte do réu, entre outros, a compensação e a indenização por litigância de má-fé. O requerimento, contudo, não se vincula, em rigor, ao mérito da demanda, senão que a questões processuais; deste modo, serão objeto de requerimento, por exemplo, a produção de provas, a intimação de testemunhas; a prestação de informações por órgãos públicos ou entidades privadas; o adiamento da audiência; a reunião de autos, etc.

f) O valor da causa. Incumbe ao autor, no processo civil, indicar, logo na inicial, o valor da causa (CPC, art. 319, inciso V), sob pena de indeferimento dessa peça de provocação da atividade jurisdicional (*ibidem*, art. 321, parágrafo único) e da consequente extinção do processo sem resolução da lide (*ibidem*, art. 485, inciso I). No processo do trabalho, entretanto, se a peça inaugural for omissa quanto a esse valor, caberá ao juiz arbitrá-lo, nos termos do art. 2.º, *caput*, da Lei n. 5.584/70.

Mencionando, a inicial, o valor da causa, e com ele não concordando o réu, este deverá impugná-lo. A impugnação, conforme o art. 261, do CPC de 1973, deveria ser autuada em separado. No sistema do CPC de 2015, essa impugnação deverá ser formulada como preliminar da contestação (art. 293). No processo do trabalho, ela tem sido processada nos próprios autos da ação. Seja como for, não tem efeito suspensivo do processo. Ao contrário do CPC de 1973 (art. 261), o Código de 2015 não manda conceder prazo (cinco dias) para o autor manifestar-se.

Havendo necessidade, o magistrado nomeará perito, decidindo o incidente no prazo de dez dias (CPC, art. 226, inciso II). Inexistindo impugnação, presume-se aceito o valor atribuído à causa, na inicial (CPC, art. 293). Na edição anterior deste livrvo, ressalvamos a nossa opinião de que, em certas situações, o juiz do trabalho poderia alterar, por sua iniciativa, esse valor. Pois bem. O CPC de 2015 passou a admitir, expressamente, essa possibilidade, conforme consta do seu art. 292, § 3.º.

Se o valor da causa foi fixado pelo juiz (por ser a inicial omissa, neste ponto), a parte que não concordar com o valor poderá, nas razões finais, impugná-lo; se o juiz o mantiver, terá, o interessado, o prazo de 48 horas para pedir, ao Presidente do Tribunal correspondente, a revisão desse *quantum* (Lei n. 5.584/70, art. 2.º, § 1.º, *in fine*).

Diz a lei que o pedido de revisão não tem efeito suspensivo, o que é absurdo. Realmente, imaginemos que o magistrado tenha arbitrado à causa um valor inferior a dois salários mínimos. Neste caso, não só a sentença que vier a ser proferida será irrecorrível (exceto se implicar transgressão de norma constitucional), como "será dispensável o resumo dos depoimentos, devendo constar da Ata a conclusão da Junta (atualmente, Vara) quanto à matéria de fato" (Lei n. 5.584/70, art. 2.º, § 3.º). Ora, segundo a norma legal citada, o juiz poderia fazer constar da ata, tão somente, a conclusão quanto à matéria fatual, por tratar-se de ação da alçada exclusiva do órgão de primeiro grau. Se, todavia, por força de pedido de revisão feito pela parte, o Presidente do Tribunal modificar o valor, elevando-o, por exemplo, para o equivalente a três ou mais salários mínimos, haverá nulidade da instrução, porquanto não se fez inserir na ata o depoimento das partes e das testemunhas, senão que uma síntese conclusiva acerca dos fatos — que só seria justificável se a ação fosse da alçada exclusiva da Vara. Com a elevação do valor da causa, por decisão unipessoal e irrecorrível do Presidente do Tribunal, a sentença poderá ser impugnada por meio de recurso, oportunidade em que será lícito ao recorrente alegar a nulidade da instrução oral do procedimento em virtude de a ata não conter as declarações prestadas pelas partes e pelas testemunhas.

Na realidade, há uma falha da Lei n. 5.584/70 quanto ao *momento* em que a parte poderá impugnar o valor que o juiz arbitrar à causa. Se esse momento fosse ato-contínuo, dando-se efeito suspensivo à impugnação, seguramente ficaria afastado o risco de nulidade processual, derivante do fato de, em virtude da alteração do valor da causa, feita pelo Presidente do Tribunal, dever constar da ata a íntegra dos depoimentos dos litigantes e das testemunhas, e, não apenas uma simples conclusão da Vara quanto à matéria de fato;

g) As provas com que pretende demonstrar a verdade dos fatos alegados. Esta é uma disposição aplicável tanto ao autor (inicial) quanto ao réu (contestação). Está intimamente ligada ao ônus da prova (CLT, art. 818).

Para sermos francos, o processo do trabalho nem sequer exige que o autor aluda às provas que pretende produzir oportunamente. Basta uma simples leitura do art. 840, § 1.º, da CLT, para constatar-se a veracidade de nossa afirmação. Logo, se assim é com relação à inicial não há motivo para que seja diferente quanto à contestação. Pela natural influência que o processo civil exerce no espírito dos advogados que atuam na Justiça do Trabalho, estes tendem a transportar para o procedimento desta certas exigências ou particularidades daquele. Uma delas é, justamente, a menção dos meios de prova de que a parte se valerá. Embora o processo do trabalho não proíba, como é elementar, essa referência, não menos exato é que não a exige. Logo, se o réu deixar de expressar, na contestação, os meios de prova com que buscará demonstrar a verdade dos fatos em que se funda a defesa, isso não terá efeito preclusivo, pois faz parte do sistema singular do processo do trabalho a possibilidade de produção de provas (por ambas as partes, aliás), independentemente de requerimento expresso.

Apesar de havermos dito, no início deste tópico, que os requisitos da contestação correspondem, *mutatis mutandis*, aos legalmente previstos para a petição inicial, é necessário acrescentar que, ao contrário do que se passa com a inicial, a falta de qualquer desses requisitos não torna a contestação "inepta", por forma a justificar o seu "indeferimento". Pior seria pensar-se que haveria, além disso, a extinção do processo sem resolução do mérito, em manifesto benefício para o infrator (no caso, o réu).

Se o réu deixar, *e. g.*, de indicar os fatos e os fundamentos jurídicos de sua resistência às pretensões do autor, estará, muitas vezes, deixando de contestar as alegações expendidas por este, fazendo com que sejam presumidas verdadeiras (CPC, art. 341, *caput*), ficando, por isso, dispensada a prova dos fatos a que elas disserem respeito (CPC, art. 374, incisos II e III). Se, por outro lado, o réu deixar de impugnar o valor atribuído à causa, na inicial, a presunção legal é de aceitação tácita desse valor (CPC, art. 293), conquanto, a nosso ver, o juiz possa, por sua iniciativa, determinar a conversão do procedimento (de ordinário para sumaríssimo ou vice-versa), quando for o caso.

Deixando a contestação de apontar o nome e o prenome, o estado civil, a profissão, o domicílio e a residência do réu, o fato não terá, em princípio, nenhuma consequência, como ponderamos, pois esses elementos de informação constam da petição inicial. Problema haverá se o réu, devendo retificar eventuais incorreções contidas na inicial acerca desses dados, descurar-se de fazê-lo.

3.9. Preliminares

3.9.1. Comentário

A citação, contanto que regularmente efetuada, tem a finalidade de abrir, para o réu, a oportunidade de exercer o seu direito constitucional de ampla defesa (Const. Federal, art. 5.°, inciso LV), em face das alegações expendidas pelo autor. Esse direito de resposta constitui cláusula inerente aos Estados Democráticos de Direito, pois não é concebível que alguém venha a ser condenado sem haver podido se defender, ou seja, sem que tenha recebido, do Estado, a possibilidade de apresentar a sua versão acerca dos fatos da causa. A este respeito, é recomendável a leitura do livro "O Processo", ("Der Prozess"), de Franz Kafka, em que a personagem central (Josef K.) é presa por motivos que descocnhece e sem possibilidade de defesa.

Como o autor, via de regra, impetra a prestação da tutela jurisdicional para promover a reparação de direito material lesado, ou para evitar que a lesão se consume, é natural que a defesa do réu tenha como objeto, quase sempre, esse direito invocado pela contraparte.

O autor, entretanto, para demandar em juízo, deve atender a determinados requisitos exigidos pelas leis processuais, uma vez que o processo não é propriedade das partes, senão que — como tantas vezes dissemos — método ou técnica pelo qual o Estado soluciona os conflitos de interesses estabelecidos entre os indivíduos ou as coletividades ou entre aqueles e estas. Por outro lado, sob o aspecto do direito material, o processo possui caráter instrumental, porquanto o seu fim radica no interesse da parte em que as coisas se disponham, em concreto, conforme aquele direito.

À defesa que tenha como alvo o direito material do autor, ou seja, a própria res *in iudicio deducta*, costuma-se denominar de direta. Nenhuma falta contra o senso lógico haveria, contudo, se viéssemos a chamá-la de defesa típica, justamente porque, em termos clássicos e históricos, a reação jurídica do réu sempre teve como centro de incidência o direito material alegado pelo autor.

Em algumas situações, todavia, o réu, antes de manifestar-se sobre as questões de fundo da demanda, verifica que o autor não respeitou as normas processuais incidentes (*due process of Iaw*); caber-lhe-á, diante disso, formular as objeções de natureza processual, que o caso comportar. Trata-se, aí, de defesa indireta, pois não tem em mira o direito material sustentado pelo autor, mas o próprio processo.

Essas objeções, por antecederam, topologicamente, à impugnação do mérito, recebem, por isso mesmo, o nome de *preliminares*.

O efeito prático (e jurídico, por certo) mais expressivo dessas preliminares é revelado pela possibilidade de — tirante raras exceções —, quando acolhidas, acarretarem a extinção do processo, sem pronunciamento acerca do mérito (CPC, art. 485).

Dessa regra legal extrai-se a conclusão de que as preliminares representam uma espécie de obstáculos eficientes ao julgamento do mérito, pois dotadas de aptidão para dar cobro ao processo sem que o juiz possa, em princípio, se pronunciar a respeito das pretensões de direito material formuladas pelo autor.

Por motivos de ordem presumivelmente pragmática, o CPC (art. 337) arrola as preliminares que devam ser suscitadas pelo réu, na contestação — sendo sempre recomendável lembrar que, posto de parte a convenção de arbitragem e a incompetência relativa, delas o magistrado pode (e deve) conhecer *ex officio* (*ibidem*, § 5.º).

Conforme observamos anteriormente, a ordem de indicação dessas preliminares, feita pelo estatuto de processo civil, é imperfeita, do ponto de vista lógico. Sendo assim, apreciaremos, a seguir, uma a uma, tais preliminares, conforme a ordem que sugerimos no aludido capítulo.

3.9.2. Casuística

a) Inexistência ou nulidade de citação

Separemos os conceitos.

Citação inexistente é aquela que não houve, que não foi realizada; citação nula é a que, embora tenha sido efetuada, o foi contra as normas legais regentes. Ato inexistente é o não ato, o *nihil* jurisdicional, por assim dizer. É ato que, por não atender a uma exigência fundamental da lei, só existe materialmente (ou seja, no mundo sensível), e, não, juridicamente.

Se bem refletirmos, veremos que o problema da *inexistência* do ato processual é algo que precede à sua *validade*, pois sem que o ato efetivamente exista, não se pode, por uma questão de lógica elementar, dizer se é válido, ou não. A existência constitui, assim, pressuposto para a verificação da validade do ato.

Uma das características mais expressivas dos atos inexistentes repousa na desnecessidade de uma ação judicial específica, declaratória do seu não ser, conquanto o exercício desta ação, em determinados casos, seja aconselhável. Não estamos, com esta opinião, a afirmar que a inexistência prescinda de um pronunciamento jurisdicional a respeito, e, sim, que ela não precisa ser, sempre, objeto de ação declaratória, inversamente, portanto, ao que se passa com a nulidade, que reclama a ação rescisória, se já tornada imutável a sentença pela autoridade da coisa julgada material.

A inexistência do ato (da citação, inclusive) pode ser declarada pelo juiz, *ex officio*, no curso do processo, como se dava, *e. g.*, no caso do art. 37, parágrafo único, do CPC de 1973, que aludia, de modo expresso, à *inexistência* do ato. O CPC de 2015, entrementes, passou a falar em *ineficácia* do ato (art. 104, § 2.º).

A citação se apresenta como um ato processual de suprema importância para o réu, pois é por meio dessa comunicação processual que ele fica ciente da existência da ação. A citação pode ser tida, portanto, como uma das mais elevadas manifestações do princípio constitucional do contraditório, que se encontra umbilicalmente atada à cláusula processual do devido processo legal (*due process of law*), consagrada pela Suprema Carta Política do País (art. 5.º, inciso LIV). Considerada sob esse aspecto, a citação não deixa de refletir um enunciado característico dos regimes democráticos.

O art. 213, do CPC de 1973, afirmava que a citação era o ato pelo qual se *chamava* a juízo o réu ou o interessado para se defender. Esse conceito legal mereceu, todavia, de nossa parte, um pequeno reparo doutrinário, porquanto, na verdade, o escopo da citação não era, necessariamente, o de *chamar* o réu (ou o interessado) a juízo para que se defendesse, e, sim, o de *cientificá-lo* quanto à existência da ação, a fim de que, se quisesse, se defendesse. O CPC de 2015 conceitua a citação como o ato pelo qual são *convocados* o réu, o executado ou o interessado para integrar a relação processual (art. 238). O verbo *convocar*, utilizado pelo legislador, também não é adequado, porquanto, em rigor, a citação constitui ato (essencial, sem dúvida) que se destina a *dar ciência* ao réu, ao executado ou ao interessado, para que, *se desejarem*, venham responder aos termos da inicial, conquanto a ausência de resposta possa acarretar-lhes consequências processuais previstas em lei. Mesmo que essas pessoas, regularmente citadas, não venham a juízo para responder, elas integrarão a relação jurídica processual! Se, em decorrência do seu silêncio, não a integrassem — como faz supor o art. 238 do CPC — ficaria difícil explicar como poderia haver condenação no caso de revelia.

O processo moderno dispensa, para a sua formação e o seu desenvolvimento regulares, a *presença* do réu: requer, apenas, que ele seja citado, vale dizer, cientificado da existência de uma ação, em que figura no polo passivo da relação processual. Por outro lado, a citação faz com que a relação jurídica processual se "angularize"; antes disso, a relação era, unicamente, linear, porquanto integrada somente pelo autor e pelo Estado-juiz. Citado o réu, angulariza-se a relação: autor-juiz-réu.

Consta do art. 280, do CPC, a advertência de que a citação (assim como a intimação) será nula quando realizada sem observância das prescrições legais. O atendimento a essa prescrição figura, sem dúvida, como uma garantia do direito de defesa do réu. Em que pese à redação imperativa do preceito legal indicado, não podemos ignorar que o processo não é um fim em si mesmo, mas um simples instrumento de tutela do direito material (conquanto saibamos que a ação constitui um direito abstrato de agir, cujo exercício não reclama, necessariamente, a presença de um direito material).

Exatamente por isso, a jurisprudência trabalhista, com sua vocação vanguardeira, acabou por placitar o procedimento adotado por alguns juízos de primeiro grau, consistente em realizar a citação do réu residente ou estabelecido em outra jurisdição sem o instrumento formal da carta precatória, mas pelo correio, com aviso de recebimento. Certamente inspirado nesse procedimento, a Lei n. 8.710, de 24-9-93, deu nova redação ao art. 222, do CPC de 1973, para determinar, como regra, a citação do réu pelo correio, mesmo que residente em outra comarca, ressalvados uns poucos casos em que essa forma não poderá ser utilizada. O CPC de 2015 não se atreveu a modificar essa forma de citação (art. 247).

b) Incompetência absoluta e relativa

Não é de todo equivocado o conceito, há muito difundido pela doutrina, de que a competência constitui a medida da jurisdição que as leis atribuem aos órgãos do Poder Judiciário. Afinal, embora os juízos possam deter, em regra, jurisdição sobre determinado limite territorial, nem sempre terão competência para apreciar as lides ocorrentes dentro desses lindes.

Além de traduzir esse elemento delimitador da porção jurisdicional, a competência figura como um princípio constitucional do processo, em nosso meio, pois a Suprema Carta Política em vigor inscreveu, no Capítulo dos Direitos e Garantias Individuais e Coletivos, a solene declaração de que ninguém será processado nem sentenciado "senão pela autoridade *competente*" (art. 5.º, inciso LIII); destacamos.

A competência, do mesmo modo como a jurisdição, não é de quem a quer, mas de quem a lei a atribui. Esse "possuir competência deriva, pois, em regra, da norma legal, porquanto não fica reservado ao arbítrio dos juízes definir a sua competência, seja quanto à matéria, ao valor, à pessoa, ao local, à hierarquia e o mais. No caso específico da Justiça do Trabalho, a sua competência está fixada no art. 114, da Constituição da República.

Rigor à frente, pode-se dizer que a competência não está ligada à pessoa física do magistrado, senão que ao juízo, pela mesma razão lógica que o impedimento e a suspeição dizem respeito, ao contrário, ao magistrado, nunca ao juízo.

No sistema do CPC de 1973, a incompetência absoluta deveria ser alegada como preliminar da contestação; a relativa deveria ser objeto de exceção. O CPC de 2015 alterou essa regra ao eliminar as exceções como modalidade de resposta autônoma do réu. Em razão disso, dispôs que a incompetência relativa também deverá ser alegada em sede de preliminar da contestação (art. 337, inciso II). O processo do trabalho, contudo, mantém a figura da exceção (de incompetência relativa do juízo, de suspeição e de impedimento do magistrado). Deste modo, neste processo, somente a incompetência absoluta deve ser alegada como preliminar da contestação; a relativa segue sendo arguida mediante exceção.

São absolutas as incompetências em razão da matéria, da pessoa, do valor e da hierárquica; logo, será relativa a que disser respeito ao território (CPC, art. 63).

c) Incorreção do valor da causa

Essa matéria não figurava como preliminar, no CPC de 1973. Havia uma razão para isso: a impugnação do valor da causa era autuado em apenso (art. 261). No CPC de 2015, como afirmamos, essa impugnação foi deslocada para o terreno das preliminares (arts. 293 e 337, inciso III).

O procediemento concernente a essa impugnação é regulado pelo art. 261, do CPC.

d) Inépcia da petição inicial

Regra geral, a jurisdição se mantém em um estado de inércia, motivo por que o exercício dessas funções, pela magistratura, deve ser provocado pelo interessado (CPC, art. 2.º). Assim o é, porquanto seria algo comprometedor da estabilidade das relações sociais e jurídicas que se cometesse ao juiz o poder de sair pelo mundo a fomentar lides. Demais, esse poder o faria imparcial, tendencioso, pois estaria a substituir-se ao autor. A provocação do exercício desse poder-dever estatal, a que se chama jurisdição, deve emanar, como assinalamos, da parte, na exata medida do seu interesse em obter essa tutela jurisdicional com o objetivo de preservar um bem ou uma utilidade da vida.

A petição inicial, tomada por essa óptica, representa o instrumento pelo qual o interessado torna ativa a jurisdição, retirando-a do ontológico estado inercial a que há pouco aludimos.

Em face de sua elevada importância para o processo, a petição inicial tem a sua validade condicionada ao atendimento de determinadas exigências legais. Além disso, ela estabelece os limites subjetivos e objetivos da lide, pois não apenas identifica as pessoas envolvidas no conflito de interesses como define, quantitativamente, as pretensões que o autor deseja ver acolhidas pelo provimento jurisdicional invocado. Em suma, a petição se revela como uma espécie de estalão, pelo qual se delimita, de maneira subjetiva e objetiva, a lide, para os efeitos dos arts. 141 e 492, do CPC, dentre outros. Ao juiz será defeso proferir sentença que conceda mais (ultra) ou fora (extra) do que foi pedido, assim como conceder menos (*minus*) do que o direito assegura à parte.

No processo do trabalho, os requisitos para a validade da petição inicial são os indicados no art. 840, § 1.º, da CLT; no CPC, constam do art. 319. Cumpre ressaltar que no processo do trabalho, ao contrário do civil, não se exige que o autor, na petição inicial: a) aponte os meios de prova com os quais pretende demonstrar a veracidade dos fatos narrados; b) mencione o valor da causa, porquanto este, no silêncio do autor, será fixado pelo juiz, na forma do art. 2.º, da Lei n. 5.584/70. A despeito disso, os senhores advogados, por zelo profisional, têm inserido nas iniciais trabalhistas todos os requisitos exigidos pelo processo civil.

A petição inicial será inepta quando: a) lhe faltar o pedido ou a causa de pedir; b) o pedido for indeterminado, exceto quando a lei permita a formulação de pedido genérico; c) da narração dos fatos não decorrer, de maneira lógica, a conclusão; d) contiver pedidos inconciliáveis entre si (CPC, art. 330, § 1.º). Antes, contudo, de decretar a inépcia da inicial, caberá ao juiz fixar prazo para que os defeitos ou irregularidades sejam sanados, no prazo de quinze dias (CPC, art. 321), mediante a precisa indicação do que deve ser corrigido ou completado. Somente se o autor não emendar ou completar a inicial, nesse prazo, com a finalidade de proceder à sanação determinada, é que a petição será indeferida (CPC, arts. 321, parágrafo único e 330, inciso I), com a consequente extinção do processo sem resolução do mérito (CPC, art. 485, inciso I).

Incorrerá, portanto, em erro de procedimento o juiz toda vez que indeferir a petição inicial sem propiciar ao autor a oportunidade para emendá-la ou completá-la, no prazo de quinze dias.

Uma ressalva: quando se tratar de pedido juridicamente impossível (que preferimos chamar de juridicamente inatendível), não será possível emendar a inicial, cabendo, por isso, ao magistrado indeferi-la de plano.

e) Perempção

Foge ao escopo deste livro empreender uma investigação aprofundada sobre os conceitos de prescrição extintiva, decadência e perempção. Deve ser dito, de modo objetivo, que a perempção, ao contrário da decadência, não extingue o direito material que dava conteúdo à ação, cujo processo foi desfeito. Opostamente, ainda, à prescrição extintiva, a perempção não afeta a pretensão de direito material: apenas inibe o exercício da invocação da tutela jurisdicional. Na perempção, portanto, não só o direito material, como a pretensão que a ele corresponde, ficam incólumes, razão por que podem ser alegados como matéria de defesa.

Casos típicos de perempção, no processo do trabalho, são os estampados nos arts. 731 e 732, da CLT. Este último estabelece, em particular, que se o autor der causa a duas extinções consecutivas do processo (sem julgamento do mérito), em virtude de sua ausência injustificada à audiência (denominada, pela praxe forense, de "inicial"), "incorrerá na pena de perda, pelo prazo de seis meses, do direito de reclamar perante a Justiça do Trabalho". O processo civil é dotado de norma assemelhada, entretanto, com efeito mais contundente, como evidencia o seu art. 486, § 3.º), por força do qual a extinção do processo, por três vezes, a sentença fundada em abandono da causa, impedirá o autor de intentar a ação, novamente, perante o mesmo réu, ficando-lhe assegurada, porém, a faculdade de alegar o seu direito (material) em defesa.

Embora tenhamos dito que a perempção se trata de matéria de defesa, estamos convencidos de que as disposições contidas na CLT e no CPC estão em antagonismo com o art. 5.º, inciso XXXVI, da Constituição Federal em vigor, que proíbe a exclusão, do conhecimento jurisdicional, de qualquer lesão de direito ou ameaça de lesão. Sob esse prisma, estamos em boa sombra para concluir que os arts. 731 e 732, da CLT, foram tacitamente revogados pelo art. 141, § 4.º, da Constituição Federal de 1946 — que, aliás, "redemocratizou" o País, livrando-o do período ditatorial que marcou a vigência da Carta outorgada em 1937. Houve, no caso, revogação, porque o texto constitucional referido foi editado posteriormente aos arts. 731 e 732, da CLT e assegurou o exercício da ação nos casos de lesão de direitos. Se a cronologia fosse inversa, o que teríamos seria a inconstitucionalidade destes artigos da CLT. A Constituição atual, além de assegurar o exercício da ação, nos casos de lesão de direito, assegurou esse exercício também nas situações de ameaça de lesão (art. 5.º, inciso XXXV).

f) Litispendência

O que se disse acima, acerca da coisa julgada, é aplicável, em grande parte, à litispendência.

Ambas se identificam por um ponto-comum: a repetição da ação; o que as dessemelha, é o elemento cronológico: enquanto, na litispendência, repete-se ação que está em curso, na coisa julgada essa repetição diz respeito à ação primitiva já julgada (por sentença contra a qual não mais caiba recurso). Esclarecendo: se a ação anterior já foi apreciada por sentença passível de ser impugnada mediante recurso, o caso é de litispendência, pois aquela ação, nos termos do art. 337, § 3.º, do CPC, ainda está em curso. Tanto isso é certo, que poderá haver modificação da sentença (no mesmo processo), em decorrência de recurso interposto. Se, todavia, a sentença proferida na causa primitiva já passou em julgado, a situação, obviamente, é de coisa julgada.

A separação entre os conceitos de litispendência e de coisa julgada, em rigor, atende às exigências científicas da doutrina; do ponto de vista estritamente do art. 337, incisos VI e VII, do CPC, tanto aquela quanto esta devem ser alegadas na contestação, como preliminar, e, se acolhidas, conduzem à extinção do processo sem resolução do mérito (CPC, art. 485, inciso V). Ambas, no entanto, podem ser conhecidas de ofício (CPC, art. 485, § 3.º) e, extinto o (segundo) processo, veda-se às partes a possibilidade de intentar, novamente, a ação (CPC, art. 486).

Para os efeitos da litispendência, considera-se proposta a ação tanto que tenha ocorrido a citação (CPC, art. 240, *caput*).

No processo do trabalho, o critério será o do simples protocolo da petição inicial no setor próprio.

Há situações em que a litispendência se situa em uma zona algo nebulosa, imprecisa. Uma delas se dá entre a ação declaratória e a ação condenatória, em que figuram as mesmas partes e que se fundam nas mesmas razões de fato. Digamos que o trabalhador haja ingressado em juízo postulando, unicamente, a declaração da existência de vínculo de emprego com o réu e que, antes de ser decidida essa causa, ele ingresse com outra ação, em que vise não apenas à mesma declaração, mas à condenação do adversário ao pagamento de determinadas quantias. A situação é peculiar, pois se considerarmos que, na segunda ação, há repetição parcial de pedido constante da anterior (reconhecimento da existência de relação de emprego), seremos levados a admitir uma destas duas soluções: a) extinguir, totalmente, a segunda ação, e, desse modo, estaríamos indo além da medida legal, pois a litispendência estaria restrita a parte dos pedidos, não podendo afetar, por isso, os de natureza condenatória, ou b) extinguir a segunda ação unicamente quanto ao pedido de reconhecimento de vínculo de emprego, e, neste caso, haveria o risco, por exemplo, de declarar-se, na primeira, a inexistência do vínculo, e, apesar disso, vir-se a condenar o réu, na segunda ação, ao pagamento de aviso prévio, férias, horas extras, etc., que tenham sido pleiteados.

A situação, que acabamos de narrar, reflete, sem dúvida, uma litispendência parcial (vínculo de emprego). Duas soluções poderiam, em tese, ser adotadas para evitar a contradição de julgados: a) proceder-se à reunião dos autos correspondentes, em razão da continência *sui generis* representada pela segunda ação, ou b) suspender o segundo processo, com fundamento no art. 313, V, *"a"*, do CPC, até que houvesse o julgamento definitivo da primeira ação (declaratória).

Conquanto, sob o aspecto rigorosamente técnico, correta seria a segunda solução (suspensão do processo), entendemos que se deva optar, no processo do trabalho, pela primeira (reunião dos autos correspondentes). A suspensão do processo implicaria sem dúvida, uma longa espera pelo trânsito em julgado da sentença que fosse emitida no primeiro processo, ainda que a lei (CPC, art. 313, § 4.º) fixe em um ano o prazo máximo da suspensão. Isso é demasiado tempo para quem está à espera da prestação jurisdicional, máxime se levarmos em conta a habitual demora na solução do conflito, mesmo sem a suspensão do processo. Por isso, ao escopo do processo do trabalho convém a reunião de ambos os autos (ação declaratória e ação condenatória), a fim de que, por esse modo, se abrevie a solução da lide.

Se, ao contrário, o trabalhador ajuizar ação em que peça um provimento declaratório (da existência de relação de emprego) e, ao mesmo tempo, condenatório (no pagamento, por parte do réu, de certas quantias), e, mais tarde, ingressar com ação exclusivamete declaratória (relação de emprego), estando ainda em curso a primeira, o segundo processo deverá ser extinto em virtude de a litispendência, quando a este, ser total. Aqui, não se deve efetuar a reunião dos autos correspondentes.

Em um caso, pelo menos, o processo civil prevê que a repetição da ação não induzirá litispendência: quando for ajuizada perante tribunal estrangeiro (CPC, art. 24). Cremos, porém, que somente não haverá litispendência se o tribunal brasileiro e o estrangeiro forem competentes para apreciar a causa, e, ainda assim, desde que a decisão proferida pela justiça estrangeira não tenha sido homologada pelo Superior Tribunal de Justiça (Const. Federal, art. 105, inciso I, alínea "*i*").

É conveniente reiterar que o juiz poderá conhecer, *ex officio*, de todas as matérias enumeradas no art. 337, do CPC, exceto da convenção de arbitragem e da incompetência relativa (art. 337, § 5.º).

g) Coisa julgada

A coisa julgada material, nos termos da lei, é a autoridade, que torna imutável e indiscutível a sentença, não mais sujeita a recurso (CPC, art. 502). *A res iudicata* figura, assim, não como efeito, mas como *qualidade* da sentença (ou do acórdão).

A coisa julgada dita formal é a que se constitui nos autos, não se irradiando para além dos limites do processo em que se formou. Examinada à risca, esta expressão consagrada pela doutrina contém acentuada impropriedade técnica, pois nos casos em que se afirma haver coisa julgada formal, a *coisa* (entendida como a *res in iudicio deducta*, a pretensão de direito material controvertida, enfim, que dá conteúdo à lide), simplesmente *não foi julgada*!

Na esfera da realidade prática, o fenômeno jurídico da coisa julgada material se configura com a repetição de ação já apreciada anteriormente, por pronunciamento jurisdicional de mérito não mais impugnável por meio de recurso (CPC, art. 301, § 3.º, parte final). Diante disso, incumbirá ao réu, em sua resposta (contestação), alegar o fato ao juiz, para que o processo seja extinto sem resolução do mérito (CPC, art. 337, § 4.º). Ainda que o interesse quanto a essa extinção seja, eminentemente, do réu, a lei permite que o magistrado, por sua iniciativa, conheça da coisa julgada, em qualquer tempo ou grau de jurisdição, contanto que não proferida, ainda, a sentença de mérito (CPC, art. 485, § 3.º) no processo que ele conduz.

O respeito à coisa julgada, entre nós, foi alteado à categoria de garantia constitucional (Const. Federal, art. 5.º, inciso XXXVI), havendo, mesmo, uma inveterada e salutar tradição neste sentido.

Deslocado o tema para o plano infraconstitucional, devemos recordar que a *res iudicata* constitui pressuposto negativo para o regular desenvolvimento da relação processual, pois não é concebível que as partes retornem a juízo para formular as mesmas pretensões já submetidas a um pronunciamento jurisdicional tornado imutável pela autoridade da coisa julgada. Sob este aspecto, percebe-se, com nitidez, o escopo de pacificação das relações sociais e jurídicas, que é atribuído a esse fenômeno processual. Sem o obstáculo da coisa julgada material, haveria uma tendência de perpetuar-se o conflito de interesses, de maneira a colocar em risco a estabilidade das relações entre os indivíduos, entre estes e as coletividades, ou entre estas.

Levando em conta, no entanto, a falibilidade da natureza humana e a consequente possibilidade de a coisa julgada estar comprometida por eventuais vícios ou falhas, de natureza grave, como a ofensa à lei, à própria Constituição ou à coisa julgada anterior, o legislador instituiu a ação rescisória como instrumento jurídico para desconstituir os efeitos da *res ludicata* (CPC, art. 966). Como ponderamos algures, em alguns casos, a coisa julgada, longe de atender ao propósito político de pacificação das relações sociais, acaba por se converter em elemento perturbador dessas relações. É de lamentar-se, por isso, a nova redação dada ao art. 836, da CLT, pela Lei n. 11.495, de 22-6-2007, por força da qual o exercício dessa ação desconstitutiva passou a estar condicionado ao depósito prévio de quantia correspondente a vinte por cento do valor da causa. Há, aqui, aliás, um fato curioso, intrigante: o art. 836, da CLT, em sua redação anterior, admitia a ação rescisória, mas dispensava o autor da realização do depósito de 5%, a que se referiam os arts. 488, inciso II, e 494, do CPC de 1973, por entendê-lo (por suposto), incompatível com o processo do trabalho. Abruptamente, porém, a Lei n. 11.495/2007, que alterou o art. 836, da CLT, passou não apenas a exigir um depósito prévio, como fixou o seu montante em 20% do valor da causa! Ou seja, antes, os 5% exigidos pelo CPC de 1973 eram incompatíveis com o processo do trabalho; agora, os 20% impostos pela CLT são compatíveis... Não é a lógica que explica esse fato, e sim, a conveniência dos Tribunais do Trabalho.

O CPC de 2015, ainda que tenha sido inovador e arrojado em muitos aspectos, manteve o depósito de 5% (art. 968, inciso II).

Exaurido o prazo para o exercício da ação rescisória, sem que esta tenha sido posta em juízo, restará à parte interessada a possibilidade de fazer uso da doutrina de *relativização da coisa julgada* — a que preferemos denominar de *ineficácia da coisa julgada material.*

Da mesma forma que a litispendência (que é, por assim dizer, o seu elemento embrionário), a coisa julgada requer, em princípio, para a sua configuração, a presença de uma tríplice identidade, a saber: a) de pessoas (*eadem personae*); b) de causa de pedir (*eadem causa petendi*) e c) de pedidos (*eadem res, petitum*). Essa tríade de elementos coincidentes não é, contudo, absoluta, como se tem suposto, uma vez que, em determinadas situações particulares, poderá caracterizar-se a coisa julgada (e, de igual maneira, a litispendência), sem que haja a identidade de pessoas, como se dá, *e. g.*, quando o trabalhador ingressa em juízo para vindicar, pessoalmente, direitos que estão sendo objeto de postulação (litispendência) ou já foram acolhidos ou rejeitados por sentença transitada em julgado (coisa julgada) em ação ajuizada pelo sindicato representativo de sua categoria, na qualidade de substituto processual.

Nesta hipótese, ainda que não haja coincidência de partes (porquanto numa ação figura como tal o trabalhador, e, noutra, o sindicato), há que se colocar acima de tudo o fato de que, tanto numa quanto noutra, o titular do direito material é o mesmo, ou seja, o trabalhador. E isto é o quanto basta para configurar, sem escoriações aos princípios, a litispendência ou a coisa julgada, conforme tenha, a sentença proferida no primeiro processo, passado em julgado, ou não. A entender-se de modo diverso, poderiam surgir decisões antagônicas sobre a mesma matéria, ou repetitivas, num quadro patológico que só faria colocar sob justificada suspeita popular o prestígio dos pronunciamentos da jurisdição.

Infelizmente, a jurisprudência tomou rumo diverso do que sugerimos.

h) Conexão ou continência

Consta do inciso VIII, do art. 337, do CPC, que o réu deverá alegar, na contestação, em caráter preliminar, a conexão. Mais uma vez, o legislador disse menos do que pretendia, pois, sendo o caso, o réu deverá alegar, também, a continência, cujo conceito processual é mais extenso do que o da conexão.

Realmente, enquanto a conexão se caracteriza pela identidade da causa de pedir ou do pedido (CPC, art. 55), a continência se estabelece pela identidade das partes e das causas de pedir e desde que o pedido de uma, por ser mais amplo, abranja o da outra (CPC, art. 56).

Vê-se, assim, que não há razão jurídica para limitar-se a arguição do réu à conexão, como parece impor a imprecisa redação do inciso VIII, do art. 337, do estatuto de processo civil.

A finalidade, tanto da conexão quanto da continência, é fazer com que as causas, por refletirem a mesma lide, ou aspectos semelhantes das mesmas lides, tenham os correspondentes autos reunidos, a fim de realizar-se uma só instrução e de proferir-se uma única sentença — providências que emanam de uma indispensável política de economia dos atos do procedimento, além de evitar a existência de pronunciamentos jurisdicionais conflitantes acerca da mesma matéria, seja de fato ou de direito.

No sistema do CPC de 1973, se as ações forem exercidas no mesmo juízo, o magistrado poderia ordenar, por sua iniciativa ou a requerimento de qualquer das partes, a reunião dos respectivos autos (CPC, art. 105). Dois escólios lançamos a respeito dessa disposição legal, na primeira edição deste livro: a) a reunião, no caso, seria dos autos, e, não, das ações, como estava na lei, nem dos processos, como estava no gosto cientificamente pouco apurado de alguns escritores. Ora, sendo, a ação, um direito público subjetivo de invocar-se a prestação da tutela jurisdicional, e, o processo, um método estatal de solução dos conflitos de interesses, é elementar que possuem existência imaterial, abstrata, motivo por que jamais poderiam ser materialmente reunidos; b) a reunião dos autos entrava na faculdade do magistrado, como se inferia do verbo *poder*, usado pelo legislador ao redigir a regra do art. 105, daquele CPC; logo, ele não estava obrigado a proceder a essa junção.

O CPC de 2015, todavia, impôs tratamento diverso ao tema, ao estabelecer que *deverão* ser reunidos para julgamento conjunto os processos (*sic*) que possam gerar risco de decisões conflitantes ou contraditórias entre si, caso decididas em separado, "mesmo sem conexão entre eles" (art. 55, § 3.º).

A necessidade de adequada compreensão da disciplina legal respeitante à conexão e à continência recomenda que deixemos clarificado o seguinte: a simples circunstância de haver conexão ou continência não corresponde, por si só, à presença de um obstáculo ao desenvolvimento regular da relação jurídica processual — fato de que nos leva a asseverar que tanto uma quanto outra, ao contrário do que sustenta a corrente doutrinal predominante, não representam elementos impeditivos da validade e da desenvolução regulares do processo, mesmo que o juiz determine a reunião dos autos correspondentes.

A existência de conexão ou de continência deve ser alegada pela parte, ou conhecida pelo magistrado, *ex officio*, somente para efeito de junção dos respectivos autos, em nome da necessidade de serem evitadas decisões contrastantes entre si, e, cabe iterar, da própria política judiciária e legislativa de economia dos atos processuais, não se relacionado, assim, de modo algum, com os pressupostos legais de validade ou de desenvolvimento do (segundo) processo.

A desrazão de reputá-las como pressupostos negativos para o desenvolvimento da relação processual fica tanto mais evidente quando se sabe, como dissemos, que a reunião de autos se insere na faculdade do magistrado, que, por isso, poderá recusá-la, sem que o seu ato prejudique o segundo processo, em que a conexão ou a continência foram alegadas.

A situação fatual e jurídica, aqui, é, portanto, totalmente diversa da que justificou a inclusão da litispendência e da coisa julgada como pressupostos negativos para a validade da relação processual, porquanto, neste caso, há repetição de ações, fenômeno ou anomalia que não ocorre na conexão ou na continência.

Se as ações conexas ou ligadas pela continência estiverem em curso perante juízos distintos, que detenham a mesma competência territorial, considera-se prevento aquele no qual a petição inicial tenha sido protocolada em primero lugar (CPC, art. 312). Não há antagonismo com o art. 240, do mesmo Código, pois este dispositivo se refere aos efeitos que a citação válida produz: induz litispendência, torna a coisa litigiosa e constuitui o devedor em mora.

Já não vigora, pois, a regra constante do art. 263, do CPC de 1973, que considerava a ação "proposta" quando a petição inicial fosse despachada pelo juiz.

i) Incapacidade de parte, defeito de representação, falta de autorização

Embora, sob o aspecto prático, tanto a capacidade de ser parte quanto a de estar em juízo devam ser alegadas pelo réu, como preliminar, o rigor doutrinário sugere que os respectivos conceitos sejam separados.

Capacidade de ser parte. Tem-na todo aquele que é sujeito de direitos (Código Civil, art. 1.º). *Parte*, sob esta óptica, é, pois, toda pessoa que se encontra no gozo de seus direitos. Os incapazes, por exemplo, possuem capacidade de ser parte (podendo, por isso, integrar a relação jurídica processual), embora não a possuam para *estar em juízo*, ou seja, para praticar atos processuais com efeitos jurídicos.

Capacidade de estar em juízo. É regulada pelos arts. 70 a 76, do CPC. Estabelece o primeiro: "Toda pessoa que se encontre no exercício dos seus direitos tem capacidade para estar em juízo".

No processo do trabalho, a legitimidade *ad processum* é adquirida aos 18 anos de idade (CLT, art. 792); se o trabalhador possuir 16 anos de idade ou mais, mas menos de 18, deverá ser representado em juízo pelo pai, mãe, tutor, curador, ou, na falta deles, pela

Procuradoria da Justiça do Trabalho (CLT, art. 793). Inexistindo, na localidade, órgão do Ministério Público do Trabalho, a representação incumbirá ao sindicato da correspondente categoria profissional; não havendo este, pelo Ministério Público estadual ou curador (*ibidem*).

Dois outros escólios se fazem convenientes. Se o trabalhador, menor de 18 anos, estiver sob tutela (em decorrência do falecimento dos pais; de terem estes sido declarados ausentes ou decaído do poder familiar), será indispensável a autorização do juiz competente (em matéria civil, é certo) para que a ação seja ajuizada. A doutrina tem entendido que, na situação referida, a legitimidade para o processo somente é obtida com o concurso dessas duas providências legais: a representação do menor e a autorização judicial. Se o trabalhador for curatelado (em virtude de interdição originada pela demência, surdo-mudez, etc., que o impeça de manifestar a sua vontade), será necessária não apenas a autorização judicial, para o ingresso em juízo, como a fixação, também por ato do magistrado, dos limites da interdição.

Tanto a capacidade de ser parte quanto a de estar em juízo, por traduzirem pressupostos imprescindíveis para a constituição e o desenvolvimento regulares da relação jurídica processual, devem ser examinadas de ofício, em qualquer tempo e grau de jurisdição, enquanto não proferida a sentença de mérito (CPC, art. 485, inciso IV e § 3.º). A referência legal à emissão da sentença de mérito como limite final para que o magistrado possa se pronunciar, por sua iniciativa, a respeito dos sobreditos pressupostos, deve ser adequadamente inteligida, sob pena de conduzir a graves distorções de seu verdadeiro objetivo. É lógico que o juízo de primeiro grau, ao proferir a sentença de mérito, não mais poderá alterá-la, seja para que finalidade for, exceto em razão de embargos declaratórios ou para corrigir inexatidões materiais, como erros de cálculo ou de escrita (CPC, art. 494). Assim o é porque o órgão jurisdicional, ao pronunciar-se acerca das questões de fundo da causa (lide), cumpre e acaba o seu ofício. Pode o tribunal, entretanto, em grau de recurso, declarar a falta de capacidade de ser parte ou de estar em juízo, pois a menção legal à sentença de mérito constitui proibição dirigida, apenas, ao juízo que a proferiu. Caberá ao tribunal, portanto, manifestar-se sobre tais capacidades, tenham, ou não, sido objeto de exame pelo juízo *a quo*. Convencendo-se de que se acha ausente qualquer desses pressupostos de constituição, o órgão *ad quem* deverá ordenar a extinção do processo, sem resolução do mérito.

Dispõe o art. 76, do CPC, que se for verificada a incapacidade processual ou a irregularidade de representação, o juiz, suspendendo o processo, assinará prazo razoável para ser sanada a falha. Alguns esclarecimentos devem ser feitos sobre essa regra legal. Em primeiro lugar, a incapacidade processual, na espécie, é a que diz respeito à legitimidade *ad processum* (estar em juízo), pois a incapacidade de ser parte não pode ser sanada; em segundo, que incapacidade processual e irregularidade de representação são coisas distintas. Aquela concerne à *legitimatio ad processum*, à aptidão para praticar atos processuais com efeitos jurídicos, ao passo que esta concerne àquelas pessoas (jurídicas, em geral) cuja representação judicial a lei define (CPC, art. 75), tendo em vista o fato de constituírem uma abstração jurídica ou não possuírem personalidade jurídica.

A jurisprudência trabalhista firmou, na vigência do CPC de 1973, o entendimento de que o relator, em grau de recurso, não está obrigado a mandar sanar a incapacidade processual ou a corrigir a irregularidade de representação. Somente nos casos de competência originária do tribunal é que o relator deverá tomar essas providências. Pensamos, no entanto, que esse entendimento deva ser modificado, em face do disposto no art. 932, parágrafo único, do CPC de 2015, conforme o qual o relator, antes de considerar inadmissível o recurso, deverá conceder prazo de cinco dias para o recorrente sanar o vício (que pode ser quanto à incapacidade processual ou à irregularidade de representação) ou complementar a documentação exigível.

Em primeiro grau de jurisdição, deixando de ser cumprido o despacho judicial que determinou a correção da incapacidade processual ou da irregularidade de representação, se a providência couber: a) ao autor, o processo será extinto sem resolução do mérito; b) ao réu, será considerado revel (ainda que possam não ocorrer os efeitos da revelia), se a providência lhe couber; c) ao terceiro, será considerado revel ou excluído do processo, dependendo do polo em que se encontre (CPC, art. 76, § 1.º, I a III).

Na fase de recurso, se o despacho não for cumprido, o relator: a) não admitirá o recurso se a providência couber ao recorrente; b) determinará o desentranhamento das contrarrazões se a providência estiver a cargo do recorrido (idem, *ibidem*, § 2.º, I e II).

Ordinariamente, as pessoas que participam da relação jurídica processual (partes) são os mesmos sujeitos da relação jurídica material controvertida. Estamos a asseverar, com isso, que, via de regra, as pessoas ingressam em juízo para defender, em nome próprio, direito de que são titulares. Há situações especiais, todavia, legalmente previstas, em que a parte invoca a prestação da tutela jurisdicional em nome próprio, mas para a defesa de direito (material) alheio. A esse fenômeno, caracterizado pela desconformidade entre as pessoas da lide e os sujeitos da relação material controversa, convencionou-se denominar de "substituição processual". O primeiro a fazer uso dessa expressão parece ter sido Chiovenda, embora caiba a Köhler a precedência da elaboração de estudos mais aprofundados sobre o tema.

Não possuímos, no Brasil, uma substituição processual autêntica, como tal considerada a que foi posta em prática durante certo período do Direito Romano antigo, nas ações com transposição de pessoas, em que o substituído (*cognitor*) assumia, pessoalmente, os riscos do insucesso na demanda. O que temos, reitere-se, é simples mandato legal para a lide (*ad litem*).

Por tratar-se de algo incomum, a substituição processual só poderá ser admitida nos casos expressamente previstos em lei; advertência quanto a isto está contida no art. 18, do CPC, que autoriza o substituído a intervir como assistente litisconsorcial.

Os pontos em que fazem a substituição processual diferençar-se da simples representação processual consistem em que, naquela: a) o substituto não precisa do consentimento do substituído para ingressar em juízo; essa autorização é concedida, em abstrato, pela norma legal, particularidade que nos levou a reconhecer, no que se tem chamado de "substituição processual", mera outorga de um mandato legal *ad litem*; b) na substituição, o autor postula, em nome próprio, direito de que é titular o substituído; na representação, o representado não age em nome próprio, mas na qualidade de representante da parte.

Torna-se oportuno lançar alguns comentários também acerca da capacidade postulatória.

Na esfera do processo civil, essa capacidade pode ser definida como a aptidão ou o direito de a pessoa dotada de legitimidade *ad processum* participar da demanda por meio de quem se encontre legalmente habilitado para pleitear em juízo, equivale a dizer, de advogado. Nesse sentido, o art. 103, do CPC: "A parte será representada em juízo por advogado regularmente inscrito na Ordem dos Advogados do Brasil". O advogado também pode postular em causa própria (*ibidem*, parágrafo único).

Para Calamandrei, a capacidade postulatória é o poder que alguém possui de tratar diretamente com o juiz, de expor-lhe, em pessoa, as pretensões dos litigantes. Observe-se que esse *ius postulandi* não é exercido pela parte, mas por seu procurador judicial (que não deixa de ser uma espécie de representante desta, embora não se deva confundir essa representação com a de que cuida o art. 75, do CPC). Atuando na qualidade de procurador judicial, o advogado, contanto que possua o correspondente mandato, poderá praticar, em nome do mandante, todos os atos processuais legalmente admitidos e necessários à defesa do direito deste, salvo aqueles para os quais a lei exija poderes expressos (CPC, art. 105, *caput*).

Ser-nos-á lícito concluir, pois, que no processo civil os advogados são, por excelência, os titulares do direito de postular em juízo, nada obstante a lei, em alguns casos, também atribua essa prerrogativa aos estagiários (Lei n. 8.906, de 4-7-94, art. 3.º, § 2.º), assim como permita às próprias partes, em situações extraordinárias, postular em causa própria (CPC, art. 103, parágrafo único e Lei n. 8.906/94, art. 1.º § 1.º).

O art. 791, *caput*, da CLT, contudo, atribui capacidade postulatória aos próprios litigantes, embora não exclua, como é evidente, a participação de advogado.

j) Convenção de arbitragem

A convenção de arbitragem — antigo compromisso arbitral — não é admissível, *de lege lata*, para solver conflitos individuais de interesses entre trabalhadores e empregadores, exceto se a arbitragem for realizada pelo Ministério Público do Trabalho.

De *lege ferenda*, essa convenção deveria ser amplamente admitida no processo do trabalho, não tanto para desafogar os órgãos de primeiro grau da jurisdição trabalhista, mas para permitir uma solução mais rápida do litígio.

O juízo arbitral pode ser constituído, por ato das partes, para a solução de conflitos coletivos, pois, quanto a isto, há expressa previsão constitucional (Const. Federal, art. 114, § 1.º). O Ministério Público do Trabalho também se encontra legitimado para atuar como árbitro "se assim for solicitado pelas partes, nos dissídios de competência da Justiça do Trabalho" (Lei Complementar n. 73/93, art. 83, XI). Em nosso sistema, entretanto, a arbitragem é facultativa, e, não obrigatória; provavelmente por esse motivo, ela não tem sido utilizada. Acresça-se a isso o fato de as categorias em conflito preferirem submeter à Justiça do Trabalho a correspondente solução. Este fato nos leva a uma observação inevitável: a despeito das críticas que se tem, aqui e acolá, dirigido à Justiça do Trabalho, à sua morosidade, é neste segmento do Poder Judiciário que as pessoas confiam quando necessitam solucionar um conflito de intresses no qual se acham envolvidas.

A arbitragem, se adotada pelas categorias profissional e econômica, terá o seu procedimento regido pela Lei n. 9.307, de 23-9-96 (que revogou os arts. 1.071 a 1.102, do CPC de 1973), pois a CLT é inteiramente omissa a respeito da matéria.

O essencial, a ser destacado aqui, é que tendo sido adotado o método da arbitragem, em determinado caso, as partes não poderão ingressar em juízo para solver o mesmo conflito. A arbitragem se destina, exatamente, a evitar que a tutela jurisdicional seja invocada. Se uma das partes, nada obstante a adoção da arbitragem, ingressar em juízo com a ação (dissídio) coletiva, deverá a outra, na oportunidade da contestação, alegar, preliminarmente, a existência da convenção de arbitragem (CPC, art. 337, inciso X) e requerer, em função disso, a extinção do processo sem exame do mérito (CPC, art. 485, inciso VII).

É necessário reiterar que a existência dessa convenção deve ser alegada pela parte interessada (como preliminar da contestação), porquanto o juiz não poderá conhecer *ex officio* dessa matéria, conforme adverte o § 5.º, do art. 337, do diploma processual civil. Isso significa que se parte nada alegar a respeito, o seu silêncio implicará a aceitação da intervenção jurisdicional e, ao mesmo tempo, a renúncia tácita àquela convenção.

A presença da convenção de arbitragem representa, portanto, um pressuposto negativo para a validade ou desenvolvimento da relação jurídica processual, em sede de ação coletiva trabalhista.

k) Carência da ação

As condições da ação foram realçadas na doutrina de Enrico Tullio Liebman e acabaram sendo perfilhadas pelo Código de Processo Civil de nosso País, como atestavam os arts. 3.º e 267, inciso VI, do CPC de 1973. Ulteriormente, no entanto, esse notável jurista peninsular reformulou, em parte, o seu pensamento, conforme demonstraremos adiante.

Segundo Liebman, as condições da ação eram: 1) a legitimida *ad causam*; 2) o interesse processual e c) a possibilidade jurídica do pedido.

Legitimidade para a causa. Tanto pode ser ativa (autor) quanto passiva (réu). No mais das vezes, essa legitimidade diz respeito ao titular do direito material que dá conteúdo aos pedidos (*res in iudicio deducta*), daí por que Liebman se refere à pertinência subjetiva da ação, por parte daquele que a ajuíza, em confronto com o adversário.

Em casos excepcionais, devidamente autorizados, estará legitimado para a causa quem não detenha o direito material que se visará a proteger com a ação. É o caso típico do que temos denominado, em nosso meio, de "substituição processual", em que o substituído, embora aja em nome próprio, o faz com o escopo de promover a tutela de direito alheio, vale dizer, de que são titulares exclusivos os substituídos. Não vem ao caso demonstrar, nesta altura, os motivos pelos quais julgamos inexistir, no Brasil, uma substituição processual autêntica, nos moldes da que era praticada no Direito Romano antigo, no âmbito daquelas ações a que a doutrina moderna tem rotulado, com propriedade científica e com fidelidade histórica, de "com transposição de pessoas", em que o substituto (*cognitor*) assumia as consequências do julgamento desfavorável. O que temos, em nosso País, é um mero mandato legal *ad litem*.

A legitimidade para a causa consiste, em resumo, na individualização daquele a quem pertence o interesse de agir e daquele perante o qual esse interesse deve ser manifestado.

Como afirmamos alhures, salta aos olhos o deslize técnico em que incidem os pronunciamentos jurisdicionais que, após declararem a inexistência da pretendida relação de emprego entre as partes, consideram o autor carecedor da ação. *Data venia*, se a alegada prestação de serviços ocorreu, de modo incontroverso, para a pessoa indicada como ré, é óbvio que somente esta estará legitimada para responder às pretensões deduzidas pelo autor. A circunstância de a sentença, mais tarde, não reconhecer a existência de vínculo de emprego não afeta, em nada, a legitimidade das partes. Os que assim não entendem cometem a injustificável escorregadela doutrinal de confundir a legitimidade *ad causam* com o resultado do exame do mérito. Ora, quando se diz que não há relação de emprego entre os litigantes, se está, com isso, emitindo um pronunciamento de mérito, que só foi possível expender depois de reconhecida a legitimidade das partes, para integrar a relação jurídica processual.

De tal arte, se as condições para o regular exercício da ação nada têm a ver com o mérito da causa e se o provimento jurisdicional declarativo da inexistência da relação pretendida só pode ser realizado após a prospecção desse mérito, fica evidente a cincada das sentenças que, apreciando o tema de fundo da demanda, regridem às condições da ação para declarar o autor ser, dela, carecente, sempre que não ficar demonstrada a presença dos pressupostos constitutivos da relação de emprego.

Carência da ação haveria, sem sombra de dúvida, se a ação fosse ajuizada em face de pessoa diversa daquela para o qual o autor, verdadeiramente, prestou serviços. Nesta hipótese, faltaria a "pertinência subjetiva" a que se referiu Liebman, como elemento indispensável para configurar a legitimidade *ad causam*.

É imperioso elucidar, de uma vez por todas, que a sentença, ao declarar a existência ou a inexistência da relação de emprego, terá examinado o mérito da causa, de tal forma que o autor não poderá ajuizar, novamente, a ação diante do mesmo réu. Chega, por isso, a ser perturbadora dos princípios e do bom senso a afirmação, encontradiça em alguns pronunciamentos da jurisdição e em trabalhos doutrinais, de que a inexistência de relação de emprego conduz ao decreto de carência da ação.

Voltando à ilegitimidade que deva, efetivamente, ser alegada sob a forma de preliminar devemos dizer que o réu não está obrigado a indicar a parte que seria legítima para figurar no polo passivo da relação processual; será suficiente que demonstre não ser ele, réu, dotado dessa legitimidade. Nos casos de ilegitimidade ativa, entrementes, serão escassas as situações em que o réu, ao contrário, poderá deixar de apontar a parte legítima. Não desçamos, todavia, a essas minúcias, que, na prática, serão examinadas e solucionadas sem maiores dificuldades.

Interesse processual. Noutros tempos, por influência da teoria civilista da ação (para a qual esta nada mais era do que o próprio direito material em estado de reação a uma violência, ou seja, "preparado para a guerra"), o interesse de agir em juízo era reputado como uma espécie de ressonância do interesse protegido pelo direito material, daí por que se asseverava que quando o direito subjetivo era ameaçado de lesão, ou lesado, o que nele se continha recebia a denominação de interesse processual.

Nos dias atuais, entretanto, em decorrência do reconhecimento da autonomia do direito de ação, já não se confunde o interesse que é próprio do direito material com o que é característico da provocação do exercício da função jurisdicional.

Debruçando-se sobre o problema do interesse processual, a doutrina cindiu-se em duas correntes. A primeira sustentou que o móvel desse interesse é a *necessidade* que a parte possui de obter um provimento jurisdicional acerca da *res in iudicio deducta*; a segunda, que esse interesse provém da *utilidade* que o decreto da jurisdição propicia ao autor, por ser dotado de eficácia para solver o conflito.

Do ponto de vista da primeira corrente doutrinal mencionada, como se pode verificar desde logo, haverá interesse sempre que o indivíduo invocar a prestação da tutela jurisdicional do Estado, com o fim de dirimir um conflito, que não foi possível solucionar de maneira negociada; de acordo com o ângulo da segunda corrente, o interesse se relaciona com o pressuposto de que o pronunciamento da jurisdição seja realmente eficaz para dar cobro à lide.

Na verdade, se bem observamos, como fez Moniz de Aragão, veremos que o Código de Processo Civil de 1973 incorporou ambas as correntes de pensamento, a cuja inferência se chega pelo exame do art. 4.º, conforme o qual o exercício da ação declaratória será possível mesmo que já tenha ocorrido a lesão do direito (*Comentários ao Código de Processo Civil*. 1.ª ed. Rio de Janeiro: Forense, 1974. vol. II, p. 439-440). O CPC de 2015 reproduziu essa norma (art. 20).

Em nosso sistema processual, conseguintemente, o interesse é indispensável para qualquer postulação em juízo; por aí se percebe que o art. 3.º, do CPC de 1973, dissera menos do que deveria, pois a existência do interesse não era necessária, apenas, para ajuizar a ação ou contestá-la, senão que, da mesma forma, para apresentar exceções (de impedimento, suspeição ou incompetência), para reconvir, recorrer, contrarrazoar, impugnar, embargar e tudo o mais. O CPC de 2015 corrigiu essa falha, ao dispor que o interesse e a legitimidade são imprescindíveis para "postular em juízo" (art. 17).

A existência de um interesse processual não foi, porém, admitida de modo pacífico. Invrea, em 1928, já refutava todas as opiniões doutrinárias que sustentavam essa existência. A seu ver, a ideia de um interesse de agir em juízo era supérflua, porquanto esse interesse estaria naturalmente vinculado com a propositura da ação; por esse motivo, deitou pesadas críticas às teorias de Mortara (da utilidade) e de Chiovenda (da necessidade). Estribando-se no argumento de que a liberdade jurídica não deve receber restrições desnecessárias, arremata ser imprescindível que haja uma razão jurídica — não um simples interesse — para ser aceita essa restrição. Para Invrea, a razão jurídica repousaria no fato de o réu haver perpetrado uma lesão de direito (devendo, por isso, arcar com as consequências do seu ato) ou na necessidade de o autor conseguir um provimento jurisdicional para fazer valer o seu direito (considerando que o limite da liberdade jurídica é o direito alheio).

Carnelutti também combateu o conceito de interesse processual, julgando-o morto, "e, se não está morto, moribundo". Essa conclusão do eminente jurista italiano está em harmonia com a sua ideia de que o conteúdo do processo não é a ação, mas a lide que se estabelece quando alguém deseja a tutela de um interesse, em oposição ao interesse de outrem. Para Carnelutti, o interesse é mero reflexo da existência da lide; inexistindo esta, o interesse representa uma daquelas situações que devem ser objeto de um processo, a fim de fazer surgir o direito.

Dissentimos, todavia, dessa ilustre opinião.

Em primeiro lugar, a existência da lide, por si só, não justifica o interesse processual. Pense-se no caso de um recurso interposto pela parte que foi inteiramente vencedora na causa: embora haja lide, é manifesta a ausência de interesse de agir, pois o julgamento do tribunal não seria útil, nem necessário, ao recorrente vencedor, porquanto a tutela do direito já foi empreendida pela sentença. Só em situações excepcionais é que se poderia admitir a existência de um interesse processual (recorrer), por parte de quem foi inteiramente vencedor na lide. Em segundo, há casos em que inexiste lide (pretensão resistida), mas o interesse processual não só é concreto, como está previsto em lei, tal como se dá, p. ex., na ação declaratória, cujo pressuposto não é outro que não a incerteza quanto à relação jurídica que constitui o núcleo do conflito. Incerteza objetiva e atual, ou seja, capaz de infundir uma razoável hesitação no espírito do autor, no que toca à verdadeira vontade da lei, além de ser, essa hesitação da inteligência, efetiva, e, não vaga ou aleatória. Dito estado de dubiedade deve ser, ainda, de natureza jurídica e capaz de provocar danos ao autor.

O interesse processual não é, portanto, algo desútil e redundante; ao contrário, representa a mais genuína das condições da ação. Ausente esse interesse, a invocação da tutela jurisdicional não passará de mero capricho do autor, de simples desejo de conflitualidade, sem qualquer amparo no ordenamento jurídico, sem qualquer utilidade prática. Como afirmamos, o exercício da ação só se justifica se o provimento da jurisdição for útil ou necessário para restabelecer a integridade do patrimônio jurídico da parte, ou evitar o desfalque desse patrimônio.

O interesse processual pode ser examinado no início da lide, ou no momento em que a entrega da prestação jurisdicional será realizada, conforme seja o caso. Por exemplo: se o trabalhador, ao ingressar em juízo, não possuía direito à fruição de férias, o juiz poderia indeferir, desde logo, a inicial, em virtude da carência da ação; se, todavia, por algum motivo, o juiz não se desse conta de que o direito ao gozo das férias ainda não era exigível, mas, no curso do processo, esse direito viesse a constituir-se, a sentença não deveria considerar o autor carecente da ação, senão que acolher o pedido e fixar o prazo para que o réu concedesse as férias pretendidas (CLT, art. 137, § 1.º).

Possibilidade jurídica do pedido. A expressão clássica: "pedido juridicamente impossível", utilizada para designar aquela classe de postulações que não podem merecer a tutela jurisdicional, tem sido mal interpretada, amiúde, tanto pela doutrina quanto pela jurisprudência. O que essa expressão está a significar não é a falta de previsão legal do direito invocado, mas a existência de um veto, no ordenamento jurídico, à formulação de determinados pedidos.

Se, por exemplo, o empregado pleiteia a condenação do empregador ao pagamento de certa parcela não prevista em lei, em instrumento normativo, em regulamento interno da empresa, em acordo individual, etc., o seu pedido deverá ser rejeitado, por falta de amparo legal; não havendo nenhuma *proibição* legal (*lato sensu*) quanto à formulação desse pedimento, incorrerá em erro inescusável a sentença que declarar o autor carecente da ação.

Em termos gerais, a doutrina liebmaniana se encontra sustentada por argumentos cientificamente apropriados; sob o aspecto essencialmente prático, essa doutrina conclui, como consectário, pela extinção do processo *sem* resolução do mérito, de tal modo que o autor poderá ajuizar, outra vez, a ação (CPC, art. 486). Justamente por isso, é que sempre manifestamos divergência ao pensamento de Liebman quanto ao pedido juridicamente impossível (ou inatendível, como preferimos). Com efeito, se pedido juridicamente impossível, segundo vimos, é aquele com relação ao qual existe, na ordem legal, um veto à sua formulação, sempre que a sentença fizer prevalecer esse veto implicará a extinção do processo mediante resolução do mérito. É desarrazoado pensar que, presente ainda essa proibição da lei, possa o autor intentar, mais uma vez, a ação. O reingresso em juízo só seria possível, para formular as mesmas pretensões, se o veto viesse a ser retirado no sistema legal. Fora disso, não se pode cogitar de carência da ação, por ser, o pedido, juridicamente inatendível: o que deve fazer a sentença é rejeitar esse pedido, e, com isso, pôr fim ao processo com exame do mérito (CPC, art. 269, I), inibindo, dessa maneira, a possibilidade de o autor ajuizar, uma vez mais, a ação.

Acabamos de aludir a pedido juridicamente *inatendível* por entendermos ser esta expressão mais apropriada do que a clássica pedido juridicamente *impossível*. Ocorre que, em rigor, todo pedido, em princípio, poder ser juridicamente possível (de ser efetuado); entrementes, nem todos poderão ser *atendidos*, por haver, quanto a isso, um impedimento legal.

Deixando de lado esta questão acribológica, devemos dizer que, felizmente, Liebman acabou revendo a sua opinião, neste ponto, para excluir do elenco das condições da ação a possibilidade jurídica do pedido: "Le condizioni deli azione (...) sono i interesse ad agire e la leggitimazione. Esse sono (...) i requisiti di esistennza deli azione, e vanno percio accertate in giudizio (anche se, di solo, per implicito), preliminarmente ali esame dei merito" (destacamos). (*Manuale di Diritto Processuale Civile.* 3.ª ed. Milano: Giuffrè, 1973. vol. 1, p. 120).

Um dos casos de pedido juridicamente inatendível é o dirigido à obtenção de um provimento jurisdicional declaratório da existência de relação de emprego entre o autor e a União, o Estado-membro, o Município ou o Distrito Federal, posteriormente à vigência da atual Constituição da República. Assim afirmamos, porque consta do art. 37, inciso II, da norma constitucional: "a investidura em cargo ou emprego público *depende de aprovação em concurso público de provas ou de provas e títulos, ressalvadas as nomeações para cargo em comissão declarado em lei de livre nomeação e exoneração*" (destacamos), e, o § 2.º: "A não observância do disposto nos incisos II e III implicará a nulidade do ato e a punição da autoridade responsável, nos termos da lei".

Considerando, por outro lado, que Liebman reformulou o seu pensamento, para excluir do rol das condições da ação o pedido juridicamente impossível, perdendo, com isso, o inciso IV, do art. 267, do CPC, a base doutrinal que o sustentava, no particular, decidimos, em votos proferidos no Tribunal do Trabalho da 9.ª Região, ao tempo em que o integrávamos, que, na situação referida (Const. Federal, art. 37, inciso II), embora haja um veto, no texto constitucional, quanto à existência de relação de emprego sem prévia aprovação em concurso público, o pronunciamento jurisdicional que faz prevalecer esse veto acarreta a extinção do processo *com* resolução do mérito impedindo, assim, o autor de renovar a demanda enquanto subsistir essa proibição constitucional.

l) Falta de caução ou de outra prestação

A falta de caução ou de outra prestação, que a lei exija como preliminar, constitui o que a doutrina costuma denominar de "impedimento processual", pois não se confunde com os pressupostos de desenvolvimento da relação processual.

Sob o ângulo da resposta do réu, a falta de caução ou de prestação imposta por lei configura "defesa dilatória".

Seja como for, o fato é que a exigência de uma ou de outra dificilmente caberá no processo do trabalho. Nem mesmo na hipótese de o trabalhador, brasileiro ou estrangeiro, que residir fora do nosso país, ou dele se ausentar na pendência da lide, se haverá de exigir que preste caução, na ação trabalhista que ajuizar, se não possuir bens imóveis que assegurem o pagamento de custas e de honorários de advogado: a regra do art. 83, do CPC, é absolutamente incompatível com o processo do trabalho.

De igual modo, não se poderá exigir que o trabalhador preste caução, seja real ou fidejussória, para efeito de obter a tutela de urgência desejada: o art. 300, § 1.º, do CPC, colide com certos princípios do processo do trabalho.

É evidente que se, em futuro, norma legal *trabalhista* vier a impor que o trabalhador preste caução (contracautela), antes de ingressar em juízo (o que, esperamos, jamais venha a ser exigido), a falta dessa caução ensejará a que o réu alegue, na contestação, como preliminar, o fato.

O depósito prévio, que se passou a exigir para efeito de exercício de ação rescisória (CLT, art. 836), tem possui a natureza jurídica de caução, e sim, de sanção, que verterá à parte contrária caso o pedido de desconstituição da coisa julgada material seja rejeitado ou considerado inadmissível – em ambos os casos, por unanimidade de votos (TST, Órgão Especial, resolução n. 154, de 16 de fevereiro de 2009).

3.10. Mérito

3.10.1. Princípio da eventualidade

O vocábulo processo, do latim *processus*, sugere a ideia de avançar, de ir adiante. O procedimento, que constitui as suas "vestes formais", traduz o conjunto de atos, legalmente preordenados, que devem ser praticados pelo juiz, pelas partes, pelos serventuários, com a finalidade de preparar o provimento jurisdicional de fundo: a sentença, que é, sem dúvida, o principal acontecimento do processo, o seu ponto de culminância e de exaustão.

Por isso, deixamos dito em linhas passadas que todos os atos praticados no processo visam, direta ou indiretamente, com maior ou menor intensidade, à sentença de mérito, que, sob este aspecto, representa o polo de atração magnética de tais atos, legal e logicamente encadeados.

Esse objetivo de "seguir adiante", que é inerente ao processo (e ao procedimento), ficaria, por certo, gravemente comprometido se fosse possível, como regra, a regressão a fases anteriores do procedimento, ou seja, o retrocesso. A fórmula que o legislador encontrou para impedir esse retroceder foi a preclusão, designadamente, a "temporal". Encarada sob esse aspecto, a preclusão pode ser conceituada como o expediente legal destinado a evitar o recuo do procedimento a fases anteriores (o *retrocessus*), já consumadas; subjetivamente considerada, entretanto, a preclusão corresponde à perda de um direito ou de uma faculdade processual, pelo fato de não haverem sido exercidos no momento oportuno.

A preclusão é, portanto, uma das notas características do processo judicial, inclusive, o trabalhista.

Se estamos a falar, neste momento, de preclusão, é, justamente, porque dela deriva o princípio da eventualidade, por força do qual o réu deve alegar, na contestação, toda a matéria de defesa (CPC, art. 336). Por isso, o princípio em exame também foi chamado "da concentração", por José Alberto dos Reis, uma vez que a defesa do réu deve ser concentrada na contestação.

Já é possível perceber, a esta altura, que enquanto a preclusão diz respeito a ambas as partes, e, em alguns casos, aos terceiros, o princípio da eventualidade está jungido, apenas, ao réu. A denominação atribuída a esse princípio é apropriada, pois é como se o réu devesse dizer: "na eventualidade de o argumento que acabo de expor não ser acatado, submeto à consideração do juízo este outro...", ou: "na eventualidade de ser acolhido o pedido do autor, peço que me seja reconhecido o direito quanto a fazer tal coisa, ou a deixar de fazê-la". Em suma, a atitude que se exige do réu é de que, na oportunidade da contestação, apresente todos os requerimentos cabíveis ou todos os argumentos úteis ou necessários à sua defesa, ainda que lhe pareça ser suficiente um só desses argumentos. Essa exigência, que está na base do princípio da eventualidade, se destina não apenas a evitar o retorno a fases já vencidas do procedimento, senão que também a impedir uma outra espécie de tumulto do procedimento, consistente na apresentação, pelo réu, de novas alegações ou de novos requerimentos relativos aos mesmos fatos, segundo as circunstâncias de cada momento.

Se, por exemplo, o réu impugnar o fato constitutivo do direito invocado pelo autor, e, além, disso, pretender a compensação de alguma quantia que entende lhe haver pago a mais, deverá alegá-la (postulá-la) na contestação, pois a compensação é matéria de defesa, como esclarece o art. 767, da CLT. Se não o fizer, e o direito postulado pelo autor vier a ser reconhecido pela sentença, não poderá deduzir as quantias que pagara, comprovadamente.

O princípio da eventualidade não significa, como se possa imaginar, que o réu deva formular todos os tipos de *respostas* que o caso concreto ensejar. Nada disso. A resposta, no processo do trabalho, compreende a exceção, a contestação e a reconvenção (além do reconhecimento da "procedência" do pedido, de que fala o art. 487, inciso III, "*a*"), e, embora devam ser apresentadas na mesma oportunidade, se-lo-ão em peças distintas. O princípio da eventualidade (ou da concentração) está circunscrito à contestação, que nada mais é do que uma das modalidades de resposta do réu como vimos. Estabelece, com efeito, o art. 336, do estatuto processual civil, que "compete ao réu alegar, *na contestação*, toda a matéria de defesa". (destacamos)

Não importa, conseguintemente, em face da norma legal reproduzida, qual seja a matéria de defesa: todas elas devem ser alegadas na contestação, sob pena de preclusão. É bem verdade que a própria lei refere algumas exceções a esse princípio. Três delas constam do art. 342, do CPC, a saber: a) quando as alegações forem relativas a fato ou direito superveniente; b) quando competir ao juiz conhecer delas *ex officio*, como a incompetência absoluta, a inépcia da inicial, a perempção, a litispendência, a coisa julgada, a conexão e a continência, a carência da ação, etc.); c) quando, por expressa autorização de lei, puderem ser formuladas em qualquer tempo e grau de jurisdição, como a incompetência absoluta (CPC, art. 64, § 1.º). A prescrição figura como uma das matérias que podem ser alegadas em qualquer tempo e grau de jurisdição (Código Civil, art. 193).

Em livros anteriores, dissemos que sob a perspectiva *ética* nada justificava o fato de a parte silenciar-se sobre a prescrição, ao contestar os pedidos do autor, reservando-se para fazê-lo, a seu exclusivo alvedrio, nas razões finais, no recurso ou na sustentação oral — como se o processo e suas regras devessem ficar sujeitos aos caprichos dos litigantes.

Se o processo encerra a noção de um "marchar para a frente", em direção à sentença de mérito, e a preclusão representa um expediente legal devotado à necessidade de impedir um retorno a fases ultrapassadas do procedimento (retrocesso), ficava evidente que a opinião de que a prescrição extintiva poderia ser alegada, pela primeira vez, mesmo em grau de recurso, conspirava, duramente, contra os objetivos que levaram o legislador a redigir o art. 336, do CPC.

Quantas vezes a realidade prática — essa vestal a quem ninguém ilude — já demonstrou que, após uma lide extenuante, que consumiu tempo, paciência e, não raro, dinheiro do trabalhador, este vê todo o seu sacrifício ser em vão quando o tribunal, acolhendo a alegação de prescrição, feita no recurso do réu, extingue o processo com exame do mérito (CPC, art. 487, inciso II). Quanta atividade jurisdicional também não foi aí desperdiçada em virtude da negligência ou, o que é pior, da astúcia do réu! Tudo isso, em nome do art. 193, do Código Civil de 1916, que, segundo nossa óptica, foi fulminado pelo art. 300, do CPC de 1973 — não sem grande tardança. O art. 193, do Código Civil anterior, deu causa, inúmeras vezes, a transgressões aos princípios éticos do processo, por parte de alguns réus, e deixou, atrás de si, legiões de vítimas. O art. 336, do CPC de 2015, manteve a regra do art. 300, do CPC de 1973, ao exigir que o réu alegue, na contestação, *toda* a matéria de defesa.

Nem se diga que o art. 337, do CPC, não faz referência à prescrição. Esse dispositivo legal, como se sabe, declara que o réu deverá, antes de discutir o mérito, alegar as matérias constantes dos incisos I a XIII, dentre as quais, como se afirmou, não se inclui a prescrição. Ora, esses incisos do art. 337 dizem respeito às *preliminares*; a prescrição extintiva, como se sabe, é *prejudicial de mérito*, exatamente porque se liga a este. Assim, não poderia o legislador introduzir a prescrição no rol das preliminares a que alude o art. 337, do CPC, sob pena de incorrer em deslize técnico.

Também não se contra-argumente que o art. 342, inciso III, do CPC, permite ao réu deduzir novas alegações quando, por expressa autorização legal, puderem ser formuladas em qualquer tempo e juízo, pois essa dicção legal se refere a fatos novos (não a "direitos supervenientes", pois esta matéria está prevista no inciso I do mesmo dispositivo), não à prescrição, que, para esse efeito, deve ser tida como fato antigo.

Estes nossos argumentos, no entanto, chegaram a perder um pouco a relevância que pudessem ter, em virtude da superveniência da Lei n. 11.280/2006, que deu nova redação ao § 5.º, do art. 219, do CPC e 1973, em decorrência da qual o juiz *deveria* pronunciar, *de ofício*, a prescrição. Em razão disso, instalou-se disseminada controvérsia na doutrina e na jurisprudência trabalhistas acerca da incidência, no processo do trabalho, da precitada norma do CPC. Essa controvérsia não se encontrava ainda definida, quando adveio o CPC de 2015, que não reproduziu a regra do art. 219, § 5.º, do CPC de 1973. Isso nos leva à conclusão de que o juiz, no sistema do processo civil, não mais pode pronunciar, *ex officio*, a prescrição. Por mais forte razão, esse veto também atinge os juízes do trabalho.

3.10.2. Ônus da impugnação especificada

Ao tempo em que esteve a viger o Código de Processo Civil de 1939, doutrina e jurisprudência, diante do silêncio do texto legal, admitiam, ainda que com alguma resistência de certos setores, a denominada "contestação por negativa geral", que era enunciada, na prática, por fórmulas como: "o autor não tem direito ao que pede"; "tudo o que lhe era devido foi pago", etc.

Esse tipo de contestação, entretanto, foi banido pelo CPC de 1973, que passou a exigir que o réu se manifestasse "precisamente sobre os fatos narrados na petição inicial" (art. 302), presumindo-se verdadeiros os fatos que não forem expressamente refutados (*ibidem*). O CPC de 2015 manteve essa exigência, conforme revela o seu art. 341, *caput*.

Sob este aspecto, nota-se que o ônus da impugnação específica, de que estamos a nos ocupar, está imbricado com o princípio da eventualidade, examinado no item anterior (CPC, art. 336), porquanto, em ambos os casos, o conteúdo político das normas correspondentes legais reside na preocupação de evitar um refluxo processual, ou seja, que o procedimento regrida a fases já ultrapassadas, oclusas.

O nome dado ao ônus da impugnação específica, aliás, parece ter decorrido do fato de o projeto do Código de 1973 referir a necessidade de o réu se manifestar "especificadamente" a respeito dos fatos alegados na inicial; na tramitação do projeto, contudo, alterou-se a redação, incluindo-se um outro adjetivo: "precisamente". Em substância, a modificação foi inexpressiva, se considerarmos que o art. 302 daquele CPC estabelecia que a consequência da falta de observância desse encargo seria a presunção de veracidade dos fatos afirmados pelo autor, na peça inaugural — excetuadas as hipóteses indicadas no parágrafo único. Não só o princípio, mas as próprias exceções aí mencionadas foram, com pequena alteração, mantidos pelo CPC de 2015 (art. 341).

Devemos, agora, verificar em que consistirá, para os efeitos da lei, essa impugnação específica (ou "precisa").

Quando o autor invoca a prestação da tutela jurisdicional, pretende, por meio do provimento estatal, obter ou preservar um bem ou uma utilidade da vida. Por isso, ele formula pedido neste sentido. O pedido, contudo, decorre dos fatos narrados na inicial, que, com os fundamentos jurídicos pertinentes, compõem a *causa petendi*. É, precisamente, sobre tais fatos que o réu deve se manifestar, na oportunidade da contestação. Isso já nos autoriza a uma conclusão parcial: a impugnação, a ser realizada pelo réu, deve tocar aos fatos eficientes, aqui considerados aqueles que fizeram gerar os pedidos formulados pelo autor, ou que, de algum modo, estão adjungidos a esses pedidos. São, enfim, os fatos pertinentes e relevantes. Expliquemo-nos.

Se o trabalhador alega, por exemplo, que cumpria jornada de trabalho superior à ordinária, e, em razão disso, postula a condenação do réu ao pagamento de horas extras, o fato eficiente, a que nos referimos há pouco, e que deve ser objeto de impugnação específica, está representado pela duração da jornada de trabalho, mencionada na inicial. Assim, se o trabalhador afirma, também, que sofria descontos salariais ilegais, mas não pede a consequente devolução dessas quantias, tal fato não necessita ser contestado porque a ele não se seguiu o pedido correspondente. O silêncio do réu, nesta hipótese, não lhe acarretará nenhum prejuízo, seja porque, como dissemos, não houve a formulação do pedido pertinente, seja porque, em outra ação, que vier a ser ajuizada pelo trabalhador, em que postule, agora sim, a devolução dos referidos descontos, o réu poderá contestar plenamente a *causa petendi*, desincumbindo-se, desta forma, do ônus previsto no art. 341, do CPC. Nada obsta, contudo, que o réu, tão somente *ad cautelam*, se pronuncie a respeito.

Insistamos neste ponto: o ônus da impugnação específica exige que o réu se manifeste, apenas, acerca dos fatos que deram origem à formulação dos pedidos (fatos geradores) ou que estejam relacionados com estes (fatos adminiculares). Um fato, do qual não se origine um pedido, embora possa ser relevante, do ponto de vista de sua repercussão no patrimônio jurídico do autor, é impertinente para a causa, por não estar ligado às pretensões formuladas por ele (*res in iudicio deducta*).

Quando se fala que a impugnação do réu deve ser específica se está, de um lado, proibindo a elaboração de contestações genéricas, vagas, em que o réu se limita a dizer que o autor não faz jus ao que pede, que as suas pretensões são absurdas e o mais, e, de outro, exigindo que ele se pronuncie, de maneira precisa (específica), sobre os fatos (pertinentes e relevantes) alegados pelo autor, indicando, inclusive, os motivos pelos quais repele as alegações do adversário. As contestações genéricas, que grassaram na vigência do CPC de 1939, tinham o grave inconveniente de prejudicar a cognição do juiz, e, com isso, a instrução do processo e a entrega da prestação jurisdicional. Com efeito, sem saber, ao certo, quais os fatos que o réu opunha aos narrados pelo autor, o magistrado encontrava uma considerável dificuldade para realizar, com eficiência, a instrução (máxime a oral), pois, em rigor, tudo fazia parte do tema controvertido, o que tornava ampla a possibilidade de reperguntas, de produção de provas, etc., por parte dos litigantes. Agora, impondo-se ao réu uma impugnação específica dos fatos narrados pelo adversário, permite-se ao magistrado delimitar, com objetividade, o tema da controvérsia (*thema probandum*) com vistas à instrução e à entrega da prestação jurisdicional. A este respeito é importante destacar a norma do art. 451, do CPC de 1973, conforme a qual "Ao iniciar a instrução, o juiz, ouvidas as partes, fixará os pontos controvertidos sobre que incidirá a prova". Em que pese ao fato de o CPC de 2015 não haver reproduzido essa regra, entendemos que, mesmo assim, no processo do trabalho, o juiz, antes de iniciar a instrução oral, deve consultar as partes acerca dos pontos sobre os quais incidirá a prova, a fim de evitar, por exemplo, que a prova incida em fato incontroverso, notório, etc. O fato de o juiz consultar as partes a esse respeito, não significa que serão elas quem fixarão os pontos a que nos referimos. A consulta visa a obter um consenso sobre isso, observando-se que caberá, sempre, ao juiz, definir essa fixação.

Quando afirmamos que o ônus da impugnação específica permite ao juiz fixar os limites da controvérsia estamos a nos referir à particularidade de que somente os fatos controvertidos, pertinentes e relevantes devem ser objeto de atividade probatória; assim, se o réu deixou de impugnar determinado fato, este, em princípio, estará fora do tema da controvérsia, porque é legalmente admitido como verdadeiro; fatos incontroversos não se provam (CPC, art. 374, incisos II e III). O mesmo se afirme quanto aos notórios (*ibidem*, inciso I). Bem fará, ainda, o juiz, se indeferir a produção de prova sobre fato irrelevante para a causa, ou que, embora sendo relevante, a ela não diga respeito.

Por esse motivo, fazemos uma sugestão aos magistrados: para que o ônus da impugnação específica alcance os efeitos práticos desejados pelo legislador, é indispensável que o juiz, antes de realizar a instrução oral do processo, ou de deferir a produção de provas requeridas pelas partes, examine, com atenção, se o fato foi, efetivamente, contestado. Se ele não tomar esses cuidados fundamentais, acabará por permitir a formulação de reperguntas (em audiência) ou a produção de provas em geral a respeito de fatos rigorosamente incontroversos, provocando, não raro, um tumulto no procedimento e, todas as vezes, um desperdício de atividade jurisdicional. Para evitar situações como a mencionada é imprescindível que o magistrado, antes de deferir a produção de provas pelas partes, ou reperguntas, conforme seja o caso, leia, atentamente, a inicial, a contestação, os documentos e outras petições existentes nos autos. Sem esse conhecimento amplo e seguro dos articulados e de tudo o mais que dos autos consta, o juiz será um mau condutor do processo e, em consequência, um frustrador dos objetivos das normas legais devotadas à racionalização e à celeridade do procedimento.

Não nos esqueçamos que a *cognição*, em sede processual, significa a relação que se estabelece entre o juiz, como sujeito cognoscente, e os fatos da causa, como objeto cognoscível.

É razoável sustentar que, no processo do trabalho, o ônus da impugnação específica deva sofrer alguns temperamentos. Esta questão, na verdade, comporta desdobramentos. Para os que sustentam a sobrevivência do *ius postulandi* neste processo fica até mesmo difícil defender a adoção supletiva do aludido princípio, pois, sendo — segundo essa corrente de opinião — lícito às partes ingressar em juízo sem advogado (aí incluído, portanto, o réu), a aplicação do art. 341, do CPC, soará como uma violência contra uma das singularidades do processo do trabalho, pois não será concebível que, de um lado, se permita ao réu formular, pessoalmente, a sua defesa, e, de outro, se faça desabar sobre ele (insciente, em regra, das normas de procedimento), com todas as suas graves consequências, o ônus da impugnação específica dos fatos, instituído pelo processo civil, que pressupõe a presença do advogado.

Mesmo que julguemos indispensável a presença de advogado também no processo do trabalho, devemos reconhecer a necessidade de alguns abrandamentos relativos ao ônus da impugnação específica dos fatos, quando aplicado a este processo.

Destarte, se, *v. g.*, o réu não contestar, de maneira específica, a alegação do autor, de que a duração da jornada de trabalho excedia à ordinária, mas instruir a contestação com documentos idôneos (cartões de ponto ou espelhos de pontos eletrônicos, digamos), que demonstrem jamais haver sido ultrapassada a duração da jornada ordinária, devemos entender como impugnado implicitamente o fato. Seria injusto supor-se que o réu, nesta hipótese, teria aceitado como verdadeiro o fato alegado pelo autor, na inicial; a não se pensar assim, por que motivo teria anexado ao instrumento de contestação os referidos cartões de ponto ou espelhos de ponto eletrônico? Estes, não há negar, fazem parte do *conjunto* da defesa, que não se resume aos termos da contestação escrita. O próprio CPC, por exceção, deixa de presumir verdadeiros os fatos não impugnados que "estiverem em contradição com a defesa, considerada em seu *conjunto*" (art. 341, III). (destacamos)

3.10.2.1. Exceções à regra

Já que ingressamos no terreno das exceções contidas na precitada norma legal, nele prossigamos.

O art. 341, do CPC, indica três situações em que a presunção de veracidade dos fatos narrados na inicial, derivante da falta de impugnação específica, pelo réu, ficará afastada: a) se não for admissível, a seu respeito, a confissão; b) se a petição inicial não estiver acompanhada do instrumento que a lei considerar da substância do ato (o art. 302, inciso II, do CPC de 1973, aludia a instrumento *público*); c) se estiverem em contradição com a defesa, tomada em seu conjunto (incisos I a III, nessa ordem). Essas exceções devem ser igualmente observadas pelo processo do trabalho.

a) Confissão inadmissível. Dispõe o art. 392, do CPC, que não vale como confissão a admissão, em juízo, de fatos concernentes a direitos indisponíveis. Considerando que o ônus da impugnação específica dos fatos está jungido ao réu, e que este, no processo do trabalho, em regra é o empregador, fica algo difícil a este beneficiar- se da exceção contida no inciso I, do art. 341, do CPC. Uma exceção a essa exceção, contudo, quase chegou a existir em nosso sistema, porquanto a Medida Provisória n. 417, de 28-1-94, dispunha, no parágrafo único do art. 5.º, não serem aplicáveis à União as cominações de revelia e de confissão, contidas no art. 844, da CLT. Se a União não pudesse confessar, é lógico que não seria prejudicada por eventual silêncio diante de fatos alegados pelo autor ou por não haver se manifestado, de maneira precisa (específica), acerca desses fatos. Isso equivale a afirmar que à União seria lícito elaborar contestação genérica, numa injustificável e iníqua involução aos tempos do CPC de 1939. Talvez por esse motivo, a Lei n. 9.028, de 12-4-95, não reproduziu a exceção contida no parágrafo único do art. 52, da precitada Medida Provisória, de tal modo que a União pode ser confessa.

b) Instrumento essencial. Se a petição inicial estiver desacompanhada de instrumento que a lei repute da essência do ato, a ausência de impugnação específica do fato alegado pelo autor não acarretará os efeitos mencionados no *caput* do art. 341, do CPC.

O inciso II, desse dispositivo do processo civil, está em consonância com os seguintes artigos, do mesmo Código: a) 320, conforme o qual a petição inicial será instruída com os documentos indispensáveis à propositura da ação; b) 345, inciso III, pelo qual a falta de documento dessa natureza fará com que a revelia não produza os efeitos que lhe são inerentes; c) 406, que adverte que quando a lei exigir, como da substância do ato, instrumento público, nenhuma outra prova, por mais especial que seja, pode suprir-lhe a falta.

No processo do trabalho, será muito difícil incidir a exceção em exame, pois a lei não exige, como substância do ato jurídico que faz gerar as pretensões do trabalhador, o instrumento público. Talvez, um desses casos possa ocorrer quanto o trabalhador estiver pleiteando a condenação do réu ao pagamento de salário-família (*sic*) e deixar de juntar a certidão de nascimento dos filhos.

c) Contradição com a defesa. Como assinalamos há pouco, sempre que os fatos narrados pelo autor estiverem em antagonismo com a defesa, considerada em seu *conjunto*, a circunstância de o réu não se desincumbir do ônus da impugnação específica não induzirá a presunção de veracidade dos fatos contidos na petição inicial. Demos, inclusive, o exemplo dos cartões de ponto ou dos espelhos do ponto eletrônico que foram juntados com a contestação, sem que o réu houvesse impugnado, de modo específico, a jornada de trabalho indicada pelo adversário. Outros exemplos poderiam ser aqui aduzidos. O fundamental a entender-se, contudo, é que, pelo menos no processo do trabalho, em que deve ser posto à frente o princípio da simplicidade do procedimento, a defesa do réu não está circunscrita ao texto da contestação, daquela fazendo parte, igualmente, os documentos por ele juntados a esta.

O CPC de 1973 advertia que o parágrafo único do art. 302 não se aplicaria: a) ao advogado dativo; b) ao curador especial; e c) ao órgão do Ministério Público.

O CPC de 2015 introduziu as seguintes alterações: 1) incluiu o defensor público; 2) excluiu o membro do Ministério Público.

Examinemos esses casos expcionais, previstos no Código de 2015.

a) Defensor Público. O CPC dispõe sobre a Defensoria Pública nos arts. 185 a 187. Conforme consta do art. 185, incumbe a essa Defensoria exercer a orientação jurídica, a promoção dos direitos humanos e a defesa dos direitos individuais e coletivos dos necessitados, em todos os graus de jurisdição, de maneira integral e gratuita. Essa dicção do art. 185, do CPC, decorre do disposto no art. 5.º, inciso LXXIV, da Constituiição Federal, segundo o qual "O Estado prestará assistência jurídica integral e gratuita aos que comprovarem insuficiência de recursos".

b) Advogado dativo. No processo civil, é o profissional do Direito designado para patrocinar a causa à pessoa que não possua condições financeiras para contratar os serviços de advogado. Trata-se, portanto, de um *munus* público, ou legal, como queiram. Essa norma raramente poderá ser aplicada ao processo do trabalho, pois aqui a assistência judiciária aos trabalhadores deve ser ministrada pela correspondente entidade sindical, nos termos da Lei n. 5.584/70, art. 14. Para ficar claro: o ônus da impugnação específica dos fatos diz respeito ao réu; logo, o parágrafo único do art. 341, do CPC, alude ao réu que esteja recebendo o benefício da assistência judiciária, mediante advogado dativo. No processo do trabalho, essa assistência judiciária não só é prestada ao trabalhador, mas, geralmente, para que este ingresse em juízo, como autor. Por isso, afirmamos ser extremamente remota a incidência, neste processo especializado, do mencionado parágrafo único do art. 341.

Se, no entanto, em determinado caso concreto o trabalhador que estiver recebendo assistência judiciária figurar no processo como réu (ação destinada a apurar a prática de falta grave, sendo ele estável; ação de consignação em pagamento; ação rescisória, etc.), não hesitaremos em considerar compatível com o processo do trabalho o teor do parágrafo único do art. 341, do CPC. Até por mais forte razão.

c) Curador especial. Nas situações em que for exigida, no processo do trabalho, a nomeação de curador especial, não há dúvida de que será aplicável a norma do parágrafo único do art. 341, do estatuto processual civil. Dentre tais situações podemos mencionar a do réu que for demente ou estiver impossibilitado de receber a citação (CPC, art. 245, combinado com o art. 1.181, do mesmo Código) e a do réu preso revel, ou do revel citado por edital ou com hora certa, enquanto não lhe for constituído advogado (CPC, art. 972, inciso II). O art. 793, da CLT, que faz alusão à curadoria à lide, não tem pertinência com a espécie de que estamos a nos ocupar, porquanto versa sobre a atuação do trabalhador como autor, não como réu.

Embora o parágrafo único do art. 302, do CPC, aponte três exceções ao ônus da impugnação especificada dos fatos narrados pelo autor, outras existem, que merecem ser analisadas. Vejamos.

1) Conexão ou continência. Há conexão quando duas ou mais causas forem ligadas pela causa de pedir ou pelo pedido (CPC, art. 55); continência, quando a identidade disser respeito às partes e a causa de pedir, mas o pedido de uma, por ser mais amplo, abranger o da outra (CPC, art. 56).

Desses conceitos legais se extrai a inferência de que a impugnação especificada dos fatos alegados pelo autor não será exigível em determinados casos de conexão e de continência. A razão é elementar: se o réu, na primeira ação, contestou os fatos narrados na petição inicial, e se, tanto na conexão quanto na continência, há uma identidade de causas de pedir (fatos, mais o fundamento jurídico), é evidente que os fatos pertinentes à segunda demanda já foram impugnados por meio da contestação apresentada à primeira. Cumpre lembrar que, havendo conexão ou continência, os respectivos autos poderão ser reunidos, com a finalidade de ser realizada instrução única (se for o caso) e proferida uma só sentença (CPC, art. 58). Ao concluirmos que tanto na conexão quanto na continência não incidirá o ônus da impugnação especificada dos fatos o fizemos sob o pressuposto de que houve a mencionada reunião de autos. Passemos ao didatismo dos exemplos. Se o autor alegou, na primeira ação, que a sua jornada de trabalho era das 22 horas de um dia às 7 horas do dia seguinte, com 1 hora de intervalo, e, em decorrência disso, pediu a condenação do réu ao pagamento (apenas) de horas extras, e este impugnou, com precisão, os fatos narrados pelo adversário, estará dispensado, para efeito da ação posterior, em que o autor pleiteia adicional noturno, do ônus de que cuida o art. 341, do CPC. Ora, se a postulação do adicional noturno leva em conta a jornada das 22 horas às 7 horas, com 1 hora de intervalo, é óbvio que, reunidos os autos, nos termos do art. 58, do CPC, os fatos relativos à segunda ação já foram contestados na primeira, pois a conexão, aqui, é patente, em decorrência da identidade de *causa petendi*.

A *contrario sensu*, se o réu deixou de impugnar os fatos relativos à primeira ação, ou o fez de forma imprecisa, vaga, o seu silêncio ou a sua incúria poderão repercutir na segunda ação, na qual os fatos são os mesmos (diferindo, apenas, os pedidos), contanto que os autos tenham sido reunidos, para o fim previsto no art. 58, do diploma processual civil.

Se, todavia, o juiz não ordenar a reunião dos autos (pois a isso não está obrigado, como revela o art. 57, do CPC), caberá ao réu impugnar os fatos alegados em ambas as ações, ainda que sejam os mesmos, uma vez que a não reunião dos autos fará com que cada causa mantenha a sua individualidade, motivo por que haverá duas sentenças — cujo risco será, sem dúvida, o de serem conflitantes entre si. Justamente para evitar esse antagonismo entre pronunciamentos jurisdicionais que se tenham estribado nos mesmos fatos é que o legislador engendrou o expediente da conexão e da continência, cuja junção dos autos correspondentes, entretanto, tornou facultativa.

Na continência, como o objeto (pedido) de uma das ações é mais amplo que o da outra, é razoável deduzir que a causa de pedir também o seja, particularidade que fará com que o réu tenha de impugnar, na ação cujos pedidos são mais amplos, os fatos que não foram alegados na outra, desde que tenha ocorrido a reunião de autos. Se não houve, a solução será a que preconizamos para a conexão: todos os fatos concernentes à ação contendo pedidos mais extensos deverão ser contestados, de maneira específica, mesmo que parte deles já o tenha sido na outra ação.

Enfim, caberá ao juiz verificar, com a prudência que lhe é exigida, em que casos de conexão e de continência o réu estará dispensado de atender ao ônus da impugnação específica dos fatos, estampado no art. 341, do CPC.

b) Litisconsórcio. É aconselhável recordar que os regimes litisconsorciais se classificam, segundo: 1) o momento de sua constituição, em: 1.1) originário (que se estabelece antes do ajuizamento da ação ou da resposta) e 1.2) superveniente (que se forma após o ajuizamento da ação ou da resposta); 2) à obrigatoriedade da formação, em: 2.1) necessário (que não pode ser dispensado, ainda que todos os interessados se oponham à sua formação); 2.2) facultativo (quando puder ser formado, ou não, pela vontade dos interessados); 3) quanto à posição das partes em face do direito material: 3.1) simples (quando a causa puder ser decidida de forma diversa, com relação a cada litisconsorte); 3.2) unitário (quando a lide tiver de ser decidida de maneira uniforme para todos os compartes); 4) quanto à posição das partes na relação processual: 4.1) ativo (pluralidade de autores); 4.2) passivo (pluralidade de réus; 4.3) misto (multiplicidade de autores e de réus).

Reavivados esses conceitos, fica fácil perceber que, no litisconsórcio do tipo unitário-passivo, em princípio, a impugnação realizada por um dos litisconsortes, quanto aos fatos narrados pelo autor, aproveita os demais, justamente porque, nessa modalidade de consórcio para a lide (unitário), a decisão deve ser igual para todos os compartes. Por outro modo de expressão: neste caso, os demais litisconsortes estarão liberados do encargo legal de contestar, de modo específico, os fatos constantes da petição inicial: poderão impugná-los de maneira vaga, ou, até mesmo, deixar de impugná-los, que isso não repercutirá em seus círculos jurídicos materiais. Com efeito, é inconcebível que, no litisconsórcio unitário, o pronunciamento jurisdicional seja distinto para os integrantes desse regime, porquanto isso implica negar a própria razão de ser dessa espécie de regime litisconsorcial. Se a decisão for heterogênea, é bem provável que estejamos diante de um falso litisconsórcio unitário, ou melhor, estaremos em face de um litisconsórcio simples (antônimo de unitário), em que essa diversidade de soluções é admissível.

Pode-se inferir, por outro lado, que a declaração contida no art. 117, do CPC, de que, salvo disposição em contrário, os litisconsortes serão considerados, em suas relações com a parte contrária, como litigantes distintos — exceto no litisconsórcio unitário —, de tal maneira que "os atos e omissões de um não prejudicarão os outros, mas os poderão beneficiar", só é aplicável ao litisconsórcio simples, não ao unitário, onde — repise-se — a necessidade de o pronunciamento jurisdicional ser uniforme faz com que os atos praticados por um dos litisconsortes beneficie os demais. O que não se deve aceitar, mesmo no regime unitário, é que as omissões de um dos compartes prejudique os demais.

c) Ação coletiva. A regra da impugnação especificada dos fatos, enunciada pelo art. 341, do estatuto processual civil, não incide no plano das ações coletivas trabalhistas, a que se tem denominado, tradicionalmente, de "dissídios coletivos".

Nesse tipo de ação, *sui generis*, o que o autor visa não é um provimento da jurisdição que faça atuar normas legais preexistentes, e, sim, que esse provimento crie direitos (materiais), que irão se agregar ao patrimônio jurídico dos trabalhadores integrantes da categoria representada pelo autor (sindicato).

O silêncio do réu, aqui, não gera a presunção de veracidade dos fatos alegados na petição inicial, precisamente porque o autor não pede a subsunção dos fatos às normas legais, e, sim, como se afirmou, a criação do direito material. Pelo mesmo motivo (talvez, até por mais forte razão jurídica), não se impõe ao réu (ou aos réus) o dever de manifestar-se, precisamente, sobre os fatos narrados na inicial. A regra, como se deduz, é de boa lógica, porquanto se o silêncio absoluto do réu não induz à presunção de veracidade dos fatos alegados pelo autor, seria insensato imaginar que a impugnação, por ser efetuada de maneira algo vaga, imprecisa, atraísse a incidência do art. 341, do CPC, liberando, com isso, os efeitos práticos que essa norma legal refere.

Logo, no caso de litisconsórcio simples-passivo, em sede de ação coletiva, a omissão de um dos litisconsortes diante dos fatos postos na inicial não prejudicará os demais — não tanto em decorrência do preceito inscrito no art. 117, do CPC, mas, designadamente, pela singularidade de que, nos "dissídios coletivos", o silêncio do réu (ainda que seja um só) não conduz à presunção de serem verdadeiros os fatos asseverados pelo autor, pois não se cuida de aplicar norma legal preexistente, ligada a tais fatos.

A propósito, não nos parece correto o uso da expressão *dissídio coletivo* como sinônima de ação. Traduzindo, esse tipo de dissídio, um conflito de interesses (coletivo), é elementar que ele *antecede* ao exercício da ação, constituindo-se, mesmo, em pressuposto desta. Logo, o que há, em rigor, é uma *ação coletiva – sui generis* em razão do seu objeto: instituir condições que regerão as relações de trabalho entre as categorias profissional e econômica envolvidas no conflito.

d) Ação rescisória. Em regra, a ação rescisória repele a possibilidade de confissão, máxime a presumida.

O motivo dessa rejeição é compreensível: ao contrário das demais ações, a rescisória se dirige ao pronunciamento jurisdicional de mérito transitado em julgado. De certa maneira, a verdade dos fatos em que se fundou a decisão rescindenda, se não se submetem ao fenômeno da *res iudicata*, como ressalta o art. 504, II, do CPC, têm uma certa preeminência axiológica no cotejo com os fatos alegados na rescisória, pois, como assinalamos, é com fulcro na prova desses fatos que a sentença rescindenda acolheu os pedidos formulados pelo autor.

Nas demais ações, a presunção de veracidade dos fatos relatados na petição inicial não tem, contra si, um pronunciamento jurisdicional passado em julgado; daí, a razão pela qual, no terreno da ação rescisória, se não é impossível, é extremamente diminuta a área de aplicação do art. 341, do CPC. A Súmula n. 398, do TST, não admite confissão em ação rescisória, mesmo sendo o réu revel.

e) Matéria de direito. Não podemos nos esquecer da regra cardeal de que os efeitos derivantes da inobservância ao princípio da impugnação específica dos fatos só se produzem nos casos em que seja admissível a confissão.

Tanto isso é verdadeiro, que o próprio digesto de processo civil, no inciso I do art. 341, ressalva os fatos com relação aos quais não é consentida a confissão. Dentre estes, já mencionamos os concernentes a direitos indisponíveis (CPC, arts. 345, inciso II e 391).

Pouco mais haveria a dizer, não fosse a nota particular de que a confissão somente diz respeito a *fatos*, assim considerados todos os acontecimentos da vida capazes de produzir consequências jurídicas. Dessa observação fundamental se retira uma conclusão lógica: a confissão não atua no que tange a *direitos*.

Se o trabalhador alega fazer jus a uma determinada gratificação prevista em norma interna do réu, que anexa à inicial, e este não impugna a afirmação, o juiz poderá, mesmo assim, rejeitar o pedido do autor, caso se convença de que a norma *interna corporis* juntada não lhe concede o direito invocado. Como o reconhecimento do direito alegado, na espécie, depende exclusivamente da interpretação que o magistrado extraia do teor da mencionada norma interna, é curial que não há, aqui, lugar para a confissão, cujo pressuposto são os fatos. Pelo mesmo motivo, eventual impugnação imprecisa do réu, quanto ao direito brandido pelo autor, não autorizará a presunção de veracidade dos fatos, de que se ocupa o art. 341, do CPC.

Provam-se, portanto, em juízo, os fatos — contanto que pertinentes, relevantes, e, sobretudo, controvertidos. Só com relação ao conjunto fatual é que se admitirá a confissão, que nada mais significa, em termos objetivos, do que a aceitação, tácita ou expressa, como verdadeiro, de um fato contrário aos interesses da parte e favorável aos do adversário (CPC, art. 389). O direito, em princípio, não se prova, pois é razoável supor que o juiz o conheça (*iura novit curia*). O juiz do trabalho, em particular, está obrigado a conhecer a legislação federal; por isso, se a parte invocar direito estadual, municipal, consuetudinário ou estrangeiro, o magistrado poderá exigir-lhe que prove não só o teor, mas a vigência (CPC, art. 376).

De resto, embora estivéssemos a falar, até este ponto, de exceções ao ônus da impugnação especificada dos fatos, é indispensável que esclareçamos a ele estar submetido o próprio trabalhador, nas ações em que figure como réu. O mesmo devemos afirmar quando ele detiver a qualidade de reconvindo, pois, nesta hipótese, será réu na reconvenção. É óbvio, no entanto, que se na ação o réu deixou de impugnar determinado fato alegado pelo autor, ou o fez com transgressão à regra insculpida no art. 341, do CPC, o trabalhador, se réu na reconvenção, estará liberado do ônus a que alude a citada norma legal, no que respeita aos fatos não impugnados pelo réu (reconvinte) que fazem parte da reconvenção.

3.10.3. Alegações supervenientes

Vimos, em linhas anteriores, que o princípio da eventualidade, contido no art. 336, do CPC, significa que o réu deve alegar, na contestação, toda a matéria útil ou necessária à sua defesa, sob pena, em muitos casos, de preclusão.

A regra é altamente salutar, se considerarmos os objetivos do processo, como método estatal de solução dos conflitos de interesses, porquanto se concede ao réu, no momento da contestação, a oportunidade de invocar, de maneira concentrada, tudo aquilo que for essencial para fundamentar a sua reação aos fatos alegados pelo adversário. Nunca é inútil destacar que essa concentração constitui, a um só tempo, um direito e um ônus do réu: direito, porque o impedimento de seu exercício regular pode conduzir à decretação de nulidade do processo; ônus, porque a ele cumpre como dissemos, alegar, nesse ensejo, toda a matéria de defesa, sob consequência de preclusão (princípio da eventualidade).

Estabelece o art. 342, do CPC, que, por exceção, só poderão ser deduzidas novas alegações, depois da contestação, quando: a) relativas a direito superveniente; b) competir ao juiz delas conhecer de ofício; c) por expressa autorização legal, puderem ser formuladas em qualquer tempo e grau de jurisdição (incisos I a III).

Antes de examinarmos essas situações excepcionais, devemos responder às seguintes indagações: 1) o que se deve entender por "novas alegações?"; 2) o disposto no art. 342, do CPC, é aplicável tanto ao autor quanto ao réu, ou somente a este? Vejamos.

1) Novas alegações. O vocábulo *alegação*, na terminologia processual, significa a exposição, o arrazoado que se faz em juízo. Manda, o art. 336, do CPC, que o réu alegue, na contestação, toda a matéria de defesa. O art. 342, do mesmo Código, por sua vez, adverte que *novas* alegações apenas poderão ser expendidas nos casos que menciona. Da conjugação dessas duas normas legais, que estão em perfeita harmonia entre si, tira-se a inferência de que o substantivo *alegação*, em ambas, corresponde não propriamente a uma simples exposição ou arrazoado, mas a *fatos*, ou seja, a novos fatos — que, repetindo o conceito enunciado em páginas anteriores, podem ser considerados todos os acontecimentos da vida dotados de aptidão para produzir efeitos na ordem jurídica.

Parece-nos inevitável, portanto, o entendimento de que esses fatos, por serem novos, não se resumem a um enfoque, sob outro ângulo (legal, doutrinário ou jurisprudencial), daqueles fatos já alegados na causa, traduzindo, isto sim, fatos que ocorreram *após* a contestação, equivale a dizer, supervenientes a ela.

Admitamos, por exemplo, que o trabalhador haja ingressado em juízo para postular a denominada "rescisão indireta" do seu contrato de trabalho, continuando, no entanto, a prestar serviços até que a lide seja solucionada, e o réu a alegue, na contestação, que não existe motivo legal para o acolhimento do pedido do trabalhador. Se, todavia, ulteriormente à contestação o empregado vier a demitir-se do emprego, estaremos diante de um *fato novo*, que deverá ser alegado pelo réu, a fim de que o juiz o considere para os efeitos da entrega da prestação jurisdicional. Convém lembrar que, a teor do art. 493, do CPC, se, depois de ajuizada a ação, algum fato constitutivo, modificativo, impeditivo ou impeditivo do direito do autor influir no julgamento da causa, cumprirá ao juiz levá-lo em conta, por sua iniciativa ou a requerimento da parte, no momento de proferir a sentença.

2) Campo de incidência. Conquanto o art. 342, do CPC, não o diga com a clareza que seria desejável, as suas disposições se aplicam tanto ao autor quanto ao réu.

O art. 329, do mesmo Código, permite ao autor modificar: a) o pedido *ou* a causa de pedir, sem o consentimento do réu, até a citação; b) alterar o pedido *e* a causa de pedir, até o saneamento do processo, com o consentimento do réu, assegurado, a este, o contraditório e o requerimento de prova complementar. Embora essa regra atue, com restrições, no processo do trabalho, até porque aqui inexiste uma fase destinada, especificamente, ao saneamento processual, consideremos, por ora, a sua presença, apenas, no CPC. No sistema da CLT, a modificação da causa de pedir ou do pedido pode, a nosso ver, ser realizada, sem a anuência do réu, desde que se assegure a este, após a citação, o prazo previsto no art. 841, *caput*, da CLT, para a apresentação da defesa.

Apreciemos, agora, as hipóteses previstas no art. 342, do CPC, que autorizam, em caráter excepcional, a dedução, posteriormente à contestação, de outros fatos (*mutatio libelli*).

Direito superveniente. É aquele que veio a se incorporar ao patrimônio jurídico da parte após o ajuizamento da ação. Se, *v. g.*, o autor alega haver sido despedido sem justa causa e pede, em consequência, aviso prévio, FGTS ou indenização, e, depois de contestado esse direito, mas antes de proferida a sentença, determinado instrumento normativo (acordo ou convenção coletiva) conceder ao trabalhador, com efeito retroativo, estabilidade no emprego, teremos aí um direito superveniente, que poderá ser alegado pelo autor, pois agora o seu pedido deve ser adaptado do novo direito, ou seja, deve ser examinado com vistas à reintegração no emprego.

É elementar que a possibilidade de o autor invocar o novo direito, com modificação dos pedidos, não exclui o direito do réu de ter a oportunidade de se manifestar a respeito, sob pena de violência ao princípio do contraditório e da própria cláusula constitucional da ampla defesa.

Direito ou fato superveniente, contudo, para os fins do inciso I, do art. 342, do CPC, não é aquele que, existente antes do ajuizamento da ação, só vem a ser conhecido posteriormente pelo autor. A superveniência deve estar vinculada à ocorrência do fato ou ao surgimento do direito, não à mera cognição de sua existência. A não ser assim, a superveniência constituiria pretexto para suprir a incúria, a negligência da parte, e, o que é pior, colocar em risco o princípio da estabilização da lide.

À guisa de registro histórico, assinalemos que quando da tramitação do Projeto do CPC de 1973, na Câmara dos Deputados, foi rejeitada a emenda, proposta pelo Relator--Geral, de que o inciso I, do art. 303, contivesse a seguinte redação: "Quando relativas a fato ou norma jurídica supervenientes". Procurava-se, com isso, ampliar o alcance do dispositivo, para permitir, também, a alegação de *fato* superveniente. Devemos recordar que o art. 303, inciso I, daquele Código só se referia a *direito* superveniente. O art. 342, inciso I, do CPC de 2015, acabou por atender a essa pretensão.

Conhecimento de ofício. Há matérias que o juiz pode conhecer por sua iniciativa, ou seja, independentemente de provocação da parte interessada. Dentre elas, se incluem: os pressupostos de constituição e de desenvolvimento regulares da relação processual; a perempção, a litispendência, a coisa julgada; a legitimidade para a causa, o interesse de agir, a possibilidade jurídica do pedido (CPC, arts. 485, § 3.º e 301, § 4.º).

Foi, sem dúvida, em virtude da relevância que essas matérias apresentam para o processo que a lei permitiu ao juiz se pronunciar sobre elas mesmo que a parte interessada tenha deixado passar em branco a oportunidade para formular a arguição cabível.

É claro que esse conhecimento *ex officio* só pode ser realizado se não houve, ainda, a emissão da sentença de mérito. Se já proferida, somente o tribunal poderá conhecer dessas matérias, em grau de recurso.

Formulação a qualquer tempo. A situação prevista no inciso III, do art. 342, do CPC, é fronteiriça com a do inciso II, do mesmo dispositivo legal. A diferença está em que, neste, se toma como ponto de referência o magistrado, e, naquele, as partes.

Tomemos como exemplo a incompetência absoluta. Por força do contido no art. 64, § 1.º, do CPC, ela deve ser declarada *ex officio* (juiz) e alegada (parte) em qualquer tempo e grau de jurisdição. Esta última parte da norma legal sobredita é o próprio conteúdo do inciso III, do art. 342, do mesmo diploma processual.

A incompetência relativa, entretanto, não pode ser conhecida de ofício (CPC, art. 337, § 5.º); no processo do trabalho, o juiz somente poderá se pronunciar sobre ela em sede de exceção (CLT, art. 799, *caput*), para cuja formulação é indispensável a iniciativa da parte.

As três situações que estivemos a analisar representam, portanto, exceções aos princípios da imutabilidade da petição inicial (autor) e da eventualidade (réu), inscritos nos arts. 329 e 336, do CPC, respectivamente, que se justificam pela necessidade de atender-se a um princípio mais amplo, que abarca os anteriores: o da estabilização da lide (pretensão resistida).

Devemos acrescentar a observação de que se inserem, na previsão do inciso III, do art. 342, também a suspeição e o impedimento supervenientes à contestação. Justifiquemos a nossa assertiva.

Sabemos que exceção e contestação constituem espécies distintas de respostas do réu. Assim, em princípio, por um motivo de ordem lógica, a exceção (de incompetência, de impedimento e de suspeição) deve anteceder à contestação e também ser julgada antes desta.

Há casos excepcionais, contudo, em que as causas da suspeição ou do impedimento do magistrado surgem *depois* da contestação ou chegam ao conhecimento da parte interessada somente após a ação haver sido contestada. Nesta hipótese, como a suspeição e o impedimento não deixam de ser matéria de defesa (CPC, art. 336), podem ser arguidas, no processo do trabalho, por meio de exceção, mesmo que a contestação já tenha sido oferecida. A refutar-se este entendimento, estar-se-á possibilitando que juízes suspeitos ou impedidos participem do processo, que poderá, em razão disso, vir a ser anulado; ou ser, a sentença transitada em julgado, desconstituída pela via rescisória, no caso de impedimento (CPC, art. 966, inciso II). Além disso, a injustiça perpetrada contra a parte interessada seria manifesta, porquanto esta somente teve ciência da causa da suspeição ou do impedimento depois de apresentada a contestação.

A situação de que estamos a cogitar se encaixa, portanto, ainda que com alguma adaptação, no inciso III, do art. 342, do CPC.

Bem se pode dizer que a contestação figura como a mais característica — e, por isso mesmo, a mais frequente — das espécies de resposta do réu.

Assim o é porque, ao contestar, o réu se volta para a pretensão material formulada pelo autor, para a *res in iudicio deducta*. O interesse em fazê-lo decorre da circunstância de que o acolhimento dos pedidos, pela sentença, poderá acarretar um considerável desfalque do seu patrimônio econômico (obrigação de pagar quantia certa).

Como não há sinonímia entre os vocábulos resposta e contestação (na verdade, aquela é o gênero, do qual esta representa uma espécie), temos visto, na prática, o réu dar o nome de contestação àquilo que de contestação não se trata, como acontece quando ele reconhece determinado direito alegado pelo autor. Quem reconhece não contesta: são duas ideias inconciliáveis. Isso demonstra que, numa só peça, a que se tenha chamado de contestação, pode haver duas formas de resposta: contestação (quanto a alguns pedidos) e reconhecimento do direito (quanto a outros). A observação não é inútil, bastando ressaltar que só devem ser objeto de prova os fatos controvertidos (CPC, art. 374, inciso III); no reconhecimento do direito, por definição, não há controvérsia, mas aceitação. Ou submissão do réu à pretensão do autor. Ou renúncia à resistência — como queiram.

3.10.4. Técnica de elaboração

3.10.4.1. Comentário

A primeira providência a ser tomada pelo réu, com vistas à feitura da contestação, consistirá na leitura atenta da petição inicial. Essa leitura minudente se destina, não apenas, a permitir-lhe uma exata compreensão dos fatos alegados pelo adversário, a fim de refutá-los eficientemente, como a propiciar-lhe oportunidade para detectar eventual inépcia daquela peça. Muitas vezes, a inicial contém a causa de pedir (exposição dos fatos, mais os fundamentos jurídicos do pedido), mas não, o pedido correspondente; em outras situações, ocorre o inverso: o autor formula o pedido sem a necessária indicação da *causa petendi*. Em outras, ainda, da narração dos fatos não decorre, de maneira lógica, o pedimento. Todas essas falhas só poderão ser percebidas se o réu dedicar-se a uma leitura acurada dos termos da inicial. A essa fase preliminar podemos designar de *conhecimento* dos fatos, à qual é inerente a *compreensão* desses fatos. Com efeito, conhecer os fatos é uma coisa; compreendê-los é outra. Muitas vezes, a pessoa, apesar de tomar ciência (cognição) dos fatos, não os consegue compreender (intelecção), seja pela complexidade, seja porque foram expostos de maneira confusa.

A segunda fase consiste na *crítica* dos fatos, ou seja, na submissão dos fatos ao ordenamento jurídico, para saber se, deles, o autor poderia ter extraído os pedidos formulados.

Em uma sequência lógica, surge a terceira fase, que podemos designar de *tomada de posição*, em que o réu irá, concretamente, elaborar a sua defesa, podendo ser direta (resistência à pretensão de direito material) ou indireta (objeções de ordem processual).

Estudadas essas fases sob outro ponto de vista, poderíamos chamar a primeira de *identificação*; a segunda, de *racionalização* e a terceira, de *reação*.

Em que pese ao fato de todas essas fases serem absolutamente importantes para a eficiente elaboração da defesa, iremos ocupar-nos, doravante, com a última, a que denominamos de *tomada de posição* ou de *reação*. Esta fase, na verdade, é uma espécie de decorrência lógica das antecedentes, refletindo o resultado da percepção (e compreensão) dos fatos narrados na petição inicial e na subsequente crítica desses fatos (racionalização). Sem um esgotamento adequado dessas duas primeiras fases, a terceira será imperfeita e comprometedora.

O conjunto dessas três fases diz respeito à técnica de elaboração da defesa; se aumentarmos o grau da lente, contudo, veremos ser possível dizer que a última, em particular, está ligada a uma técnica especial, qual seja a de redação, que constitui uma espécie de elemento celular da técnica de elaboração, cujo sentido é mais amplo. Efetivamente, elaborar uma contestação significa tomar conhecimento dos fatos; submetê-los a um exame crítico, e, por fim, reagir juridicamente (tomar posição) às pretensões do autor. Redigir a contestação, porém, revela esse momento particular da elaboração, em que se materializa, sob a forma de palavras, a reação jurídica do réu. Em síntese, para os efeitos do tema sobre o qual estamos a discursar, a nosso ver, redigir é menos do que elaborar.

Como havíamos anunciado, ocupemo-nos com a fase de redação da defesa e com a técnica pertinente.

Se, nas fases precedentes, o réu verificou, por exemplo, que o juízo era absolutamente incompetente; a inicial era inepta; havia perempção, litispendência, coisa julgada ou conexão, assim como incapacidade da parte, defeito de representação, falta de autorização ou carência da ação, deverá, agora, no momento de redigir a contestação, alegar quaisquer dessas situações sob a forma de preliminar (CPC, art. 337).

Diz-se *preliminar* porque a alegação de quaisquer desses fatos antecede, logica e topologicamente, à contestação do mérito (*res in iudicio deducta*). *Lógica*, porque o acolhimento de uma só dessas alegações pode implicar a extinção do processo sem pronunciamento sobre o mérito. *Topológica*, porque, ao redigir a contestação, incumbirá ao réu, sendo o caso, levar ao conhecimento do juízo esses fatos, antes de se contrapor aos pedidos apresentados pelo adversário. Evidencia, pois, uma falta contra o senso lógico o hábito, tantas vezes percebido, de alegar-se, depois da refutação do mérito, matérias como carência da ação, inépcia da inicial, incompetência absoluta do juízo, etc. Trata-se, na verdade, de uma censurável "técnica tumultuária", que, subvertendo a ordem lógica, desloca as preliminares para além da impugnação quanto ao mérito. Deverá o juiz tomar o cuidado de, ao redigir a sentença, colocar as coisas em seus devidos lugares, sob pena de realizar um pronunciamento jurisdicional teratológico, segundo o qual acolheria os pedidos do autor, para, só depois disso, declarar a inépcia da inicial, a carência da ação e o mais...

No que concerne à ordem de colocação das preliminares, dependerá de cada caso concreto. Devemos, contudo, desde já, advertir que a sequência estabelecida pelo art. 337, do CPC, não é perfeita. Veja-se, por exemplo, que a ausência de legitimidade ou de interesse processual (XI) e a incapacidade da parte, o defeito de representação e a falta de autorização (IX) foram inseridas após a perempção (V), a litispendência (VI), a coisa julgada (VII) e a conexão (VIII). Ainda que essa ordem de matérias seja susceptível de alteração em face de certas peculiaridades dos casos concretos, procuramos, em outro livro, indicar como correta a seguinte: a) incompetência absoluta; b) inépcia da petição inicial; c) conexão (ou continência); d) convenção de arbitragem; e) carência da ação; f) coisa julgada; g) litispendência; h) incapacidade de parte, defeito de representação ou falta de autorização; i) falta de caução ou de outra prestação, que a lei exija como preliminar (*A Prova no Processo do Trabalho*. 1.ª ed., 2.ª tir. São Paulo: LTr, 1994. p. 375).

Entretanto, ressalvadas as eventuais necessidades de modificações impostas pelas particularidades de cada situação real, a ordem das preliminares, melhor refletindo, deve ser: a) incompetência absoluta; b) inexistência ou nulidade de citação; c) inépcia da petição inicial; d) carência da ação; e) incapacidade de parte, defeito de representação ou falta de autorização; f) convenção de arbitragem; g) perempção; h) conexão ou continência; i) falta de caução ou de outra prestação, exigida por lei; j) coisa julgada; l) litispendência; m) indevida concessão do benefício de gratuidade da justiça. Reiteremos a observação de que essa ordem poderá ser alterada em face das singularidades de determinado caso concreto.

Tanto no processo do trabalho quanto no processo civil, a impugnação do valor atribuído à causa não necessita ser processado sob a forma de incidente autônomo, podendo ser suscitada como preliminar da contestação (CPC, arts. 293 e 337, inciso III).

Apresentadas as preliminares, ou não existindo, estaria desentravado, em princípio, o caminho para a impugnação ao mérito, ou seja, para a contraposição aos pedidos formulados pelo autor. Pode ocorrer, contudo, de, antes disso, haver uma daquelas matérias que a doutrina classifica como "prejudiciais de mérito", como a prescrição extintiva e a decadência. Sendo assim, competirá ao réu alegá-las.

Relativamente à prescrição, pensamaos ser relevante retornarmos ao assunto, para complementarmos os argumentos expendidos em linhas anteriores, deste livro.

O § 5.º, do art. 219, do CPC, em sua redação primitiva, vedava ao juiz a possibilidade de pronunciar, por sua iniciativa, a prescrição liberatória quando se tratasse de direitos patrimoniais. Os juízes do trabalho sempre invocavam, quando fosse o caso, esse dispositivo do processo civil. Sendo assim, incumbia ao réu alegar a prescrição, como prejudicial de mérito, sob consequência de preclusão. Com a nova redação imposta ao § 5.º, do art. 219, do CPC, pela Lei n. 1.280/2006, o juiz passou a ter o *dever* de pronunciar, *ex officio*, a prescrição, que adquiriu, assim, o *status* de matéria de ordem pública, tal como desde sempre ocorreu com a decadência (CC, art. 210). Grassava, todavia, nos sítios da doutrina e da jurisprudência, intensa controvérsia quanto à incidência, ou não, dessa norma do CPC no processo do trabalho. Tínhamos para conosco que incidia. Conforme pudemos argumentar, alhures, não negávamos que, do ponto de vista do direito material do trabalho, a prescrição extintiva correspondia a algo muito próximo a uma violência contra o trabalhador, pois se o pressuposto factual, histórico e jurídico da prescrição era a inércia do titular de um direito, no que toca ao seu exercício no prazo previsto em lei, é elementar que, muitas vezes, o trabalhador deixava de promover a ação judicial necessária à preservação dos seus direitos não por negligência, por incúria, mas pelo justificado receio de vir a ser demitido, considerando-se que, de modo geral, ele não possui estabilidade no emprego. Sob esta perspectiva é que se poderia considerar a prescrição liberatória como um ato de violência contra o trabalhador. Apesar disso, a própria CLT, desde a sua origem, previu a prescrição (art. 11); posteriormente, a Constituição Federal de 1988 também a admitiu no inciso XXIX, do seu art. 7.º. Deste modo, a despeito do que a prescrição trabalhista possa representar para o empregado, o legislador — que a poderia ter recusado por motivos facilmente sustentáveis — a admitiu de maneira inequívoca. E o mesmo § 5.º, do art. 219, do CPC, que antes impedia o magistrado de declarar, por sua iniciativa, a prescrição, passou a impor-lhe que a pronunciasse, independentemente de provocação do réu. Essa mesma norma legal que, como dissemos, sempre foi invocada pelos juízes do trabalho, deveria continuar a ser por eles aplicada, com seu novo conteúdo.

A propósito, os juristas que refutavam a incidência do § 5.º, do art. 219, do CPC de 1973, no processo do trabalho, costumavam argumentar que essa norma era incompatível com este processo, levando-se em conta a natureza alimentar das quantias devidas ao empregado. Esse argumento, *data venia*, era imperfeito por, quando menos, duas razões jurídicas: em primeiro lugar, a prescrição, como tema de direito materal, era prevista tanto na CLT quanto na Constituição Federal; logo, se algum atentado houvesse quanto à natureza salarial das denominadas "verbas trabalhistas" este haveria de ser perpetrado não pelo § 5.º, do art. 219, do CPC (norma processual), e sim pelo art. 11, da CLT, e pelo inciso XXIX, do art. 7.º, da Suprema Carta Política de nosso País (normas materiais, conforme dissemos). Como se percebe, a corrente de pensamento da qual estávamos a dissentir atacava não a causa (CLT e CF), e sim, o efeito (CPC, art. 219, § 5.º); em segundo, a decadência, mesmo antes da vigência do atual Código Civil, era conhecida, *ex officio*, pelos juízes do trabalho, sem que se alegasse a sua incompatibilidade com o correspondente processo. O atual Código Civil ordena que o juiz a declare, desde que prevista em lei (art. 210).

Concluíamos, dizendo que nada obstava, porém, a que o réu, *ad cautelam*, alegasse a presccrição na contestação, até mesmo como forma de chamar a atenção do magistrado para a ocorrência da *praescriptio*. O silêncio do réu não implicaria, entretanto, preclusão, pois o juiz haveria de pronunciar-se, por sua iniciativa, sobre essa matéria. O réu, entretanto, poderia renunciar, de maneira tácita ou expressa, à prescrição, contanto que consumada (CC, art. 191). A renúncia tácita configurar-se-ia quando ele praticasse ato incompatível com a prescrição (*ibidem*).

Ora, bem. Surge, posteriormente, o CPC de 2015, que não se manifestou sobre a possibilidade de o juiz pronunciar, por sua iniciativa, a prescrição. Considerando que o § 5.º, do art. 219, do CPC de 1973, em sua redação primitiva, vedava ao juiz a possibilidade de pronunciar, *ex officio*, a prescrição; que, por força de alteração legislativa, esse dispositivo passou a impor que o magistrado se manifestasse, *ex officio*, sobre a matéria; que o CPC de 2015 não reproduziu a regra de § 5.º, do art. 219, do CPC de 1973, sentimo-nos à vontade para, diante da nova realidade trazida pelo CPC atual, sustentar a impossibilidade de o juiz do trabalho pronunciar, por sua iniciativa, a prescrição. São as voltas que mundo dá...

A oportunidade sugere-nos lançar algumas considerações, ainda que breves, sobre a prescrição *intercorrente*, vale dizer, aquela que se constitui depois do ajuizamento da ação. Segundo a Súmula n. 114, do TST, essa modalidade de prescrição é inaplicável na Justiça do Trabalho. A Súmula n. 327, do STF, sustenta o contrário. Esta última Súmula está correta. Se, como consta da Súmula n. 114, do TST, a prescrição intercorrente não pode ser aplicada oo processo do trabalho, pergunta-se, então: qual é a prescrição que, nos termos do art. 884, § 1.º, da CLT, o devedor pode alegar em seus embargos à execução? Não será, por certo, aquela que deveria ter sido arguida no processo de conhecimento, antes da formação da coisa julgada. Logo, só pode ser a intercorrente. Aliás, a Súmula n. 153, do próprio TST, estabelece: "Não se conhece de prescrição não arguida na instância ordinária". Quando o Código Civil declara que a prescrição poderá ser alegada em qualquer grau de jurisdição (art. 193) não está, obviamente, a autorizar que isso ocorra após o trânsito em julgado do pronunciamento jurisdicional, sob pena de ofensa ao art. 5.º, inciso XXXVI, da CF. O que se há de verificar, em concreto, é se a *causa* (negligência, desinteresse) da prescrição é imputável à parte. Se, por exemplo, o trabalhador deixar de oferecer artigos de liquidação (CLT, art. 879, *caput*), no prazo que lhe for assinado pelo juiz, poderá configurar-se a prescrição, intercorrente, caso, decorridos dois anos da data da exaustão desse prazo, ele não apresentar os artigos, nem justificar o motivo por que não o fez. Embora a Lei n. 6.830/80 seja supletivamente aplicável ao proceso do trabalho (CLT, art. 889), o seu art. 40 não tem nenhuma pertinência com o exemplo que acabamos de indicar. Ocorre que o referido dispositivo legal declara que não correrá o prazo de prescrição quando: a) não for localizado o devedor; ou b) não forem encontrados bens suscetíveis de penhora. Decorrido um ano, sem que sejam encontrados o devedor ou bens, os autos serão arquivados (*ibidem*, § 2.º). Encontrados, a qualquer tempo, o devedor ou bens de sua propriedade, os autos serão desarquivados, dando-se prosseguimento à execução (*ibidem*, § 3.º). Nesses casos, não haverá, com efeito, prescrição intercorrente, por expressa disposição legal. Diversa, contudo, é a situação, por nós apontada, em que o trabalhador deixa de apresentar artigos de liquidação, sem qualquer justificativa plausível. Aqui, o ato é de sua exclusiva responsabilidade; assim, também, a sua incúria ou inércia.

Pondo-se de lado o problema da prescrição, o passo subsequente do réu, após suscitar as preliminares que o caso estava a ensejar, será a contestação direta, como tal entendida a reação às pretensões de direito material deduzidas pelo autor (mérito).

Com vistas a esse momento, algumas recomendações se tornam necessárias.

Como é de sabença geral, as petições iniciais, no processo do trabalho, costumam narrar inúmeros fatos, fazendo com que seja elevado o número de pedidos que decorrem dessa narração. Não são raras as iniciais que contêm 15, 20 ou mais pedidos. Essa nota particular das petições trabalhistas faz com que o réu deva prover-se de cautela redobrada ao responder à ação, especialmente, ao dirigir-se ao mérito da demanda.

Em primeiro lugar, o *princípio da eventualidade* (ou da concentração) exige que ele alegue, nessa oportunidade, toda matéria de defesa (CPC, art. 336), sob pena de preclusão. Isso significa que, mesmo estando convencido de que um só argumento é suficiente para fazer com que as pretensões do autor sejam rechaçadas pela sentença, deverá aduzir outros argumentos (ou alegações jurídicas), na eventualidade de o primeiro não ser acolhido.

Trata-se, como se vê, de uma atitude de cautela, a ser observada pelo réu, com vistas à possibilidade de o primeiro ataque à inicial não obter sucesso.

Em segundo, o *ônus da impugnação especificada* impõe-lhe refutar *todos* os fatos (pertinentes à causa e relevantes) alegados pelo autor, sob pena de, não o fazendo, gerar a presunção de veracidade dos fatos que não tenham sido contrariados (CPC, art. 341).

Uma outra regra deve ser observada pelo réu, nesse momento: a *concisão eficiente*. Com isso, queremos dizer que a contestação (como as demais espécies de resposta) deve ser elaborada de maneira lacônica, evitando-se, assim, as redações extremamente longas, que, muitas vezes, causam mais prejuízos do que benefícios ao réu, além de provocar justificavel irritação nos juízes — em regra engolfados por um considerável volume de serviços.

Como acabamos de destacar, as petições iniciais trabalhistas geralmente contêm uma quantidade expressiva de fatos e de pedidos. Se o réu dedicar-se à elaboração de uma contestação muito longa, na qual procure esmiuçar cada fato alegado, fazendo, ainda, considerações laterais a respeito, tenderá, em virtude dessa "empolgação contestatória", a esquecer-se de impugnar um ou mais fatos, fazendo com que desabem sobre si as drásticas consequências do princípio da eventualidade, e, principalmente, do ônus da impugnação especificada. A contestação deve — como todas as manifestações e postulações em juízo —, portanto, ser realizada de forma breve, lacônica, para evitar os riscos mencionados. Esse laconismo, contudo, não significa que o réu deverá saltar sobre fatos relevantes da causa, senão que lhe caberá impugnar, de forma concisa, cada fato alegado, dos quais o autor haja extraído pedidos. Mesmo que do fato o autor não haja, por inadvertência, deduzido nenhuma pretensão, será recomendável ao réu contestar tal fato, *ad cautelam*.

É sempre aconselhável reiterar a observação de que a Justiça do Trabalho é especializada, razão por que se torna desnecessário que a inicial e a contestação se apresentem prolixas, representando autênticos cartapácios de argumentos repetitivos. Há sempre uma regra de razoabilidade para todas as coisas. O bom-senso é a melhor medida para determinar o momento em que se deve parar de expender alegações e argumentos. Por isso, sugerimos a concisão eficiente — como tal entendida, para os efeitos da contestação, a que impugna, de maneira sucinta (mas extraindo do ordenamento jurídico o máximo que ele oferece), todos os fatos alegados pelo adversário.

Ironia à parte, é necessário advertir que, quanto mais se escreve, maior é o risco de se tornar vulnerável em face do adversário, de incorrer em contradições, e de cometer erros gramaticais...

Como estamos a cuidar de técnica de elaboração, um dos métodos mais eficientes consiste em contestar, um por um, os fatos narrados pelo autor (e os correspondentes pedidos formulados), segundo a ordem em que foram apresentados. Desse modo, evita-se o risco da omissão comprometedora.

É elementar que à concisão eficiente, a que nos referimos, são inerentes as exigências de clareza e coerência. Cuide, ainda, o réu, do estilo, procurando fer uso de vocábulos de uso habitual, evitando, por isso, o emprego de arcaísmos ou de neologismos — faces opostas da mesma moeda. Quanto aos neologismos, repetiremos, aqui, o que dissemos em outro livro *A Sentença no Processo do Trabalho*. 3.ª ed. São Paulo: LTr, 2004. p. 296-297: "De uns tempos até esta parte, convém observar, certos juízes e advogados vêm dedicando intenso culto aos neologismos, nos textos que produzem, seja inventando vocábulos ou adotando os inventados. Palavras não dicionarizadas não possuem significado exato e, por isso, tendem a sugerir mais de um sentido, cuja consequência é a ambiguidade do enunciado das ideias e dos conceitos. Não será exagerado afirmar que a linguagem forense vem sendo vítima de uma verdadeira infestação de vocábulos produzidos por uma inventiva que é filha da negligência linguística, da falta de hábito de consulta aos bons léxicos. Dentre esses termos, que compreendem substantivos, adjetivos, advérbios e tudo o mais, podem ser mencionados os seguintes: "improver" (= negar provimento); "indenitário" (= indenizatório); "inobstante" (= nada obstante); "inexitoso" (= sem êxito); "exitoso"(= com êxito); "indeferitório" (= que indefere); "impresente" (= ausente); "impago" (= não pago); "reclamatória" (= reclamação); "plúrima" (= plural, com vários autores ou vários réus); "celetário" (= referente à CLT); "indemonstrar" (= não demonstrar); "imerecer" (= não merecer); "imodificar" (= não modificar); "relatoria" (= o ato de relatar); "massivo" (= em massa); "imprejudicado" (= não prejudicado); "fático" (= relativo a fatos); "desfundamentado" (= sem fundamento); "firmatário" (= aquele que firmou um documento ou uma petição); "turmário" (relativo a turma).

O elenco, enfim, dessas "preciosidades" extraídas dos escritos forenses é muito mais vasto do que possam fazer supor os exemplos citados. Quando dizemos que esses termos não se encontram dicionarizados, estamos a referir-nos, evidentemente, aos bons léxicos, assim entendidos aqueles cujos autores têm o escrúpulo de não incluir, indiscriminadamente, o que está na linguagem vulgar, aí compreendidos os vocábulos chulos, as gírias e os neologismos arbitrários".

Após expugnar, passo a passo, os fatos afirmados pelo autor, deverá o réu, se for o caso, formular os pedidos cabíveis, como os de compensação e de retenção, cujos temas constituem matéria de defesa (CLT, art. 767). Requererá, também, desde que necessário, a apresentação de documentos, por parte do autor, como, *e. g.*, de sua Carteira de Trabalho, assim como a expedição de ofícios a órgãos públicos. Enfim, incumbirá ao réu formular os requerimentos que julgar úteis ou indispensáveis para comprovar os fatos alegados em contraposição aos contidos na petição inicial.

Providenciará, por fim, a juntada da procuração outorgada ao seu advogado, assim como de todos os documentos em que se baseou para resistir às pretensões apresentadas pelo autor. Entendemos ser aplicável ao processo do trabalho a disposição estampada no art. 396, do CPC, conforme a qual deverá o réu instruir a sua resposta (e, o autor, a inicial) com os documentos necessários para provar as alegações expendidas, só sendo permitida a juntada de documentos novos (ou seja, após a inicial e a contestação) se destinados a fazer prova de fatos supervenientes ou a serem contrapostos aos documentos existentes nos autos (CPC, art. 427).

A falta de reconhecimento da firma, na procuração, exigida pelo art. 38, do CPC de 1973, vinha, na prática, constituindo causa, por exemplo, para a inadmissibilidade de recursos. A situação, aliás, era curiosa, para não dizer perversa: admitia-se (e ainda se admite, o que é correto) o mandato tácito, ou seja, aquele que se presume existir, em decorrência da reiterada prática de atos processuais pelo advogado, mas não se reconhecia validade de um mandato expresso, apenas porque o seu instrumento não trazia o reconhecimento da assinatura do outorgante. Chegava-se, em alguns casos, até mesmo a não aceitar a procuração escrita (instrumento particular) cuja assinatura tivesse sido reconhecida "por semelhança". Com a nova redação dada ao art. 38, do CPC de 1973, pela Lei n. 8.952/94, se tornou desnecessário o reconhecimento da firma do outorgante na procuração, com o que se prestou bom serviço à política de combate aos formalismos processuais inúteis.

O CPC de 2015, felizmente, também dispensa essa formalidade (art. 105).

Somente em casos excepcionais, doravante, deverá o juiz ordenar o reconhecimento da assinatura constante da procuração, como quando a parte contrária houver colocado sob justificada suspeita a autenticidade desse autógrafo.

3.10.5. Revelia

3.10.5.1. Origens históricas

a) Roma

O Direito Romano, em seus primórdios, não previa a possibilidade de o processo se estabelecer e se desenvolver sem a efetiva participação do réu (revelia), embora seja necessário esclarecer que não se pode cogitar, para aquela época, de um processo semelhante ao existente nos tempos modernos.

Em todo o caso, parece-nos que essa repulsa de Roma à revelia derivava do fato de o processo consistir numa espécie de contrato entre os litigantes; figura característica desse período era a *litiscontestatio*, autêntico produto da comunhão da vontade das partes, por força da qual estas se obrigavam a comparecer a juízo e a acatar a decisão que fosse aí proferida. Essa convenção entre os contendores atribuía ao autor o poder de compelir o réu a vir a juízo, caso este se recusasse a fazê-lo de maneira espontânea. Para essa finalidade, permitia-se ao autor, até mesmo, o uso da força física (*manus iniectio*).

Mais do que simplesmente vir a juízo, o réu deveria também *atuar*, ou seja, promover efetivamente a sua defesa; se não o fizesse, o autor poderia obter, do magistrado, uma ordem que lhe assegurasse o direito alegado. Há uma certa polêmica entre os doutos, porém, quanto a saber se no processo *in iudicio* era aceita a revelia, sabendo-se que no *in iure* ela era posta em prática.

No período formulário, a manus iniectio cedeu lugar a uma penalidade em dinheiro. Além disso, exigiu-se a renovação da citação do réu, com tríplice *denuntiatio*, ou a sua intimação por meio de edito do magistrado. Deixando, o réu, apesar dessas providências, de atender à citação, o magistrado proferia a sentença, condenando-o.

Mais tarde, já na fase da *cognitio extraordinaria*, conservou-se a exigência da renovação da citação, mas somente depois do terceiro edito público (peremptório) poderia o magistrado emitir a sentença, mesmo que o réu deixasse de comparecer a juízo para se defender.

A diferença mais expressiva entre este período e o formulário está em que, no da *cognitio extraordinaria*, o revel não era necessariamente condenado, cabendo, isto sim, ao autor, comprovar os fatos alegados. Mesmo que o réu viesse a ser condenado, os efeitos da sentença eram provisórios. Nas ações pessoais, por exemplo, o autor, vencedor na causa, podia ser imitido na posse das coisas pertencentes ao réu, depois de haver permanecido na posse por algum tempo, durante o qual poderia o devedor recuperar os bens, pagando ao autor os danos por este sofridos e prestando fiança para que o processo tivesse regular prosseguimento. Só se o réu não reouvesse os bens, nem desse fiança, é que o autor poderia vendê-los e ficar com o produto da venda.

Durante o império, o Direito Romano sofreu pouquíssimas alterações quanto à revelia.

O mesmo não se pode dizer com relação ao período do direito intermédio, pois aqui as modificações foram de considerável monta. Basta referir que as citações deveriam ocorrer de três a sete vezes; algumas dessas leis chegaram a impor multa pecuniária ao réu que deixasse de ir a juízo depois de citado em três ocasiões. Essa penalidade, contudo, foi abrandada ao longo dos tempos, até que, por influência do direito canônico, veio a ser extinta.

b) Portugal

Uma das fórmulas adotadas pelo direito português antecedente ao período das Ordenações reinóis para fazer com que o revel comparecesse a juízo foi permitir que o autor se imitisse na posse dos bens daquele. Esse procedimento se inspirou, sem dúvida, no direito barbárico, ao qual repugnava a revelia, motivo por que se o réu deixasse de atender à citação deveria ser severamente punido.

Com o advento das Ordenações, alterou-se o panorama. Estas, na linha do Direito Romano, aboliram as penalidades contra o revel e não aceitaram a confissão presumida decorrente da revelia. Além disso, permitiram que o revel interviesse no feito no estado em que se encontrasse, desde que não transitada em julgado a sentença. É bem verdade, contudo, que o revel "verdadeiro" não poderia recorrer da sentença condenatória. Revel "verdadeiro" era o indivíduo que deixava de comparecer a juízo, pessoalmente ou por intermédio de procurador, sem que houvesse motivo plausível para a sua ausência ou contumácia.

c) Brasil

De modo geral, o Direito Brasileiro, desde o período imperial até grande parte do republicano, adotou o sistema vigente em Portugal, quanto à revelia. Fundamentalmente, a alteração que os nossos textos legais da época introduziram na matéria consistiu na eliminação do veto à possibilidade de o revel "verdadeiro" poder recorrer da sentença.

O primeiro código unitário de processo civil que o nosso País conheceu (1939) não disciplinou a revelia, limitando-se a declarar que era considerado revel o citado que não apresentasse defesa no prazo legal, contra o qual correriam os prazos, independentemente de intimação ou notificação (art. 34, *caput*), e que ele poderia intervir no processo, qualquer que fosse a fase em que este se encontrasse (parágrafo único). Nada mais do que isso.

O art. 209, *caput*, desse Código, embora tenha sido visto por alguns estudiosos como uma ruptura com a tradição romana, desde muito seguida pelo nosso direito, de tal maneira que o réu seria sempre revel, em rigor nada tinha a ver com o tema, porquanto apenas afirmava que "O fato alegado por uma das partes quando a outra o não contestar, será admitido como verídico se o contrário não resultar do conjunto das provas". Essa era uma norma genérica, acerca das consequências processuais da falta de impugnação dos fatos narrados pelo autor; como tal, era insuficiente para abranger o universo da revelia.

O Código de Processo Civil de 1973 deu um passo adiante, ao regular a matéria em quatro artigos (319 a 322), pelos quais não só enunciou o princípio de que se o réu não responder à ação serão considerados verdadeiros os fatos alegados na petição inicial (art. 319), como indicou as exceções pertinentes (art. 320), além de reiterar a regra da imutabilidade do pedido (art. 321); de afirmar que, contra o revel, os prazos fluirão independentemente de intimação (art. 322), e de permitir que ele intervenha no feito, na fase em que se encontre (*ibidem*).

A CLT, com seu laconismo característico, destinou um único artigo ao assunto: o 844, *caput*, cuja parte final adverte que "o não comparecimento do reclamado (*sic*) importará revelia, além de confissão, quanto à matéria de fato". Não podemos deixar de reconhecer que o essencial aí foi dito, mormente se levarmos em conta o fato de que, à época, estava em vigor o CPC de 1939, no qual a matéria era precariamente tratada, e, ademais, em dispositivo integrante do Título (III), que versava de prazos. A realidade científica e prática do período não exigia que o legislador trabalhista dissesse mais do que disse. É elementar que os tempos mudaram e que, em razão disso, a disciplina da revelia, no texto da CLT, se tornou insatisfatória, fazendo com que fosse indispensável a adoção supletiva das normas constantes do CPC.

Idealmente, todavia, o processo do trabalho *de lege ferenda* deverá regular a matéria segundo as peculiaridades marcantes desse processo, como, por exemplo, dispensando a realização de determinados exames periciais (insalubridade), que soem acarretar um retardamento na entrega da prestação jurisdicional, além de impor, muitas vezes, ao autor, a realização de despesas, com as quais não tem condições de arcar.

O CPC de 2015 trata do tema nos arts. 344 a 346 e 348. O princípio foi mantido: se o reú deixar de contestar a ação, será considerado revel, presumindo-se verdadeiros os fatos alegados na petição inicial (art. 344). As exceções, previstas no art. 319, do CPC de 1973, também foram preservadas, embora tenha sido acrescentada a de que a revelia não produzirá os efeitos que lhe são característicos quando as alegações de fato formuladas pelo autor forem inverossímeis ou estiverem em contradição com a prova produzida nos autos (art. 345, incisos I a IV).

Não cremos, a propósito, que, do ponto de vista do processo do trabalho, possam ser sustentadas as duras críticas que Calmon de Passos dirigiu aos autores do Código de Processo Civil de 1973, por entender que estes fizeram com que o revel fosse considerado não um ausente, mas um delinquente (*Comentários ao Código de Processo Civil*. 3.ª ed. Rio de Janeiro: Forense, 1979. vol. III, p. 452).

Embora entendamos que a revelia, como fato processual, não autorize, por si só, o juiz a aceitar como verdadeiros todos os fatos narrados na petição inicial, não podemos deixar de reconhecer a necessidade de que o legislador houvesse estabelecido uma consequência processual para o revel, sob a forma de presunção (relativa) de veracidade dos fatos alegados pelo adversário. Se, com isso, nos afastamos da tradição latina (romana) para perfilharmos a solução germânica da revelia, é algo que não deve ser lamentado, pelo menos, no processo do trabalho.

Convém lembrar que, no sistema romano, mesmo no caso de revelia o autor permanecia com o ônus de comprovar os fatos relatados na inicial. Ora, no processo do trabalho, o que se procura fazer, mediante construção doutrinária e jurisprudencial sensível à realidade do trabalhador em juízo, é deslocar, o quanto possível, o encargo da prova para o empregador, em virtude de sua superioridade técnica e econômica na lide, e, também, porque, quase sempre, ele é detentor dos meios de prova de que o trabalhador necessita (recibos em geral, cartões de ponto, livros etc.). Assim, a ausência de impugnação, por parte do empregador, quanto a certos fatos alegados pelo trabalhador, mesmo que esse silêncio se dê fora da revelia (CPC, art. 341), adquire, no processo do trabalho, uma coloração especial, porque isso significa uma aproximação, um "ir ao encontro" do velho ideal da inversão do ônus subjetivo da prova. Ideal, aliás, em nome do qual o legislador contemplou os consumidores — Lei n. 8.078/90, art. 6.º, inciso VIII.

De qualquer sorte, a disciplina da matéria, mesmo no plano do processo civil, não merece as críticas acerbas formuladas pelo ilustre jurista baiano, seja porque a presunção, que o legislador colou à revelia, é meramente relativa, motivo por que pode ser elidida, *e. g.*, pela confissão real do próprio autor, na oportunidade do seu interrogatório, ou outro meio legal, apto e idôneo, seja porque a norma legal indica os casos em que não se verificarão os efeitos da revelia (art. 345). Nem se ignore, ainda, a possibilidade de o réu intervir no feito, recebendo-o no estado em que se encontre (CPC, art. 346, parágrafo único).

Desta forma, se o réu foi regularmente citado, e deixou de responder, sem justificativa, à ação, ou seja, de impugnar os fatos narrados na inicial, com base nos quais o autor deduziu as suas pretensões, nada mais razoável do que se presumir verdadeiros esses fatos, sem que isso implique, nomeadamente no processo do trabalho, a proibição de o juiz, no exercício do amplo poder diretivo, que lhe concede a lei (CLT, art. 765), ouvir o autor e de adotar outras providências que julgar necessárias para o descobrimento da verdade.

A entender-se que o ônus da prova permaneceria com o autor, mesmo na revelia, isso representaria colocar em boa sombra o réu que deixasse de atender, sem justificativa, à citação, numa atitude que, muitas vezes, tocaria as fímbrias do menosprezo ao próprio Poder Judiciário. É curial que não estamos a preconizar, numa involução histórica censurável, a presença do réu como condição essencial para o desenvolvimento do processo, e, sim, a defender a solução legal encontrada para o problema da revelia: a (mera) presunção de veracidade dos fatos postos na inicial.

Essa presunção, em rigor, não emana, somente, da revelia, senão que também da falta de depoimento do réu. Eis a razão por que alguém pode ser confesso sem ter sido revel, e vice-versa.

Uma nota importante: embora o efeito característico da revelia seja, como afirmamos, a presunção legal de veracidade dos fatos alegados na petição inicial, há situações em que não ocorre esse efeito, caso em que permanece com o autor o ônus da prova. As situações a que nos referimos estão previstas no art. 345, do mesmo Código: a) havendo pluralidade de réus, algum deles contestar a ação; b) o litígio tiver como objeto direito indisponível; c) a petição inicial não estiver acompanhada de documento público, que a lei considere indispensável à prova do ato; d) as alegações de fato formuladas pelo autor forem inverossímeis ou estiverem em contradição com prova constante dos autos (incisos I a IV).

3.10.5.2. Conceito

O vocábulo *revel* (do latim *rebellis*) significa, na linguagem processual, aquele que, citado (réu), deixou de responder, injustificadamente, à petição inicial. O substantivo *revelia* designa, portanto, a qualidade de quem é revel.

Sob este aspecto, há indiscutível sinonímia entre as palavras revelia e contumácia, embora alguns autores tenham procurado fazer crer que esta seria a causa daquela, ou, ainda, que a contumácia seria o gênero, do qual a revelia se apresentaria como espécie.

Não nos parece, contudo, que essa tentativa de separar os conceitos de uma e de outra tenha base científica, e, mesmo, léxica. Em essência, tanto a revelia quanto a contumácia traduzem o fato caracterizado pela inexistência de resposta do réu que tenha sido regularmente citado.

Revelia, entretanto, não é pena, conforme costumam supor, irmanadas no erro, doutrina e jurisprudência. A pena pressupõe o inadimplemento de uma obrigação, sendo certo que nenhuma norma processual moderna obriga o réu a responder à ação. O que há, quando muito, é um seu ônus neste sentido, cuja quebra fará com que se presumam verdadeiros os fatos alegados pelo autor. Nem mesmo a confissão é pena, ao contrário do que têm alardeado aqueles que não se dão ao cuidado de examinar o senso exato das palavras que utilizam. Não existe uma obrigação legal de impugnar os fatos narrados pelo adversário, mas, apenas, um dever quanto a isso.

O que deve ser entendido, para evitar equívocos comprometedores, é que o réu tem o direito de ser regularmente citado, a fim de que, cientificado, por essa forma, da existência da ação, possa fazer uso da faculdade de se defender. Por outros termos: o direito de defesa lhe é constitucionalmente assegurado, conquanto o efetivo *exercício* desse direito entre no seu livre arbítrio. É verdade que se o réu deixar de responder à ação, sem justificativa razoável, sofrerá as consequências processuais de sua opção, que, como sabemos, consistirão na presunção de veracidade dos fatos descritos na peça de provocação da atividade jurisdicional.

Do quanto expusemos até esta parte, podemos formular, sem rebuços, o seguinte conceito de revelia: é a ausência injustificada de contestação do réu, que tenha sido regularmente citado. Aí estão, a nosso ver, os elementos essenciais do conceito, agora mencionados em outra ordem: a) citação do réu; b) ausência de contestação; o) inexistência de justificativa legal desse silêncio.

Nem toda ausência de *resposta* configura revelia. Lembremos que essas respostas compreendem as exceções, a contestação e a reconvenção, além do reconhecimento do direito em que se fundam os pedidos (CPC, art. 287, inciso III, *"a"*). Se o réu deixar de excepcionar o juízo ou de reconvir, por certo não será revel. A revelia emana, exclusivamente, da falta de *contestação.*

Como a revelia, enquanto fato processual, espelha a ausência de contestação do réu à ação ajuizada pelo adversário, o que ao réu incumbirá, caso se sinta seguro para comprovar os motivos pelos quais deixou de responder, será procurar elidir esse estado, ou seja, a revelia, perante o tribunal, com objetivo de ver assegurado o seu direito de apresentar, no juízo de primeiro grau, a resposta que desejar.

É conveniente revermos algumas concepções do passado a respeito da revelia, para que possamos melhor entender esse acontecimento do processo.

Alguns estudiosos chegaram a identificá-la como uma rebelião ao poder do juiz. Dessa rebeldia extraía-se o fundamento para a "punição" do revel. Essa opinião, contudo, não pode prosperar nos tempos modernos, nos quais a resposta do réu não é obrigatória nem figura como requisito fundamental para o desenvolvimento do processo. Foi dessa corrente de pensamento que brotou a ideia — equivocada, por certo — de que a revelia era "pena".

Chegou-se, também, a reconhecer na revelia a renúncia ao direito de defesa. Essa teoria pecou pelo excesso. Se sustentasse que a contumácia corresponderia à renúncia ao direito de resposta, poderia até ser aceitável. Falar, todavia, em renúncia ao direito de defesa importa ir além da medida, pois o conceito de defesa, como sabemos, é bem mais amplo do que o de resposta. Desde o sistema do CPC de 1939, em nosso meio se assegurou a possibilidade de o revel intervir da causa para se defender, recebendo-a no estado em que se encontre (CPC de 2015, art. 346, parágrafo único). Isso demonstra que a única renúncia, capaz de ocorrer na revelia, é quanto ao direito de responder, nunca de se defender.

Pensou-se, ainda, na revelia como uma espécie de desistência da faculdade de agir. Essa corrente de pensamento, conquanto tenha o mérito de aproximar-se da concepção hoje predominante, fica sem poder dar uma explicação suasória diante do fato de que essa desistência acarreta consequências processuais desfavoráveis para o revel. Conforme pudemos argumentar em defesa do conceito que formulamos anteriormente, em que pese ao fato de o exercício do direito de resposta do réu estar ligado a uma sua faculdade, isso não significa que a opção de não fazer uso dessa faculdade não lhe acarrete consequências prejudiciais. Demais, o revel não desiste da faculdade de agir, mas, apenas, de responder (contestar, no caso). Valemo-nos, aqui, das mesmas objeções que lançamos à teoria da renúncia ao direito de defesa: há excesso no seu conteúdo.

A teoria da inatividade, formulada por notáveis juristas italianos (Chiovenda, Beti), procurou explicar a revelia a partir do elemento objetivo da contumácia, desprezando, assim, o subjetivo. Para ela, portanto, a lei levaria em conta, apenas, o aspecto objetivo da revelia, que se manifestaria sob a forma de uma aceleração ou de simplificação do procedimento, em decorrência da falta do contraditório. Exatamente por isso é que essa teoria rejeitou a relevância de questões como confissão fictícia, intenção do revel, justiça da sentença, por serem de foro subjetivo. Essa concepção doutrinal, porém, não se ajusta à nossa realidade legislativa, pois a norma processual não reduz a revelia a mera simplificação do procedimento, prevendo também consequências jurídicas desfavoráveis ao revel, consubstanciadas na presunção (ainda que relativa) de veracidade dos fatos alegados pelo autor.

Nenhuma das teorias aqui expostas, como já se pode inferir, se sustenta diante de nosso sistema processual, embora sejam perfeitamente apropriadas e abalizadas para justificar sistemas vigorantes nos países de origem.

O processo civil brasileiro — e, por extensão, o do trabalho — impõe às partes determinados deveres, como os de expor os fatos em juízo conforme a verdade; não formular pretensões, nem alegar defesa, cientes de que são destituídas de fundamentos; não produzir provas, nem praticar atos inúteis ou desnecessários à declaração ou defesa do direito; cumprir com exatidão as decisões jurisdicionais, de natureza provisória ou final, e não criar embaraços à sua efetivação; declinar, no primeiro momento que lhes couber falar nos autos, o endereço residencial ou profissional onde receberão intimações, atualizando essa informação sempre que ocorrer qualquer modificação temporária ou definitiva; não praticar inovação ilegal no estado de fato de bem ou de direito litigioso (CPC, art. 77, incisos I a VI, respectivamente).

Devem ser mencionados, ainda, os deveres de comparecer a juízo para serem interrogadas (CPC. art. 385) e responder ao que lhes for perguntado (CPC, art. 386), assim como de submeter-se à inspeção judicial (CPC, art. 481), de tratar as testemunhas com urbanidade (CPC, art. 459, § 2.º) e de não praticar ato atentatório à dignidade da Justiça (CPC, art. 774), dentre outros.

Interessam-nos, em especial, os deveres de expor os fatos em juízo conforme a verdade (CPC, art. 77, inciso I) e de impugnar os fatos alegados pelo autor, sob pena de serem presumidos verdadeiros (CPC, arts. 341 e 344). O primeiro artigo se refere tanto ao autor quanto ao réu; os demais, apenas a este.

Quando o autor invoca a prestação da tutela jurisdicional, com o escopo de promover a defesa de um bem ou de uma utilidade da vida, ele o faz por meio de um instrumento específico de provocação dessa atividade estatal, a que se denomina petição inicial. Nesta, incumbir-lhe-á narrar os fatos dos quais extrairá, mais adiante, os pedidos. Vimos que esses fatos devem ser relatados de acordo com a verdade. Se tais fatos não correspondem à verdade, cabe ao réu impugná-los; o réu, aliás, constuma impugná-los mesmo que verdadeiros. Não o fazendo, a consequência objetiva, prevista pelo nosso sistema processual, é a presunção de veracidade dos fatos constantes da inicial. Os nossos códigos se afastaram, como se percebe, da tradição romana, segundo a qual, mesmo havendo contumácia, o autor permanecia com o ônus de comprovar os fatos alegados. Não vem ao encontro do propósito da análise que estamos a empreender se essa atitude do legislador brasileiro foi correta, ou não, embora antecipemos a nossa opinião de que foi.

À luz do processo civil de nosso País (e, também, do processo do trabalho), a revelia encontra no próprio sistema a justificação (técnica, política, lógica) de sua existência, uma vez que se há um dever do autor (para cogitarmos somente dele) de expor os fatos, na petição inicial, conforme a verdade, e um correspondente dever do réu de impugnar esses fatos, caso os repute inverídicos, é evidente que a revelia, à qual se liga a falta de depoimento do réu, implica o reconhecimento tácito, por parte deste, de que são efetivamente verazes esses fatos. Mesmo na vida cotidiana das pessoas costuma-se dizer que "quem cala, consente", a revelar, com isso, que todo silêncio diante de uma situação desfavorável deve ser interpretado como aceitação (tácita) dessa situação.

Se a norma legal ordena, em nome do princípio do contraditório, que se dê ao réu a oportunidade para refutar os fatos afirmados pelo adversário, e ele nem sequer comparece a juízo para fazê-lo, é absolutamente razoável que ditos fatos tenham em seu favor a presunção, ainda que relativa (*iuris tantum*), de veracidade, pois não seria justo exigir que o autor os provasse mesmo quando o réu tenha preferido manter injustificado silêncio diante deles.

Não se trata, portanto, de rebelião ao poder do juiz, nem de renúncia ao direito de defesa, ou de desistência da faculdade de agir ou de inatividade do réu, e, sim, de quebra, por parte deste, dos deveres legais de vir a juízo, a fim de impugnar, com precisão (especificamente), os fatos narrados pelo autor e de submeter-se ao interrogatório.

Preocupam-se, alguns estudiosos, com a possibilidade de a confissão presumida, decorrente do silêncio do réu, acabar consagrando a inverdade, a mentira, sempre que os fatos expostos na inicial não forem verdadeiros. Ora, essa objeção é insustentável, seja porque se nada há nos autos, capaz de demonstrar que os fatos são falsos, seria de indagar-se com que fundamentos jurídicos se poderia alegar essa falsidade, seja porque a possibilidade de acabar prevalecendo a inverdade não é algo que decorra, com exclusividade, da revelia e da ausência de depoimento, podendo, infelizmente, ser produzida mesmo nos casos em que não ocorra a revelia, bastando, para isso, que o réu induza, por exemplo, as suas testemunhas ao falseamento da verdade. Como já se disse, com refinada ironia, em juízo tudo vem à tona, menos a verdade...

O que o juiz deve ter em mente, nas situações de revelia (ou de ausência de depoimento do réu), é que a confissão fictícia, como o próprio adjetivo o demonstra, não constitui uma porta escancarada para a admissibilidade, como verdadeiros, dos fatos alegados pelo autor, se não que um expediente, uma fórmula objetiva (e, também, artificiosa), idealizada pelo legislador, para superar o problema acarretado por aquele que deixou de atender aos deveres de impugnar os fatos expostos pelo adversário e de submeter-se ao interrogatório. A confissão presumida, vista sob este aspecto, pode ser identificada como uma solução pragmática encontrada pelo sistema para superar os problemas do silêncio injustificado do réu em face de alegaçções feitas pelo adversário. A presunção de veracidade desses fatos, contudo, como alertamos, não deve ser um pretexto para que o magistrado renuncie ao seu poder de direção do processo e ao seu dever de investigação da verdade, mas, sim, um pano-de-fundo, que será utilizado sempre que não lhe for possível fazer aflorar, sem quebra da imparcialidade, a verdade dos fatos.

Ninguém ignora o vetusto mandamento de que o juiz deve formar a sua convicção jurídica acerca dos fatos da causa com fulcro na verdade formal, que é aquela constituída nos autos (*quod non est in actis non est in mundo*); toda vez, entretanto, que a verdade formal não coincide com a real (os fatos, tais como existiram), essa anomalia fenomênica faz com que opinião pública realize um perigoso saque contra o prestígio dos pronunciamentos da jurisdição.

Por isso, é imprescindível que os magistrados sejam comedidos na aplicação prática dos preceitos legais pertinentes à revelia e à confissão ficta, cujas existências, entretanto — insistamos em afirmar —, se justificam, sob o aspecto pragmático, como providência para resolver situações provocadas por aquele que, sem razão alguma, pôs ao largo deveres legais específicos, como os de de impugnar os fatos alegados pelo adversário e de submeter-se ao interrogatório judicial.

A abreviação do procedimento, nestas hipóteses, não é um fim visado pelo legislador, senão que uma decorrência lógica da incontrovérsia que o silêncio do réu fez gerar no tocante a esses fatos. Aludimos à abreviação do procedimento porque, nos termos do art. 355, inciso II, do CPC, a revelia constitui um dos casos que autorizam o julgamento *antecipado* do mérito. Essa antecipação significa que o juiz poderá suprimir, no todo ou em parte, a fase de instrução oral do processo.

3.10.5.3. Efeitos

O *efeito* jurídico mais expressivo da revelia, como tantas vezes assinalamos, é a presunção de veracidade dos fatos alegados pelo autor, na petição inicial. Nesse rumo, é a dicção dos próprios arts. 844, *caput*, parte final, da CLT, e 344, do CPC.

A doutrina tem entendido configurada, nessas situações, a confissão fictícia ou presumida do réu; é momento, porém, de nos determos com um pouco mais de atenção sobre o assunto, a fim de examinarmos se essas opiniões doutrinais são realmente corretas.

Em primeiro lugar, devemos verificar se a presunção de veracidade dos fatos narrados pelo autor deriva, efetivamente, da revelia; em segundo, se essa presunção significa a mesma coisa que confissão fictícia.

Em rigor, a presunção de veracidade, com a qual estamos a nos ocupar, não emana somente da revelia, senão que também da ausência de depoimento do réu. Realmente, conforme demonstramos antes, a revelia nada mais é do que a ausência de defesa (ou de resposta), por parte do réu. Revel, por isso, é todo aquele que, citado, deixa de vir a juízo para se defender. A revelia, por si só, não induz à presunção de veracidade dos fatos narrados pelo autor; essa presunção provém da ausência de contrariedade aos fatos alegados na inicial e de depoimento (pessoal) do réu. Destarte, no sistema peculiar do processo do trabalho, especificamente comm vistas à audiência una e contínua, a revelia faz, em regra, com que o réu, além de não se defender, deixe de prestar depoimento, cujas faltas farão gerar a presunção de veracidade dos fatos mencionados pelo autor.

Tanto são coisas distintas, a revelia e a confissão fictícia, que alguém pode ser confesso sem ter sido revel: é o caso do réu que contesta a ação, mas que deixa de vir a juízo para ser interrogado (ou prestar depoimento, como se prefira). O inverso, contudo, não nos parece possível, pois se o réu é revel, dificilmente será chamado a prestar depoimento, porquanto, segundo afirmamos, a revelia, no geral, suprime o seu depoimento, embora o juiz possa ouvir o autor, e, com isso, obter deste uma confissão real a respeito dos fatos.

Como estamos aqui a rever conceitos doutrinais assentes, é oportuno indagarmos se, na situação referida, haveria mesmo confissão real do autor. Ora, se confissão é a admissão, pela parte, de fatos contrários aos seus interesses, e se, na revelia, nenhum fato — por definição — foi alegado pelo réu, como se justifica a assertiva de que o autor poderia confessar? A pergunta que formulamos é algo ardilosa, uma vez que os fatos admitidos pelo autor, contrários aos seus interesses manifestados na causa, não necessitam ser aqueles alegados pelo réu, mas os que ele próprio, autor, acabou por admitir em juízo, seja voluntária (confissão espontânea) ou involuntariamente (confissão provocada).

Vejamos, agora, se a presunção de veracidade dos fatos alegados pelo autor, emanante da revelia (ou, melhor: da falta de depoimento do réu), traduz uma sua *confissão fictícia*.

Julgamos que não.

A ausência de depoimento do réu (que, por sua vez, provém da revelia), a despeito da opinião doutrinária predominante, não configura confissão fictícia ou presumida dos fatos alegados pelo autor. Quer nos parecer que a doutrina, durante largos anos, procurou resolver o problema da ausência de depoimento do réu a partir de um elemento *subjetivo* muito frágil, qual seja, a intenção de este confessar por meio do silêncio. Cientificamente, não se pode conceber a ideia de que o réu, ao deixar de responder à ação, e, em consequência, de prestar depoimento, pretenda, com essa omissão, reconhecer, de maneira tácita, a veracidade dos fatos narrados pelo adversário. Ora, ilação nesse sentido chega a ser absurda, pois como se sabe não há, nesta hipótese, manifestação da vontade do réu — nem mesmo presumida. Se, como quer a doutrina tradicional, em situações como a que estamos a examinar, ocorre a confissão fictícia do réu, como se explica o fato de ele, muitas vezes, recorrer da sentença que se baseou nessa *ficta confessio* para tentar demonstrar, por exemplo, que não pôde comparecer a juízo, a fim de se defender ou de prestar depoimento?

Sejamos francos: o que faz gerar a presunção de veracidade dos fatos narrados na petição inicial não é a difundida confissão fictícia do réu, e, sim, a letra da lei (CPC, art. 344), que não se prende a elementos subjetivos. Por outras palavras, o legislador, procurando solucionar o problema da ausência de resposta do réu, ou de seu depoimento, disse que, em tais casos, serão considerados (presumidos) verdadeiros os fatos relatados pelo autor. É uma regra eminentemente objetiva, que não leva em conta a vontade (presumida) do réu. Trata-se, enfim, de uma norma pragmática, traçada pelo legislador, com vistas a resolver, com objetividade, o problema da contumácia processual. Os arts. 844, *caput*, parte final, da CLT, e 344, do CPC, constituem, portanto, uma autorização para que o juiz forme a sua convicção jurídica com base nos fatos constantes da inicial, sem perder-se em elucubrações acerca da eventual vontade do réu de confessar. A *intenção* do réu, por isso, não é objeto de julgamento, e, sim a nota objetiva da inexistência de contrariedade aos fatos trazidos pelo autor.

Exatamente por esses motivos é que ao réu, se inconformado com a sentença que lhe foi desfavorável, incumbirá comprovar não a sua vontade de não confessar (elemento subjetivo), mas a sua impossibilidade de responder à ação ou de comparecer a juízo para depor (elemento objetivo).

É relevante observar, a propósito, que o art. 844, caput, da CLT, não diz: "presumem-se verdadeiros os fatos...", e sim, "*importará* (...) confissão, quanto á matéria de fato" (destacamos). O art. 344, do CPC, por sua vez, expressa: "*presumir-se-ão* verdadeiras" (destacamos). Assim, se o réu for revel, o juiz considerará verdadeiros os fatos relatados na inicial, sem se preocupar com a manifestação volitiva daquele.

Dir-se-á que o art. 341, do mesmo Código, alude à presunção de veracidade, com o que os nossos argumentos estariam sepultados. Nada disto. Efetivamente, a norma legal mencionada cogita de presunção; todavia, aqui, é até possível pensar-se em presunção de veracidade, pois o réu, embora venha a juízo (logo, não se cuida de revelia), deixa de impugnar, com precisão, determinados fatos alegados pelo autor. É razoável supor (presumir), portanto, que aceitou aqueles que não foram objeto de contrariedade. Mesmo assim, o assunto é discutível. No caso do art. 344, entretanto, o réu é revel, motivo por que não se pode presumir a sua aceitação, mesmo tácita, dos fatos postos na inicial. Estes são reputados verdadeiros por força de um critério objetivo, contido no dispositivo legal precitado, que se prende ao fato, também objetivo, da contumácia do réu.

Como já deixamos exarado em linhas pretéritas, é elementar que a regra contida no art. 344 do CPC não deve ser utilizada pelo juiz de maneira absoluta. Essa norma legal não o inibe, na qualidade de condutor soberano do processo, de, quando menos, ouvir o autor, e, por essa forma, inteirar-se melhor acerca dos fatos da causa. Em muitas dessas ocasiões, como a prática tem revelado, o autor chega, mesmo, a admitir, total ou parcialmente, como verdadeiros certos fatos contrários aos seus interesses externados na causa, caracterizando, com isso (e, aqui, sim) a confissão real, fazendo com que fique anulado o efeito processual que a lei atribui à revelia (CLT, art. 844, *caput*; CPC, art. 344) e à ausência de depoimento do réu; máxime no processo do trabalho, em que as petições iniciais soem conter uma quantidade considerável de fatos, razão pela qual caberá ao magistrado munir-se dessas cautelas.

A despeito de nossas considerações, reconhecemos que a expressão "confissão ficta" está consagrada no âmbito da doutrina e da jurisprudência; mesmo assim, seria preferível utilizar-se a expressão "confissão presumida", sabendo-se que a confissão emanante da revelia não deriva da vontade do réu, sendo, na verdade, declarada pelo legislador, ou melhor, presumida por este.

Uma outra indagação cumpre ser efetuada: os efeitos da revelia se verificam em todas as espécies de ação? Seria, sem dúvida, tarefa ingente tentarmos examinar o fenômeno da revelia em face de todas as ações admissíveis em juízo. Por isso, iremos nos dedicar ao exame daquelas ações mais frequentes no processo do trabalho, ou que, de qualquer forma, sejam com ele compatíveis.

a) Ação declaratória. Nada obsta o uso desta ação no processo do trabalho, inclusive, em caráter incidental (CPC, art. 20). Conquanto possa ser considerado algo insólito, o fato é que a ação declaratória poderia ser utilizada para obter um provimento jurisdicional que dissesse, exclusivamente, se há (ou houve) relação de emprego entre as partes (CPC, art. 19, inciso I). Na prática, entretanto, o autor prefere ingressar com uma ação declaratória-condenatória, uma vez que isso implica manifesta economia processual, além de convir aos seus interesses, que, quase sempre, são de índole econômica (embora o art. 17, do CPC, haja colocado o substantivo "interesse" ao largo de qualquer adjetivação).

Pois bem. Se o réu deixar de responder à ação declaratória será revel, atraindo a incidência, contra si, da regra estampada no art. 344, do CPC. Como asseveramos, não há razão jurídica para recusar-se, em sede de ação declaratória, a atuação dos efeitos inerentes à revelia (e à falta de depoimento do réu).

Mesmo na ação declaratória incidental esses efeitos ocorreriam. Não se diga que a questão prejudicial, objeto da ação declaratória, é a mesma da ação principal, e, com isso, seria impossível considerar-se verdadeiros os fatos alegados pelo autor, na inicial da declaratória. Ora, a circunstância, p. ex., de os fatos narrados pelo autor na declaratória (réu na ação principal) estarem em natural antagonismo com os alegados na petição inicial da ação principal, por si só, não impede a revelia do réu, na declaratória (autor, na principal), e a liberação dos efeitos processuais previstos no art. 344, do CPC. É certo que o magistrado, nesta hipótese, deverá prover-se de cautela redobrada, em virtude da existência de duas ações (principal e declaratória). Citemos um exemplo. O autor ingressou em juízo, pretendendo obter um provimento: a) declaratório da existência de relação de emprego com o réu, e, também: b) condenatório deste ao pagamento de salários, horas extras, indenizações, adicional de insalubridade, etc. O réu não só contesta os pedidos, como ingressa com uma declaratória incidental, a fim de que o juízo diga, antes de determinar a produção de provas que tenham como objeto fatos outros, não pertinentes diretamente à existência, ou não, do vínculo de emprego (e, sim, às horas extras, à insalubridade e o mais), se houve, ou não, uma relação de emprego entre as partes. Citado, o trabalhador deixa de responder, tomando-se revel e fazendo com que sejam reputados verdadeiros os fatos alegados pelo autor, na declaratória incidental (réu, na ação principal). Nesta hipótese, a confissão do trabalhador terá efeitos também na ação principal, em que figura como autor: declarada a inexistência de vínculo de emprego (escopo exclusivo da declaratória incidental), ficará totalmente prejudicada a ação principal, cujos pedidos, aí formulados, haverão de ser rejeitados.

O que se pode discutir é se a ação declaratória *incidental* é compatível com o processo do trabalho; entendido que sim, não há como evitar a conclusão de que a revelia, nela ocorrida, terá os seus efeitos repercutidos na ação principal.

No exemplo que formulamos, se bem repararmos veremos que a ação declaratória incidental, ajuizada por aquele que era réu na ação principal, teve como objetivo, na verdade, antecipar o provimento relativo à ação principal, no capítulo concernente à declaração da existência ou inexistência da relação de emprego, como providência tendente a evitar eventual dispêndio de atividade jurisdicional, que seguramente haveria se, produzidas todas as provas na ação principal, inclusive, quanto às horas extras, à insalubridade, etc., viesse a sentença aí proferida a afirmar a inexistência de vínculo de emprego entre os litigantes.

b) Tutelas provisórias. Em determinados casos de tutelas provisórias podem ocorrer os efeitos revelia, como demonstra, por exemplo, o art. 307, do CPC, se trata da tutela cautelar requerida em caráter antecedente.

Embora possa haver revelia e confissão, no processo cautelar, isso não corresponde a afirmar que esses efeitos incidirão no processo principal, tenha este sido instaurado, ou não. As razões de fato e de direito, que justificam a formulação de um pedido cautelar, são distintas das que motivam as pretensões de mérito, deduzidas no processo principal. Sob este ângulo, pode-se dizer que os processos principal e cautelar são autônomos, não apenas quanto ao procedimento, mas, em especial, quanto à finalidade.

Assim, conquanto o requerido possa ser revel, no processo cautelar, isso não lhe retira o direito de ser citado, no processo principal, e de oferecer, aqui, a resposta que desejar à petição inicial.

É proveitoso assinalar que a cognição (esse nexo entre o magistrado, como sujeito cognoscente, e os fatos da causa, como objeto cognoscível), no processo cautelar, é, apenas, sumária (*summa cognitio*), porquanto o juízo é de simples verossimilhança; já, no processo principal (de mérito), a cognição é exaustante, e, o juízo, de certeza. Essa diversidade quanto à profundidade da cognição entre ambos os processos faz com que, logicamente, a revelia do requerido, no processo cautelar, não se infiltre no processo principal. Nos casos em que os efeitos da revelia no processo cautelar de algum modo acabam se comunicando com o processo principal, o fenômeno quase sempre se explica pelo fato de o processo cautelar ter sido desviado de sua finalidade, para converter-se em sucedâneo sutil e arbitrário do principal. Isso se dá, enfim, sempre que se procura, com o processo acautelatório, não a tutela do próprio processo principal, e, sim, do direito material. Mesmo assim, esse desvio teleológico não justifica a penetração dos efeitos da revelia cautelar no processo principal, em decorrência da mencionada diversidade das cognições que são características de um e de outro.

c) Ação de consignação em pagamento. Esta ação é compatível com o processo do trabalho, desde que observadas as particularidades deste, conforme veremos. Estabelecia o art. 897, do CPC de 1973, que, não oferecida a contestação, "e ocorrentes os efeitos da revelia", o juiz julgaria "procedente" o pedido, declararia extinta a obrigação e condenaria o réu ao pagamento das custas e dos honorários advocatícios.

O CPC de 2015, todavia, não reproduziu essa norma, lançando, assim, um silêncio sobre o tema, para ser interpretado pela doutrina e pela jursprudência. A figura da revelia — com o efeito que sói lhe ser inerente — não é incompatível com a ação consignatória. Deste modo, não é porque o legislador processual civil de 2015 nada disse sobre o assunto que se deve entender em sentido oposto ao que estamos a sustentar. Revel, por definição, é que deixa de contestar a ação, sem justificativa plausível. Entretanto, haverá casos em que, mesmo na ação consignatória, se verificará o efeito da revelia, assim como, em outros, esse efeito estará ausente, desde que ocorram quaisquer das situações descritas no art. 345. É sempre relevante observar que o efeito da revelia está vinculado a *fatos* — não a direitos.

Alguns escólios acerca da atuação dessa norma no processo do trabalho são necessários: 1) réu, na ação consignatória, será, no mais das vezes, o trabalhador; 2) os efeitos de sua revelia devem ser no sentido de que o juiz poderá declarar extinta a obrigação até o limite do que foi depositado pelo autor. Dessa forma, o trabalhador não terá impedido o seu direito de ingressar em juízo para pretender receber as diferenças que entende lhe serem devidas. A não ser assim, a ação de consignação em pagamento constituiria poderoso estímulo aos maus empregadores que desejassem pagar somente aquilo que achassem ser devido, sem que o trabalhador pudesse litigar por eventuais diferenças; 3) no processo do trabalho é inadmissível a condenação do trabalhador ao pagamento de honorários de advogado, mormente nas situações em que agiu de boa-fé. Em termos mais amplos: o princípio civilista da sucumbência é inconciliável com o processo do trabalho, quando este versar de lide oriunda de relação de emprego (TST, Instrução Normativa n. 27/2005, art. 5.º).

d) Ação de segurança. Antes de mais nada, um repelão doutrinário: não se ajuíza mandado de segurança, e, sim, ação de segurança; o mandado é o objeto da ação. Por isso, costuma-se dizer que ele é impetrado, ou seja, requerido, suplicado.

Não há lugar, na ação de segurança, para os efeitos da revelia (CPC, art. 344). A razão é palmar: o exercício dessa ação pressupõe a existência de "direito líquido e certo". Na verdade, a liquidez e a certeza, na espécie, não são do direito em si, mas dos fatos de que se origina o direito (e o consequente pedido), cuja prova deve ser sempre documental (Lei n. 12.016, de 7-8-2009, art. 6.º), o que significa dizer, preconstituída. Trata-se, dessa forma, de meio de prova exclusivo, que é elaborado antes do ingresso em juízo, via de regra. Como não há provas orais (depoimentos, inquirição de testemunhas), pois os fatos devem constar de documentos juntados à petição inicial, fica evidente que a falta de informações, pela autoridade apontada como coatora, não produz os efeitos inerentes à revelia. À risca, nem mesmo revelia existe, seja porque a referida autoridade não figura na ação como ré, segundo o conceito clássico desta figura, seja porque a prestação de informações, conforme entendemos, é meramente facultativa.

Seja por uma razão ou por outra, o fato é que a ação de segurança, por sua natureza, repele os efeitos da revelia — se revelia aqui possa existir.

Mesmo que se determine a citação da pessoa que figure como adversária na causa principal, para integrar a lide na qualidade de litisconsorte necessária, e esta não se manifeste nos autos da ação mandamental, não poderá ser considerada confessa, seja por que não é ré, seja porque neste tipo de ação não há possibilidade de confissão, considerando-se que a prova é documental (e preconstituída).

e) Ação rescisória. Em princípio, não vemos como possam atuar, em sede de ação rescisória, os efeitos da revelia. Não estamos a asseverar que não possa haver revelia nesta espécie de ação. É óbvio que se o réu, citado regularmente, deixar de se defender será revel. Quanto aos *efeitos* da revelia, no entanto, pensamos que não se produzam na ação rescisória, pois o objetivo desta é a desconstituição da coisa julgada material. Ora, se a sentença passada em julgado se baseou nos fatos alegados e provados pela parte, ou que se tornaram incontroversos, não se pode conceber, sem grave falta contra a lógica, que esses fatos, protegidos pela autoridade da *res iudicata*, cedam lugar aos efeitos da revelia ocorrida na rescisória. No mesmo sentido, a Súmula n. 398, do TST. Somente, talvez, em situações extremamente raras, se possa cogitar de confissão em ação rescisória.

Não deixa de ser significativa, por outro lado, a particularidade de o CPC, ao disciplinar o exercício e o procedimento da ação rescisória, não fazer nenhuma remissão ao art. 344, do mesmo Código. O art. 972 preocupou-se, apenas, em afirmar que se os fatos narrados dependerem de prova o relator poderá delegar competência ao órgão que proferiu a decisão rescindenda, para coligi-la.

f) Ação coletiva. Com essa expressão, estamos a referir-nos ao que a lei, a doutrina e a jurisprudência denominam de dissídio coletivo. Não se pode ingressar com dissídio coletivo, como usualmente se costuma dizer, porquanto, em rigor, o dissídio — entendido como uma pretensão resistida e insatisfeita, um conflito de interesse — antecede ao ingresso em juízo. Nessa modalidade *sui generis* de ação, o provimento jurisdicional, ao contrário do que classicamente ocorre, não se destina a aplicar norma legal preexistente, senão que a criar a norma jurídica material que regulará, durante certo tempo, as relações entre os integrantes das categorias em conflito.

O acórdão emitido nessas ações ostenta, portanto, caráter normativo; mais do que isso, constitui fonte formal de direito. Já se afirmou, com propriedade, que o acórdão normativo possui corpo de sentença e alma de lei, e que o poder normativo, que a Constituição Federal comete aos Tribunais do Trabalho, é "confusionista de poderes" (Gallart-Folch).

Essas peculiaridades da ação em exame já são suficientes para evidenciar a impossibilidade de se produzirem, aqui, os efeitos típicos da revelia. E inegável que pode haver revelia nas ações coletivas trabalhistas: basta que o réu deixe de responder; o que não se admite é que os efeitos da contumácia ocorram. Na petição inicial, o autor não narra fatos que se refiram a uma situação protegida pelo direito, senão que expõe as razões pelas quais deseja ver instituídas, em benefício da categoria, determinadas cláusulas. Logo, se o réu não responde à ação, não cabe ao tribunal considerar verdadeiros os fatos afirmados na inicial, e, sim, verificar se as pretensões aí manifestadas são justas, ou não.

Com certa reserva, podemos dizer que na ação coletiva o tribunal não está subordinado às regras contidas nos arts. 141 e 492, do CPC, razão pela qual lhe será lícito julgar *ultra* ou *extra petita*.

De igual modo, o réu não está escravizado ao princípio da impugnação especificada dos fatos (CPC, art. 341); logo, o seu silêncio, por si só, não autorizará o acolhimento dos pedidos formulados na inicial. O acolhimento ou a rejeição derivarão do juízo de razoabilidade, a que o tribunal deve atender no plano dos dissídios coletivos. Entrarão em jogo, nesse momento, e de maneira conjugada, as necessidades da categoria profissional, a possibilidade de a econômica atender a essas necessidades e os interesses públicos que possam estar em risco.

g) Ação monitória. Por força da Lei n. 9.079, de 14-7-95, a ação monitória foi introduzida no processo civil (arts. 1.102-A a 1.102-C, do CPC de 1973), passando, em consequência, a ser também exercida no processo do trabalho, com o qual é compatível (CLT, art. 769).

O CPC de 2015 regula a matéria nos arts. 700 a 702.

Se o réu deixar de embargar o mandado inicial (*de solvendo*) não se pode dizer que haverá confissão típica, considerando-se que para o exercício da ação monitória é imprescindível a existência de prova escrita (CPC, art. 700, *caput*). Assim, nesse tipo de ação os fatos não são apenas alegados, mas documentados. Deste modo, se o réu deixar de embargar, não se deve pensar em presunção de veracidade dos fatos narrados na inicial. Talvez por isso, o legislador declarou que a ausência de embargos fará com que se constitua, de pleno direito, o título executivo judicial (art. 701, § 2.º).

h) Na execução. Caracteriza-se, processo de conhecimento, pela incerteza quanto a quem efetivamente seja o detentor do direito disputado; dessa incerteza, em certa medida, brotaram os princípios democráticos da ampla defesa e do contraditório e o dever legal de o magistrado ministrar um tratamento rigorosamente igualitário aos litigantes (CPC, art. 139, I), sob pena de nulidade do processo, a partir do momento em que se deu a quebra desse dever.

Considerando que o direito invocado pelas partes advém dos fatos alegados, encontra-se em perfeita harmonia com a nota particular do processo cognitivo a regra legal de que a falta de impugnação desses fatos faz com que sejam considerados verdadeiros, tornando-os, assim, incontroversos e dispensando a correspondente produção de provas. Por outros termos, a falta de impugnação dos fatos faz com que, por um artifício do legislador, desapareça a incerteza que figurava como uma espécie de pano-de-fundo do processo de conhecimento.

No processo de execução, todavia, não atuam os efeitos da revelia, pela mesma razão lógica inversa que esses efeitos incidem no processo de conhecimento. Justifiquemo-nos.

Ao contrário do que se passa no processo cognitivo, no de execução há uma certeza quanto ao direito, representada pelo pronunciamento jurisdicional transitado em julgado (estamos cogitando da execução definitiva, embora os nossos argumentos sirvam, em boa medida, à provisória), convertido em título executivo. Desta forma, se, por exemplo, o devedor, em seus embargos, afirma determinados fatos, o silêncio do adversário não deve conduzir à "presunção" de veracidade desses fatos, pois, no processo de execução, os atos que se praticam se destinam a fazer com que as coisas se disponham, no plano da realidade prática, conforme o comando que se esplende da sentença exequenda, ou seja, os fatos são aqueles que derivam do título executivo ou que a ele se ligam, intimamente. Ademais, os fatos que possa o devedor alegar, nos embargos, devem, em princípio, ser comprovados documentalmente ou por meio de exame pericial, cujos meios de prova repugnam a ideia de que sejam aceitos, pela parte omissa, os fatos alegados pelo adversário.

Nem mesmo na liquidação mediante artigos, na qual, segundo se diz, devem ser provados fatos novos deve ser admitida a "presunção" de veracidade desses fatos, na hipótese de uma das partes (habitualmente, o devedor) deixar de impugná-los. Na realidade, tais fatos não são "novos", quanto à sua existência, consistindo, isto sim, num detalhamento, numa especificação dos fatos em que se baseou a sentença (título executivo). Assim, se, *v. g.*, o réu foi condenado ao pagamento de horas extras e a sentença determinou que a liquidação se desse por meio de artigos, como o fato-básico (horas extras) já foi demonstrado pelo autor e admitido pela sentença, o "fato novo" (expressão equívoca) nada mais será do que a simples definição do número (quantidade) de horas extras devidas.

Vê-se, portanto, que o denominado "fato novo" nada tem, em rigor, de novo, correspondendo, apenas, à definição, à determinação ou delimitação do fato-básico.

Desta maneira, se o réu deixar de se manifestar sobre os artigos de liquidação apresentados pelo autor, isso não significa que o juiz deva, necessariamente, reputar verdadeiros tais fatos, pois, como foi dito, estes se encontram umbilicalmente ligados à sentença passada em julgado. Assim, eventual aceitação, como verdadeiros, dos fatos alegados pelo autor, em seus artigos de liquidação, poderia estar em antagonismo com a sentença, cuja obrigação, nela contida, deve ser tornada líquida para que o título se torne exigível. Convém lembrar que o escopo da liquidação é o de traduzir, com o máximo de fidelidade, o comando que se irradia do título executivo. Por este motivo, não se pode cogitar de confissão do devedor, sob pena de vir-se a conceder ao credor mais do que a sentença transitada em julgado lhe deferiu. A propósito, o art. 879, § 1.º, da CLT, adverte que na liquidação "não se pode modificar, ou inovar, a sentença liquidanda, nem discutir matéria pertinente à causa principal".

É recomendável persistir: no processo de conhecimento, os fatos narrados pelo autor, na inicial, não foram reconhecidos por nenhum pronunciamento da jurisdição; o que o autor pretende, aliás, é que a sentença venha a reconhecer a veracidade desses fatos, surgidos de uma versão da realidade que assinalou a relação jurídica entre as partes. Bem ao contrário, os fatos mencionados nos artigos de liquidação se vinculam a um pronunciamento da jurisdição, motivo por que o silêncio do réu, em face deles, só autorizará o juiz a considerá-los verdadeiros desde que estejam em consonância com a sentença liquidanda.

Para arrematar: enquanto, no processo de conhecimento, o silêncio injustificado do réu diante dos fatos descritos pelo autor permitirá ao juiz julgá-los verdadeiros, porquanto esses fatos estavam "soltos no mundo", na execução, a mudez do devedor não dispensará o magistrado de verificar se os fatos afirmados pelo credor refletem, com fidelidade, a sentença a que se ligam. É certo que nos casos em que ocorre essa fidelidade, "parece" que o magistrado considerou verdadeiros os fatos alegados pelo credor exclusivamente em decorrência da falta de impugnação, pelo devedor. Essa coincidência tem feito supor ser aplicável, no campo da execução, a regra inscrita no art. 344, do CPC; trata-se, contudo, de uma distorção óptica, pois, na verdade, quando o juiz aceita os fatos expostos pelo credor é porque estavam em consonância com a sentença liquidanda ou exequenda. Este episódio traz-nos à lembrança a *Fata Morgana*, das lendas bretãs, que era dotada de poderes para distorcer as imagens refletidas na superfície dos lagos.

3.10.5.3.1. Quando não ocorrem os efeitos da revelia

Discorremos, até esta quadra, sobre os efeitos da revelia e sua repercussão em determinadas ações ou processos. Ocupamo-nos, enfim, com o princípio que se irradia do art. 344, do estatuto processual civil. Embora já tenhamos nos pronunciado, em páginas anteriores, acerca das exceções legais aos efeitos da revelia, é conveniente retornarmos ao assunto, para complementá-lo.

O art. 341, do CPC, indica os casos em que, por exceção, não incidirá o efeito do desatendimento ao princípio da impugnação especificada dos fatos, a saber: a) se não for admissível a confissão a respeito de determinado fato; b) se a petição inicial estiver desacompanhada do instrumento que a lei considera da substância do ato; c) se os fatos estiverem em contradição com a defesa, considerada em seu conjunto.

Por outro lado, estabelece o art. 345, do mesmo Código, que a revelia não induzirá os efeitos previstos no art. 344: a) se, havendo pluralidade de réus, algum deles contestar a ação; b) se o litígio versar sobre direitos indisponíveis; c) se a petição inicial não estiver acompanhada do instrumento que a lei considere indispensável à prova do ato; d) as alegações de fato formuladas pelo autor forem inverossímeis ou estiverem em contradição com prova constante dos autos (incisos I a IV, respectivamente).

Examinemos estas situações.

a) Pluralidade de réus

O inciso I, do art. 345, do CPC, não tem o alcance que a sua expressão literal faz supor. Somente no regime litisconsorcial do tipo unitário é que a contestação apresentada por um dos compartes beneficiará os demais. A razão é compreensível: nessa modalidade de consórcio para a lide, a decisão tem que ser uniforme para todos os compartes; destarte, eventual entendimento de que a contestação oferecida por um litisconsorte não aproveitaria os demais seria aberrante e subversiva do princípio nuclear de que a lide deve ser solucionada de maneira uniforme para todos.

No caso, por exemplo, de o empregado ajuizar ação em face de todas as empresas integrantes do grupo econômico (CLT, art. 2.º, § 2.º), embora se torne revel aquela que, regularmente citada, deixar de contestar a inicial, não se verificará o efeito da revelia se as demais oferecerem contestação. Digamos que o empregado estivesse postulando a condenação das rés ao pagamento de horas extras. Como o *mesmo* fato (horas extras) poderia ser considerado incontroverso em relação à ré revel, mas controvertido no tocante às que apresentram contestação? Vê-se, assim, que por um princípio elementar de lógica não se poderia considerar confessa a revel. Este princípio é que dá conteúdo ao art. 345, inciso I, do CPC.

No litísconsórcio simples, opostamente, os atos praticados pelos litisconsortes não se comunicam, justamente porque, aqui, a decisão não precisa ser homogênea, podendo, por isso, a lide ser composta de modo diversificado para cada litisconsorte. É com vistas a esta espécie de regime litisconsorcial que se deve inteligir a regra contida no art. 48, do CPC.

De qualquer sorte, isto é axiomático: mesmo no litisconsórcio simples, a omissão de um litisconsorte não prejudicará os demais. Conquanto a lei não o diga, essa regra de comedimento foi entretecida pela doutrina e consagrada pela jurisprudência.

b) Direitos indisponíveis

A norma do inciso II, do art. 345, do CPC, repete a do inciso I, do art. 341, do mesmo texto, que será reiterada pelo art. 392. Em todas essas situações, afirma-se não ser admissível a confissão que tenha como objeto fatos relativos a direitos indisponíveis.

Levando-se em conta que estamos a cuidar dos efeitos da revelia (e das exceções legais), será remota a incidência, no processo do trabalho, do inciso II, do art. 345, pois raramente o réu (empregador) terá direito indisponível para ser invocado em seu benefício. Se a realidade prática, todavia, apontar a existência de indisponibilidade de algum direito do réu, é certo que, nesta hipótese excepcional, a revelia não produzirá os efeitos que lhe são imanentes. Diante disso, caberá ao juiz ordenar que o autor especifique as provas que pretende produzir em audiência. (CPC, art. 348).

A União, os Estados e os Municípios podem confessar; logo, é possível a ocorrência, quanto a eles, dos efeitos da revelia, como reconhece a OJ n. 152, da SBDI-1, do TST — ressalvando-se, no entanto, o disposto no art. 345, do CPC.

c) Instrumento indispensável

O inciso III, do art. 345, do CPC, reproduz a disposição do art. 341, inciso II, do mesmo diploma processual. Não se produzirão os efeitos da revelia se a inicial estiver desacompanhada de instrumento público que a lei considere ser da essência do ato.

Como opinamos antes, é extremamente escassa a aplicação desta norma no processo do trabalho, porquanto a Lei, em princípio, inão exige a existência de instrumento indispensável para fazer gerar o direito material alegado em juízo.

Se, entretanto, em um caso singular, for imposta a presença de instrumento *público* (para cogitarmos apenas deste), e a petição inicial não o trouxer, a revelia não acarretará os efeitos referidos no art. 344, do CPC. Tal seria o caso da certidão de nascimento do filho da autora, para efeito de: a) fixar o direito desta à estabilidade no emprego ou aos salários e outros direitos correspondentes ao período (TST, Súmula n. 244, II); b) percepção do salário-família (*sic*).

Do ponto de vista prático, todavia, o que se deve entender da declaração enunciada pelo art. 345, do CPC, de que se ocorrer uma das hipóteses referidas por essa norma o efeito da revelia não será produzido? Essa dicção da lei significa que subsistirá, para o autor, o ônus de demonstrar a veracidade dos fatos alegados na petição inicial (CPC, art. 348). Em virtude disso, deverá o juiz intimá-lo, a fim de que especifique as provas que pretende produzir em audiência, ou fora dela. Em regra, a prova será testemunhal. A documental deverá ter sido produzida com a petição inicial.

Cabe aqui, entretanto, uma ponderação. Em certos casos, mesmo que o documento não tenha sido produzido por instrumento público, se o autor deixar de juntá-lo à petição inicial não ocorrerá o efeito da revelia. Tal é o caso, por exemplo, dos acordos e das convenções coletivas de trabalho. Estes instrumentos normativos, conquanto sejam obtidos por meio de instrumentos essencialmente privados (pois para a sua elaboração não se exige a intervenção de nenhum agente público), são indispensáveis para a prova dos fatos narrados na inicial com fundamento neles. Isto significa dizer que embora o réu se torne revel, não ocorrerá o efeito da revelia, motivo por que o juiz não poderá realizar o julgamento antecipado do mérito (CPC, art. 355, inciso II). Qual deverá ser, então, o procedimento do magistrado? Poder-se-a pensar que ele deveria determinar, com fulcro no art. 348, do CPC, que o autor especificasse as provas que pretendesse produzir. Todavia, no caso em exame, não há provas a serem produzidas *em audiência*, pois a prova é, exclusivamente, *documental*. Seria o caso de cogitar-se da aplicação da Súmula n. 263, do TST, conforme a qual: "PETIÇÃO INICIAL. INDEFERIMENTO. INSTRUÇÃO OBRIGATÓRIA DEFICIENTE (nova redação em decorrência do CPC de 2015) – Res. n. 208/2016, DEJT divulgado em 22, 25 e 26-4-2016. Salvo nas hipóteses do art. 330 do CPC de 2015 (art. 295 do CPC de 1973), o indeferimento da petição inicial, por encontrar-se desacompanhada de documento indispensável à propositura da ação ou não preencher outro requisito legal, somente é cabível se, após intimada para suprir a irregularidade em 15 (quinze) dias, mediante indicação precisa do que deve ser corrigido ou completado, a parte não o fizer (art. 321 do CPC de 2015)"? Entendemos que não. Está implícito nesta Súmula que o suprimento da irregularidade deve ser ordenado antes da fase de contestação; tanto isto é certo, que se o autor não atender ao despacho judicial haverá o indeferimento da petição inicial e a consequente extinção do processo sem resolução do mérito. Na situação que estamos a examinar, já transcorreu a fase de resposta do réu (sem que ele a tenha oferecido), de tal arte que a determinação do juiz para que o autor juntasse à inicial exemplares do acordo ou da convenção coletiva de trabalho implicaria, sob certo aspecto, inovação processual irregular. Afinal, quando o réu foi citado não havia, nos autos, esses documentos. Somos de opinião, pois, que o juiz deveria rejeitar os pedidos formulados pelo autor (CPC, art. 490), por ausência de instrumento indispensável à prova dos fatos alegados na inicial, instrumento que já deveria ter sido juntado à petição inicial, vale dizer, quando da propositura da ação, como exige o art. 787, da CLT.

Tirante situações como a que acabamos de examinar, ocorrendo o efeito da revelia o juiz estará autorizado a realizar o julgamento antecipado o pedido (CPC, art. 355, inciso II), emitindo, em razão disso, a sentença de mérito (*ibidem*). A antecipação, na espécie, decorre da desnecessidade de o processo ser submetido à fase de colheita de provas orais (depoimentos das partes, inquirição de testemunhas). Salta-se, assim, diretamente da revelia para o pronunciamento de mérito. A medida é de boa lógica, pois se o réu, por ser revel, não impugnou os fatos afirmados pelo autor, estes fatos se tornaram incontroversos, tornando dispensável, em virtude disso, a realização de audiência tendente a coligir as provais orais. Somente os fatos controvertidos devem ser objeto de prova (CPC, art. 344, inciso III).

A declaração da lei, de que, verificado o efeito da revelia, o juiz conhecerá imediatamente do pedido, proferindo a sentença de mérito (CPC, art. 335, inciso lI), reclama alguns temperamentos, que serão a seguir expostos.

Primeiro: como ressaltamos, inúmeras vezes, em páginas anteriores, o efeito da revelia não subtrai, por si só, o poder de o juiz, como reitor soberano do processo (CLT, art. 765), tomar o depoimento do autor, com o propósito não apenas de melhor inteirar-se acerca dos fatos da causa, como de investigar se as declarações deste coincidem com os fatos relatados na inicial. Eventual discrepância entre as declarações do autor e os fatos lançados na inicial configurará confissão real, que, por sua vez, autorizará a neutralização do efeito da revelia, nomeadamente para aqueles que veem, neste efeito, uma presunção (relativa, por certo) de veracidade dos fatos postos na petição inaugural.

Segundo: nem sempre o juiz, mesmo verificando a ocorrência do efeito da revelia, proferirá sentença de mérito. Nada obsta que ele extinga o processo sem pronunciamento sobre as questões de fundo da demanda quando perceber que está ausente algum pressuposto de constituição ou de desenvolvimento regulares da relação processual (capacidade de ser parte, capacidade de estar em juízo; jurisdição, competência, etc.) ou uma das condições da ação (legitimidade *ad causam*, interesse de agir, possibilidade jurídica do pedido).

O exame dos pressupostos e das condições da ação, aliás, não é uma faculdade, senão que um dever do magistrado, a quem cabe, por esse motivo, pronunciar-se *ex officio* sobre a matéria (CPC, art. 485, § 3.º).

Terceiro: não ocorrerá o efeito da revelia toda vez que a matéria for daquelas a que se convencionou designar, não sem uma ponta de impropriedade, como sendo "de direito", em oposição à que é constituída pelos fatos alegados pelo autor e que devam ser por este provados.

"Matéria de fato" e "matéria de direito" não são expressões que necessariamente se contraponham. Esta significa que a formação do convencimento do magistrado dependerá, tão somente, da interpretação que extrair das normas legais invocadas pelo autor; aquela, que os fatos, como acontecimentos da vida dotados de aptidão para produzir consequências na ordem jurídica, para serem aceitos pelo julgador devem ser provados por quem os alegou. É evidente, porém, que a presença de matéria "de fato" não exclui a necessidade de apreciação dos fatos sob o ângulo do direito.

Quarto: o efeito da revelia não dispensa a sentença de conter os três elementos estruturais exigidos por lei (CLT, art. 832; CPC, art. 489), a saber: relatório, motivação e dispositivo; especialmente a fundamentação, que é um requisito com sede na Constituição Federal (art. 93, inciso IX). No procedimento trabalhista sumariíssimo, a lei dispensa o relatório (CLT, art. 852-I, *caput*).

Quinto: conquanto revel, o réu poderá ser vencedor na causa se houver um fato notório (CPC, art. 374, inciso I) que o beneficie. É bem verdade que se pode discutir se o fato detém, ou não, o atributo de notoriedade. Notório que seja o fato, ele terá preeminência com relação ao efeito da revelia, justamente porque essa nota peculiar da notoriedade prescindirá de prova quanto à existência do fato. O mesmo se afirme quanto o pedido formulado pelo autor for juridicamente impossível: neste caso, embora o réu seja revel, a sentença deverá ser desfavorável ao autor, considerando a existência de veto legal aos pedidos constantes da inicial.

Sexto: nada impede que o juiz, em determinadas situações, converta o julgamento em diligência, conquanto presente o efeito da revelia, com o propósito de apurar a verdade (real) dos fatos. Não se pode ignorar que o processo do trabalho outorga ampla liberdade diretiva aos juízes (CLT, art. 765). Cuidará o magistrado, entrementes, para que a sua preocupação com o descobrimento da verdade não o afaste do dever de neutralidade, a que se encontra legalmente submetido (CPC, art. 139, inciso I). Assim, a mesma regra de prudência que aconselha o juiz a não decidir, de modo sistemático, contra o revel, o adverte para que não se converta em defensor dos interesses deste. Estamos convencidos de que os juízes têm sabido encontrar o indispensável ponto de equilíbrio entre essas duas situações contrapostas.

3.10.5.4. Prazos e produção de provas

3.10.5.4.1. Comentário

A intimação é o ato pelo qual se dá ciência às partes ou a terceiros dos atos e termos do processo (CPC, art. 269).

A intimação está figadalmente ligada com o que se poderia denominar de política moderna de democratização do processo. Aos tempos atuais repugna a existência de processos semelhantes àqueles de que nos fala Kafka, em seu intrigante livro: "O Processo". Hoje, as partes ou o terceiro juridicamente interessado devem ser intimados dos atos do processo, sob pena de nulidade deste, a contar do momento em que essa cientificação deixou de ser feita.

Estando a parte com advogado regularmente constituído, as intimações pertinentes àquela serão efetuadas na pessoa deste, cujo poder, para esse fim, é inerente à cláusula *ad iudicia* (Lei n. 8.906/94, art. 59, § 2.º).

Quebrando a regra da indispensável comunicação dos atos processuais, dispunha o art. 322, do CPC de 1973 que contra o revel os prazos correriam independentemente de intimação, embora ele pudesse intervir em qualquer fase do processo, recebendo o feito no estado em que se encontrasse. É interessante recordar que quando de sua tramitação na Câmara dos Deputados, o Projeto do referido Código de Processo Civil recebeu algumas emendas, neste ponto, dentre as quais deve ser realçada a de n. 276, apresentada pelo Deputado Lysaneas Maciel, que tinha o seguinte teor: "Contra o revel correrão os prazos, mediante publicação no órgão oficial, onde houver, ou afixação de edital bem legível à entrada da sala de audiências, com contagem em dobro. Poderá ele intervir no processo em qualquer fase, recebendo-o no estado em que se encontre". Prevaleceu, contudo, a posição dos que retiravam do revel o direito de receber qualquer forma de intimação dos atos e termos processuais. Pareceu-nos mais acertado este entendimento, pois intimar o revel seria, sem dúvida, um ato de deferência injustificável a quem não quis se defender. Tempos depois, todavia, a Lei n. 11.280/2006 deu nova redação ao art. 322, *caput*, daquele CPC, que passou a ser a seguinte: "Contra o revel que não tenha patrono nos autos, correrão os prazos independentemente de intimação, a partir da publicação de cada ato decisório". Como se percebe, as alterações quanto à redação anterior da norma foram estas: a) se o revel possuir advogado constituído nos autos, deverá ser intimado na pessoa deste; b) se não possuir advogado, o revel não será intimado, caso em que os prazos fluirão a contar da publicação de cada ato decisório.

Sem alterar a essência dessa norma, o CPC de 2015 dispôs: "Os prazos contra o revel que não tenha advogado nos autos fluirão da data de publicação do ato decisório no órgão oficial" (art. 346).

Transportando esse tema para o terreno peculiar do processo do trabalho, podemos dizer que o réu será sempre intimado da sentença proferida à sua revelia (CLT, art. 852), possua, ou não, advogado nos autos. Essa intimação será feita na forma prevista no § 1.º, do art. 841, do mesmo texto.

Declara, todavia, o parágrafo único do art. 346, do CPC, que o revel poderá intervir no processo em qualquer fase, recebendo-o no estado em que se encontrar. Essa disposição exige algumas considerações específicas em face do processo do trabalho.

Em primeiro lugar, é frequente, neste processo especializado, o julgamento antecipado da lide (mérito), decorrente da revelia, ser realizado na própria audiência a que o réu deveria comparecer, para apresentar a sua defesa. Em consequência disso, quando este intervém nos autos, via de regra, encontra preclusas as fases processuais que mediavam da defesa à sentença, como as da produção de provas e das razões finais. Nesse sentido é que deve ser entendida a ressalva contida no parágrafo único do art. 346, do CPC: "recebendo-o (o processo) no estado em que se encontrar" (destacamos). A possibilidade, portanto, de o revel intervir nos autos a qualquer momento não lhe dá o direito de reabrir fases do procedimento já encerradas.

Em segundo, se, por algum motivo, a sentença não foi proferida na mesma audiência em que ocorreu a revelia, de duas, uma: ou o juiz já considerou encerrada a instrução processual (havendo, apenas, designado o julgamento para outra data), ou aprazou audiência para a produção de provas. Na primeira hipótese, é óbvio que o revel, embora possa intervir nos autos, não terá como produzir provas, pois a fase própria já se encontra oclusa, e, portanto, preclusa; na segunda, porém, ser-lhe-á lícito elaborar provas relativas a fatos não atingidos pela presunção de veracidade que derivou da ausência de defesa e do seu depoimento em juízo. Em resumo: como a revelia, no processo do trabalho, também está associada à falta de depoimento do réu, que, por sua vez, autoriza o magistrado a considerar verdadeiros os fatos narrados na petição inicial, o revel, na situação que estamos a examinar, que intervier nos autos quando ainda não tenha sido encerrada a fase de instrução, só encontrará oportunidade para produzir provas concernentes a fatos que não tenham sido abrangidos pelo "efeito da revelia" (CPC, art. 344) — o que, convenhamos, será algo extremamente raro.

Assim afirmamos, porque se ele deixou de impugnar os fatos alegados pelo autor tais fatos se tornaram incontroversos; e, como é de lei, fatos incontestes não devem ser objeto de prova (CPC, art. 374, incisos II e III).

Terá o juiz, entretanto, ampla liberdade para interrogar o autor e o próprio réu, se assim o desejar, permanecendo o "efeito da revelia" como uma espécie de pano-de-fundo capaz de suprir os pontos em que a eventual confissão real não incidir.

O problema da produção de provas pelo revel é, sem dúvida, complexo. A opinião que acabamos de manifestar sobre o assunto visou a conciliar o direito que possui, em tese, o revel, de produzir provas, com o "efeito da revelia", referido pelo art. 344, do CPC. Mais algumas considerações devem ser expendidas, para que a matéria fique razoavelmente aclarada.

Voltemos a examinar o art. 346, parágrafo único, do CPC. Dispõe esta norma legal que o revel, ao intervir no feito, o receberá "no estado em que se encontrar", é extremamente elucidativa. Se a fase dita probatória já se encontrava encerrada, é elementar que o revel já não poderá produzir provas ou contraprovas; se, ao contrário, essa fase ainda se achava em curso, o revel terá direito a produzir provas, salvo as que tenham como objeto os fatos em relação aos quais atuou o "efeito de revelia". Sendo o réu revel e "confesso", não nos parece possível conceder-lhe oportunidade para produzir provas, basicamente, por duas razões: a) como revel, não apresentou defesa (contestação, em especial); logo, que fatos ele irá provar se nada alegou em juízo? b) como não impugnou os fatos narrados pelo autor, estes se tornaram incontroversos (foram tacitamente admitidos como verdadeiros); sendo assim, mencionados fatos não necessitam ser provados pelo autor, nem admitem contraprova, pelo réu (CPC, art. 374, incisos II e III).

Poder-se-ia, no entanto, indagar: se, de um lado, estando ainda aberta a fase probatória, o revel poderia produzir provas, e, de outro, essas provas não poderiam recair sobre fatos que foram alcançados pelo "efeito da revelia", que fatos, enfim, caberia ao revel provar? Respondendo: os fatos cuja apuração dependesse, por exemplo, de conhecimentos técnicos, de tal maneira que seria necessária a realização de exame pericial. Esta situação fica tão mais evidente no caso de perícia obrigatória, como é a relativa aos adicionais de insalubridade ou de periculosidade. Se o autor pede, digamos, adicional de insalubridade, e o revel, embora citado, não responde, tornando-se, portanto, revel, não ocorrerá aqui o "efeito da revelia", pois nos termos do art. 195, § 2.º, da CLT, é indispensável a realização de perícia para a apuração da insalubridade e a classificação do grau correspondente. Reger-se-á a hipótese pelo art. 348, do CPC.

Cogitamos, até esta altura, da produção de provas pelo revel no processo de conhecimento. Terá ele direito a produzir provas no processo de execução? Em princípio, sim. Com vistas ao exame desse assunto, separemos a fase de liquidação da sentença da execução propriamente dita.

Na liquidação mediante artigos, sobre a qual recai o nosso interesse, há, como se sabe, uma espécie de "cognição incidental", destinada a apurar "fatos novos". Colocando de lado a impropriedade desta última expressão, o que de concreto fica é que tanto o autor quanto o réu podem oferecer artigos de liquidação, embora, na prática, a iniciativa seja quase sempre daquele. Ora, se a modalidade de liquidação que estamos a apreciar se justifica pela necessidade de serem provados determinados fatos ("novos"), é patente que, apresentados os artigos pelo autor, o réu, mesmo tendo sido revel (no processo de conchecimento), terá direito de manifestar-se sobre eles, no prazo legal, e, em consequência, produzir prova quanto às alegações que vier a expender nessa oportunidade. O "efeito da revelia", ocorrido no processo cognitivo, não se comunica com a liquidação da sentença, no que concerne aos fatos que digam respeito exclusivamente a esta.

Deste modo, se, em decorrência da revelia e do efeito que lhe é próprio, o juiz considerou verdadeiros os fatos alegados na petição inicial (processo de conhecimento), condenando o revel ao pagamento de horas extras, mas, por falta de elementos nos autos, ordenou a liquidação do número dessas horas por meio de artigos, o efeito da revelia, na espécie, está circunscrito à *existência* de horas extras, não à *quantidade* destas — até porque essa "quantificação" será objeto da fase de liquidação, via artigos.

Pelos mesmos motivos expostos, poderá o revel, sempre que lhe convier, tomar a iniciativa de apresentar artigos de liquidação.

Na execução, propriamente dita, ao revel (devedor) será amplamente assegurado o direito de produzir provas, máxime em decorrência dos embargos que vier a oferecer. Sabe-se, modernamente, pela voz da melhor doutrina, que os embargos do devedor não constituem exceção, nem contestação, nem reconvenção, mas autêntica ação incidental do devedor, no processo de execução. Desde que as matérias suscitadas por este possam ser, efetivamente, objeto de embargos, nada poderá impedir o devedor de produzir as provas respeitantes aos fatos mencionados na sua petição. Também aqui, o "efeito da revelia", incidente no processo de conhecimento, não permeia o de execução — naquilo que for atinente aos fatos característicos deste último processo, insistamos.

3.10.5.5. A sentença, na revelia

3.10.5.5.1. Comentário

Do ponto de vista formal, a sentença emitida num processo em que se tenha verificado a contumácia do réu em nada se desassemelha da que é proferida em processo em que o réu respondeu à ação.

Segue-se, que esse pronunciamento jurisdicional deverá conter: a) o relatório (exceto no procedimento sumaríssimo); b) a fundamentação e c) o dispositivo (CLT, art. 832, *caput;* CPC, art. 489, *caput*) que são os três requisitos estruturais dessa modalidade de pronunciamento da jurisdição e cuja falta implicará a nulidade do ato e ensejará o exercício da ação rescisória (CPC, art. 966, inciso V).

No relatório, o juiz fará um resumo dos principais acontecimentos do processo, aí compreendida a falta de resposta do réu. Se, mais tarde, o revel interveio nos autos e praticou alguns atos, esse fato deverá ser mencionado no relatório.

Conforme asseveramos em outro livro ("A Sentença no Processo do Trabalho", S. Paulo: LTr Edit., 3.ª ed., 2004, págs. 284/286), em que pese ao fato de o relatório figurar como requisito legal para a validade da sentença, entendemos que, *de lege ferenda*, poderia ser dispensado. Se o escopo do relatório é de natureza política, porque destinado a fazer com que o juiz demonstre às partes haver compulsado os autos e, em razão disso, ficado ciente dos principais sucessos da causa, esse objetivo pode ser perfeitamente alcançável na fundamentação, no qual o magistrado, naturalmente, haverá de referir os fatos e examiná-los sob a luz do direito.

De nada vale, por exemplo, elaborar um relatório minucioso se, na motivação, alguns dos fatos relatados (desde que essenciais para a causa) não vierem a ser apreciados.

A prática tem revelado, aliás, um fenômeno digno de registro, quanto aos relatórios das sentenças: ou são extremamente lacônicos, ou exageradamente longos. No primeiro caso, quase sempre, são elaborados pelo próprio magistrado, que, premido pela escassez de tempo, faz um arremedo de relatório, onde são mencionados uns poucos fatos, e, ainda assim, de maneira vaga; no segundo, a tarefa de confeccionar o relatório é cometida, muitas vezes, a um auxiliar do juiz, que, preocupado em esmerar-se no desempenho desse mister, chega a transcrever, por inteiro, a petição inicial, a resposta do réu, os depoimentos das partes, as inquirições das testemunhas, o laudo pericial e o mais, resultando, tudo isso, num cartapácio sem utilidade.

O art. 852-I, *caput*, da CLT, dispensa o relatório nas sentenças proferidas no procedimento sumaríssimo.

Na fundamentação, que é o componente racional da sentença, o juiz procederá ao exame dos fatos alegados, em cotejo com a prova produzida, para, depois, realizar a subsunção dos fatos às regras de direito aplicáveis ao caso.

Sentença que não contivesse fundamentação seria, por certo, ato de pura arbitrariedade jurisdicional, porquanto tenderia a refletir não a atuação do direito, mas a vontade do julgador. Como alerta Franco Lancelloti, não é suficiente que o juiz *faça* justiça: é necessário que demonstre *como fez* justiça, para, dessa forma, convencer a todos; ou, quando menos, dar uma satisfação às partes e à comunidade, acrescentamos.

Tamanha é a importância da fundamentação da sentença (ou do acórdão), que, em nosso meio, ela foi alçada à categoria de requisito constitucional. Com efeito, estabelece o art. 93, inciso IX, da Constituição Federal, que todas as decisões do Poder Judiciário devem ser fundamentadas, "sob pena de nulidade". Perceba-se que o constituinte brasileiro se preocupou não apenas em exigir a fundamentação, mas — em atitude algo insólita — em cominar de nulo o pronunciamento jurisdicional que não a contenha.

A revelia não deve ser utilizada como pretexto para proferir-se sentença sem motivação jurídica. Nunca é desútil lembrar que vigora, entre nós, o princípio legal do livre convencimento motivado (ou da persuasão racional, como preferem alguns), inscrito no art. 371, do estatuto processual civil, congeminado com o art. 765, da CLT, de acordo com o qual o juiz apreciará a prova constante dos autos, para efeito da formação do seu convencimento jurídico acerca dos fatos da causa. A propósito, o art. 131, do CPC de 1973, declarava que o juiz apreciaria "*livremente* a prova" existente nos autos; o CPC de 2015, no entanto, retirou o adjetivo *livremente*, estabelecendo que o juiz "apreciará a prova" constante dos autos. A retirada desse adjetivo poderá, talvez, fazer com que se passe a argumentar, no plano do processo civil, que o Estatuto Processual de 2015 eliminou o princípio do livre convencimento motivado (ou da persuasão racional). Isso é algo que a doutrina e a jurisprudência daquele processo terão que resolver. No que nos cabe opinar, entendemos que a retirada do precitado adjetivo em nada altera o sentido da frase, pois se a norma afirma que o juiz "apreciará a prova", *sem lhe impor requisitos vinculativos para isso*, fica evidente que o magistrado realizará essa apreciação *com liberdade*. Seja como for, nos sítios do processo do trabalho, o art. 371, do CPC de 2015, deverá ser articulado com o art. 765, da CLT, que desde sempre atribui ao juiz *ampla liberdade* na direção do processo, de tal arte que o mencionado princípio permanecerá íntegro.

Definida a nossa opinião sobre o assunto, podemos tomar por empréstimo a metáfora de Eduardo Couture, para dizer que a liberdade que o magistrado possui, na formação do seu convencimento jurídico, é semelhante à do presidiário em sua cela: pode andar por onde quiser, desde que dentro do cárcere. O cárcere, no caso, são as provas existentes nos autos.

Sendo o réu revel, a tendência natural é que se verifique o efeito da revelia; em razão disso, o juiz considerará verdadeiros os fatos narrados pelo autor, na petição inicial, e proferirá sentença condenatória do réu — exceto se se tratar, p. ex., de pedido juridicamente impossível (ou *inatendível,* como é de nossa predileção). Se a revelia não produziu o efeito que lhe é característico, por se tratar de uma das situações previstas no art. 345, do CPC, isso significa que o ônus da prova permaneceu com o autor; caberá ao magistrado, em consequência, no momento de decidir, examinar se o autor se desincumbiu, ou não, desse encargo probatório, à luz do art. 818, da CLT.

É elementar que antes de se dedicar ao exame do mérito, o magistrado deverá, *ex officio*, verificar se estão presentes os pressupostos de constituição e de desenvolvimento regulares do processo (capacidade de ser parte, capacidade de estar em juízo, capacidade postulatória, jurisdição, competência, inicial apta, citação válida, inexistência de perempção, litispendência, coisa julgada ou conexão, etc.), assim como as condições da ação (legitimidade *ad causam*, interesse processual, possibilidade jurídica do pedido). Ausentes quaisquer desses pressupostos legais, ou condições da ação, o processo será extinto, sem resolução do mérito, a despeito da revelia. Quanto à inépcia da inicial, o seu indeferimento e a consequente extinção do processo só serão possíveis se o autor deixar de atender ao despacho que lhe ordenou emendar ou completar aquela peça (CPC, art. 321, parágrafo único).

O dispositivo (ou *decisum)* é a parte conclusiva da sentença, no qual deverá estar expresso o resultado do exame que o juiz realizou dos fatos, das provas, das normas jurídicas aplicáveis e das circunstâncias dos autos.

Laborou duplamente em erro, portanto, o legislador, ao dizer, no inciso III, do art. 489, do CPC, que no dispositivo o magistrado "resolverá as questões principais que as partes lhe submeterem". Ora, no *decisum* o juiz nada *resolve,* senão que proclama o *resultado* daquilo que foi apreciado e resolvido na fundamentação. É, pois, no dispositivo, em que o magistrado irá condenar ou absolver o réu (*vel condemnatione vel absolutione contingit*, segundo o Digesto); por outro lado, não são somente as "questões principais" que o juiz resolverá (na fundamentação), e sim, todas as questões que digam respeito ao conflito de interesses.

O dispositivo apresenta uma importância especial, na medida em que, em princípio, é a única parte da sentença que se submete ao fenômeno da coisa julgada material, como demonstra o art. 504, incisos I e II, do CPC. Em termos práticos, isso quer dizer, p. ex., que se o autor formulou, dentre outros pedidos, o de horas extras, e o juiz, embora tenha apreciado, na fundamentação, os fatos pertinentes, mas, no dispositivo, deixado de fazer referência a essas horas, elas estarão fora da condenação. Não significa, todavia, que o pedido tenha sido rejeitado: simplesmente, não foi mencionado no dispositivo. Essa omissão do magistrado pode ser sanada por meio de embargos declaratórios. Se o autor não fizer uso desses embargos, nem o réu recorrer, a sentença passará em julgado quanto a outras partes da condenação, excluídas as horas extras. Reiteremos: como estas não integraram o dispositivo, é certo que não foram atingidas pela *res iudicata*; em virtude disso, estará aberta, para o autor, a possibilidade de ajuizar outra ação, para pedir a condenação do réu ao pagamento de tais horas. Nesta ação, contudo, não incidirá o "efeito da revelia", ocorrido na anterior. Caberá o autor, diante disso, produzir prova da jornada de trabalho — exceto se o réu deixar, mais uma vez, de apresentar defesa, ou, defendendo-se, não se desincumbir do ônus da impugnação especificada dos fatos (CPC, art. 341).

O dispositivo deve ser uma decorrência lógica do que foi apreciado na fundamentação, uma conclusão congruente, enfim, com os argumentos lá expendidos pelo magistrado. Se, por exemplo, na motivação o juiz afirma que ocorreu o efeito da revelia (CPC, art. 344), mas no dispositivo rejeita o pedido do autor, que fora formulado com base nos fatos alcançados pelo referido efeito, é manifesta a contradição entre a motivação e o dispositivo da sentença, motivo por que caberá ao autor eliminar esse antagonismo por intermédio dos embargos declaratórios. Ausentes estes embargos, prevalecerá o que consta do dispositivo (rejeição do pedido, que, na verdade, deveria ter sido acolhido), pois, como se disse, só ele, em regra, transita em julgado.

Exatamente por isso é que, ao contrário do que se passaria com o pedido que não houvesse sido mencionado no *decisum*, o autor não poderá, na situação em tela, ajuizar outra ação para pleitear as horas extras que haviam sido objeto da primeira ação.

De resto, haveriam de prestar homenagem à ciência e ao rigor vocabular os juízes que anatematizassem o arraigado emprego de fórmulas como: "julgar procedente a ação...", "julgar procedente em parte a ação" ou "julgar improcedente a ação...", nas situações em que examinam o mérito da causa. Como já afirmamos em outras páginas, a ação é o direito público subjetivo de invocar-se a prestação da tutela jurisdicional do Estado; ora, presentes as suas três condições (legitimidade *ad causam*, interesse processual e possibilidade jurídica do pedido), é elementar que a ação "procede", embora os pedidos possam vir a ser rejeitados. Por outro lado, quando se diz que a ação foi "improcedente", fica-se sem dar uma justificativa razoável para o fato de haver-se ingressado no exame do mérito quando a ação, como direito subjetivo, "não procedeu".

Já é tempo de perceber que as condições para o regular exercício da ação em nada se confundem com o mérito da causa. A falta de uma daquelas condições torna o autor carecedor da ação; a ausência do direito invocado, ou de prova dos fatos alegados, faz com que os pedidos sejam rejeitados (CPC, art. 490).

Nem mesmo os pedidos formulados pelo autor devem ser julgados "procedentes" ou "improcedentes". Procedência significa a origem, a proveniência de alguma coisa. Ora, um pedido sempre "procede", porque emana de algum lugar (no caso, da vontade do autor). Se se deseja prestar homenagem à acribologia, fale-se em rejeição ou em acolhimento dos pedidos. Merece elogios, por isso, o CPC, ao declarar, no art. 490, que o juiz, pela sentença, colherá ou rejeitará, no todo ou em parte o pedido — malgrado esse Código haja, em outros momentos, incorrido no deslize terminológico de aludir à "procedência" e à "improcedência" do pedido.

No processo do trabalho, o *decisum*, por expressa determinação legal, deverá indicar, ainda, o valor das custas a serem pagas pelo vencido (CLT, art. 832, § 2.º).

Conquanto a lei não exija, é sempre conveniente indicar-se, no dispositivo, a forma pela qual será realizada a liquidação (cálculos, artigos ou arbitramento), pois isso evitará o estabelecimento, após o trânsito em julgado da sentença, de polêmica a respeito da modalidade de liquidação a ser observada. A propósito, fórmulas habitualmente empregadas, como: "as verbas da condenação serão apuradas mediante regular liquidação" são, *data venia*, absolutamente inúteis, pois só se prestam para esclarecer o óbvio; o essencial, aí, é sempre deixado à margem: a *modalidade* pela qual a liquidação será processada.

Sendo o caso, o dispositivo determinará, também, a remessa *ex officio* dos autos ao tribunal, para efeito de reexame necessário, em atendimento ao disposto no art. 1.º, inciso V, do Decreto-lei n. 769/69. Esse reexame, ao contrário do que têm sustentado alguns escritores, ainda é indispensável, porquanto o inciso V, do art. 1.º, do sobredito Decreto-lei, não foi revogado pelo art. 5.º, *caput*, da Constituição Federal. Traduz uma certa simploriedade imaginar que o interesse público, que está na base da remessa *ex officio*, possa ser colocado no mesmo plano (político e axiológico) do interesse particular.

Mesmo nas denominadas "ações de alçada exclusiva dos órgãos de primeiro grau", instituídas pelo art. 2.º, § 4.º, da Lei n. 5.584/70, a remessa *ex officio* deverá ser realizada, pois não se trata de recurso.

No mais, será dispensável que o dispositivo faça referência à correção monetária e aos juros da mora, sabendo-se que ambos integram a classe das "condenações implícitas". As leis processuais não exigem essa menção; nem a proíbem, à evidência. Será recomendável, todavia, que se aluda à correção e aos juros se houver necessidade de fixação de critérios relativos aos cálculos de uma e de outro.

3.10.5.6. Revelia e recurso

3.10.5.6.1. Comentário

Normalmente, o vencido interpõe recurso para ver alterado, em seu benefício, o resultado do julgamento do mérito efetuado pela sentença.

Essa impugnação quanto ao mérito, entretanto, não é possível pelo revel. A razão é elementar: se a ele fosse concedido discutir as questões de fundo do processo, isso implicaria a supressão de um grau jurisdicional. Com efeito, se o réu é revel, isso significa, por definição, que não se defendeu perante o órgão de primeiro grau; logo, a impugnação do mérito, que viesse a realizar em sede de recurso ordinário, estaria, na verdade, sendo utilizada como sucedâneo camuflado da contestação que deveria ter sido apresentada no juízo *a quo*. Daí,a supressão de um grau jurisdicional, a que aludimos.

Dita supressão poderia, até mesmo, ser injusta para o autor, bastando argumentar com a possibilidade de o tribunal dar provimento ao recurso do réu, para, digamos, excluir da condenação as horas extras — que constituiriam, senão o único pedido, o mais importante, do ponto de vista econômico. Como a matéria concernente a tais horas envolve fatos (duração da jornada de trabalho), o autor não teria acesso ao recurso de revista, nos termos da Súmula n. 126, do TST.

O que o revel deve buscar, com o recurso que interpuser da sentença de mérito, é a elisão da revelia, de maneira que, vindo a obter êxito neste propósito, o processo seja anulado, e, em função disso, obtenha uma nova oportunidade para apresentar a sua defesa, no juízo de primeiro grau.

Se alguém é revel é porque não se defendeu; e, se não o fez, foi por algum motivo juridicamente justificável (supondo-se que sim); destarte, cabe ao revel, como afirmamos, fazendo prova do motivo que alegar, tentar obter, do tribunal, um decreto nulificador do processo em que foi emitida a sentença impugnada, a fim de que tenha reaberta a oportunidade de se defender. Como é óbvio, ficará fora da nulificação a petição inicial.

Embora, como regra, não se permita a juntada de documentos em grau de recurso (TST, Súmula n. 8), as particularidades da revelia tornam, muitas vezes, indispensável essa junção — como faculta, aliás, a Súmula mencionada.

Com vistas à admissibilidade do seu recurso, o revel deverá atender a todos os pressupostos subjetivos e objetivos, inclusive, quanto a estes, realizando o depósito pecuniário exigido por lei e pagando as custas nas quais tenha sido condenado. Se for dado provimento ao recurso, poderá reaver ditos valores, porquanto o processo, em função dos quais esses depósitos ocorreram, foi declarado nulo.

A despeito de havemos sustentado que o revel não poderá, em seu recurso, impugnar o mérito da sentença — senão que tentar elidir a revelia — isso não corresponde a dizer que o juízo *a quo* poderá denegar o recurso toda vez que verificar que o revel esteja, exclusivamente, impugnando o mérito, e, não, buscando afastar a revelia. Ao juízo *a quo* — cabe advertir — compete, apenas, o exame dos pressupostos subjetivos e objetivos, legalmente exigidos para a *admissibilidade* dos recursos, sendo, portanto, vedado o ingresso na prospecção das razões de mérito da impugnação. Nem mesmo ao tribunal, como órgão *ad quem*, será lícito não admitir o recurso, por esse fundamento. É evidente que o tribunal poderá recusar o recurso por falta de um dos pressupostos a que aludimos há pouco, tão certo como poderá dar ou negar provimento ao recurso, segundo seja o seu convencimento.

Dando provimento ao recurso, o tribunal declarará a nulidade do processo, tirante a petição inicial, e determinará que o juízo de primeiro grau conceda nova oportunidade ao réu, para que se defenda. Em alguns casos, será necessária nova citação deste; em outros, esse ato será dispensável, sendo suficiente que o réu seja intimado quanto à data da audiência a que deverá comparecer para oferecer a resposta que desejar.

Aproveitamos o ensejo para formular uma sugestão ao legislador: para o futuro, seria desejável que se permitisse ao próprio juízo de primeiro grau rever suas sentenças de mérito, quando impugnadas com fundamento em nulidade. Atualmente, essa revisão é vedada pelo art. 494, do CPC, sendo permitida, apenas, no caso do art. 332, § 3.º. Não raro, o juiz de primeiro grau, diante das razões do recorrente, se convence da nulidade arguida, mas nada pode fazer, a não ser intimar a parte contrária para oferecer contrarrazões, e, decorrido o prazo, determinar a remessa dos autos ao tribunal. Melhor atenderia aos objetivos do processo, sem dúvida, que se permitisse ao próprio juízo proferidor da sentença impugnada modificá-la, em situações como a que narramos, com o que não só se atenderia ao interesse das partes (pois ao autor também não convém a longa espera do julgamento do recurso, pelo tribunal), como se evitaria um maior congestionamento de recursos nos tribunais.

O art. 331, *caput*, do CPC, permite ao juiz modificar a sentença que houver indeferido a petição inicial, ou seja, que tenha extinto o processo sem exame do mérito — que não é o caso, às escâncaras, da revelia.

Pergunta-se: mesmo que *não* tenha ocorrido o "efeito da revelia", de que se ocupa o art. 344, do diploma de processo civil, vindo, contudo, a sentença a condenar o revel em decorrência das provas produzidas pelo autor poderia aquele, no recurso, atacar o mérito da decisão, ou deveria ater-se ao escopo de elidir a revelia? Conquanto tenhamos alterado os termos da indagação, a resposta é a mesma que seria dada na hipótese de esse efeito ter ocorrido: o réu deverá buscar, exclusivamente, a elisão da revelia.

Não importa se o efeito da revelia tenha se verificado, ou não: isto é algo que concerne ao ônus da prova e à formação do convencimento jurídico do magistrado. A tudo sobreleva o fato de que houve revelia e qualquer tentativa de o revel procurar discutir o mérito da sentença impugnada não esconderá o seu objetivo de suprimir um grau de jurisdição, visto que estará, na verdade, apresentando a sua defesa perante o tribunal. É bem verdade que no caso do art. 332, § 3.º, do CPC, estará havendo a supressão de um grau jurisdicional; trata-se, porém, de situação extraordinária, expressamente prevista em lei.

Como o réu geralmente alega, em grau de recurso, que não foi citado para a ação ou que a citação foi feita de forma irregular, parece-nos apropositado encetar uma nova incursão pelos domínios da teoria dos atos nulos e dos inexistentes, dada a sua íntima conexão com o tema da revelia.

Forremo-nos, todavia, de ingressar na disputa que, às vezes, se trava nos sítios da semântica ou da filosofia do direito acerca do verdadeiro sentido dos vocábulos processo e procedimento; sejamos, portanto, mais práticos e pragmáticos.

Citação nula. Esclareça-se que quando nos referimos à citação nula estamos pressupondo que ela existiu, ou seja, que foi realizada, conquanto em desconformidade com as normas legais incidentes. Se, p. ex., o réu foi citado, no processo de conhecimento, em domingo ou feriado, ou fora do horário do expediente do foro, sem prévia autorização do juiz, o ato, embora tenha sido praticado, o foi em desacordo com a lei (CLT, art. 770; CPC, art. 212), sendo, por esse motivo, nulo.

Apesar disso, não se pode negar que o réu tomou conhecimento da existência da ação, razão pela qual deveria ter comparecido ao órgão de primeiro grau para arguir a nulidade, hipótese em que a citação seria considerada efetuada na data em que ele ou seu advogado foi intimado da decisão que decretou a nulidade.

Por aí se percebe haver incidido em equívoco sistemático o CPC vigente ao permitir que o devedor alegue, em seus embargos, a nulidade da citação (no processo cognitivo), se a ação se processou à sua revelia (arts. 525, § 1.º, inciso I). Como dissemos, a irregularidade do ato citatório deveria ter sido denunciada pelo réu no próprio processo de conhecimento, oportunidade em que, sendo o caso, o juiz mandaria repetir o ato.

Esta é a solução que deve ser dada ao problema também no processo do trabalho. Sendo indiscutível que o nulo transita em julgado, permitindo, portanto, o exercício da ação rescisória (CPC, art. 966, incisos I, II, III, IV, V e VIII), fica difícil admitir a ideia de que o devedor possa, nos embargos à execução, alegar a invalidade do processo de conhecimento em que a citação foi realizada (ainda que de modo irregular).

Citação inexistente. Como tal reputamos a que não foi realizada (logo, inexistiu), seja porque o seu instrumento nem sequer chegou a ser expedido, ou, se o foi, acabou sendo recebido por pessoa diversa daquela para o qual foi endereçado.

Conforme enfatizamos em outros escritos, o que nos parece essencial deixar assinalado é o fato de que se a citação foi inexistente o réu não tomou conhecimento da existência da ação. Nesta perspectiva, é absolutamente necessário que se lhe dê oportunidade para alegar a falta (inexistência) do ato quando oferecer, como devedor, embargos, pois terá sido, na citação para a execução, que tomou ciência, pela primeira vez, da existência da ação (processo de conhecimento).

O tema alusivo à inexistência da citação comporta, ainda, duas variantes, que serão agora examinadas.

a) Inexistência de citação para o processo de conhecimento e de intimação da sentença

Nesta hipótese, é perfeitamente justificável que se conceda ao devedor a oportunidade para alegar, em seus embargos, a inexistência de citação no processo de conhecimento que ocorreu à sua revelia, porquanto, como observamos, somente no momento da citação para a execução é que ficou ciente daquele processo.

Em face disso, a jurisprudência trabalhista construiu o entendimento de que o devedor, citado para a execução, pode interpor recurso ordinário da sentença (título executivo), pedindo que o tribunal decrete a nulidade (melhor: inexistência) do processo cognitivo, exclusive a petição inicial. Embora essa orientação jurisprudencial esteja imbuída de um elogiável propósito de justiça, parece-nos que ela traz em si um ilogismo incontornável. Assim afirmamos porque se o processo de conhecimento não tem existência jurídica (é, portanto, o não ser), o réu, ao ser citado para o que se imaginava ser a execução da sentença, deveria alegar a inexistência do processo (cognitivo) perante o próprio juízo de primeiro grau, para que este, reconhecendo a aludida inexistência, abrisse oportunidade para o réu se defender (contestar).

Nem se objete com a antiga redação do art. 463, do CPC, de que, publicada a sentença de mérito, o juiz cumpria e acabava o seu ofício jurisdicional, não mais podendo alterá-la. É necessário esclarecer que quando se veda ao juiz a possibilidade de modificar a sentença de mérito não se está considerando os casos em que a citação é inexistente, contaminando, com isso, todo o processo.

De resto, conquanto tenhamos, até aqui, feito refererência aos embargos do devedor, a matéria relativa à inexistência de citação é daquelas que podem ser objeto de exceção de pré-executividade, dispensando-se, portanto, o devedor de realizar a garantia patrimonial da execução exigida pelo art. 884, da CLT.

b) Inexistência de citação, com intimação da sentença

Se o réu não foi citado para o processo de conhecimento (inexistência), mas foi intimado da sentença de mérito, não se concebe que venha a alegar a falta de citação somente na ocasião dos embargos que oferecer, como devedor. O momento oportuno para fazê-lo será o do recurso ordinário que interpuser da sentença. Saliente-se que o processo do trabalho exige que o revel seja intimado da sentença (CLT, art. 852).

É elementar que estamos pressupondo que o revel tenha sido, efetivamente, intimado da sentença; se não o foi, é certo que poderá alegar, nos embargos à execução, a inexistência da citação no processo de conhecimento.

Do quanto discorremos sobre o assunto, podemos concluir que a regra contida nos arts. 525, § 1.º, inciso I, do CPC, só é compatível com o processo do trabalho no que diz respeito à inexistência de citação; quanto à nulidade, esta deve ser alegada perante o próprio órgão prolator da decisão impugnada, em embargos à execução, ou perante o tribunal, em grau de recurso, pois — é relevante repetir — no processo do trabalho, ao contrário do que ocorre no processo civil, o revel deve ser comunicado da sentença.

4. Reconvenção

4.1. Escorço histórico

As raízes históricas da reconvenção — como da grande maioria dos institutos do direito processual luso-brasileiro — estão no direito romano antigo e podem ser localizadas no período da *cognitio extraordinaria*. Alguns estudiosos, contudo, sustentam que ela surgiu no período formulário (1949 a.C a 200 d.C), especificamente naquelas ações em que o juiz estava autorizado a decidir por equidade (*actiones bonae fidei*): aqui, os litigantes, estribados no mesmo título (causa), poderiam formular pretensões recíprocas (*mutua petitio*, *mutua actio*), seja baseando-se em compensação, seja em ação contrária;

nesta última hipótese é que estaria caracterizada, conforme o segmento doutrinário a que nos referimos, a reconvenção. Apesar disso, prevalece a corrente de opinião que identifica a origem da ação reconvencional no período da *cognitio extra ordinem*, pois foi aí, com efeito, que ela adquiriu os contornos com que se apresenta ao mundo moderno.

No ano de 530, a Constituição de Justiniano previa a possibilidade de o juiz não apenas absolver o réu, mas de condenar o autor, desde que se convencesse de que ele era devedor de alguma coisa ao adversário.

Na verdade, a gênese na reconvenção, em Roma, parece coincidir com a interpretação que se deu à expressão: *in eodem negotio*, pois se dizia que se o autor estava submetido à decisão do juiz, pelo mesmo motivo não poderia recusá-lo (exceção de incompetência) quando, sobre o mesmo negócio (*in eodem negotio*), fosse proferida decisão contrária a seus interesses. Algumas vezes, a referida expressão era ligada ao mérito da demanda, exigindo-se a existência de vínculo material entre a ação do autor e a do réu (conexão de causas); outras, impunha-se uma relação de natureza processual (*in eodem iudicio*), vale dizer, sem nenhuma repercussão no direito material.

A denominação de *reconvenção*, com que o instituto passou a ser conhecido nos tempos modernos, foi, todavia, dada pelo direito canônico. Nesse direito, aliás, a reconvenção foi largamente permitida, porquanto isso conviria ao propósito político de colocar à margem da justiça exercida pelos senhores feudais a maior quantidade possível de demandas. Procurava-se, desse modo, estabelecer a supremacia da jurisdição eclesiástica em relação à civil. Exatamente por isso é que a reconvenção era admitida em todas as ações, fossem reais ou pessoais, penais ou reipersecutórias, não se exigindo a cláusula *ex eodem causa* (identidade de causas), porquanto era suficiente que as partes fossem as mesmas, numa e noutra ações.

O direito português, inspirado no intermédio, permitiu a reconvenção sobre o mesmo negócio (*in eodem negotio*), dispensando a vinculação entre as causas (*eodem causa*). Nesse sentido foram todas as Ordenações reinóis.

Na França, entretanto, se escreve um capítulo especial sobre a reconvenção. Ocorre que, no direito consuetudinário francês, a reconvenção não era permitida por um motivo claramente político-financeiro: como a justiça feudal era exercida pelos senhores e constituía, para eles, uma fonte de receita, a reconvenção ia de encontro a esses propósitos. Unicamente em situações excepcionais é que, por meio de "cartas reais", dadas por graça do soberano, se podia fazer uso da ação reconvencional.

Posteriormente, a propagação dessas "cartas", somada à influência do direito canônico, e, máxime, a opinião dos jurisconsultos, a reconvenção passou a ser consentida quando possuísse a mesma causa da ação principal ou fosse empregada como defesa à mencionada ação. Embora o Código de Processo Civil gaulês não a previsse, de maneira expressa, a doutrina e a jurisprudência, baseando-se em certos trechos desse Código, construíram o entendimento de que a reconvenção era uma ação incidente, cujo uso seria possível como instrumento de defesa do réu ou como meio de este obter indenização por perdas e danos provenientes da ação principal.

A disciplina da matéria, no âmbito do direito francês, acabou sendo adotada, com algumas modificações, na Itália. O Código de 1865, por exemplo, estabelecia que o juiz, perante o qual tramitasse a ação principal, seria competente para apreciar a reconvenção, conforme fosse o título indicado pelo autor, ou já deduzido na causa principal, "come mezzo di eccezione" (como meio de exceção).

O Regulamento Imperial n. 737, de 1850, permitia que o réu apresentasse reconvenção, "simultaneamente com a contestação, no mesmo termo para ela assinado e sem dependência de prévia citação do autor" (art. 103), conquanto também previsse uma reconvenção imprópria, que poderia ser ajuizada mais tarde, em autos distintos, devendo ser apreciada antes da ação principal.

O Código italiano de 1940 reproduziu essa disposição, no art. 36, no qual foram se abeberar os elaboradores do projeto do Código de Processo Civil brasileiro de 1973.

No Brasil, o CPC de 1939, influenciado pelo direito canônico, autorizava a reconvenção quando o réu tivesse ação que visasse a "modificar ou excluir o pedido" do autor (art. 190). O Código de 1973 estabeleceu que o réu poderá reconvir ao autor, no mesmo processo, sempre que a reconvenção fosse conexa com a ação principal ou com o fundamento da defesa. O CPC de 2015 autoriza a resposta reconvencional "para manifestar pretensão própria, conexa com a ação principal ou com o fundamento da defesa" (art. 343, *caput*).

Desses pressupostos para o exercício da ação reconvencional nos ocuparemos no capítulo seguinte.

A CLT não contém disposição sobre o assunto, permitindo, em razão disso, a adoção supletiva das normas do processo civil (art. 343).

4.2. Conceito

De modo geral, o réu assume uma atitude eminentemente defensiva diante das pretensões formuladas pelo autor, cujo fato se justifica por encontrar-se no polo passivo da relação jurídica processual. A contestação figura, por isso, como a mais característica das modalidades de defesa, de que se pode valer o réu em juízo, uma vez que espelha uma sua resistência aos pedidos deduzidos pelo adversário.

Em determinadas situações, contudo, o réu aproveita o mesmo processo para, além de se defender, assumir uma posição ativa em face do autor, formulando pretensões que devam ser por este satisfeitas. Essa espécie de "contra-ataque" promovido pelo réu põe em relevo a reconvenção, que nada mais é, em termos gerais, do que uma ação deste diante do autor, no mesmo processo. Sob o aspecto sistemático, a reconvenção representa uma das modalidades de resposta do réu.

Estabelecidas essas considerações preliminares, podemos enunciar o seguinte conceito de reconvenção: é a ação do réu, em face do autor, no mesmo processo, atendidos os pressupostos legais específicos.

Antes de examinarmos em que consistem os pressupostos para o regular exercício da ação reconvencional, a que aludimos há pouco, devemos dizer que, sob o ângulo prático, a reconvenção foi instituída com o objetivo de atender à política de economia e de racionalização da entrega da prestação jurisdicional. Com efeito, se o réu pretende exercer o direito de ação perante o autor, essa política sugere que ele aproveite o mesmo processo em que foi citado, para manifestar a sua pretensão. Desse modo, com a reconvenção passam a existir duas ações, no mesmo processo, submetidas ao mesmo procedimento judicial e que serão apreciadas por uma só sentença. Essa concentração de ações fornece a medida da economia de atos jurisdicionais que com ela se obtém. Deve ser ainda observado que a reconvenção, como a conexão, também se destina a impedir o proferimento de sentenças eventualmente contrastantes, sobre o mesmo negócio jurídico (*in eodem negotio*), pois é preciso lembrar que o exercício da reconvenção pressupõe, dentre outras coisas, um nexo com a ação principal ou com os fundamentos da defesa (CPC, art. 343, *caput*).

4.3. Pressupostos

A reconvenção, como ação, apresenta os seguintes pressupostos:

a) uma causa pendente, pois a reconvenção, como afirmamos, é uma ação exercida pelo réu no mesmo processo, provocando, com isso, uma aglutinação de ações, em que o autor, na primeira, é réu na segunda, e vice-versa. A reconvenção se distingue da conexão e da continência, porquanto, nestes dois últimos casos, há mera reunião de autos relativos a processos que tramitavam separadamente, a fim de essas lides serem solucionadas pela mesma sentença;

b) o exercício no momento oportuno, porque a reconvenção deve ser apresentada na fase de defesa (CPC, art. 343, *caput*). no prazo de quinze dias (*ibidem*, art. 335). No processo do trabalho, como não há prazo preestabelecido para o oferecimento de resposta, por parte do réu, este deverá apresentar reconvenção na audiência destinada à sua defesa. Sob o aspecto lógico, a reconvenção vem depois da contestação, conquanto se vá examinar, mais adiante, se quem não contestou poderá reconvir. Se o réu perder o prazo para reconvir, só mediante ação específica poderá manifestar as pretensões que poderia ter deduzido em sede reconvencional;

c) a identidade de procedimentos, porquanto a ação e a reconvenção (que também é ação) devem ser julgadas na mesma sentença, e, para isso, é imprescindível que se subordinem ao mesmo procedimento. Deste modo, não se admite que se reconvenha, pelo procedimento ordinário, em procedimento que tramita como sumaríssimo e vice-versa. Neste últuimo caso, a reconvenção será admissível se o reconvinte concordar em que o procedimento seja idêntico ao da ação principal;

d) a conexão com a ação principal ou com o fundamento da defesa (CPC, art. 343), pois, conforme ficou esclarecido, ambas as ações devem estar vinculadas ao mesmo negócio (*in eodem negotio*), que, no processo do trabalho, cumpre ser entendido, na maioria dos casos, como o contrato de trabalho firmado entre partes;

e) a competência do juízo, pois seria inadmissível que a reconvenção fosse apresentada a juízo incompetente para examiná-la, embora este possuísse competência para a ação principal. Esse pressuposto merece especial destaque, com vistas ao processo do trabalho, porquanto, em princípio, o réu (empregador) não poderia reconvir ao autor (empregado), *v. g.*, para tentar receber, deste, o valor de aluguel vencido ou algum título de crédito proveniente de relação meramente civil ou mercantil que não se ajuste ao conceito de relação de trabalho.

Examinados os pressupostos para o exercício da reconvenção, cumpre-nos indagar se ela pode ser formulada em determinadas ações, como a rescisória, a de consignação em pagamento, a declaratória, a coletiva, assim como nos regimes litisconsorciais, na substituição processual e na execução.

Ação rescisória. Desde que sejam atendidos os pressupostos que comentamos, nada impede o exercício da reconvenção em ação rescisória. O que se deve levar em conta é a exigência de que a reconvenção se funde em uma das causas de rescindibilidade dos pronunciamentos jurisdicionais de mérito, mencionadas nos incisos I a VIII, do art. 966, do CPC. Embora a resposta reconvencional em ação rescisória seja algo de rara ocorrência prática, ela se justificará quando as partes tiverem ficado vencidas parcialmente diante da sentença rescindenda. O fulcro legal da reconvenção, nesta hipótese, não precisa coincidir, necessariamente, com o da ação principal, mas ser com ela conexa ou com o fundamento da defesa. Do mesmo modo, não se requer que em ambas ações sejam invocados os mesmos juízos *rescindens* e *rescissorium*. Tudo dependerá de cada caso concreto que for submetido à cognição jurisdicional do órgão competente para apreciar a ação rescisória e a resposta reconvencional que aí vier a ser oferecida.

Ação de consignação em pagamento. No processo do trabalho, aceita a ação de consignação em pagamento, passou-se a admitir também a possibilidade de ser, no processo a ela pertinente, apresentada reconvenção. Para isso, foi necessário amoldar-se o procedimento especial da ação de consignação ao procedimento ordinário trabalhista. Foi uma indispensável obra de engenharia doutrinária e jurisprudencial. Mais tarde, a Lei n. 8.951, de 13 de dezembro de 1994, alterou o art. 893, do CPC de 1973, de tal maneira que, a contar daí,a petição inicial deveria conter, dentre outras coisas, o requerimento para a citação do réu, a fim de que levantasse o depósito efetuado ou oferecesse resposta (inciso II). O CPC de 2015 manteve esse princípio, conforme estampa o seu art. 542.

Assim, hoje, o réu não é mais citado para “vir ou mandar receber a quantia ou a coisa devida”. Essa modificação legislativa facilitou ainda mais a adaptação do procedimento traçado pelo CPC ao que é próprio do processo do trabalho, de tal arte que, aqui, o réu (em regra, o trabalhador) será citado para levantar o depósito feito pelo autor (empregador) ou oferecer resposta. Nesta última hipótese (e na mesma oportunidade), ele poderá, ainda, reconvir, alegando, por exemplo, que era estável no emprego, e pretendendo, em razão disso, a correspondente reintegração.

Ação declaratória. Desde que o réu satisfaça aos requisitos legais específicos, poderá reconvir ao autor na ação em que este busque a obtenção de um decreto jurisdicional que diga da existência ou da inexistência de relação jurídica entre as partes, ou do modo de ser dessa relação, ou, ainda, da falsidade ou autenticidade de documento (CPC, art. 19). A possibilidade de haver reconvenção em ação declaratória, a propósito, está reconhecida pela Súmula n. 258, do Supremo Tribunal Federal.

Regimes litisconsorciais. É sempre proveitoso recordar que o litisconsórcio, quanto à obrigatoriedade de sua constituição, pode ser: a) necessário, ou b) facultativo, e, quanto à posição das partes no direito material: a) simples, ou b) unitário.

É necessário quando se impõe a presença de todos na relação processual; facultativo, quando essa presença total não for exigida; simples, quando a decisão não precisar ser uniforme para todos os litisconsortes; unitário, quando essa uniformidade for indispensável.

Reavivados esses conceitos, logo se percebe que, em princípio, a reconvenção é possível nos regimes litisconsorciais mencionados, conquanto, em algumas situações, essa possibilidade deixe transparecer uma certa irregularidade na constituição do litisconsórcio, especialmente, o unitário, como quando a reconvenção se refira somente a alguns dos consorciados na lide.

Citemos, como ilustração, um caso em que a reconvenção seria regularmente manifestada no âmbito de um regime litisconsorcial trabalhista: diversos empregados, alegando haver sido contratados por prazo determinado e despedidos sem justa causa, ingressam em juízo, em regime de litisconsórcio, pretendendo obter a condenação do empregador ao pagamento da indenização prevista no art. 479, da CLT. Este, no entanto, reconvém, asseverando que os autores romperam os contratos de trabalho sem motivo legal, razão por que deseja vê-los condenados ao ressarcimento dos prejuízos que causaram com esse ato (CLT, art. 480). O regime litisconsoricial, na espécie, é: ativo, pois integrado por diversos autores; originário, porque se constituiu para efeito do ingresso em juízo; facultativo, porquanto a sua formação não era necessária (cada autor poderia ter ajuizado, separadamente, a sua ação); simples, pois a decisão não precisa ser uniforme para todos (parte deles teria direito à indenização pretendida, e, parte, não).

Substituição processual. Reiteramos a nossa opinião de que não possuímos, no Brasil, uma substituição processual genuína, como tal considerada a que era praticada em certa fase do direito romano antigo, mas simples mandato legal *ad litem*.

Devemos alertar para a necessidade de o § 1.º do art. 343, do CPC, ser adequadamente inteligido.

Temos, agora, um tema a merecer reflexão.

O parágrafo único do art. 315, do CPC de 1973, dispunha que não poderia o réu, em seu próprio nome, reconvir ao autor, quando este demandasse em nome de outrem. O mencionado dispositivo constituía reprodução literal do art. 191, do CPC de 1939.

O CPC de 2015, contudo, não reproduziu essa regra. Como deve ser interpretada essa atitude do legislador da atualidade? Agora, o réu pode reconvir ao autor em processo no qual este atua como substituto processual?

A resposta que daremos a essa indagação foi a mesma que apresentamos em relação ao parágrafo único do art. 315, do CPC de 1973, com as necessárias adaptações ao texto de 2015.

A redação desses textos legais (CPC de 1919 e de 1973) era imperfeita, podendo conduzir a perigosas escorregadelas hermenêuticas, pois, na verdade, se refletirmos detidamente, veremos que o réu em nenhuma hipótese poderá reconvir ao autor quando demandar em nome de outrem, e, não apenas, quando reconvier em seu próprio nome. Como dilucida Moacyr Amaral Santos, o que se deve atender é ao princípio da identidade bilateral, que não se refere à pessoa física, pois é uma identidade subjetiva de direito. Assim, não pode reconvir como representante de outro quem foi demandado pessoalmente, do mesmo modo como estará impedido de reconvir em nome próprio quem figura na causa como representante de terceiro.

Transportadas essas considerações para o terreno particular da substituição processual trabalhista, devemos concluir que a vedação contida no art. 315, do CPC de 1973, era no sentido de que o réu (empregador, de modo geral), em seu próprio nome, reconviesse ao autor (substituto), estando este a demandar em nome de outrem (trabalhadores substituídos).

Para resumirmos: entendemos que mesmo na vigência do CPC de 2015, o réu não poderá reconvir ao autor, quando este estiver atuando na qualidade de substituto processual.

Há mais. O CPC de 2015 trouxe uma inovação consistente na autorização para que o réu ingresse com reconvenção "independentemente de oferecer contestação" (art. 343, § 6.º).

Este tema, por sua complexidade, merece análise detida. Digamos que o empregado tenha ingressado em juízo, alegando haver sido despedido sem justa causa, postulando, em consequência, a condenação do réu ao pagamento do aviso-prévio. O réu, todavia, sem impugnar esses fatos e o pedido correspondente, apresenta reconvenção, na qual alega que o autor se demitiu sem justa causa, motivo por que deseja receber, dele, o aviso-prévio, O que está na base dessa questão *é saber se o réu que não impugnou tais fatos pode reconvir.*

Separemos as situações. Se o réu não contesta, é revel, e, em razão disso, verificado o efeito da revelia, o juiz reputará verdadeiros os fatos narrados pelo autor. Incide, aqui, o art. 344, do CPC. Vejamos agora se a mesma solução deve ser adotada no caso de o réu não impugnar determinado fato alegado pelo autor, embora tenha apresentado defesa (omissa quanto ao referido fato, insistamos). É provável que alguém viesse a argumentar que, nesta hipótese, ele poderia reconvir, pois não é revel. E prosseguiria, por suposto: se, na reconvenção, o réu vier a alegar fatos que se contraponham aos narrados pelo autor, a circunstância de não haver impugnado o fato posto pelo adversário na petição inicial não autorizará o juiz a considerá-los verdadeiros. E concluiria dizendo que o próprio art. 341, III, do CPC, declara que os fatos expostos na inicial não serão reputados verdadeiros (diante da falta de impugnação pelo réu) "*se estiverem em contradição com a defesa, considerada em seu conjunto*' (destacamos). Tal argumento, porém, ainda que sedutor, estaria comprometido por um paralogismo indisfarçável.

Realmente, quando o art. 341, III, do CPC, afirma que não serão presumidos verdadeiros os fatos alegados na inicial sempre que estiverem em antagonismo com a defesa, está, evidentemente, a usar o vocábulo *defesa* como sinônimo de *contestação*. Desta forma, ainda que o réu não haja impugnado de maneira expressa tais fatos, a particularidade de eles estarem em contradição com o conjunto da defesa, formado não somente pelos argumentos ou alegações capazes de afastar as expendidas pelo autor, mas também por documentos que instruam a contestação, faz com que a presunção de veracidade não se estabeleça, permanecendo com o autor, conseguintemente, o ônus de provar a veracidade dos fatos narrados. Reconvenção, todavia, nem mesmo por antonomásia guarda sinonímia com *defesa*. Segue-se, que se o réu não impugnar os fatos constantes da inicial, estes poderão ser considerados verdadeiros mesmo que ele venha a oferecer reconvenção, na qual alegue fatos que se contraponham aos descritos pelo autor. Ora, no momento em que o réu, devendo impugnar, na contestação, os fatos mencionados pelo autor, não o faz, o seu silêncio gera a "presunção" de que ditos fatos são verdadeiros; ou melhor: faz com que esses fatos se tornem incontroversos, de tal maneira que não só dispensam qualquer atividade probatória (CPC, art. 374, II), como impedem a apreciação dos fatos que o reconvinte vier a contrapor. Persistindo: como a reconvenção é apresentada *posteriormente* à contestação (ainda que na mesma peça) e como, na contestação, o réu *não impugnou* os fatos alegados na petição inicial, a sua tentativa de refutá-los na reconvenção encontra obstáculo na preclusão que fez descer sobre esses fatos a cortina da indiscutibilidade.

Execução. Não cabe reconvenção na execução por algumas razões elementares, dentre as quais podemos mencionar: a) a diversidade não só dos procedimentos, mas de processos, pois é inconcebível que, no de execução, possa o devedor formular, perante o credor, pretensões próprias do processo de conhecimento; b) os embargos do devedor não constituem defesa, mas ação constitutiva incidental que este ajuíza, com o escopo de impugnar o título executivo em que se funda a execução ou de impedir, de qualquer modo, que esta prossiga. Logo, não faz sentido pensar-se que o devedor possa, na oportunidade em que vier a exercer a ação de embargos, formular reconvenção, que outra coisa não é do que também uma ação.

Seria, todavia, cabível reconvenção de reconvenção? A investigação em torno do assunto provocou, já na vigência do CPC de 1939, intensa cizânia doutrinária e jurisprudencial. Se estivessem atentos aos fatos do passado, como lhes incumbia, os legisladores de 1973 e de 2015 teriam percebido estar diante de si a oportunidade histórica de darem cobro a essa controvérsia, seja afirmando a possibilidade de haver reconvenção de reconvenção, seja negando-a. Como se omitiram a respeito, renderam ensejo à continuidade da dissensão entre os doutos, quanto à matéria.

São estas, em síntese, as opiniões doutrinais contrárias ao exercício de uma resposta reconvencional em sede de reconvenção (*reconventio reconventionis)*: a) o autor deve atribuir a si a culpa por não haver ajuizado a ação, cujas pretensões deseja manifestar mediante reconvenção; b) permitir-se a reconvenção, por parte do autor, será ensejar um agravamento da complexidade do processo, ampliando demasiadamente o seu objeto, e tornando o processo interminável; c) exigindo, a lei, que a reconvenção seja formulada na fase de defesa, aí está implícita a declaração de que somente o réu poderá fazer uso dela.

Por outro lado, eram (e, de certa forma, ainda são) estes os argumentos dos que defendiam a possibilidade de haver reconvenção de reconvenção: a) o autor não sabia que o réu iria reconvir, e o seu interesse em agora também oferecer reconvenção pode provir justamente daquilo que foi alegado na ação do réu; b) as ações envolvendo as partes são em número finito, exaurindo-se em curto espaço de tempo; c) a impugnação à reconvenção é contestação, sob qualquer aspecto que se a examine; d) negar a possibilidade de reconvenção à reconvenção será inibir o acesso à justiça, que é assegurado pelo art. 5.º, inciso XXXV, da Constituição Federal.

Estamos entre os que sustentam a possibilidade da *reconventio reconventionis* — não, necessariamente, por força dos argumentos alheios, há pouco referidos, senão que por um elementar princípio de bom senso.

Com efeito, se houver conexão entre os fatos pertinentes a ambas as reconvenções ou se estiverem vinculadas ao mesmo negócio jurídico (*in eodem negotio*), e se for idêntico o procedimento judicial de ambas e competente o juízo para apreciá-las, não se pode recusar a possibilidade de o autor também reconvir ao réu, exatamente porque o interesse daquele pode ter surgido em decorrência da reconvenção apresentada por este. A entender-se de maneira diversa, o autor seria levado a deduzir a sua pretensão (de direito material) em ação distinta, que por ser conexa com a reconvenção faria com que fosse distribuída por dependência ao mesmo juiz, que, por sua vez, ordenaria a reunião dos autos correspondentes (CPC, art. 57), a fim de que as ações fossem julgadas de maneira simultânea (*ibidem*). Em suma: estar-se-ia, em nome de um formalismo injustificável, impondo ao autor um sacrifício, um desgaste e um dispêndio de tempo, de atividade jurisdicional e de dinheiro, que teriam sido perfeitamente evitados se lhe fosse reconhecido o direito de reconvir ao reconvinte. A menor distância entre dois pontos continua a ser a linha reta. Eis o bom senso a que aludimos.

A propósito, muito se escreveu e se continua a produzir textos sobre a importância dos princípios jurídicos. Obviamente, não negamos essa importância; o que nos parece é que os juristas não se têm dado conta de que, talvez, o mais relevante entre os princípios que soem ser invocados é o do bom senso. Embora este princípio possa não ser dotado daquele substrato jurídico que a doutrina moderna classifica como *normogenético*, ou seja, fundante das próprias normas legais, ele é inerente à natureza humana, motivo por que não pode ser desprezado em momento algum da vida, seja quando se está a elaborar um preceito de lei, seja quando se está a interpretá-lo e aplicá-lo.

O bom senso é para o direito o que a inspiração é para a criação poética — a falta daquele compromte a interpretação da norma, do mesmo modo como a falta desta faz gerar um texto que não nos desperta os sentimentos mais elevados.

4.4. Prazo

Como a contestação, a reconvenção deve ser apresentada em audiência, exceto se se tratar de reconvenção em ação rescisória, caso em que será entregue no protocolo do órgão competente (tribunal). Não se aplica ao processo do trabalho, portanto, em primeiro grau, o prazo estabelecido no art. 335, do CPC.

Não havendo, no processo do trabalho, prazo preestabelecido para o oferecimento da resposta (pois esta deve ser apresentada em audiência), é irrelevante o fato de os réus litisconsorciados possuírem diferentes advogados, salvo naqueles casos em que a resposta deva ser apresentada ao protocolo, no prazo preestabelecido. De qualquer modo, a OJ n. 310, da SBDI-1, do TST, declara — contra a nossa opinião — ser incompatível com o processo do trabalho o disposto no art. 229, *caput*, §§ 1.º e 2.º, do CPC de 2015. Por suposto, essa incompatibilidade visaria a preservar o princípio da celeridade desse processo. *Data venia*, se assim devemos supor, haverá algo de hipocrisia nessa OJ, porquanto a realidade do cotidiano forense tem revelado, a mãos cheias, que, não raro, o próprio TST demora anos para julgar processos de sua competência. E não não nos consta que, em algum momento, tenha sido manifestada preocupação com o desrespeito ao princípio da celeridade.

Reconvenção. O que expendemos, a respeito da contestação, se aplica, *mutatis mutandis*, à reconvenção.

Assim, esta, embora venha sendo costumeiramente oferecida por escrito (o que é recomendável), poderá ser apresentada sob a forma oral, desde que atendidos os pressupostos do art. 343, do CPC. Nada impede que o réu elabore por escrito a contestação, e, na audiência em que a oferecerá, formule, oralmente, a reconvenção, que, nesta hipótese, será reduzida a termo, na ata.

Se pretender aduzir, de modo oral, tanto a contestação quanto a reconvenção, deverá estar atento ao prazo de vinte minutos, previsto no art. 847, da CLT, que, por princípio, não poderá ser dilatado em decorrência da reconvenção. Fizemos a ressalva: "por princípio", porque, em situações excepcionais, esse prazo poderá ser dilatado, até mesmo para efeito da contestação, como quando a petição inicial contiver inúmeros fatos alegados e inúmeros pedidos formulados, por forma a ficar evidente a impossiblidade de o réu poder valer-se da garantia constitucional da ampla defesa no prazo legal de vinte minutos.

Segundo esclarecemos no início, não estamos preocupados, neste momento, em discorrer acerca dos pressupostos, da finalidade e do procedimento da reconvenção, mas, apenas, em investigar a *forma* pela qual deve ser elaborada, no processo do trabalho, no qual penetrou por obra da jurisprudência.

Apesar disso, um breve comentário sobre o procedimento relativo à reconvenção é indispensável, a fim de que a nossa opinião, até esta parte manifestada, possa ser adequadamente atendida.

O juiz da causa principal é o competente para a reconvenção. Apresentada esta (em audiência), seja por escrito ou oralmente, o juiz, de ofício, mandará que o distribuidor proceda à correspondente anotação (CPC, art. 286, inciso I), porquanto a reconvenção nada mais é do que uma ação do réu, em face do autor, no mesmo processo. Alguns magistrados, desatentos a isso, se limitam a receber a reconvenção, sem comunicar o fato ao distribuidor. A consequência é que, nas certidões que este expedir, não haverá referência à reconvenção, pois ela, para o distribuidor, simplesmente não existe. A instrução e a sentença serão uma só, abrangendo a ação original e a reconvenção. Assim, também, o recurso e a execução.

4.5. Procedimento

a) Petição inicial

Não sendo, a resposta reconvencional, modalidade de contestação, mas ação do réu em face do autor, no mesmo processo, ela deve ser manifestada por meio de petição inicial. Isso corresponde a afirmar que essa petição deverá preencher os requisitos exigidos pelo art. 319, do CPC, combinados com o art. 840, § 1.º, da CLT, ou seja: a) nomes e prenomes do reconvinte e do reconvindo; b) referência ao juízo a que é dirigida; c) narração dos fatos e indicação dos fundamentos jurídicos do pedido; d) o pedido, com suas especificações.

Não haverá necessidade de ser feita alusão ao estado civil, profissão, domicílio e residência do reconvinte e do reconvindo porque essas informações já constam dos autos. Sob este aspecto, portanto, a reconvenção coincide com a contestação, na qual também é dispensada a indicação desses dados pessoais das partes.

Como as petições iniciais trabalhistas em geral, a de reconvenção também não precisará conter: a) a indicação dos meios de prova de que o reconvinte se valerá; b) o requerimento de intimação do reconvindo; c) o valor da causa, porquanto no sistema do processo do trabalho: 1) a parte pode produzir (no momento oportuno), sem prévia especificação, todas as provas legalmente permitidas 2) a citação (a "intimação", na reconvenção, tem essa natureza) é realizada *ex officio* (CLT, art. 841) e 3) conquanto a causa deva ter um valor econômico, não se impõe que esse valor conste da petição inicial (Lei n. 5.584/70, art. 2.º, *caput*).

Na vigência do CPC de 1939, a reconvenção era apresentada junto com a contestação (art. 190), vale dizer, na mesma peça. Atualmente, contudo, ela deve ser oferecida em petição apartada, pois — convém rememorar — constitui modalidade específica e distinta de resposta do réu. Desta forma, este, comparecendo a juízo, apresentará (se for o caso), em petições diversas, contestação e reconvenção. Ainda que assim deva ser, não podemos deixar de reconhecer que eventual formulação de ambas as espécies de resposta numa só peça não implicará nulidade da reconvenção, nomeadamente no processo do trabalho, em que o princípio da instrumentalidade, inscrito nos arts. 188 e 277, do CPC, recebe especial e justificada exaltação em decorrência da capacidade postulatória que o sistema oficial atribui às próprias partes (CLT, art. 791). Ocasionais dificuldades de ordem prática, que possa acarretar o oferecimento da contestação e da reconvenção em peça única, serão facilmente contornáveis.

Embora o art. 286, parágrafo único, do CPC, determine que a petição inicial da reconvenção deva ser prévia e autonomamente distribuída, no processo do trabalho basta que o juiz ordene, por sua iniciativa, que o distribuidor proceda à respectiva anotação. O que não se deve permitir é que a reconvenção fique ausente dos assentamentos ou registros do distribuidor, ou seja, fora do seu controle (CLT, arts. 783 a 788).

A petição inicial da reconvenção deverá ser instruída com os documentos indispensáveis ao ajuizamento dessa ação (CPC, art. 320; CLT, art. 787), exceto se tais documentos já se encontrarem nos autos ou acompanharem a contestação.

Se o juiz verificar que a petição inicial não atende aos requisitos legais, ou que apresenta defeitos ou irregularidades capazes de dificultar o julgamento do mérito, deverá, mediante despacho, fixar prazo para que o reconvinte a emende ou a complete, no prazo de quinze dias (CPC, art. 321, *caput*. Não cumprida a determinação, a petição será indeferida (*ibidem*, parágrafo único).

Questão interessante diz respeito a saber se o ato que indefere a petição inicial de reconvenção é recorrível, no processo do trabalho. Sabemos que, nos demais casos de indeferimento da inicial, a sentença trabalhista, assim como a civil (CPC, art. 331, *caput*, pode ser impugnada por meio de recurso (ordinário). No tocante à petição inicial relativa à reconvenção, no entanto, há uma particularidade fundamental, capaz de colocar em dúvida a doutrina quanto à possibilidade de esse ato ser recorrível. Na realidade, o problema tem sido examinado pela doutrina à luz do pressuposto de que o indeferimento da inicial da reconvenção se dá por meio de sentença.

Se entendermos que de sentença se trata e que é irrecorrível, teremos sérias dificuldades para explicar as razões pelas quais todas as outras, que extinguem o processo sem resolução do mérito, são impugnáveis, ou seja, estaremos criando, de modo arbitrário, uma classe de sentença irrecorrível, quando essa restrição somente pode ser imposta por lei. Logo, quando menos para evitar o cometimento de lesão aos princípios e aos legítimos interesses da parte seria de admitirmos a possibilidade de interposição de recurso ordinário da sentença que indeferisse a petição inicial de reconvenção. Este concluimento, contudo, traria outros embaraços de ordem prática, que devem ser agora enfrentados.

Admitido o recurso, na espécie com a qual estamos a nos ocupar, de duas, uma: ou se atribuiria a ele, por exceção, o efeito suspensivo, ou não se lhe pespegaria esse efeito.

Se lhe fosse conferido efeito suspensivo, estar-se-ia não só desrespeitando a lei (CLT, art. 899, *caput)* como estimulando o réu mal- intencionado a reconvir apenas com intuito protelatório; se não lhe atribuísse tal efeito, estar-se-ia provocando graves transtornos no procedimento, pois devendo a reconvenção ser apreciada com a ação principal, pela mesma sentença, essa regra acabaria sendo desobedecida, porquanto a ação principal poderia vir a ser julgada antes da reconvenção, considerando-se o recurso interposto da sentença que indeferiu esta última.

A solução que, *a princípio*, poderíamos preconizar, dentre as apreciadas — e que, pelo aspecto *sui generis* da matéria, jamais poderia manter a desejável harmonia com os princípios e com o sistema — seria admitir-se o recurso ordinário, com efeito excepcionalmente suspensivo do trâmite processual. Em socorro a essa opinião, poderíamos acrescentar que a não se admitir a possibilidade de o reconvinte recorrer isso poderia significar, em alguns casos, um veto fatal ao seu direito de deduzir uma pretensão (substancial) diante do autor, pois há uma acentuada tendência doutrinária e jurisprudencial de não se reconhecer ao réu (empregador) o exercício de ação autônoma para formular pedidos que impliquem a condenação do autor (trabalhador). Assim, se. p. ex., o réu desejasse receber do autor o aviso prévio, a que este estivesse obrigado a oferecer, negada a possibilidade de recurso da sentença que indeferisse a petição inicial de reconvenção e vedado o exercício de ação autônoma, para o fim mencionado, ao réu só caberia ver o seu direito espezinhado.

Todavia, a despeito de todas as considerações até aqui expendidas, optamos por uma outra solução, — esta sim, verdadeiramente heterodoxa, aos olhos do processo civil —, consistente em dar-se à reconvenção, no processo do trabalho, tratamento semelhante ao que é dispensado aos incidentes processuais, de tal sorte que o ato pelo qual se indeferiria a petição de reconvenção assumiria o caráter de decisão interlocutória, cujo efeito prático residiria na impossibilidade de ser impugnada por meio de recurso autônomo. Com isso, caberia ao reconvinte manifestar o seu "protesto" em audiência, ou na primeira vez em que tivesse de falar nos autos (CLT, art. 795, *caput*), a fim de poder, mais tarde, arguir a nulidade do processo, perante o tribunal, em grau de recurso.

Esta solução, conquanto possa produzir sobressaltos e inquietações no espírito dos estudiosos do processo civil, é a que, a nosso ver, melhor de harmoniza com os princípios e os objetivos do processo do trabalho; além disso, tem o mérito de atenuar as consequências perturbadoras desses princípios e objetivos, acarretadas pela infiltração da reconvenção nesse processo.

Com isso, procuramos, de um lado, desestimular o oferecimento de reconvenção procrastinatória, e, de outro, assegurar o direito de o reconvinte ver apreciado pelo tribunal o merecimento da decisão que indeferiu, *in limine*, a inicial da reconvenção — sem que o exame dessa decisão produza a suspensão do processo, conquanto possa eventualmente anulá-lo.

Nossa opinião de que a reconvenção deva ter, no processo do trabalho, o tratamento que é dado aos incidentes processuais não colide, como se possa imaginar, com a, também nossa, de que a reconvenção deve ser manifestada por petição elaborada com observância dos requisitos legais. O caráter de incidente processual, que procuramos atribuir à reconvenção, visou, tão somente, a encontrar uma solução para o problema da possibilidade de impugnação autônoma, ou não, do ato judicial que indefere a petição inicial.

Se fôssemos considerar a reconvenção como ação do réu, deveríamos cogitar da citação do autor, não de sua intimação. Contudo, o próprio legislador, sem deixar de reconhecer a natureza de ação da resposta reconvencional, preferiu o emprego do vocábulo *intimação* em virtude de as partes já estarem integradas a uma relação jurídica processual, derivante da ação ajuizada pelo autor-reconvindo (CPC, art. 343, § 1.º). A propósito, o projeto do CPC de 1973 fazia referência à citação (art. 320); no Senado, entretanto, recebeu emenda do Relator-Geral, que atribuiu ao dispositivo a redação que passou a apresentar, ao fundamento de que "pela definição legal de citação e mesmo pela natureza desta, ela é o ato pelo qual se chama a juízo o réu; ora, quando o réu reconvém, o reconvindo já está em juízo, já está na relação processual, razão por que é conveniente manter-se a terminologia vigente (art. 193 do CPC) falando-se em intimação e não em citação".

Sem discutirmos o acerto ou o desacerto dessa atitude do legislador, o fato é que a intimação nos deixa mais à vontade para sustentar o ponto de vista de que a reconvenção deve ser cuidada, no processo do trabalho, como um incidente, a ser resolvido por decisão de caráter interlocutório, que, por isso, é insuscetível de impugnação autônoma.

Como a reconvenção deve ser apresentada na mesma oportunidade da contestação (embora em peça distinta, como vimos), isso significa que, no processo do trabalho, ambas serão manifestadas em audiência. Antes disso, o juiz formulará a primeira proposta de conciliação (CLT, art. 846, *caput*). Por uma questão de ordem lógica, o juiz fará constar da ata, primeiro, a contestação, e depois a reconvenção. É sempre recomendável que faça registrar, também, o número de documentos que instruem uma e outra. Em seguida, intimará o autor para se pronunciar, no prazo que assinar, a respeito da contestação. Ato-contínuo, o intimará para responder à reconvenção. Surge, aqui, a dúvida sobre qual o prazo para essa resposta. No processo civil é de quinze dias (CPC, art. 343, § 1.º); conquanto no processo do trabalho também se venha adotando idêntico prazo, pensamos que estaria em maior equilíbrio com o sistema se fosse assinado o prazo de cinco dias, a que se refere o art. 841, *caput*, parte final, da CLT, pois não deixa de ser ilógico e injusto atribuir-se ao réu o prazo de cinco dias para se defender (é nesse sentido que vem sendo interpretada a norma legal mencionada) e de quinze dias para o reconvindo se manifestar.

Seja de cinco ou de quinze dias esse prazo — ressaltando o nosso entendimento de que o primeiro seria o mais correto —, uma outra dúvida surge: a manifestação do reconvindo deve ser apresentada em audiência ou ao serviço de protocolo? Se nos deixássemos influenciar pelo princípio que informa o processo do trabalho não hesitaríamos em asseverar que a resposta à reconvenção deveria ser apresentada em audiência. Razões de ordem prática, entretanto, exigem que o instrumento dessa manifestação seja submetido ao setor de protocolo. A designação de audiência específica para que o reconvindo se pronunciasse sobre a reconvenção causaria enorme transtorno aos juízes, sabendo-se que as pautas das audiências trabalhistas, como é notório, se encontram congestionadas, sendo, portanto, extremamente difícil encontrar-se vaga para inserir a relativa à reconvenção. De outra parte, a designação de audiência para a finalidade que estamos a examinar, segundo a rigorosa ordem cronológica, poderia fazer com que ficasse para muito além do desejável, pois não se pode perder de vista que a ação e a reconvenção pertencem ao mesmo processo.

Nenhuma nulidade haverá se se determinar que a resposta à reconvenção seja protocolada no setor próprio; ao contrário, motivos de ordem prática recomendam que assim o seja. Uma vez mais, a supremacia é do princípio da instrumentalidade (CPC, arts. 188 e 277), cuja excelência justifica, até mesmo, pôr-se de lado determinados princípios do processo do trabalho, que o tempo acabou colocando em descompasso com a realidade dos fatos da vida cotidiana do foro, exatamente porque já não atendem aos interesses dos trabalhadores e de todos aqueles que figurem como autores.

A contestação à reconvenção deve observar as mesmas regras estabelecidas pelo CPC, quanto à contestação à ação, em especial as concernentes ao princípio da eventualidade ou da concentração (art. 336) e ao ônus da impugnação especificada dos fatos (art. 341), com as exceções contidas nos incisos deste último dispositivo.

b) Instrução

A despeito de a reconvenção ser ação do réu, que, por isso, não se confunde com a do autor, ambas se subordinam ao mesmo procedimento, inclusive, quanto à instrução.

Assim, as partes e as testemunhas, em seus depoimentos, dirão sobre os fatos da ação e da reconvenção, indistintamente, salvo se algum motivo particular justificar que, na ata, sejam identificadas as respostas por elas dadas, conforme se refiram à ação ou à reconvenção.

Merece comentário particular, contudo, a prova documental. Tanto a CLT (art. 787) quanto o CPC (art. 320) exigem que a petição inicial seja instruída com os documentos indispensáveis ao ajuizamento da ação. Por outro lado, o CPC impõe que também a resposta do réu se faça acompanhada dos documentos destinados a provar os fatos aí alegados (art. 434). Esta determinação do CPC é aplicável ao processo do trabalho, em que pese à injustificada resistência daqueles que supõem que o princípio da simplicidade, que orienta este processo, dispense as partes de qualquer disciplina probatória. Simplicidade, *data venia*, não é pretexto para tumultos ou fugas à legalidade. Todas as normas legais até aqui indicadas, portanto, devem incidir, por inteiro, na reconvenção e na resposta que a ela se ofereça. Desta forma, a inicial da reconvenção deve trazer os documentos em que se funda (CLT, art. 787), do mesmo modo como a contestação a ela deve ser instruída com os documentos atinentes aos fatos narrados pelo reconvindo (CPC, art. 434). A junção de documentos, para além desses momentos, só se justifica quando destinados a fazer prova de fatos ocorridos depois dos articulados ou para contrapô-los aos que forem afirmados pela parte contrária (CPC, art. 435). Fora disso, será estimular os litigantes à prática de atos tumultuários do procedimento e abrir ensejo para aqueles que, movidos pela má-fé, procuram converter o processo em instrumento de suas conveniências.

De resto, estando a reconvenção imbricada com a ação principal, a instrução daquela se funde com a desta, inclusivamente, quanto à prova pericial, às cartas precatórias, à inspeção judicial, etc.

c) Razões finais e segunda proposta de conciliação

Encerrada a instrução, incumbirá ao juiz conceder a cada parte o prazo de dez minutos, para que aduzam razões finais (CLT, art. 850, *caput*). Deve ser abandonada a praxe, adotada por alguns juízos, de substituir as razões finais por memoriais escritos, à feição do processo civil (CPC, art. 364, § 2.º). No processo do trabalho, as razões finais devem anteceder à segunda proposta de conciliação; a praxe, a que nos referimos, subverte essa ordem ao permitir que ditas razões sejam oferecidas depois da proposta final de conciliação. O que se pode fazer é facultar a apresentação de memoriais, sem prejuízo das razões finais, que devem ser produzidas no momento previsto em lei.

Decorrido o prazo para as razões finais, sejam ou não aduzidas, o magistrado formulará a segunda proposta de conciliação. Como já acentuamos, a conciliação, em concreto, assume as características de transação, assim entendido o negócio jurídico bilateral mediante o qual se põe fim ao processo com julgamento do mérito (CPC, art. 487, inciso III, "*b*").

5. Reconhecimento do direito do autor

5.1. Comentário

Malgrado o art. 297, do CPC de 1973, afirmasse que as respostas do réu consistiam em exceção, contestação e reconvenção, havia, nessa dicção da lei, um *minus dixit quam voluit*, porquanto se sabia que, em algumas situações, o réu poderia ir a juízo não para excepcionar, contestar ou reconvir, mas, simplesmente, para "reconhecer a procedência do pedido", na inadequada linguagem legal.

Deixemos, para já, repisada a nossa observação de que o CPC de 2015 eliminou a *exceção* como modalidade de resposta do réu. Por outro lado, esse Código afirma, no art. 487, inciso III, alínea "*a*", que haverá resolução do mérito quando o juiz homologar o "reconhecimento da procedência do pedido formulado na ação ou na reconvenção".

Já dissemos, ao longo das páginas deste livro — e de todos os que escrevemos sobre o assunto — que expressões como "procedência' ou "improcedência" do pedido são inadequadas, pois o verbo *proceder* significa *ser oriundo, provir* (de algum lugar). Ora, o pedido provém da inicial, da contestação, da reconvenção, etc.; logo, ele será sempre *procedente*. Ao formar, por exemplo, o seu convencimento jurídico sobre os fatos e o direito que constituem objeto da causa, o juiz deve *acolher* ou *rejeitar* os pedidos. Aliás, o mesmo Código que alude à incorreta "procedência" do pedido, no art. 487, inciso III, letra "*a*", faz correta referência, no art 490, ao acolhimento e à rejeição dos pedidos.

Em síntese, o ato do réu, a que o Código denomina de "reconhecimento da procedência do pedido", nada mais é do que, sob o rigor da terminologia processual, o reconhecimento do *direito alegado pelo autor*.

Efetuado esse reparo vernacular, prossigamos para dizer, com a atenção voltada para o art. 487, inciso III, letra "*a*", do CPC, que o reconhecimento da "procedência" do pedido, aí mencionada, corresponde, a uma modalidade específica de resposta do réu, ao lado da contestação e da reconvenção. No sistema do processo do trabalho, essa resposta se soma à exceção, à contestação e à reconvenção.

Enquanto, na exceção, na contestação e na reconvenção se pode pensar em uma *reação* do réu, no reconhecimento, o que há, isto sim, é *anuência*, conformação, por parte deste. Há, enfim, renúncia à resistência.

O "reconhecimento", de que fala a lei, contudo, não se confunde com a confissão. É certo que tanto aquele quanto esta têm um elemento comum, representado pelo fato de implicarem o reconhecimento, pelo réu, de algo que é desfavorável aos seus interesses. O outro ponto de contacto entre ambos está em que o reconhecimento e a confissão não produzem efeitos quando ligados a fatos relativos a direitos indisponíveis (CPC, art. 392).

Os pontos de dessemelhança, todavia, são mais acentuados como se verá.

Desde logo, deve ser dito que objeto do reconhecimento são os pedidos feitos pelo autor, como indica o art. 487, inciso III, "*a*", do CPC, ao passo que o objeto da confissão são os fatos (CPC, art. 389). Demais, em princípio, o reconhecimento não deixa margem para a formação do convencimento do juiz em desacordo com o que foi reconhecido pelo réu; já a confissão nem sempre impede o magistrado de decidir de maneira diversa da vontade do confitente, como quando se convencer de que o autor não possui o direito alegado. Ainda — e em razão do que acabamos de afirmar: na confissão, o provimento jurisdicional é impositivo, pois vai contra a vontade do réu; no reconhecimento, ao contrário, o provimento nada mais faz do que placitar a manifestação volitiva do réu. Por outros termos: na confissão há uma solução efetivamente jurisdicional da lide; no reconhecimento, sob certo aspecto, a própria lide deixa de existir em decorrência da submissão espontânea do réu às pretensões deduzidas pelo adversário, porquanto, como afirmamos, há renúncia à resistência.

O reconhecimento também não pode ser confundido com a transação. Enquanto, lá, a manifestação da vontade é unilateral (do réu), aqui, há uma convergência da vontade das partes, porquanto a transação é um negócio jurídico bilateral. Por outro lado, no reconhecimento não ocorre nenhuma concessão do autor; na transação, ambas as partes cedem um pouco para que se estabeleça o negócio jurídico; façam "concessões mútuas", como diz a lei (CC, art. 840). A sentença que põe fim ao processo (com resolução do mérito), em virtude da confissão, é recorrível; a sentença homologatória da transação não admite recurso, exceto pelo INSS, quanto às contribuições que lhe são devidas (CLT, art. 831, par. único).

Devemos investigar, agora, se o reconhecimento manifestado pelo réu, quanto o direito alegado pelo autor, obriga o juiz a acatá-lo. Via de regra, é razoável que o magistrado acolha esse reconhecimento e condene o réu ao pagamento daquilo que foi por este reconhecido; afinal, esse reconhecimento, como dissemos, traduz uma espécie de renúncia à resistência que poderia ser oferecida pelo réu. Em determinadas hipóteses, contudo, o juiz não estará compelido a decidir de acordo com o reconhecimento. Imaginemos, por exemplo, que o pedido formulado pelo autor seja daqueles que se amoldam ao conceito de "juridicamente impossíveis" (ou *inatendíveis*, como preferimos): o reconhecimento do réu, como é óbvio, não faria com que os pedidos do autor deixassem de ser juridicamente inatendíveis, motivo por que cumprirá ao magistrado proferir sentença que extinga o processo. A extinção será, no caso, com resolução do mérito, pois se há, no ordenamento legal, um veto à formulação de certo pedido, a sentença, que faz prevalecer esse veto, será causa de extinção do processo com apreciação do mérito. Como informamos em linhas anteriores, o próprio Liebman reformulou a sua doutrina, para excluir a possibilidade jurídica do pedido do elenco das condições da ação. O art. 485, inciso IV, do CPC, deve receber uma interpretação que se harmonize com essa revisão da base doutrinária em que se apoiava (no que tange à possibilidade jurídica do pedimento).

Uma outra situação em que o juiz não estará obrigado a decidir em consonância com o reconhecimento externado pelo réu ocorrerá quando ficar convencido de que houve conluio (*consilium fraudis*) das partes, ou seja, de que autor e réu se serviram do processo para praticar ato simulado ou conseguir objetivo proibido por lei (CPC, art. 129). Seria aberrante do bom-senso pensar que, mesmo estando convencido do conluio, o magistrado devesse decidir o mérito de acordo com o que o réu reconheceu em favor do autor. Bem ao contrário, incumbirá ao juiz, no caso, proferir sentença que obste ao propósito das partes (*ibidem*).

Cabe, aqui, uma observação adicional: embora a doutrina e a jurisprudência venham afirmando, com unanimidade, que no caso do art. 142, do CPC, há *processo* simulado, pensamos haver uma impropriedade nessa definição. Com efeito, quando autor e réu se valem do processo para praticar ato simulado, a simulação não diz respeito ao processo, mas à *lide*, ao conflito de interesses. O processo, considerado em si mesmo, é real, concreto; o que se simula é um conflito de interesses.

Uma questão prática: se estiver configurada a prescrição extintiva integral, mas o réu reconhecer o direito alegado pelo autor, o juiz não poderá pronunciar a prescrição, pois a referida atitude do réu implicou renúncia (tácita) à prescrição, nos termos do art. 191, do CC.

O reconhecimento da "procedência do pedido", como pudemos demonstrar, constitui uma das modalidades de resposta do réu. Sendo assim, o momento de ser manifestado não coincide, necessariamente, com o que é destinado para as demais espécies de resposta (exceção, contestação, reconvenção). É certo que se o réu desejar aguardar a audiência para, só aí, reconhecer o direito em que se fundam os pedidos do autor, poderá fazê-lo; nada o impede, contudo, de manifestar esse reconhecimento antes da audiência, ou, até mesmo, depois de haver oferecido contestação. O momento, enfim, para que o reconhecimento ocorra variará conforme as circunstâncias de cada caso.

É evidente, entretanto, que não fará sentido esse reconhecimento se comunicado após a emissão da sentença, máxime a de mérito — pouco importando qual tenha sido o resultado do julgamento. E possível, diante disso, fixar-se a regra de que o reconhecimento pode ser manifestado enquanto não for prolatada a sentença, seja de mérito, ou não. A propósito, se o reconhecimento, pelo réu, dos direitos postulados pelo autor, for manifestado após a sentença, esse fato terá efeito, apenas, com vistas ao recurso ordinário, como demonstra o art. 1.000, do CPC, ou seja, será interpretado como renúncia tácita ao direito de recorrer. Nada obsta, ainda, a que o juiz convole esse reconhecimetno para transação, após ouvir as partes.

Os requisitos para que o reconhecimento produza os efeitos legais pretendidos são os mesmos que se exige para a confissão: não pode prejudicar os litisconsortes (CPC, art. 117), nem ter como objeto fatos pertinentes a direito indisponível (CPC, art. 392). No mais, o reconhecimento pode ser judicial ou extrajudicial e, conquanto seja, naturalmente, espontâneo, há situações em que é provocado — hipótese em que muito se aproxima da fronteira da confissão (CPC, art. 390).

Não se pode, ainda, ignorar a possibilidade de esse reconhecimento derivar de ocasional vício da manifestação de vontade do réu (erro, dolo ou coação) designadamente no processo do trabalho, no qual ainda se tem admitido (contra a nossa opinião) a possibilidade de a parte atuar em juízo sem advogado (*ius postulandi*). No sistema do CPC de 1973, reconhecimento da "procedência" do pedido" poderia ser desfeito: a) por ação anulatória, se pendente o processo em que se deu; b) mediante ação rescisória, se já ocorrera o trânsito em julgado da sentença, da qual constisse o único fundamento (CPC, art. 352, incisos I e II).

O CPC de 2015, entrementes, não previu o uso da ação rescisória para desconstituir os efeitos do reconhecimento da "procedência" do pedido; a única via para desfazer esses efeitos é a ação anulatória (CPC, art. 966, § 4.º).

Antes de encerrarmos a nossa exposição sobre o tema, devemos chamar a atenção ao fato de que, algumas vezes, na prática, o reconhecimento do pedido acaba sendo interpretado pelo órgão jurisdicional (e assim formalizado) como se fosse uma transação, provavelmente porque os juizes estão muito mais afeitos a esta forma de solução negociada do conflito, que constituí, aliás, o escopo fundamental da Justiça do Trabalho (CLT, art. 764). Tecnicamente, todavia, não poderia ser transação porque o ato não refletiu a vontade das partes (negócio jurídico bilateral), senão que somente a do réu. Essa inadvertida (e arrevesada) conversão do reconhecimento em transação não traria maiores consequências de ordem prática não fosse o fato, por nós já alertado, de que, como transação, recebe a correspondente sentença homologatória, à qual a lei colou o selo da irrecorribilidade. Como sentença calcada no reconhecimento do pedido seria recorrível.

5.2. Momento

Se, ao tomar ciência do pedido formulado pelo autor (em decorrência da citação), o réu admitir que ele possui, efetivamente, o direito alegado, poderá dirigir-se ao juízo, antes da audiência aprazada, para a contestação, e, aí, externar, de modo formal, esse reconhecimento. Se, por exemplo, o empregado alega que não lhe foram pagos os salários de determinados meses, e o réu com isso concordar, poderá antecipar-se à audiência já designada, para dizer que deve, realmente, os mencionados salários. Essa antecipação quanto à audiência pode convir ao réu, que, com isso, evitará que a correção monetária e os juros da mora não sejam tão elevados quanto seriam se aguardasse a audiência. Demais, o reconhecimento do direito do trabalhador, manifestado antes da audiência, evita os riscos da revelia e da condenação prevista no art. 467, *caput*, da CLT.

Na hipótese, entrementes, de a inicial conter diversos pedidos, e o réu reconhecer, digamos, que somente num o autor tem razão, caber-lhe-á aguardar a audiência, oportunidade em que dirá da sua concordância com esse pedido e manifestará sua contestação quanto aos demais.

Muitas vezes, o reconhecimento do direito alegado pelo trabalhador se converte em transação (acordo), vale dizer, em solução negociada do conflito de interesses, dando fim ao processo mediante resolução do mérito. A causa imediata de transações dessa espécie é, portanto, o precitado reconhecimento do direito do autor. Não queremos, com isso, afirmar que reconhecimento e transação sejam coisas idênticas. Em verdade, desassemelham-se por diversos pontos. Reiteremos: enquanto o reconhecimento traduz ato unilateral do réu, a transação decorre da convergência da vontade dos litigantes, sendo, portanto, um negócio jurídico bilateral; por outro lado, o reconhecimento faz com que o direito do autor seja integralmente atendido, ao passo que a transação não apenas não implica reconhecimento de direito, como pode ser realizada em valor inferior ao que corresponderia a eventual direito do autor; além disso, o reconhecimento do direito se conforma aos limites da lide, estabelecidos na petição inicial, sendo que na transação pode haver um "redimensionamento" dos limites objetivos da lide, de tal modo que possam ser objeto desse negócio jurídico bilateral até mesmo direitos não alegados na ação. No caso de reconhecimento do direito, não há a *res dubia*, característica da transação. Ainda: só a transação (aqui tomada como sinônimo de conciliação) constitui escopo fundamental da Justiça do Trabalho (CLT, art. 764); o processo do trabalho, aliás, nem sequer dedicou atenção ao reconhecimento do pedido.

O ponto de contacto mais visível, que há entre o reconhecimento do direito pleiteado pelo autor e a transação, está em que ambos provocam a extinção do processo mediante resolução do mérito da causa (CPC, art. 487, inciso III, letras "*a*" e "*b*"), motivo por que a sentença, tanto num quanto noutro caso, será sempre suscetível de ataque pela via rescisória, embora somente seja recorrível no caso de reconhecimento do direito alegado pelo autor.

Prosssigamos, para deixar claro o nosso entendimento sobre o tema: nada impede que o reconhecimento, pelo réu, do direito alegado pelo autor possa converter-se em transação, desde que isso reflita a efetiva manifestação da vontade das partes; o que não nos parece possível é o magistrado, por ato exclusivamente seu, interpretar o mencionado reconhecimento como transação, pois isso implicaria subverter a natureza jurídica da transação como negócio bilateral — que por isso, somente pode ser produto da manifestação volitiva convergente dos litigantes (transatores).

Capítulo VI

A Fixação dos Pontos sobre os Quais Incidirá a Prova

Dispunha o art. 451, do CPC de 1973, que o juiz, antes de passar à instrução da causa, e ouvidas as partes, deveria fixar os pontos controversos sobre os quais recairia a prova.

Essa norma legal, a nosso ver, foi tacitamente revogada pela Lei n. 8.952/94, que instituiu a audiência preliminar, e em cujo § 2.º estava expresso que o magistrado, não sendo obtida a conciliação, fixaria "os pontos controvertidos", dentre outras providências.

O CPC de 2015 alterou esse procedimento, ao determinar que o juiz, na fase de saneamento e de organização do processo, delimite "as questões de fato sobre as quais recairá a atividade probatória, especificando os meios de prova admitidos (art. 357, inciso II).

Como, no processo do trabalho, não há essa fase de saneamento e de organização do processo, entendemos que deverá continuar sendo adotado o procedimento traçado pelo art. 451, do CPC de 1973. Sendo assim, incumbirá ao juiz do trabalho, em audiência, antes de dar início à instrução, e consultadas as partes, fixar os pontos que serão objeto da prova.

Com vistas a isso, cumprirá ao magistrado, primeiramente, efetuar um cotejo entre os fatos alegados na inicial e na contestação, para verificar se são controversos, ou não. Quando o juiz se descura dessa providência, o risco é duplo: a) permitir que sejam feitas perguntas, às partes e às testemunhas acerca de fatos incontroversos. É oportuno recordar a regra estampada no inciso III, do art. 374, do CPC, conforme a qual não dependem de prova os fatos incontroversos; b) indeferir perguntas sobre fatos controvertidos (e relevantes).

Após *selecionar* os fatos que, a seu ver, são controvertidos, o juiz deverá *consultar* as partes a este respeito, antes de fixar os pontos sobre os quais incidirá a prova. O art. 451, do CPC de 1973, estabelecia que essa fixação ou deveria ocorrer após serem "*ouvidas* as partes". Essa expressão legal, todavia, era imperfeita por ensejar a conclusão de que *ouvir as partes* tinha, aí, o sentido de tomar-lhes, formalmente, o *depoimento*. Por isso, preferimos falar em "*consultar* as partes".

Muitas vezes, o réu manifesta-se (sem razão) surpreso com a afirmação do juiz de que determinado fato, constante da petição inicial, é incontroverso por não haver sido contestado. Nesta altura, também é oportuno lembrar a regra do art. 341, do CPC, que atribui ao réu o encargo de "manifestar-se precisamente sobre as alegações de fato constantes da petição inicial", presumindo-se verdadeiras as que não forem impugnadas. Trata-se do princípio da impugnação especificada dos fatos, que incide no processo do trabalho, ainda que com inevitável temperamento quando a parte estiver atuando pessoalmente em juízo (CLT, art. 791, *caput*). Aliás, como as iniciais trabalhistas, de modo geral, contêm inúmeros fatos (dos quais se originam os correspondentes pedidos), há sempre um acentuado risco de o réu deixar de contestar um ou mais desses fatos, notadamente, quando elabora a sua defesa sem nenhum critério, ou a realiza em meio ao bulício da audiência.

Se o juiz entender que algum fato seja incontroverso, e com isso o réu não concordar, este poderá alegar a nulidade do processo com fundamento no tradicional "cerceamento de defesa", uma vez que o magistrado não lhe permitirá produzir prova quanto a tal fato. Colocamos aspada a expressão *cerceamento de defesa* porque, em rigor, o que no mais das vezes ocorre é *restrição ao direito de defesa*. O verbo *cercear* significa "cortar rente, pela base, pela raiz", "cortar cerce". Haveria efetivo cerceamento se o juiz impedisse o réu de apresentar contestação. No caso de o magistrado reputar ser incontroverso um fato que seja controvertido (e, em razão disso, impedir o réu de produzir a correspondente prova), o que haverá será *restrição* ao direito de defesa. Se, ao contrário, o juiz, agora com a discordância do autor, reputar que o fato seja controvertido — e, em razão disso, permitir ao réu produzir a correspondente prova — não haverá fundamento para o autor alegar nulidade processual, conquanto possa ter havido afronta ao inciso III, do art. 374, do CPC. Neste caso, sendo a sentença desfavorável ao autor, no ponto em questão, ele deverá, apenas, argumentar, em grau de recurso, que a prova produzida pelo réu deverá ser desconsiderada e postular, em decorrência disso, o provimento do seu recurso.

Na verdade, independentemente, ou não, da existência de norma legal, a prévia fixação dos pontos controvertidos da causa é medida que se impõe pela necessidade de organização das atividades que o juiz desenvolve na qualidade de condutor soberano do processo. Para que essa medida atinja a sua finalidade é indispensável que o magistrado, como dissemos, leia a inicial e a contestação, a fim de verificar quais fatos são controvertidos e quais não são. Nunca é inútil reiterar a observação de que as petições iniciais trabalhistas soem conter uma quantidade expressiva de fatos (e de correspondentes pedidos), particularidade que justifica, ainda mais, a adoção, pelo juiz, da providência a que a que nos referimos.

Nas audiências unas e contínuas haverá, por certo, alguma dificuldade para o magistrado proceder, com eficiência, ao confronto entre os fatos alegados na inicial e na contestação, pois mal terá tempo para ler essas peças, considerando-se que, logo em seguida, deverá dar início à instrução oral do processo. De qualquer forma, será sempre recomendável que ele procure inteirar-se, o quanto lhe seja possível, desses fatos, a fim de evitar os problemas já aludidos.

É necessário que se esclareça, por fim: a fixação dos pontos controvertidos, sobre os quais incidirá a prova, não traduz, propriamente, uma decisão do magistrado, assim entendida como ato impositivo; essa fixação deve ser, acima de tudo, produto de diálogo do juiz com as partes. É o que poderíamos denominar de "ato de concertamento". Não menos importante é observar que essa fixação não é peremptória, definitiva, pois, em determinados casos, o juiz – *ex officio* ou a requerimento do interessado — poderá revê-la, no curso da audiência, seja porque a fixação foi mal estabelecida, seja porque os depoimentos estão a revelar a necessidade de ser ampliada ou reduzida. Também aqui, o bom senso haverá de ser o melhor conselheiro de todos. Seja como for, caberá, sempre, ao magistrado, a última palavra quanto aos fatos que constituirão objeto da prova.

Capítulo VII

Conceito de Prova Judicial

Em sentido amplo, o vocábulo *prova* (originário do latim *proba, probatio*, do verbo *probare* = demonstrar) significa tudo o que demonstra a veracidade de uma proposição ou a realidade de um fato, sem nos esquecermos, ainda, dos sentidos de indício, sinal, ensaio, experiência, que ele também sugere (Caldas Aulete, "Dicionário Contemporâneo da Língua Portuguesa", Rio: Ed. Delta, 1964, p. 3.300).

Talvez por isto, Hernando Devis Echandía (*Teoria General de Ia Prueba Judicial*. 2.ª ed., tomo l, p. 9) tenha sido levado a observar que a prova não se circunscreve ao âmbito do Direito, se não que se espraia pelas ciências em geral, integrantes do conhecimento humano, assim como alcança a própria vida prática cotidiana. Armando Porras López (*Derecho Procesal del Trabajo*. Puebla, México: Ed. José M. Cajica Jr., sem data, p. 241), todavia, informa não ser pacífica, entre os estudiosos, a questão relativa à etimologia da palavra: "El término prueba se deriva, por algunos autores, del advérbio latino 'probe', cuya significación es la de honradamente u honradez; para otros juristas, la mencionada voz se deriva de '*probandum*', que significa patentizar, experimentar, hacer fé respecto de alguna cosa".

Dissenções etimológicas à parte, é certo que não se afasta dessa noção central de demonstração da verdade o significado do vocábulo no plano da ciência jurídica processual — nada obstante possamos afirmar, sem receio de perder o senso das proporções, haver aqui tantos conceitos quantos são os autores, cujos pronunciamentos díspares decorrem, por certo, da ausência de qualquer definição legal a respeito desse importante instituto.

Com efeito, o CPC — à dessemelhança do que fez, nem sempre em escorreito didatismo, quanto a outros institutos, como, *v. g.*, os da conexão (art. 55), da continência (art. 56), da intimação (art. 269) etc. — não esboçou nenhum conceito de prova judiciária. Neste ponto, o legislador processual civil, por suposto, curvou-se prudentemente ao conselho das fontes romanas, segundo o qual "*omnis definitio in iure civile periculosa est*", hoje elevado à categoria de brocardo jurídico.

A CLT, por sua parte, menos sistemática do que o atual CPC, não se dedicou, como princípio, a emitir conceitos a propósito dos institutos processuais que a integram; fê-lo, apenas, em relação a alguns casos de direito material, como o do empregador (art. 2.º) e do empregado (art. 3.º), da força maior (art. 501, *caput*) e de uns poucos mais.

Curiosa, entretanto, era a disposição, pouco técnica, das Ordenações Filipinas (Livro III, Título 63), de que "A prova é o farol que deve guiar o juiz nas suas decisões"; em rigor, não se enunciava, com tal redação, qualquer conceito de prova: indicava-se, somente, em linguagem metafórica, um dos aspectos da sua finalidade no processo. Já se disse, também, que a prova é a alma do processo.

Na doutrina estrangeira moderna colhemos, dentre tantos, os seguintes conceitos: a prova é a demonstração da verdade de um fato ou também o mesmo meio que as partes empregam para demonstrar o fato discutido (Laurent, da Escola Exegética; *apud* Armando Porras López, ob. cit., p. 242); é o meio regulado pela lei para descobrir e estabelecer com certeza a verdade de um fato controvertido (Domat; *idem*); é um fato suposto ou verdadeiro que se considera destinado a servir de causa de credibilidade para a existência ou inexistência de um fato (Bentham; *apud Tratado de las pruebas judiciales*. Buenos Aires: Ejea, 1950. tomo I, Cap. IV, p. 1); provar significa fazer conhecidos ao juiz os fatos controvertidos e duvidosos e dar-lhe a certeza do seu modo de ser (Carlo Lessona, *apud* Armando Porras López, *idem*); provar é estabelecer a existência da verdade, e as provas são os diversos meios pelos quais a inteligência chega ao descobrimento da verdade (Eduardo Couture, *apud* Martinez Silva. *Tratado de Pruebas Judiciales*. Buenos Aires: 1947, p. 21); é o conjunto de diversos meios pelos quais a inteligência chega à descoberta da verdade (Bonnier, *apud* Armando Porras López, *idem*); é a soma dos meios produtores da certeza (Mittemaier, in: *Traité dês Preuves*, p. 1, *apud* Pestana de Aguiar, *ibidem*, p. 4); é o meio objetivo pelo qual o espírito humano se apodera da verdade (Malatesta, *in*: *A Lógica das Provas*. Lisboa: 1911. vol. l, p. 21); é a consequência legítima que resulta de um fato, cuja certeza leva a concluir que um outro fato, do qual se ignora a verdade, é verdadeiro ou não (Merlin, *apud* Raphael Cirigliano. *Prova Civil*. São Paulo: Revista dos Tribunais, 1981. p. 34).

Russomano, por sua vez, em feliz metáfora, afirmou ser a prova o "pedestal da sentença" (*Comentários à Consolidação das Leis do Trabalho*. Rio de Janeiro: José Konfino, 1977. p. 1.196).

Advirta-se, porém, que o problema atinente à formulação de um conceito doutrinário da prova — como de resto, aliás, se dá com os institutos jurídicos em geral — é algo ardiloso, porquanto esta figura possui contornos sutis, delimitadores do seu conteúdo, que embora sejam definidos não se revelam suficientemente nítidos a quem se propõe a apreendê-los; por isso, muitos autores, não raro, acabam extravasando, inadvertidamente, desses limites, cuja consequência tem sido a elaboração de conceitos que não refletem, com a necessária fidelidade científica, o que representa, em essência, o instituto da prova judiciária. Tal nos parece, *data venia*, o caso de Laurent, Domat, Couture, Bonnier, Mittermaier e do próprio Malatesta, cujos pensamentos tivemos a honra de reproduzir, que acabaram tomando a prova em si pelos *meios* de prova — que constituem, sabidamente, coisa distinta.

Nesse mesmo equívoco parece haver incorrido o eminente Coqueijo Costa (*Direito Judiciário do Trabalho*. Rio de Janeiro: Forense, 1978. p. 284), ao declarar que pelo sentido mais amplo a prova "é o complexo de elementos de que um Juízo dispõe para o conhecimento dos fatos relevantes para a solução de uma demanda".

Com quanta razão, portanto, pôde Bentham asseverar: "La prueba tiene mucho de enganador puesto que se utiliza para designar en princípio, ei médio y ei fin de Ia prueba" (*Tratado de Ias Pruebas Judiciales*. Buenos Aires: 1971).

Dissentimos, por esse motivo, de Pestana de Aguiar (ob. cit, p. 5) quando afirma ser possível atribuir-se ao simples meio o conceito de prova (no mesmo sentido, Devis Echandía, ob. cit., p. 29, ns. 9, 11 e 33), sob o argumento de que há, quanto a isto, uma tendência de nosso direito positivo, e que, muitas vezes, "um só meio conduz ao resultado, confundindo-se aquele com este", aduzindo, ainda, o ilustre jurista, que "o meio de prova já nasce destinado à obtenção do resultado, que é a própria prova" (*idem*). Pela nossa parte, *venia permissa*, entendemos que prova é *resultado* e não *meio* (perfilhamos, no particular, o entendimento de Castro Mendes, in: *Do Conceito de Prova em Processo Civil*. Lisboa: 1971. p. 271), nada obstante reconheçamos que o CPC vigente, tal como o revogado, atribuiu, em manifesta erronia, ao meio o caráter de prova. Ora, a ser assim, ter-se-ia de admitir, inevitavelmente, por exemplo, que qualquer documento juntado aos autos constituiria, por si só, prova do fato a que se refere, ignorando-se, com isto, a apreciação judicial acerca desse meio probante, apreciação que resultaria na revelação do resultado que tal meio produziu, conforme tenha eficácia para tanto. Ademais, se o meio é a prova, como sustentar-se essa afirmação diante de declarações conflitantes de duas testemunhas sobre o mesmo fato? Ambas, nesta hipótese, teriam provado a existência de duas verdades? Não nos parece que isto seja aceitável, processual e logicamente, pois no caso fixado é curial que apenas se poderia admitir um dos depoimentos, segundo o critério de valoração da prova, desprezando-se necessariamente o outro, porquanto se referem a um fato comum. Não é, pois, a prova um resultado?

Dentro da linha de advertência formulada por Bentham extrai-se, como consequência prática, uma fundamental regra de cautela, que deve ser observada por todos quando da elaboração de qualquer conceito de prova judiciária e segundo a qual ao jurista se impõe ater-se, rigidamente, ao aspecto ontológico (ou substancial) desse instituto poliédrico, cuidando para não adentrar em outros, sob pena de conduzir a uma confusão entre os significados de prova e de meio probante.

Antonio Dellepiane, tendo em vista as diversas conceituações da prova judicial, assim se manifestou: "La primera dificuldad com que se tropieza as abordar el estúdio de la prueba judicial, nace de la diversidad de acepciones del vocablo em el derecho procesal. Úsasele, desde luego, em el sentido de medio de prueba, o sea para designar los distintos elementos de juicio, producidos por las partes o recogidos por el juez, a fin de establecer la existência de ciertos hechos em el proceso (prueba de testigos, prueba indiciaria). En segundo lugar, entiendese por prueba la acción de probar, de hacer la prueba, como cuando se dice que al actor incumbe la prueba de los hechos por el afirmados: *actor probat actionem*; com lo qual se preceptúa que es el quien debe suministrar los elementos de juicio o producir los medios indispensables para determinar la exactitud de los hechos que alega como base de su acción, sin cija demonstración perderá su pleito. Por último, com la voz prueba se designa tambiém el fenômeno sicológico, el estado de espíritu producido em el juiez por los elementos de juicio antes aludidos, o sea la convicción, la certeza acerca de la existencia de ciertos hechos sobre los cuales há de recaer su pronunciamiento.

En este sentido se dirá que hay prueba o que non la hay. Com lo último se entiende significar no que no existan en el expediente elementos de juicio acumulados (medios de prueba, primera acepción), ni tampoco que no se los haya rendido por los litigantes (segunda acpción), sino que dichos elementos son insuficientes para determinar la convicción, o, lo que es igual, que no existe em el magistrado el estado de conciencia llamado certeza, em razón de haber sido insuficientes, para provocar dicho estado de espíritu, los elementos de jucio que se reunieron" (*Nueva teoria de la prueba*. 9.ª ed. Bogotá: 1997. p. 7-8).

Hernando Devis Echandia, por sua vez, também se refere às diversas acepcções do vocábulo prova: "ora como media utilizado pos las partes o medio de prueba (aspecto formal); ora como razón para proponer la existencia o la verdad de los hechos (contenido sustancial); ora como control de esa verdad o existencia, mediante la actividad del órgano jurisdiccional (resultado subjetivo de la prueba" (obra cit., p. 8). Para Echandia a prova apresenta três aspectos principais: a) *formal*, relacionado aos meios utilizados para levar os fatos ao conhecimento do magistrado (testemunhas, documentos, etc.); b) *substancial*, ligado às razões que desses meios se extraem em favor da convicção do juiiz; c) *resultado*, vinculado ao próprio convencimento do magistrado (estar, o fato, provado ou não).

Para Echandia, provar "es aportar as proceso, por los medios y procedimientos aceptados em la ley, los motivos o las razones que produzcan el convencimiento o la certeza del juez sobre los hechos", concluindo: "Y se dice que existe prueba suficiente em el proceso, cuando en el aparece um conjunto de razones o motivos que produzen el convencimiento o la certeza del juez respecto de los hechos sobre los caules debe proferir su decisión, obtenidos por los medios, procedimientos y sistemas de valoración que la ley autoriza" (*ibidem*, p. 34).

Vistos todos esses conceitos, e lançadas as nossas considerações acerca dos equívocos que assinalam muitos deles, abalançamo-nos a ensaiar, a seguir, o nosso conceito de prova judicial: (1) É a demonstração (2), segundo as normas legais específicas (3), da verdade dos fatos (4) relevantes (5) e controvertidos (6) no processo.

Dissemos (1) *demonstração*, porque, em concreto, a atividade probatória, que às partes preponderantemente incumbe em decor- rência do ônus que a lei lhes atribui (CLT, art. 818), consiste em trazer aos autos elementos que demonstrem a verdade dos fatos alegados e com base nos quais deverão desenvolver um raciocínio lógico, tendente a influir na formação do convencimento do órgão jurisdicional; (2) *segundo as normas legais específicas*, porque o direito processual não apenas estabelece as modalidades de prova admitidas em juízo (CPC, art. 369), como também disciplina o procedimento probatório das partes; (3) *da verdade dos fatos*, porque, regra genérica, o objeto da prova são os fatos (CPC, art. 369), como tais considerados todos os acontecimentos do mundo sensível, capazes de provocar repercussão na ordem jurídica; só excepcionalmente se exigirá prova do direito (CPC, art. 376); (4) *relevantes*, porque a prova não deve incidir sobre todos os fatos narrados na ação, mas somente em relação àqueles que se revelam importantes (relevantes) para a justa composição da lide; (5) *e controvertidos*, porquanto devem ficar fora do campo da prova os fatos incontroversos, assim entendidos os que, sendo afirmados por uma das partes, são confessados pela parte contrária (CPC, arts. 341 e 374, II); os admitidos no processo como incontroversos (CPC, art. 374, III), bem assim os notórios (art. 374, I) e aqueles em cujo favor milita a presunção legal de existência ou de veracidade (art. 334, IV); (6) *no processo*, pois os fatos a serem provados são os que foram trazidos pelas partes ao conhecimento do juiz; assim, os fatos que permaneceram à margem do litígio (embora pudessem ser relevantes), ou que foram narrados intempestivamente, não podem ser destinatários da prova — "*Quod non est in actis non est in mundo*", adverte o conhecido apotegma jurídico, de larga e proveitosa aplicação na realidade forense.

João Monteiro (*Programa do Curso de Processo Civil*. 3.ª ed., vol. II, § 122, nota 2, p. 93) anota, a propósito, que a prova não é unicamente um fato processual, "mas ainda uma indução lógica, é um meio" (*sic*). O festejado jurista, todavia, toma aqui o resultado pelo meio, deixando-se pilhar, a nosso ver, na mesma erronia técnica) com que se estabelece a existência positiva ou negativa do fato probando, e é a própria certeza dessa existência", acrescentando Pontes de Miranda (*Comentários ao Código de Processo Civil*. Rio de Janeiro: Forense, 1979. p. 311) que a prova atine "à existência e à inexistência no mundo fáctico(*sic*) no mundo jurídico", que conclui, em sua linguagem peculiar, haver "prova de fatos do mundo fáctico (*sic*) e prova de fato do mundo jurídico (= de suportes fácticos (*sic*) + entrada no mundo jurídico)". O adjetivo *fático* não possui raízes em nosso léxico. Acreditamos tenha sido introduzido na linguagem forense brasileira pelo notável jurista; mesmo assim, neologismo ou estrangeirismo que o seja, deve ter o seu emprego evitado o quanto possível (para não dizer eliminado), em que pese ao fato de reconhecermos estar de certa forma consagrado pelo uso. O adjetivo dicionarizado é *factual*.

Em verdade, contudo, os fatos do mundo jurídico (a lei, por exemplo) prescindem, por princípio, de prova (CPC, art. 376), conforme veremos oportunamente.

Capítulo VIII

A Iniciativa Judicial da Prova

Inauguremos este capítulo com uma indagação: o juiz pode tomar a iniciativa da produção de provas, ou seja, sem que a parte interessada a tenha requerido?

A princípio, entram em disputa duas orrentes de opinião: uma, para a qual essa inciativa do juiz não seria possível, levando-se em conta o fato de o legislador haver distribuído entre as partes o ônus da prova (CLT, art. 818; CPC, art. 373), com as correspondentes consequências legais de não se desincumbirem desse encargo; outra, a sustentar que a iniciativa do juiz na produção de provas é inerente ao seu dever de buscar a verdade real, para, com base nela, formar a sua convicção jurídica acerca dos fatos da causa.

Para logo, discodamos da primeira corrente de opinião, há pouco mencionada. Cremos que o equívoco dessa corrente consiste em estabelecer uma certa confusão entre os poderes instrutórios do juiz e o ônus da prova, que são coisas diversas. Realmente, mesmo o magistrado da justiça comum (seja estadual ou federal) possui autorização legal para tomar a *iniciativa da prova*, como evidencia o art. 370, do CPC: "Caberá ao juiz, **de ofício** ou a requerimento da parte, determinar as provas necessárias ao julgamento do mérito"; destacamos. O ônus da prova constitui regra a ser utilizada no *julgamento* da causa, vale dizer, no momento em que o magistrado for proferir a sentença.

A possibilidade de o juiz do trabalho tomar a iniciativa da prova ainda mais se evidencia na redação do tantas vezes citado art. 765, da CLT, que lhe comete ampla liberdade na direção do processo, aí implícito os seus poderes instrutórios.

É essencial, contudo, que o juiz, no exercício de seu poder instrutório, assegure a igualdade de tratamento aos litigantes; essa igualdade não só é inerente à figura do juiz natural (CF, art. 5.°, inciso XXXVII), como se encontra expressa no inciso I, do art. 139, do CPC. Deste modo, o juiz deve tomar o cuidado para não exercitar esse poder, exclusivamente, em benefício de uma das partes, sob pena de esse tratamento anti-igualitário acarretar a nulidade do processo. O que, talvez, se possa afirmar, no plano específico do processo do trabalho, é que o tratamento isonômico consistirá em tratar desigualmente pessoas desiguais. Como escreveu Gallart-Folch: "Eminentemente desigual, o direito do trabalho propõe compensar com uma superioridade jurídica a inferioridade econômica do trabalhador". Essa fórmula engenhosa se aplica, por inteiro, ao processo do trabalho, cuja finalidade preponderante é fazer atuar o direito material correspondente.

Sobre este tema nos manifestamos, com maior produndidade, em outros livros, como em *A Prova no Processo do Trabalho*. (8.ª ed. São Paulo: LTr: São Paulo, 2003, p. 111/134).

Permitam-nos transcrever um excerto da obra:

> "O que não nos parece ser possível, pelas razões expostas, é trasladar-se para o processo do trabalho, onde a desigualdade real das partes é fato inomitível, o critério civilista a respeito da distribuição do ônus objetivo da prova, que se sabe estar estribado, ao contrário, no pressuposto da igualdade formal dos litigantes. Não somos nós quem estamos a proclamar essa desigualdade; já a denunciou, há muito, a própria doutrina alienígena, como se lê em Giovanni Tesorierí (*Lineamenti di Diritto Processuale dei Lavoro*. Padova: Cedam, 1975. p. 4): 'Quando o dador de trabalho e o trabalhador assumem no processo as vestes formais de partes, não cessam por isso de ser o que sempre terão sido; a história das suas relações não se transforma numa outra história: é a mesma, que continua'.
>
> Por este motivo, temos para conosco que o mesmo caráter anti-igualitário do direito material — na feliz expressão de Camerlynck/Lyon-Caen (*Derecho del Trabajo*. Madrid: Aguilar, 1974. p.24) — deverá presidir tanto a interpretação das normas processuais quanto o seu processo de elaboração legislativa: é o que recomendam a lógica e a consciência jurídica.
>
> Ao elaborar o Relatório Geral do Tema l do II Congresso Ibero-Americano de Direito do Trabalho, realizado em Lima, Peru, em novembro de 1967, o eminente Russomano encontrou oportunidade para lançar, com apoio em Enrique Júlio Villarreal (*Derecho Procesal Laboral*. Buenos Aires: 1951. p. 16), estas notáveis palavras: 'Aqui — como foi escrito anteriormente — o Direito Processual do Trabalho se molda segundo o contexto do Direito do Trabalho, porquanto, ao contrário do que ocorre segundo a lei física dos líquidos, no mundo jurídico o continente se ajusta à forma do conteúdo'.
>
> Essa atitude antiigualitária, que se alvitra seja alteada à categoria de princípio informativo do processo do trabalho, ainda mais se faz exigível no capítulo das provas, pois não podemos ignorar que a prova não apenas se situa 'entre os problemas vitais do processo', como bem observou Leo Rosenberg (*Tratado de Derecho Civil*. 1955. vol. II, p. 228), mas é justamente nessa fase do procedimento em que se avulta, sobremaneira, essa desigualdade do trabalhador — fato que não passou despercebido à acuidade de Wagner Giglio (*Direito Processual do Trabalho*. São Paulo: LTr, 1977. p. 69), que, em face disto, advertiu quanto à 'necessidade de uma nova estrutura conceituai do processo trabalhista, lastreada nessa desigualdade'. Filiamo-nos a essa linha de vanguarda, cuja construção parece constituir mesmo um dos grandes desafios do futuro à doutrina processual.
>
> Concluímos, portanto, que o art. 818 da CLT, desde que o intérprete saiba captar, com fidelidade, o seu verdadeiro conteúdo ontológico, deve ser o único dispositivo legal a ser invocado para resolver os problemas relacionados ao ônus da prova no processo do trabalho, vedando-se, desta forma, qualquer invocação supletiva do art. 333, do CPC (art. 373, do CPC de 2015), seja porque a CLT não é omissa, no particular,seja porque há manifesta incompatibilidade com o processo do trabalho."

Capítulo IX

O Interrogatório dos Litigantes

1. Interrogatório e depoimento

Não apenas a doutrina, como, também, os diversos ordenamentos jurídicos processuais vêm, ao longo de sua história, distinguindo o interrogatório do depoimento das partes. A distinção, que se tem feito, não é cerebrina como se possa imaginar, se não que decorre da própria razão finalística desses institutos processuais, segundo demonstraremos.

1.1. Interrogatório

Dispunham as Ordenações Filipinas (Livro 3.º, Título 20, § 4.º), que "Tanto que o réu for citado e vier a Juízo, o Juiz fará, assim que o autor como o réu, de seu ofício ou à petição da parte, as perguntas que bem lhe parecer, assim para a ordem do processo como para a decisão da causa". Esse interrogatório das partes acontecia *initio litis*, ou seja, antes da produção das provas. Caso o juiz, pelas respostas obtidas, se considerasse capacitado para julgar, proferia decisão definitiva; se não, ordenava que o autor oferecesse libelo na primeira audiência. Tal peculiaridade levou Cândido Mendes de Almeida (*Código Filipino*, de 1970, p. 387, *apud* Moacyr Amaral Santos, *Comentários*, p. 84) a observar, com precisão, que se os juízes fizessem vigorar essa prática, muitas demandas morreriam no nascedouro.

O célebre Regulamento n. 737, de 25 de novembro de 1850 (na verdade, um Código de Processo Comercial), também previa o interrogatório dos litigantes (conquanto ocorresse após os autos virem conclusos ao juiz, para julgamento), bem como alguns Códigos de Processo Estaduais. Convém lembrar que a "Constituição da República dos Estados Unidos do Brazil", promulgada a 24 de fevereiro de 1891, outorgava competência aos Estados-Membros para legislar sobre processo, nas instâncias estaduais. O art. 34, em seu item 23, atribuía competência ao Congresso Nacional para legislar (apenas) sobre direito processual "na justiça federal". Deste modo, se após examinar os autos o magistrado entendesse que seria necessário, para melhor formar o seu convencimento citação das partes, determinava que, em dia e hora previamente designados, viessem à sua presença, a fim de serem interrogadas. Poderia acontecer, então, que se verificasse a confissão nas respostas ao juiz, a que se referia o art. 162 do Regulamento mencionado.

Lembra Moacyr Amaral Santos (ob. cit., p. 84-85) que o CPC de 1939 não atribuía ao interrogatório a finalidade prevista no art. 342 do Código de 1973, pois o texto revogado se limitava a disciplinar o depoimento pessoal, ainda que ordenado de ofício, a ser colhido na audiência de instrução e julgamento.

1.2. Depoimento

Não é exatamente apropriado dizer-se depoimento pessoal, porquanto pessoais também o são os depoimentos das testemunhas e do perito. A lógica sugere, portanto, que se diga depoimento das partes — que, aliás, pode ser prestado por elas próprias (logo, neste caso será mesmo pessoal) ou por intermédio de terceiro, como se dá, comumente, com o empregador (logo, não será, em rigor, pessoal, no sentido da própria parte), por meio de preposto.

A propósito, bem fariam os advogados, os juízes, os membros do Ministério Público e todos, enfim, se deixassem de empregar expressões como "parte autora", "parte ré", pois quem é autor ou réu é, evidentemente, *parte*. Há, pois, injustificável redundância em tais expressões.

O depoimento pode ser determinado de ofício, pelo juiz, ou a requerimento da parte contrária (CPC, art. 385); ele, em si, não constitui prova; será, contudo, meio de, sempre que provocar a confissão.

Objeto do depoimento são os fatos (relevantes e controversos) relacionados à causa e não o direito; nada obstante, pode-se admitir a prova de direito consuetudinário mediante depoimento da parte.

1.3. Distinção entre ambos

Com base no próprio ordenamento processual civil vigente, podemos apontar os mais expressivos traços de dessemelhança entre o interrogatório e o depoimento:

a) enquanto o interrogatório é sempre determinado de ofício pelo juiz (CPC, art. 139, inciso VIII), o depoimento pode, além disso, ser requerido pela parte adversa (CPC, art. 385, § 1.º);

b) o interrogatório pode ser determinado em qualquer estado ou fase do processo (CPC, art. 139, inciso VIII); já o depoimento deve ser colhido na audiência de instrução e julgamento (CPC, art. 385);

c) o interrogatório tanto pode ser único como repetir-se mais vezes, desde que assim entenda necessário o juiz; o depoimento, em regra, é um só.

A distinção fundamental, todavia, entre um e outro está em sua *finalidade*: enquanto o interrogatório busca obter das partes certos esclarecimentos (ao juiz) sobre os fatos da causa, o depoimento, embora não despreze esse esclarecimento, pode acarretar a confissão.

Desta forma, conquanto o interrogatório e o depoimento tenham, no particular, um elemento comum, que é a obtenção de esclarecimento acerca dos fatos narrados nos autos, somente este último pode implicar confissão da parte.

Essa distinção essencial entre ambos se manifesta, igualmente, na hipótese de ausência injustificada da parte, ou de recusa em depor. Tratando-se de depoimento, a parte que não comparecer, ou, comparecendo, recusar-se a depor, ensejará que se presumam verdadeiros os fatos contra ela alegados, pois se configura, na espécie, a *ficta confessio* (CPC, art. 385, § 1.º). Não se pode cogitar de confissão, todavia, se for o caso de interrogatório, porquanto o juiz não tem interesse em extrair a confissão da parte. Por essa razão, na vigência do CPC de 1973, compartilhávamos o entendimento de Moacyr Amaral Santos (ob. cit., p. 86), de que "O inadimplemento desse dever, que se reflete no de outro, qual o de 'expor os fatos em Juízo conforme a verdade' autoriza a aplicação de uma sanção, que todavia não é prevista no art. 343". E conclui: "Não nos parece aplicável a pena de confissão, do art. 343, relativa ao depoimento pessoal, *porque o interrogatório não tem a finalidade deste e sim apenas a de aclarar os fatos da causa*" (sublinhamos).

O CPC de 2015 deu fim a essa eventual incerteza, pois, após dispor, com clareza, que o juiz pode determinar (*ex officio*) o comparecimento pessoal das partes, para inquiri-las acerca dos fatos da causa, ressaltou: "hipótese em que não incidirá a pena de confesso".

Parece-nos nítida, o quanto basta, a linha fronteiriça entre o interrogatório e o depoimento das partes, a desautorizar, com isso, que se afirme haver sinonímia processual entre ambos e igualdade de efeitos.

1.4. A matéria na CLT

A CLT, em absoluta falta de sistematização científica, ora se refere a depoimento (art. 819, *caput*), ora a interrogatório (art. 848, *caput*, § 1.º), fazendo com que o intérprete conclua, à primeira vista, que ela conferiu um tratamento unitário à matéria, porquanto utiliza, de maneira indistinta, ambos os vocábulos.

Temos para conosco que o deslinde da questiúncula deve ser buscado não pela análise isolada da significação de um e outro vocábulo, mas mediante uma visão *sistêmica* do problema relacionado ao comparecimento e à audição das partes no juízo trabalhista.

É inegável que no plano do processo do trabalho as partes devem comparecer à audiência: este é o comando do art. 843, *caput* da CLT, iterado pelo art. 845 do mesmo texto. Dois podem ser apontados como os motivos determinantes dessa disposição legal: a) propiciar a que o juiz (CLT, art. 846, *caput* e 850, *caput*) torne concreto o objetivo medular da Justiça do Trabalho, qual seja, a conciliação (CLT, art. 764, *caput* e §§ 1.º a 3.º); e b) possibilitar que sejam ouvidas.

Já é possível, a esta altura, estabelecer-se uma ilação parcial: o comparecimento das partes, ao juízo trabalhista (à audiência), constitui *dever legal*; conseguintemente, independe de requerimento do litigante contrário — em que pese ao fato de, por influência do processo civil, a petição inicial e a contestação, em geral, conterem requerimento nesse sentido (o que, em verdade, é desnecessário).

Presentes as partes, frustrada a primeira proposta conciliatória, e apresentada a defesa, proceder-se-á à instrução processual (procedimento ordinário), interrogando-se os litigantes (CLT, art. 848, *caput*), após o que poderão retirar-se (§ 1.º). A menção legal ao interrogatório das partes poderia, de certo modo, levar a que se concluísse, desde logo, inexistir no processo do trabalho o depoimento; isto seria precipitado, pois, como vimos, a CLT também aludiu ao depoimento no art. 819, *caput*. Cumpre-nos, portanto, prosseguir no exame da matéria.

Diz o *caput* do art. 848 da CLT, todavia, em linguagem clara, que não havendo o acordo "seguir-se-á a instrução do processo, *podendo o presidente, ex officio ou a requerimento de qualquer Juiz temporário, interrogar os litigantes*" (sublinhamos). A referência a "Juiz temporário" já não se justifica, pois a representação classista foi extinta. Disto resulta que: a) o interrogatório das partes somente poderá ocorrer: 1) por iniciativa do juiz; 2) o juiz não está compelido a proceder ao interrogatório dos litigantes, pois este ato constitui faculdade sua, tanto que o legislador empregou o verbo *poder* (podendo) e não o *dever* (devendo). Assim também entendeu, há alguns anos, a 1.ª Turma do TST, sendo relator o eminente Ministro Raymundo de Souza Moura: "O interrogatório dos litigantes é facultado pelo Juiz, salvo comprovada pelas partes a necessidade de esclarecimento com aquela peça processual. O contrário acontece com os depoimentos das testemunhas numerárias, que só se dispensam se o Juiz fundamentar a desnecessidade da aludida prova" (Ac. RR-61/73 (22/73), de 9-8-73, in: *Revista do TST*, 1973/1974). Vale reproduzir, ainda, como registro histórico, a seguinte ementa de acórdão proferido pelo Pleno da mesma Corte: "Na Justiça do Trabalho só é lícito à parte pedir a reinquirição da outra, e não o interrogatório, assim mesmo subordinada ao deferimento pelo Juiz-Presidente (CLT, art. 820)". (Ac. 1.690/73 — ERR — 1.024/74, rel. Min. Coqueijo Costa, in: Ísis de Almeida, ob. cit., p. 84).

Dir-se-á, contudo, que o art. 820 da própria CLT, demonstra o desacerto de nossa afirmação, visto estabelecer que as partes poderão ser reinquiridas, por intermédio do juiz, a *requerimento* "*das partes, seus representantes ou advogados*" (sublinhamos). Convém redarguir, entretanto, em caráter proléptico, que o art. 820 deve ser entendido em conjunto com o art. 848. Desta forma, somente se o juiz, por iniciativa sua, efetuar o interrogatório dos litigantes é que a parte poderá reinquirir (o prefixo *re* é bastante elucidativo) a que estiver sendo interrogada. Verifica-se, destarte, que o art. 848 constitui o pressuposto legal para a atuação do art. 820 da CLT, na parte em que permite a reinquirição pelos litigantes.

O fato de o art. 820 estar compreendido na Seção das provas, e o 848, na da audiência de julgamento, em nada altera, *venia permissa*, os nossos argumentos, quanto mais não seja se colocarmos à frente a ausência de sistematização científica do legislador processual trabalhista, já denunciada.

Tem-se, então, uma outra inferência parcial: do ponto de vista legal, no processo do trabalho, ao contrário do comum, o interrogatório (ou a audiência) das partes é ato de iniciativa exclusiva do juiz. Nessa mesma linha de raciocínio — que sabemos colidente com a doutrina predominante —, entendemos que o indeferimento, pelo magistrado, de requerimento da parte, no sentido de determinar a intimação da outra, para vir a juízo a fim de depor, não configura restrição de defesa, não sendo, pois, causa de nulidade processual, por suposto. O mesmo se diga na hipótese de, em audiência, o juiz dispensar, *sponte sua*, o interrogatório dos litigantes, ainda que presentes.

Do conjunto desses fatos e da soma das conclusões parciais, ou intermediárias, construímos uma final: a CLT, manifestando o traço inquisitivo do processo que ela disciplina (nada obstante haja, também, um componente de disponibilidade), não previu o *depoimento* das partes, como fez o atual CPC (art. 343), mas, apenas, o *interrogatório* (art. 848), que é coisa distinta. A referência por ela feita ao *depoimento*, no art. 819, não foi na acepção técnica do vocábulo.

Aplicam-se ao procedimento sumaríssimo, *mutatis mutandis*, as considerações que até aqui expendemos com relação ao ordinário.

Queremos, todavia, deixar claro o seguinte: embora as nossas conclusões acerca da inexistência de depoimento pessoal, no sistema do processo do trabalho *de lege lata*, tenham decorrido de uma rigorosa interpretação técnica e ideológica dos preceitos contidos na CLT, reconhecemos que, sob a perspectiva dos princípios que informam os modernos sistemas processuais, em especial o da democratização do processo, essas conclusões, mais do que perturbadoras, são de difícil sustentação. Talvez por isso, os segmentos majoritários da doutrina e da jurisprudência trabalhistas tenham preferido ignorar o texto da CLT, para admitir a figura do depoimento pessoal, à feição do processo civil. Não temos nenhuma objeção quanto a isto.

1.5. Quem deve ser interrogado. O preposto

A regra geral é que as partes devem ser interrogadas pessoalmente sobre os fatos da causa. O motivo é lógico, pois foram elas próprias que narraram tais fatos.

Dispõe o § 2.º, do art. 843, da CLT, que se o empregado não puder comparecer, pessoalmente, à audiência, poderá fazer-se representar "por outro empregado que pertença à mesma profissão, ou pleo seu sindicato". Essa representação por outro empregado, ou pelo sindicato representtivo da categoria profissional, se destina, apenas, a evitar a extinção do processo sem resolução do mérito (a que a CLT se refere como "arquivamento").

Reconhecemos, no entanto, a existência de opiniões segundo as quais a aludida representação foi instiutuída para efeito de o representante submeter-se ao interrogatório judicial. Ponderemos: a mera presença de outro empregado, ou de membro da diretoria da entidade sindical não supre, absolutamente, a ausência da parte, porquanto apenas esta se encontra apta a prestar esclarecimentos acerca dos fatos alegados na causa.

Sendo elevado o número de empregados que figuram na ação (cuja reunião se fez, certamente, ao teor do art. 842 da CLT), e acontecendo de o juiz reputar necessário o interrogatório de alguns deles, a praxe consagrou deferir-se a dois ou a três desses autores a representação dos demais, para esse efeito. Assim, tais empregados, compondo uma espécie de "comissão", serão interrogados em seu próprio nome e no dos demais, que, como eles, são autores na mesma ação. Embora essa "comissão" seja *sui generis*, não há negar que tem contribuído, sobremaneira, para obviar essa fase do procedimento. É curial, todavia, que os outros empregados manifestem a sua concordância, no particular, devendo esse fato ser mencionado na ata da audiência. Essa outorga informal de poderes encontra amparo no princípio da simplicidade, que informa o processo do trabalho.

Conquanto a hipótese do art. 843, da CLT (ação individual plural) não configure, em rigor, o litisconsórcio ativo e facultativo, a que se referem o art. 113 do CPC, e 842, da própria CLT, é elementar que cada autor deve ser considerado, em suas relações com a parte contrária, como litigante distinto, individualizado; sendo assim, os atos e omissões de um não prejudicarão nem beneficiarão os outros, como, por exemplo, no caso de um deles não comparecer a juízo para ser interrogado, a despeito de o juiz haver assim ordenado.

Por outro lado, é plenamente compatível com o processo do trabalho a regra inscrita no art. 113, § 1.º, do CPC, segundo a qual o juiz poderá limitar o número de litisconsortes ativos-facultativos, quando este comprometer: a) a rápida solução do conflito de interesses; ou b) dificultar a elaboração da defesa ou o cumprimento da sentença. No primeiro caso, a redução pode ser ordenada *ex officio*; no segundo, depende de requerimento do réu. Nesta última situação, apresentado o requerimento, o prazo para a resposta do réu ficará suspenso até que ele seja intimado da decisão a respeito da limitação do número de litisconsorciados.

Como, não raro, o regime litisconsorcial é irregularmente constiuído (por não existir, digamos, identidade entre as causas de pedir ou os pedidos), poderá o réu elaborar petição com requerimentos em ordem subsidiária (CPC, art. 326, *caput)*, a saber: a) primeiramente, destinado extinguir o processo, em decorrência da falta de pressupostos legal para a formação do litisconsórcio (CPC, art. 485, inciso IV); b) segundamente (caráter subsidiário), para que seja reduzido o número de litisconsortes (CPC, art. 113, § 1.º).

Relativamente ao réu (que nem sempre é empregador), estabelece o § 1.º do art. 843, da CLT, que ele poderá fazer-se representar (e não substituir) pelo gerente, ou qualquer outro preposto que tenha conhecimento dos fatos. A medida é salutar, tendo em vista que muitos empregadores não dispõem de tempo para comparecer a juízo, pois não podem se afastar de suas atividades econômicas sem graves transtornos administrativos. Repise-se, contudo, a observação de que a lei não exige que o preposto possua conhecimento *pessoal* (logo, direto) dos fatos, e sim que, indagado a respeito destes, revele conhecê-los, ainda que por intermédio de terceiros (indireto).

Como já advertimos, hipotética exigência de que a cognição dos fatos da causa, pelo preposto, fosse *pessoal*, poderia acarretar graves problemas de ordem prática para o réu — além de coarctar-lhe o direito constitucional de ampla defesa —, como quando o autor houvesse prestado serviços em diversas filiais e inexistisse um preposto que houvesse trabalhado nas mesmas filiais.

Muito se discutiu, na doutrina e na jurisprudência, se o preposto deveria ser empregado, ou não, da pessoa que representa em juízo. Integramos a corrente de pensamento que exigia, do preposto, essa qualidade. Duplo era o fundamento, de nossa opinião, sendo um de direito e outro de fato. De direito, porque o próprio § 1.º do art. 843, da CLT, alude, primeiramente, ao *gerente* e, depois, ao preposto. Ficou aí patente o intuito do legislador em esclarecer que o representante do empregador deve ter vínculo de emprego com este, porquanto não há como desvincular, no Direito do Trabalho, o gerente da relação de emprego. Não fosse assim, não haveria motivo para o legislador haver feito expressa referência à figura do gerente; bastaria que dissesse que a representação poderia ficar a cargo de qualquer pessoa designada pelo empregador, ou seja, de *preposto*. Dentro desse propósito, que orienta o referido parágrafo, só se poderia concluir que o preposto deveria, também, ser empregado do réu. O fundamento de fato estava em que, a admitir-se que a representação pudesse ser exercida por quem não mantivesse vínculo de emprego com o representado implicaria, em certos casos, permitir o exercício da procuratura judicial por quem não estivesse legalmente habilitado a fazê-lo, a refletir-se numa espécie de "preposição profissional". Tal era o caso dos contadores ou contabilistas, que, em decorrência de serem, habitualmente, designados como prepostos dos seus clientes, acabavam se instruindo não apenas em matéria de Direito do Trabalho, mas, até mesmo, em questões processuais. O argumento contrário, de que o risco da indicação do preposto era exclusivamente do empregador (visto que as suas declarações obrigariam o preponente), não deveria causar impressão favorável a quem estivesse familiarizado com a realidade prática. Com efeito, determinados prepostos não empregados eram extremamente habilidosos, medindo cada palavra a ser proferida por ocasião do interrogatório, sendo que alguns se abalançavam, até mesmo, a formular conclusões pessoais quanto aos fatos sobre os quais eram interrogados; outros chegavam a fazer largo uso de expressões latinas...

Sendo o preposto empregado do réu, ele dificilmente teria condições de atuar em juízo, nessa qualidade, em nome de outros preponentes: limitá-lo-ia, em princípio, o contrato de trabalho. Somente por motivos excepcionais, de conseguinte, se deveria consentir que o preposto não fosse empregado do réu. O TST, acolhendo o ponto de vista que sempre defendemos, adotou, por sua SBDI-I, a Orientação Jurisprudencial n. 99, assim enunciada: "Preposto. Exigência da condição de empregado. Exceto quanto à reclamação de empregado doméstico, o preposto deve ser necessariamente empregado do reclamado. Inteligência do art. 843, § 1.º da CLT". Mais tarde, essa OJ foi convertida na Súmula n. 377, que dispensou a exigência de vínculo de emprego, também, no caso de o réu ser empregador doméstico, micro ou pequeno empresário.

Será sempre conveniente, pois, que o preposto compareça à audiência, em que deporá, portando algum documento (como a CTPS) comprobatório da sua qualidade de empregado do preponente, salvo se tratar de ação exercida por empregada doméstica, de micro ou pequeno empresário, ou de litígio derivante de "relação de trabalho", casos em que o preposto também não necessita manter vínculo de emprego com o réu.

De qualquer forma — é necessário reiterar — a falta de comprovante da qualidade de empregado, do preposto, constitui irregularidade sanável, motivo por que o juiz deverá assinar prazo razoável para que a comprovação seja feita, sob as penas da lei (CPC, art. 76, inciso II). Equivocam-se, portanto, os juízes que, sem conceder essa oportunidade para o réu sanar a irregularidade, consideram-no revel e (sempre que for o caso) confesso quanto à matéria de fato.

É proveitoso destacar, de resto, que a representação judicial, por preposto, não constitui apanágio do empregador, como faz supor o § 1.º do art. 843 da CLT. Mesmo nas ações em que se postula o reconhecimento de uma relação jurídica de emprego (em que somente após a prolação da sentença, e ainda assim se for o caso, se poderá dizer se o réu é empregador, ou não) essa representação é possível. O mesmo se diga do réu nas ações oriundas de "relação de trabalho", *lato sensu*. (CF, art. 114, inciso I).

A prática tem demonstrado que, em alguns casos, o autor requer que o depoimento seja prestado por um diretor da empresa-ré. O deferimento ou indeferimento dessa solicitação dependerá de cada caso concreto. Se o diretor estiver diretamente ligado aos fatos da causa, o seu depoimeneto será justificável. Digamos, por exemplo, que o autor alega, na inicial, haver sido ofendido por certo diretor, e, em razão disso, está pedindo a condenação da ré ao pagamento de indenização por danos morais. Se, todavia, o diretor não estiver diretamente vinculado aos fatos da causa, o requerimento de seu depoimento poderá constituir mera estratégia do autor, destinada a criar um certo constrangimento ao direitor e de submetê-lo à curiosidade popular, nos casos em que o diretor seja pessoa extremamente conhecida na comunidade ("figura pública", costuma-se dizer). Nesta hipótese, cumprirá ao juiz indeferir o requerimento, facultando à ré indicar um preposto segundo sua livre escolha – desde que seja seu empregado. Como, de modo geral, os juízes do trabalho não têm contato com a petição inicial a não ser na audiência, será sempre prudente que o réu procure resolver o problema antes da audiência, dirigndo petição ao magistrado, na qual exponha as razões pelas quais não vê necessidade em que o depoimento seja prestado por um diretor. O juiz poderá ouvir o autor a este respeito e decidir em seguida, de tal modo que, quando da audiência, a questão já esteja solucionada.

Estabelece o art. 75 do CPC, em norma aplicável ao processo do trabalho, que serão representados em juízo, ativa e passivamente:

> a) a União, pela Advocacia-Geral da União, diretamente ou mediante órgão vinculado; os Estados e o Distrito Federal, por seus procuradores; b) o Estado e o Distrito Federal, por seus procuradores; c) o Município, por seu prefeito ou procurador [*V. arts. 182 e 184, relacionados*]; d) a autarquia e a fundação de direito público, por quem a lei do ente federado designar; e) a massa falida, pelo administrador judicial; f) a herança jacente ou vacante, por seu curador; g) o espólio, pelo inventariante; h) a pessoa jurídica, por quem os respectivos atos constitutivos designarem ou, não havendo essa designação, por seus diretores; i) a sociedade e a associação irregulares e outros entes organizados sem personalidade jurídica, pela pessoa a quem couber a administração de seus bens; j) a pessoa jurídica estrangeira, pelo gerente, representante ou administrador de sua filial, agência ou sucursal aberta ou instalada no Brasil; k) o condomínio, pelo administrador ou síndico.

Inexiste, por outro lado, dispositivo legal impediente de o advogado atuar, de maneira cumulativa, como preposto do seu constituinte — desde que mantenha vínculo de emprego com este. Há, apenas, o Provimento n. 60 (de 4-11-87), do Conselho Federal da Ordem dos Advogados do Brasil, a proibir o advogado de "funcionar no mesmo processo simultaneamente como patrono e preposto do empregador" (art. 1.º), por entender incompatíveis, entre si, as mencionadas atribuições.

Seria de imaginar-se, no entanto — a prevalecer a opinião doutrinária de que divergimos —, o que ocorreria se se permitisse que o advogado fosse constituído preposto do réu, mesmo que não mantivesse vínculo de emprego com este...

Tudo sugere, portanto, que a qualidade de empregado do preponente seja essencial ao preposto.

1.6. Interrogatório do menor de dezoito anos

Não concordamos com os ilustres juristas que afirmam ser *objetivo* principal da inquirição das partes (ainda que se denominasse a isto de depoimento e não de interrogatório) obter a confissão. O que aí se busca, *data venia,* é ouvir dos litigantes determinados esclarecimentos ou complementos quanto aos fatos narrados na ação; daí por que a confissão surge, nesse concerto, como autêntico acidente do interrogatório. Nem se suponha estarmos pretendendo asseverar que a inquirição dos litigantes é modalidade probatória; só o é, bem o sabemos, meio de prova quando conduz à confissão.

Nem por isto, todavia, nos parece correto sustentar que a finalidade desse ato é extrair o reconhecimento de serem verdadeiros os fatos alegados pela parte contrária. Provavelmente, os que assim entendem partem do resultado objetivo para o processo que a confissão traz.

O menor de dezoito anos e maior de 14 deve submeter-se ao interrogatório, contanto que esteja regularmente assistido (não se há de falar em representação, ainda que possua menos de 16 anos, pois a hipótese não se rege pelo Código Civil, mas sim pelos arts. 7.º, inciso XXXIII da CF e 792 da CLT, com necessária adaptação do art. 793, do texto consolidado, aos dispositivos precitados) por seu pai, mãe, tutor, curador, a fim de, igualmente, esclarecer ou complementar fatos relacionados à causa, e, se do interrogatório resultar a sua confissão, nada obsta que seja reconhecida e que produza os efeitos que lhe são inerentes (CPC, art. 389). Sabendo-se que o trabalhador, com menos de 18 anos, pode assinar recibos (CLT, art. 439), dando quitação do valor correspondente, não há por que deixar de reconhecer-lhe a capacidade de confessar, desde que: a) a confissão seja judicial; b) esteja assistido por seu pai, mãe, tutor, curador ou outro responsável legal.

Observe-se, aliás, que esses responsáveis podem interferir no interrogatório do autor menor de idade, salvo se o fizerem com escopo tumultuário; a não se admitir a interveniência normal, de nenhuma eficácia seria a presença do responsável na audiência.

Em determinadas ações o interrogatório do menor é absolutamente necessário, como quando houver sido despedido por justa causa legal; estiver pleiteando indenização por dano moral, etc. Somente ele, em tais casos, poderá dizer a respeito do ato faltoso que lhe é assacado pelo empregador, ou do dano moral sofrido, de modo que negar-se a sua possibilidade de depor seria subtrair do juiz um dos caminhos conducentes à verdade formal, cuja investigação, em regra, é tormentosa, não se podendo, por este motivo, prescindir da audição daqueles que estão intimamente vinculados aos fatos.

1.7. Interrogatório mediante intérprete

O interrogatório das partes que não souberem se expressar em Português; ou dos surdos-mudos, ou dos mudos, que não saibam escrever, será efetuado por meio de intérprete nomeado pelo juiz (CLT, art. 819 e § 1.º). O CPC prevê a designação desses profissionais toda vez que houver necessidade de: a) traduzir documento redigido em língua estrangeira; b) verter em Português (a que o art. 819 da CLT, se refere, impropriamente, como *língua nacional*) as declarações das partes (e também das testemunhas) que não souberem se expressar nesta Língua. O CPC, em seu art. 162, inciso II, fala em verter para o português as declarações das partes e das testemunhas que "não conhecerem o idioma nacional"; um reparo: a pessoa até pode *conhecer* a Língua Portuguesa, mas não saber *se expressar* por meio dela; c) realizar a interpretação simultânea dos depoimentos das partes e e testemunhas com deficiência auditiva que se comuniquem por meio da Língua Brasileira de Sinais, ou equivalente, quando assim for solicitado.

Intérprete e tradutor, porém, são pessoas que não se confundem. Enquanto o primeiro é nomeado pelo juiz, o segundo é contratado pela parte — geralmente, para verter para o Português documento escrito em língua estrangeira, que deva ser juntado aos autos do processo.

A lei impede de servirem como intérpretes as pessoas que: a) não tiverem a livre administração dos seus bens; b) forem arroladas como testemunhas ou atuarem como perito nos mesmos autos; c) estiverem impossibilitadas ao exercício da profissão por sentença penal condenatória, enquanto durar o seu efeito (CPC, art. 163, incisos I a III).

Uma vez nomeado, o intérprete terá o dever de cumprir o ofício (não há prazo fixado, como ocorre em relação ao perito, porquanto a versão é feita no ato do interrogatório, em audiência), empregando toda sua diligência; poderá, todavia, escusar-se do encargo alegando motivo legítimo (CPC, art. 157, *caput*). A escusa será apresentada dentro de quinze dias da data da intimação, ou do impedimento superveniente ao compromisso, sob pena de se considerar renunciado o direito de alegá-la (*ibidem*, § 1.º). Caso o juiz aceite a escusa, nomeará novo intérprete (CPC, art. 467, parágrafo único).

Entendemos que o intérprete poderá ser substituído pelos mesmos motivos que autorizam a substituição do perito, ou seja, quando: a) lhe faltar conhecimento técnico ou científico; b) sem motivo legítimo, deixar de cumprir o encargo no prazo que lhe foi assinado (CPC, art. 468, incisos l e II). A este respeito, é importante rememorar a regra contida no art. 164, do CPC, conforme a qual "O intérprete ou tradutor, oficial ou não, é obrigado a desempenhar o seu ofício, aplicando-se-lhe o disposto nos arts. 157 e 158".

O intérprete que, por ato doloso ou culposo, efetuar tradução diversa da que seria correta, responderá (civilmente) pelos prejuízos que causar à parte, além do que ficará inabilitado, por dois a cinco anos, a funcionar como tal em outros processos, sem prejuízo das demais sanções previstas em lei e da comunicação do fato ao respectivo órgão de classe para adoção das medidas que reputar cabíveis (CPC, art. 158). A propósito, dispõe o art. 342 do Código Penal — que integra o Capítulo dos Crimes Contra a Administração da

Justiça — que incorrerá nesse crime quem fizer "afirmação falsa, ou negar ou calar a verdade, como testemunha, perito, tradutor ou *intérprete em processo judicial*..." (grifamos).

As despesas com intérprete correrão sempre por conta da parte a quem o interrogatório interessar (CLT, art. 819, § 2.º).

Mesmo que o juiz tenha o domínio do idioma estrangeiro a ser vertido para o Português, não deverá ser dispensada a nomeação do intérprete, pois a tradução direta pelo magistrado poderia implicar não apenas quebra do princípio da imparcialidade, como também provocar certas áreas de atrito com as partes, uma vez que estas poderiam, por exemplo, discordar da fidelidade da tradução, etc. Wagner Giglio (ob. cit., p. 168) acresce, com razão, que a intervenção do intérprete visa a assegurar a compreensão das partes, a lisura da tradução e a publicidade do procedimento.

A nomeação de intérprete, a propósito, nos casos mencionados é obrigatória (CLT, art. 819), o que afasta, por si só, a possibilidade de o julgador dispensá-lo, alegando que entende o idioma ádvena pelo qual se expressará a parte, ou a linguagem mímica do surdo-mudo, ou do mudo, que deva ser interrogado.

1.8. A proibição de desconto no salário

Estatui o art. 822, da CLT, que as testemunhas não poderão sofrer qualquer desconto nos seus salários pelas faltas ao serviço em virtude do seu comparecimento a juízo, para serem inquiridas, quando devidamente arroladas ou convidadas. A razão reside no fato de o depoimento das testemunhas ser considerado serviço público, conforme declaração constante do art. 463, parágrafo único, do CPC.

Curiosamente, todavia, a CLT nada dispôs, quanto a isto, em relação à pessoa dos litigantes, sendo razoável supor-se que a proibição de efetuar desconto no salário do empregado, quando parte em ação trabalhista, tenha parecido óbvia ao legislador; daí, a omissão a respeito.

Não obstante, o silêncio do texto legal rendeu ensejo à formação de controvérsia doutrinária e jurisprudencial acerca do assunto. Chegou-se, até mesmo, a afirmar que a liceidade de desconto estaria condicionada ao resultado do provimento jurisdicional — cujo fato não elimina o desacerto da tese que entendia ser possível o desconto. Realmente, dizer-se que o desconto será lícito se as pretensões do empregado forem rejeitadas pela sentença, e ilícito, se forem acolhidas (ainda que parcialmente), é negar-se o direito de ação, que é público e está assegurado constitucionalmente (CF, art. 5.º, inciso XXXV); o exercício desse direito, por esse motivo, independe da existência de um direito material e, se existente este, pouco importa se for acolhido ou rejeitado pela prestação jurisdicional.

Em boa hora, portanto, o TST editou a Súmula n. 155, que veio pôr fim à (injustificável) controvérsia, estabelecendo que "As horas em que o empregado faltar ao serviço para comparecimento necessário, como parte, à Justiça do Trabalho, não serão descontadas dos seus salários". A Súmula, como se constata, não se restringe à hipótese de comparecimento do empregado a juízo para ser interrogado, muito embora seja neste caso em que ele revele a utilidade das suas disposições; desta forma, o desconto será ilícito quando, mesmo para outra finalidade, o comparecimento for necessário. Essa necessidade há de ser apurada em relação a cada caso concreto, embora se possa estabelecer, desde logo, que estando o empregado a litigar pessoalmente, sempre que for intimado de algum ato processual (juntada de documentos pelo réu, prolação da sentença e o mais), dificilmente deixará de ser necessário o seu comparecimento ao juízo pelo qual se processa a ação. Convém enfatizar que a Súmula alude à sua comparência à Justiça do Trabalho e não somente à presença do juiz, como ocorre no interrogatório. Assim sendo, o trabalhador terá de faltar algumas horas ao serviço para ir à Secretaria da Vara, a fim de compulsar os autos, seja para pronunciar-se sobre os documentos ou sobre os cálculos, seja para buscar elementos para fundamentar as suas razões ou contra-razões de recurso, etc.

A dicção da Súmula, porém, de que não serão descontadas do salário as *horas* em que ele faltar ao serviço, para o fim mencionado, deve ser entendida em termos. Em primeiro lugar, não seria justo, por exemplo, que só se deixasse de descontar o tempo em que o empregado permanecesse no interior do prédio em que funciona o órgão judiciário trabalhista, se, pela distância do local de trabalho até a Vara, ele necessitar demorar muito tempo mais, principalmente se teve de se valer de transporte coletivo. O que não se dizer, então, do trabalhador rural, cujas dificuldades para locomover-se até o perímetro urbano (onde, em regra, está instalada a Vara ou o Juízo de Direito) são enormes? É elementar, consequentemente, que todo o tempo que o empregado despender para ir à Justiça do Trabalho, como parte, bem como o em que lá permanecer e o que gastar com o retorno não deve ser descontado do seu salário. Em segundo, a Súmula afirma que não serão descontadas do empregado as *horas* que ele faltar ao serviço para comparecer, como parte, à Justiça do Trabalho. A aplicar-se a referida Súmula com o rigor de sua literalidade, chegar-se-ia à injusta conclusão de que se ele faltasse, por exemplo, trinta ou quarenta minutos ao serviço, para comparecer à Justiça do Trabalho, esses minutos poder-lhe-iam ser descontados do salário. Não é este, por certo, o escopo da Súmula. Desta forma, há que se entender que não lhe será descontado o *período de tempo* em que ele faltar ao serviço para comparecimento necessário à Justiça do Trabalho, computando-se, para esse efeito, o horário de sua saída do local de trabalho e o seu retorno a este, quando for o caso.

Como uma normatização dessas hipóteses é desaconselhável, tanto pela heterogeneidade, de um lado, quanto pelas peculiaridades individuais, de outro, que se reserve, também aqui, para cada caso concreto, a apreciação quanto ao tempo em que o empregado realmente necessitou consumir para atender, como parte, a um interesse ou a uma intimação judicial.

Esclareça-se que a Súmula incidirá mesmo se o autor (reclamante) faltar ao serviço *atual* para comparecer à Justiça do Trabalho em decorrência de ação aforada em face do seu ex-empregador. A Súmula não fez, acertadamente, qualquer distinção neste aspecto. Basta, pois, que o comparecimento seja necessário (na qualidade de parte) para que o desconto fique desautorizado. Ao empregado caberá, evidentemente, fazer prova de que esteve em juízo, bem assim, do tempo que para isso teve de consumir.

Pondere-se, entretanto, que no caso de ação haver sido ajuizada em face do ex-empregador, o empregado, para beneficiar-se do conteúdo da Súmula n. 155, do TST, deverá, em princípio, obter autorização do atual empregador para ausentar-se do serviço, a fim de comparecer à Justiça do Trabalho. É evidente que se o empregador negar-se a conceder-lhe essa autorização, ou concedê-la para que a ausência se dê em horário incompatível com o do expediente forense, o empregado será forçado a desobedecer o empregador — sem que isto configure falta, mesmo venial —, pois as consequências de seu não comparecimento à Justiça do Trabalho poderiam ser fatais para os seus interesses manifestados na causa. Perguntamos: se, todavia, a ação foi exercida em face do atual empregador, o trabalhador necessitará obter, deste, autorização para ausentar-se do local de trabalho, a fim de comparecer à Justiça do Trabalho? A resposta variará conforme as circunstâncias. Se, por exemplo, o empregado tiver de comparecer ao juízo trabalhista, por exemplo, porque será interrogado em audiência, é evidente que não necessitará obter autorização do empregador, até porque este, em tese, teria interesse em que o empregado faltasse à audiência (e fosse considerado confesso). Se o comparecimento é para participar da audiência de encerrameneto do processo, não haverá necessidqde de o trabalhador ausentar-se do local de trabalho caso possua advogado regularmente constituído. O mesmo se diga no caso de haver intimação para que ele se manifeste acerca de algum requerimento formulado pelo réu, sobre determinada certidão do oficial de justiça, etc. Enfim, sempre que o comparecimento *pessoal* do empregado à Justiça do Trabalho for efetivamente *necessário*, ele terá direito de ausentar-se do local de trabalho.

1.9. Técnica do interrogatório

a) A ordem do interrogatório. A inversão

Na mesma ordem de ingresso em juízo serão interrogados os litigantes. Parece residir neste aspecto, aliás, a base lógica que levou o legislador processual civil de 1973 a dispor: "A parte será interrogada na forma prescrita para a inquirição de testemunhas" (art. 344, *caput*), sabendo-se que primeiramente eram inquiridas as do autor e, depois, as do réu (CPC, art. 456).

Eis a razão por que, também na Justiça do Trabalho, sempre se procedeu, em primeiro lugar, ao interrogatório do empregado (autor) e, posteriormente, ao do empregador (réu), a despeito de o art. 848, da CLT, não indicar, de modo expresso, essa ordem. Se não a indica, é certo que também não a proíbe.

O fato de o CPC de 2015 não haver reproduzido a norma do art. 344, *caput*, do CPC de 1973, não alterará o procedimento que o processo do trabalho tem adotado a respeito do assunto. Esse procedimento tem base na ordem natural das coisas, como dissemos há pouco. Somente em casos excepcionais a Justiça do Trabalho tem invertido a ordem dos depoimentos, passando a ouvir, por primeiro, o réu. Isso sói ocorrer nos casos em que o ônus da prova incumbe a este. Há, portanto, um escopo de índole prática nessa inversão: se o réu confessar (confissão, via de regra, provocada), o fato se tornará incontroverso, não havendo necessidade de ouvir-se o autor, nem de inquirir testemunhas.

Sem que nos mova qualquer soberba, devemos dizer que fomos um dos que primeiro adotaram esse procedimento — até então, heterodoxo.

A corrente que não admite a possibilidade de alteração argumenta com a nulidade processual. Temos opinião divergente. Nada impede que o juiz do trabalho, se assim entender conveniente, ouça, em primeiro lugar, o réu. Se essa inversão pode, em princípio, envolver descompasso com a base lógica a respeito da ordem de interrogatório dos litigantes, a que há pouco nos referimos, é indiscutível que não implica nenhuma lesão ao processo do trabalho, que, se adotou a ordem indicada pelo CPC, o fez apenas por uma questão pragmática e não — o que seria absurdo — por imposição daquela norma processual civil. Com efeito, essa inversão é adotada, principalmente, nos casos em que o ônus da prova incumbe ao réu. Sendo assim, ouvido este, com precedência ao autor, e vindo a confessar, será dispensável o depoimento do autor e, em muitos casos, a inquirição das testemunhas. Insta observar, ademais, que nem mesmo o CPC comina de nulo o ato que acarretar a inversão daquela ordem. Como se não bastasse, a nulidade, ainda que houvesse, somente seria declarada se o ato inquinado acarretasse manifesto prejuízo à parte, conforme se fez estampar, sabiamente, no art. 794 da CLT, que positivou o princípio doutrinal, já mencionado, de que "não há nulidade sem prejuízo" ("*pas de nullité sans grief*").

Não vemos como possa a parte interessada demonstrar que a inversão da ordem do interrogatório lhe trouxe manifestos prejuízos; prejuízos processuais, certamente. Admitamos, por exemplo, que, interrogado em primeiro lugar, o réu acabasse, mesmo de maneira involuntária, confessando serem verdadeiros os fatos narrados pelo autor. Estaria aqui o prejuízo a ser alegado como causa de nulidade processual? E óbvio que não. A confissão do réu, na hipótese, há de ser considerada em si mesma, ou seja, segundo a sua significação para o processo e não com vistas ao fato de haver sido obtida antes do interrogatório do autor. Ora, se de confissão real (ainda que provocada) se trata (e não de *ficta confessio*) é evidente que a inversão da ordem do interrogatório, além de nada influir quanto a esse ato do réu, contribuiu, sobremaneira, para abreviar o procedimento, na razão em que, confessado o fato, já se torna desnecessário ouvir-se o autor e inquirir-se as testemunhas acerca desse mesmo fato. Afinal, confissão é confissão; é a "rainha das provas", diz-se com propriedade. Além disso, determinada a separação das partes, no interrogatório, de modo que uma não ouça o que a outra está respondendo, a inversão, como é evidente, não repercute no que disserem ou deixarem de dizer.

A preocupação por uma atitude de coerência, quanto às convicções jurídicas manifestadas, nos leva a reiterar que, no processo do trabalho, à diferença do comum, a parte não tem o direito de requerer o *depoimento* da adversa, pois o componente inquisitivo daquele processo confere somente ao juiz poderes para interrogar os litigantes. É o que consta, claramente, do art. 848 da CLT. Em todo o caso, como já esclarecemos, não é este o entendimento que tem prevalecido nos sítios da doutrina e da jurisprudência.

Embora o CPC, como visto, disponha que as partes serão interrogadas na forma prescrita para a inquirição das testemunhas, é elementar que não há necessidade de, no momento do interrogatório, serem qualificadas, uma vez que já o foram na inicial e na contestação, respectivamente, bem como delas não se tomará o compromisso legal e nem se lhes advertirá quanto às consequências penais acerca de fazerem afirmação falsa ou calarem a verdade, pois nesse ato interrogativo não se insere nenhum meio de prova — isto sem prejuízo do dever de verdade a que estão submetidas.

Salvo nos casos de representação processual, a parte responderá pessoalmente sobre os fatos que lhe forem indagados, não lhe sendo permitido, em qualquer hipótese, servir-se de escritos adrede preparados; desde que o objetivo, contudo, seja complementar esclarecimentos, o juiz consentirá que efetue consulta a breves notas (CPC, art. 387), como acontece, *a.e.*, quando o empregado manuseia a sua Carteira de Trabalho com a finalidade de verificar os assentamentos ali efetuados. Ficará, por certo, ao prudente arbítrio do magistrado apurar se a consulta a tais notas visa, efetivamente, a completar ou precisar declarações, ou se a parte está, na verdade, buscando responder às perguntas segundo as anotações que, para tanto, propositadamente preparou.

Não apenas por isso, mas também para avaliar as próprias reações psicológicas das partes diante das perguntas formuladas — e assim constatar se está havendo tergiversação — é que o princípio da imediação do juiz constitui um dos essenciais, dentre os tantos que informam o processo moderno. É na audiência destinada à instrução oral do processo que esse princípio se revela com mais nitidez.

Inspirando-se, talvez, no procedimento da Justiça do Trabalho, o CPC de 2015, no § 1.º do art. 373, faculta ao juiz inverter o ônus da prova "Nos casos previstos em lei ou diante de peculiaridades da causa relacionados à impossibilidade ou à excessiva dificuldade de cumprir o encargo nos termos do *caput* ou à maior facilidade de obtenção da prova do fato contrário". Essa inversão deverá ser fundamentada, assegurando-se, ainda, à parte a oportunidade de desincumbir-se do encargo que lhe foi cometido. O § 2.º esclarece que essa inversão do ônus da prova não pode gerar situação em que a desincumbência do encargo seja impossível ou excessivamente difícil à parte.

b) Proibição de a parte que ainda não depôs assistir ao interrogatório da outra

Estabelece o art. 385, § 2.º, do CPC, ser "*vedado* a quem ainda não depôs, *assistir* ao interrogatório da outra parte" (sublinhamos). Logo, a norma é imperativa, cogente, compelindo a que o juiz, como diretor do processo, a respeite e a faça respeitar.

Na verdade, o que o legislador pretendeu dizer foi da proibição de a parte que ainda não depôs *ouvir* o interrogatório da adversária. A não se entender deste modo, poder-se-ia imaginar que nada impediria a parte que ainda não depôs de *ouvir* o depoimento da *ex adversa*, desde que não o *assistisse*, não o presenciasse. A propósito, também não se deverá permitir que a parte, mesmo não podendo *ouvir* o depoimento da outra, o *assista*, ou seja, presencie-o. Ocorre que, neste caso, ela poderá, mediante leitura labial, saber o que a adversária está dizendo, no interrogatório a que se submete. Em suma, o objetivo do art. 385, § 2.º, do CPC, é de que a parte que ainda não depôs não tome ciência, por qualquer meio, do conteúdo das declarações da sua adversária, quando esta estiver depondo em audiência.

O art. 456, do CPC, um pouco mais preciso, alude à proibição de uma testemunha *ouvir* o que a outra está dizendo.

Embora a CLT seja omissa sobre a matéria, entendemos que o comando do art. 385, § 2.º, do CPC, deve incidir, supletivamente, no processo do trabalho. Em diversas Varas, aliás, já se vem procedendo desta maneira. Seria de alvitrar-se, a propósito, que o procedimento se generalizasse. Sem embargo, o exercício da judicatura nos revelou que quando a parte, que está sendo interrogada em juízo, já tem conhecimento do teor do depoimento da adversária, a sua preocupação maior é de rebater as declarações do litigante adverso e não de responder às perguntas que lhe são formuladas de acordo com as alegações que ela, depoente, expendeu na inicial ou na contestação, conforme seja o caso. Assim, o conhecimento prévio das declarações da parte contrária permite que a outra, ao ser interrogada, procure construir os fatos de modo a impugnar os que foram objeto das respostas do adversário. Correta, portanto, a advertência de Pestana de Aguiar (ob. cit., p. 136) de que, a não se determinar a separação dos litigantes, "ficaria sempre em melhor posição a parte que depusesse por último, pois poderia disso auferir vantagens, em desequilíbrio da igualdade das partes, ao se armar de argumentos de defesa".

Não concordamos com os que sustentam que a determinação do juiz para que, enquanto uma das partes estiver sendo interrogada, a outra permaneça fora da sala de audiência implica: a) ofensa ao princípio da publicidade da audiência e b) cerceamento de defesa, a resultar em inevitável nulidade processual. *Venia concessa*, se ofensa ao princípio da publicidade da audiência (CLT, art. 813, *caput*) houvesse ter-se-ia de admitir que ela estaria sendo perpetrada pela própria lei (CPC, art. 385, § 2.º), pois é esta quem proíbe, expressamente, à parte que ainda não foi interrogada de ouvir o interrogatório da outra ou assisti-lo. Além disso, valesse o argumento de desrespeito a essa publicidade, ter-se-ia de permitir que as próprias testemunhas, que ainda não foram inquiridas, permanecessem na sala de audiência, ouvindo a inquirição das outras. Não é isto, entretanto, o que consta do art. 456, do CPC.

Estando a parte acompanhada de advogado, a sua saída da sala não lhe trará qualquer prejuízo, porquanto caberá ao seu patrono formular as reperguntas à parte contrária, desde que deferidas pelo juiz. Entendemos, por essa razão, que somente se deverá permitir que o litigante assista ao interrogatório do *ex adverso* quando estiver atuando em juízo sem advogado (CLT, art. 791, *caput*), pois neste caso a sua retirada da sala de audiências lhe acarretaria inegáveis prejuízos, pois como ele iria fazer reperguntas ao adversário se não pôde saber o que a este foi perguntado? O mesmo se diga quando o advogado estiver postulando em causa própria, ou quando estiver acumulando a qualidade de preposto (embora, como vimos, esta cumulação seja vedada pelo Provimento n. 60/87, do Conselho Federal da OAB). Fora disso, é fazer-se cumprir a lei processual civil, que, por ser compatível com o processo do trabalho, nele incidirá em caráter subsidiário.

Por outro lado, a assertiva de que o procedimento de impedir-se que a parte que ainda não depôs ouça o interrogatório da outra configura cerceamento de defesa envolve excesso de conteúdo. *Cerceamento* provém de *cercear*, verbo transitivo significante de "cortar cerce", cortar pela raiz; desta forma, o que ocorreria na hipótese, no máximo, seria uma *restrição*, uma limitação do direito de defesa. Nunca, porém, um cerceamento, que somente se daria se não se houvesse possibilitado ao réu formular quaisquer das espécies de resposta previstas em lei (exceção, contestação, reconvenção). Aqui se teria, efetivamente, cortado rente o seu direito constitucional de defesa (CF, art. 5.º, inciso LV), que não se resume ao processo penal. De qualquer sorte, a regra do art. 385, § 2.º, do CPC, não constitui nenhuma restrição ao direito constitucional de ampla defesa, desde que observadas as cautelas que sugerimos.

Também nas ações em que haja vários autores (cumulação objetiva, estabelecida com fundamento no permissivo do art. 842 da CLT) ou vários réus deverá o juiz aplicar a disposição vedatória do parágrafo único do art. 385, § 2.º, do CPC, por forma a impedir que os autores e os réus, que ainda não depuseram, assistam ao interrogatório dos seus compartes. A proibição, nesta circunstância, se destina a evitar que as partes se limitem a repetir as declarações dos seus companheiros de ação, feitas no interrogatório a que presenciaram. Em suma, cumpre ao juiz do trabalho providenciar para que o litigante que ainda não depôs não assista ao interrogatório de outros, sejam adversos ou não, sem receio de estar cometendo ofensa a qualquer dispositivo ou princípio informativo do processo do trabalho.

A fim de pacificar a matéria, aliás, é aconselhável que, de *lege ferenda*, se dote o processo do trabalho de norma idêntica à do processo civil, cuja conveniência é ditada pelas experiências da vida forense.

c) Perguntas. Reperguntas. Indeferimento

Os litigantes são interrogados diretamente pelo magistrado (princípio da imediação) que preside a audiência, mediante a formulação de perguntas a respeito dos fatos em que se funda a ação (CLT, art. 848, *caput*), desde que relevantes e controvertidos. A confissão, que daí acaso advier, constituirá acidente e não objetivo do interrogatório.

O interrogatório, assim, dá início à instrução oral do procedimento, que será complementada com a inquirição de testemunhas, do perito, e dos técnicos, se houver. Sem razão, a nosso ver, Isis de Almeida (ob. cit., p. 38) ao afirmar que "A instrução, segundo o disposto no art. 848 da CLT, tem início com o interrogatório das partes...", sendo certo que o ilustre autor se referia à instrução em sentido amplo, e não à oral, em particular. Na verdade, a instrução começa já com a petição inicial, desde que esta esteja acompanhada de documentos. Afinal, não é comum aludir-se aos "documentos que *instruem* a inicial"?

Para que esta fase da instrução (como também as demais) não se torne dispersiva, difusa, deverá o magistrado, antes de interrogar os litigantes, fixar os pontos controvertidos, em relação aos quais incidirão as perguntas e as provas. O CPC ordena que essa providência seja adotada na fase de saneamento e de organização do processo (art. 139, inciso VIII); todavia, como não há essa fase específica no processo do trabalho, a providência, aqui, deve ser tomada antes do início da instrução oral do processo, em audiência. O seu objetivo é evitar que as partes, seus procuradores ou advogados formulem reperguntas impertinentes, inoportunas ou irrelevantes, ensejando com isso a que o juiz as indefira, sem se falar na grande perda de tempo que tudo isso acarreta. Destarte, cientes de quais são os pontos controvertidos, os litigantes estarão em melhores condições de efetuar as indagações que desejarem e de produzir as demais provas que forem necessárias, com substancial economia para o procedimento. Essa norma processual civil, por seu propósito eminentemente disciplinador da atividade probatória das partes, deve ser utilizada de modo amplo pelo processo do trabalho, com o qual guarda inegável compatibilidade

Nem todas as respostas dos litigantes às perguntas formuladas pelo juiz deverão constar da ata da audiência, mas, somente, as que tiverem relevância para a causa. Incumbirá ao magistrado, portanto, munido da necessária prudência, efetuar uma triagem e um depuramento prévios das respostas, com o propósito de evitar que na ata sejam lançadas as que forem inúteis para a instrução e julgamento da causa. Se qualquer das partes discordar do indeferimento judicial de determinada pergunta, deverá manifestr, ato-contínuo, o seu "protesto antipreclusivo", para que conste da ata da audiência, sem prejuízo de vir a reiterar essa discordância no ensejo das razões finais, oportunidade em que poderá melhor fundamentar a sua arguição de nulidade processual por "cerceamento" do direito de defesa.

No tocante ao procedimento sumariíssimo, dispõe o art. 852-F, da CLT, que da ata da audiência deverão constar, em forma reduzida, dentre outras coisas, as "afirmações fundamentais das partes" — vale dizer, em melhor técnica, as declarações essenciais prestadas pelos litigantes.

Em regra, cumpre aos litigantes limitarem-se a responder apenas sobre aquilo que lhes for indagado; em caráter excepcional, todavia, poderá o juiz consentir que exponham com maior amplitude os fatos, com a finalidade de melhor compreendê-los, máxime, quando se referirem a assuntos técnicos, ou a determinadas peculiaridades relacionadas à atividade ou à organização empresarial. Sucede que fatos dessa natureza não podem ser satisfatoriamente entendidos mediante respostas lacônicas, monossilábicas, representadas por meros *sim* ou *não*. Cuidará o magistrado, todavia, de verificar quanto à necessidade de recorrer a essa exceção, sob pena de permitir, desacauteladamente, as respostas narrativas, expendidas, muitas vezes, com o objetivo de desviar a atenção do magistrado e de contornar a pergunta formulada.

A lei não indica como se deve postar a parte que está se submetendo ao interrogatório; o bom senso, no entanto, sugere que fique colocada de frente para o juiz (que assim poderá, como dissemos, analisar as suas reações emocionais às perguntas feitas) e de costas para o seu advogado (impedindo, com isto, que possa comunicar-se com ele). Nada há de fútil em tais considerações, que emanam, em concreto, de uma realidade forense, em que esses fatos soem acontecer. O importante é que o magistrado respeite a dignidade da parte (CF, art. 1.º, inciso III).

O juiz facultará que, sempre por seu intermédio, as partes, seus representantes ou advogados, formulem *reperguntas*. O vocábulo, que tem previsão léxica, provém do verbo transitivo *reperguntar*, formado da adição do prefixo *re* ao verbo *perguntar*. Não se trata, pois de neologismo; logo, depara-se-nos injustificável a censura que, uma vez ou outra, se tem feito quanto ao seu emprego na linguagem processual.

Cientes de quais são os pontos controvertidos, fixados pelo juiz, as partes poderão fazer reperguntas à adversa, que estiver sendo interrogada. Não se deve permitir que o advogado formule reperguntas ao próprio constituinte, pois o expediente, além de desútil, pode se prestar a eventual conluio entre ambos, segundo o qual a parte responderia às indagações previamente elaboradas por seu advogado ou por ela própria, numa *mise-en-scène* que só faria compromter os fins do processo e a dignidade do Poder Judiciário.

Legalmente investido na direção do processo, ao magistrado caberá indeferir reperguntas indutivas ("liderantes" para Wagner Giglio, ob. cit., p. 184), isto é, capazes de conduzir a parte a expender uma resposta não pretendida e que atenda aos interesses do interlocutor (perguntante), como, *v.g.*, quando se discute se o empregado teria, ou não, perpetrado agressão física ao empregador e este, no interrogatório daquele, indaga com que objeto a agressão foi cometida. É evidente que nessa pergunta se insinua que a agressão teria acontecido, razão por que bem obraria o juiz em indeferi-la.

A despeito de o CPC só prever a transcrição, na ata (e desde que o requeira a parte interessada), de perguntas indeferidas pelo magistrado e formuladas às testemunhas (art. 459, § 3.º), somos de opinião que, no processo do trabalho, essa transcrição caberá igualmente no caso de a repergunta haver sido dirigida à parte, na oportunidade do seu interrogatório, bastando, para tanto, que o interessado assim requeira. Como a lei não esclarece se a transcrição deverá ser feita ato-contínuo ao indeferimento, ou ao final da ata, caberá ao juiz adotar o critério que melhor lhe convier. Pela nossa parte, entendemos que a transcrição deva ser imediata, a fim de manter a fidelidade com o teor da pergunta indeferida. Quando o magistrado se reserva para transcrever essas perguntas no final da ata (e da audiência), não raro surgem incidentes desagradáveis, pois nem sempre a parte, cujas perguntas foram indeferidas, concorda com o teor da transcrição. Outros juízes costumam ir anotando, manualmente, as perguntas indeferidas, para transcrevê-las no final da audiência. Mesmo assim, há riscos de a parte discordar do teor da transcrição, uma vez que não pôde tomar conhecimento do que o juiz anotou a título de perguntas indeferidas. Tudo sugere, portanto, que a transcrição da pergunta se dê ato-contínuo, vale dizer, logo após cada indeferimento.

O interesse da parte em ver transcrito na ata o teor das reperguntas indeferidas está em que, com base nisso, poderá argumentar, perante o tribunal competente, quanto à nulidade do processo em face dessa presuntiva restrição do direito de defesa. Tenha-se como certo: a *discordância* da parte, seu representante ou advogado, quanto ao indeferimento de reperguntas, não deveria ser consignada na ata, ainda que o requeressem. Tal "protesto" constitui, manifestamente, modalidade canhestra de comportamento processual, conquanto consagrada em todos os juízos trabalhistas. Nada haveria de despótico em vedar a inserção desse "protesto" na ata; a parte, que não se conformasse com o indeferimento da repergunta, teria, nas razões finais, o momento processual apropriado para manifestar essa e outras contrariedades a atos do juiz, bem como, para arguir a nulidade do processo, se assim o pretendesse.

Reconhecemos, contudo, que a falta de uma uniformidade do entendimento jurisprudencial quanto ao procedimento a ser adotado pela parte diante de atos do magistrado, que considere prejudiciais aos seus interesses manifestados na causa, acabou por fazer com que o referido "protesto" se tornasse necessário, a fim de evitar preclusão. Essa situação fica tanto mais clara quando o ato judicial, contra o qual o litigante se insurge, é praticado na audiência dita "inicial": muitas vezes, a parte, receosa de que se deixar para arguir a nulidade processual, apenas, nas razões finais poderá ouvir do magistrado a declaração de estar precluso o seu direito, acaba por externar, desde logo, o seu "protesto", numa reação humana espontânea a compreensível, à luz da psicologia individual. Por esse motivo, a praxe, com sua reconhecida criatividade, tem adjetivado esse peculiar "protesto" de "antipreclusivo". Protesto, aliás, que integra o *processo da praxe*, que convive, em harmonia, com o *processo da lei*.

Embora o art. 460, *caput*, do CPC, permita à parte gravar os depoimentos das testemunhas (suas ou do adversário), entendemos que essa norma legal não deve receber interpretação restritiva, facultando-se, assim, a gravação do depoimento dos próprios litigantes. Essa gravação poderá ser útil em vários momentos do processo, como quando a parte alegar estar ocorrendo divergência entre o que foi respondido (por ela ou pelo adversário) e o que constou da ata. Afinal, como dissems, não é em todas as salas de audiência que há um monitor de computador voltado para as partes, para que possam acompanhar, passo a passo, aquilo que o serventuário está lançando na ata, sob ditado do juiz.

Vale observar que o ordenamento processual não exige, nem impede, que o magistrado justifique, na própria ata, ou na sentença, os motivos pelos quais indeferiu as reperguntas; o escrúpulo e o zelo profissionais, entretanto, sugerem que o faça.

Nada obstante as atas, tradicionalmente, sejam elaboradas com redação compacta, sem espaços, parágrafos, etc., a prática consagrou o procedimento consistente em que as relativas a audiências fossem redigidas ao estilo até certo modo literário, com parágrafos, títulos e o mais. Não há negar que esta maneira de elaborá-las facilita a localização das respostas dos depoentes a par de contribuir para o aspecto estético. A localização, a que nos referimos, é quanto a quem respondeu e não a quem perguntou ou reperguntou, porquanto, em relação a isto, não há necessidade de especificação — em que pese, mais uma vez, ao fato de a lei não vedar que seja feita.

É sempre prudente advertir que, enquanto estiverem sendo interrogados os litigantes (ou inquiridas as testemunhas, o perito, os assistentes técnicos), não poderão, as partes, os advogados ou o Ministério Público intervir ou apartear sem o consentimento do juiz (CPC, art. 361, parágrafo único). Algumas vezes, as conhecidas "questões de ordem", que são brandidas como justificativa para a intervenção, visam, no fundo, a tumultuar o interrogatório, a instaurar um estado de intranquilidade no espírito de quem está sendo submetido a ele. Por isso, deverá o juiz manter-se atento, coibindo, com rigor e justiça, essas interferências tumultuárias, tão a gosto dos que pressentem o insucesso na causa.

Dispõe o art. 848, § 1.º, da CLT, que terminado o interrogatório qualquer dos litigantes poderá retirar-se, prosseguindo a instrução com seu representante. Dever-se-á providenciar, contudo, para que, ao deixar a sala de audiência, a parte não se comunique com as suas testemunhas, que se encontrem nas dependências da Vara, pois poderá relatar-lhes o que se passou no interrogatório. Por essa mesma razão é que não se deve fracionar a audiência, dita instrutória, interrogando-se as partes em uma oportunidade e inquirindo-se as testemunhas em outra. Salta aos olhos a inconveniência dessa divisão: o futuro depoimento das testemunhas poderá ser fortemente influenciado (para não dizer conduzido) pelo que fora prestado pelas partes. A saída, aliás, de um ou de ambos os litigantes da sala de audiências após o interrogatório é desaconselhável em alguns casos, pois poderá ocorrer de o juiz desejar acareá-los com as testemunhas (CPC, art. 461, inciso II), na mesma audiência, o que não será possível se já tiverem se ausentado.

d) Os apartes

Em regra aplicável ao processo do trabalho, dispõe o art. 361, parágrafo único, do CPC: "Enquanto depuserem o perito, os assistentes técnicos, as partes e as testemunhas, os advogados e o Ministério Público não podem intervir ou apartear, sem licença do juiz".

Intervir quer dizer ingerir-se, intrometer-se em alguma coisa. *Apartear* significa interromper a fala, o discurso, a exposição que está sendo feita por alguém. Embora ambos os verbos possam ser considerados sinônimos, do ponto de vista léxico, na verdade há uma diferença sutil a desassemelhar um do outro, no terreno processual. *A intervenção*, no caso, seria a intromissão abrupta da parte no depoimento de alguém; o aparte, por sua vez, é algo mais brando, pois pressupõe que o litigante tenha solicitado autorização ao juiz para interferir no depoimento. Em termos práticos, a intervenção, para os efeitos do art. 361, parágrafo único, do CPC, ocorre quando a parte, insatisfeita ou indignada com o depoimento do adversário, de uma testemunha ou do perito, interrompe esse depoimento de maneira brusca, sem consentimento do juiz; já o aparte, como dissemos, se dá quando o litigante, por exemplo, quer suscitar uma questão de ordem.

Seja num caso ou noutro, a parte somente pode interferir no depoimento de alguém com o prévio consentimento do magistrado. Não fosse assim, os depoimentos seriam, a todo momento, interrompidos, pelos mais diversos motivos, dentre os quais o de tumultuá-los, com o objetivo de confundr o adversário e de tirar proveito pessoal dessa intervenção tumultuária.

Se o litigante interveio ou aparteou sem autorização do magistrado, a este caberá verificar que essa interferência era justificável, ou não. Sendo, consentirá que o litigante prossiga em sua manifestação ou que o depoente responda ao que a pessoa que interferiu pretendia saber; mesmo assim, o juiz deverá advertir o interferente para que não reincida na falta, consistente em intervir ou apartear sem o seu prévio consentimento. Se, ao contrário, a interferência era injustificável, o juiz não somente impedirá que o demandante prossiga em sua manifestação, como o censurará pela irregularidde dessa conduta e o advertirá quanto às consequências de vir a reincidir neste descumprimento ao art. 361, parágrafo único, do CPC. Essas consequências poderão ir desde a cassação da palavra até a retirada da parte recalcitrante da sala de audiência.

1.10. Recusa de depor

Dentre os deveres processuais das partes se inclui o de comparecer a juízo e responder ao que lhes for interrogado. Como se percebe, esse dever, que é previsto em lei (CPC, art. 379, inciso I), não resta atendido pelo simples fato de as partes virem a juízo, para serem interrogadas: há necessidade de que respondam ao que lhes for indagado. Daí por que quando o litigante deixar de responder, injustificadamente, ou utilizar evasivas, cumprirá ao juiz, apreciando as demais circunstâncias e elementos dos autos, declarar, na sentença, que houve recusa de depor (CPC, art. 386). O anteprojeto do CPC de 1973, em seu art. 375, aliás, procurava formular algumas hipóteses de recusa: "quando a parte, sem motivo justificado, deixar de responder a algumas perguntas, ou empregar evasivas, como *'não saber'*, ou *'não recordar'*, o Juiz, apreciando cuidadosamente todas as demais circunstâncias e elementos de prova, declarará se houve recusa de depor" (sublinhamos).

É importante assinalar, portanto, que essa recusa, segundo a lei, decorre de: a) a parte deixar de responder sem motivo justificado; ou b) responder mediante evasivas ou subterfúgios.

a) No primeiro caso, a ausência de resposta é desprovida de qualquer motivo justo: a parte tem conhecimento do fato sobre o qual foi interrogada, mas nada responde. Para que a recusa se configure, porém, não há necessidade de que o litigante diga, de maneira expressa, que não quer responder à indagação; basta que deixe de fazê-lo sem motivo defensável — o que equivalerá, tacitamente, à recusa. É elementar que não se poderá cogitar de recusa se a parte desconhecer o fato que foi objeto da indagação. Nesta hipótese, aliás, cumpre que se verifique se a ignorância do fato é escusável, ou não; se não o for, a parte deverá ser declarada confessa quanto a tal fato. Exemplifiquemos: se o réu (pessoalmente ou por preposto) afirma desconhecer por que motivo o empregado foi despedido, embora na contestação houvesse dito que foi em decorrência de haver cometido ato de insubordinação, torna-se evidente que a ignorância desse fato essencial o fará confesso; se, todavia, o desconhecimento se relaciona a fato irrelevante para a causa, ou se a cognição de fato relevante for inexigível (como, *e.g.*, no caso de indagar-se a um balconista-preposto de que maneira era feito o lançamento contábil de determinada verba), não se caracterizará a negativa de responder, a que se refere o art. 386 do CPC, de aplicação supletiva ao processo do trabalho.

b) Poderá ocorrer, por outro lado, que a parte responda às perguntas formuladas, fazendo-o, contudo, por meio de evasivas, ou seja, valendo-se de subterfúgios, de tergiversações, de tal modo que não afirme nem negue o fato indagado, com o propósito de não definir a sua posição diante dele e de criar um estado de incerteza na consciência do julgador. Nesta hipótese, o interrogado procura confundir os demais sujeitos do processo a respeito do fato, formulando respostas ambíguas, que provocarão o surgimento de zonas grises no campo da instrução processual e da própria entrega da prestação jurisdicional. Não têm sido infrequentes, na prática, comportamentos dessa índole. Itere-se: convencendo-se, o juiz, pelas demais circunstâncias e provas dos autos, que a parte se utilizou, propositadamente, de evasivas para responder às indagações, deverá, na sentença (não se deve aplicar, *incontinenti*, a "pena" de confissão), declarar que houve recusa de depor, reputando-a, em consequência, confessa quanto ao fato ou a um conjunto deles.

Situação delicada se forma quando o interrogado alega que não se recorda do fato; se estiver falseando a verdade (o que nem sempre é fácil de descobrir), isto equivalerá à recusa de depor; caso contrário, o seu lapso mnemônico não lhe deverá acarretar nenhuma sanção processual, quanto mais não seja quando a pergunta se referir a fatos muitos antigos, ou a cifras, estatísticas, a grandes quantidades, etc. Ninguém, afinal de contas, é um computador. Por essa razão, deve o magistrado, sempre que possível, indeferir reperguntas que imponham ao interrogado responder acerca de tais assuntos de difícil memorização. Nada obsta, entretanto, a que o depoente consulte a breves apontamentos (CPC, art. 387) com a finalidade de poder responder a indagações dessa natureza.

Muitas vezes, a resposta que se pretende extrair da memória do interrogado é perfeitamente obtenível por intermédio de documentos, ou de perícia técnica; diante disto, caberá ao juiz também indeferir reperguntas nesse sentido. Em consideração ponderativa sobre o problema, disse Carlo Lessona (*Prueba em Derecho Civil*. 1928, 1.º vol., n. 553, *apud* Moacyr Amaral Santos, ob. cit., p. 103-104): "Tudo depende, para isso, do critério do Juiz, que apreciará a pretensa falta de memória em suas relações com os fatos e com o estado da pessoa que depõe e reconhecerá, de conseguinte, em dita alegação, uma escusa provável ou um artificioso pretexto".

1.11. Fatos sobre os quais a parte não é obrigada a depor

Dispõe o art. 388, do CPC, que os litigantes estarão desobrigados de depor de fatos: a) criminosos ou torpes, que lhes forem imputados; b) a cujo respeito, por estado ou profissão, devam guardar sigilo. Analisemos essas duas hipóteses excludentes do dever de as partes responderem ao que lhes for perguntado ou reperguntado; c) acerca dos quais não possa responder sem desonra própria, de seu cônjuge, de seu companheiro ou de parente em grau sucessível; d) que coloquem em perigo a vida do depoente ou das pessoas referidas no inciso III.

Fatos criminosos ou torpes

Leciona Moacyr Amaral Santos (ob. cit., p. 110) que a regra canônica "*positioni criminosae non est respondentum*" se calcava na moral e na equidade natural, sob o argumento de que obrigar alguém a responder sobre tais fatos seria constrangê-lo a mentir ou confessar a própria torpeza. "Daí a máxima jurídica, vigorante por muito tempo e mesmo acolhida expressamente no Direito pátrio anterior àquele Código: "*nemo tenetur detegere propriam turpitudinem*."

A despeito de o CPC vigente eximir o interrogado de responder acerca de fatos criminosos ou torpes, que lhe são irrogados, repetimos que essa disposição não deve incidir, com amplitude, no processo do trabalho. Em certas situações, há necessidade absoluta de que a parte responda sobre tais fatos. Como desobrigar-se, assim, o empregado de responder à alegação de haver se apropriado, indebitamente, de coisa móvel do empregador, se esse fato: a) foi apresentado como justa causa para a resolução do contrato de trabalho (CLT, art. 482, alínea "*a*") e b) constitui crime contra o patrimônio, *ex vi* do disposto no art. 168 e seguintes do Código Penal?

Dispensando-se o empregado de responder a respeito desse fato criminoso que lhe foi atribuído, a instrução processual trabalhista ficaria sensivelmente prejudicada — cujo prejuízo se avultaria, à míngua de outros elementos de prova. É imprescindível, portanto, que, nessas hipóteses, o litigante seja ouvido (até porque se presume que tenha interesse em esclarecer os fatos), sob pena de, deixando de responder sem justo motivo às perguntas, configurar-se a recusa de depor — a ensejar, em consequência, a aplicação das sanções processuais correspondentes.

O argumento de que a moralidade constitui o conteúdo ideológico do inciso I do art. 388, do CPC, *data venia*, não nos convence; ora, conforme a escorreita redarguição de Mattirolo (*Trattato di Diritto Giudiziario Civile Italiano*. 2.º vol., n. 739, *apud* Moacyr Amaral Santos, p. 111), "Na verdade, não compreendemos como se possa invocar a moralidade, para repelir nos Juízos Cíveis os interrogatórios sobre fatos torpes ou criminosos, quando sobre os mesmos fatos a pessoa pode e deve ser interrogada nas causas penais pelo magistrado. A moralidade é coisa absoluta, não relativa: aquilo que é considerado moral no Juízo Criminal não pode ser tido como imoral no Juízo Cível".

Resumindo: sempre que o fato — mesmo que seja criminoso ou torpe — se revele importante para a instrução da causa trabalhista, máxime se com ela se relacionar, de modo direto, os litigantes deverão responder às indagações que lhes forem formuladas e que tenham por objeto referido fato. Não é inútil lembrar que até mesmo alguns comentaristas do atual CPC manifestaram discordância ao fato de o legislador, desprezando a melhor doutrina, haver introduzido, via inciso l do art. 388, tão indesejável exceção ao dever de a parte responder ao que lhe for perguntado.

Para evitar o constrangimento da parte que tiver de depor acerca de fatos ilícitos ou criminosos que lhe estejam sendo imputados, o juiz poderá determinar, *ex officio* ou a requerimento do interessado, que o processo se realize em segredo de justiça (CPC, art. 189). Neste caso, o princípio constitucional da publicidade dos atos processuais (CF, art. 5.º, inciso LX) sofre justificável restrição. A própria norma constitucional mencionada autoriza o legislador a restringir esse princípio "quando a defesa da intimidadde ou o interesse social o exigirem".

b) Manutenção de sigilo

O CPC dispensa, de igual modo, as partes de responderem sobre fatos a cujo respeito, em virtude de estado ou profissão, devam guardar sigilo. Adverte Carvalho Santos (*Código de Processo Civil Interpretado*. vol. III, 5.ª ed., 1959, Rio-São Paulo: Freitas Bastos, p. 337) que o vocábulo *estado*, contido na lei, foi utilizado não como significativo de uma situação jurídica, mas de "uma condição pessoal da atividade social, habitual e inteiramente distinta da profissão, da arte e do ofício, porque inspirada em princípios religiosos, morais ou cívicos, como, *v. g.*, o estado de sacerdote, o estado de irmã de caridade".

Indubitavelmente, o sigilo envolve uma questão de foro íntimo do interrogado; sendo assim, a ele caberá, segundo seu arbítrio, mantê-lo ou rompê-lo. Ao juiz incumbirá, entretanto, verificar se o resguardo do sigilo é legítimo, vale dizer, se se insere na previsão legal ou, ao contrário, constitui mero pretexto para a parte esquivar-se de responder a determinadas perguntas.

O advogado pode recusar-se a depor e a informar o que constitua sigilo profissional, por força do disposto no art. 7.º, inciso XIX, da Lei n. 8.906/94. Esse direito de recusa, porém, só se concretiza na hipótese de o advogado haver sido arrolado como testemunha em processo no qual atuou, ou deva atuar, ou quando tenha de depor sobre fato relativo a pessoa de quem seja ou foi procurador judicial, ainda que o seu constituinte o autorize e tanto ou assim o solicite. Logo, quando o advogado estiver litigando em causa própria não poderá invocar o resguardo de sigilo, como motivo da recusa em ser interrogado. Nem o poderia, pois se isto fosse possível ter-se-ia de interrogar apenas a parte contrária, a importar em grave escoriação ao princípio da bilateralidade desse ato.

c) Desonra

Trata-se de inovação do CPC atual. Sempre que a pergunta formulada à parte implicar uma resposta capaz de acarretar-lhe desonra, ou ao seu cônjuge, companheiro ou a parente em grau sucessível, ela poderá deixar de responder, sem que isso caracterize a recusa de que fala o art. 386 do CPC. A propósito, nos termos dessa norma legal a recusa deve ser injustificada; logo, quando a parte deixa de responder com base em uma das situações mencionadas no art. 388 não há recusa, nem esta é injustificada. O que há é escusa legítima — ressalvado o nosso entendimento de que no caso do inciso I do art. 388 o empregado deverá responder às perguntas que tenham por objeto a investigação de fato de natureza criminosa que lhe tenha sido atribuído pelo empregador, como justa causa para a ruptura do contrato de trabalho. O mesmo se diga em relação ao empregador quando o empregado tenha imputado a este o cometimento ato criminoso caracterizador de justa causa para a rescisão contratual.

Uma outra ponderação: haverá casos em que a parte deverá responder à pergunta, mesmo que esta lhe acarrete desonra, como quando se discute a existência, ou não, da falta grave de ato lesivo da honra ou da boa fama (CLT, art. 482, "*j*" e "*k*"). A recusa em responder pode causar embaraços à investigação da verdade real.

d) Perigo de vida

Outra inovação do CPC atual. É algo óbvio que se a resposta da parte representar-lhe perigo de vida (melhor: perigo de morte ou risco à vida), ou às pessoas mencionadas no inciso III, ela poderá deixar de fornecê-la.

1.12. O interrogatório nas ações de rito ordinário, sui generis

Nas ações trabalhistas de procedimento ordinário tradicional as respostas das partes às perguntas e reperguntas, assim como os "trâmites de instrução e julgamento", serão resumidos na ata da audiência (CLT, art. 851, *caput*). Por isso afirmamos, algures, que nem todas as respostas deverão ser consignadas na ata, mas somente as pertinentes, as controvertidas e as relevantes.

A Lei n. 5.584, de 26-6-70 (DOU, de 29 do mesmo mês), todavia, que a par de outras disposições instituiu as denominadas ações de alçada exclusiva do juízo de primeiro grau, estabeleceu que, em tais ações, "será dispensável o resumo dos depoimentos, devendo constar da ata a conclusão da Junta quanto à matéria de fato" (art. 2.º, § 3.º). Abreviou-se com isto, ainda mais, o tempo necessário para lançar na ata o que disseram, em resposta, os litigantes interrogados. Não se trata, porém, de rito sumário, e sim de procedimento ordinário *sui generis*.

Cumpre aplicar-se essa norma legal com muita prudência, sob pena de o que se criou para obviar a entrega da prestação jurisdicional acabar se transvertendo em causa inusitada de protração da sentença de mérito (antiga definitiva). Elucidemos com um exemplo. Inexistindo, na inicial, valor atribuído à causa (não há obrigatoriedade: CLT, art. 840, § 1.º), caberá ao juiz fixá-la antes de passar à instrução (Lei n. 5.584/70, art. 2.º, *caput*). Fixando-o em valor inferior a duas vezes o de referência (atualmente, salário mínimo, por força da Lei n. 7.402, de 5-11-85), a ação será de rito ordinário *sui generis* (a que alguns denominam, contra a nossa opinião, de sumário), com o que ficará dispensado o resumo, na ata, das respostas expendidas pelas partes, quando do seu interrogatório. Em razões finais, contudo, uma das partes impugna o valor fixado para a causa, entendendo que deveria ser superior, digamos, em dez vezes o do salário mínimo; mantido, pelo juiz, o valor original, a parte formula um pedido de revisão ao Presidente do Tribunal Regional correspondente (art. 2.º, § 2.º). Pois bem. Ocorrendo de esse pedido ser acolhido, e fixado o valor da ação em dez vezes o do salário mínimo, como pretendido, resulta inequívoco que a ausência do resumo dos depoimentos se tornou irregular, na medida em que a ação deixou de processar-se sob o rito ordinário *sui generis*, passando a reger-se pelas disposições concernentes ao procedimento ordinário clássico, que determinam seja feito esse resumo (CLT, art. 851, *caput*). Ter-se-ia então, de repetir o interrogatório (aproveitando-se, todavia, os demais atos da instrução), a fim de sanear o procedimento, sob pena de nulidade. A possibilidade de repetição apenas do interrogatório se ampara no princípio da proteção, consubstanciado na alínea "*a*" do art. 796 da CLT, desde que, certamente, os atos posteriores, já praticados, dele não dependam ou sejam consequência (CLT, art. 798).

É aconselhável, diante disso, que o magistrado procure sempre inserir na ata o resumo das respostas dos litigantes interrogados, mesmo que a causa seja de procedimento ordinário *sui generis*, pois a eventual convolação para o procedimento ordinário clássico já encontraria o resumo regularmente feito; e a manutenção, pelo Presidente do Tribunal, do valor primitivamente fixado pelo juiz, não traria nenhum prejuízo ao procedimento.

1.13. O interrogatório no procedimento sumariíssimo

O interrogatório das partes no procedimento sumariíssimo em nada difere do que é realizado no procedimento ordinário.

A registrar-se, apenas, o fato de o art. 852-F, da CLT, aludir a surrealistas "*afirmações* fundamentais das partes" (destacamos), quando, na verdade, se trata de *declarações* feitas pelos litigantes, na oportunidade do seu interrogatório ou depoimento. Essas declarações deverão constar, em forma resumida, da ata.

Considerando que a CLT cuida de maneira extremamente lacônica do interrogatório das partes, no procedimento sumaríssimo, podem ser invocadas, em caráter supletivo, as normas do procedimento ordinário acerca do assunto, desde que não conflitem com os princípios e com os escopos do sumariíssimo. A propósito, o CPC, sempre mais criterioso do que a CLT, contém regra específica, conforme a qual "O procedimento comum aplica-se subsidiariamente aos demais procedimentos especiais e ao processo de execução" (art. 318, parágrafo único).

Nas ações submetidas ao procedimento sumariíssimo o juiz deve adotar cautela redobrada, no que se refere ao conhecimento dos fatos da causa e à compreensão destes, pois deverá ler a petição inicial e a reposta do réu na própria audiência em que esta foi apresentada e na qual será realizada a instrução oral e proferida a sentença. É evidente que não disporá de muito tempo para essa leitura. Se a cognição e a compreensão dos fatos, pelo magistrado, for precária, a consequência irá revelar-se sob a forma de indeferimento de perguntas necessárias (por serem pertinentes, relevantes e terem como objeto fatos controversos), ou o deferimento de perguntas desnecessárias.

A propósito, cuidará juiz, também, para que no procedimento sumariíssmo não sejam violadas as garantias das partes, concernentes à bilateralidade e à ampla defesa.

De resto, a observar-se que a grafia do adjetivo deveria ser *sumariíssimo* (com dois *i*), pois o os adjetivos terminados em *io* precedidos de consoante fazem o superlativo em *iíssimo* (dois *ii*) Ninguém diz: o dia está *fríssimo*, mas, está *friíssimo*. Somente os adjetivos antecedidos de vogal é que posuem o superlativo com um só *i*: *feíssimo*, *cheíssimo*, etc. Portanto, do ponto de vista gramatical: *sumariíssimo*; do ponto de vista legal (CLT, art. 852-A): *sumaríssimo*.

Capítulo X

Confissão

1. Introdução

A lide, inclusive a trabalhista, é informada por um conflito intersubjetivo de interesses emergente de uma pretensão (do autor) que foi resistida (pelo réu). Raramente, o trabalhador figura como réu na relação jurídica processual, embora isto seja possível (CLT, art. 494).

Com efeito, é natural que o homem manifeste interesse sobre determinado bem ou utilidade da vida; não menos compreensível é que se verifique a coincidência de duas (ou mais) pessoas externarem interesse acerca de um mesmo bem ou utilidade da vida. Se isso acontecer, e uma ou mais dessas pessoas desistir da sua pretensão, por forma a ficar uma só interessada naquele bem, não haverá conflito de interesses. Entrementes, não raro, as pessoas não renunciam às suas pretensões, fazendo com que se configure, então, esse tipo de conflito. Se o conflito não for solucionado de maneira negociada, consensual (transação, por exemplo), só restará a uma delas ingressar em juízo, com o escopo de obter um provimento que lhe assegure o bem ou a utilidade da vida pretendidos — com a consequente exclusão das pretensões manifestadas pelas demais pessoas interessadas.

Desta forma, porque extremados na ação em virtude de interesses contrapostos, nada mais lógico e necessário do que exigir-se dos litigantes o desempenho de uma atividade processual tendente a demonstrar, segundo o critério legal objetivo de distribuição do respectivo *onus probandi* (CLT, art. 818), serem verdadeiros os fatos narrados ao juiz.

Por intermédio da prova, portanto, a parte buscará demonstrar não apenas a veracidade dos fatos que alegou, mas, também, de certo modo, que os fatos deduzidos pelo adversário são inverídicos; vale repetir, de conseguinte, que a necessidade de provar decorre diretamente do interesse que possui o litigante em ver admitidos como verdadeiros, pelo magistrado, os fatos em que se fundamenta a ação ou a resposta, segundo seja a hipótese. Não há impropriedade, por isso, na afirmação de que incumbe à parte, segundo os meios de prova legalmente admitidos, e o ônus que lhe é atribuído pelo sistema, reproduzir, em juízo, a situação de fato da vida real — da qual extraiu as pretensões formuladas na causa —, a fim de que o magistrado, tendo diante de si essa reprodução, possa examinar os fatos e aplicar a norma jurídica regente do caso concreto.

Poderá ocorrer, contudo, de o litigante, de maneira inadvertida ou não, acabar reconhecendo a verdade de um fato, contrário ao seu interesse e favorável ao do adversário: tal é a configuração e o próprio conceito genérico de confissão, que a lei procurou estabelecer

(CPC, art. 389), didaticamente. Essa característica da confissão levou a *communis opinio doctorum* a qualificá-la de "a rainha das provas" (*regina probationum*; *probatio probatissima*) e a proclamar que não existe maior prova do que a confissão pela própria boca (nulla *est maior probatio quam próprio ore confessio*), pois confessar em juízo é o mesmo que se condenar (*confessus in iure pro condemnato habitur*).

O conceito legal (CPC, art. 389) de confissão foi tomado à doutrina de Chiovenda ("Princípios de Derecho Procesal Civil", tomo II, p. 291), segundo a qual "La confesión es Ia declaración que hace una parte de Ia verdad de los hechos afirmados por el adversário y favorable a este". Neste sentido, a propósito, a unanimidade doutrinária.

Em rigor, no entanto, esse conceito está correto em parte, porquanto não se pode aplicá-lo por inteiro à denominada *ficta confessio*, em que, conforme veremos no momento oportuno, não há uma *declaração* da parte a respeito da veracidade dos fatos alegados pela outra, mas mera *presunção* legal quanto a isto.

A confissão, quando feita pelo réu, não se confunde com o reconhecimento jurídico do pedido, pois ela não implica extinção do processo (com resolução do mérito), como acontece no caso deste último (CPC, art. 487, inciso III, "*a*"); mesmo confessado o fato, o processo não terá o seu curso prejudicado, vindo a sentença a ser proferida em seu momento próprio. Na hipótese, entretanto, de o réu deixar de comparecer, sem justificativa, à primeira audiência será, além de revel, provavelmente confesso quanto à matéria de fato (CLT, art. 844, *caput*), ensejando, com isso, a que se proceda ao julgamento antecipado do mérito (CPC, art. 355, II), com a consequente prolação da sentença na própria audiência, se for o caso. Esse julgamento antecipado só não ocorrerá se não se verificar o efeito da revelia (CPC, art. 345).

2. Confissão não é pena

Ao contrário do que tem proclamado boa parte da doutrina, a confissão não é *pena*, segundo a acepção desse vocábulo na ciência processual. Trata-se de mero reconhecimento — expresso, ou presumido — do sistema legal de serem verdadeiros os fatos narrados pela parte adversa. Mesmo no caso de *ficta confessio*, não se pode asseverar a existência de uma pena, pois a parte não é punida em virtude da sua ausência ao interrogatório; referida ausência enseja, tão somente, que se presumam verdadeiros os fatos alegados pelo adversário. Essa presunção, ademais, porque relativa (*iuris tantum*), pode ser elidida por outros meios de prova moralmente legítimos, como o documental e o pericial.

Convém rememorar que a palavra *pena* (do latim *poena*) designa, no plano do Direito em geral, qualquer tipo de "imposição, de castigo ou de aflição, a que se submete a pessoa por qualquer espécie de falta cometida" (De Plácido e Silva, ob. cit., p. 1.138); daí por que atribuir-se, modernamente, à confissão o caráter de castigo (pena) implica utilização imprópria do vocábulo. Pontes de Miranda ("Comentários ao CPC" de 1973, p. 401) também reconheceu que "Pena, propriamente dita não há mais; há a cominação" (sublinhamos); tem-se, pois, que a expressão *poena confessis* possui, nos dias de hoje, um significado meramente histórico.

3. Elementos da confissão

Podemos identificar na confissão três elementos, que estão intimamente interligados: a) o elemento objetivo; b) o elemento subjetivo; e c) o elemento intencional, que dizem respeito ao seu objeto, ao seu sujeito e à vontade, nesta ordem.

a) Elemento objetivo

O objeto da confissão são os fatos desfavoráveis ao confitente e favoráveis à parte contrária. É evidente que tais fatos devem ter sido alegados pelo adversário; estes constituem, consequentemente, um dos pressupostos para que a confissão se configure. Moacyr Amaral Santos (ob. cit., p. 382-383) indica como condições para que o fato possa ser confessado as seguintes:

1. Que seja próprio e pessoal do confitente, vale dizer, se o fato for de terceiro, o seu reconhecimento pela parte não poderá valer como confissão, mas, talvez, como testemunho.
2. Que seja favorável à parte que o invoca e desfavorável ao confitente, a significar que a confissão prejudicará apenas o confitente e não os terceiros ou os compartes (litisconsortes: CPC, art. 391), pois os compartes ou litisconsortes são considerados, relativamente à parte contrária, como litigantes distintos, razão por que os atos e as omissões de um não prejudicarão os outros (CPC, art. 117), embora os possam beneficiar (*ibidem*).
3. Que o fato seja suscetível de renúncia. A confissão só é possível se os fatos se referirem a direito que o confitente poderia renunciar ou sobre ele transigir, pois a confissão acerca de direitos indisponíveis é ineficaz (CPC, art. 392). De tal arte, estará destituída de validade a confissão — ainda que feita em juízo — do empregado, de que concordou em receber menos que o salário mínimo, conquanto cumprisse jornada de trabalho normal e não fosse aprendiz. Considerando-se que as disposições legais concernentes ao salário mínimo são de ordem pública, a confissão que implicar renúncia a esse direito de índole constitucional (CF, art. 165, I) é absolutamente ineficaz.
4. Que o fato seja de natureza que a sua prova não exija forma especial. Em determinados casos, a CLT impõe forma especial para a comprovação do ato. Mencione-se o pagamento de salários, que o art. 464 estabelece seja efetuado mediante recibo assinado pelo empregado. Sendo assim, não se deve consentir que a confissão possa valer como sucedâneo de um meio de prova (documental) expressamente fixado por lei — como sendo da substância do ato — salvo se as circunstâncias peculiaríssimas autorizarem a tanto. O mesmo se afirme quanto à existência de insalubridade ou de periculosidade no local de trabalho, caso em que a prova deve ser pericial (CLT, art. 195, § 2.º).

b) Elemento subjetivo

O ponto de referência, aqui, não é o fato confessado, mas a *pessoa* do confitente, de quem se requer possua capacidade e legitimação. Capacidade, porque se há de verificar se o confitente é capaz e maior de idade; sendo menor, a confissão, para alguns autores, é inadmissível. Nós outros, porém, conforme pudemos expor em linhas passadas, entendemos que somente não poderá confessar o empregado menor de 16 anos de idade, porquanto abaixo desta faixa etária não se consente que trabalhe (CF, art. 7.º, inciso XXXIII). Não estamos, com isto, revelando ignorância quanto à distinção entre capacidade para confessar e capacidade para agir: apenas estamos adequando tais normas do direito positivo comum às particularidades do Direito do Trabalho e do correspondente processo.

Embora a confissão seja ato próprio da parte, a lei permite que o faça por intermédio de representante (preposto, no caso do empregador, contanto que possua poderes específicos para isso: CPC, art. 390, § 1.º); forçoso é admitir, entretanto, que o poder de o preposto confessar está implícito no art. 843, § 1.º da CLT, ao estabelecer que as suas declarações, em juízo, "obrigarão o proponente". Também o advogado, como mandatário, poderá confessar em nome do constituinte, bastando que da procuração conste o necessário poder (CPC, art. 105).

c) Elemento intencional

Vem afirmando, a doutrina, de maneira praticamente uniforme, que a confissão pressupõe a vontade de o confitente reconhecer como verdadeiros os fatos narrados pelo adversário, de tal modo que nesse ato volitivo se assenta o *animus confitendi*. Acreditamos, todavia, que essa afirmação não possa ser feita em caráter genérico, porque, se é verdade que o elemento intencional preside a confissão espontânea, não menos certo é que ele está ausente na confissão provocada e na fictícia. Não atinamos como se possa sustentar, com êxito, que o *animus confitendi* ocorra nestas duas últimas modalidades, quando se sabe que, na provocada, a confissão é extraída do depoimento da parte e, na fictícia, decorre de uma presunção legal; significa dizer que a intenção do confitente inexiste, nada obstante os efeitos processuais sejam os mesmos da confissão espontânea.

4. Espécies de confissão

A confissão é: a) judicial ou b) extrajudicial (CPC, art. 389, *caput*).

a) Judicial

Como a palavra indica, é a confissão feita em juízo; compreende: a.a) a espontânea (CPC, art. 390, *caput*); a.b) a provocada *(ibidem);* e a.c) a fictícia.

a.a) Confissão espontânea (ou voluntária) é a que a parte geralmente faz por meio de petição: daí por que é também designada de confissão por petição. É preciso entender-se, porém, não se resumir essa petição à forma escrita (embora seja a mais frequente), pois petição significa o ato de pedir — e isto pode ser feito, também, oralmente, em audiência. Essa espécie de confissão se aplica tanto ao autor quanto ao réu. Aqui, o reconhecimento de serem verdadeiros os fatos alegados pelo adversário decorre de iniciativa do confitente; logo, o elemento intencional (vontade) existe. Judicial também é a confissão quando a parte, na ansa do seu interrogatório, admite, *sponte sua*, a veracidade de fatos contrários aos seus interesses e favoráveis ao adversário; neste caso, a confissão constará da ata da audiência. Aliás, da confissão espontânea, em geral, se lavrará um termo nos autos, desde que assim o requeira a parte.

a.b) Confissão provocada, segundo o sistema do CPC (art. 390, *caput*), é a que se origina do depoimento pessoal do litigante; como, no processo do trabalho, não há depoimento mas interrogatório das partes, é necessário que se adapte a espécie em exame a essa característica do processo especializado, de tal forma que se possa afirmar, como agora o fazemos, que a confissão provocada é a que se obtém no interrogatório dos litigantes, seja em face das perguntas formuladas pelo juiz, ou pelas partes, seus representantes ou advogados. Não se descure de observar que o interrogatório previsto na CLT (art. 848, *caput*) não corresponde, exatamente, ao que se refere o Código de Processo Civil (art. 385, *caput*, parte final, e 139, inciso VIII).

A confissão provocada deverá constar do termo de depoimento pessoal (CPC, art. 390, § 2.º). Logo, independe de requerimento do interessado.

a.c) Confissão fictícia. Contrariamente às espécies de confissão já examinadas, que são todas expressas (por escrito ou oralmente), a *ficta confessio* é presumida; logo, tácita (inexpressa). Sobre essa modalidade de confissão judicial expenderemos, mais adiante, considerações específicas e pormenorizadas.

b) Extrajudicial

O CPC prevê a confissão feita extrajudicialmente, chegando a atribuir-lhe a mesma eficácia probatória da judicial (art. 390, *caput*); se essa confissão houver sido formulada a terceiro, será livremente apreciada pelo juiz (*ibidem*). Conquanto essa modalidade de confissão incida, em tese, no processo do trabalho, a sua admissibilidade, em concreto, deve ser repelida, máxime, quando o confitente for o empregado; e assim haverá de ser, porque, não raro, o documento que contém a sua confissão foi obtido na vigência do contrato de trabalho, ou seja, quando o trabalhador ainda se encontrava naquele ontológico estado de sujeição às ordens e à vontade do empregador.

Qualquer confissão real (e não, fictícia) do trabalhador ou do empregador somente deverá ser aceita se realizada em juízo, onde eles poderão manifestar a sua vontade livre de pressões, constrangimentos ou coações; por esse motivo, também não devem ser admitidas as confissões extraídas em inquéritos policiais, nos quais, muitas vezes, ficam gravemente comprometidas as garantias constitucionais do contraditório e da ampla defesa (Const. Federal, art. 5.º, inciso LV). O mesmo se afirme quanto aos depoimentos prestados em autos de procedimento investigatório ou de inquérito civil público, promovidos pelo Ministério Público do Trabalho. Não basta, portanto, que o CPC contemple determinada figura ou instituto para que, de modo automático, o processo do trabalho dela se valha em suas reconhecidas omissões; é imperativo, acima de tudo, que ditas figuras ou institutos sejam compatíveis com o processo para o qual são trasladadas, sendo que, em certos casos, a compatibilidade, por si só, também se revela insuficiente, pois esbarra em um elemento muito mais sutil: a inconveniência. Por outras palavras, para a incidência supletiva, no processo do trabalho, de normas do processo civil não basta que aquele seja omisso e que as normas deste sejam compatíveis com os princípios daquele: é necessário investigar-se, também, se o processo do trabalho efetivamente *necessita* das normas do processo civil, com vistas ao atingimento de seus objetivos.

Desta maneira, não somente a confissão extrajudicial do empregado feita a terceiro, como prevê o CPC, mas também a realizada ao empregador, deverá ser livremente apreciada pelo juiz, que lhe atribuirá a eficácia que entender possível. Por outras palavras: na apreciação dessa espécie de confissão o julgador trabalhista valer-se-á de sua persuasão racional (livre convencimento motivado, como preferimos) — elevada à categoria de princípio pelo CPC (art. 371).

Por mais forte razão, em nenhuma hipótese — entendemos nós — deverá o processo do trabalho admitir a confissão extrajudicial feita por empregado menor de idade; este somente poderá confessar, mesmo em juízo, se: a) devidamente assistido por seu responsável legal e b) se se tratar de confissão real.

Já a confissão extrajudicial oral, admitida pelo CPC, deverá ser confirmada em juízo por testemunhas; assim sendo, ela se converterá em prova testemunhal, perdendo, em consequência, a qualificação original, o que equivale a afirmar que, considerada em si mesma, a sua eficácia é nenhuma.

O CPC, todavia, cogita de uma outra modalidade de confissão (ficta), aplicável apenas ao réu, e que será examinada no item subsequente.

5. O problema da *ficta confessio* no processo do trabalho (tese)

A CLT não prevê a confissão fictícia do empregado; fá-lo, apenas, em relação ao empregador, ao declarar que o seu não comparecimento à audiência importará, além de revelia, confissão quanto à matéria de fato (art. 844, *caput*). A incidência subsidiária do processo civil, contudo, torna, de certo modo, redundante esse dispositivo da CLT, porquanto o art. 341 daquele Código estabelece que o silêncio da própria resposta do réu quanto a fatos contidos na petição inicial gera a presunção de serem estes verdadeiros, exceto nas situações expressamente ressalvadas nos incisos I a III, da referida norma legal.

Essa inexistência de previsão legal acerca da matéria, como era de se esperar, rendeu ensejo ao surgimento de intensa cizânia doutrinária e jurisprudencial, e desaguou na formação de duas correntes de pensamento, algo opostas: uma, a entender que não se pode, no processo do trabalho, presumir a confissão do empregado; outra, ao reverso, a sustentar que a *ficta confessio* é perfeitamente compatível com ele. Visando a dar cobro à controvérsia, o TST adotou a Súmula n. 74, para dispor: "Aplica-se a pena de confissão à parte que, expressamente intimada com aquela cominação, não comparecer à audiência em prosseguimento, na qual deveria depor".

Pela nossa parte, formamos com os que não admitem a possibilidade de confissão fictícia do empregado, a despeito de discordarmos, radicalmente, dos fundamentos de que essa corrente se valeu para formar a sua convicção; une-nos, por isso, apenas a conclusão. Realmente, não podemos aceitar o argumento de que a inaplicabilidade da *ficta confessio* ao empregado advém do fato de a CLT não prever essa possibilidade; *venia concessa*, a elaboração, pelo legislador, das normas processuais trabalhistas, pressupôs, de maneira óbvia, a incindibilidade da audiência (CLT, art. 849, primeira parte), cujo princípio apenas seria excepcionado nos casos expressamente mencionados (CLT, arts. 825, parágrafo único e 849, segunda parte). Elementar, portanto, que o não comparecimento do empregado à audiência (incindível) somente poderia provocar o arquivamento dos autos, ou melhor, a extinção do processo sem resolução do mérito (CLT, art. 844, *caput*); desta forma, se o legislador não cogitou da confissão fictícia do trabalhador foi exatamente porque também não admitiu, em caráter ordinário, o fracionamento da audiência. Fosse, a propósito, de buscar-se a solução do problema em termos de previsibilidade, ou não, do texto legal, teríamos de concluir, de modo inevitável, que a ausência do empregado à segunda audiência (ou de instrução) resultaria no arquivamento dos autos, pois é assim que dispõe a CLT. Tanto isto não é exato, que o TST, com grande acerto, editou a Súmula n. 9, para esclarecer que, neste caso, o processo prosseguirá — malgrado tenha cometido manifesto deslize técnico ao aludir ao não arquivamento do *processo*, quando a referência deveria ter sido, conforme a técnica, aos *autos*.

Nossa conclusão, a respeito do tema, decorre não de uma intepretação meramente literal do art. 848, da CLT, como possa parecer, senão de que uma percepção do substrato *político* do *sistema* do processo do trabalho, que, ao prever, somente, o *interrogatório* dos litigantes (e não o depoimento), visou a proteger o trabalhador, embora não tenha concedido, pelos mesmos motivos políticos, idêntica proteção ao empregador, segundo evidencia o art. 844, *caput*, parte final, da CLT. Este objetivo de proteção do trabalhador constitui uma espécie de espinha dorsal do sistema processual da CLT, como demonstra, por exemplo, o art. 844, já citado. Bem poderia o legislador, aqui, ter dito que se o empregado deixasse de comparecer à audiência (que seria sempre una), mas o réu estivesse presente e formulase defesa, o trabalhador seria confesso. O que fez, porém, o legislador? Declarou que, neste caso, o processo será extinto sem exame do mérito ("arquivado", na expressão pouco técnica da lei), concedendo, por este modo, uma nova oportunidade para que o trabalhador venha a juízo em face do mesmo réu, com postulações idênticas às anteriores, ou não. Este espírito tuitivo não foi percebido pela Súmula n. 74, I, do TST.

Segue-se, portanto, que não somente o problema relacionado à *ficta confessio* do empregado, mas, de resto, todos os que possuem natureza processual, devem ser analisados sob a óptica da partição da audiência, que foi ditada pela necessidade do cotidiano, e está hoje admitida por todos os que exercitam as profissões forenses, inclusive pelo TST, como dão prova as Súmulas ns. 9 e 74, já citadas. Por esse motivo, o fundamento utilizado para sustentar a tese ora examinada constitui, paradoxalmente, um dos mais expressivos obstáculos à sua admissibilidade pela inteligência jurídica. A eversão desse fundamento, contudo, não deixa ao desamparo a tese; ao contrário, abre espaço para que sejam apresentados outros, com melhor vocação jurídica para fazê-la prosperar. Seja-nos permitido atuar nesse espaço, sem que tenhamos a veleidade de preenchê-lo.

Dissemos, em páginas anteriores, que o sistema processual contido na CLT, à dessemelhança do que ocorre com o CPC, consagrou o *interrogatório* das partes (CLT, art. 848, *caput*). Expliquemos. No processo civil, o juiz pode, de ofício, em qualquer estado do processo, determinar o comparecimento pessoal dos litigantes, com o objetivo de *interrogá-los* sobre os fatos relativos à causa (art. 139, inciso VIII); caso não exercite esse poder, abre-se à parte a possibilidade de requerer o *depoimento* da outra, para a mesma finalidade (art. 385, *caput*, primeira parte). No processo do trabalho, entrementes, a parte não tem o direito de pedir a intimação da adversa para vir a juízo, a fim de prestar depoimento; aqui, os litigantes deverão estar presentes à audiência, independentemente do comparecimento de seus representantes ou advogados (CLT, art. 843, *caput*). Ademais, mesmo no sistema civil, quando a parte deixar de comparecer a juízo, sem justificativa legal, para ser interrogada, "não incidirá a pena de confesso", conforme declara, com nitidez, o inciso VIII do art. 139, do CPC.

O fato de a realidade prática haver imposto a fragmentação da audiência trabalhista, contudo, não afeta o sistema de audição das partes, perfilhado nitidamente pela CLT, sob a forma de interrogatório; seria desarrazoado supor-se que esse fracionamento (matéria de fato) tivesse o condão de transmutar o interrogatório em depoimento (matéria jurídica). Ora, a confissão ficta da parte emana, sabidamente, do pedido de depoimento, formulado pela outra; já a ausência do litigante ao interrogatório, por princípio, não conduz ao mesmo efeito processual, visto que o juiz, em sua posição neutral, não tem interesse em obter a confissão. Neste sentido, aliás, a própria doutrina processual civil, conforme se verifica em Moacyr Amaral Santos (*Primeiras Linhas*, p. 388), cujos ensinamentos merecem ser repetidos: "O não comparecimento da parte para o interrogatório (...) importa em violação do dever processual de 'comparecer em Juízo, respondendo ao que lhe for interrogado' (CPC, art. 340, I), com a quebra correspondente dos deveres de expor os fatos em Juízo conforme a verdade e de 'proceder com lealdade e boa-fé (CPC, art. 14, I e II). O desrespeito a esses deveres faz resultar para o Juiz o poder, conforme a natureza e gravidade do caso, e as circunstâncias que o rodearem, ponderosamente apreciadas, de atribuir àquela atitude da parte caráter de *procedimento de má-fé*, equivalente à alteração intencional da 'verdade dos fatos' e de omissão intencional de 'fatos essenciais ao julgamento da causa' (CPC, art. 17, II e III), com a consequente aplicação, a final, da sanção do art. 18 do mesmo Código" (destacamos).

Aí está: mesmo no plano da doutrina processual civil afirma-se que a ausência do litigante ao *interrogatório* não acarreta confissão fictícia, podendo, contudo, caracterizá-lo como litigante de má-fé, tanto que o ilustre jurista mencionado faz menção ao art. 18 do CPC.

É conveniente, neste passo, deixarmos vincada, com nitidez, a nossa afirmação: o sistema do *interrogatório*, que foi adotado pela CLT, repele, por princípio, a *ficta confessio* das partes. Sensível, contudo, ao fato de que o processo do trabalho existe para servir ao direito material do trabalho, de marcante caráter protecionista do empregado, o legislador cuidou de criar uma exceção à regra da inaplicabilidade da confissão presumida aos litigantes, no caso do interrogatório, para determinar, sem ambages, que o princípio não aproveita ao empregador. Prova eloquente desse tratamento anti-igualitário em matéria de confissão fictícia é o tantas vezes mencionado art. 844, *caput* da CLT

É alentador, contudo, verificar que um jurista do quilate de Coqueijo Costa (ob. cit., p. 238) não hesitou em asseverar que "o processo do trabalho reduziu a confissão ficta ao âmbito da revelia do reclamado, que é quase sempre patronal, protegendo, assim, processualmente, o empregado" (sublinhamos), conquanto entendamos que ela não ocorre, apenas, no caso de revelia, mas também na audiência em prosseguimento.

Em rigor, aliás, há certa tautologia quando se fala em revelia e confissão fictícia, de modo conjugado, porquanto se a primeira se caracteriza pela ausência de resposta do réu, é indiscutível que esse mesmo fato conduz, por si só, à presunção de serem verdadeiras as alegações formuladas na petição inicial, conforme dispõe o art. 341, *caput*, parte final do CPC. No sistema da lei processual civil vigente, como vimos, a revelia traz em si, implícita e inseparável, a *ficta confessio*, ressalvadas as exceções previstas naquele mesmo ordenamento jurídico processual. E nada desaconselha a que o processo do trabalho adote, em caráter supletivo, idêntica orientação.

Não podemos, neste momento, nos furtar de tecer algumas considerações críticas à orientação adotada pela Súmula n. 74 do TST. Sucede que ela, desatenta a que o sistema da CLT é o do *interrogatório*, trasladou para o processo do trabalho a solução que o processo civil confere ao problema do não comparecimento do litigante à audiência em que deveria prestar *depoimento* (que, como tal, fora requerido pela parte contrária). Ao fazê-lo, todavia, acabou por escoriar o processo do trabalho naquilo que ele tem de mais legitimamente seu, de modo a repelir a intromissão danosa de certas normas civilistas.

Esclareça-se que não estamos afirmando que a parte não possa fazer reperguntas à *ex adversa*, no interrogatório; pode, desde que o juiz tenha deliberado interrogar os litigantes. É precisamente neste sentido que deve ser interpretado o art. 820 da CLT, quando estabelece que as partes serão inquiridas pelo juiz, podendo ser reinquiridas, por seu intermédio, a requerimento das partes, seus representantes ou advogados. Equivale a dizer: se o juiz não quiser ouvir as partes, estas não poderão inquirir uma à outra, pois o pressuposto desse direito é o *interrogatório*, que só é realizado pelo juiz. Inexistindo este, inexistirá aquela. Não é sem propósito, pois, a referência do art. 820, da CLT, à reinquirição pelas partes. Eis a diferença fundamental entre o processo do trabalho e o civil, no particular, que a Súmula n. 74 desprezou. Via de consequência, se ocorrer de ambos os litigantes não comparecerem à audiência em que seriam interrogados (dita "de instrução") não se deveria resolver o problema sob o ponto de vista do ônus objetivo da prova, que lhes incumbia, se não que se considerar confesso o empregador, por força da exceção legal a que nos referimos (CLT, art. 844) e que não se restringe ao seu não comparecimento à primeira audiência. E é o aspecto coercitivo dessa norma legal (o que é de sua natureza, aliás) que impede o juiz de decidir quanto à existência, ou não, de confissão do empregador: esta haverá sempre, salvo se concernir a matéria de direito ou o contrário emanar da prova dos autos.

Reconhecemos, entrementes, ser heterodoxo este nosso pensamento. Em termos gerais, doutrina e jurisprudência admitem a figura do "*depoimento pessoal*" no processo do trabalho, e, por isso, à semelhança do que se passa nos domínios do processo civil, presumem confessa a parte (seja autora ou ré) que deixar de comparecer, sem justificativa ponderável, à audiência em que deveria depor (TST, Súmula n. 74, I).

Sendo assim, devemos dizer que, verificada a ausência (injustificada) da parte à audiência em prosseguimento, na qual deveria ser interrogada (depor), não se deve, ato-contínuo, fazer constar da ata a aplicação da "pena" de confesso. Procedimento dessa ordem é irregular, pois envolve pronunciamento jurisdicional precipitado, visto que manifestado fora do momento oportuno e do seu instrumento formal específico: a sentença que comporá a lide. À sentença, portanto, e somente a ela, caberá apreciar as consequências processuais da contumácia da parte, quando, então, se fará incidir a vontade concreta da lei.

Considerando que a *ficta confessio* traduz mera presunção de veracidade dos fatos alegados pela parte contrária, pode o juiz, como já dissemos, dar continuidade à instrução oral do procedimento, interrogando o litigante presente, as testemunhas, determinando a juntada, a exibição ou a requisição de documentos. Trata-se, porém, de *faculdade* do julgador como pessoa incumbida da emissão da sentença, e que tem, por isso, justo motivo para perseguir a verdade real. A confissão fictícia, desta maneira, atuará como um pano de fundo, sendo invocada sempre que, em determinado ponto, não haja prova que favoreça ao confitente. Isto também é certo: a parte confessa não tem o direito de produzir provas, com o escopo de elidir a confissão. A este respeito, dispõe o inciso II, da Súmula n. 74, do TST: "A prova pré-constituída nos autos pode ser levada em conta para confronto com a confissão ficta (arts. 442 e 443, do CPC de 2015 — art. 400, I, do CPC de 1973), não implicando cerceamento de defesa o indeferimento de provas posteriores. (ex-OJ n. 184 da SBDI-1 - inserida em 08.11.2000)".

Consta, ainda, da precitada Súmula: "III – A vedação à produção de prova posterior pela parte confessa somente a ela se aplica, não afetando o exercício, pelo magistrado, do poder/dever de conduzir o processo". Não se nega a possibilidade de o magistrado tomar a iniciativa na produção de provas, quando a parte se tornou confessa; essa faculdade, entretanto, deve ser exercida com extrema cautela, sob pena de o magistrado acabar se tornando parcial, ao produzir prova no vazio deixado pela parte. Há mais: se a parte foi confessa, o fato se tornou incontroverso, motivo por que não deve ser objeto de atividade probatória (CPC, art. 374, inciso II).

Em síntese, o direito que assiste à parte confessa não vai além de exigir que o magistrado leve em consideração os documentos que ela havia juntado aos autos, antes de configurar-se a sua confissão presumida.

Equivocou-se, ainda, a Súmula n. 74, ao condicionar (inciso I) a incidência dos efeitos inerentes à *ficta confessio* à circunstância de haver a parte sido intimada, prévia e expressamente, dessa cominação; *rogata venia*, trata-se de nova submissão às regras do processo civil (CPC, art. 385, § 1.º), porquanto a CLT, em nenhum momento, assim o exige. Argumentar-se com hipotética omissão do texto consolidado acerca da matéria é acreditar que o CPC seja o *alter ego* indefectível da CLT, é dar-se ao art. 769 uma interpretação muito mais ampla do que a sua natureza comporta, é fazer tábua rasa das particularidades e dos princípios que animam o processo do trabalho.

Relativamente à confissão *real* do empregado, seja a espontaneamente feita em juízo, seja a provocada na oportunidade do interrogatório, é plenamente admissível, pois houve, na hipótese, a sua manifestação expressa, embora, no último caso, a confissão tenha sido indesejada.

O processo civil, como vimos, prevê uma outra hipótese de confissão presumida, aplicável exclusivamente ao réu; sucede que, cabendo a este manifestar-se precisamente acerca dos fatos alegados na petição inicial, o seu silêncio gerará a presunção de serem verdadeiros tais fatos (CPC, art. 341, *caput*). Entendemos que essa regra, atinente ao ônus de impugnação específica aos fatos narrados pelo autor, é plenamente compatível com o processo do trabalho, motivo por que deverá ser admitida, salvo: a) se não for possível, a seu respeito, a confissão; b) se a petição inicial não estiver acompanhada de instrumento que a lei considere da substância do ato; c) se estiver em contradição com a defesa, considerada em seu conjunto (CPC, art. 341, incisos I a III, respectivamente).

Acreditamos ser extremamente difícil ocorrer no processo do trabalho o outro fator impeditivo dos efeitos da confissão ficta, pre- visto no CPC, qual seja, o de a petição inicial estar desacompanhada do instrumento que a lei considerar da substância do ato. Atente-se que não se trata de qualquer documento público, mas apenas daquele que seja, segundo o comando legal, da substância do ato a que se relaciona a ausência de impugnação específica por parte do réu. Talvez possa ajustar-se a esse conceito legal a certidão de nascimento do filho, na ação em que o trabalhador pede a condenação do réu ao pagamento de "salário-família".

Considerando que, geralmente, as iniciais trabalhistas narram diversos fatos, deve o réu precatar-se em manifestar contrariedade a todos eles; caso contrário, será reputado confesso, nos termos do art. 341, do CPC. Ao juiz também incumbirá verificar, para efeito de instrução do procedimento, se os fatos constantes da inicial foram objeto de impugnação, pois os que não o foram se presumem confessados, não havendo motivo para fazerem parte do *thema probandum*, sob pena de se acabar neutralizando os efeitos dessa confissão. Advirta-se, porém, que não se admite a contestação genérica (muito em voga na vigência do CPC anterior), como se vinha formulando com certa frequência; a inadmissibilidade — e a consequente ineficácia — da resposta por negativa geral, a propósito, encontra fundamento no próprio art. 341, *caput* do CPC.

Em determinadas tutelas provisórias, como a cautelar requerida em caráter antecedente (sem prejuízo de outras), a ausência de contestação aos termos da petição inicial gera a presunção de veracidade dos fatos narrados nessa peça processual (CPC, art. 307, *caput*).

6. Quem pode confessar

Por princípio, a confissão pode ser feita pelas partes, desde que tenham: a) capacidade e b) legitimidade. Segundo expusemos, o empregado maior de 16 anos, todavia, pode confessar, bastando que esteja regularmente assistido por seu responsável legal (pai, mãe, tutor, curador).

O processo civil só admite a confissão provocada se feita pela própria parte; quanto à espontânea, tanto poderá ser efetuada pela parte quanto por seu mandatário, contanto que tenha poderes para isso (CPC, art. 390, § 1.º). Considerando que o processo do trabalho não adotou o sistema do depoimento das partes (pressuposto da confissão provocada), mas o do interrogatório, é evidente que, feita essa adaptação, tal modalidade de confissão pode ser obtida também aqui. Daí decorre que o processo especializado acolhe a confissão provocada, mesmo que realizada por intermédio de mandatário (com poderes específicos, por certo), salvo se se tratar do preposto, a que alude o § 1.º do art. 843 da CLT, cujos poderes para confessar, como dissemos, estão contidos, de maneira implícita, na referida norma legal: "cujas declarações obrigarão o preponente".

Relativamente ao advogado, a lei exige, para a validade da confissão, que do instrumento de mandado conste, de maneira expressa, poder para tanto (CPC, art. 105). Isto significa que, sendo especial esse poder, não se pode presumi-lo implícito na cláusula *ad iudicia*: ou está expressamente mencionado, ou não existe.

Quanto ao preposto — insistimos em afirmar — não há necessidade de menção de poderes específicos para isso, pois a CLT estabelece, claramente, que as suas declarações obrigarão o preponente (art. 843, § 1.º). A habilitação para que o preposto possa atuar em juízo, aliás, não se tem feito via procuração, mas apenas por meio de simples credencial (que a prática denomina de carta), na qual, em regra, se faz a sua apresentação ao juiz (mencionando o nome, a qualificação, o número dos autos e pouca coisa mais), sem qualquer especificação de poderes, exatamente em virtude do que dispõe a norma legal supracitada. A propósito, é interessante observar que o preposto, na Justiça do Trabalho, está dotado de poderes para transigir. Nem mesmo o reconhecimento da firma do proponente é exigido, a menos que haja dúvida quanto à autenticidade da assinatura.

Como já havíamos afirmado, se houver alguma irregularidade na representação pelo preposto (como, *v. g.*, se deixou de trazer a credencial etc.), o juiz deverá, sem suspensão do processo (ao contrário, portanto, do que determina o CPC, art. 76, *caput*), assinar prazo razoável para a sanação do defeito; não sendo cumprido o despacho, se a providência competir: a) ao autor, o processo será extinto, sem resolução do mérito; b) ao réu, será declarado revel; c) ao terceiro, será declarado revel ou excluído do processo (CPC, art. 76, incisos Ia III, nessa ordem).

O não comparecimento do preposto à audiência em que deveria ser interrogado conduz à confissão ficta do preponente, que não a elidirá ainda que logre provar a negligência ou a eventual má-fé que caracterizou a ausência do seu representante.

A presença de colega de profissão, ou de representante do sindicato à audiência, na hipótese de doença ou de outro motivo ponderável que impeça ao empregado-autor de comparecer, a que se refere o § 2.º do art. 843, da CLT, terá o efeito somente de determinar o adiamento da audiência, porquanto tais pessoas, não podendo ser interrogadas em nome da parte, também não poderão confessar.

7. Efeitos da confissão

Pudemos demonstrar, de forma exaustiva, que o efeito fundamental da confissão é o reconhecimento quanto a serem verdadeiros os fatos narrados pela parte contrária.

Na confissão espontânea há o elemento intencional do confitente; a provocada, a despeito de ser igualmente expressa, é obtida sem que a parte a pretendesse; a *ficta*, ao contrário das anteriores, é tácita, inexpressa, presumida, e decorre do não comparecimento do litigante à audiência em que seria interrogado, ou da inexistência de impugnação específica, pelo réu, dos pedidos formulados pelo autor (CPC, art. 341). No caso das duas primeiras, o efeito é praticamente absoluto, pois a confissão, aí, é real (ou concreta): os fatos narrados pelo adversário são, por isso, efetivamente havidos como verdadeiros; já a terceira envolve uma ficção, pois a confissão é tácita; assim sendo, o que ela gera é meramente a *presunção* (relativa) de veracidade de tais fatos. Todas, é certo, são modalidades de prova (CPC, arts. 369 e 391, *caput*).

Em geral, ela afeta à parte confitente (nem sempre o confitente é parte), embora os seus efeitos possam, em determinadas circunstâncias, atingir ao seu sucessor. Assim ocorre, por exemplo, no caso de um empregador haver confessado em juízo e o outro, que adquiriu o estabelecimento, suportar a execução da sentença, promovida pelo mesmo trabalhador.

Na ação ajuizada por empregado de subempreiteira, em face desta e da empreiteira principal, com base no art. 455, parágrafo único, da CLT, a confissão da primeira não prejudicará a segunda, pois conforme a disposição do art. 391 do CPC, a confissão judicial faz prova, apenas, contra o confitente, não produzindo efeitos em relação aos demais litigantes. Essa regra, aliás, já fora estabelecida, em caráter genérico, pelo art. 117 do mesmo Diploma Processual.

Em outro sentido, lembra Arruda Alvim (ob. cit., p. 312) que a confissão "sana e convalida os erros da ação e os erros no processo, que, por definição não sejam essenciais ou de ordem pública", observando que esse entendimento promana da aplicação das regras gerais relativas à nulidade.

8. O princípio legal da indivisibilidade da confissão

Estatui o art. 395, do CPC, que a confissão é, em regra, indivisível, motivo por que não poderá a parte, que pretender invocá-la como prova, aceitá-la no tópico que a beneficiar e rejeitá-la no que lhe for desfavorável. Eis, em síntese, o princípio legal da indivisibilidade da confissão (*confessio dividi non debet*). O próprio Código, todavia, admite a cisão quando o confitente aduzir fatos novos, suscetíveis de constituírem fundamento de defesa de direito material ou de reconvenção (*ibidem*, segunda parte). Em todo o caso, o princípio legal estabelece que a confissão deve ser considerada como um todo incindível. Não há dúvida de que esse mandamento deve ser observado de perto pelo processo civil, principalmente, se o confitente for o autor, porquanto o réu, na verdade, fica vinculado à regra do art. 302, *caput* do CPC.

No processo do trabalho, contudo, é desaconselhável a aceitação da indivisibilidade da confissão porque, em geral, tanto o autor quanto o réu narram fatos os mais diversos, nada impedindo, portanto, que sejam considerados confessos em relação a alguns desses fatos e não necessariamente a todos. É preciso não esquecer que, no processo civil, comumente, a *causa petendi*, apontada pelo autor, é uma só (e o pedido também), daí por que a regra da incindibilidade da confissão que aí se verificar encontra, nesta particularidade, o seu pressuposto lógico — que inexiste, à evidência, no caso das iniciais trabalhistas, pródigas que são em matéria de *causa petendi* e de pedidos. Nada mais coerente com a realidade das pretensões que o caracterizam, conseguintemente, tenha o CPC admitido o fracionamento da confissão, apenas, em caráter excepcional, isto é, diante de fatos novos, assim entendidos aqueles não pertencentes originalmente à causa.

É exatamente em nome do respeito à realidade do processo do trabalho que se há de evitar, aqui, a adoção, como princípio, da indivisibilidade da confissão. Na hipótese, todavia, de a ação concernir a um único fato, é palmar que a confissão, acaso existente, não possibilitará ser fracionada: a unidade do fato exigirá a unidade da confissão.

9. Revogação da confissão

A confissão, por princípio, é irretratável. Entretanto, quando ela houver decorrido de erro de fato ou de coação poderá ser anulada (CPC, art. 393, *caput*). O CPC de 1973 estabelecia um regime diferente para a matéria, não apenas porque aludia a erro (sem especificar que deveria ser *de fato*), dolo e coação, mas porque dispunha que a revogação da confissão deveria ser feita: a) por ação anulatória, se estivesse pendente o processo em que ela ocorreu; b) por ação rescisória, depois de transitada em julgado a sentença, da qual a confissão constituiu o único fundamento (art. 352, incisos I e II).

A despeito de o CPC de 2015 somente aludir a erro de fato e a coação, como causas para a anulação da confissão, entendemos que também o erro em si — vale dizer, sem ser, especificamente, *de fato* —, assim como o dolo, autorizam o exercício da ação anulatória.

a) Erro

Já estava no Direito antigo o reconhecimento de que a pessoa induzida em erro era destituída de vontade ("*cum errantis nulla voluntas sit*"). Não é qualquer erro que autorizará o desfazimento da confissão, mas somente o *erro substancial*, assim considerado o que interessa à natureza do ato, o objeto principal da declaração, ou algumas das qualidades a ele essenciais (Cód. Civil, art. 139, inciso I). Erro substancial será igualmente o que disser respeito a qualidades essenciais de pessoa, a quem se referir a declaração de vontade (Cód. Civil, art. 139, inciso II) e, ainda, sendo de direito e não implicando recusa à aplicação da lei, for o motivo único ou o principal do negócio jurídico (*ibidem*, III).

Entende ísis de Almeida (ob. cit., p. 70) que, no caso de confissão do empregado, decorrente de erro, o juiz, constatando o vício, pode e deve "ter a iniciativa de revogar a confissão, ou, simplesmente, considerá-la anulada de ofício". Compartilhamos esse pensamento, em termos. É evidente que o processo do trabalho não se deve curvar, de modo subserviente, ao processo civil, em matéria de revogação de confissão, exigindo que a parte interessada (confitente) tome a iniciativa de aforar a ação anulatória a que se refere o art. 393, do CPC. A existência de duas ações paralelas e interdependentes seria desastrosa para o processo do trabalho, violentando, com profundidade, os princípios medulares que o informam, e, em particular, o da celeridade. A propósito, o projeto do CPC de 1973 já fora alvo de justas críticas, nesse particular, tendo o deputado José Camargo apresentado emenda com a finalidade de suprimir o dispositivo que condicionava o desfazimento da confissão à ação anulatória, argumentando, com razão, ser duvidoso que essa ação anulatória incidental trouxesse vantagem à outorga da prestação jurisdicional. Essa emenda, lamentavelmente, não vingou êxito.

Deste modo, acreditamos que, no processo do trabalho, não se deveria exigir do confitente a "propositura" de ação anulatória; convencendo-se de que a confissão emanou de erro, dolo ou coação, poderia o juiz demonstrar as razões em que se funda, quanto a isto, a sua convicção, deixando assim de reconhecer à *ficta confessio* os efeitos legais que, em outras circunstâncias, lhe seriam inerentes; enfim, a "desconsideraria".

Diante disto, a revogação, por iniciativa da parte, somente deverá ser exigida no caso de a sentença haver transitado em julgado. O remédio adequado será, então, a anulatória (não mais, a rescisória). É legitimamente possível invocar-se, em defesa deste entendimento, não somente os princípios informadores do processo do trabalho, já mencionados, mas também o da persuasão racional do julgador (ou do livre convencimento motivado) tornado concreto na ordem jurídica pelo art. 371 do próprio CPC.

A propósito, sob a perspectiva histórica, é importante registrar que na fase de elaboração legislativa do CPC de 1973 emenda proposta pela Comissão visou a conferir ao então art. 356 do projeto a seguinte redação: "Retratando-se o confitente, sob a alegação de erro, dolo ou violência, o Juiz apreciará a retratação de acordo com o seu livre convencimento". A emenda proposta pela Comissão era inatacável; infelizmente, contudo, não prosperou.

b) Dolo

Originário do latim *dolus*, significa, em Direito Civil, "toda espécie de artifício, engano, ou manejo astucioso promovido por uma pessoa, com a intenção de induzir outrem à prática de um ato jurídico, em prejuízo deste e proveito próprio ou de outrem" (De Plácido e Silva, ob. cit., p. 563). Os atos jurídicos provenientes de atividade dolosa da parte, por isso, são anuláveis (Cód. Civil, art. 145). Pelas mesmas razões a confissão, quando oriunda de dolo, poderá ser revogada.

c) Coação

A coação, como causa do desfazimento da confissão, há de ser tal que incuta à parte fundado receio de dano à sua pessoa, à sua família, ou a seus bens, iminente e igual, pelo menos, ao receado em relação ao ato extorquido (Cód. Civil, art. 151).

Dispõe a lei que o juiz, ao apreciar a coação, levará em conta o sexo, a idade, a condição, a saúde, o temperamento do confitente e todas as demais circunstâncias, que lhe possam influir na gravidade (Cód. Civil, art. 152).

Não se considera coação a ameaça do exercício normal de um direito, nem o simples temor reverenciai (Cód. Civil, art. 153).

O direito material do trabalho deveria, em respeito à sua natureza protetiva do empregado, rejeitar a figura da coação como vício da manifestação volitiva deste, porquanto, sob o ângulo civilista, a coação não se presume, pois se parte do pressuposto da igualdade formal das partes. Cumpre à doutrina trabalhista, portanto, propiciar condições para que a presunção de *pressão econômica*, a que se referiu o notável Oliveira Viana, já em 1939, seja admitida substitutivamente à coação civilista.

Caberá ao confitente a iniciativa de ajuizar a ação (anulatória ou rescisória, segundo seja a hipótese) tendente a revogar a confissão, esclarecendo o CPC que, uma vez iniciada a ação, esse direito passará para os herdeiros do confitente (art. 393, parágrafo único).

Em resumo, do ponto de vista estrito do processo civil:

a) tratando-se de *nulidade*, a juiz pode conhecer, *ex officio*, desse vício de consentimento da parte (CC, arts. 166 e 168, parágrafo único);

b) sendo o ato de *anulabilidade*, o seu desfazimento deverá ser objeto de ação anulatória (CC, arts. 171 e 177).

Nosso entendimento é de que esse procedimento pode ser adotado pelo processo do trabalho, embora o ideal seria que se reconhecesse, aqui, ao juiz a possibilidade de, em qualquer caso (erro, dolo, coação), ignorar o efeito da confissão e decidir segundo seu livre convencimento motivado, vale dizer, indicar as razões jurídicas pelas quais desconsiderou a confissão.

Agora, à guisa de registro histórico, é interessante transcrevemos um trecho do livro *"Manual dos Inquisidores"*, escrito por Nicolau Eymerich, em 1376, e revisto e ampliado por de La Peña em 1578 (Editora Univ. de Brasília, Brasília: 2.ª ed., 1993, p. 154-156), que retrata a forma pela qual se procedia, na época, ao interrogatório das pessoas acusadas de heresia, com o objetivo de obter-lhes a confissão. Estamos a falar de algo odioso, que se chama tortura:

> "O inquisidor não deve se mostrar muito apressado em aplicar a tortura, pois só se recorre a ela quando não houver outras provas: cabe ao inquisidor tentar levantá-las. Mas, se não achá-las e se considerar que há possibilidade de o réu ser culpado, e se achar também que ele não vai confessar por medo, trará até

ele seus familiares e amigos, para que o convençam a confessar. O desconforto da prisão, a reflexão, as frequentes exortações de gente honesta muitas vezes levam o réu a confessar. Mas, se não conseguir nada, e se o inquisidor junto com o bispo acharem mesmo que o réu lhes esconde a verdade, então, devem mandar *torturá-lo moderadamente e sem derramamento de sangue*, lembrando sempre que a tortura é enganadora e ineficaz (*scientes quod quaestiones sunt fallaces et inefficaces*). Existem pessoas com o espírito tão fraco, que confessam tudo com um mínimo de tortura, mesmo se não cometeram nada. Outras, são tão obstinadas que não abrem a boca, independentemente das torturas que sofrem. Há pessoas que já foram torturadas; estas suportam mais que as outras a tortura, porque contraem os membros, endurecendo-os; porém, outras pessoas saem enfraquecidas das torturas anteriores e ficam incapazes de suportar outras. Existem os enfeitiçados que, sob o efeito de bruxarias utilizadas durante a tortura, ficam quase insensíveis: preferem morrer a confessar. Uma vez declarada a sentença, os assistentes do inquisidor partem para a execução. Durante a preparação da execução, o bispo e o inquisidor, eles próprios, ou um fiel fervoroso, convenientemente (decenter) torturado, não confessar, vão lhe mostrar os instrumentos de um outro tipo de tortura, dizendo-lhe que vai passar irão pressionar o réu para que confesse espontaneamente. Se o réu não confessar, ordenarão aos carrascos para que tirem as suas roupas — o que farão imediatamente, sem brincadeiras, como se tivessem tomados de emoção. Enquanto é despido pelos carrascos, pedirão a ele que confesse. Se continuar a resistir, será levado num canto, completamente nu, por esses fiéis idôneos, que lhe suplicarão cada vez mais. Começam a dizer-lhe, ao mesmo tempo que suplicam, que, se confessar, terá sua vida poupada, se jurar que nunca mais vai cometer tais crimes. Muitos confessarão a verdade, se não estiverem torturados pelo medo de morrer. (...) Se não se conseguir nada através desses meios, e se as promessas se revelarem ineficazes, executa-se a sentença e tortura-se o réu da forma tradicional, sem buscar novos artifícios nem inventar os mais rebuscados: mais fracos ou mais violentos, de acordo com a gravidade do crime. Durante a tortura, primeiramente, interroga-se o réu sobre os pontos menos graves, depois, sobre os mais graves, porque vai confessar mais facilmente as faltas pequenas do que as graves. O escrivão, enquanto isso, tomará nota das torturas, das perguntas e respostas. Se, depois de ter sido por todos eles, se não confessar.

Se mesmo assim não se conseguir nada, continua-se com a tortura no dia seguinte, e no outro, se for preciso (porém, não se 'recomeçam' as torturas pois só se pode fazer isso se se dispõe de novos indícios contra o réu. Em outras palavras, é proibido 'recomeçar', mas não 'continuar'). (...) O valor da confissão é absoluto quando obtido sob ameaça de tortura ou através da apresentação dos instrumentos de tortura. Nesse caso, considera-se que o réu confessou espontaneamente, tendo em vista que não foi torturado. A mesma coisa, se a confissão foi obtida quando o réu já estava despido e amarrado para ser torturado.

Se confessar durante a tortura, deve, pois, confirmar a confissão, já que esta foi obtida através do sofrimento e do terror."

Felizmente, os tempos são outros...

Na França, durante a monarquia, havia a *quéstion préalable*, que consistia em um interrogatório mediante tortura do condenado antes da execução da pena. Esse interrogatório infamante visava a fazer com que o condenado denunciasse seus cúmplices. A confissão do condenado era obrtida, antes, na *question préparatoire*. Havia, ainda, o *interrogatoire sur la sallette*. A *sallette* era um pequeno banco de madeira, no qual se sentava o acusado quando do seu último interrogatório, antes da aplicação da pena. Todas essas práticas foram abolidas em 1780, por Luís XVI, como uma das medidas destinadas a tentar apaziguar o povo e os próprios nobres que se revoltavam contra ele, seja, no primeiro caso, pelo aumento do preço do pão, seja, em ambos, porque desejavam a imediata convocação dos Estados–Gerais.

Capítulo XI

A Prova Documental

1. Conceito. Conteúdo

A etimologia do vocábulo *documento* reside em *documentam*, do verbo latino *docere* (ensinar, instruir, mostrar).

A doutrina apresenta diversos conceitos de documento, muito embora não sejam, em essência, conflitantes entre si. Segundo Chiovenda (*Instituições*, trad. portug., São Paulo, 1945. vol. 3, n. 345), "documento é toda representação material destinada a reproduzir determinada manifestação do pensamento"; para Carnelutti (ob. cit., p. 154/156, ns. 34/35) é "uma coisa capaz de representar um fato"; para Pontes de Miranda (*Comentários ao CPC de 1939*, art. 2.º, II) é "todo objeto suscetível de servir de prova a alguma proposição"; Jaime Guasp o tem como todo objeto físico capaz de ser levado à presença do juiz; Malatesta afirma que documento é a "atestação pessoal feita com conhecimento de causa, escrita e irreproduzível oralmente, e que serve para comprovar a verdade dos fatos, asseverados por meio dela (*apud* Amauri Mascaro Nascimento, ob. cit., p. 212); para Arruda Alvim (ob. cit., p. 260) é tudo aquilo "destinado a fixar duradouramente um fato"; Moacyr Amaral Santos (*Primeiras Linhas*, p. 338) o conceitua como "a coisa representativa de um fato e destinada a fixá-lo de modo permanente e idôneo, reproduzindo-o em Juízo"; para Armando Porras López (ob. cit., p. 267) é *"el testimonio humano consignado graficamente en un instrumento material e idoneo"*.

Quanto a nós, ensaiamos o seguinte conceito: documento é todo (a) meio (b) idôneo e (c) moralmente legítimo, capaz de comprovar, (d) materialmente, a existência de um fato.

Dissemos: (a) *todo meio* porque o documento não é prova, e sim um *meio de*; (b) *idôneo*, porque deve ser apto, adequado, conveniente para provar o que se pretende; nem todo meio é idôneo para isso; (c) *moralmente legítimo*, porque assim exige a lei (CPC, art. 369). O processo moderno repele as provas *sub-reptícias*, obtidas à socapa; (d) *materialmente*, porque, em verdade, o que caracteriza esse meio de prova é a sua existência *material* ("*scripta, sicut monumenta, manent; verba, sicut ventus, volant*". Em tradução livre: a escrita permanece, as palavras, como o vento, voam). O resto se explica por si.

Atente-se, contudo, que a representação do ato ou do fato pode ser feita não apenas *por escrito*, mas graficamente, como ocorre com os desenhos, as cartas topográficas, as plantas de construções etc.

Por outro lado, não se deve afirmar que o documento seja algo que "contenha escritos"; embora, no mais das vezes, tais escritos estejam presentes, a generalização dessa assertiva importaria em negar a qualidade de documento à *fotografia* (CPC art. 422, § 2.º) e a outras peças, como, *v.g.*, as reproduções cinematográficas e os registros fonográficos.

Discordamos, por essa razão, de Chiovenda quando conceitua o documento como *"toda representación material destinada e idonea para reproducir una cierta manifestación del pensamiento"* (ob. cit., p. 369), pois, como vimos, nem sempre o documento contém manifestação de pensamento.

Interessante — a propósito — a observação de Raphael Cirigliano (*Prova Civil*. São Paulo: Revista dos Tribunais, 1981. p. 103) no sentido de que, "sendo o documento uma coisa representativa, chega-se à conclusão de que ele não pode existir no estado natural, e sim que é produto da atividade humana sobre uma coisa. É, pois, um *opus*".

Documento e instrumento, porém, não se confundem. Enquanto o primeiro constitui a representação histórica de um fato, o segundo é o objeto representativo de um ato. Neste sentido, então, se pode dizer que o instrumento é espécie do gênero documento.

Eduardo Pallares (*Diccionario de Derecho Procesal Civil*, p. 164, *apud* Armando Porras López, ob. cit., p. 267), observa que o ato de declaração é coisa diversa da declaração em si mesma, pois *"La declaración es un acto, mientras que el documento es una cosa. La declaración es el contenido, el documento es el continente. El documento puede ser verdadero y la declaración falsa, y viceversa; el documento puede ser hecho por persona diversa de la que Ia declaración, como sucede en Ias escrituras públicas"*.

De resto, reputamos ser necessário, ainda hoje, fazer-se distinção entre as antigas classes dos documentos: *a) ad solemnitatem* e *b) ad probationem*, entendidos os primeiros como requisitos substanciais à validade das obrigações e os segundos como aqueles que se destinam apenas a provar a existência da obrigação. A nossa afirmação se lastreva no art. 130 do Código Civil revogado (de 1916), a teor do qual não valeria o ato que deixasse de revestir a forma especial, prevista em lei, salvo quando esta cominasse sanção diferente contra a preterição da forma exigida e tem em vista, por exemplo, o fato de a CLT dispor, em seu art. 477, § 1.º, que "O pedido de demissão (s/c) ou recibo de quitação de rescisão do contrato de trabalho, firmado por empregado com mais de 1 (um) ano de serviço, só será válido (*sic*) quando feito com a assistência do respectivo Sindicato ou perante a autoridade do Ministério do Trabalho". Atualmente, o Código Civil dispõe sobre a matéria no art. 104, inciso III, conforme o qual a validade do negócio jurídico requer, entre outras coisas, "forma prescrita ou não defesa em lei".

2. Classificação

Moacyr Amaral Santos (ob. cit., p. 340) nos fornece uma classificação geral e minuciosa dos documentos, que merece ser mencionada:

1) Quanto ao seu autor, origem ou procedência:

a) públicos ou privados;

b) autógrafos ou heterógrafos: no primeiro caso, o autor do documento é o mesmo do fato documentado; no segundo, o documento foi elaborado por terceira pessoa;

c) assinados ou não assinados;

d) autênticos, autenticados ou sem autenticidade.

2) Quanto ao meio, maneira ou material usado na sua formação:

a) indiretos ou diretos;

b) escritos, gráficos, plásticos e estampados: nos documentos escritos os fatos são representados literalmente; nos gráficos, a representação é feita por meio de desenho, pintura etc.; nos plásticos é efetuada por intermédio de gesso, madeira etc.; os estampados "são os documentos diretos", como fotografia, cinematografia etc.

3) Quanto ao seu conteúdo:

Podem ser narrativos e constitutivos (ou dispositivos): aqueles encerram declarações de conhecimento ou de verdade, podendo ser testemunhais ou confessórias; nestes, há declarações de vontade (constitutivas, modificativas ou extintivas) ou de relações jurídicas.

4) Quanto à sua finalidade:

Pré-constituídos ou casuais.

5) Quanto à forma (em relação à prova que produzem):

São formais ou solenes, e não formais.

6) Quanto à forma em si:

Originais ou cópias.

Não é errado afirmar-se que os documentos participam da categoria das denominadas provas pré-constituídas, porquanto, muitas vezes, são elaborados com a finalidade de serem utilizados em juízo como prova de determinado fato.

Desnecessário alertar que a classificação doutrinária dos documentos não é uniforme, variando segundo tenha sido o critério esposado pelo autor; de nossa parte, adotamos a concebida por Moacyr Amaral Santos por entendermos ser, a par de precisa, a mais completa, de sorte a poder atender, satisfatoriamente, às peculiaridades da matéria no plano do processo do trabalho.

Tendo em vista o fato de que a CLT é acentuadamente lacunosa a respeito dessa espécie de prova, reputamos conveniente, a esta altura, analisarmos, uma a uma, as disposições do CPC acerca da prova documental, a fim de verificarmos da sua compatibilidade, ou não, com o processo do trabalho (CLT, art. 769).

Antes, fixemos os conceitos de documento público e de instrumento público.

Documento público é o elaborado por oficial público sem o objetivo de ser utilizado como prova, embora possa vir a ser usado para esse fim. *Instrumento público* é o produzido por oficial público com a finalidade de preservar determinado fato, ato jurídico negócio jurídico.

3. Formação e eficácia dos documentos públicos

O documento público — diz a lei (CPC, art. 405) — faz prova não apenas da sua *formação,* mas, também, dos fatos que o escrivão, o chefe de secretaria, tabelião ou o servidor declarar que se passaram na sua presença. Isto significa dizer que referido documento possui *fé pública*.

Os fatos ocorridos *na presença* do oficial público, todavia, podem referir-se não somente àqueles que foram relatados pelas partes, consistentes nas declarações que elas pretenderam constasse do documento, mas, também, outros, não oriundos de declarações, como, *v.g.*, o pagamento de certa quantia. A circunstância, contudo, de o oficial haver trasladado para o papel os fatos narrados pelas partes (declarantes) não significa que esses fatos sejam verdadeiros; destaforma, há que se entender que o documento público prova que as declarações foram feitas (ou seja, a sua *formação*) e não que sejam verdadeiras, até mesmo porque o escrivão, o tabelião ou outro funcionário não têm condições de saber se as declarações que lhes são prestadas são sinceras ou insinceras. Por esse motivo, ditas declarações, a despeito de estarem inseridas em documento público, podem ser desmentidas mediante prova em contrário. A não ser assim, estar-se-ia atribuindo a esses documentos uma eficácia que nem mesmo as sentenças possuem.

Mantidas as restrições, a regra é compatível com o processo do trabalho.

Os documentos *eletrônicos,* desde que elaborados com obediência aos requisitos legais, podem ser considerados *públicos*.

4. Documento feito por oficial público incompetente

Poderá ocorrer, entrementes, que o documento tenha sido elaborado por oficial público que não possuía competência para isso, ou, se competente, não obedeceu às formalidades legais; neste caso, informa a lei (CPC, art. 407), o documento, desde que tenha sido subscrito pelas partes, terá a mesma eficácia dos documentos particulares.

Trata-se, de conseguinte, de conversão de documento público em particular. Alerte-se, contudo, que o ato a que se refere o documento público (inservível como tal) poderia também ser objeto de instrumento particular; ou seja: o defeito apresentado pelo documento há de ser tal que torne sem efeito apenas o seu caráter público. Oportuna, portanto, a lição de Mattirolo (*Trattato di Diritto Giudiziario Civile Italiano*, 3.º vol., n. 49, *apud* Moacyr Amaral Santos, ob. cit., p. 176): "Assim, o instrumento público, nulo como tal, pode ser invocado pelas partes como prova da convenção, sempre que o mesmo, conquanto lhe faltem algumas das condições necessárias para ter força de instrumento público, todavia possa valer como escritura particular porque contenha o elemento essencial das escrituras provadas, ou seja, a assinatura das partes".

5. Documentos não originais: eficácia

O art. 830, da CLT, em sua redação original, dispunha que o documento oferecido para prova só teria a mesma força probante que o original se (a) estivesse em certidão autêntica; (b) quando conferida a pública-forma ou cópia perante o juiz ou Tribunal.

A Justiça do Trabalho vinha aplicando esse dispositivo da CLT com absoluta obediência à sua literalidade, do que resultava o não reconhecimento da eficácia probatória da *pública-forma* ou da *cópia* não foi conferida pelos órgãos mencionados no texto legal.

Nada obstante a formalidade decorresse de lei, entendíamos, *data venia*, que havia rigor excessivo nesse procedimento, pois bastaria, no caso, que tais documentos estivessem *autenticados* por oficial público (tabelião). O CPC vigente, a propósito, ao se referir à pública-forma, assenta que ela fará a mesma prova que os originais "desde que *autenticadas por oficial público ou conferidas em cartório* com os respectivos originais" (art. 425, III). (Grifamos para enfatizar)

A *conferência* a que o art. 830 da CLT se referia visava, evidentemente, a estabelecer a *autenticidade* da *pública-forma* ou da cópia; ora — argumentávamos —, essa autenticação poderia ser perfeitamente efetuada por *tabelião*, sem que isto implicasse ofensa às razões que levaram o legislador a exigir a presença do juiz ou do Tribunal nesse ato, o que seria, aliás, embaraçante do próprio exercício da função jurisdicional.

De tal arte, o documento, estando regularmente autenticado por oficial público, deveria produzir em juízo os mesmos efeitos probantes que o original produziria, não porque estivéssemos supondo que o CPC teria, por seu art. 425, III, revogado o art. 830 da CLT, mas em virtude de que a aplicação, à risca, da literalidade da norma legal trabalhista esbarraria, neste caso, nas regras do bom senso que deveriam — e ainda devem — presidir a atividade do juiz no processo, além do que acabaria sendo nimiamente injusta para a parte destinatária do seu comando.

Tempos depois, a Lei n. 11.925, de 17-4-2009, altera, profundamente, a redação do art. 830, da CLT, que passou a ser a seguinte: "O documento em cópia oferecido para prova poderá ser declarado autêntico pelo próprio advogado, sob sua responsabilidade pessoal. Parágrafo único. Impugnada a autenticidade da cópia, a parte que a produziu será intimada para apresentar cópias devidamente autenticadas ou o original, cabendo ao serventuário competente proceder à conferência e certificar a conformidade entre esses documentos".

Há muitos lustros vínhamos sustentando a opinião de que o Estado deveria, por princípio, conceder um voto de credibilidade às partes, mediante a presunção de serem verdadeiros os documentos juntados aos autos do processo sob a forma de cópias, dispensando, assim, a autenticação e a conferência de que tratava o art. 830, em sua redação primitiva. Essa presunção deixaria de existir quando a cópia do documento viesse a ser impugnada, de maneira fundamentada, pela parte contrária ou pelo terceiro legitimado a praticar atos no processo.

A nova redação dada a esse dispositivo da CLT atendeu, em parte, às nossas reivindicações, ao permitir que o advogado declare, sob sua responsabilidade pessoal, serem autênticas as cópias por ele juntadas aos autos. Houve, aqui, todavia, uma falha — algo grave — do legislador, pois nem sempre a parte estará atuando em juízo por meio de advogado. Cumpre lembrar que o art. 791, *caput*, da CLT, que atribui às partes legitimidade para demandar em juízo sem advogado (*ius postulandi*) ainda está em vigor, segundo entendimento do STF. Sendo assim, é absolutamente necessário que se reconheça, neste caso, ao próprio litigante a possibilidade de declarar, sob sua responsabilidade, a autenticidade das cópias de documentos que apresentar em juízo, sob pena de estabelecer-se uma injustificável discriminação no tocante àquelas pessoas que, por alguma razão, preferiram defender em juízo, sem a constituição de advogado, os seus direitos ou interesses. É imprescindível, enfim, que a leitura do art. 830, *caput*, da CLT, seja feita em conjunto com a do art. 791, *caput*, do mesmo texto legal.

O TST, todavia, vem dando uma interpretação injustificavelmente restritiva às disposições dessa norma da CLT, exigindo, por exemplo, que nas ações rescisórias, nas ações declaratórias e em outras, de sua competência originária, a parte autentique as cópias de documentos, juntadas aos autos, sob pena de extinção do processo sem resolução do mérito. O mais grave é que o TST vem impondo essa providência mesmo nos casos em que as cópias nem sequer são impugnadas pela parte contrária, ou seja, vem agindo *ex officio*. Essa atitude do TST merece, *data venia*, censura, pelas seguintes razões jurídicas, entre outras: a) o art. 830, da CLT, está, topologicamente, inserido no Capítulo II, do Título X, que trata do "*Processo em Geral*". É neste mesmo Capítulo que se encontra o art. 836, prevendo a possibilidade do exercício da ação rescisória. Deste modo, as disposições do art. 830 são aplicáveis a todas as ações admissíveis no processo do trabalho, aí inclusas as rescisórias, as declaratórias, as cautelares, as mandamentais, e outras, da competência originária do TST. Destarte, a malsinada interpretação restritiva que a mais alta Corte da Justiça do Trabalho de nosso País vem dando a esse preceptivo da CLT está em manifesto antagonismo com o inciso II, do art. 5.º, da Constituição Federal, de acordo com o qual "ninguém será obrigado a fazer ou deixar de fazer alguma coisa senão em virtude de lei". A lei — no caso, o art. 830, *caput*, da CLT — permite ao advogado (ou à própria parte, segundo nossa opinião) declarar a autenticidade de cópias de documentos, dispensando-a, assim, de outras formalidades; b) a razão pela qual o legislador deu nova redação ao art. 830, da CLT, como dissemos, derivou da elogiável política de dar *credibilidade* às cópias apresentadas em juízo pelos litigantes. Deste modo, quando o TST põe de lado essa norma legal, para exigir a autenticação de cópias de documentos, está — queira ou não — para além de formular exigência *ilegal*, fazendo uma concessão ao passado, no qual o que havia, ao contrário, era uma *desconfiança* do sistema processual oficial em relação às cópias juntadas aos autos pelos demandantes, motivo por que exígua a sua conferência com os originais, pelo juiz ou Tribunal, ou pelo serventuário do juízo; c) em virtude da nova redação imposta ao art. 830, da CLT, o magistrado somente poderá exigir a autenticação das cópias ou a sua conferência com os originais quando as cópias forem *impugnadas* pela parte contrária (parágrafo único).Desta maneira, o TST, mais uma vez, desrespeita a lei ao exigir das partes a adoção de uma dessas providências, mesmo quando as cópias por elas apresentadas não tenham sido impugnadas. Nunca é desútil insistir na vetusta advertência de que embora a forma seja algo necessário ao processo, o *formalismo* representa uma deturpação, uma anomalia do sistema.

Esperamos, pois, que o TST reformule o seu entendimetno sobre a matéria, com o que, além de estar dando estrito cumprimento à literaliade e ao escopo da lei, estará prestando bons serviços à simplificação do processo do trabalho e às partes.

Que o tempo se encarregue de dizer se estamos certos, ou não, nestas nossas manifestações.

É momento de examinarmos o conceito de algumas figuras ligadas aos documentos e aos instrumentos públicos.

A recordar-se, para já, que *força probante* é a eficácia que a lei (material ou processual) reconhece ao documento para provar a existência de atos ou fatos jurídicos, inclusive processuais.

Certidões são cópias dos assentamentos constantes de livros públicos ou de autos processuais, sendo extraídas por tabeliães, escrivães ou outros funcionários. Não se confundem, contudo, com os *traslados,* pois enquanto aquelas constituem uma afirmação ou atestação autêntica efetuada por oficial público a respeito do conteúdo do documento registrado em suas notas, livros, autos etc., estes constituem, na verdade, uma nova via dos documentos originais, a primeira cópia destes.

Pública-forma é uma reprodução, mediante cópia, também, de um documento ou de qualquer ato escrito, cujo original é representado pelo mesmo documento. Embora se trate de uma reprodução literal do documento, ela se distingue da certidão e do traslado porque, ao contrário, é feita por pessoa estranha ou que não produziu o documento ou o escrito original. A autenticidade da pública-forma decorrerá da sua conferência pelo oficial que a fez, ou por outrem, na presença da parte contrária àquela a quem o documento beneficia. Quando a cópia literal do documento ou do escrito é efetuada por um oficial público, mas conferida e assinada por outro, temos a pública-forma dita *concertada.*

Cópia. Embora os traslados, as certidões e as públicas-formas, sejam, também, cópias de originais, há que se entender como tais as reproduções mecânicas de documentos, públicos ou particulares, como no caso das difundidas *fotocópias.*

6. Declarações constantes de documento particular

Dizem-se particulares os documentos que foram elaborados ou assinados sem a intervenção de oficial público.

A disposição inserta no art. 408 do CPC, no sentido de que as declarações constantes de documento particular, desde que este se encontre (a) escrito e assinado, ou (b) somente assinado, presumem-se verdadeiras quanto ao signatário, incide, supletoriamente, no processo do trabalho. A incidência, contudo, é restrita, principalmente nos casos em que o empregado apenas assinou o documento, sendo que as declarações foram feitas, em seu nome, pelo empregador. O valor probante desses documentos, por isso, é mínimo, podendo ser elidido por outro meio idôneo de prova que se oponha. Ademais, no que atine ao instrumento de cessação do contrato e ao consequente recibo relativo às quantias pagas, somente terá validade no caso de o empregado possuir mais de um ano de serviço, se houver assistência da entidade sindical representativa da sua categoria, ou, inexistindo, da autoridade do Ministério do Trabalho, ou do Ministério Público, ou do defensor público, ou do Juiz de Paz, segundo a ordem legal (CLT, art. 477, §§ 1.º e 3.º). Sobre esses recibos falaremos em item específico.

Se o documento particular contiver declaração de ciência a respeito de determinado fato, provará apenas a declaração, mas não o fato que constituiu o seu objeto, incumbindo, portanto, o ônus da prova à parte interessada na demonstração da veracidade do fato

(CPC, art. 408, parágrafo único). Essa disposição é aplicável, por exemplo, às suspensões disciplinares do empregado: embora ele aponha, como de praxe, o seu "ciente" no correspondente instrumento de comunicação da penalidade, não está, só por isto, *concordando* com o fato que lhe é imputado, mas, sim, dando ciência desse comunicado. Caberá ao empregador comprovar em juízo serem verdadeiros os fatos caracterizadores da falta venial do empregado, que ensejaram a sua suspensão, sob pena de esta ser reputada injusta ou ilegal.

O mesmo se diga com relação ao instrumento de resolução do contrato, em decorrência de falta grave atribuída ao empregado e no qual ele coloca o seu "ciente". Mesmo que ele manifestasse a sua *concordância* com a falta grave, aliás, isto não subtrairia do Judiciário a possibilidade de ingressar na apreciação da matéria, desde que o documento se relacionasse com os fatos narrados na ação.

O *onus probandi* que ao empregador se atribui, nestes casos, decorre não apenas do parágrafo único do art. 408 do CPC, mas, sobretudo, do art. 818 da CLT. Em verdade, ambos os dispositivos legais se articulam para reforçar, ainda mais, o encargo da prova.

7. Autenticidade de documento particular

O documento público independe do reconhecimento da firma de quem o elaborou; sendo particular, todavia, a sua autenticidade, está vinculada a essa providência, exatamente porque foi produzido sem a participação de oficial público.

O reconhecimento da assinatura nele lançada será feito por tabelião (CPC, art. 411, inciso I). A autenticidade do documento subsistirá mesmo na hipótese de a assinatura a ser reconhecida não haver sido aposta na presença do tabelião.

Assim sendo, em alguns casos, essa regra legal deverá receber uma interpretação flexível, de modo a adequá-la às razões finalísticas que a inspiraram; não deverá o juiz, por exemplo, proclamar a inautenticidade do documento particular que, a despeito de não estar com a firma do signatário reconhecida por tabelião, nem sequer foi impugnado pela parte contrária, a quem se havia oferecido a oportunidade para fazê-lo (CPC, art. 411, inciso III).

Igualmente, entendemos que deva ser considerado autêntico o documento cuja assinatura foi reconhecida por *semelhança* ou por *abonação*, desde que não tenha sido impugnado, quanto a isto, pela parte interessada. Tanto neste caso, quanto no anterior, a inexistência de contrariedade em relação à firma, constante do documento particular, o torna autêntico; se, ao reverso, a assinatura não estiver reconhecida por oficial público e houver controvérsia acerca da sua autenticidade, a disposição do art. 411, inciso I do CPC deverá incidir plenamente.

Esclareça-se, entretanto, que, por princípio, o reconhecimento da firma por semelhança gera somente uma *presunção* de sua autenticidade, dado que, neste caso, o tabelião, comparando a assinatura constante do documento com a que possui em seus registros, as considerou semelhantes, ou seja, que ambas foram lançadas pela mesma pessoa.

É conveniente repetir que não se vem exigindo, na prática, o reconhecimento da firma do subscritor das denominadas *credenciais* (ou "cartas") *de preposição* (CLT, art. 843, § 1.º), em que pese ao fato de elas serem apresentadas, ordinariamente, mediante instrumento particular; na hipótese de dúvida quanto à autenticidade da assinatura, contudo, ao juiz só restará determinar que se proceda ao necessário reconhecimento, por tabelião, sendo irrelevante o fato de o autógrafo não ter sido lançado na presença deste.

Relativamente à procuração judicial — que documento igualmente o é —, feita por um instrumento particular, havia determinação legal específica sobre a necessidade de reconhecimento da firma do outorgante (CPC, art. 38). Posteriormente, por força da nova redação dada ao art. 38, do CPC, pela Lei n. 8.952/94, dispensou-se o reconhecimento da assinatura na procuração dada ao advogado.

8. A data do documento particular

Com certa frequência surgem, na Justiça do Trabalho, controvérsias a propósito de qual tenha sido a data verdadeira em que o documento particular foi elaborado. Diante disto, a prova poderá ser feita por quaisquer dos meios previstos em lei, ou, se não previstos, desde que sejam moralmente legítimos (CPC, art. 369). Assim, a data real poderá ser comprovada por outro documento, por testemunhas, por exame pericial etc. E desta forma o é porque a data constante do documento particular envolve, apenas, urna presunção de veracidade, do que decorre a possibilidade de essa presunção ser elidida por prova em contrário.

No processo do trabalho isto se aplica aos recibos salariais, ao recibo de rescisão contratual, ao instrumento de aviso-prévio, ao de comunicação de suspensão disciplinar — enfim, a todos os documentos que digam respeito à relação jurídica material existente ou havida *entre as partes.*

Estatui o art. 409 do CPC, porém, que, em relação *a terceiros,* considerar-se-á datado o documento particular: (a) no dia em que foi registrado; (b) desde a morte de alguns dos signatários; (c) a partir da impossibilidade física, que sobreveio a qualquer dos subscritores; (d) da sua apresentação em repartição pública ou em juízo; (e) do ato ou fato que estabeleça, de certo modo, a anterioridade da formação do documento, cujas disposições são aplicáveis, em caráter subsidiário, ao processo do trabalho, que se ressente de qualquer previsão sobre o assunto.

9. O autor do documento particular

Por *autor do* documento particular se designa a pessoa a quem se atribui a sua formação. Autor, nesse sentido, não é apenas aquele que forma, pessoalmente, o documento, se não que também o é quem determina que a formação seja feita por terceiro, embora para si.

É importante para o processo, e também para a formação do convencimento do juiz, saber de quem é a autoria de documento dessa natureza; por esse motivo, o art. 410 e incisos do CPC, estabelecem de maneira objetiva e em ordem de certo modo lógica, uma presunção quanto a quem seja o autor do documento particular. Reputa-se como tal, diz a lei, (a) aquele que fez e assinou; (b) aquele, por ordem de quem foi composto, estando assinado; (c) aquele que, mandando compô-lo, não o assinou, porque, de acordo com a experiência comum, não se costuma firmar, como acontece com os livros comerciais e os assentamentos domésticos.

Em face da Lei n. 5.859, de 11 de dezembro de 1972, que dispôs sobre a profissão de empregado doméstico (integrando-o, parcialmente, ao regime da CLT), o inc. III do art. 371 do CPC, passou a ser invocado, supletivamente, pelo processo do trabalho, que nada contém acerca dos assentos domésticos. Observe-se, todavia, que estamos admitindo a incidência da norma processual civil (art. 410) que trata da *autoria* dos registros domésticos, que em regra não são assinados; a *força probante* desses assentamentos, que é coisa diversa e sobre a qual falaremos a seguir, deverá submeter-se às normas e princípios informativos do direito material e do direito processual, ambos do trabalho.

10. As cartas e os demais registros domésticos

Segundo o CPC vigente (art. 415), as cartas (na acepção de epístola, missiva) e os registros domésticos em geral provam contra quem os escreveu quando: (a) enunciam o recebimento de um crédito; (b) contêm anotação, que visa a suprir a falta de título em favor de quem é apontado como credor; (c) expressam conhecimento de fatos para os quais não seja exigida determinada prova.

No magistério de Moacyr Amaral Santos (ob. cit., p. 199), *registros domésticos* "são livros convenientemente encadernados, com certo caráter de fixidez, e nos quais uma pessoa escritura sucessivamente, ou faz escriturar, em forma contábil ou não, os atos de sua administração doméstica, suas receitas e despesas, suas compras e vendas". Segundo o mesmo autor, *papéis domésticos* são os escritos e as notas, reunidos em cadernos, de modo permanente ou mesmo em folhas soltas, assinadas ou não, "que a pessoa, sem estar a isso obrigada, redige com a intenção de os conservar, para fixar a lembrança de fatos ou quaisquer acontecimentos". Neste sentido temos os diários, os canhenhos, de tanta significação na vida dos indivíduos.

Do ponto de vista do empregador, como autor da carta ou do registro doméstico, a primeira hipótese não incide no processo do trabalho, salvo exceções circunstanciais, porque, em geral, ele possui débito, e não crédito, perante o empregado; a segunda incide em termos, na medida em que, para o empregado tornar-se credor do seu empregador, não há necessidade de que exista um *título* formal, cuja falta seria suprida pela anotação feita por este em carta ou em outro assento doméstico; a terceira, porém, pode ser admitida com maior amplitude no processo especializado, pois concerne unicamente à cognição de fatos, pelo empregador.

Tendo-se como autor do registro o empregado, nada impede que se acolha, neste processo, a primeira hipótese, uma vez que tal anotação poderá, efetivamente, demonstrar que o crédito do empregado foi, parcial ou totalmente, satisfeito pelo empregador, conquanto se deva ter extrema cautela na aplicação dessa norma processual civil, a fim de que certos princípios tuitivos do trabalhador não restem desrespeitados. A segunda dificilmente incidirá e a terceira o fará sem restrições desde que, à evidência, não haja dúvida quanto à autoria desses registros, não tenham sido obtidos por meio de dolo, coação ou outros vícios da manifestação de vontade, bem assim que não sejam falsos os documentos que contêm essas anotações.

11. A nota escrita pelo credor em parte do documento

Pode ocorrer, digamos, que o empregado efetue, à margem, ao pé, no verso ou em qualquer outro lugar de um recibo de salário, emitido pelo empregador, uma declaração de haver recebido parte do valor expresso no documento. Trata-se da chamada *menção liberatória* (no caso, parcial) a que se referiu Carvalho Santos (ob. cit., p. 244). Não se justifica, no caso, que a declaração seja concernente ao recebimento *integral* daquele crédito, pois, se isto tivesse ocorrido, o recibo salarial deveria estar *assinado* pelo empregado (CLT, art. 464).

A declaração de recebimento parcial do crédito, todavia, para que se revista de eficácia liberatória do valor a que alude, deverá, necessariamente, conter, nessa parte, a assinatura do empregado. Não se aplica no processo do trabalho, por isso o disposto no art. 416, *caput*, do CPC, a poder do qual a anotação feita pelo credor, em qualquer parte do documento representativo da obrigação, *ainda que não assinada*, faz prova do benefício do devedor. O legislador processual civil, ao assim estabelecer, pressupôs (e não se há negar que andou certo) a igualdade formal das partes; no plano material do Direito do Trabalho, contrariamente, o que há é uma nítida desigualdade real do empregado em relação ao empregador, conforme dissemos em capítulos pretéritos; logo, nem tudo o que pertence ao processo civil convém ao do trabalho.

Considerando que o empregado, em geral, não conserva em seu poder o documento representativo da obrigação do empregador (quanto muito uma cópia deste), não vemos como possa incidir no processo do trabalho o parágrafo único do art. 416 do CPC, na parte em que faz referência ao fato de que a regra da menção liberatória, prevista em seu *caput*, também se aplica no caso de "o credor conservar em seu poder" o mencionado documento. Conservar legitimamente em seu poder, acrescente-se, pois poderia acontecer de o credor apossar-se, de maneira indevida, do documento. Não reconhecendo como de sua autoria a *nota* escrita no documento, pode a parte provocar o incidente de falsidade com o objetivo de demonstrar a veracidade dessa alegação oposta (CPC, art. 430).

12. Telegrama, radiograma e outros meios de transmissão

O telegrama, o radiograma, ou qualquer outro meio de transmissão tem a mesma eficácia probante do documento particular, bastando, para tanto, que o original, que permanece na estação expedidora, tenha sido assinado pelo remetente (CPC, art. 413, *caput*).

Correta a observação de Carvalho Santos (ob. cit., *ibidem*) de que o telegrama constitui, na verdade, cópia da tradução da mensagem, feita pela estação receptora, ou seja, não é cópia do original, assinado pelo remetente e que fica em poder da expedidora.

A assinatura do remetente poderá ser reconhecida por tabelião, sendo que se declarará esse fato no original depositado na estação expedidora (CPC, art. 413, parágrafo único).

Considerando, portanto, que o telegrama juntado aos autos é sempre *cópia* do *original*, a sua autenticidade, no caso de haver dúvida quanto ao exato teor da mensagem, ou da comunicação, ficará condicionada à conferência com o referido original. Enfim, sempre que ocorrer qualquer dúvida em relação a essa cópia, a providência será exigível à parte a quem aproveite o fato, a notícia, o comunicado etc., contido no telegrama.

Ao radiograma e aos demais meios de transmissão se aplica, *mutatis mutandis*, o que se disse quanto ao telegrama.

Convém, ressaltar, aliás, que o CPC, em seu art. 414, presume estarem o telegrama e o radiograma conformes respectivos originais, razão por que fazem prova sobre a data da expedição e do recebimento, pelo destinatário. A presunção é relativa e se refere, exclusivamente, às datas de expedição e de recepção; sendo assim, essa *praesumptio legis* não se dirige ao *conteúdo* do telegrama (cópia), cuja veracidade, como afirmamos, dependerá, havendo dúvida a respeito, de confrontação com o original.

13. Os livros comerciais e a escrituração contábil

A afirmação da lei processual é de que os livros comerciais provam contra o seu autor (CPC, art. 417), vale dizer, contra o comerciante. Esse princípio, que se inscreveu no CPC, reflete a disposição constante do art. 23, n. 1 do Código Comercial, segundo a qual os livros que os comerciantes são obrigados a possuir, indispensavelmente, desde que estejam sem vícios ou defeitos, fazem prova plena "Contra as pessoas que deles forem proprietárias, originariamente ou por sucessão".

De tal sorte, a conjugação de ambos os dispositivos legais autoriza a dizer-se que os livros comerciais provam não apenas contra o comerciante, mas também contra o seu sucessor, pois um e outro são seus proprietários. Pouco importa, para isso, que os livros estejam irregulares; a regularidade é requisito exigível somente no caso de o comerciante pretender que os assentamentos provem *em seu favor*.

Ao comerciante, entretanto, se assegura o direito de demonstrar, por todos os meios permitidos em direito, que os lançamentos efetuados em seus livros não correspondem à verdade dos fatos (CPC, art. 417, *in fine*) porque se originaram, *e. g.*, de erro de fato ou de dolo; fundamentará a sua pretensão, no primeiro caso, o art. 138 do Código Civil, e, no segundo, o art. 145 do mesmo Diploma Legal.

A regra de que os livros comerciais, que satisfaçam os requisitos legais para a sua validade, provam igualmente em prol do seu autor no litígio entre empresários (CPC, art. 418) é inaplicável ao processo do trabalho, onde o conflito de interesses é entre empregado e empregador ou entre pessoas vinculadas a uma relação de trabalho. Logo, onde inexiste litígio *entre empresários* (ou empregadores).

Não admite a lei a *divisibilidade* da escrituração contábil; deste modo, se dos fatos que resultam os lançamentos uns forem favoráveis ao interesse do seu autor e outros desfavoráveis, ambos deverão ser considerados como uma unidade conjunta (CPC, art. 419). Isto significa, nas palavras de Carvalho de Mendonça (ob. cit., 6 vol., n. 187), que não se pode fracionar a declaração contida na escrituração, aceitando-se a parte favorável e repelindo-se a desfavorável. É curial que esse princípio da incindibilidade da escrituração não atuará se os lançamentos se referirem a fatos diversos, que não se inter-relacionam, pois estará ausente, na espécie, o pressuposto lógico que anima o princípio.

14. Exibição de livros comerciais e de documentos do arquivo

O juiz pode ordenar a exibição dos livros comerciais e dos documentos do arquivo (CPC, arts. 420 e 421), cujo poder já conferia, implicitamente a CLT (art. 765), aos juízes do trabalho.

A exibição será integral (art. 420) ou parcial (art. 421); no primeiro caso, dependerá de requerimento do litigante interessado; no segundo, poderá ser determinada de ofício pelo juiz.

A distinção, contudo, não se exaure nisto. Enquanto a exibição integral só pode ser determinada (a) na liquidação de sociedade; (b) na sucessão por morte de sócio e (c) quando e como determinar a lei, a parcial pode ser ordenada em qualquer processo, desde que seja necessária para a comprovação de certos fatos. Por isso, dos livros e documentos extrair-se-á um resumo e reproduções autenticadas que interessem ao litígio (CPC, art. 421).

Tem-se, assim, que a exibição não deverá ser determinada se os lançamentos não concernirem aos fatos controvertidos na ação. Reservar-se-á ao prudente arbítrio do juiz, mais uma vez, a verificação quanto à utilidade que essa exibição possa trazer para o processo, sendo que, no processo do trabalho, do despacho denegatório não se poderá interpor qualquer recurso, devendo a parte interessada ferir a questão em grau de recurso ordinário, interposto da sentença de fundo.

15. As reproduções mecânicas

As fotografias, as películas cinematográficas, as fonográficas etc., como reproduções mecânicas de fatos e coisas, têm prestado bons serviços ao processo judiciário; a força probante dessas reproduções, contudo, está condicionada a que a parte contra quem foram produzidas aceite a sua conformidade com os fatos e coisas representados (CPC, art. 422, *caput*). Essa aceitação poderá ser até mesmo tácita; desta maneira, e.g., juntada aos autos uma fotografia, que é a reprodução mecânica mais comum, a ausência de manifestação da parte contrária, que para tanto havia sido especialmente intimada, implica admissão desse documento.

Não ignorou o legislador, todavia, a possibilidade de essas reproduções se prestarem a fraudes, a adulterações, a montagens artificiosas, de tal sorte que acabam representando fatos ou coisas diversos do real; por isso, ensejou que a parte contra quem foram produzidas impugne quando for o caso. Impugnada que seja, o juiz determinará a realização de exame pericial. As fotografias digitais e as extraídas da rede mundial de computadores fazem prova das imagens que reproduzem; caso sejam impugnadas, deverá ser juntada a respectiva autenticação eletrônica ou, não sendo possível, realizada perícia (CPC, art. 422, § 1.º).

Entendemos que a conformidade da reprodução mecânica com os fatos ou objetos representados, a que se refere a lei, não basta, isoladamente, para a sua admissibilidade em juízo: há necessidade, acima de tudo, que se verifique se a sua *formação* não ofendeu ao disposto no art. 369, do CPC. Importa em dizer, devem ser sempre exigidos os requisitos da legalidade e da moralidade em sua constituição. "Legalidade, para não desrespeitarmos direitos subjetivos invioláveis. Moralidade, para não atentarmos contra a sensibilidade e o respeito à pessoa humana" (Pestana de Aguiar, ob. cit., p. 238). A providência envolve medida destinada a salvaguardar os denominados "direitos de personalidade" do indivíduo. Disto decorre que, impugnada a autenticidade ou reprodução mecânica, deverá o juiz, antes de determinar a realização da prova pericial, sindicar se ela foi obtida com o conhecimento da parte contra a qual está sendo utilizada, se este fato houver sido alegado, também. Caso reste comprovado que a fotografia, a película cinematográfica, a fonográfica e outras espécies de reprodução foram produzidas sub-repticiamente, deverá o magistrado mandar que sejam desentranhadas dos autos, prescindindo, assim, de exame pericial para apurar a autenticidade, sem receio de ofensa ao disposto no art. 422 do CPC.

Se, na hipótese, a parte contra quem o documento foi produzido não afirmar insciência quanto à sua formação, é evidente que a realização da prova pericial será exigível, vez que houve impugnação da autenticidade da reprodução mecânica.

16. Cópias de documentos particulares

Estabelece, por outro lado, o art. 423 do CPC que "As reproduções dos documentos particulares, fotográficas ou obtidas por outros processos de repetição, dos documentos particulares, valem como certidões, sempre que o escrivão ou o chefe da secretaria certificar sua conformidade com o original".

Indubitavelmente, a norma do art. 423 guarda nítida correlação com a do art. 425, III, do mesmo Diploma Processual, que trata do valor probante das reproduções de documentos *públicos*.

Assim como Pestana de Aguiar (ob. cit., p. 243), acreditamos que o art. 423 se refere às reproduções de documentos particulares *constantes de outros autos processuais, razão* por que valerão como certidões sempre que o escrivão (ou o Diretor da Secretaria) portar por fé a sua conformidade com o original.

Ainda, porém, que a repetição fotográfica, ou a obtida por outros meios, não tenha sido autenticada pelo escrivão, terá a mesma eficácia probatória que o original se a parte contra quem foi produzida não a impugnar no prazo de lei.

Já o art. 424 do CPC contempla a hipótese de a cópia ser extraída de documento particular *não integrante de quaisquer autos processuais.* Eis a diferença em relação ao artigo antecedente (423).

A teor do art. 424, a cópia de documento particular terá a mesma força provativa do original; havendo impugnação, o escrivão intimará as partes e, na presença delas, efetuará a conferência entre a cópia e o original e certificará a conformidade ou desconformidade que daí apurar. A ausência das partes, todavia, desde que tenham sido intimadas, não impossibilita a conferição se, acaso, a cópia e o original estiverem em poder do oficial público.

É exatamente visando à eventualidade da conferência entre a cópia e o original que a lei determina que quando se tratar de fotografia deverá estar acompanhada do respectivo negativo (CPC, art. 424, § 1.º); se a fotografia tiver sido publicada em jornal ou revista (cujo recorte ou exemplar se juntou aos autos), será obrigatória a entrega do original do periódico, se a parte contrária houver impugnado a autenticidade (§ 2.º).

Na esfera do processo do trabalho, a regra do art. 424, *caput*, do CPC, não tem aplicação, pois a CLT contém norma específica a respeito do tema (art. 830). Aplicam-se, todavia, os §§ 1.º, 2.º e 3.º, alusivos à fotografia e às mensagens eletrônicas impressas.

17. Documento contendo entrelinha, emenda, borrão ou cancelamento

Quando o documento contiver, em ponto substancial, e sem ressalva, entrelinha, emenda, borrão, cancelamento ou qualquer outro vício extrínseco, o juiz apreciará livremente a fé que deva merecer (CPC, art. 426). Eis aqui, mais uma vez enfatizado, o princípio da persuasão racional do julgador, adotado pelo CPC vigente (art. 371) e, por extensão, pelo direito processual do trabalho.

Pontos substanciais, para Câmara Leal ("Código do Processo Civil e Comercial do Estado de São Paulo", 2.º vol., p. 85, *apud* Moacyr Amaral Santos, ob. cit., p. 223), são "todos os tópicos de um escrito que contém matéria que, por sua natureza e importância, pode produzir efeitos jurídicos capazes de modificar a espécie, modalidade, eficácia ou consequência dos direitos ou das obrigações dele decorrentes".

Entrelinhas são inserções de palavras, números ou outros sinais gráficos entre duas linhas de redação; *emendas* constituem alterações que se fazem nas palavras, com o objetivo, geralmente, de ampliá-las para completá-las; *borrões* são manchas (de tinta ou outro elemento) capazes de tornar ilegíveis as palavras onde foram feitos; *cancelamentos* são as supressões, as raspagens ou riscaduras de letras, palavras, números etc.

A doutrina é unânime ao afirmar que a enumeração legal desses vícios extrínsecos do documento não é taxativa.

Sempre, pois, que houver no texto entrelinhas, ou emendas, borrões, cancelamentos etc., deverão as partes ressalvá-los expressamente, de preferência no lugar onde foram feitos. Nada obsta, porém, a que a ressalva seja efetuada em lugar diverso, desde que no próprio documento.

Inexistindo a ressalva, o juiz terá ampla liberdade na apreciação da credibilidade que deva merecer o documento.

Particularmente, no caso de rasura (cancelamento, na linguagem legal), a sua configuração deve ser manifesta para que o juiz então atribua ao documento a fé que mereça; se houver dúvida quanto à existência de rasura, o bom senso recomenda que se determine a realização de exame pericial.

No caso de os vícios incidirem em pontos não substanciais do documento, este manterá inalterada a eficácia que, como meio de prova, lhe confere a lei.

18. Cessação da fé quanto ao documento público ou particular

Tanto em relação ao documento público quanto ao particular cessará a sua fé ao ser declarada, judicialmente, a falsidade (CPC, art. 427, *caput*), que consistirá em (a) formar documento não verdadeiro; (b) alterar documento verdadeiro.

Doutrinariamente, "a falsidade consiste na alteração da verdade, consciente ou inconscientemente praticada, em detrimento do direito alheio" (Bonumâ).

Haverá falsidade *material* quando se elaborar ou utilizar documento falso, ou adulterar, suprimir ou ocultar documento verdadeiro; a falsidade *ideológica* se relaciona ao conteúdo do documento; por isso, também é designada de *intelectual*.

A *falsidade*, para os efeitos do art. 427 do CPC, consistirá em (a) *formar documento não verdadeiro*, pouco importando que a inverdade se refira ao documento em si (falsidade material) ou ao seu conteúdo intelectual (falsidade ideológica) e (b) *alterar documento verdadeiro*, ou seja, adulterá-lo mediante entrelinha, emenda, borrão, cancelamento etc. (CPC, art. 426).

A declaração judicial da falsidade do documento, que faz cessar a sua fé, será examinada em item específico, mais adiante.

19. Cessação da fé quanto ao documento particular

Dispõe o art. 428 do CPC, especificamente, sobre a cessão da fé quanto a documento particular; isto ocorrerá quando (a) lhe for contestada a assinatura e enquanto não se lhe comprovar a veracidade; (b) assinado em branco, for abusivamente preenchido.

A contestação da assinatura aposta em documento particular faz cessar a sua fé, que somente será restabelecida se a parte contrária demonstrar, pelos meios de prova previstos em lei, a autenticidade do autógrafo. Entendemos que essa norma do CPC é aplicável ao processo do trabalho, desde que se tenha em mente o fato de o inciso II do art. 429 do mesmo Diploma estabelecer que, em se tratando de contestação à assinatura, o ônus da prova incumbirá "à parte que *produziu* o documento" (destacamos). Nem há como deixar-se de interpretar, conjugadamente, ambos os dispositivos processuais.

Desta forma, contestando o empregado a assinatura aposta, por exemplo, em recibos salariais, e que se alega ser sua, caberá ao empregador, por ter produzido ditos documentos, o encargo de provar a autenticidade da assinatura; na hipótese, porém, de o empregador não reconhecer como sua a firma constante de anotação feita na CTPS do empregado, ou de recibo de quitação de parcelas contratuais, o *onus probandi* não incumbirá ao trabalhador, como pode fazer crer a leitura insulada do inciso l do art. 428 do CPC, e sim ao próprio empregador, porquanto o documento *foi produzido por ele* (CPC, art. 429, inciso II). Para este efeito, pouco importa se o documento foi produzido, *pessoalmente*, pelo empregador, ou por *determinação deste* a terceiro.

Também cessará a eficácia (fé) probatória do documento particular quando, tendo sido assinado em branco, for abusivamente preenchido. Segundo o parágrafo único do art. 428 do CPC, haverá abuso quando aquele, que recebeu o documento assinado, com texto não escrito no todo ou em parte, o formar ou completar, por si ou por intermédio de outrem, violando o pacto feito com o signatário.

Neste caso, o ônus da prova é do impugnante, que deverá comprovar, por todos os meios legais, ter sido o documento abusivamente preenchido. No processo do trabalho são frequentes as asseverações dos empregados no sentido de que assinaram em branco os documentos com base nos quais o empregador elaborou a sua contestação à ação. A prática demonstra que constitui tarefa tormentosa, para não dizer impossível, a esses empregados fazer prova do preenchimento abusivo desses documentos, a despeito de poderem dispor de todos os meios previstos em lei. A própria perícia grafodocumentoscópica não alcança o seu o objetivo quando o preenchimento abusivo do documento é realizado em data muito próxima à da assinatura, anteriormente lançada.

20. O ônus da prova a respeito dos documentos

À parte que arguir a falsidade (material ou ideológica) do documento incumbirá o ônus da prova; em se tratando de contestação à assinatura, como vimos, o ônus será da parte *que produziu o documento* (CPC, art. 429, incisos I e II).

Em quaisquer das hipóteses, contudo, poderá o Juiz do Trabalho tomar a iniciativa de determinar a realização do consequente exame pericial, sempre que entender conveniente e este for o caso.

Temos verificado, com grande frequência, a sentença proferida pela Justiça do Trabalho rejeitar o pedido do empregado por entender que as parcelas postuladas estavam pagas, conforme os recibos juntados aos autos, cujas assinaturas, porém, foram impugnadas pelo trabalhador. Conquanto a CLT possua norma expressa acerca da repartição do encargo da prova entre os litigantes (art. 818), e sem prejuízo de nosso entendimento quanto à necessidade de que essa norma seja, no geral, a única a ser invocada para dirimir questões a esse respeito, acreditamos que o critério estampado no inciso II do art. 429 do CPC deva ser utilizado largamente, pelo processo do trabalho, tendo em vista o fato de que, na quase totalidade dos casos, é o empregador quem, por si ou por seus prepostos, *produz* os documentos nos quais o empregado lança a sua assinatura (recibos salariais, recibos de férias, de quitação na terminação do contrato etc.). Sendo assim, no exemplo *retro*, impugnada pelo empregado a assinatura constante de documento produzido pelo empregador, a este último incumbirá o ônus de demonstrar que é verdadeira; não fazendo, o documento se tornará desvalioso, razão por que lhe falecerá qualquer eficácia processual para comprovar o pagamento das quantias nele mencionadas.

Tem-se a impressão, a propósito, de que a regra inserida no citado inciso II do art. 429, do CPC, foi feita com inspiração no processo do trabalho, embora essa sensibilidade tenha estado ausente do legislador deste processo especializado.

21. Requisição de documentos

Poderá o juiz, em qualquer tempo e grau de jurisdição, requisitar às repartições públicas: *a*) as certidões necessárias à prova das alegações das partes; *b*) os procedimentos administrativos nas causas em que forem interessados a União, o Estado, o Município, o Distrito Federal ou as respectivas entidades da administração indireta (CPC, art. 438, I e II).

Requisitar, que não é o mesmo que mandar exibir, significa pedir, exigir, solicitar.

A requisição pode ser ordenada de ofício ou a requerimento da parte; neste último caso, o interessado deverá, em sua petição, mencionar que certidões pretende requisitar ou que peças do procedimento administrativo deseja reproduzir fotograficamente ou por outro meio idôneo.

A expressão "em qualquer tempo e grau de jurisdição", constante do texto legal, deve, necessariamente, ser entendida em conjugação com os arts. 787 da CLT, e 434 do CPC, que fixam a *oportunidade* para a produção da prova documental, ressalvada a hipótese do art. 435, deste. Desta maneira, por exemplo, se a parte poderia ou deveria juntar a certidão à inicial ou à resposta, mas não o faz por negligência ou desinteresse, não se deve atendê-la, mais tarde e inoportunamente, sob a suposição de que o art. 438 do CPC ampara o seu requerimento de requisição. A não ser assim, estar-se-ia subtraindo, temerariamente, o conteúdo disciplinador de que se fazem providos os mencionados arts. 787 da CLT e 434 do CPC, com inevitável reflexo tumultuário no procedimento.

O requerimento de requisição, portanto, só deve ser acolhido se houver impossibilidade de a parte obter o documento (porque a repartição pública, ao arrepio do disposto no art. 5.º, XXXIV, "*b*", da CF, se nega a fornecê-lo); está havendo demora na sua extração; ou por qualquer outro motivo que não possa ser, legitimamente, imputado à vontade da parte interessada.

O juiz, entretanto, poderá requisitar, *ex officio,* ditas certidões ou autos de procedimento administrativo *a qualquer tempo,* porquanto, não sendo parte na relação processual, fica à margem da preclusão quanto ao direito de ver requisitados esses documentos.

Nos graus superiores da jurisdição também se poderá, com as mesmas cautelas, determinar a requisição mesmo em sessão, hipótese em que o julgamento se converterá em diligência.

Tratando-se de procedimento administrativo requisitado, o juiz, recebidos os autos, mandará extrair, no prazo máximo e improrrogável de um mês, certidões ou reproduções fotográficas das peças indicadas pelas partes, ou de ofício. Findo o prazo, os autos serão devolvidos à repartição pública de origem, ainda que as certidões ou reproduções não tenham sido feitas.

Os documentos poderão ser fornecidos pela repartição pública por meio eletrônico, conforme dispuser a lei, caso em que a repartição deverá certificar que se trata de extrato fiel do que consta em seu banco de dados ou documento digitalizado (CPC, art. 438, § 2.º).

Juntados que sejam os autos do processo, às partes se dará vistas pelo prazo (que deve ser sucessivo) de quinze dias, a fim de que, caso queiram, se manifestem (CPC, art. 437, § 1.º).

22. Exibição de documento ou coisa

A exibição de documento ou coisa, que provém do Direito Romano (*ad exhibendum e de edendo*), pode ser feita em caráter (a) preparatório ou (b) incidental.

A exibição incidental pode ser ordenada pelo juiz, de ofício, ou a requerimento da parte; a preparatória há de ser pedida pelo interessado.

O requerimento, quando formulado por um dos litigantes, deverá conter (a) a individuação, a mais completa possível, do documento ou da coisa que pretende ver exibida em juízo; (b) a finalidade da prova, mediante a indicação dos fatos que se relacionam com o objeto da exibição; (c) as circunstâncias em que se fundamenta o requerente para afirmar que o documento ou a coisa existe e se encontra em poder da parte adversa (CPC, art. 397, incisos I a III, respectivamente).

a) A individuação é necessária a fim de que a parte exiba, exatamente, o documento ou a coisa que foi objeto da determinação judicial. Cabe ao requerente, pois, especificar, à minudência, as características do documento ou da coisa, sob pena de possibilitar que a parte contrária exiba, voluntária ou involuntariamente, documento ou coisa diversa do desejado.

b) É imprescindível, também, que o requerente informe ao juiz qual a finalidade da prova, fazendo uma indicação dos fatos que se relacionam com o que pretende seja exibido, pois isto permitirá ao magistrado apreciar quanto à relação, ou não, desses fatos, com o documento ou a coisa. Ainda que haja esse relacionamento, o pedido poderá ser rejeitado, caso se verifique que os fatos são irrelevantes para a causa, ou impertinentes, ou, ainda, incontroversos. Ademais, não basta que o requerente seja parte; cumpre-lhe demonstrar que possui *interesse* na exibição.

c) Se o requerente diz estar o documento ou a coisa em poder do adversário, é razoável que se exija dele um esclarecimento acerca das razões que o levam a afirmar que o documento ou a coisa existe, bem assim, que estão em poder da outra parte. Essa providência ensejará que o juiz, mais tarde, possa melhor apreciar eventual alegação da parte a quem se ordenou a exibição, no sentido de que não possui o documento ou a coisa.

Solicitada a exibição, o requerido deverá apresentar a sua resposta nos cinco dias subsequentes à sua intimação (CPC, art. 398, *caput*); afirmando que não possui o que lhe foi mandado exibir, o juiz permitirá que o requerente prove, por meios legalmente admissíveis, que a declaração não é verdadeira (*ibidem*, parágrafo único).

Não será permitida a recusa, se (a) o requerido tiver obrigação legal de exibir; (b) o requerido se referiu ao documento ou à coisa, nos autos do processo, com o intuito de constituir prova; (c) o documento, por seu conteúdo, for comum às partes (CPC, art. 399).

Na hipótese de o requerido não realizar a exibição, nem efetuar quaisquer declarações no prazo legal (cinco dias), ou recusar-se, ilegitimamente, a exibir o que lhe fora ordenado, o juiz, ao decidir o pedido feito pelo requerente, admitirá como verdadeiros os fatos que, mediante o documento ou a coisa, pretendia provar (CPC, art. 400) — salvo, é certo, se as provas produzidas pelo requerido desautorizarem essa presunção.

Entendemos que a referida presunção de veracidade não se circunscreve à hipótese de a exibição haver sido determinada em caráter *incidental*, sendo perfeitamente admissível que se estabeleça, também, no caso de haver sido solicitada como medida *preparatória*.

Nada obstante, seguimos entendendo que uma tal presunção não será possível no caso de a exibição — mesmo que incidental — haver sido ordenada a *terceiro*, observadas as considerações que serão a seguir efetuadas.

Estando o documento ou a coisa em poder de *terceiro*, este será citado para responder no prazo de quinze dias (CPC, art. 401); caso negue a obrigação de exibir, ou a posse do que lhe foi determinado exibir, o juiz designará a realização de audiência, especialmente destinada ao seu interrogatório e ao das partes, e, se houver necessidade, à inquirição de testemunhas, proferindo sentença em seguida (CPC, art. 402).

Se o terceiro, sem justo motivo, se negar a proceder à exibição, o juiz determinará que efetue o correspondente depósito, na Secretaria da Junta ou em outro lugar designado, no prazo de cinco dias (CPC, art. 403, *caput*). É inaplicável ao processo do trabalho, todavia, a disposição constante do parágrafo único do menciomnado preceptivo legal, segundo a qual o requerente embolsará o terceiro das despesas que tiver em virtude da exibição ordenada.

Descumprindo o terceiro a ordem judicial de exibir, o juiz expedirá mandado de apreensão, requisitando, se for necessário, força policial, sem prejuízo da responsabilidade por crime de desobediência, pagamento de multa e outras medidas indutivas, coercitivas, mandamentais ou sub-rogatórias necessárias para assegurar a efetivação da decisão (CPC, art. 403, parte final, e Código Penal, art. 330).

Quer nos parecer que, no processo do trabalho, as suas peculiaridades e os seus princípios fundamentais recomendam que o incidente de exibição de documento, quando se referir a terceiro, seja processado *apartadamente*, pois fazê-lo nos autos principais seria possibilitar a instalação de um tumulto do procedimento, com graves repercussões no curso da ação e no sempre presente anseio de rápida entrega da prestação jurisdicional.

O ato pelo qual o juiz resolve o incidente constitui decisão de traço interlocutório, motivo pelo qual não poderá ser impugnado de imediato e de maneira autônoma (CLT, art. 893, § 1.º).

Malgrado a ninguém seja permitido eximir-se do dever de colaborar com o Poder Judiciário para o descobrimento da verdade (CPC, art. 378), a própria lei processual civil prevê algumas exceções a esse dever genérico. Assim, as partes (art. 388) e as testemunhas (art. 448) não são obrigadas a depor sobre determinados fatos, do mesmo modo como os litigantes e os terceiros poderão escusar-se de exibir o documento ou a coisa (CPC, art. 404) se (a) forem concernentes a negócios da própria vida da família; (b) a apresentação puder violar dever de honra; (c) a publicidade do documento acarretar desonra para a parte ou para o terceiro, bem como a seus parentes consanguíneos ou afins até o terceiro grau, ou, ainda, lhes representar perigo de ação penal; (d) a exibição implicar divulgação de fatos, a cujo respeito, por estado ou profissão, devam guardar segredo; e) subsistirem outros motivos graves que, segundo o prudente arbítrio do juiz, justifiquem a recusa da exibição; f) houver disposição legal que justifique a recusa da exibição (incisos I a VI, respectivamente).

A previsão legal, contudo, não é taxativa; deste modo, a parte ou o terceiro poderão escusar-se de exibir em juízo o que lhe fora ordenado "se subsistirem outros motivos graves que, segundo o prudente arbítrio do juiz, justifiquem a recusa da exibição" (art. 404, inciso V).

Se as razões da escusa, a que se referem os incs. I a VI do art. 404 do CPC, se referirem apenas a uma parte do conteúdo dos documentos, da outra se extrairá uma suma para ser apresentada em juízo (*ibidem*, parágrafo único). Observa Moacyr Amaral Santos (ob. cit., p. 160) que o procedimento de exibição desse resumo correrá em segredo de justiça, na forma do disposto no inc. I do art. 189 do CPC, a fim de que passe a constar dos autos, no final, somente o resumo aprovado.

23. Arguição de falsidade documental

Admite o CPC, em seu art. 19, a *ação declaratória* para que a parte obtenha um pronunciamento jurisdicional a respeito da autenticidade ou falsidade de documento. A ação declaratória será admissível mesmo que tenha ocorrido a violação do direito (CPC, art. 20).

Nos arts. 430 a 433, porém, trata o Código da *arguição de falsidade* (*incidenter tantum*), que também é ação.

Entende Pestana de Aguiar (ob. cit., p. 258) que somente a falsidade material pode ser objeto da arguição; concordamos com o pensamento do ilustre jurista, pois o art. 430 do CPC, que cogita do incidente, embora não distinga expressamente entre ser material ou *ideológica* a falsidade que esteja a eivar o documento, autoriza a conclusão de que apenas a primeira deva ser objetivo desse incidente, ao aludir à "intimação da juntada do documento aos autos".

Sucede que a falsidade ideológica (derivante, em geral, de simulação, erro etc.) pode ser demonstrada pelos meios *ordinários* de prova, inclusive o testemunhal, razão por que o incidente a que se refere o art. 430 do CPC se revela, a nosso ver, inadequado a essa finalidade.

O CPC de 1939 previa a arguição de falsidade em um só momento: *após* o encerramento da instrução (art. 717). O CPC de 1973, todavia, dispôs, em melhor técnica, que o incidente teria lugar em qualquer tempo ou grau de jurisdição (art. 390). O CPC de 2015 afirma que a falsidade deve ser suscitada na contestação, na réplica ou no prazo de quinze dias, a contar da intimação da juntada do documento aos autos (art. 430). Não se excluiu, portanto, a possibilidade de a falsidade ser arguida em qualquer tempo e grau de jurisdição, desde que respeitados os momentos fixados pelo art. 430, *caput*, do CPC. Sendo assim, na Justiça do Trabalho ele poderá ser suscitado em qualquer dos três graus da jurisdição, sem prejuízo de vir a sê-lo, igualmente, perante o Colendo STF. Admitamos, por exemplo, que o recorrente de sentença proferida pela Vara do Trabalho junte às suas razões de recurso ordinário, com fundamento na Súmula n. 8 do TST, determinado documento com o qual vise a elidir a sua revelia (Súmula n. 126 do TST): o recorrido será, então, intimado para oferecer contrarrazões, podendo, nessa oportunidade, arguir a falsidade do documento, que será processada perante o órgão *ad quem*. É aconselhável que essa arguição seja feita por petição autônoma, pois o seu prazo não coincide com o fixado para a interposição dessa espécie de recurso: enquanto este é de oito dias (CLT, art. 895, *a* e *b*), aquele é de quinze (CPC, art. 430).

Tem legitimidade para propor a *ação incidente* a parte contra quem se produziu o documento. Se o documento foi juntado à inicial, deverá o interessado suscitar o incidente na contestação; se a junção ocorreu após os articulados, a parte deverá suscitá-lo no prazo de quinze dias, contados da intimação da sua juntada aos autos. O prazo é preclusivo; logo, excedidos os quinze dias, sem que o interessado provoque o incidente, o seu direito estará colhido pela preclusão temporal. O mesmo se diga quando ela deixar passar em branco a oportunidade da contestação, se este for o caso.

Na vigência do CPC de 1973, se o documento fosse oferecido antes do encerramento da instrução, a arguição de falsidade deveria ser feita em petição dirigida ao juiz da causa, na qual a parte exporia os motivos que sustentavam a sua pretensão e os meios com os quais provaria o alegado (CPC, art. 391). Considerando que a reconvenção é modalidade de ação e que é cabível no processo do trabalho, por força de manifestação jurisprudencial assente, resultava imperativo que o empregado (se esta fosse a hipótese) arguísse a falsidade do documento na sua impugnação à reconvenção.

O CPC de 2015 não estabeleceu essa distinção.

Provocado o incidente, a parte que produziu o documento será intimada a responder no prazo de quinze dias, findo o qual o juiz determinará a realização do exame pericial (CPC, art. 432). O Código, no entanto, deixou de mencionar quais os efeitos processuais para a parte que deixar de responder, injustificadamente, no prazo legal, acerca da arguição de falsidade; tratando-se, como afirmamos, de falsidade *material*, não vemos como se possa deixar de fazer incidir o comando do art. 432 do CPC, que ordena a realização do exame pericial. É com vistas a essa particularidade que se deve interpretar o citado dispositivo legal.

Esclarece o parágrafo único do art. 432 que o exame pericial não será realizado se a parte que produziu o documento concordar em retirá-lo. O CPC de 1973 impunha, contudo, uma condição: desde que a parte contrária não se opusesse ao desentranhamento. Essa condição foi banida pelo CPC de 2015.

O CPC de 2015 também não declara – ao contrário do que fez o Código de 1973 (art. 394) — que, suscitado o incidente o juiz suspenderá o processo principal. Mesmo na vigência do CPC revogado sustentávamos a opinião de que o disposto no art. 394 era incompatível com o processo do trabalho, de tal modo que o incidente deveria ser processado sem que houvesse suspensão do processo principal. Esse continua sendo o nosso entendimento, máxime, em face do Código de 2015.

A decisão, que resolver o incidente, declarará a falsidade ou a autenticidade do documento.

A falsificação de documento, público ou particular, constitui crime contra a fé pública (Cód. Penal, arts. 297, 298 e 299, respectivamente, conjugados com o art. 304 do mesmo Código). Em face disto, declarada a falsidade do documento, ao juiz do trabalho incumbirá remeter ao Ministério Público as peças necessárias ao oferecimento da denúncia.

Essa providência está implicitamente autorizada pelo art. 653, letra "*f*", da CLT, ao teor do qual compete à Vara do Trabalho "exercer, em geral, no interesse da Justiça do Trabalho, quaisquer outras atribuições que decorram da sua jurisdição".

Em concreto, no processo do trabalho, em que vigora o princípio da simplicidade, o processamento do incidente de falsidade pode ser feito de maneira menos formal ou técnica que a prevista no CPC, malgrado o processo civil e a doutrina correspondente afirmem (com razão, segundo o tratamento que o CPC conferiu à matéria) tratar-se o incidente de falsidade de uma *ação*. No plano do processo do trabalho, em verdade, quando suscitado em primeiro grau de jurisdição, a decisão, que nele for proferida, tem nítida feição *interlocutória*, motivo por que dela não caberá recurso imediato para o Regional competente, assegurando-se à parte interessada, como dissemos, a possibilidade de discutir o merecimento dessa decisão quando da interposição de recurso da sentença de fundo, que compuser a lide (CLT, art. 993, § 1.º).

Em princípio, a falsidade será resolvida como questão incidental (CPC, art. 430, parágrafo único, primeira parte); permite a lei, contudo, que, a requerimento da parte, o juiz a decida como questão principal (*ibidem*, parte final). Neste caso, a declaração quanto à falsidade ou à autenticidade do documento deverá constar da parte dispositiva da sentença (e aqui se trata, efetivamente, de sentença), e sobre essa declaração incidirá também a autoridade da coisa julgada (CPC, art. 433). Um retoque: essa norma afirma que a declaração sobre a autenticidade ou falsidade do documento deverá constar da parte dispositiva da sentença; não só dela, mas, também, do relatório, e, sobremodo, da fundamentação, sob pena de nulidade do processo (CF, art. 93, inciso IX).

24. Documentos típicos das relações trabalhistas

Dentre os diversos documentos que são produzidos em decorrência das relações materiais entre o empregado e o empregador, destacamos, por sua importância para o estudo da matéria de que cuida esta obra, (a) a Carteira de Trabalho e (b) os recibos de quitação, relativos às parcelas pagas durante a vigência do contrato, ou em virtude da terminação deste (por revogação, resolução, resilição, rescisão, força maior, *factum principis* e o mais).

a) Carteira de Trabalho e Previdência Social — CTPS

Estabelece o art. 40, da CLT, que as Carteiras de Trabalho, regularmente emitidas e anotadas, servirão de prova nos atos em que sejam exigidas carteiras de identidade e especialmente (I) nas ações entre empregados e empregadores (a referência à Justiça do Trabalho, constante do texto legal, é perfeitamente dispensável), por motivo de salários, férias, tempo de serviço e outros mais, embora não previstos no mencionado artigo. As demais hipóteses, a que ele alude, não interessam ao processo do trabalho (II e III).

Nada obstante a CTPS constitua, por excelência, a prova de existência do contrato de trabalho e de suas cláusulas (CLT, art. 456, *caput*), admite a lei que essa prova seja feita "por instrumento escrito e suprida por todos os meios permitidos em direito" (*ibidem*), inclusive mediante testemunhas, uma vez que o contrato individual de trabalho é o acordo *tácito* ou expresso, que dá origem (e não "correspondente", *sic*) à relação de emprego.

As anotações exaradas na CTPS, entrementes, têm a seu favor uma presunção relativa (*iuris tantum*) de veracidade, do que decorre a possibilidade de serem elididas via prova oposta. A relatividade desses assentamentos, a propósito, foi proclamada pela Súmula n. 12 do TST. Cumpre advertir, porém, que a orientação estampada nessa Súmula deve ser estendida *em termos*, porquanto é o próprio empregador quem, pessoalmente ou mediante prepostos, efetua as anotações na CTPS do empregado. *Ergo*, se estas são favoráveis ao trabalhador, não se deve admitir uma interpretação elástica da referida Súmula, sob pena de essas anotações somente servirem ao empregador enquanto isto lhe convier. É preciso pôr à frente, em tais casos, a regra de cautela, elevada à categoria de norma processual, segundo a qual "As declarações constantes do documento particular escrito e assinado ou somente assinado presumem-se verdadeiras em relação ao signatário" (CPC, art. 408, *caput*). Documento particular, na hipótese, é o *contrato de trabalho*. É exatamente o princípio de que as anotações apostas em documento particular provam contra quem o produziu, que deve preceder à interpretação da Súmula n. 12. Em sentido contrário, mas pelas mesmas razões, se os assentamentos efetuados pelo empregador forem *desfavoráveis* ao empregado, é absolutamente sensato que se atribua a eles uma presunção de veracidade *relativa*, de modo a propiciar a que o trabalhador prove serem irreais esses registros.

b) Recibos de quitação

b.a) Recibos salariais. Em linguagem translúcida, dispõe o art. 464 da CLT que os salários deverão ser pagos *contra recibos* assinados pelo empregado; se este for analfabeto, a ausência da assinatura será suprida com a aposição de sua impressão digital no documento. Não sendo isto possível, será feita *a seu rogo*. Embora se saiba que o recibo não seja de substância do ato, mas apenas *ad probationem*, não se deve consentir que a prova do pagamento de salários seja feita por testemunhas.

Deverá o empregador, no recibo, especificar as quantias pagas, não sendo admissível o denominado "salário completivo", que engloba, de maneira indiscriminada, diversas parcelas.

Se esse documento contiver, sem ressalvas, entrelinhas, emendas, rasuras, cancelamento etc., em parte substancial, ficará à livre apreciação do juiz a fé que deva merecer (CPC, art. 426), ainda que a parte contrária não tenha se pronunciado a respeito.

Temos visto, na prática, alguns empregadores trazerem aos autos, como comprovantes de pagamento de salários, horas extras, adicionais etc., não *recibos* mas meros *extratos*, *fichas* e quejandos (muitas vezes microfilmados), contendo a especificação das parcelas que teriam sido pagas diretamente ao empregado ou depositadas em conta corrente aberta em seu nome. Havendo controvérsia sobre tais parcelas, contudo, não há dúvida de que deverá ser recusada força probante a documentos desse tipo, não porque tenham sido produzidos unilateralmente pelo empregador, mas, sim, *em razão de não trazerem a necessária assinatura do empregado,* como exige a lei (CLT, art. 464).

Também não se deve deferir a realização de exame pericial, requerido pelo empregador, para verificar se da sua escrita contábil constam lançamentos relativos a pagamentos de salários. Ora, esses lançamentos, por si sós, nada provam, pois foram realizados por ato exclusivo do empregador; se, contudo, eles foram efetuados com base em *recibos* (assinados pelo empregado), então a prova de pagamento dos salários deve ser feita por intermédio destes e não de perícia contábil, que, iteramos, é meio inadmissível em lei (CLT, art. 464).

b.b) Recibos relativos à terminação do contrato. Exige a lei (CLT, art. 477, § 2.º) que do instrumento de cessação do contrato, qualquer que tenha sido a sua causa ou forma, conste a especificação da natureza de cada parcela paga ao empregado, bem como a discriminação dos respectivos valores, esclarecendo que a quitação terá eficácia apenas em relação a essas parcelas.

Em decorrência da dúvida que se estabeleceu diante da interpretação desse dispositivo, o TST editou a Súmula n. 41 para aclarar que a quitação, no caso, "concerne exclusivamente aos *valores* discriminados no documento respectivo" (sublinhamos). Mais tarde, o TST adotou a Súmula n. 330, cujo teor é o seguinte: "A quitação passada pelo empregado, com assistência de entidade sindical de sua categoria, ao empregador, com observância dos requisitos exigidos nos parágrafos do art. 477 da CLT, tem eficácia liberatória em relação às parcelas expressamente consignadas no recibo, salvo se oposta ressalva expressa e especificada ao valor dado à parcela ou parcelas impugnadas. I – A quitação não abrange parcelas não consignadas no recibo de quitação e, consequentemente, seus reflexos em outras parcelas, ainda que essas constem desse recibo. II – Quanto a direitos que deveriam ter sido satisfeitos durante a vigência do contrato de trabalho, a quitação é válida em relação ao período expressamente consignado no recibo de quitação".

Repita-se que o recibo de quitação atinente à terminação do contrato de trabalho, se o empregado possuir mais de um ano de serviço, somente terá validade quando feito com a assistência da correspondente entidade sindical (e não do Sindicato, como consta, restritiva e injustamente, da lei), ou da autoridade do Ministério do Trabalho (CLT, art. 477, § 1.º); inexistindo na localidade quaisquer desses órgãos, a assistência deverá ser prestada pelo representante do Ministério Público, ou, onde houver, pelo Defensor Público e, na falta deste, pelo Juiz de Paz (§ 3.º).

A inobservância dessas formalidades legais acarretará a nulidade do documento, a menos que o empregado confesse o recebimento das quantias nele expressas.

A oportunidade nos anima a uma breve digressão.

Tendo como fundamento antigo e isolado acórdão do Colendo STF, alguns empregadores passaram a alegar, na sua resposta à ação em que figuram como réus, a impossibilidade de a Justiça do Trabalho apreciar pedidos formulados por empregados, no sentido de complementação dos valores recebidos em virtude da terminação do contrato de trabalho, ou mesmo referentes à parcelas que não constaram daquele instrumento, sob o argumento de que, "homologado" na forma do art. 477 e parágrafos da CLT, o ato se tornou *juridicamente perfeito,* estando, em consequência, amparado pelo inc. XXXVI do art. 5.º da Constituição Federal. O objetivo manifesto dessa asseveração é o de fazer com que o órgão judicante rejeite, liminarmente, pretensões que tais dos empregados.

Venia permissa, discordamos da decisão do Excelso Pretório por, basicamente, duas razões, sendo uma de *fato* e outra de *direito.* De fato porque, cessada a vigência do contrato de trabalho — principalmente se a *causa* não for imputável ao empregado —, o trabalhador, sem emprego, não tem condições de recusar o recebimento das quantias que foram apuradas *pelo empregador* e que lhe são por este oferecidas, pois isto acarretaria inegáveis transtornos para a sua subsistência física e da própria família, além do que o impossibilitaria de saldar compromissos financeiros que, por certo, teria assumido perante terceiros. De tal sorte, ao trabalhador só resta, então, receber essas importâncias, com o que terá menores dificuldades na luta pela sobrevivência, sem que isto, todavia, deixe de ser-lhe penoso. A quitação que ele outorgar em decorrência desse recebimento surge como mera *circunstância* que interessa ao empregador, que fez o pagamento e disso precisa documentar-se. Em geral, aliás, os termos da quitação já se encontram impressos no recibo.

Dir-se-á, porém, que esse argumento é piedoso, bem como não se aplica no caso de o empregado haver tomado a iniciativa de resilir o contrato, sem justa causa, ou de a cessação haver decorrido de um acordo de vontade das partes. Diga-se, prolepticamente, que, embora essa objeção tenha certa eficácia nesses casos, ela se revela frágil na hipótese que mais atenção requer do legislador, da lei, do intérprete e do próprio juiz, que é a da despedida do empregado *sem justa causa legal.* Aqui se avultam, sobremaneira, os motivos pelos quais ele acaba recebendo o que lhe é ofertado e dá a correspondente quitação.

Há, contudo, uma inomitível razão de direito a repelir a tese de ato jurídico perfeito — cuja expressão soa bem, apenas, ao Direito Comum. Sucede que se ao empregado se paga, na ocasião da ruptura do contrato de trabalho, quantias *inferiores* às que fazia jus, se está perpetrando uma indisfarçável lesão a seus direitos, previstos no ordenamento material. E se a lesão houve, nem mesmo a lei poderá impedi-lo de provocar o exercício da função jurisdicional do Estado-juiz, com o escopo de obter a necessária reparação; daí por que a ação é um direito público, subjetivo, alçado à categoria constitucional, conforme está expresso no art. 5.º, inciso XXXV, da Carta Máxima.

Seria nimiamente desarrazoado supor-se que o fato de a entidade sindical, ou quaisquer das autoridades mencionadas em lei, haver prestado assistência ao ato de terminação do contrato de trabalho pudesse — a pretexto de que se configurou um ato jurídico perfeito — obstar a que o trabalhador ingressasse em juízo para deduzir uma pretensão relacionada a certas parcelas que não foram, espontaneamente, satisfeitas pelo empregador. Fosse assim, não estaríamos falando de direito substancial do trabalho.

Nenhum dispositivo legal trabalhista, ademais, impõe que o órgão assistente *ressalve*, no instrumento, que alguns direitos do trabalhador não foram abrangidos pelo ato e pela consequente quitação; essa ressalva se destina, unicamente, a eximir, em futuro, a entidade ou a autoridade de eventual irrogação de incúria na assistência, ou de ignorância quanto aos direitos que possuía o empregado.

Agora, portanto, com descortino jurídico e sensibilidade elogiáveis o Egrégio TST ao adotar a orientação estampada na Súmula n. 41, cuja orientação, todavia, veio a ser modificada pela de n. 330

25. Desentranhamento de documentos

Findo o processo, os documentos que houverem sido juntados aos autos poderão ser desentranhados a requerimento da parte que os juntou, devendo ficar traslado, que é cópia fiel — verdadeira segunda via — desses documentos.

Constata-se, na prática, que, efetuada a conciliação (transação) entre as partes, cujo pagamento, contudo, será feito parceladamente, se tem deferido, ato-contínuo, o pedido de desentranhamento dos documentos que se encontram nos autos. Conquanto a transação, mesmo que descumprida, impeça discussão futura acerca do exame do mérito (salvo no caso de ação rescisória), desatende ao preceito legal (CLT, art. 780) o desentranhamento assim determinado, pois, nessa hipótese, a ação ainda não se extinguiu.

Em alguns casos, devolvem-se os documentos que haviam sido apresentados em audiência, sem que estivessem, ainda, inseridos nos autos; logo, não se pode cogitar aqui de *desentranhamento,* mas de simples *devolução,* embora a eles se houvesse feito alusão na ata.

Uma vez devolvidos, aliás, este fato deve ser registrado, também, na ata — que é, por excelência, o instrumento de documentação e de especificação dos atos processuais praticados em audiência.

Por outro lado, será *ilegal* o ato do juiz, consistente em *condicionar* o desentranhamento de documentos juntados pelo autor ao pagamento das custas a que foi condenado, em virtude da sua ausência à audiência (inicial), que fez gerar a extinção do processo sem exame do mérito. Logo, essa imposição judicial desafiará a impetração de mandado de segurança, pois inexiste norma legal a amparar o referido ato (CF, art. 5.º, II).

Capítulo XII

A Inquirição das Testemunhas

1. Prova testemunhal

1.1. Considerações introdutórias

Visto sob o aspecto histórico, o testemunho constitui, juntamente com a confissão, o mais antigo meio de prova judiciária. Alguns Códigos primitivos, como o de Manu, bem assim como determinadas leis (egípcias, gregas, romanas) priscas continham disposições acerca da prova testemunhai e do valor que ela representava para a demonstração da verdade dos fatos. Mesmo com o surgimento, mais tarde, dos meios escritos, o testemunho manteve a sua preeminência, a ponto de haver-se, como na França, estabelecido um brocardo segundo o qual "*témoins passent lettres*", isto é, as testemunhas valem mais do que os escritos.

Tal era a importância da prova testemunhal, nessa época, que Bentham (*apud* Pestana de Aguiar, ob. cit., p. 286) a ela se referiu como sendo "os olhos e os ouvidos da Justiça".

Os tempos, contudo, mudaram. O aparecimento de outros meios modernos de prova fez com que se fosse restringindo o campo de atuação das testemunhas, a ponto de torná-las até mesmo inadmissíveis em determinadas hipóteses, conforme veremos. Essa profunda alteração quanto à importância da prova testemunhal para o processo emanou da constatação da sua falibilidade, da sua natureza condutível, plástica, segundo seja o interesse da parte em ver provados certos fatos, ainda que não tenham ocorrido. Anatole France ("Crainquebille"), citado por Alberto Pessoa, *Prova Testemunhal*, Lisboa, 1931 (*apud* Pestana de Aguiar, ob. cit., p. 287), referindo-se a propósito da fragilidade da prova testemunhal, narrou: "*Un jour qui Walter Raleigh, enferme à Ia Tour de Londres, travaillait, selon sa coutume, à Ia seconde partie de son Histoire du Monde une rixe éclata sous sa fenêtre. II alia regarder cês gens qui se querellaient, et quand il se remit au travail, il pensait lês avoir três bien observes. Mais lê lendemain, ayant parle de cette afaire à un de sés amis qui y avait été présent et qui même y avait pris part, il fut contredit par cet ami sur tous lês points. Réfléchissant alors à Ia difficulté de connaítre Ia verité sur dês événements lointains, quand il avait pu se méprendre sur cê qui se passait sous sés yeux, il jet ao feu lê manuscrit de son histoire. — Se lês juges avaient lês mêmes scrupules que sir Walter Raleigh, ils jetteraient au feu toutes leurs instructions. Et ils n'en ont pás lê droit*". Numa tradução extremamente livre: "Um dia em que Walter Raleigh, trancado na Torre de Londres, como de seu costume, escrevendo a segunda parte de sua História do Mundo, uma briga irrompe sob sua janela. Ele foi olhar as pessoas que discutiam, e quando retornou ao trabalho, imaginou tê-las bem observado. Contudo, no dia seguinte, tendo comentado esse fato com um de seus amigos que ali estivera presente, e que havia tomado parte, ele foi contraditado por este amigo, em todos os pontos. Refletindo, então, sobre a dificuldade de conhecer a verdade sobre fatos ocorridos há tempos, dado que tinha se enganado sobre o que se passou sob seus olhos, ele jogou ao fogo o manuscrito de sua história — se os juízes tivessem os mesmos escrúpulos que o Sr. Walter Raleigh, eles jogariam ao fogo todas as suas instruções. E eles, delas, não teriam o direito".

É possível falar-se, portanto, nos dias de hoje, em um desprestígio, num certo descrédito (inclusive, popular) nesse meio provativo, cuja causa Porras López atribui, com preponderância, *"a Ia crisis moral del régimen económico-social en el que vivimos"* (ob. cit., p. 274). No que está certo.

A despeito disso, é indubitável que, em certas situações, a prova testemunhal se revela necessária, e até imprescindível, se levarmos em conta que ela tem por objeto os fatos controvertidos na causa, que, por sua natureza imaterial, não podem ser apreendidos por outros meios de prova. Daí por que o filósofo González Serrano, citado por Porras López (*idem*, p. 275) pôde afirmar, com razão, que "El testimonio, es Ia admisión, de Ia experiência propia". Com efeito, as testemunhas contribuem com suas percepções sensoriais a respeito de fatos que interessam à causa e que não eram da cognição privada do juiz; ainda que o fossem, ao magistrado apenas seria lícito julgar segundo seus conhecimentos pessoais somente em casos extraordinários. Eis por que às testemunhas cabe reproduzir, perante o juiz, a realidade que captaram; mas o descrédito que se tem manifestado quanto a esse meio de prova reside, exatamente, na possibilidade de essa realidade ser subvertida, contrafeita, em virtude de certas regras de conveniência da própria testemunha ou da parte que a apresentou em juízo — ou, até mesmo, de certas falhas mnemônicas do depoente. Ninguém ignora, aliás, a existência de testemunhas profissionais, que tanto mal causam à honorabilidade e ao conteúdo ético do processo judicial. Nem mesmo o compromisso que elas prestam, ao início da inquirição, e a advertência que recebem quanto às sanções penais que incidirão no caso de fazerem afirmações falsas, calarem ou ocultarem a verdade (CPC, art. 458 e parágrafo único) produzem o efeito intimidante pretendido pelo legislador.

Foi visando a evitar, mediante a adoção de certos critérios objetivos, que a testemunha propenda, de forma deliberada, em favor do interesse da parte que a conduziu a juízo, seja por motivos de afinidade, emotivos, de interesse pessoal e outros mais, que a lei erigiu os obstáculos do impedimento (CPC, art. 447, § 2.º) e da suspeição (*ibidem*, § 3.º), a que também se refere, ainda que pela via implícita, a CLT (art. 829).

2. Conceito de testemunha

João Monteiro (ob. cit., p. 250, § 162) a conceituava como a "pessoa, capaz e estranha ao feito, chamada a Juízo para depor o que sabe sobre o fato litigioso"; para Moacyr Amaral Santos (ob. cit., p. 261) testemunha "é a pessoa distinta dos sujeitos processuais que, convocada na forma da lei, por ter conhecimento do fato ou ato controvertido entre as partes, depõe sobre este em Juízo, para atestar sua existência"; "é a pessoa física, distinta das partes do processo, que, admitida pela lei, vem informar o Juiz — a pedido das partes e por determinação do Juiz, ou só por ordem deste — sobre fatos suscetíveis de serem provados por esse tipo de prova" (Arruda Alvim, ob. cit., p. 280); para Paula Batista (*apud* Humberto Theodoro Júnior, ob. cit., p. 585) testemunhas são "as pessoas que vêm a Juízo depor sobre o fato controvertido"; "es la persona extrāna ai juicio, que declara acerca de los hechos o cosas controvertido en la relación procesal" (Porras López, ob. cit., p. 274); Hugo Alsina (*apud* Amauri Mascaro Nascimento, ob. cit., p. 207) a tem como "a pessoa capaz, estranha ao processo, que é chamada a declarar sobre fatos que caíram sob o domínio dos seus sentidos".

Poderíamos reproduzir, aqui, algumas dezenas de conceitos formulados pela doutrina com relação à testemunha; os que já mencionamos, contudo, bem se prestam para demonstrar certos elementos substanciais que devem ser observados para uma exata conceituação dessa figura. Se não, vejamos. A testemunha:

a) *é*, necessariamente, uma pessoa física, pois apenas ela é capaz de ter percepções sensoriais, de modo a poder narrar ao magistrado, mais tarde, os fatos presenciados e que interessam à causa; as pessoas jurídicas, embora também contribuam com o Poder Judiciário para o descobrimento da verdade (CPC, art. 378), o fazem mediante informações ou declarações, e não, testemunho;

b) distinta das partes do processo. Melhor será que se diga distinta dos *sujeitos* do processo, cujo conceito é mais abrangente que o de partes. Por isso, o juiz, que também é sujeito processual (desinteressado), não pode servir, por princípio, como testemunha na causa que lhe está sendo submetida à apreciação e julgamento. Um outro reparo se impõe: a testemunha, em rigor, não é pessoa estranha ao processo, como se afirmou em alguns dos conceitos transcritos; tanto não é que ela aparece, surge, no processo. O que se quis dizer — e nos parece ser lícito supor neste sentido — é que a testemunha é estranha à *relação jurídica processual*, que é coisa diversa;

c) admitida como tal pela lei, isto é, apenas podem depor como testemunhas as pessoas que não sejam incapazes, impedidas ou suspeitas, nada obstante (e desde que seja estritamente necessário) ao juiz seja facultado ouvir, como meras informantes, pessoas menores de idade, impedidas ou suspeitas (CPC, art. 447, § 4.º);

d) que é inquirida pelo magistrado. As testemunhas são sempre inquiridas pelo juiz, seja o da causa ou aquele a quem se deprecou a inquirição. Não é correto dizer-se que elas sempre *comparecem* a juízo porque embora, em regra, essa modalidade de prova oral deva ser colhida em audiência (CLT, art. 825, *caput*; CPC, art. 449, parágrafo único), há casos em que isto não acontece, pois assim permite ou determina a lei, como em virtude de doença ou de outro motivo relevante que impeça a testemunha de vir a juízo (CPC, art. 453, inciso I), ou se se tratar das pessoas a que faz menção o art. 454 e incisos do mesmo Código. Mesmo assim, tais testemunhas serão inquiridas pelo magistrado, o que importa também dizer: na sua presença, conquanto não em juízo. São inquiridas pelo magistrado porque somente a ele compete, como diretor do processo, interrogar os litigantes (CLT, art. 848, *caput*);

e) em juízo ou em outro local. O princípio legal é de que as testemunhas são inquiridas em juízo (CPC, art. 453, *caput*), exceto as que estiverem, por doença ou outro motivo relevante, comprovadamente impossibilitadas de vir a juízo (*ibidem*, inciso I). Serão, ainda, inquiridas em sua residência ou no local em que exercem as suas funções as pessoas mencionadas nos incisos I a XII, do art. 454, *caput*, do CPC. Neste caso, o juiz solicitará a essas pessoas (autoridades públicas) que designem dia, hora e local, para serem inquiridas, remetendo-lhes cópia da petição inicial ou da defesa apresentada pela parte que a indicou como testemunha (CPC, art. 454, § 1.º). Pergunta-se: e se essas pessoas não atenderem à solicitação judicial: estarão sujeitas a alguma sanção? Antes de mais nada, é necessário frisar que a prerrogativa que a lei atribui a essas autoridades, de serem inquiridas no dia, horário e local em que indicarem, não as exime da regra geral, inscrita no art. 378, do CPC, conforme a qual "*Ninguém* se exime do dever de colaborar com o Poder Judiciário para o descobrimento da verdade" (destacamos). Entendemos, por isso, que se a pessoa beneficiária da regra contida no art, 454, do CPC, deixar de atender, sem qualquer justificativa, à solicitação judicial (que poderá até ser renovada) perderá a prerrogativa de ser inquirida em sua residência ou no local em que exerce as suas funções, devendo comparecer a juízo — se necessário, mediante condução coercitiva (CPC, art. 455, § 5.º) —, seja no da causa, seja no deprecado.

A Constituição Federal de 1967, com a Emenda n. 1/69, dispunha em seu art. 32, § 7.º, que "As prerrogativas processuais dos senadores e deputados, arrolados como testemunhas, não subsistirão, se deixarem eles de atender, sem justa causa, no prazo de 30 (trinta) dias, ao convite judicial". Em comentário a esse preceito constitucional, Manoel Gonçalves Ferreira Filho escreveu: "Todo cidadão tem obrigação de colaborar com a administração da justiça. Uma das formas de colaborar é comparecer perante ela para prestar depoimento, sempre que arrolada como testemunha. Tanto assim é que, não havendo o comparecimento espontâneo, a vinda a juízo pode ser imposta coercitivamente, pode ser 'debaixo de vara'. O senador e o deputado não deixam de ter essa obrigação. Suas altas funções lhes dão certas prerrogativas, como escolher dia e hora para depoimento (e local), o que se estabelece para evitar embargos, seja ao parlamentar, seja ao funcionário das Câmaras. Entretanto, consoante a regra em exame, introduzida pela Constituição de 1967 e inalterada na Emenda 1, essas prerrogativas deixarão de subsistir se, no prazo de trinta dias, o senador ou o deputado não atender ao convite judicial. *Escoado esse prazo, terá ele de comparecer no dia e na hora marcados, sob as consequências da lei. Deve-se entender que poderá, até, ser conduzido preso para prestar depoimento*" ("Comentários à Constituição Brasileira", São Paulo, Saraiva, 1972, p. 219). (Destacamos)

f) voluntariamente ou em decorrência de intimação. Quer dizer, as testemunhas tanto podem se submeter à inquirição espontaneamente (são convidadas pela parte e depõem) quanto em virtude de intimação (porque, convidadas, se esquivaram da inquirição ou porque foi o juiz quem, *sponte sua*, decidiu ouvi-las);

g) a respeito de fatos controvertidos, relevantes e pertinentes, pois o objeto da inquirição são os fatos controvertidos; a controvérsia, contudo, por si só, não basta; os fatos têm de ser pertinentes à sua causa e, ainda assim, relevantes para ela. Destarte, fatos pertinentes, mas irrelevantes, não interessam, do mesmo modo que há desinteresse em relação aos fatos relevantes, mas que não digam respeito à causa.

Depara-se-nos, *data venia*, cerebrina a distinção pretendida por Ísis de Almeida (*Curso de Direito Processual do Trabalho*. São Paulo: Sugestões Literárias, 1981. p. 393) entre fatos controversos e controvertidos, porquanto, a nosso ver, estão identificados por uma sinonímia léxica e, consequentemente, processual;

h) dos quais tem conhecimento próprio, porque, em princípio, se exige da testemunha uma cognição pessoal dos fatos (*ex proprius sensibus*). Alude-se, nos dias de hoje, à testemunha *presencia*l. Assim, o testemunho de quem soube dos fatos por intermédio de terceiro (por "ouvir dizer" — "*hearsay testimony*") é frágil, é quase nonada, pois desatende à razão teleológica pela qual se admite esse meio de prova no processo; "*testis debet deponere de eo quod novit et praesens fuir et sic per proprium sensum, nom autem presensum alterius*" — adverte, com exação, a máxima latina.

Utilizando esses elementos substanciais, propomos o seguinte conceito de testemunha: É toda pessoa física, distinta dos sujeitos do processo, que admitida como tal pela lei, é inquirida pelo magistrado, em juízo ou em outro local, voluntariamente ou por força de intimação, a respeito de fatos controvertidos, pertinentes e relevantes, acerca dos quais, em princípio, deve ter conhecimento próprio.

3. O problema da inverdade das declarações

Os sistemas processuais, como se sabe, reservaram às testemunhas — notadamente as *in facto*, ou históricas — a incumbência (sob a forma de dever) de relatar em juízo, com fidelidade, os fatos que ficaram retidos em sua memória e que interessam à causa — desde que, à evidência, lhes sejam dirigidas perguntas a respeito de tais fatos. Nem sempre, contudo, se verifica a necessária identidade entre os fatos reais e o resultado da manifestação das percepções sensórias da testemunha; de um modo geral, podem ser apontadas como de três ordens as causas desse descompasso, ou seja, da inverdade das declarações prestadas:

a) intenção deliberada de falsear a realidade

Aqui, há o dolo, a intenção premeditada de distorcer os fatos, em regra, para tirar proveito pessoal, ou a favor de quem a indicou para testemunhar em juízo;

b) firmeza com que os fatos controvertidos são narrados, embora a testemunha não tivesse certeza quanto à verdade dos mesmos.

Neste caso, a testemunha narra os fatos, sem estar certa de serem verdadeiros, ou não. Há, portanto, uma hesitação da testemunha, que deve ser avaliada pelo juiz, seja no momento da inquirição, seja na oportunidade de proferir a sentença.

c) suposição de que as suas declarações eram, efetivamente, verdadeiras.

Neste último caso, a deflexão da verdade poderá ter origem na denominada "memória falsa", que, para ser mais bem compreendida, requer uma pequena incursão pelos domínios da psicologia individual. Com efeito, a lembrança, ou o ato de memória, pressupõe cinco condições: 1. a fixação; 2. a conservação; 3. a revocação da lembrança; 4. o reconhecimento; e 5. a localização dos estados de consciência passados — conforme Baudin, *Psychologie*. 5.ª ed., *apud* Raphael Cirigliano, ob. cit, p. 269-270. Daí por que, os fatos que tenham sido mal fixados, do ponto de vista fisiológico, pela pouca plasticidade dos tecidos nervosos, ou mesmo sob o aspecto psicológico, pelo pouco interesse que despertaram na pessoa, acabam não sendo lembrados; quando não, o são de maneira imperfeita, máxime se entre a fixação e a revocação decorreu largo espaço de tempo.

Raphael Cirigliano (ob. cit., p. 270) observa, com apoio em Baudin, que há várias doenças da memória, impeditivas de a pessoa depor como testemunha; dentre essas patologias temos a *disnésia* (incapacidade de fixação e conservação das lembranças, sendo frequente nos casos de idiotia e de imbecilidade); a *amnésia* (perda das lembranças que haviam sido normalmente registradas, podendo ser total ou parcial); lá, o doente esquece a sua vida pregressa, dando início a uma outra, nova; aqui, a perda atinge apenas um certo grupo de lembranças: temos, então, a *afasia motriz*, que é a perda de lembrança da articulação das palavras; a *agrafia*, consistente na perda das lembranças motrizes do ato de escrever; a *alexia*, que se revela sob a forma de perda do sentido das palavras lidas; a *surdez-verbal*, que é a perda do sentido das palavras ouvidas; a *hipernésia*, ou a exacerbação da faculdade de revocar, com o despertar de lembranças que se encontravam por muito tempo adormecidas no passado; a *paramnésia*, que é a memória falsa, propriamente dita, decorrente das ilusões do reconhecimento.

Conclui Baudin haver memória falsa sempre que a lembrança se altera sem que disto nos apercebamos; o resultado é que atribuímos a ela uma objetividade que não possui: "Esta ilusão de reconhecimento é o perigo perpétuo da introspecção e do ato de testemunhar. É necessária uma análise muito sutil para a discernir; porque o sentido comum é levado a negar até a sua possibilidade e a crer que uma testemunha de boa-fé e inteligente é mesmo uma testemunha irrecusável. Não é certamente nada disto. A lembrança é normalmente exposta a toda sorte de deformações inconscientes e pode ser cumulada de numerosas ilusões".

O falso testemunho é crime contra a administração da justiça (CP, art. 342). Um ato criminoso tão antigo, cujas origens se confundem com as da própria humanidade. Basta ver que era previsto no Talmud e no Código de Manu. Em algumas legislações priscas, como a ateniense, o falso testemunha era tido como ofensa aos deuses.

A Lei das XII Tábuas, no inciso XIII, por sua vez, continha penalidade extremamente rigorosa para quem prestasse falso testemunho. Essa punição consistia em lançar a pessoa de cima de um rochedo (Rocha Tarpeia), para que se estatelasse no solo. Em Roma, aliás, as pessoas que incorressem em falso testemunho eram consideradas piores do que os ladrões.

Para Farinácio, o falso testemunho implicava, a um só tempo, três ofensas: a) a Deus, que se sentia ultrajado; b) ao juiz, que era ludibriado; c) às pessoas, que se tornavam vítimas de injustiças. Por esse motivo é que, naqueles tempos, se exigia que o testemunho fosse precedido de juramento. Com isto, vinculava-se o testemunho a um compromisso religioso, de tal maneira que o perjúrio acarretava uma ofensa a Deus. Explica-se, assim, a razão pela qual o falso testemunho era incluído no ros dos crimes contra a religião.

As Ordenações do reino português continham, também, penalidades drásticas contra a pessoa que cometesse falso testemunho. As Afonsinas, por exemplo, impunham não apenas o açoitamento dos perjuros, como lhes fosse decepada a língua, junto ao pelourinho, pois era com essa parte do corpo que eles haviam incidido em pecado (Livro V, Título 37).

O Código de 1830 condenava a pessoa que incorresse em falso testemunho (considerado crime contra a boa ordem e a administração pública: art. 169) às "galés perpétuas" (prisão perpétua).

4. Espécies de testemunhas

Nicola Framarino Dei Malatesta ("A Lógica das Provas em Matéria Criminal", Lisboa, 1927) classifica as testemunhas em três espécies: a) *ante factum*; b) *in facto* e c) *post factum*.

a) *Ante factum* são as testemunhas escolhidas para fazer fé quanto a um contrato a ser realizado entre as partes ou de um ato que se deva cumprir. Quando elas são convidadas para apor sua assinatura em um documento, podem ser chamadas de instrumentárias; quando são chamadas a dar fé a um contrato verbal, ou de qualquer ato que seja realizado sem forma escrita, é aconselhável que sejam denominadas de verbais, para distingui-las das anteriores;

b) *In facto* são as que, tendo presenciado, casualmente ou não, determinado fato, estão em condições de narrá-los ao juiz. São as *presenciais*. Delas disse Plauto em "O Casmurro": "Mais vale uma testemunha ocular que dez de ouvir falar" (*Pluris est oculatus testis quam auriti decem*).

c) *Post factum* são as trazidas para "testificar ciertas condiciones particulares del hecho, no percibidas por el común de los hombres, sino tan solo por el que tiene una especial pericia" (Malatesta, *ibidem*). Esclareça-se, entretanto, que se o técnico presenciou o fato, será havido, de acordo com a classificação elaborada pelo ilustre jurista italiano, como testemunha *in facto* e não *post factum*. Na verdade, as testemunhas *post factuam*, referidas por Malatesta, correspondem, no processo brasileiro, aos peritos.

Feito o reparo, essa classificação pode ser aproveitada pela doutrina processual trabalhista, valendo assinalar que o conceito de testemunha *in facto* nos parece intocável sob o ponto de vista deste processo especializado.

Porras López (ob. cit., p. 277), por seu turno, apresenta outra classificação das testemunhas, de cunho eminentemente processual, conforme ele mesmo reconhece: "testigos constantes, testigos abonados y testigos falsos". As primeiras são aquelas cujas declarações coincidem "en el fondo respecto de los hechos controvertidos"; as segundas são as que, segundo Escriche, "no pudiendo calificarse en su declaración por haber muerto o hallarse ausente, es tenido por idôneo y fidedigno mediante Ia justa apreciación que se hace de su veracidad y no tener tachas legales"; as terceiras compreendem as que, por sua condição pessoal, e pelos conhecimentos a respeito dos fatos controvertidos, merecem fé no que declararem.

Gabriel de Rezende Filho (ob. cit., p. 273) classifica as testemunhas em:

a) instrumentárias, que asseguram com a sua presença e assinatura, a verdade dos atos jurídicos, colaborando na formação da prova literal preconstituída. São, na classificação de Malatesta, as *ante factum*;

b) judiciais, que depõem, em juízo acerca dos fatos (relevantes e controvetidos) da ação. Correspondem, portanto, às *in facto*, a que se referiu Malatesta;

c) oculares e auriculares, que depõem segundo os fatos que presenciaram ou de que tiveram notícia, respectivamente. As primeiras são as "presenciais"; as últimas são as conhecidas testemunhas "por ouvir dizer";

d) originárias e referidas, conforme tenham sido indicadas pelas partes ou mencionadas por outras testemunhas, em suas declarações, respectivamente;

e) idôneas e inidôneas, segundo seja o valor do seu depoimento, sendo que as segundas são afetadas por algum vício ou defeito capaz de lhes tirar ou diminuir a credibilidade.

A classificação das testemunhas, enfim, variará conforme seja o critério que se venha a adotar para elaborá-la. Corolário disto é a classificação que a seguir apresentamos, sem a pretensão de negar as anteriormente mencionadas, mas, ao contrário, com o propósito de a elas somar-se, a fim de possibilitar uma visão mais ampla da matéria. Levando-se em consideração quais dos sujeitos do processo teriam provocado o comparecimento da testemunha a juízo, poderíamos falar em; a) testemunhas indicadas pelas partes ou b) pelo juízo, segundo a sua presença no processo tivesse resultado de requerimento dos litigantes ou de ato voluntário do juiz, respectivamente. As testemunhas indicadas pelas partes, por sua vez, seriam unilaterais, se feita a indicação apenas por uma delas, ou bilaterais (ou comuns), se a indicação for feita por ambos os litigantes. Quanto à extensão do conhecimento que possuam acerca dos fatos controvertidos na ação, teríamos as testemunhas: a) de cognição plena e as de b) cognição parcial; no primeiro caso, o seu conhecimento abrangeria todos os fatos probandos; no segundo, compreenderia apenas alguns deles. Tendo-se em conta a relação das declarações com a ciência dos fatos controversos, a testemunha seria: a) direta ou b) indireta; lá, a percepção sensorial se refere aos próprios fatos que constituem objeto do *thema probandum*; aqui, o conhecimento concerne a outros fatos e circunstâncias, que, todavia, têm íntima relação com os narrados em juízo. O testemunho indireto (que não se confunde com o "por ouvir dizer"), como se vê, conduz, quase, sempre, à formação de uma presunção *iuris tantum*.

Poderíamos prosseguir com outras classificações; as que expusemos, todavia, bastam para revelar o aspecto multifário dessa figura processual, que conduz, em consequência, a manifestações heterogêneas do estudioso que busque classificá-la.

5. A obrigação de testemunhar

Salvo se forem incapazes (à exceção dos menores de idade), impedidas ou suspeitas, e ressalvada a hipótese do art. 448, do CPC, todas as pessoas são obrigadas a testemunhar a respeito de fatos que são do seu conhecimento e que interessam à causa. É oportuno recordar, a este respeito, a norma do art. 378, do CPC, de acordo com a qual "Ninguém se exime do dever de colaborar com o Poder Judiciário para o descobrimento da verdade". O substantivo *descobrimento* foi aí corretamente empregado pelo legislador, pois *descobrimento* diz respeito ao ato de descobrir, ao passo a *descoberta* se refere àquilo (coisa) que se descobriu.

Na exceção de que falamos há pouco, se incluem, ainda, os agentes diplomáticos, em decorrência das imunidades que usufruem; embora não estejam obrigados a testemunhar, nada impede que o façam, caso a isso se disponham.

Com apoio na legislação do seu país, o jurista argentino Eduardo R. Stafforini (ob. cit., p. 569) afirmou: "Declarar como testigo implica una verdadera carga pública y todos los habitantes del país tienen la obligación de hacerlo, con las excepciones referentes al secreto profesional, que permiten al procurador o abogado dejar de declarar en contra de su representado; a los sacerdotes, médicos, farmacêuticos y parteras, absternerse de prestar declaración sobre hechos que se lês haya confiado bajo secreto, en ejercicio de su ministério o profesión".

Não se suponha, no entanto, que a pessoa estará atendendo a obrigação de testemunhar ao fazer, por instrumento particular ou público, declarações acerca dos fatos que pertencem ao seu conhecimento, juntando-as, depois, aos autos; esse procedimento é absolutamente inadmissível, pois atenta contra os princípios da oralidade do procedimento e da imediação. Demonstração inequívoca dessa obrigação é o fato de a testemunha, se intimada, deixar de comparecer à audiência sem motivo justificado, sujeitar-se à condução coercitiva ("debaixo da vara", na linguagem antiga), *ex vi* do disposto no art. 455, § 5.º, do CPC, e sem prejuízo da multa prevista no art. 730, da CLT.

6. Pessoas que não podem depor como testemunha

O princípio legal é de que podem (e devem) depor como testemunha todas as pessoas (físicas, certamente), à exceção: a) das incapazes; b) das impedidas; e c) das suspeitas (CPC, art. 447).

a) Incapazes

Incapacidade é a ausência de aptidão de alguém para ser ouvido como testemunha. Dispunha, a propósito, o CPC de 1939, que "Poderão depor como testemunhas as pessoas a quem a lei não proíbe" (art. 235), incorporando, deste modo, a máxima latina: "*Idonei sunt omnes qui testemonium dicere nom proibentur*".

Alfonso de Paula Perez (*La Prueba de Testigos en el Proceso Civil Español*. Madrid: 1968, p. 44) aponta a existência, no quadro do direito comparado, de quatro sistemas principais relativos à capacidade de testemunhar:

1. Sistema romano justinianeu, no qual se arrolavam diversas pessoas incapacitadas para testemunhar, como *v. g.*, os infames, os apóstatas, os escravos, os hereges, os condenados em juízo público e outros;
2. Sistema de livre testemunho, que surgiu como uma espécie de reação ao sistema anterior, dito tradicional; sendo assim, propugnou pela eliminação da incapacidade, em caráter de extrema amplitude e liberalidade, chegando a admitir, até mesmo, o testemunho da própria parte. Foram seus defensores, entre outros, Bentham, Malatesta e Carnelutti. A inconveniência desse sistema, como se vê, era manifesta;
3. Sistema germânico. Embora estenda a todas as pessoas a capacidade de testemunhar, aceita, em determinados casos, a escusa de depor, como no de parentesco por afinidade, consanguinidade ou adoção, bem assim, dos colaterais em terceiro grau consanguíneo ou afim;
4. Sistema latino, ou francês. Transformou a grande maioria das incapacidades previstas no sistema romano justinianeu em causas de impedimento e de suspeição, abandonando, todavia, algumas das incapacidades mencionadas naquele sistema tradicional.

O direito processual brasileiro integra o sistema latino, conforme se percebe pela leitura dos arts. 829 da CLT e 447 do CPC, conquanto neste a matéria esteja, sistematicamente, mais bem tratada. Por esta razão, faremos uma análise das incapacidades, como relacionadas no art. 405 do CPC, que se sabe ser aplicável, em caráter supletivo, ao processo do trabalho.

a.a) Interdito por enfermidade ou deficiência mental

A linguagem do CPC de 2015 foi mais apropriada que a do Código Civil de 1916, de que fazia menção aos "loucos de todo o gênero" (art. 142, I), censurada pela doutrina por seu sentido muito amplo. O CPC de 1973 aludia à *demência* (art. 405, inciso I). O Código Civil atual, mais prudente, alude a "enfermidade ou retardamento mental" (art. 228, inciso II). Em que pese ao fato de o vocábulo *demência*, empregado pelo legislador processual de 1973, também compreender os idiotas, os imbecis, os débeis mentais, os psicastênicos, enfim, toda a gama de doentes mentais, devemos observar que a sua incapacidade para testemunhar somente surge com a interdição, vale dizer: a enfermidade ou a deficiência mental, por si só, não os torna, a princípio, incapacitados para isso. Como pondera Pestana de Aguiar (ob. cit., p. 306), "o depoimento de um débil mental ou de um fronteiriço, desde que traga algum resultado probatório pelo discernimento demonstrado, pela transmissão coerente das percepções estimuladas, merece ser considerado".

Moacyr Amaral Santos, com a atenção voltada ao CPC de 1973, por sua vez, anota que 'Na palavra *demência* o legislador faz abranger todas as facetas de alienação mental. Todos os doentes mentais, sejam eles idiotas, imbecis, débeis mentais, psicastênicos, histéricos, monomaníacos, etc., afastados permanente ou temporariamente da razão, uma vez *interditados* e enquanto interditados, estão proibidos de depor. Justifica-se por motivos de primeira intuição essa incapacidade. O testemunho do alienado, em regra, reflete sensações perturbadas, transtornos da memória, vícios da vontade, defeitos, enfim, das funções psíquicas, de forma a não ser aconselhável assentar-se a verdade nas suas afirmações" (*Comentários ao Código de Processo Civil.* 2.ª Rio de Janeiro: Forense, 1977. vol. IV, p. 287).

O procedimento para a interdição está disciplinado pelos arts. 747 a 763, do CPC. Podem promovê-la: a) o cônjuge ou companheiro; b) os parentes ou tutores; c) o representante da entidade em que se encontra abrigado o interditando; d) o Ministério Público (CPC, art. 747, incisos I a IV, respectivamente)

É proveitoso ressaltar que a interdição poderá ser levantada por sentença judicial, fazendo, então, com que a pessoa recupere a sua capacidade para oferecer testemunho em juízo (CPC, art. 756, § 3.º).

a.b) Enfermidade ou retardamento mental

Dissemos que a enfermidade ou o retardamento mental, em si mesmos, não causam a incapacidade de testemunhar; todavia, se a pessoa, ao tempo em que os fatos ocorreram, não podia discerni-los porque se encontrava acometida de enfermidade ou retardamento mental, ou ainda, se estava mentalmente sã àquela época, mas no momento de depor estiver inabilitada para transmitir as suas percepções sensórias, a sua incapacidade para testemunhar estará configurada. Esta causa de incapacidade não se confunde com a prevista na letra anterior (a.a.), que cogita da *interdição*; ao contrário, completa a hipótese de incapacidade em decorrência de enfermidade ou de retardamento mental.

a.c) Menores de dezesseis anos

A regra contida no inciso III, do art. 447, do CPC, segundo a qual são incapacitados para depor em juízo os menores de 16 anos, está em harmonia com o disposto no inciso I, do art. 3.º, do Código Civil, que considera esses menores absolutamente incapazes "de exercer pessoalmente os atos da vida civil".

Os maiores de 16 anos e menores de 18 anos são relativamente incapazes (CC, art. 4.º, inciso I). Os incapazes serão representados ou assistidos por seus pais, tutores ou curadores, na forma da lei civil (CPC, art. 8.º). Se o incapaz não possuir representante legal, ou se os interesses deste colidirem com os daquele, o juiz dará curador especial ao incapaz (CPC, art. 9.º).

Caso o menor de dezoito anos, e maior de desseseis, venha a faltar com a verdade, ou a encobri-la, ficará sujeito às medidas previstas na legislação específica. O art. 103 da Lei n. 8.069, de 13-7-1990 (Estatuto da Criança e do Adolescente), por exemplo, considera "ato infracional a conduta descrita como crime ou contravenção penal", devendo, para este fim, ser considerada a idade do adolescente na data do fato. As medidas sócio-educativas, a serem adotadas em relação ao maior de dezesseis anos e menor de dezoito, quando, na qualidade testemunha, falsear a verdade em juízo, estão previstas no art. 112 do Estatuto e compreendem: I – advertência; II – obrigação de reparar o dano; III – prestação de serviços à comunidade; IV – liberdade assistida; V – inserção em regime de semi-liberdade; VI – internação em estabelecimento educacional; VII – qualquer uma das previstas no art. 101, I a VI.

a.d) Cegos ou surdos

Quando a percepção dos fatos depender dos sentidos que lhes faltam, o cego e o surdo estarão incapacitados para testemunhar. Por isso, o cego não pode ser admitido como testemunha ocular, assim como o surdo não pode servir como testemunha auricular. Nada obsta, contudo, a que o cego deponha acerca daquilo que ouviu e o surdo, do que presenciou.

O surdo-mudo não é incapaz para testemunhar, desde que o conhecimento do fato não dependa dos sentidos que não possui; se ele não puder transmitir ao juiz, por escrito, em audiência, a sua vontade, este nomeará intérprete, "quando assim for solicitado", a fim de que ele traduza a sua linguagem mímica feita mediante da Língua Brasileira de Sinais, ou equivalente (CPC, art. 162, inciso III).

b) Impedidos

Mesmo que a pessoa seja capaz para testemunhar, poderá ser considerada impedida para tanto "em razão da sua posição jurídica relativamente às partes na demanda incompatível com a função de testemunhar" (Moacyr Amaral Santos, ob. cit., p. 289). Dentre as pessoas legalmente impedidas temos:

b.a) O juiz

Conquanto a legislador tenha inserido o juiz no rol das pessoas referidas no inciso III, § 2.º, do art. 447 do CPC, preferimos examinar a figura do magistrado fora desse contexto, vale dizer, desde logo, em decorrência de sua importância no processo.

Ao conceituarmos a figura da testemunha pudemos deixar claro que ela é, fundamentalmente, uma pessoa alheia, estranha à relação jurídica processual. O juiz, todavia, não o é, pois representa o Estado e é entre este e o autor que a relação inicialmente se estabelece, embora se angularize com a citação do réu. Ademais, é manifesta a incompatibilidade entre as funções de julgar e de testemunhar. Como ressaltou Carnelutti (*Sistema*,

n. 288, b, 1.º vol.), a testemunha narra (reconstitui) os fatos perante o magistrado; seria um contrassenso, desta forma, que o juiz narrasse a si próprio, salvo, repetimos, em casos excepcionais. Impedimento haverá ainda que a testemunha, ao tempo em que depôs, não era juiz (CPC, art. 144, inciso I).

Pode acontecer, porém, de o juiz da causa ser arrolado como testemunha; nesta hipótese, (a) se tiver conhecimento dos fatos relevantes (e que, por isso mesmo, possam influir na decisão), declarar-se-á impedido; (b) se desconhecer os fatos, mandará excluir o seu nome do rol (CPC, art. 452). Nada obstante, em regra, o magistrado deva dar-se por impedido quando tiver conhecimento privado dos fatos, com a consequente remessa dos autos ao seu substituto legal, entendemos que, no processo do trabalho, pode o juiz, em determinados casos, particularíssimos, invocar o seu conhecimento pessoal dos fatos para efeito de melhor orientar-se *na fase de instrução processual*; nunca, para testemunhar no processo por ele conduzido.

Se a pretensão da parte, de que o juiz funcione como testemunha, for manifestada em audiência, o requerimento deve ser indeferido de plano, fazendo-se registrar na ata esse fato (CLT, art. 851, *caput*).

b.b) A parte

É elementar que a parte está impedida de depor como sua própria testemunha (CPC, art. 447, § 2.º, inciso II). Isto apenas era possível no sistema do livre testemunho, como vimos. Frise-se, mais uma vez, que somente pode depor como testemunha quem for estranho à relação processual — o que não ocorre, por definição, com a parte. Esta, portanto, possui incompatibilidade frontal com a qualidade de testemunha. Pelos mesmos motivos, um dos compartes não pode testemunhar em favor do outro. As razões óbvias desse impedimento prescindem que façamos outras considerações a respeito.

Tem-se visto, em alguns casos em que a ação foi ajuizada pelo sindicato, na qualidade de substituto processual, ser levado para depor em juízo, como testemunha, um dos substituídos, cujo nome consta do rol anexado à petição inicial. Embora o substituído não seja parte, na relação processual, ele possui inegável *interesse* na causa, pois, afinal de contas, ele é o titular do suposto direito material alegado na ação. Em suma, neste caso, embora o substituído não esteja impedido (CPC, art. 447, § 2.º, inciso II) de depor como testemunha, a sua suspeição (*ibidem*, § 3.º, II) é manifesta.

b.c) O cônjuge, o companheiro, ou parente

O impedimento de servir como testemunha atinge, de igual modo, o cônjuge, o companheiro, o ascendente e o descendente em qualquer grau, ou o colateral, até o terceiro grau, de alguma das partes, por consanguinidade ou afinidade, salvo se o exigir o interesse público (CPC, art. 447, § 2.º, inciso I). A outra exceção, prevista nesse inciso do CPC (causas relativas ao estado da pessoa), não tem lugar no processo do trabalho. Este processo, a propósito, alude ao impedimento da testemunha que for parente até o terceiro grau civil (CLT, art. 829).

O CPC de 1973 fazia menção, apenas, ao *cônjuge* (art. 405, § 2.º, inciso I); o CPC de 2015 acrescentou o companheiro como causa de impedimento para prestar declarações em juízo, como testemunha.

E no caso de *concubinato* (Código Civil, art. 1.727), que Ruggiero (*Instituições de Direito Civil*, trad. de Ari dos Santos, 2/52, *apud* Barros Monteiro, *Curso de Direito Civil*. São Paulo: Saraiva, 1966. 2.º vol., p. 15) define como a união entre o homem e a mulher, sem casamento? Haverá impedimento? Em rigor, para a configuração do concubinato exige-se, que o homem e a mulher estejam impedidos de casar. Não basta, pois, a simples relação duradoura; esta, na verdade, é elemento caracterizador da união estável (CC, art. 1.723). Tecnicamente, portanto, a testemunha que viva em concubinato ou em regime de união estável com a parte não está *impedida* de depor, nos exatos termos do inciso l do § 2.º do art. 447, do CPC, pois não é casada com ela; a sua *suspeição*, no entanto, em razão de uma amizade íntima (CPC, art. 447, § 3.º, inciso I), é inafastável. O mesmo se afirme quanto à união estável (Código Civil, art. 1.723).

O impedimento, pelo CPC, atinge os ascendentes (pai, mãe, avós, bisavós) e os descendentes (filhos, netos, bisnetos) em qualquer grau. Na Justiça do Trabalho, como ressaltamos, o impedimento do ascendente ou do descendente só vai até ao terceiro grau (CLT, art. 829), no caso dos colaterais (parentesco que, embora oriundo do mesmo tronco familiar, é elastecido lateralmente e não na ordem descendente ou ascendente). Esse parentesco começa já do segundo grau, onde se situam os irmãos; no terceiro grau, até onde o impedimento subsiste, estão os tios e os sobrinhos.

A propósito da incompatibilidade entre cônjuge e parentes, de um lado, e a parte, de outro, para efeito de testemunho, observou Rossi (*apud* Moacyr Amaral Santos, ob. cit., págs. 291-292): "Em primeiro lugar, qualquer pessoa tão estreitamente ligada a uma das partes não pode ter necessária serenidade para depor com exatidão no que concerne à pessoa que lhe é cara e por cujos interesses se preocupa como o seu próprio, e, por vezes, essa falta de serenidade impede até mesmo a percepção exata daquilo que deseja fazer chegar ao conhecimento do Juiz. Em segundo lugar, obrigar uma pessoa a depor contra um seu parente próximo significaria colocar sua consciência em estado de gravíssima perplexidade, o que poderia ocasionar graves inconvenientes; impor tal obrigação, por outro lado, não seria justo, visto que não é necessário pretender de um cidadão, no qual se pressupõem energias e sentimentos morais comuns, mais do que ele pode dar, constrangendo-o a um doloroso conflito entre o cumprimento de um dever, em favor do adversário do ente que lhe é caro, e os seus mais sagrados sentimentos".

Indaga-se, entretanto: estaria impedida de depor como testemunha a pessoa que fosse parente comum às partes? Entendemos que sim. Não há que se falar, na espécie, em neutralização do impedimento, em face de a testemunha ser parente do autor e do réu. O CPC faz clara referência a parentesco com *alguma* (ou seja, com *qualquer) das partes* e não a parentesco com a parte que indicou a testemunha.

b.d) Outras causas

Estabelece, ainda, o art. 447 do CPC, em seu § 2.º, inciso III, que também estará impedido o que intervém em nome de uma das partes, como o tutor na causa do menor, o representante legal da pessoa jurídica, o juiz, o advogado e outros, que assistam ou tenham assistido aos litigantes. Entendemos, a partir da interpretação desse inciso, que estará impedido de depor como testemunha qualquer membro da diretoria da entidade sindical que estiver ministrando assistência judiciária ao empregado, na forma do art. 14 e seguintes, da Lei n. 5.584/70. Quando menos, será *suspeito* por ter interesse no objeto do litígio (CPC, art. 447, § 3.º, inciso II).

c) Suspeitos

Suspeição (do latim *suspectio*) significa suspeita, desconfiança, conjetura desfavorável acerca da probidade de alguém (Caldas Aulete, ob. cit., p. 3.854).

Foi objetivando a garantir a necessária probidade da testemunha e a consequente credibilidade das suas declarações, que o legislador processual criou restrições quanto ao testemunho de determinadas pessoas, reputando-as, *a priori*, suspeitas, seja em decorrência de causas de foro subjetivo (inimizade capital, amizade íntima) ou objetivamente constatáveis (condenação criminal, interesse no litígio, maus costumes).

Nem mesmo se admite que a presumida parcialidade dessas pessoas possa ficar desfeita pelo fato de prestarem o compromisso legal de dizer a verdade e de serem advertidas de que incorrerão em sanção penal se fizerem declaração falsa, calarem ou ocultarem a verdade (CPC, art. 415). Do Código de Manu, aliás, já constava a seguinte disposição a respeito das testemunhas suspeitas: "Não devem ser admitidos em Juízo homens cúpidos; nem aqueles dominados por interesse pecuniário; nem os amigos; nem os inimigos; nem os criados de servir; nem os homens de reconhecida má-fé; nem os enfermos; nem os criminosos; nem os que estão na dependência de outrem; nem o que se dedicam a misteres cruéis; nem os velhos e as crianças; nem os homens da classe mista; nem os ébrios; nem os loucos; nem os que sofrem fome e frio; nem os afadigados; nem os coléricos; nem os enamorados; nem os ladrões".

Constatamos, assim, que a preocupação quanto à neutralidade e serenidade dos depoimentos das testemunhas esteve presente no filho de Brahma, quando da elaboração desse Código — preocupação, diga-se, que constituiu sempre um traço comum entre os textos legais em geral, variando, apenas, as causas de suspeição, segundo fosse o critério do legislador.

No Brasil, o CPC de 1939 se limitava a estabelecer que as testemunhas inidôneas poderiam ser contraditadas pela parte contrária, desde que de maneira fundamentada (art. 240, *caput*). Abandonando esse critério de deixar ao magistrado a averiguação quanto à idoneidade da testemunha, o CPC de 1973 relacionou, especificamente, as causas de suspeição, nos incs. l a IV do § 3.º do art. 405. Acreditamos que a inovação do legislador, no particular, foi acertada porquanto ao indicar, uma a uma, as causas de suspeição, eliminou em boa parte a discussão — possível no Código revogado — a respeito de quando se deveria considerar alguém suspeito e quando não. A dificuldade não era apenas do juiz, mas também das próprias partes, pois, de um lado, quem havia apresentado a testemunha não sabia, exatamente, se ela seria havida como suspeita, o mesmo se dando com a parte contrária, que não podia contraditá-la com segurança. Tudo ficava, pois, no domínio do subjetivismo, das impressões pessoais do juiz e de cada litigante. A fixação de um casuísmo legal relativo às pessoas suspeitas para depor como testemunhas foi salutar por permitir mediante uma consulta à lei, verificar-se de antemão quem ela considera como tal — embora certas causas, aí mencionadas, também envolvam aspectos subjetivos (amizade íntima, inimizade capital).

A CLT, por exemplo, se limitou a fazer menção à amizade íntima e à inimizade, segundo consta do seu art. 829; as demais causas de suspeição, contudo, previstas no CPC, incidem no processo do trabalho, desde que convenientemente aplicadas.

O CPC de 2015 (art. 447, § 3.º) manteve o critério do Código de 1973, consistente em especificar as causas de suspeição, malgrado as tenha reduzido a duas (incisos I e II). Rememoremos que o CPC de 1973 previa quatro causas de suspeição, a saber: a) condenado por crime de falso testemunho, havendo transitado em julgado a sentença; b) aquele que, por seus costumes, não fosse digno de fé; c) o inimigo capital da parte ou o seu amigo íntimo; d) o que tivesse interesse no litígio (art. 405, 3.º, incisos I a IV).

O CPC de 2015, como dissemos, reduziu a duas essas causas: a) inimigo da parte ou seu amigo íntimo; b) o que tiver interesse no litígio (art. 447, § 3.º, inciso I e II). Passemos a examiná-las.

c.a.) Inimizade com a parte ou amizade íntima

A expressão: *inimigo capital*, utilizada pelo legislador de 1973, tinha o sentido de *inimizade mortal, figadal*, pouco importando que fosse recente ou inveterada. O CPC atual eliminou o adjetivo *capital:* basta, somente, a *inimizade* — tal como constou, desde sempre, do art. 829 da CLT.

Andou bem o legislador da atualidade ao suprimir o adjetivo *capital*, que qualificava, no sistema do CPC de 1973, o substantivo *inimizade*. Basta que a pessoa indicada para testemunhar seja inimiga da parte contrária à que a indicou para que se caracterize a sua suspeição para depor em juízo. A simples antipatia, entrementes, não pode ser tomada como sinônima de inimizade, para os efeitos do inciso I do § 3.º do art. 447 do CPC. Pelo mesmo motivo, nem sempre quem é adversário (político, esportivo etc.) é inimigo.

Na linguagem da psicologia individual diríamos que a inimizade deve provir de uma *emoção* (reação de afeição ou desagrado de grande intensidade, mas de curta duração) e não de um *sentimento* (estados afetivos de simpatia ou antipatia, mais brandos e duradouros). Essa inimizade deve, pois, ser de tal intensidade que obnubile ou perturbe o espírito e a serenidade do indivíduo, tornando-o, conscientemente ou não, parcial, tendencioso. Nenhuma utilidade teria para o processo, consequentemente, um tal testemunho. A inimizade pode ser decorrente de questões familiares, políticas, religiosas, profissionais etc. A sua origem é irrelevante; interessa, sim, o grau de profundidade com que se entranhou no espírito ou no coração da pessoa.

Assim como a inimizade, a *amizade íntima* torna o indivíduo suspeito para depor como testemunha. É sabido que a amizade, muitas vezes, constituiu um dos grandes obstáculos para o descobrimento da verdade, pois há uma tendência psicológica quase irresistível de, no caso, a pessoa "proteger" a parte, seja falseando o que é verdadeiro, seja revelando, seletivamente, apenas aquilo que é favorável ao amigo. A amizade íntima, assim, é o polo inverso da inimizade; os efeitos deletérios que provocam na busca da verdade, no entanto, são praticamente os mesmos. Por isso, o amigo íntimo também é tido, pela lei como suspeito para depor como testemunha.

Constitui tarefa extremamente difícil detectar-se, em alguns casos, se ali está presente uma amizade *íntima* ou mera amizade.

Não podemos ignorar que o homem é um ser gregário por natureza e, em razão disso, tem necessidade de relacionar-se com os demais integrantes do seu círculo social. Os anacoretas, os eremitas, constituem exceções anômalas. O empregado, por exemplo, está integrado a uma comunidade de trabalhadores, existente no âmbito do estabelecimento ou local em que trabalha. Nada mais *humano,* de conseguinte, que ditas pessoas se tornem amigas; isto é necessário, inclusive, para a própria execução harmoniosa dos serviços que lhes competem. De tal arte, um empregado apenas será considerado *suspeito para* depor, como testemunha, se a sua amizade com a parte transcender os limites do local de trabalho: visitam-se com frequência nas respectivas casas; costumam ir juntos a jogos de futebol, a pescarias, a festas, à igreja e a outros lugares. Em alguns casos são compadres entre si; embora o compadrio não constitua parentesco, faz supor, subjacente, uma profunda amizade entre essas pessoas, em face dessa *aproximação familiar.*

De igual maneira, quem é empregado do réu não se torna, somente por isso, suspeito para testemunhar em favor deste; ora, se em regra os fatos ocorrem no âmbito do local de trabalho, é irrefutável que o empregador tenha de valer-se em juízo de seus empregados que presenciaram os fatos. A suspeição apenas se configurará se houver entre o empregado-testemunha e o empregador-réu uma amizade efetivamente íntima, estabelecida antes ou durante a relação de emprego.

Embora, no sistema processual brasileiro, não se tenha incluído no rol dos suspeitos os *enamorados* (a exemplo do que fizera, como vimos, o Código de Manu), é indiscutível que, por princípio, o testemunho da pessoa que se encontra enamorada da parte que a indicou ou arrolou deve ser recusado pelo juiz, visto que, em verdade, o amor (como afeição profunda) representa uma espécie de grau máximo, de paroxismo, de quinta-essência da *amizade íntima,* que o legislador instituiu como causa de suspeição da testemunha.

Logo, por mais forte razão se deve admitir como suspeito o enamorado, porquanto não se pode ignorar que: "O amor apresenta, como as ideias fixas, fenômenos muito evidentes de obsessão e de impulsão: a obsessão implica uma restrição especial do campo de consciência, que explica o exclusivismo, que é o caráter distinto da paixão. O homem enamorado é, por conseguinte, testemunha medíocre, pela obtusidade da sua consciência para percepcionar acontecimentos estranhos ao seu amor, e pelos frequentes erros de juízo que comete" (ALTAVILA, Enrico. *Psicologia judiciária.* v. l. São Paulo: Saraiva, *apud* ALTAVILA, Jayme de. *Origem dos direitos dos povos.* São Paulo: Melhoramentos, 1963. p. 50).

c.b.) Interesse no litígio

O Código faz suspeitos, ainda, os que têm interesse no litígio; seria preferível que houvesse dito interesse no *objeto* do litígio, expressão que consideramos de melhor técnica, pois a medida do interesse há de ser avaliada com vistas ao *objeto* do conflito e não quanto a este em si.

Temos para conosco que o interesse, como causa de suspeição do indivíduo, deve ser *objetivo, palpável, real;* importa dizer: não se deve *presumir* a existência de um interesse; ou se prova, *in concreto,* que existe, ou suspeição não há. Seria muito cômodo para a parte alegar abstratamente que a testemunha da adversa tem interesse no objeto do litígio e, com isso, desqualificá-la.

Como afirmamos em página anterior, o substituído, na ação proposta pelo sindicato, conquanto não esteja impedido de depor como testemunha, por não ser parte na relação processual, é suspeito, uma vez que possui indisfarçável interesse no objeto da lide, por ser o titular da relação jurídica *material* submetida à apreciação jurisdicional.

c.c.) O problema da testemunha que possui ação em face do réu

Amiúde, se vinha contraditado a testemunha apresentada pelo empregado, sob o argumento de que ela também ajuizara ação "contra" o mesmo empregador-réu. Indagado o fundamento da contradita, a resposta alterna entre (a) inimizade e (b) interesse no litígio.

Ambas, *venia concessa,* eram insustentáveis.

O fato de o empregado haver provocado o exercício da função jurisdicional do Estado-juiz, buscando a tutela dos seus direitos subjetivos que afirma terem sido lesados, não o torna, apenas por este motivo, inimigo capital do empregador, réu na ação. Quer nos parecer que a contradita, nesta hipótese, emana de uma confusão entre os significados distintos de *adversário* e de *inimigo.* Conforme dissemos há pouco, nem sempre a parte *ex adversa* é inimiga. É despiciendo indagar-se se a ação está em curso ou já se findou; e, nesse caso, se os pedidos do autor (ora testemunha) foram acolhidos ou rejeitados, parcial ou totalmente. A ação é um direito público, subjetivo, de índole constitucional (CF, art. 5.º, XXXV). Constituiria absurdo, consequentemente, supor-se que a pessoa que viesse a exercitar esse direito se transformasse, de maneira automática, em *inimigo* da parte que fez constar como ré.

Daí vem a nossa discordância de Valentin Carrion (*Comentários à Consolidação das Leis do Trabalho.* São Paulo: Revista dos Tribunais, 1979. p. 498), quando assevera que: "A testemunha que está em litígio contra a mesma empresa deve ser equiparada ao inimigo capital da parte; o embate litigioso é mau ambiente para a prudência e isenção de ânimo que se exigem da testemunha; entender de outra forma é estimular as partes à permuta imoral de vantagens em falsidades testemunhais mútuas, mesmo sobre fatos verdadeiros; extremamente fácil 'reclamante de hoje, testemunha de amanhã'".

Data venia, como afirmamos anteriormente, o fato de alguém haver promovido ação em face de outrem não o torna, só *por isto,* inimigo capital deste, para efeito de incidência da disposição proibitiva constante do inc. II, § 3.º, do art. 447 do CPC. Ademais, a pressuposição de inimizade, de que partiu o ilustre jurista — a cuja memória rendemos a nossa admiração —, não tem assento em lei: ou se é inimigo, ou não se é; e a constatação desse fato só poderá ser feita pelos meios de prova admitidos em lei e não por mera presunção *hominis,* de manifesta fragilidade.

Pode ocorrer que, em determinada hipótese, a testemunha se declare, *sponte sua,* inimiga do réu, ou se produza prova nesse sentido; em tais casos, a sua inimizade se configurará não pela simples circunstância de estar demandando em juízo com o réu, mas porque houve demonstração suasória dessa causa de suspeição.

Além do mais, se devemos, *ad argumentandum,* aceitar o fato de que "o embate litigioso é mau ambiente para a prudência e isenção de ânimo" da testemunha, não podemos, pela mesma razão, negar que a testemunha apresentada pelo réu possui interesse, em tese, de favorecê-lo, seja para conseguir certas vantagens pessoais, como promoção funcional, seja pelo receio de vir a perder o emprego etc., não sendo absurdo, portanto, concluir-se que ela procurará, com o objetivo de concretizar esse propósito, alterar propositadamente a verdade dos fatos.

Quanto à possibilidade de o reclamante de hoje ser a (virtual) testemunha de amanhã, é acontecimento que, em rigor, dependerá muito mais do réu do que da própria testemunha.

O juiz, todavia, não é uma figura monolítica no processo; desta forma, o seu senso de justiça e o seu comedimento poderão reputar *desaconselhável,* sob certas circunstâncias, a ouvida da testemunha que possui ação "contra" o réu, ainda que inexista prova concreta da inimizade capital ou do interesse na ação; estes casos excepcionais, porém, não implicam contradição ao nosso pensamento, há pouco manifestado, a respeito da pessoa que é, a um só tempo — embora em autos de processos distintos, e tendo como elemento comum o réu —, testemunha e autora.

O que não aceitamos, isto sim, é a afirmação, feita em caráter dogmático, genérico e inflexível, de que essa espécie de testemunha deva ser sempre *considerada* (e resumo aqui o caráter eminentemente subjetivo desse julgamento) *inimiga* do réu, com a finalidade de submetê-la à restrição do mencionado inc. II, § 3.º do art. 447 do CPC.

É indiscutível que se ficar provada a existência dessa espécie de inimizade de testemunha para com a parte contrária, ela será considerada suspeita; veja-se, porém, que a suspeição decorreria da sua inimizade profunda e não do fato de haver proposto a ação.

Se, por outro lado, a prova foi quanto ao *interesse* no objeto do litígio, será esta a causa da suspeição e não o ingresso em juízo em face do empregador. Reitere-se que dito interesse há de ser *concreto*: a pessoa, indicada como testemunha, é credora, fiadora, sócia etc., do empregado, daí por que deseja que este resulte vencedor na ação. Não se cogite de interesse, no entanto, somente porque a testemunha, supostamente propulsionada por algum ressentimento em relação ao empregador, deseja vê-lo vencido; ou, talvez, em razão de ela estar postulando parcelas idênticas na ação em que figura como autora. Tudo isto, como dissemos, é abstrato, vago e, por isso, imponderável.

Houve casos concretos, inclusive, em que se demonstrou nos autos que a testemunha, embora possuísse ação em face do mesmo réu, era cliente regular deste, com o qual mantinha frequentes transações comerciais. Onde, pois, a inimizade capital que, por suposto, haveria sempre de emanar da propositura de uma ação?

Consagrando este nosso entendimento, o TST adotou a Súmula n. 357 (Res. Adm. n. 76/96), segundo a qual "Não torna suspeita a testemunha o simples fato de estar litigando ou ter litigado contra o mesmo empregador". Esta Súmula derivou da Orientação Jurisprudencial n. 77, da SDI-II, do mesmo Tribunal, assim redigida: "Testemunha que move ação contra a mesma reclamada. Não há suspeição".

Há, contudo, um caso que não está compreendido pela mencionada Súmula: trata-se da denominada "troca de favores". Isto ocorre quando, por exemplo, o empregado A promove ação em face do empregador, e o empregado B atua nesse processo como testemunha de A; posteriormente, o empregado B ajuíza também ação diante do mesmo empregador, e o empregado A é indicado como testemunha pelo B. A situação, aqui, é algo delicada, pois deixa transparecer uma efetiva "troca de favores" processuais entre esses empregados — troca que pode derivar de amizade íntima ou de interesse recíproco das respectivas causas. Em princípio, no exemplo há pouco formulado, haverá de ser considerado suspeito o empregado A, indicado pelo B como testemunha para ser ouvida na ação por este promovida, especialmente, se ficar demonstrado que o empregado B possui outras testemunhas (que estão no fórum), ou poderia ter-se valido de diversas outras pessoas para serem ouvidas como testemunha.

c.d.) O problema do preposto indicado como testemunha

Há certa controvérsia, na doutrina e na jurisprudência, quanto à possibilidade de o preposto servir como testemunha do próprio empregador. Não estamos nos referindo, à evidência, à hipótese de ele pretender testemunhar nos *mesmos autos* em que funcionou como preposto, pois a incompatibilidade, aí, é manifesta, ou melhor, há evidente impedimento legal (CPC, art. 447, § 2.º, III). O pressuposto da perquirição é o fato de ele ter sido preposto em uma ação e vir a ser testemunha em outra.

Salvo se argumentos contrários nos dissuadirem, pensamos que nada impede que isto ocorra, embora o nosso entendimento não tenha a veleidade de fazer-se aplicar à generalidade heterogênea dos casos; sendo assim, admitimos, por princípio, que o preposto possa, em outra ação, prestar declarações como testemunha, exceto se determinadas circunstâncias, cuja apreciação ficará reservada ao prudente arbítrio do julgador, aconselharem em contrário.

7. Inquirição de pessoas impedidas ou suspeitas

As pessoas a quem a lei processual considera impedidas ou suspeitas não podem depor como testemunhas; sendo estritamente necessário, contudo, o juiz as ouvirá (CPC, art. 447, § 4.º). Essa faculdade aberta ao juiz pelo legislador promanou, certamente, da sua previsão de que, em certos casos, os fatos controvertidos poderiam ter sido presenciados apenas por pessoas impedidas ou suspeitas, o que — se fosse absoluta a regra que as impede de depor — causaria grandes transtornos à instrução, à míngua ou inexistência de outros elementos capazes de influir na formação do convencimento do julgador.

Em ações promovidas por empregadas domésticas, a título de exemplo, é comum as pessoas indicadas como testemunhas serem da própria família para quem ela prestou serviços; nem poderia ser de modo diverso, visto que, de ordinário, os fatos narrados em juízo ocorrem no âmbito da residência familiar. Raro é, por este motivo, que terceiros (como tais entendidos aqueles que não pertencem à família) tenham conhecimento direto desses fatos (carteiro, entregador de gás e o mais).

A parte, porém, não pode *exigir* que o juiz ouça pessoas impedidas ou suspeitas; este o fará se *entender necessário*. É profícuo ressaltar que, algumas vezes, embora a parte pudesse trazer pessoas aptas a testemunhar, prefere convidar outras, a que a lei impede de prestar declarações como tal. Essa ignorância, ou mesmo má-fé, por parte do litigante não deve ser tolerada pelo juiz, a quem caberá então dispensar a audição dessas pessoas.

Entendendo o juiz que há necessidade de ouvir indivíduos impedidos ou suspeitos, estes deporão sem que se lhes seja tomado o compromisso legal, atribuindo-se ao depoimento o valor que possa merecer. Referidas pessoas são os denominados *informantes* e suas declarações, como não constituem meio de prova, não têm eficácia para influir na formação do convencimento do julgador.

Os *incapazes, à exceção dos menores*, contudo, não podem ser inquiridos mesmo como informantes, pois o princípio legal vedatório (CPC, art. 447, § 1.º) quanto a eles é absoluto.

8. Fatos sobre os quais a testemunha não é obrigada a depor

A testemunha é obrigada a depor, em audiência, a respeito dos fatos controvertidos na ação e dos quais tem conhecimento. Ninguém pode eximir-se de colaborar com o Poder Judiciário para o descobrimento da verdade. Essa é a regra legal (CPC, art. 378). Determinadas pessoas, contudo, não obstante tenham capacidade, e sem que sejam consideradas impedidas ou suspeitas, poderão escusar-se a depor em virtude de certos fatores morais, éticos ou patrimoniais, expressamente previstos em lei.

Note-se que a escusa, no caso, constituirá ato de livre-arbítrio do indivíduo, porquanto o legislador não a obriga a escusar-se. Desta maneira, caberá à *pessoa* escusar-se, ou não, de depor como testemunha, segundo seja a sua manifestação volitiva e cuja eficácia somente será reconhecida se lastreada com quaisquer dos motivos previstos no art. 448 do CPC.

Se se tratasse de incapacidade ou de suspeição, somente o juiz poderia deliberar quanto à audição dessas pessoas, cujo testemunho a lei, por princípio, veda (CPC, art. 447, § 4.º),

Quer nos parecer que o legislador, ao elaborar tais motivos de escusa, pôs à frente da obrigação de testemunhar o dever que o Estado tem de proteger certos direitos e interesses legítimos do indivíduo, de seu cônjuge, ou parentes, de natureza imaterial (morais, éticos), ou material (patrimoniais). No que andou certo, sem dúvida.

a) Graves danos

Os danos não são, apenas, em relação à testemunha, alcançando, por igual, o seu companheiro, o seu cônjuge, e parentes consanguíneos ou afins, em linha reta, ou na colateral em segundo grau.

A referência legal, como se verifica, é a *danos* em sentido lato: dano moral ou patrimonial; não, porém, simples dano, pois a *gravidade* lhe é pressuposto essencial.

Entre os danos morais temos de considerar o feito à honra como um dos mais graves, pois a honra igualmente é um *bem* da pessoa e, por isso, merece a tutela estatal (CF, art. 5.º, inciso X). Permite-se, destarte, que a testemunha não revele eventual desonra própria, do companheiro, do cônjuge ou familiar, o que não seria possível se tivesse de responder a *todas* as perguntas que lhe fossem formuladas em juízo.

Não é, entretanto, apenas a defesa da *honra* que deverá o indivíduo invocar para escusar-se ao depoimento, se não que qualquer outro interesse *moral* legítimo, como, *v. g.*, o relacionado ao receio de a testemunha (ou o companheiro ou familiares) vir a ser demandada por outrem em decorrência de suas declarações. O CPC de 1939, aliás, se referia ao *perigo da demanda* (art. 241, inciso I).

Há mais. A escusa poderá visar, também, à defesa contra danos ao patrimônio da testemunha e das demais pessoas mencionadas pela lei processual. A exigir-se o contrário seria, nas palavras de Pedro Batista Martins (*Comentários ao código de processo civil*. 1941, p. 98), "colocar a testemunha entre as pontas do dilema: ou o perjúrio ou o sacrifício", ensejando-se, com isto, e em nome do interesse público, uma ofensa à natureza humana.

O grave dano que possa advir ao patrimônio da testemunha, para eximi-la de depor, deve articular-se diretamente com as declarações que expenderia; entenda-se, ademais, que esse dano deve ser imediato, sob pena de indeferimento da escusa.

Pela nossa parte, cremos não se poder exigir que a testemunha diga (quanto menos comprove), em audiência, quais são os fatos cuja revelação lhe importaria em graves danos; referido proceder, porque ilógico, faria com que restasse desatendido o caráter protecionista de seus direitos e deveres, que informa o art. 448 do CPC. Por outro lado, no entanto, a dispensa de qualquer esclarecimento a propósito desses fatos possibilitaria, na prática, que muitas testemunhas, sob o pretexto de que as suas declarações redundariam em danos de intensa gravidade, se esquivassem, comodamente, da obrigação de depor. Somos de opinião, à vista disto, que apresentada a escusa deve o juiz inteirar-se, junto à testemunha, *reservadamente*, sobre os fatos que ela afirma ou supõe não devam ser revelados em audiência. Esse procedimento do juiz do trabalho é necessário pelas razões já expostas.

b) Manutenção de sigilo

A testemunha, igualmente, não é obrigada a responder acerca de fatos a cujo respeito, por estado ou profissão, deva guardar sigilo. Esse dever de segredo possui, hoje, incidência muito ampla, na medida em que não se circunscreve ao advogado e ao médico, mas abrange a toda pessoa que, pelas razões previstas em lei, tivesse de servir como testemunha, como se dá com os religiosos, as parteiras e outros.

O Código Penal Brasileiro, aliás, por seu art. 154, considera como crime a violação de segredo profissional, consistente em: "Revelar alguém, sem justa causa, segredo, de que tem ciência em razão de função, ministério, ofício ou profissão e cuja revelação possa produzir dano a outrem". A pena será de detenção, de três meses a um ano, ou multa, de 2 mil a 20 mil reais.

Pestana de Aguiar (ob. cit., p. 317) cogita de uma gradação quanto ao respeito ao sigilo, segundo a sua infringência tenha caráter criminoso (Cód. Penal, arts. 154 e 196, § 1.º, XII) ou somente importe na aplicação de sanções civis (violação do dever de sigilo com justa causa).

Da mesma forma como sustentamos, relativamente à escusa anterior (grave dano), a testemunha não precisa aqui demonstrar, de maneira detalhada, os fatos que constituem o motivo de haver invocado o dever de sigilo, visto que seria levada, inevitavelmente, a quebrar esse segredo. É suficiente, para tanto, que ela exponha apenas "os motivos de ordem geral, e as suas relações com os fatos ou as partes na causa, de modo a tornar séria a razão da recusa, e não simples escapatória" (SANTOS, Moacyr Amaral, ob. cit., p. 306).

O sigilo bancário, todavia, não pode ser invocado em juízo, com a mesma eficácia, como vem proclamando a jurisprudência. Afinal, ao sigilo individual do banqueiro se sobrepõe, muitas vezes, o interesse coletivo; daí, o Poder Judiciário exigir a informação, sempre que entender necessária para o deslinde da controvérsia.

Joseph Hamel (*apud* CIRIGLIANO, Raphael, ob. cit., p. 330) adverte, a propósito, que o segredo profissional do banqueiro não chega ao ponto de tornar-se um direito de recusar-se a testemunhar em juízo, lembrando que Garçon estabeleceu a existência de uma diferença profunda entre a proteção do segredo profissional, que impede a divulgação de certos fatos, e a recusa de testemunhar em juízo, que obstrui a pesquisa da verdade. A recusa de testemunhar em juízo não permitiu senão que certas pessoas a invocassem, em nome de um interesse geral, que se sobrepunha ao interesse particular do processo: "tal é o segredo do médico, garantindo a saúde pública, ou o segredo do ministro de um culto, assegurando a paz das consciências religiosas. Nenhum interesse geral do mesmo gênero garantiu o segredo detido pelo banqueiro; é um autêntico interesse privado que constitui a causa; ele não saberia, portanto, justificar uma recusa de testemunhar em juízo".

Formulemos uma regra objetiva a respeito do assunto: a testemunha tem o direito de guardar sigilo, exceto quando o manifesto interesse público impuser que ela o quebre.

Fique claro que se a parte, inadvertida ou voluntariamente, acabar revelando fatos que, por força do dever, deveriam ser mantidos em sigilo, isso em absoluto não retirará a eficácia e a força probante de suas declarações. Repita-se que a testemunha, nas hipóteses do art. 448 do CPC, *poderá* escusar-se a depor, caso queira; desejando, porém, ser ouvida, nada impede que o faça, embora possa vir a arcar com as consequências, civis, penais ou administrativas de seu ato, conforme seja o caso.

9. Obrigações e direitos da testemunha

Como o cidadão em geral, a testemunha possui obrigações e direitos perfeitamente identificáveis no ordenamento legal. É conveniente e oportuno que os relacionemos.

Quanto às *obrigações*, podemos mencionar, dentro de uma sequência lógica:

a) de comparecer a juízo, para depor, quando convidada ou intimada; neste último caso, desobedecida a intimação, a testemunha será conduzida, coercitivamente, por força policial (CPC, art. 455, § 5.º), o que demonstra, com nitidez, a existência dessa obrigação de comparecer a juízo. Dispõe, ainda, o CPC que a testemunha conduzida responderá pelas despesas provenientes do adiamento da audiência, em decorrência do seu não comparecimento (*ibidem*). Essa disposição, contudo, é inaplicável ao processo do trabalho, uma vez que a CLT contém norma expressa sobre a matéria. Efetivamente, estabelece o seu art. 730 que as pessoas que se recusarem a depor como testemunha, sem motivos justificados, incorrerão na multa ali cominada. A competência para a cobrança dessa multa, que antes era da Justiça Federal Comum, passou a ser da Justiça do Trabalho, por força da nova redação dada ao art. 114, da CF;

b) de responder consoante à verdade sobre aquilo que souber e lhe for perguntado em juízo (CPC, art. 458), sob pena de, não o fazendo, perpetrar o crime de falso testemunho, previsto no art. 342 do Código Penal. Convém esclarecer que na hipótese de a pessoa não prestar o consequente compromisso (CPC, art. 447, § 4.º), por ser impedida ou suspeita, sendo ouvida apenas como informante, não incidirá no crime de falso testemunho se fizer afirmação falsa, calar ou ocultar a verdade, exatamente porque testemunha não é.

Relativamente aos *direitos* da testemunha, temos:

a) o de escusar-se de depor (CPC, art. 457, § 3.º), nas hipóteses do art. 406, l e II do CPC;

b) de ser inquirida em sua residência ou no local (repartição) em que exerce as suas funções, em se tratando das pessoas mencionadas no art. 454 do CPC.

Estamos diante, pois, de uma prerrogativa que a lei atribui a determinadas pessoas ocupantes de cargos públicos. Com vistas a isto, referidas pessoas devem indicar ao juiz da causa dia, hora e local para serem inquiridas. Pergunta-se, todavia: se essas pessoas deixarem de atender ao despacho judicial, ou não estarem presentes no dia, na hora e no local por elas designados, qual deverá ser a atitude do magistrado? Em um primeiro momento, será tentar obter, da pessoa, o motivo pelo qual deixou de cumprir o despacho ou de comparecer. Nada obsta a que, sendo razoável a justificativa, o juiz renove o despacho. Se, porém, não houver apresentação de nenhuma jusitificava, ou se esta for infundada, entendemos que a pessoa perderá, naquele caso concreto, a prerrogativa que lhe atribui o art. 454, do CPC, devendo, em razão disso, vir a juízo para depor, sob pena de condução coercitiva, tal como ocorreria como qualquer outra testemunha. O que deve ser dito é que o art. 454, do CPC, não foi escrito para permitir às pessoas nele mencionadas retardar a tramitação do processo. Afinal, a "razoável duração do processo", visando à sua celeridade, passou a ser um mandamento constitucional (CF, art. 5.º, inciso LXXVIII);

c) de prestar depoimento antecipadamente e de ser inquirida por carta precatória ou rogatória (CPC, art. 453, incisos I e II);

d) de ser inquirida pelo juiz (CPC, art. 459, § 1.º), que nem sempre é o da causa (CPC, art. 453, inciso II);

e) de ser tratada com urbanidade pelas partes, seus representantes ou advogados (CPC, art. 459, § 2.º);

f) de ler o que declarou, antes de lançar a sua assinatura na ata e de requerer, se for o caso, a retificação de trechos do depoimento (CPC, art. 460, § 1.º);

g) de não sofrer descontos nos seus salários quando tiver de comparecer a juízo para depor, quer tenha sido convidada ou intimada (CLT, art. 822).

Não nos parece deva ser acolhida, pelo processo do trabalho, entretanto, a norma constante do CPC (art. 462), segundo a qual a testemunha poderá requerer ao juiz a determinação para que a parte que a arrolou satisfaça o pagamento das despesas efetivadas em função do seu comparecimento a juízo. Reputamos ser incompatível com o processo do trabalho essa disposição do CPC, ainda que se admita não escoriar, em rigor, a relativa gratuidade do procedimento. A incompatibilidade deriva da presença do empregado na relação jurídica processual, a quem não se deve impor qualquer encargo de índole pecuniária, máxime, se não previsto na CLT. Seria iníquo, de outro lado, que se impusesse apenas ao empregador o ressarcimento das despesas feitas por suas testemunhas. Tais despesas, tanto as relativas às testemunhas do empregado quanto às do empregador, entendemos nós, devem ser ressarcidas voluntariamente pela parte interessada, conforme seja a sua possibilidade de fazê-lo. Afaste-se o juiz do trabalho, portanto, dessa questão, que bem melhor ficará se reservada ao domínio dos litigantes.

10. A produção da prova testemunhal no processo do trabalho

No processo civil, o princípio é de que as partes devem depositar em cartório o rol das suas testemunhas, no prazo comum de quinze dias, após serem intimadas do despacho proferido na fase de saneamento e de organização do processo (CPC, art. 357, § 4.º). No caso de o saneamento vir a ser realizado em cooperação com as partes, em decorrência da complexidade da matéria de fato ou de direito (*ibidem*, § 3.º), as partes devem levar à audiência o rol de suas testemunhas (*ibidem*, § 5.º).

Além disso, cabe ao advogado da parte informar ou intimar a testemunha por ele arrolada quanto ao dia, à hora e ao local em que será realizada a audiência (CPC, art. 455, *caput*). Não há, portanto, intimação pelo juízo (*ibidem*). Se a parte comprometer-se a levar a testemunha à audiência, independentemente da intimação a que se refere o § 1.º do art. 455, do CPC, e esta não comparecer, presume-se que a parte desistiu de ouvi-la (*ibidem*, § 2.º).

Tais disposições do CPC vêm sendo aplicadas, em manifesto equívoco, no processo do trabalho, por alguns magistrados, como se a CLT não possuísse norma específica sobre a matéria. De efeito, a CLT, em nenhum momento, exige que os litigantes depositem em juízo os róis de suas testemunhas, conquanto não obste a que isso possa ser feito de maneira espontânea, por uma conveniência da parte. Estamos cogitando, contudo, de uma imposição legal e não de uma faculdade da parte. Ora, bem. No processo do trabalho, as testemunhas, em regra, são apresentadas no dia da própria audiência, sem necessidade de qualquer nomeação anterior — salvo se se pretendia que fossem intimadas. Essa inexigibilidade do depósito prévio do rol se, por um lado, dificulta à parte contrária oferecer contradita (pois não possui, naquele instante, elementos concretos ou precisos para comprovar as suas alegações de contradita), por outro, coloca a testemunha ao largo de certas pressões ou assédios que lhe seriam feitos na hipótese de saber-se, com antecedência, o seu nome, o endereço em que reside ou trabalha, etc. Provavelmente por este motivo não tenha o legislador processual trabalhista instituído, em caráter obrigatório, o referido rol, ao contrário do que o fez o CPC. Não nos cabe, de qualquer forma, investigar a *mens legislatoris* e sim apreciar a matéria à luz da objetividade do texto legal, no qual não se encontra nenhuma exigência a esse respeito.

A CLT, ao contrário, estatui que as testemunhas que não comparecerem serão intimadas *de ofício* ou a requerimento da parte interessada (art. 825, parágrafo único). Assim, qualquer interpretação concludente de que o mencionado dispositivo pressupõe tenha sido requerida, previamente, a intimação (e à qual a testemunha não atendeu), é passível de censura acerba, porquanto procura instalar no corpo do processo do trabalho um espírito nimiamente civilista, a funcionar como uma espécie de "rolha redonda para orifício quadrado". Mesmo que a parte, no procedimento ordinário, tenha se comprometido a levar a testemunha à audiência, independentemente de intimação, e esta, por motivo inclusive desconhecido da parte, não comparecer, caberá ao juiz providenciar a sua intimação, de ofício ou a requerimento do interessado, salvo se este desistir da inquirição. Dissentimos, por isso, do ilustre Amauri Mascaro Nascimento (ob. cit., p. 211) quando afirma que se haveria de presumir que a parte desistiu de ouvir a testemunha ausente. *Data venia*, essa é a solução que o processo civil confere ao problema; não nos parece razoável, contudo, aplicá-la ao processo do trabalho, ante a redação induvidosa do parágrafo único do art. 825 da CLT.

É preciso ter em consideração o fato de a surpresa que o comparecimento à audiência das testemunhas não arroladas provoca na parte contrária tem contribuído, sobremaneira, para o processo de descobrimento da verdade, o que certamente não aconteceria (pelo menos com igual intensidade) se se soubesse, de maneira antecipada, quem seriam elas. Ademais, como asseveramos, a inexistência de um rol prévio evita que as testemunhas — notadamente, as do empregado — sejam pressionadas por quem essa espécie de injunção convenha, de tal modo que acabem se esquivando de depor sob qualquer pretexto, ou, depondo, venham a alterar ou calar a verdade dos fatos. Em muitos casos, as testemunhas do empregado ainda mantêm vínculo de emprego com o réu, hipótese em que, do ponto de vista das circunstâncias expostas, teria consequência muito mais desastrosa a sua identificação prévia, em um rol depositado em juízo.

Voltemos ao tema da incindibilidade da audiência trabalhista, para reforçar os nossos argumentos. Se a audiência, como no desejo do legislador, fosse efetivamente contínua, indivisível, como justificar-se, em um processo de extrema simplicidade, em que se insere como peculiaridade marcante o *ius postulandi*, estivesse o trabalhador obrigado a depositar, alguns dias antes da audiência (que seria uma só), a relação de testemunhas a serem intimadas, sob pena de, não o fazendo e deixar de trazê-las a juízo, presumir-se (!) que desistiu de ouvi-las? Estaria, essa inferência, respeitando as dificuldades que caracterizam a estada do trabalhador em juízo? Seria essa a atitude desejável de um processo especializado, cuja razão teleológica fundamental é servir ao direito material do trabalho? Não seria, ao contrário, fazer com que o caráter protetivo deste direito fosse algo que ficasse reservado ao campo do cumprimento espontâneo das suas disposições?

Não ignoramos que, em algumas hipóteses, a incidência do art. 825, parágrafo único da CLT, propiciaria ao empregador-réu obter o adiamento da audiência sob a alegação de que as suas testemunhas não compareceram. Isto é resultado inevitável da reciprocidade da norma legal em exame, que não invalida, de forma alguma, o seu conteúdo tuitivo dos interesses do empregado. Pior será que se presuma a desistência do trabalhador em ouvir as suas testemunhas, caso não as traga à audiência, embora se tenha comprometido quanto a isso: as consequências, aqui, podem ser fatais e definitivas, quanto mais não seja se observarmos que se tem atribuído a ele o ônus objetivo da prova, relativamente a fatos que, em verdade, uma exata interpretação do art. 818 da CLT, demonstraria que esse encargo competiria ao empregador.

No *procedimento ordinário* do processo do trabalho, portanto, não há exigência para o depósito prévio, por qualquer das partes, do nome, qualificação, endereço, etc., das suas testemunhas. Se estas, convidadas, deixarem de comparecer, serão intimadas pelo juiz, por iniciativa própria ou a requerimento do litigante interessado — repelindo-se, por incompatível com este processo, as disposições constantes do CPC acerca da matéria.

A faculdade que ao juiz do trabalho se defere, quanto à intimação de ofício, decorre da declaração genérica que se insere no art. 765 da CLT, e da específica, contida no art. 825, parágrafo único do mesmo texto legal, revelando, ambos, o traço de inquisitoriedade de que também se faz provido o processo do trabalho no capítulo dos dissídios (ações) individuais.

À dessemelhança do processo civil (CPC, art. 451), ainda, podem as partes apresentar na audiência testemunhas diversas das que constam na relação que, acaso, tenham voluntariamente depositado, mesmo que não ocorram as hipóteses de falecimento, enfermidade ou mudança de endereço que tenha impossibilitado ao oficial de justiça intimá-las. Essa substituição é perfeitamente congruente com a simplicidade do procedimento trabalhista; por este motivo, não deve ser impedida na prática, como resultado de uma desautorizada adoção supletiva dos dispositivos integrantes do CPC.

No *procedimento sumaríssimo*, todavia, a disciplina legal não é a mesma. Ocorre que, neste procedimento, a audiência somente será adiada, para a intimação das testemunhas ausentes, se a parte comprovar que estas haviam sido convidadas (CLT, art. 852-H, § 3.º).

Essa comprovação poderá ser documental ou por outro meio, legalmente admissível. Se, porém, a testemunha havia sido previamente intimada e, apesar disso, deixou de comparecer, poderá o juiz determinar a sua imediata condução coercitiva (*ibidem*), porquanto — cabe reiterar — ninguém pode se eximir do dever de colaborar com o Poder Judiciário para o descobrimento da verdade (CPC, art. 378).

Conforme pudemos escrever, em outro livro (*O Procedimento Sumaríssimo no Processo do Trabalho*. 2.ª ed. São Paulo: LTr, 2000. p. 119-122), a respeito deste assunto, o § 3.º do art. 852-H, da CLT, acertadamente, exige esse convite. Haverá dificuldade, contudo, na prática, de a parte comprovar o invite, pois a norma legal em estudo cogita do fato de a testemunha ausente haver sido "*comprovadamente* convidada". Não nos parece que essa comprovação dessa ser exclusivamente por escrito, sob pena de impor-se certos danos ou constrangimentos à parte. Danos, porque se a ausência da testemunha não fosse comprovada por esse meio, a audiência não seria adiada; constrangimento, porque toda vez que a parte convidasse alguém para testemunhar em juízo teria de pedir que a pessoa assinasse um comprovante desse convite. Pensamos, pois, que essa comprovação possa ser feita, até mesmo, sob a forma de justificação verbal ao magistrado, que levará em conta os argumentos e circunstâncias de cada situação concreta.

Em todo o caso, o meio mais seguro de que a parte disporá para demonstrar ao magistrado, no momento oportuno, haver convidado a testemunha que não compareceu à audiência será, sem dúvida, o documental. A esse respeito, algumas considerações complementares, de ordem prática, dever ser formuladas. Ao invitar a testemunha a comparecer a juízo para depor, esta pode apresentar uma de duas reações: a) aceitar ao convite, ou b) recusá-lo. No primeiro caso, será prudente que o advogado (ou a parte) solicite à testemunha que assine um documento específico, previamente elaborado, pelo qual possa comprovar ao juiz a formulação do convite; no segundo, deverá o advogado ou a parte remeter o convite à testemunha, pelo correio, mediante aviso de recebimento, ou pelo cartório de títulos e documentos, de tal maneira que também possa demonstrar ao juiz que o convite foi tempestivamente feito. Esse procedimento também poderá ser adotado na hipótese de a testemunha, ao ser convidada, comprometer-se a comparecer à audiência, mas recusar-se a assinar o correspondente documento comprovativo do convite, que lhe foi apresentado pelo advogado.

Em termos objetivos, teremos o seguinte quadro em audiência, na fase da instrução oral (procedimento sumaríssimo): ausente a testemunha, a parte requererá a sua intimação e o consequente adiamento da audiência. Diante disso, o magistrado indagará, primeiro, se a parte a convidou; se esta responder que não, o requerimento deverá ser indeferido, sem que possa vir a ter sucesso, em grau de recurso ordinário, possível arguição de nulidade processual, em virtude de presuntivo "cerceamento de defesa". Se, ao contrário, responder que sim, o juiz perguntará se possui comprovação do convite: neste momento, a parte (ou seu advogado) exibirá o documento assinado pela testemunha ausente, fazendo com que o juiz acolha o requerimento de intimação desta, com o consequente adiamento da audiência; se o advogado não possuir comprovante do convite, o seu requerimento será indeferido, de plano.

Intimação imediata. O texto legal sob comentário estabelece, ainda, que se a testemunha intimada deixar de comparecer, o juiz poderá ordenar a sua *imediata* condução coercitiva.

Duas nótulas a esse respeito são necessárias:

— Em primeiro lugar, não se suponha que a parte somente poderá requerer a intimação da testemunha se esta (comprovadamente convidada) deixar de comparecer à audiência. A intimação poderá ser requerida com vistas à audiência de instrução, ou seja, antes mesmo da realização desta. Assim, se a parte, ao convidar a testemunha, perceber que esta não está disposta a comparecer a juízo, não necessitará aguardar a audiência para, nesta, requerer a intimação: tão logo perceba a recusa da testemunha, ou a má-vontade desta, poderá dirigir-se ao juiz e solicitar que determine a intimação da testemunha. Convém lembrar, mais uma vez, que "Ninguém se exime do dever de colaborar com o Poder Judiciário para o descobrimento da verdade" (CPC, art. 378) e que "O serviço da Justiça do Trabalho é relevante e obrigatório, ninguém dele podendo eximir-se, salvo motivo justificado" (CLT, art. 645).

— Em segundo, será facultado ao juiz determinar a imediata condução coercitiva da testemunha que, intimada, não compareceu. Essa faculdade será exercida pelo magistrado de acordo com o seu prudente arbítrio. Haverá casos em que será possível essa imediata condução coercitiva, de tal modo que a testemunha acabará sendo trazida à audiência a que deveria ter comparecido; em outras situações, entretanto, como quando não se tiver certeza se a testemunha será desde logo encontrada, a prudência sugere ao magistrado adiar a audiência — para a qual a testemunha será conduzida de modo coercitivo. Na hipótese em exame, não deveria o juiz inquirir as testemunhas presentes e designar outra audiência para ouvir a testemunha ausente, pois isso acarretaria transgressão ao princípio da incomunicabilidade, inscrito no art. 456, do CPC, com virtual nulidade do processo.

A regra da condução coercitiva está expressa no art. 34, § 2.º, da Lei n. 9.099/95, que alude à condução mediante o "concurso da força pública", e corresponde, em essência, à do art. 455, § 5.º, do CPC, que faz elegante referência à *condução* da testemunha, sem, com isso, negar o caráter coercitivo do ato judicial.

Observe-se, por fim, que o § 3.º do art. 852-H, da CLT, afirma que "Só será *deferida* (destacamos) intimação de testemunha..." ausente, a deixar transparecer que o juiz não poderá determinar essa intimação *ex officio*: se a norma fala em *deferida*, significa que a intimação foi *requerida*. Este é um dos pontos sobre o qual poderá incidir acentuada controvérsia doutrinária e jurisprudencial. Como se sabe, o art. 825, parágrafo único, da CLT, que cuida do procedimento ordinário tradicional, permite a intimação *ex officio* da testemunha. Embora seja este um marcante traço característico do processo do trabalho (procedimento ordinário, insista-se), confessamos que no exercício da judicatura em primeiro grau nunca nos sentimos muito à vontade na utilização prática dessa faculdade.

Se a parte nos dizia que a sua testemunha, convidada, não comparecera, mas não requeria a sua intimação, sempre nos pareceu algo perigoso tomar a iniciativa dessa intimação, quando a própria parte interessada nada havia requerido. Não estamos a afirmar que essa intimação *ex officio* seria ilegal, pois, como reconhecemos antes, está prevista no parágrafo único do art. 825, da CLT, e sim que ela colocaria o juiz em situação delicada, por transparecer, aos olhos da outra parte, estar a afastar-se do seu indeclinável dever de imparcialidade (CPC, art. 139, inciso I).

Sob o influxo dessas experiências de vida e, acima de tudo, com base na expressão literal do texto legal em foco, concluímos que, no procedimento sumaríssimo, inversamente ao ordinário, o juiz não pode determinar, por sua iniciativa, a intimação de testemunha que, convidada pela parte, tenha deixado de comparecer à audiência. Para isso, portanto, será indispensável o requerimento do interessado.

11. O funcionário da Vara arrolado como testemunha

Há casos em que a parte arrola como testemunha um funcionário da própria Vara por onde se processa o feito; constituirá error *in procedendo* do juiz a recusa, em caráter sistemático, quanto à indicação do funcionário, pois esta qualidade não o proíbe, só por isto, de prestar declarações como testemunha. Basta verificar-se que os arts. 829 da CLT e 447 do CPC, ao excepcionarem o princípio de que todos podem depor como testemunha, não fizeram qualquer menção ao funcionário público que estiver lotado no mesmo órgão judiciário no qual foi aforada a ação em que deva servir como testemunha; logo, não é lícito ao juiz distinguir onde a lei não o faz.

Eventual recusa do magistrado, quanto a isto, somente seria correta se calcada no fato de o funcionário ser incapaz, estar impedido ou for considerado suspeito, segundo a expressão legal (CPC, art. 447, §§ 1.º a 3.º); a rejeição, nesta hipótese, seria com fulcro em uma dessas causas e não do simples fato de tratar-se de funcionário público, que, aliás, perpetrará o crime de falso testemunho, como outra pessoa qualquer se vier a incidir na previsão do art. 342 do Código Penal. Só em situações excepcionais, portanto, poderá o juiz, segundo seu prudente arbítrio, opor-se ao depoimento do funcionário, e desde que determinadas peculiaridades significativas ou circunstâncias ponderáveis, capazes de influírem no espírito da testemunha, assim o aconselharem.

Se no rol foi inserido nome de funcionário que presta serviços em outro órgão, seja do Poder Judiciário ou não, e desde que tenha de depor, como testemunha, no horário de trabalho, o juiz o *requisitará* ao chefe da repartição para que compareça à audiência (CLT, art. 823).

É oportuno lembrar o disposto no inc. VI do art. 102 da Lei n. 8.112, de 11-12-90 (Estatuto dos Funcionários Públicos Civis da União), quanto a ser considerado de efetivo exercício o afastamento do funcionário em decorrência de júri "e outros serviços obrigatórios por lei", como é o caso típico, por exemplo, do testemunho (CPC, art. 419, parágrafo único).

12. Admissibilidade e inadmissibilidade da prova testemunhal

A prova testemunhal é sempre admissível (princípio), salvo se a lei dispuser de modo diverso (exceção), conforme estabelece o art. 442, *caput* do CPC, aplicável em caráter subsidiário ao processo do trabalho. A declaração legal, como se vê, é de que todos os atos e fatos podem ser objeto de prova testemunhal; as exceções, por esta razão, devem estar expressamente mencionadas em lei. É com fundamento na própria expressão excepcional do direito positivo do trabalho que sustentamos ser inadmissível, *de ordinário*, a prova testemunhal, entre outras coisas, quando se tratar de: a) concessão de férias (art. 135); b) pagamento de salários (art. 464), etc., porquanto a prova, em tais casos, por força de lei, deve ser documental.

Coerente e necessária será a atitude do julgador que rejeitar a pretensão da parte de provar com testemunhas os fatos em relação aos quais a lei impõe a forma escrita; não apresentando, o empregador, os documentos que lhe eram exigíveis legalmente, presumir-se-ão verdadeiros os fatos correspondentes narrados pelo empregado (CPC, art. 400). Corretíssima, pois, a manifestação jurisprudencial que consagra este entendimento. Uma nótula complementar: para que incida a disposição do art. 400, do CPC, é necessário que a parte não tenha atendido ao despacho judicial que lhe ordenou a apresentação do documento. Não basta, portanto, a existência de simples requerimento na inicial.

Porque desnecessária, deverá ser indeferida pelo juiz a inquirição de testemunhas sobre fatos já provados ou confessados pela parte (CPC, art. 443, inciso l).

Note-se que a lei diz que o magistrado indeferirá a inquirição; da literalidade do texto, então, se extraem as seguintes conclusões, que nos parecem irrefutáveis: a) a lei pressupõe tenha havido um requerimento da parte confessa ou contra quem já produziu prova documental; b) caso o juiz queira, poderá, *sponte sua*, proceder à inquirição; c) nada obsta a que, em tese, a parte a quem a confissão ou o documento beneficiou requeira a inquirição das próprias testemunhas — malgrado isto seja extremamente raro (para não dizer insólito), na prática.

Na hipótese da letra *a*, o indeferimento não importará restrição ao direito de defesa da parte confessa, porquanto o ato do juiz estará amparado pelo citado art. 443, inciso l do CPC; na letra *b*, a deliberação do juiz em ouvir, por sua iniciativa, as testemunhas da parte confessa, e mesmo as da outra, encontra apoio no art. 765 da CLT, e no anseio de trazer aos autos a verdade real; no caso da letra *c*, a parte a quem a confissão ou o documento aproveita poderá pretender reforçar a prova produzida (tendo em vista a possibilidade de reforma da sentença), daí o seu interesse em ver inquiridas as testemunhas que levou a juízo. O indeferimento desse pedido, todavia, dificilmente constituirá causa de nulidade processual, exceto se a parte provar que o ato do magistrado lhe acarretou manifesto prejuízo (CLT, art. 794), o que nos parece improvável. E porque inadequada, também deverá ser repelida a inquirição quando se relacionar a fato que somente via documento ou exame pericial possa ser provado (CPC, art. 443, inciso II).

O disposto no preceito legal mencionado, em verdade, nada mais faz do que explicitar o *caput* do artigo em que se insere, na parte em que faz referência a não dispor a lei de modo diverso; além disso, fundamenta a nossa assertiva de que os fatos trabalhistas há pouco mencionados só admitem prova documental.

A existência do contrato individual de trabalho, contudo, pode ser provada com testemunhas, a partir da afirmação formulada pelo art. 443, *caput*, da CLT, quanto à possibilidade de esse contrato ser acordado até mesmo tácita ou verbalmente (melhor: oralmente). Diante disto, sempre negamos a incidência, no processo do trabalho, da disposição constante do art. 401 do CPC de 1973, de que a prova exclusivamente testemunhal apenas seria admissível nos contratos cujo valor não excedesse o décuplo do maior salário mínimo vigente no País, à época em que foram celebrados. Ora, os contratos individuais de trabalho, ao contrário dos regidos pelo Direito Comum, não possuem um valor preestabelecido, mesmo que sejam por prazo determinado. Ainda que, eventualmente, o contrato laboral traga a prefixação de um valor — o que se admite, apenas, para argumentar — dever-se-á rechaçar a aplicação da norma processual civil (art. 401), visto que o art. 443, da CLT, como resulta inequívoco da sua redação, não restringe a admissibilidade da prova testemunhal para a demonstração da existência do contrato. Via de consequência, também não incidia no processo do trabalho o comando do art. 402, do CPC, segundo o qual, qualquer que fosse o valor do contrato seria admissível a prova testemunhal quando houvesse começo de prova por escrito, considerando-se como tal o documento provindo da parte contra quem se pretendia utilizá-lo, ou quando o credor não pôde ou não podia, moral ou materialmente, obter a prova escrita da obrigação.

O CPC de 2015, felizmente, baniu essa restrição quanto à possibilidade de os contratos poderem ser provados por meio de testemunhas.

De qualquer modo, em matéria de prova da existência de uma relação de emprego a via testemunhal sempre foi amplamente admitida, sem que o autor ou o órgão judicante tivessem de submeter-se às disposições, já examinadas, do processo civil. É evidente, porém, que o "começo de prova por escrito", quando houver (conquanto seja dispensável no processo do trabalho), favorecerá a instrução do procedimento e a consequente formação do convencimento do juiz. Igualmente, por intermédio da prova testemunhal a parte inocente poderá demonstrar, nos contratos de trabalho, o vício do consentimento (CPC, art. 446, inciso II), como o erro, o dolo, a violência, a fraude.

13. Inquirição antecipada

De ordinário, a testemunha depõe: a) no curso do processo; e b) em um momento específico: na audiência de instrução (CLT, arts. 848, § 2.º e 842-C; ; CPC, art. 453, *caput*). Pode ocorrer, todavia, que por necessidade de ausentar-se, ou em virtude de moléstia grave, ou de idade, a testemunha tenha de ser inquirida de maneira antecipada (CPC, art. 453, inciso I) — desde que, evidentemente, haja justo receio de que, ao tempo da coleta da prova, já não exista ou esteja impossibilitada de depor (CPC, art. 381, inciso I).

O depoimento antecipado dar-se-á em relação à audiência instrutória ou à própria "propositura" da ação. Cumprirá ao requerente justificar, ainda que de modo sumário, a necessidade da antecipação, mencionando com precisão os fatos que deverão ser objeto da prova (CPC, art. 382, *caput*). Os interessados deverão ser obrigatoriamente intimados da designação da audiência em que a testemunha deporá. Como é óbvio, o juiz não poderá se pronunciar sobre a ocorrência ou a inocorrência do fato que foi objeto das declarações da testemunha, tema a ser apreciado somente na oportunidade da emissão da sentença que compuser o conflito de interesses (CPC, art. 382, § 2.º). No procedimento da produção antecipada de prova não se admitirá defesa ou recurso, exceto contra a decisão que indeferir, totalmente, a produção da prova requerida pela parte (*ibidem*, § 3.º).

Tomado o depoimento, os autos permanecerão na secretaria da Vara durante um mês, para a extração de cópias ou certidões pelos interessados (art. 383, *caput*). Esgotado o prazo, os autos serão entregues ao requerente da medida (*ibidem*, parágrafo único).

Ao contrário do que dispunha o CPC de 1973 (art. 219, *caput*), no sistema do CPC de 2015 a produção antecipada da prova não previne a competência do juízo para a ação que venha a ser ajuizada (art. 381, § 3.º).

14. Inquirição mediante carta precatória

Residindo a testemunha em lugar situado fora da jurisdição do órgão no qual a ação foi exercida, a sua oitiva deverá ser feita mediante carta precatória (CPC, art. 236, § 1.º), salvo, é certo, se comparecer voluntariamente à sede deste. Sempre que o juízo deprecado comunicar ao deprecante a designação do dia e horário da audiência para a inquirição da(s) testemunha(s), a este incumbirá intimar as partes ou seus procuradores quanto a isto; a ausência dessa intimação poderá ensejar a arguição de nulidade processual a partir da audiência para a qual as partes não foram intimadas.

É no juízo deprecado que deverá ser alegada eventual incapacidade, impedimento ou suspeição das testemunhas que serão lá inquiridas, cabendo ao mesmo juízo decidir o incidente. Se o juiz indeferir a contradita à testemunha, ou acatá-la, a parte interessada deverá manifestar, ato-contínuo, o seu protesto. Como dissemos em linhas anteriores, embora esse protesto não esteja previsto em lei, a necessidde de sua adoção foi ditada pelas experiências da vida prática. Isto pode ser verificado no caso em exame, pois se a parte não manifestar o seu protesto no próprio juízo deprecado, que acolheu ou rejeitou a contradita à testemunha, correria o risco de ver declarado precluso o seu direito de rebelar-se contra o ato judicial, se viesse a alegar a nulidade do processo apenas no juízo deprecante, na oportunidade das razões finais. Todavia, o fato de o protesto haver sido consignado no juízo deprecado não impede a parte de renovar a alegação de nulidade processual no juízo deprecante, no ensejo das razões finais. Conquanto o protesto deva ser feito no juízo deprecado, caberá ao deprecante apreciar a consequente arguição de nulidade quando for emitir a sentença.

Temos constatado, na prática, que alguns juízos, para o qual se deprecara a inquirição de testemunhas, devolvem a carta precatória sem a realização da audiência, sob o argumento de que não procedeu à ouvida porque as partes não remeteram, por intermédio do juízo deprecante (ou por outro meio qualquer), as perguntas que deveriam ser formuladas às testemunhas. *Data maxima venia*, procedimento dessa natureza, a par de deselegante, é nimiamente irregular, sendo passível, por isso, de procedimento correcional, porquanto: a) a inquirição é ato que compete, eminentemente, ao magistrado, sendo que às partes, seus representantes ou advogados, se defere tão somente o direito de formular reperguntas (CLT, art. 820); b) a anexação, à precatória, dos róis de reperguntas a serem feitas às testemunhas não se inclui dentre os requisitos formais exigidos por lei (CPC, art. 260, incisos I a IV e § 1.º) para a validade da carta. Afinal, só o perito deve responder a quesitos adrede elaborados (CPC, art. 465, § 1.º, inciso III). Verifica-se, portanto, que a devolução da precatória, sem o seu cumprimento, baseada no fato referido, não está amparada pelo art. 260 do CPC; sendo assim, o ato do juízo deprecado, acima de irregular, é ilegal, motivo por que haverá de ser sempre e acerbadamente censurado.

Houve quem se sentisse à vontade para afirmar que a inquirição de testemunhas, mediante carta precatória, seria incompatível com o *procedimento sumariíssimo*, pois isso acarretaria violação ao art. 852-B, inciso III, da CLT, conforme o qual a solução do conflito de interesses deve ocorrer no prazo de quinze dias, contado do ajuizamento da petição inicial. Divergimos, *data venia,* desse entendimento. Em primeiro lugar, porque seria insensato imaginar que a testemunha devesse deslocar-se da cidade em que reside ou trabalha (que pode distar centenas ou milhares de quilômetros do órgão jurisdicional), para prestar depoimento em juízo. Não menos absurdo seria sustentar que se a testemunha não pudesse submeter-se a esse deslocamento geográfico, a parte, que a indicou, deveria resignar-se diante do fato de não poder produzir essa prova. Em segundo, a regra do art. 852-H, inciso III, da CLT, não é inflexível, peremptória, e sim recomendatória. Tanto isso é certo, que se, por algum motivo, a audiência for suspensa (e não "interrompida", com dia a Lei), a solução da lide deverá ocorrer "no prazo máximo de trinta dias, salvo motivo relevante justificado nos autos pelo juiz da causa" (CLT, art. 852-H, § 7.º) — vale dizer, até mesmo em prazo superior a trinta dias.

Assim, mesmo no procedimento sumariíssimo, o indeferimento de produção de prova testemunhal, mediante carta precatória, quando essa prova era indispensável, configura restrição à garantia constitucional de ampla defesa (CF, art. 5.º, inciso LV) e conduz à nulidade do processo (CLT, art. 794). Para isto, é necessário que a parte alegue a nulidade na primeira vez em que tiver de manifestar-se nos autos, ou em audiência (CLT, art. 775, *caput*).

É conveniente indagarmos: a) a parte que requereu a expedição e carta precatória para a inquirição de testemunhas pode desistir de ouvi-las, após expedida a carta? b)Essa manifestação deverá ser feita no juízo deprecante ou no deprecado? c) A parte contrária pode opor-se a essa desistência? Pode requerer que sejam ouvidas como suas as referidas testemunhas? d) O magistrado poderia ouvi-las como testemunhas do juízo? Vejamos.

a) Em princípio, parte pode desistir do depoimento das testemunhas por ela indicadas e cuja inquirição seria feita mediante carta precatória. Não há norma legal que a impeça de manifestar essa desistência. A propósito, a situação em exame em nada difere quanto à desistência do depoimento da testemunha que seria realizado no próprio juízo da causa. A desistência traduz, enfim, uma faculdade da parte. As consequências processuais dessa desistência constituem risco da parte que assim agiu, mormente quando sobre ela recaía o ônus da prova (CLT, art. 818).

b) O juízo no qual a manifestação de desistência deverá ser formulada variará conforme seja a fase em que se encontre a carta precatória. Se esta ainda não foi expedida, a desistência deverá ser externada no próprio juízo de origem (deprecante). Se foi expedida, mas ainda não recebida pelo deprecado, é recomendável que a parte diga de sua desistência ao juízo deprecado, a fim de que este dê ciência ao deprecante, ou seja, àquele a quem a precatória couber por distribuição. Se, todavia, a parte que indicou as testemunhas desejar desistir do depoimento destas quando a carta já se encontra no juízo deprecado, a sua intenção deve ser manifesta a este juízo, inclusive, na própria audiência em que as tesetemunhas seriam ouvidas, quando for o caso. Também aqui, a desistência não deixa de configurar uma faculdade da parte que indicou essas testemunhas.

c) Como a desistência constitui faculdade da parte que havia indicado as testemunhas, é evidente que a adversária não pode se opor, com eficácia, a esse manifestação da vontade da outra. Há casos, por exemplo, em que as testemunhas eram empregadas da ré, mas, no curso do processo, foram demitidas e ingressaram também com ação trabalhista em face da mesma ré. É evidente que, nesta hipótese, não se poderia exigir que a ré ouvisse, como suas, testemunhas que estão a litigar com ela. Não se está, aqui, a afirmar que o fato de essas testemunhas haverem ajuizadado ação em face da ré as tornam, só por isto, suspeitas. Não ignoramos a orientação jurisprudencial cristalizada na Súmula n. 357, do TST. O que estamos a dizer é que já não há interesse, de parte da ré, em ouvir essas testemunhas, pela incompatibilidade entre ambas, derivante das posições jurídicas assumidas nas respectivas causas. Fique claro, entretanto: a parte que desistiu de ouvir as testemunhas, por precatória, não poderá ouvir outras, em substituição àquelas, mesmo no juízo de origem da causa. Entendemos que a desistência de que estamos a falar gera a preclusão no que respeita à produção de prova testemunhal.

Resta verificar se a parte contrária poderia requerer que fossem ouvidas, como suas, as testemunhas indicadas pela adversária, que desistiu desses depoimentos. Aqui, também, o juiz deverá levar em conta as particularidades do caso concreto. Digamos que o autor declarou, no juízo deprecante, que não tinha prova testemunhal a produzir, e que a ré requereu a produção de prova testemunhal por meio de carta precatória. Neste caso, o autor não teria direito de apropriar-se das testemunhas da ré, pois para ele estava precluso esse direito. Se, ao contrário, o autor se reservou para produzir prova testemuhal após o cumprimento da precatória, nada obsta, em princípio, que ele requeira ao juízo deprecante que as testesmunhas indicadas pela ré — e de cujo depoimento esta desistiu — venham a ser ouvidas como suas (autor), desde que não estejam impedidas nem sejam suspeitas. É evidente que se forem três as testemunhas a serem ouvidas no juízo deprecado, o autor não poderá ouvir outras, no deprecante, sob pena de transgressão à regra contida no art. 821, da CLT.

d) Em circunstâncias normais, o magistrado da causa pode ouvir como testemunhas do juízo aquelas de cujo depoimento a parte que as indicou veio a desistir. Afinal, o juiz da causa está, mais do que as partes, interessado no descobrimento da verdade dos fatos, de tal modo que o impedir de ouvir essas testemunhas equivaleria a tolher-lhe a possibilidade de buscar a verdade real. Tratando-se, no entanto, de juízo deprecado, não nos parece recomendável essa atitude. Ocorre que, não sendo o deprecado o juízo da causa, fica um tanto difícil aceitar a possibilidade de ele, por sua iniciativa, dizer que a inquirição dessas testemunhas seria do interesse da Justiça, levando-se em conta o fato de que isso equivaleria a admitir a possibilidade de o juízo deprecado falar em nome do deprecante — que é, em última análise, o que irá realizar o julgamento da lide e o único que poderia dizer do efetivo interesse da Justiça na inquirição de tais testemunhas. Sob este aspecto, é oportuno lembrar o que consta do Código de Ética da Magistratura Nacional, aprovado pelo CNJ: "Art. 4.º Exige-se do magistrado que seja eticamente independente *e que não interfira, de qualquer modo, na atuação jurisdicional de outro colega*, exceto em respeito às normas legais". (destacamos)

15. Limite legal do número de testemunhas. Ações individuais e plurais. A testemunha referida. A testemunha única

A CLT permite a cada parte indicar, no procedimento ordinário, no máximo, três testemunhas (art. 821), salvo se se tratar de inquérito (corrija-se: ação) para apuração de falta grave, quando esse número será aumentado para seis (*ibidem*). Modernamente, contudo, não há motivo para tão elevado número de testemunhas nesta espécie de ação, porquanto, como demonstramos, a avaliação desta prova se faz sob o ponto de vista qualitativo e não quantitativo, sem nos esquecermos, ademais, de que já não há lugar para a expressão de Mascardus, de que *testis unus, testis nullus* (testemunha única, testemunha nenhuma).

No procedimento sumaríssimo, o número máximo de testemunhas é dois, para cada parte (CLT, art 852-H, § 2.º).

Equivocam-se, *venia permissa*, os que sustentam ser aplicável ao processo do trabalho a disposição do parágrafo único do art. 357, § 6.º) do CPC, conforme o qual cada litigante poderá oferecer até dez testemunhas, sendo que, quando forem apresentadas mais de três para a prova de cada fato, o juiz poderá dispensar as restantes. É preciso opor-se a isso o argumento de que a CLT contém norma expressa sobre a matéria (art. 821), desautorizando, desta forma, qualquer adoção supletiva de disposições do CPC (CLT, art. 769). Também não se aplica ao processo do trabalho o mencionado preceptivo do CPC, na parte em que permite ao juiz fixar um máximo de três testemunhas *para cada fato*. No processo do trabalho, independentemente da quantidade de fatos sobre os quais incidirá a prova, não podem ser ouvidas mais do que três testemunhas, salvo no impropriamente denominado inquérito para a apuração de falta grave, em que esse número é elevado a seis (CLT, art. 821).

Entrementes, havendo *mais de um réu* (litisconsórcio passivo, facultativo) tem-se admitido que cada um apresente três testemunhas, no procedimento ordinário (CLT, art. 821), ou duas, no sumariíssimo (CLT, art. 852-H, § 2.º); o mesmo não se tem consentido, todavia, no caso de haver mais de um autor, provavelmente em face de os fatos (*causa petendi*) serem comuns a todos eles. Não o sendo, seria de indagar-se, antes de mais nada, se essa cumulação subjetiva de ações poderia ter-se beneficiado da faculdade deferida pelo art. 832 da CLT, pois, aparentemente, o pressuposto legal da identidade de matéria estaria ausente. Ou seja, nesta hipótese, é bem provável que o regime litisconsorcial ativo-facultativo houvesse sido constituído de modo irregular fato que ensejaria à parte contrária a possibilidade de requerer a extinção do processo, com fulcro no art. 485, inciso IV, do CPC.

Caberá ao juiz, em qualquer hipótese, verificar quanto à necessidade de os réus (ou até mesmo os autores) indicarem, cada, três testemunhas (procedimento ordinário), ou duas (procedimento sumaríssimo), devendo rejeitar requerimento nesse sentido sempre que o entender de nenhuma utilidade para a instrução, e consciente de que isto não configurará restrição do direito de defesa da parte.

É importante, ressaltar, neste momento, que, em rigor, a lei não concede às partes, como em regra se tem suposto, nenhum direito de verem inquiridas as três testemunhas, ou duas, que, acaso, tenham apontadas. Basta verificar que, no tocante ao procedimento ordinário, o art. 821 da CLT fala, claramente, em *indicar* (no máximo) três testemunhas; ora, os léxicos ensinam que *indicar* significa apontar, indigitar, revelar, mostrar. Deste modo, o direito que a lei lhes atribui é tão somente o de apontar aquele número-limite de testemunhas, cabendo ao juiz, entretanto, decidir pela inquirição de todas, ou de parte delas, conforme entenda conveniente ou necessário à instrução processual. O mesmo se afirme com relação ao procedimento sumaríssimo, porquanto o art. 852-H, § 2.º, da CLT, é incisivo ao aludir ao número máximo de duas testemunhas, para cada litigante. Nesse mister, o magistrado não deve perder de vista o seu dever de imparcialidade, de tratamento equânime às partes; ele estaria transgredindo esse dever, em princípio, se, p. ex., limitasse as testemunhas do autor a duas (não por motivos de incapacidade, de suspeição ou de impedimento, mas por entender que isso seria suficiente para o processo), embora permitisse ao réu ouvir três testemunhas a respeito dos mesmos fatos; ou vice-versa.

A amplitude na direção do processo (CLT, art. 765) autoriza o juiz a, orientando-se pelo mesmo critério, proceder à inquirição de mais de três testemunhas por litigante, no procedimento ordinário, ou mais de duas, no sumariíssimo, ainda que não se trate de inquérito (*sic*) para a apuração de falta grave; sucede que a proibição estampada nos arts. 821 e 852-H, § 2.º, do texto consolidado tem como destinatárias exclusivas as partes; nunca o magistrado, a quem não se pode manietar na investigação da verdade real, sob pena de impor lhe uma formação do convencimento com apoio em elementos de prova insuficientes, ou — o que é pior — inverossímeis.

Neste particular, incide, em termos, no processo do trabalho a expressão do art. 461, inciso l, do CPC; dizemos *em termos* porque, ao contrário do que ali se faculta, as partes não podem requerer a inquirição de testemunhas referidas nas declarações da própria parte ou das outras testemunhas se o limite legal já foi atingido. No processo do trabalho, as denominadas testemunhas referidas, neste caso, somente poderão ser inquiridas por iniciativa do magistrado, diante da restrição que o precitado art. 821 da CLT, estabelece às partes.

É sempre conveniente advertir que se deve evitar, o quanto possível, a audição de testemunhas referidas, pois isto implicaria quebra do princípio da incomunicabilidade entre elas, a que se referem os arts. 824 da CLT e 456 do CPC, nada obstante saibamos não ser esse princípio absolutamente inflexível. Quanto à testemunha única, cuja admissibilidade era vedada pelo axioma do *testis unus, testis nullus* — que vigorou no Brasil e em Portugal até o final do século XIX, por influência de Pothier, na França —, hoje é plenamente aceita pela ciência processual. Aliás, no início do século XX o ilustre jurista português Neves e Castro já reconhecia que "Atualmente tem prevalecido a máxima de que os depoimentos das testemunhas devem ser pesados — e não contados"'. Por outras palavras: a avaliação da prova testemunhal, nos tempos atuais, se faz com observância ao critério qualitativo e não quantitativo. Nem poderia ser de modo diverso, a partir da própria permissão legal para que o juiz aprecie livremente a prova (CPC, art. 371; CLT, art. 765).

Desta maneira, e desde que a qualidade do seu depoimento assim o autorize, uma só testemunha será apta para provar os fatos controvertidos na causa, ainda que duas ou três outras, trazidas pela parte adversa, também tenham sido ouvidas a respeito dos mesmos fatos. São precisamente possibilidades dessa ordem que evidenciam o princípio da persuasão racional do julgador (livre convencimento motivado, para nós), incorporado ao processo do trabalho, mediante a imbricação do art. 371, do CPC, com o art. 765, da CLT.

Quer nos parecer, por outro lado, que o informante deve ser computado para efeito de constituição do limite máximo de testemunhas, fixado por lei; assim, se a parte apresenta certa pessoa que, por estar impedida ou ser suspeita, é ouvida como informante, somente poderá indicar (na mesma ação, é claro) duas testemunhas. Poder-se-ia argumentar, em contrário, que o informante, exatamente por não ser testemunha, não deveria ser considerado para o efeito em questão. É imperioso não se esquecer, todavia, que a fixação, por lei, de um número máximo de testemunhas por litigante teve o propósito manifesto de contribuir para a celeridade do procedimento; não fosse assim, teria o legislador consentido que se apresentasse uma quantidade ilimitada de testemunhas. Reside, justamente, nesse escopo legal de obviar o procedimento a razão por que entendemos que o informante deva influir na apuração do número máximo de testemunhas; apenas em casos excepcionais, portanto, deverá o juiz deixá-lo à margem desse limite — cuidando, em qualquer hipótese, para não ferir o princípio que ordena um tratamento igualitário às partes.

16. A técnica da inquirição. A ordem de inquirição e a separação das testemunhas

Nada dispõe a CLT quanto à ordem em que devam ser ouvidas as testemunhas; é de aplicar-se, à vista disso, por princípio, e com fundamento no art. 769, da CLT, a regra do art. 456 do CPC, que determina sejam inquiridas, primeiro, as do autor e, depois, as do réu. Conquanto haja certo fundamento lógico para a fixação dessa sequência, por levar em conta a própria ordem cronológica de ingresso das partes em juízo, nada impede que, havendo necessidade, ou entendendo o juiz ser conveniente, ela seja invertida, ouvindo-se, por primeiro, as testemunhas do réu, como quando o ônus da prova é atribuído a este.

A partir da dicção legal (CLT, art. 824 e CPC, art. 456) de que o depoimento de uma testemunha não pode ser assistido ou ouvido pelas demais que ainda tenham de depor, é evidente que essa inversão não poderá ser arguida como causa de nulidade processual; onde residiria, no caso, o pressuposto legal do manifesto prejuízo? (CLT, art. 794). Alguns magistrados têm, a propósito, ouvido por primeiro as testemunhas do empregador sempre que a controvérsia se referir a falta grave que teria sido cometida pelo empregado, ou melhor, sempre que o ônus da prova incumbir ao empregador. Nada há de esdrúxulo ou de ilegal nesse procedimento, que se harmoniza com o ônus da prova e com os poderes que o juiz possui, como diretor do processo. A propósito, quando estávamos no exercício da magistratura fomos dos primeiros a adotar esse procedimento.

O CPC de 2015, aliás, permite a inversão da ordem da inquirição das testemunhas, *se as partes concordarem* (art. 456, parágrafo único). Essa concordância das partes é desnecessária no processo do trabalho, pois, aqui, o juiz possui ampla liberdade na direção do processo (CLT, art. 765), particularidade que o autoriza, quando entender conveniente, a inverter a ordem de inquirição das tesmunhas, com sói ocorrer, por exemplo, quando o ônus da prova incumbe ao réu — cujas testemunhas, então, passam a ser ouvidas em primeiro lugar.

A proibição legal quanto à possibilidade de as testemunhas que ainda não depuseram ouvirem o depoimento de outra revela o princípio da *incomunicabilidade*, que ao magistrado compete observar. Constatando, por exemplo, que determinada testemunha, que ainda não foi inquirida, está ouvindo o depoimento de outra, deverá o juiz recusá-la, fazendo constar da ata essa ocorrência, sem receio de estar desautorizado pelo art. 447 e §§ do CPC, cujo elenco de pessoas impedidas ou suspeitas não é taxativo, como se possa cogitar — mormente se considerarmos as peculiaridades do processo do trabalho.

Nada impede, por outro lado, que o juiz a ouça como informante, vindo a avaliar as suas declarações segundo a faculdade que lhe defere o § 4.º do mencionado dispositivo do CPC.

Ressalte-se, uma vez mais, que o princípio da incomunicabilidade resta, inevitavelmente, desatendido nas hipóteses: a) de inquirição antecipada (CPC, art. 381); b) de inquirição mediante carta precatória ou rogatória (CPC, art. 453, inciso II); c) no caso do art. 454, do CPC; d) de testemunhas referidas (CPC, art. 461, inciso l); e) de anulação da instrução processual. O que não se admite, porém, é ouvir-se, no mesmo juízo, as testemunhas de uma das partes num dia, e as da parte contrária em dia posterior. O prejuízo processual, aqui, é facilmente demonstrável, conduzindo, assim, o órgão *ad quem*, em grau de recurso, a uma correta declaração de nulidade — salvo, é certo, se a sentença for favorável ao litigante, cujas testemunhas foram inquiridas em data anterior.

Nenhuma norma legal veda, todavia, que as testemunhas sejam ouvidas em data posterior ao interrogatório das partes, em que pese ao fato de esse fracionamento dever ser desestimulado o quanto possível, a fim de evitar-se que, cientes do teor do interrogatório, as testemunhas se deixem influenciar por ele, na oportunidade de sua inquirição.

17. A qualificação. A contradita

No processo do trabalho, a testemunha, antes de depor, deverá ser qualificada, indicando o nome, a nacionalidade, a profissão, a idade, a residência, e, quando empregada, o tempo de serviço prestado ao empregador (CLT, art. 828, *caput*). Na prática, contudo, se tem feito constar também o estado civil, provavelmente em face de essa exigência estar implícita no art. 457, *caput*, do CPC.

Alguns juízes têm exigido que a testemunha apresente sua cédula de identidade civil, argumentando que sem esse documento não a poderão qualificar corretamente. A medida, embora possa ser justificável até certa medida, é ilegal, precisamente porque não a prevê o art. 828, da CLT. O mesmo se diga quanto à carteira de trabalho, caso a testemunha mantenha ou tenha mantido relação de emprego com o réu ou com terceiro.

Em seguida à qualificação, indagar-se-á à testemunha se tem parentesco com a parte ou interesse no objeto da ação (CPC, art. 457, *caput*). O requisito da nacionalidade, aparentemente, colide com a disposição estampada no art. 5.º, *caput*, da Constituição Federal. O objetivo dessa especificação, contudo, não visa a discriminar a testemunha em decorrência do seu país natal; serve, de um lado, para, no caso de ser estrangeira, alertar o juiz quanto à necessidade de indagar se ela sabe se expressar em Língua Portuguesa. Não sabendo, o magistrado nomeará intérprete (CPC, art. 162, inciso II). De outra, o requisito da nacionalidade se presta para complementar a qualificação para efeito, por exemplo, de procedimento penal, na hipótese de cometimento de crime de falso testemunho (Cód. Penal, art. 342). Enfim, a sua exigência não é supérflua, nem afronta o texto constitucional.

O tempo de serviço prestado ao empregador (réu na ação) é outro requisito necessário, pois propicia ao magistrado e às próprias partes verificar se, ao tempo em que os fatos ocorreram, a testemunha estava prestando serviços ao réu. A cautela recomenda que o juiz solicite da testemunha a exibição, em audiência ou não, da sua carteira de trabalho para verificar se as suas declarações, quanto a este aspecto, são verdadeiras. Trata-se, aqui, de solicitação, e não de imposição, pois, conforme dissemos, o art. 828, da CLT, não exige que a testemunha, sendo (ou tendo sido) empregada, apresente cédula de identidade civil ou carteira de trabalho.

Antes de a testemunha prestar o compromisso legal poderá ser contraditada pela parte interessada (este é o momento oportuno), que lhe arguirá a incapacidade, o impedimento ou suspeição (CPC, art. 457, § 1.º). Contradita, portanto, é a denúncia, pela parte interessada, dos motivos legais que impedem ou tornam suspeito o depoimento da testemunha. Corresponde, assim, à *tacha* a que se refere a doutrina em língua espanhola.

Estabelece o processo civil que se a testemunha negar os fatos que lhe são imputados, a parte poderá provar a contradita com documentos ou com testemunhas, em número de três, no máximo, apresentadas no ato e inquiridas em separado. Como no processo do trabalho não há obrigação de a parte arrolar as suas testemunhas (estas comparecerão independentemente de intimação: CLT, art. 825, *caput*), torna-se evidente que, havendo contradita, o litigante, colhido de surpresa pela apresentação da testemunha do adversário, não terá condições de provar, no ato, a contradita como prevê o CPC. Diante disto, deverá requerer ao juiz que suspenda a audiência e designe uma outra, para o mais breve possível, a fim de possibilitar-lhe produzir prova dos fatos em que se fundam as suas alegações. A não ser assim, estar-se-á lesando um direito líquido e certo do contraditante. Seria temerário, ademais, que o magistrado, baseando-se exclusivamente nas declarações da parte contraditante ou da testemunha destinatária, acolhesse ou rejeitasse a contradita, conforme fosse o caso. Daí por que há necessidade de proceder-se à *instrução da contradita*, desde que, reitere-se, a parte contraditante tenha formulado requerimento neste sentido.

Na prática, todavia, a instrução da contradita tem sido realizada de maneira extremamente simplista, superficial, resumindo-se a mero diálogo rápido entre o magistrado e a testemunha. O próprio contraditante tem a sua parcela de responsabilidade quanto a isto, pois não tem feito valer o seu direito de ver adiada a audiência, para produzir prova efetiva do motivo da contradita.

Provados ou confessados que sejam os fatos alegados pelo contraditante, o juiz dispensará a testemunha; reputando conveniente, contudo, poderá (é uma sua faculdade, portanto) tomar-lhe o depoimento como mero informante. A isto o autoriza a lei (CPC, art. 457, § 2.º, parte final).

Seja qual for a decisão do magistrado a respeito da contradita apresentada (e instruída), dela não caberá nenhum recurso, pois se trata de decisão interlocutória (CPC, art. 203, § 2.º). Desta forma, a parte que não se conformar com a decisão deverá alegar, nas razões finais, a nulidade do processo, por restrição ao direito constitucional de ampla defesa, devendo reiterar a alegação de nulidade quando da interposição do recuso ordinário. Se a parte deixar de arguir a nulidade em razões finais terá precluso o seu direito de fazê-lo em grau de recuso ordinário. A praxe judiciária, contudo, tem permitido — e, de certa forma, exigido — que o litigante, insatisfeito com o indeferimento da inquirição de sua testemunha (tenha sido contraditada, ou não), manifeste, desde logo, o seu "protesto", sem prejuízo de vir alegar nulidade quando das razões finais. Cuida-se, pois, de protesto antipreclusivo.

Indaga-se, entretanto: se no curso do depoimento ficar evidenciada uma das causas típicas de incapacidade, impedimento ou suspeição, previstas em lei, qual deverá ser a atitude do juiz? Entendemos que, neste caso, ele deverá desqualificar a testemunha como tal, nada obstante tenha sido compromissada e advertida; a não ser deste modo, incidir-se-ia no absurdo de permitir, contra expressa disposição legal, que tais pessoas servissem como testemunhas. Tratando-se de impedimento ou de suspeição (superveniente), poderá o juiz aproveitar as declarações já expendidas como se fossem de informante; isso não seria possível, entretanto, no caso de incapacidade, porquanto há, no particular, um veto legal implícito (CPC, art. 447, § 4.º). Se o magistrado não tomar a iniciativa de desqualificar a testemunha, na situação em que estamos examinando, a parte interessada poderá formular *contradita incidental*, ou *superveniente,* para a mesma finalidade. Seria insensato imaginar que a parte não pudesse formular contradita baseada em fatos que afloram somente após a testemunha haver prestado o compromisso legal.

Pode acontecer, no entanto, de a parte interessada vir a tomar conhecimento da causa de suspeição da testemunha do adversário somente após o encerramento da instrução processual, estando já designada data para o julgamento. Nesta hipótese, dois caminhos teria, em tese, a parte a trilhar: a) ingressar com ação anulatória (CPC, art. 966, § 4.º) do depoimento prestado pela testemunha suspeita; b) requerer ao juiz a reabertura da instrução, para a finalidade específica de poder comprovar a causa alegada. A primeira solução é extremamente formalista, calhando bem, apenas, ao processo civil. Por isso, entendemos ser mais apropriada ao processo do trabalho a segunda. Deste modo, sendo relevante a causa apontada — o que significa dizer, desde que esteja prevista em lei —, o juiz reabrirá a instrução e permitirá à parte interessada produzir prova: 1) de que somente teve ciência da suspeição após o encerramento da instrução; 2) da veracidade da causa alegada. Provada, o juiz desconsiderá as declarações da testemunha, ou, conforme as circunstâncias, as converterá em meras declarações de informante, atribundo a elas o valor que possam merecer (CPC, art. 447, § 4.º). Em certos casos de impedimento, não será difícil à parte produzir prova, desde logo — ou seja, com a petição de reabertura da intrução —, prova documental: 1) da data em que tomou conhecimento da causa da suspeição; 2) da própria causa de suspeição, juntando, por exemplo, certidão expedida por oficial competente demonstrando que a testemunha é parente, em segundo grau civil (CLT, art. 829), da parte (adversária) que a indicou, sendo, portanto, impedida (CPC, art. 447, § 2.º, inciso I.

Mesmo que não tenha sido contraditada, a testemunha poderá solicitar ao magistrado que a escuse de depor, mediante a alegação de quaisquer dos motivos previstos no art. 448 do CPC, que pudemos examinar anteriormente. Como no processo do trabalho inexiste exigência de depósito prévio do rol correspondente, é curial que, por princípio, o requerimento de escusa poderá ser feito ao juiz, de maneira oral, na própria audiência, conquanto não se proíba a sua formulação por escrito. Acolhendo o requerimento, deverá o juiz ensejar que a parte por quem a testemunha foi indicada apresente uma outra, em substituição. Há neste particular, pois, uma nítida diferença em relação ao processo civil, no qual, doutrinariamente, não se vem admitindo a substituição.

18. O compromisso. A advertência

a) O compromisso. Nada havendo que possa impedir a testemunha de depor, ela deverá, antes de submeter-se à inquirição, prestar ao juiz o compromisso legal de dizer a verdade do que souber e lhe for pergunta. Vemos nessa *promessa* uma reminiscência do *juramento* que era adotado pelas legislações antigas.

A lei não estabelece uma forma sacramental para tomar-se esse compromisso à testemunha; sendo assim, o magistrado dirigir-se-á a ela conforme entender adequado, podendo, até mesmo, reproduzir, oralmente, a literalidade do texto legal.

O objetivo desse compromisso é, evidentemente, evitar o falseamento intencional da verdade; o mero conteúdo *moral* da promessa, todavia, é ineficaz para atingir o propósito de preservação da verdade; por isso, competirá ao magistrado *advertir* à testemunha que cometerá o crime de falso testemunho caso venha a fazer afirmação inverídica, calar ou a ocultar a verdade dos fatos sobre os quais será inquirida (*ibidem,* parágrafo único).

b) A advertência. A advertência constitui, de certo modo, um complemento da promessa da testemunha de dizer a verdade do que souber e lhe for perguntado; esta, sem aquela, é ineficaz; aquela, sem esta, é imperfeita, irregular, pois lhe falta o pressuposto essencial, indicado em lei.

No crime de falso testemunho, o sujeito passivo é o Estado; por esse motivo cumpre ao juiz formular essa admoestação específica à testemunha, a fim de evitar que a função jurisdicional venha a ser desviada de sua finalidade indeclinável de dizer com quem está o direito, em virtude de um falseamento da verdade.

Também com relação à advertência inexiste uma forma solene de formulá-la. Poderá o juiz limitar-se a fazer alusão à existência de sanções penais específicas, como esclarecer, objetivamente, que incidirá no crime de falso testemunho, mencionando, inclusive, a pena aplicável. As circunstâncias de cada caso concreto, enfim, sugerirão ao juiz a maneira de melhor advertir a testemunha: ora de modo mais ameno, ora mais incisivo. Em resumo, o fará "conforme seja o grau de conhecimento do seu destinatário", segundo Moacyr Amaral Santos (ob. cit., p. 322). O importante é que o juiz, nesse mister, não se desvencilhe do *dever de urbanidade*, a que se refere o § 2.º, do art. 459, do CPC, cuja disposição, ao contrário do que se possa imaginar, não está circunscrita às partes. A propósito, nos termos do art. 22, do Código de Ética da Magistratura Nacional (Resolução n. 60, de 19-9-2008, do CNJ), "*O magistrado tem o dever de cortesia para com os colegas, os membros do Ministério Público, os advogados, os servidores, as partes, as testemunhas e todos quantos se relacionem com a administração da Justiça*" (destacamos).

É justamente em decorrência da sua inimputabilidade penal que o menor de 16 anos de idade não pode depor como testemunha e sim como simples informante, quando, então, será dispensado do compromisso legal e da consequente advertência acerca das sanções penais em que incorrerá se desvirtuar a verdade; vai daí, a razão de a lei (CPC, art. 447, § 5.º) haver deixado ao alvedrio do juiz a atribuição do valor que possam merecer as declarações do informante. No que foi prudente.

19. A formulação das perguntas. O indeferimento

Qualificada, compromissada e advertida, a testemunha estará apta para depor.

Antes de prosseguirmos em nossa exposição, será conveniente reproduzir estas palavras de Mário Guimarães acerca da atitude que o juiz deve adotar ao inquirir as testemunhas: "Recomendam alguns livros dever o juiz tratar a testemunha com tal suavidade e simpleza que ela se sinta como em casa. Será preciso desfazer a impressão que os aparatos dos serviços judiciais possa trazer a seu espírito. Nem sempre. Se a testemunha for um homem do povo, sério, tímido, pouco afeito a ser chamado a juízo, convirá proceder dessa maneira. Mais à vontade, a testemunha deporá melhor. Se for, porém, um arrogante, um soba de sertão, ou um finório de cidade, então, feche o juiz o sobrecenho. Inquira com austeridade, embora com delicadeza, para que tenha a testemunha convicção de que está praticando ato muito sério" (*O Juiz e a Função Jurisdicional*. Rio de Janeiro: Forense, 1958, n. 177, p. 290). Deixe-se guiar por essa orientação o juiz que a considerar aceitável.

O depoimento será sempre oral, pois o processo moderno não admite a forma *per tabellas* (por escrito), utilizada no Direito Romano antigo e em parte admitida pelas Ordenações reinóis portuguesas, com o que se dispensava, em alguns casos, a testemunha de comparecer a juízo, porquanto as suas declarações haviam sido apresentadas por escrito.

No sistema brasileiro moderno, só não depõe oralmente o surdo-mudo.

No sistema do CPC anterior as perguntas das partes eram feitas *por intermédio* do magistrado, que as poderia reformular ou até mesmo indeferir. Esse prévio controle judicial era necessário para evitar perguntas indutivas, capciosas, vexatórias etc. agora, como diz a lei, as perguntas serão formuladas pelas partes *diretamente* à testemunha. Mesmo assim — e até por mais forte razão — o juiz continuará a exercer um controle sobre a pergunta, devendo indeferi-la, conforme a lei, quando for: a) indutiva, b) não tiver relação com a causa; c) for repetição de outra já respondida. Não é só. Cumprirá também, ao juiz indeferir pergunta que: d) embora pertinente à causa, seja irrelevante para a instrução do processo e para a solução do conflito; e) possa acarretar resposta vexatória à testemunha; f) não disser respeito a fatos, e sim à interpretação de norma jurídica ou de cláusula contratual; g) se referirem a fatos incontroversos etc.

As perguntas serão feitas à testemunha, primeiramente, pela parte que a arrolou ou indicou; em seguida, pela parte contrária. Em certos casos, o juiz pode permitir que a parte volte a formular perguntas à testemunha por ela indicada — após a testemunha ter respondido as perguntas feitas pela parte contrária — com o objetivo de aclarar ou de complementar respostas por ela dadas e que se revelaram confusas, ambíguas ou insatisfatórias.

Particularmente, entendemos que a possibilidade de a parte formular perguntas diretamente à testemunha constituiu uma inovação pouco elogiável do atual CPC. Esse procedimento, por suposto, foi tomado por empréstimo ao art. 212, *caput*, do Código de Processo Penal. Mesmo que o magistrado continue a exercer o controle prévio sobre as perguntas, o fato de a parte dirigir-se diretamente à testemunha pode propiciar uma comunicação codificada entre ambas, que passe despercebida ao magistrado; se a pergunta for feita à testemunha da parte contrária, o litigante poderá tentar exercer uma certa intimidação à testemunha, seja mediante um tom de voz ameaçador, seja pela contração gravemente as sobrancelhas e dos músculos da face, seja pela adoção de qualquer outro gesto dessa índole.

Seja como for, não se aplica ao processo do trabalho o art, 459, *caput*, do CPC, pois a CLT não é omissa quanto ao tema (art. 769). Dispõe o art. 820 da CLT as testemunhas serão (sempre) inquiridas *pelo magistrado*, podendo ser reinquiridas a requerimento das partes ou de seus advogados *por intermédio* do magistrado. Não, há, portanto, no processo do trabalho, autorização para que as partes ou advogados formulem perguntas diretamente às testemunhas.

No sistema do CPC anterior caberia ao juiz inquirir, inicialmente, as testemunhas, concedendo, depois, oportunidade para que as partes o fizessem: primeiro, a que havia indicado a testemunha; depois, a parte contrária (art. 416, *caput*). Pelo sistema do CPC atual, o juiz poderá inquirir as testemunhas antes das partes ou depois que estas o fizerem. Mesmo após a formulação de perguntas pelos litigantes o juiz poderá voltar a inquirir as testemunhas, na mesma audiência, ou até mesmo em audiência especialmente designada para essa reinquirição. Não há preclusão para o magistrado nesse terreno. É o que está implícito no texto legal em exame.

No processo do trabalho, conforme demonstra o art. 820 da CLT, primeiramente o juiz inquirirá as testemunhas, abrindo, depois disso, oportunidade para que as partes as reinquiram, desde que formulem requerimento (oralmente, é certo) quanto a isso.

A inquirição será a respeito dos fatos relevantes e controvertidos, narrados pelas partes. Em rigor, não somente os fatos serão em si objeto das indagações do juiz, mas também as *circunstâncias* que a eles se relacionam. João Mendes Júnior (Inquirição de Testemunhas. *Revista da Faculdade de Direito de São Paulo*, 3.º v., p. 81 e segs.) demonstra a distinção entre fatos e circunstâncias: aqueles são toda "ação transitiva na ordem oral e todo o acontecimento da ordem física"; estas "são as condições da realização do fato, condições estas que, conquanto extrínsecas ao fato, o afetam física ou moralmente e a ele se referem pelo próprio ato ou fora do ato".

Parece-nos aconselhável que, em determinados casos, o juiz que estiver realizando a inquirição das testemunhas faça registrar na ata da audiência as suas reações mais expressivas (de dúvida, de certeza, de serenidade, de perturbação etc.), a fim de que possam ser levadas em consideração por outro magistrado, a quem couber o encargo de realizar o julgamento. Essas reações psicológicas das testemunhas podem ser mais bem analisadas pelos juízos que adotam o sistema de gravação audiovisual das audiências.

Anota, aliás, Carlo Lessona (ob. cit., p. 339) que o registro, na ata, das reações emocionais ou psicológicas das testemunhas era recomendação formulada pela antiga doutrina: *Et quando testes vacilant debet notarius, de mandato judieis, hoc scribere: idem si trepidant, vel mutant colorem in facie*.

Forçoso é reconhecer, contudo, que o juiz poderá equivocar-se, profundamente, nessa sua circunstancial função de analista sutil das reações humanas, extraindo ilações nesse campo que não correspondem aos postulados da psicologia individual.

Dever de urbanidade. Vivemos em um Estado Democrático de Direito (CF, art. 1.º, *caput*), que erigiu, como valores supremos a serem tutelados, sob o *status* de princípios fundamentais, não apenas a soberania, a cidadania, os valores sociais do trabalho e da livre iniciativa, o pluralismo político, mas, em especial, a *dignidade da pessoa humana* (*ibidem*, inciso III). Essa preservação da dignidade do ser humano não constitui mero rasgo de retórica do constituinte brasileiro, mas, ao contrário, uma garantia cuja efetivação deve ser exigida do plano da realidade prática, vale dizer, das relações interpessoais ou intergrupais, sejam particulares ou institucionais. Conforme reconhecem Gilmar Ferreira Mendes, Inocêncio Mártires Coelho e Paulo Gustavo Gonet Branco: "*No Brasil, igualmente, é significativo o esforço pela concretização desse princípio, tanto no plano legislativo quanto no jurisprudencial e doutrinário, em que pesem, nunca é demais insistir, as nossas crônicas dificuldades materiais e socioculturais para tornar efetivo o respeito à dignidade da pessoa humana"* (*Curso de direito constitucional*. 2. ed. São Paulo: Saraiva, 2008. p. 154; destacamos).

A dignidade da pessoa humana é conceituada por Ingo Wolgang Sarlet como uma "qualidade intrínseca e distintiva de cada ser humano que o faz merecedor do mesmo respeito e consideração por parte do Estado e da comunidade, implicando, neste sentido, um complexo de direitos e deveres fundamentais que assegurem a pessoa tanto contra todo e qualquer ato de cunho degradante e desumano, como venham a lhe garantir as condições existentes mínimas para uma vida saudável, além de propiciar e promover sua participação ativa e co-responsável nos destinos da própria existência e da vida em comunhão com os demais seres humanos". (*Dignidade da pessoa humana e direitos fundamentais na Constituição Federal de 1988*. Porto Alegre: Livraria do Advogado, 2001. p. 60).

Por esse motivo, a interpretação de qualquer norma legal cumpre ser efetuada em estrita obediência aos preceitos constitucionais que consagram direitos fundamentais. Canotilho adverte que "a interpretação da Constituição pré-compreende uma teoria dos direitos fundamentais" (CANOTILHO, J. J. Gomes. *Direito constitucional*. 6. ed. Coimbra: Almedina, 1993. p. 505). Perez Luño, por sua vez, observa que *para cumplir sus funciones los derechos fundamentales están dotados de una especial fuerza expansiva, o sea, de una capacidad de proyectar-se, a través de los conseguientes métodos o técnicas, a la interpretación de todas las normas del ordenamiento jurídico. Así, nuestro Tribunal Constitucional há reconocido, de forma expressiva, que los derechos fundamentales son el parámetro 'de conformidad con el cual deben ser interpretadas todas las normas que componen nuestro ordenamento* (PEREZ LUÑO, Antonio Enrique. *Derechos humanos, Estado de derecho y Constitucion*. 3. ed. Madrid: Tecnos, 1990. p. 310).

Conseguintemente, a nenhuma autoridade pública será lícito exercitar os poderes que lhe são inerentes ao cargo mediante desprezo a esse importante princípio axiológico universal, agora altaneiramente inscrito na Constituição de nossa República — o do respeito à dignidade da pessoa humana.

Esta regra, como é evidente, subordina os próprios magistrados, como detentores de uma considerável parcela de poder público.

A audiência judicial não é apenas o momento em que alguns outros princípios constitucionais (como o da publicidade dos atos processuais) e infraconstitucionais (como o da imediação) afloram com maior nitidez, notadamente, aos olhos populares, como também aquele em que os poderes diretivos do processo, que a lei concede aos juízes em geral, e aos juízes do trabalho em particular, se exteriorizam com maior intensidade, em decorrência do contato direto e pessoal do magistrado com as partes, com as testemunhas, com os terceiros; enfim, em razão da própria dinâmica da audiência (princípio da imediatidade).

O exercício desses poderes, contudo, não pode fazer tábua rasa da *dignidade da pessoa humana*. O CPC de 1973, produzido em um tempo em que por aqui já voltavam a soprar os afáveis ventos democráticos, advertia que os juízes civis exerceriam as atividades inerentes ao cargo "conforme as disposições que este Código estabelece", a revelar, por esta forma, uma íntima vinculação da atuação do magistrado às disposições daquele Estatuto Processual do passado. Essa rígida vinculação, por seu turno, refletia-se sob a forma de segurança jurídica aos jurisdicionados — por saberem, estes, de antemão, quais os atos que o juiz poderia ou deveria praticar na condução do processo e quais os que lhe eram vedados realizar.

O CPC em vigor reproduziu essa regra no art. 16.

Dir-se-á que a CLT contém norma semelhante — art. 763 —, segundo a qual o processo do trabalho "será regido pelas normas estabelecidas neste título". Sucede, porém, que neste mesmo Título (X) se localiza o art. 765, que atribui aos juízes "ampla liberdade na direção do processo". O art. 765, da CLT, representa não apenas um expressivo *plus* em relação ao processo civil, como demonstra a sua preeminência axiológica no cotejo com o art. 763, do próprio texto legal trabalhista.

De outro lado, equivocam-se quantos supõem que o *dever de urbanidade*, expresso no § 2.º do art. 459, do CPC, tem como destinatárias exclusivas as partes. O tratamento respeitoso da dignidade humana constitui, antes de mais nada, e acima de tudo, uma indispensável regra de convivência social harmoniosa, um traço marcante das sociedades civilizadas, que o CPC nada mais fez do que respeitar e incorporar. E ninguém, por certo, haveria de sentir-se à vontade para contestar a compatibilidade desta norma do processo civil com o do trabalho (CLT, art. 769) e a sua aplicação a todos os sujeitos do processo, no âmbito de suas inter-relações, em todas as situações da vida forense. Cabe, aqui, porém, um comentário *a latere*: o adjetivo *urbanidade* parece conter uma forma sutil de discriminação, pois o vocábulo urbano (de *urbanus, a, um*) significa aquilo que se refere à cidade — em contraposição ao campo, ao ambiente rural. Deste modo, tem-se a impressão de que os habitantes do campo não são polidos, não tratam bem as pessoas, não são corteses, o que não é verdade. Seja como for, o fato é que o vocábulo *urbanidade*, no terreno processual, está a espelhar o dever de juízes, advogados, partes, membros do Ministério Público e terceiros em geral, se darem, uns em relação aos outros, a um tratamento cortês, polido, respeitoso, como convém a uma sociedade civilizada.

A propósito da harmonia social, devemos lembrar que o constituinte brasileiro inseriu no Preâmbulo da Constituição Federal em vigor a seguinte declaração: "*Nós, representantes do povo brasileiro, reunidos em Assembleia Nacional Constituinte para instituir um Estado Democrático, destinado a assegurar o exercício dos direitos sociais e individuais, a liberdade, a segurança, o bem-estar, o desenvolvimento, a igualdade e a justiça como valores supremos de uma sociedade fraterna, pluralista e sem preconceito, fundada na harmonia social...*" (destacamos). O que consta deste Preâmbulo é o que a doutrina moderna tem denominado de *conviviologia*, entendida como um misto de arte e ciência destinadas à condução do bem-estar e da harmonia entre as pessoas e entre os povos. Conforme observa Altamiro J. dos Santos, "Convivência jurídica e harmonia social pontificam-se pelo mesmo diapasão dos convívios orientados para produzir um comportamento adequado aos mais altos interesses objetivados em todas as relações entre os seres humanos e prevenir ou evitar conflitos que nunca fazem bem em convivência de qualquer nível ou dimensão" (*Comissão de conciliação prévia — conviviologia jurídica e harmonia social*. São Paulo: LTr, 2001. p. 93).

Moacyr Amaral Santos, por seu turno, adverte: "A testemunha, por mais humilde ou ignorante, qualquer que seja a sua posição na escala social, como colaboradora, que é, da Justiça, tem o direito de ser nessa qualidade respeitada. É a testemunha, colaboradora da Justiça, não ao particular, que se tem de respeitar, sem exceção. Ao juiz, que preside a audiência e procede à inquirição, cumpre, assim, não só para assegurar a solenidade do ato e manter a ordem dos trabalhos, como também em consideração à testemunha e à nobre função que ela exerce, impedir, por meios convenientes e adequados ao seu alcance, que as partes ou seus procuradores irroguem ofensas de qualquer natureza à testemunha. Por sua vez, esta tem o incontestável direito de exigir que a sua dignidade seja respeitada, solicitando ao juiz providências contra manifestações descorteses, desaforadas, injuriosas ou caluniosas das partes ou seus procuradores" (obra cit., p. 125).

Ao juiz não compete, apenas, fazer com que as partes e seus advogados respeitem as testemunhas, além de exortar os advogados e o órgão do Ministério Público a que discutam a causa com elevação e urbanidade; a ele cabe, acima de tudo, dar o exemplo, tratando de maneira cortês as partes, os advogados, as testemunhas e todos aqueles que estejam participando da audiência.

Estabelece, a propósito o art. 3.º, do Código de Ética da Magistratura Nacional, instituído pela Resolução n. 60, de 19.9.2008, do CNJ: "*A atividade judicial deve desenvolver-se de modo a garantir e fomentar a dignidade da pessoa humana,* objetivando assegurar e promover a solidariedade e a justiça na relação entre as pessoas" (destacamos). E o art. 22, do mesmo Código: "O magistrado tem o dever de cortesia para com os colegas, os membros do Ministério Público, os advogados, os servidores, as partes, as testemunhas e todos quantos se relacionem com a administração da Justiça".

São sempre lamentáveis, por isso, os episódios, às vezes presenciados, em que o magistrado faz uso de sua autoridade para maltratar os litigantes ou as testemunhas, para ameaçá-los, amedrontá-los, ou submetê-los a situações vexatórias, seja obrigando-os a postar-se de costas para a mesa da sala em que se realiza a audiência e de frente para uma parede, ao deporem; seja colocando policiais ao lado de uns e outros, como se fossem malfeitores ou pessoas hostis; seja repreendendo-os, com veemência, simplesmente por cruzarem, por inadvertência ou nervosismo, as pernas ou os braços, por hesitarem em uma resposta, ou por estarem calçando sandálias ou vestindo uma camiseta puída etc. Convém lembrar que o testemunho judicial constitui *serviço público* (CPC, art. 463) e que a dignidade das pessoas que vão a juízo para depor não se mede pela classe social a que pertencem ou pelas roupas que vestem.

O exercício dos poderes ínsitos à magistratura deve ser realizado sem que isso implique a instauração de um terrorismo institucional, que só faz comprometer o prestígio do Poder Judiciário e espezinhar a dignidade da pessoa, vítima do destempero judicial. Ademais, atitudes de prepotência dos magistrados são incompatíveis com a excelsitude do cargo, com a serenidade que se exige dos seus ocupantes, e com os princípios da convivência democrática. Afinal, como consta do próprio Código de Ética da Magistratura Nacional, instituído pelo CNJ, o juiz tem o *dever de cortesia* para com todos os que participam do processo (art. 22).

Um magistrado deve fazer-se respeitar pela forma serena, segura e igualitária com que conduz o processo e, em especial, as audiências. A agressividade de um juiz, não raro, é consequência de sua insegurança, do seu despreparo, e do desconhecimento dos limites legais do exercício dos poderes inerentes ao cargo. O juiz não deve ignorar o fato de, muitas vezes, as partes estarem naturalmente tensas, em razão do conflito de interesses que as envolve, motivo porque as regras de prudência e de bom senso sugerem que ele procure acalmá-las, desarmando-lhes eventual "espírito de gladiadores".

Uma audiência que se realize em um ambiente — o quanto possível — tranquilo, de cordialidade e de respeito mútuos produz um clima propício à concórdia, à conciliação das partes, e a uma solução negociada do conflito de interesse, que é o escopo medular da Justiça do Trabalho (CLT art. 764). Audiências tensas, com tratamentos ríspidos, descorteses, conspiram contra esse elevado objetivo desta Justiça e põem a nu a fragilidade do caráter daqueles que praticam tais atos.

A sobrecarga de serviços não é motivo para quem quer que seja colocar de lado as regras de civilidade, de cortesia, de respeito no relacionamento humano.

No que toca, em particular, às relações entre o juiz e o advogado, talvez caiba aqui o conselho de Piero Calamandrei: "Seria preciso que todo advogado fosse juiz dois meses por ano e que todo juiz, dois meses por ano, fosse advogado. Assim aprenderiam a se compreender e a se desculpar; e se estimariam mais" (*Elogio dei giudici scritto da um avvocato*. Traduzido, no Brasil, por Eduardo Brandão sob o título: *Eles, os juízes, vistos por um advogado*. São Paulo: Martins Fontes, 2000. p. 66).

O poder é, verdadeiramente, algo que seduz, inebria, e infunde uma acentuada sensação de superioridade no espírito dos seus detentores, em confronto com os que não o possuem. Um juiz, entretanto, não deve ter como lema as palavras de Paul Valéry, segundo as quais "O poder sem abuso perde o encanto" (*Le pouvoir sans abus perd le charme*), e sim as de Virgílio ("Éclogas"): "Nem todos podemos tudo" (*Nom omnia possumus omnes*).

Perguntas indeferidas. Como vimos, o juiz pode indeferir perguntas formuladas pelas partes. Qual, porém, o critério que ele deverá observar para isso?

Primeiramente, ele deverá atentar se as perguntas visam, efetivamente, a esclarecer ou complementar o depoimento das testemunhas. Desatendida essa finalidade, a pergunta haverá de ser indeferida. Segundamente, o mero esclarecimento ou complementação, todavia, não basta, pois há casos em que ele deverá verificar se a indagação formulada pela parte se relaciona ao *thema probandum*, se é relevante e se não é daquelas indutivas, capciosas ou mesmo vexatórias à testemunha ou se não implicam repetição de outra pergunta já respondida (CPC, art. 459, *caput* e § 3.º).

Quer nos parecer sejam, em resumo, esses os critérios legais que devem orientar o magistrado na apreciação das perguntas que, por seu intermédio (CLT, art. 820), a parte pretende dirigir às testemunhas, sem prejuízo de outros que as circunstâncias autorizam a adotar-se, casuisticamente.

De qualquer modo, convém enfatizar, é sempre conveniente (ou mesmo necessário) que o juiz, antes de dar início à instrução oral do procedimento, e consultadas as partes, fixe os pontos sobre os quais incidirão as provas e, consequentemente, as perguntas. Trata-se de salutar norma processual civil, que deve ser adotada, sem restrições, pelo processo do trabalho, a fim de evitar que as partes, desconhecendo quais os fatos realmente controversos, passem a fazer indagações impertinentes, dispersivas, irrelevantes e o mais, às testemunhas, por forma fazer com que o juiz as indefira.

As perguntas que forem rejeitadas serão transcritas na ata da audiência, desde que a parte interessada assim o requeira. Exige-se, como se vê, a iniciativa do interessado. Um apontamento de natureza histórica: na vigência do CPC de 1973, o art. 416, § 2.º, determinava que fossem transcritas na ata as perguntas que o juiz indeferisse; tempos depois, a Lei n. 7.005/82 enfatizou essa imposição, ao dispor que as perguntas seriam *obrigatoriamente* transcritas na ata. O art. 459, § 3.º, do CPC atual, todavia, eliminou o advérbio *obrigatoriamente,* com o que sob certo aspecto, restabeleceu a primitiva redação do art. 416, § 2.º, do CPC revogado. Caprichos do legislador.

Falávamos, há pouco, de perguntas vexatórias. Acrescentamos agora, em conclusão, que o indeferimento de perguntas dessa natureza decorre do dever que se atribui às partes de tratarem as testemunhas com *urbanidade,* com delicadeza (CPC, art. 459, § 2.º), evitando-se, com isso, expô-las ao ridículo ou colocá-las em situação atentatória à sua dignidade como pessoa e como colaboradora com o Poder Judiciário no descobrimento da verdade (CPC, art. 378). Bem observa Moacyr Amaral Santos (ob. cit., p. 325) que a testemunha "tem o incontestável direito de exigir que sua dignidade seja respeitada, solicitando ao juiz providência contra manifestações descorteses, desaforadas, injuriosas ou caluniosas das partes ou seus procuradores" — ou representantes, aduzimos nós.

Em que momento as perguntas indeferidas devem ser transcritas? O ideal é que a transcrição se dê ato contínuo ao indeferimento. Alguns juízes do trabalho preferem ir anotando, em uma folha, essas perguntas para, no final da audiência, transcrevê-las na ata. Esse procedimento é desaconselhável, pois, não raro, a perguntas por ele anotadas não guardam estrita fidelidade com as que foram efetivamente formuladas pelas partes. A consequência é que no momento de as transcrever na ata o juiz recebe a objeção das partes, constituindo-se um incidente que poderia ter sido evitado se o ato de transcrever ocorresse logo em seguida a cada indeferimento. Para os juízes que adotam esse procedimento as partes podem encontrar o antídoto na gravação dos depoimentos das testemunhas — e das perguntas indeferidas.

O aspecto importante a ser ressaltado é que a transcrição das perguntas indeferidas deverá ser *requerida* pela parte interessada. A norma legal é extremamente clara nesse ponto.

20. A acareação

Acarear significa colocar frente a frente, *vis a vis*, duas ou mais pessoas.

A matéria é regulada pelo art. 461, inciso II, §§ 1.º e 2.º , do CPC.

É comum haver divergência entre as declarações das testemunhas, ou entre estas e as partes. Se a discrepância se referir a fatos de somenos importância não haverá qualquer inconveniente ou prejuízo para a instrução; na hipótese, contudo, de ela concernir a fatos significativos, considerados como tais os que possam influir, decisivamente, no julgamento da causa, poderá o juiz, por sua iniciativa ou a requerimento da parte interessada, acarear testemunhas entre si ou estas com as partes, com a finalidade de dirimir as controvérsias constatadas entre as declarações que prestaram.

Embora, no geral, a acareação ocorra entre testemunhas de partes distintas, nada impede que sejam acareadas testemunhas da mesma parte, sempre que isso se tornar necessário para esclarecer a divergência verificada entre os seus depoimentos.

A acareação poderá ser: a) determinada de ofício, ou mediante requerimento da parte; b) feita na própria audiência em que os depoimentos foram prestados, ou, não sendo possível, em audiência que será especialmente designada.

Colocadas *tête-à-tête* essas pessoas, o juiz procurará extrair delas a verdade dos fatos, demonstrando a colisão das suas declarações e solicitando que esclareçam esse conflito. Reconhecemos, no entanto, que em concreto a acareação, na maioria das vezes, resta frustrada em sua finalidade, porquanto as partes ou testemunhas se limitam a afirmar o que anteriormente haviam dito, de tal sorte que o juiz não tem como saber quem teria falseado a verdade.

Em todo caso, do juiz se exigirá, mais do que nunca, perspicácia e acuidade extremas, a fim de verificar, pelas declarações das testemunhas acareadas, por suas reações emocionais e mesmo fisiológicas (inquietação, respostas hesitantes, ruborização etc.), qual delas falseou a verdade; as reações mencionadas podem constituir bom indício.

Por outro lado, entendemos que, na acareação, somente o juiz poderá formular perguntas aos acareados, pois é ao órgão judicante que interessa, mediante o cotejo das declarações, descobrir a verdade. Nada impede, porém, que em determinados casos o juiz faculte às partes a formulação de perguntas, indeferindo-as se inadequadas.

A acareação entre testemunhas que depuseram em juízos distintos, embora relativamente à mesma ação, é inviável, seja porque mediante precatória isto seria impossível, seja porque ordenar que a que depôs no juízo deprecado compareça ao deprecante constituiria medida algo além dos limites do poder diretivo do juiz.

Admitindo a testemunha haver falseado a verdade, competirá ao juiz da causa oficiar ao Ministério Público para a adoção das providências penais cabíveis, remetendo-lhe cópia das peças processuais necessárias. Independentemente do *resultado* da ação penal, o testemunho prestado na ação trabalhista, por ser falso, não se revestirá de qualquer eficácia probatória.

As pessoas acareadas serão reperguntadas a respeito dos pontos divergentes de suas declarações, para que expliquem a divergência. A acareação deverá ser registrada na ata da audiência (CPC, art. 461, § 1.º).

Permite-se que a acareação seja efetuada por meio de videoconferência ou por outro recurso tecnológico de transmissão de sons e imagens em tempo real (*ibidem*, § 2.º).

21. A gravação dos depoimentos das testemunhas

O tema é regido pelo art. 460, do CPC, que alterou, em parte, a redação do art. 417 do CPC revogado.

Estabelece a norma legal *sub examen* que o depoimento (digitado ou registrado por taquigrafia, estenotipia, ou outro meio idôneo de documentação) será assinado pelo juiz, pelo depoente e pelos advogados. (§ 1.º) Essa é também a *praxe* que se vem observando no processo do trabalho, conquanto a CLT, em rigor, prescinda da assinatura das testemunhas e das partes, dispondo apenas que a ata será, no prazo improrrogável de 48 horas (contado da audiência), assinada *pelo juiz* que participou da audiência (art. 851, § 2.º).

A assinatura da ata atribui às pessoas que participaram da audiência maior segurança jurídica, pois, caso haja necessidade, poderão valer-se desse documento oficial para demonstrar o que for necessário à defesa do seu direito ou dos seus interesses.

Gravação. A norma legal em foco permite que as partes gravem os depoimentos das testemunhas.

O objetivo do legislador foi o de dotar os litigantes de um meio de prova moderno, que possa ser por eles controlado, destinado a demonstrar eventual desconformidade entre o que foi dito pelas testemunhas e o que constou da ata. Essa discrepância entre o que foi respondido e o que se registrou na ata sempre atormentou os advogados.

Munidos de seus gravadores, eles podem comparecer às audiências, e aí gravar os depoimentos das testemunhas. É certo que a realidade prática, com sua dinâmica e sua riqueza de sucessos, fornece situações curiosas e inusitadas, como saber se a parte tem o direito de requerer a suspensão da audiência porque se esgotou a carga das pilhas ou das baterias de seu gravador...

Ironia à parte, a verdade é que o uso de gravações em fita magnética (ou qualquer outro recurso tecnológico semelhante ou que se venha a criar) foi legalmente permitido para atender a uma necessidade ou conveniência dos litigantes. Assim, se a parte (melhor: seu advogado), atenta ao que se passa na audiência (e com o gravador ligado), verificar que o que está sendo lançado na ata não é fiel ao que foi declarado pela testemunha (seja sua ou do adversário, pouco importa), deverá invocar uma questão de ordem e intervir para que seja retificado o assentamento. Para tanto, poderá utilizar a gravação, a fim de demonstrar ao juiz a desconformidade entre o que deseja a testemunha e o que se registrou na ata.

Quando a testemunha diz "a" e o juiz entende "b", fazendo, em consequência, constar da ata esse "b", o erro é perceptível (audível), podendo ser combatido pelo advogado, desde logo, ou seja, ato contínuo à constatação. Há, contudo, uma situação particular, que fica fora do controle imediato do advogado: é quando a testemunha diz "a" e o juiz entende "a", mas o serventuário que está datilografando a ata escreve "b". Essa discrepância, como não pôde ser *ouvida* pelo advogado, poderá trazer-lhe, certamente, grandes dissabores, como quando perceber, mais tarde, que a sentença desfavorável aos seus interesses baseou-se na declaração da testemunha — que foi distorcida pelo serventuário. Nesta hipótese, será muito difícil ao advogado provar, perante o tribunal, em grau de recurso, essa discrepância, pois, a essa altura, terá assinado, sem ressalvas, a ata da audiência, e, antes disso, deixado de alegar, em razões finais ou qualquer outro momento, o fato. Em suma: é muito provável que ao pretender arguir a nulidade da sentença, em grau de recurso, com base nessa desconformidade, o seu escopo seja fulminado pela preclusão.

De qualquer maneira, caber-lhe-á instruir as razões de recurso não somente com a fita contendo a gravação do depoimento, como transcrever o trecho que lhe interessa. A juntada da fita se justifica por tratar-se de documento destinado a provar fato trazido pela sentença (TST, Súmula n. 8). Insistamos, entrementes, que o fantasma da preclusão estará rondando as pretensões do recorrente.

Nas Varas em cuja sala de audiência há um monitor de computador colocado na mesa em que se acomodam os litigantes e seus advogados esse risco de desconformidade entre o que foi dito pela testemunha e o que constou da ata fica extremamente reduzido, pois, de modo geral, os advogados acompanham pelo monitor o que está sendo lançado na ata, podendo, assim, mediante a invocação de uma questão de ordem, intervir de imediato para solicitar ao juiz a necessária retificação.

Do ponto de vista eminentemente técnico, não há negar que o direito à gravação está restrito ao depoimento *das testemunhas*. É importante salientar que o art. 460, que a possibilita, integra a Subseção II da Seção IX, que se ocupa da produção da prova testemunhal. Bem poderia o legislador ter permitido também a gravação do depoimento das próprias *partes*, uma vez que a desconformidade entre o que declararem e o que contar da ata poderá ter consequências muito mais graves do que as derivantes das declarações (distorcidas) das testemunhas, bastando alertar que sempre que um dos litigantes admite como verdadeiro um fato contrário aos seus interesses (como pareceu da leitura da ata) esse fato traduz *confissão real*, proclamada pela doutrina como a "rainha das provas".

Sob o rigor da literalidade da norma legal, portanto, a gravação dos depoimentos *das partes* não figura como direito destas, motivo por que só lhes será lícito proceder à gravação se forem autorizadas pelo juiz. De igual forma, não poderão as partes gravar, sem consentimento do magistrado, por exemplo, as razões finais ou a formulação das propostas tendentes à conciliação. Entrementes, se considerarmos que alguns juízes adotam o sistema de gravação audiovisual das audiências, no qual são registrados todos os atos aí realizados, e que as partes podem obter uma cópia dessa gravação em CD-ROM, esse fato autoriza uma interpretação ampliativa do art. 460, *caput, in fine*, do CPC, por forma a permitir que as partes procedam à gravação em fita magnética de todos os atos que soem ser praticados nas audiências trabalhistas, e não apenas os depoimentos das testemunhas.

Cabe, nesta quadra de nossa exposição, uma pergunta inomitível: a gravação dos depoimentos das testemunhas não atentaria contra o direito de personalidade destas? Por outros termos: a parte final do *caput* do art. 460 do CPC não estaria em antagonismo com o disposto no art, 5.º, inciso X da Constituição Federal? Cremos que não. Devemos levar em conta que a audiência é pública, podendo ser assistida por todos, exceto nos raros casos em que o processo se realiza em segredo de justiça. Os depoimentos que as testemunhas aí prestarem são, pois, ouvidos por quem estiver na sala de audiência. Por outro lado, o acesso aos autos não é restrito aos sujeitos do processo, podendo ser deferido a terceiros interessados. Se o receio é de que o conteúdo das gravações em fitas magnéticas possa ser divulgado para outros fins, que não processuais, então esse receio estará presente também com relação às atas das audiências, que podem ser reproduzidas e distribuídas a mancheias, sempre que isso for conveniente a alguém.

As gravações contidas em fitas magnéticas somente não podem constituir meio de prova em juízo quando obtidas de modo sub-reptício, vale dizer, às escondidas, sem que a pessoa saiba que as suas palavras estão sendo gravadas; aqui, sim, poderá haver violação dos direitos de personalidade — embora a jurisprudência do STF entenda ser lícita a gravação assim realizada por um dos litigantes, para ser usada contra o outro. O que não se admite é que a gravação tenha sido efetuada por terceiro. Não se há, portanto, que inquinar de transgressora do direito de personalidade a gravação feita em audiência, na qual impera a regra da publicidade (CLT, art. 813).

A possibilidade de gravação do depoimento das testemunhas é compatível com o processo do trabalho, motivo por que a proibição infundada do exercício desse direito, em algumas situações, poderá acarretar a nulidade do processo, a contar do momento em que não se permitiu a gravação. Essa nossa afirmação conduz a uma pergunta inevitável: nos processos que tramitam em segredo de justiça (CLT, art. 781, parágrafo único; CPC, art. 189) a parte poderá gravar os depoimentos das testemunhas? Conquanto o assunto seja polêmico, entendemos que sim. O segredo de justiça, no caso, significa que o acesso aos elementos dos autos só é vedado aos terceiros (e não às partes), aos quais se faculta, apenas, obter certidão do dispositivo da sentença (CPC, art. 189, § 2.º). A gravação dos depoimentos das testemunhas pelos próprios litigantes deve ser consentida, mesmo nos processos que tramitem em segredo de justiça, pois está ligada à segurança jurídica destes.

Quanto ao registro dos depoimentos das testemunhas pelo sistema audiovisual constitui, em nosso ver, um meio mais eficaz do que a gravação em fita magnética. Assim dizemos, por permitir o registro fiel não apenas das palavras (áudio), mas, também, das imagens (vídeo) de todas as pessoas que estão participando da audiência. Com base nas imagens das testemunhas, por exemplo, o juiz, no momento da elaboração da sentença, poderá observar, entre outras coisas: a) as reações emocionais ou psicológicas, por parte destas, ao responderem às indagações que lhes foram formuladas, permitindo, assim, ao magistrado, melhor percepção do fato representado pelo trinômio: pergunta/resposta/reação emocional; b) se as respostas das testemunhas foram dadas de maneira segura ou vacilante; c) se houve comunicação visual da testemunha com o advogado que a indicou, tendo este, mediante gestos sutis e codificados, sugerido que as respostas fossem afirmativas ou negativas, conforme a conveniência.

Enfim, o sistema de registro audiovisual oferece ao magistrado uma percepção mais fiel e completa dos depoimentos das testemunhas do que a que é propiciada pela simples gravação em fita magnética, motivo por que deveria ser incentivada a adoção do mencionado sistema. Este sistema também permite registrar a atuação do próprio magistrado, por forma a permitir que a parte interessada possa tentar obter a nulidade do processo, no âmbito dos tribunais, em decorrência, por exemplo, de atitude discriminatória adotada pelo juiz na audiência ou de tratamento anti-igualitário ou cerceador de direitos.

É interessante reproduzir a ementa do TRT da 9ª Região, a respeito do sistema de gravação de que estamos a falar:

> "AUDIÊNCIA REALIZADA VIA SISTEMA AUDIOVISUAL COM ANUÊNCIA DAS PARTES — INCOMPATIBILIDADE DE PROGRAMA INFORMATIZADO DO MICROCOMPUTADOR DA PARTE NÃO AUTORIZA O RECONHECIMENTO DO CERCEAMENTO DE DEFESA — A alegação da parte no sentido de não ter conseguido ouvir e visualizar a audiência registrada por meio audiovisual por incompatibilidade entre os programas utilizados pelo Poder Judiciário e o seu particular não enseja nulidade da audiência quando as partes foram previamente informadas e advertidas sobre o sistema a ser utilizado e o consentiram expressamente. No mais, se o Tribunal confere o conteúdo do CD ou do DVD, fornecido pela Vara sempre que justificadamente solicitado, e verifica a possibilidade de fácil visualização e audição, inviável se falar em nulidade da audiência. Além disto, não resta configurado o cerceamento de defesa quando a parte produziu as provas que entendeu necessárias ao deslinde da questão. Recurso da parte autora a que se nega provimento. (TRT 9.ª R. — ACO 03016-2007-673-09-00-9 — Rel. Edmilson Antonio de Lima — J. 2-9-2008)".

Tanto a gravação em fita magnética quanto pelo sistema audiovisual são instrumentos tecnológicos a serviços não somente da imprescindível fidedignidade do registro dos fatos ocorridos na audiência, mas — em consequência —, da própria segurança jurídica dos litigantes. Sob o aspecto da fidedignidade dos registros, aliás, o sistema audiovisual apresenta eficiência superior à do sistema tradicional.

É compreensível que o sistema audiovisual possa apresentar, no início, algumas falhas ou imperfeições técnicas, fazendo com que as próprias partes manifestem uma certa desconfiança ou insatisfação em relação a ele; ou encontrem argumentos para arguir nulidade processual. O tempo, todavia, cuidará de corrigir essas falhas e de instilar no espírito das partes a necessária confiança no referido sistema.

O depoimento das testemunhas será passado para a versão digitada toda vez que, não sendo eletrônico o processo, houver recurso da sentença, e for impossível o envio de sua documentação eletrônica (CPC, art. 460, § 1.º)

No caso de processo eletrônico, deverá ser observado o disposto no CPC e na legislação específica a respeito da prática eletrônica de atos processuais (CPC, art. 460, § 2.º)

Capítulo XIII

O Exame Pericial e o Depoimento do Perito

1. Conceito de perícia e de perito

Segundo Moacyr Amaral Santos (*Comentários*, p. 335) a perícia consiste "no meio pelo qual, no processo, pessoas entendidas e sob compromisso verificam fatos interessantes à causa, transmitindo ao Juiz o respectivo parecer".

Com efeito, há situações em que determinados fatos podem ser percebidos, com precisão, apenas por pessoas dotadas de determinado conhecimento técnico ou científico. Daí por que Carnelutti se refere aos fatos de percepção técnica (*Sistema di diritto processuale civile*. 1.º v., n. 209), assim entendidos os que não se incluem no cabedal de conhecimentos das pessoas comuns.

A perícia se destina não somente à verificação de tais fatos, mas também à sua apreciação pelo experto; em verdade, o laudo pericial contém um parecer do perito acerca dos fatos verificados e interpretados tecnicamente. Com base no laudo (mas, não necessariamente em obediência a ele) o magistrado apreciará os fatos, formando o seu convencimento. Verifica-se, desse mo do, que a perícia não é prova, mas sim um meio probante.

De nada valeria uma inspeção judicial a pessoas ou coisas (CPC, art. 481), se os fatos a elas relacionados não pudessem ser captados pelas faculdades sensoriais do magistrado, visto que inaptas (isto é, não especializadas) para tanto. Ainda que, eventualmente, o juiz possuísse conhecimentos técnicos a respeito da matéria não lhe seria permitido agir como perito, pois estaria, em última análise, funcionando como uma espécie de assessor do litigante, cuja parcialidade seria sobremaneira censurável. Esses conhecimentos especializados o juiz poderia utilizar na apreciação do laudo, a fim de convencer-se, ou não, da conclusão a que chegou o perito.

O perito é um auxiliar do juízo (CPC, art. 149), contribuindo, mediante compromisso (CLT, art. 827), com a sua cognição técnica para o descobrimento da verdade (CPC, art. 378). E porque auxiliar o é, não substitui o juiz, em suas funções jurisdicionais. Supre-lhe, apenas, o desconhecimento ou a ciência imperfeita a respeito de certos fatos de natureza técnica ou científica. Correta, portanto, a observação de Coqueijo Costa (*Doutrina e jurisprudência do processo trabalhista*. São Paulo: LTr, 1978. p. 16) de que o perito fica alheio aos resultados do processo; ele apenas "contribui para formar o material de conhecimento de que o juiz precisa, sem participar da decisão, que cabe exclusivamente ao magistrado, dada a jurisdição a este ínsita, da qual resulta a coisa julgada, garantida constitucionalmente por ser a maior das certezas humanas". Ao apreciar o laudo, o juiz não julga os fatos em sua essência, mas apenas o resultado da investigação efetuada pelo perito: este surge, pois, como um tradutor especializado de tais fatos. Daí a razão de falar-se, na doutrina, em perito percepiente, ou seja, aquele cuja função é substituir o magistrado na *percepção* dos fatos, opostamente ao judicante, que se destina a indicar ao juiz as regras de experiência ou a aplicá-las. Nestas últimas funções, o perito presta assistência ao magistrado, a quem caberá perceber, pessoalmente, os fatos, como ocorre, por exemplo, na inspeção judicial (CPC, art. 481).

O experto tem de estar habilitado para exercer a função que lhe foi cometida pelo juiz (CPC, art. 156, § 1.º), sob pena de ser recusado, salvo, é certo, se não houver na localidade pessoa habilitada, ou, havendo, estiver impedida de atuar nos autos, ou, ainda por qualquer motivo legalmente invocável, não aceitar o encargo. É elementar que o exercício das funções periciais por quem não estiver habilitado para isso somente deverá ser admitido se, além das razões já mencionadas: a) for extremamente difícil trazer-se, de outra localidade, perito habilitado; e b) o perito não habilitado possuir conhecimentos técnicos necessários ao desempenho das funções, ou seja, para a realização do exame para o qual foi nomeado.

O perito, contudo, não se confunde com a testemunha; embora ambos sejam terceiros na relação jurídica processual, o primeiro relata fatos do presente, enquanto o segundo versa sobre fatos pretéritos. Daí por que se diz, em doutrina, que a testemunha envolve uma apreciação histórica dos acontecimentos que constituem o motivo da controvérsia estabelecida na ação. Ela, assim, reconstitui em juízo os fatos do passado que ficaram retidos em sua memória e que interessam à instrução do procedimento. Por esse motivo, não se pode exigir que a testemunha narre, com absoluta fidelidade, fatos ocorridos há vários anos; seria exigir-lhe acima da sua capacidade mnemônica, com resultados não raro prejudiciais para a causa e para a própria investigação da verdade real que se procura transportar para os autos.

Além disso, enquanto o perito é eminentemente neutro (pois foi nomeado pelo juiz), a testemunha se caracteriza, em regra, pela parcialidade, porquanto a sua presença em juízo decorre de indicação de um dos litigantes. Da testemunha, por outro lado, não se exige habilitação para prestar declarações; basta, apenas, que tenha ciência comum dos fatos acerca dos quais será interrogada.

Os assistentes técnicos, ao contrário, são parciais, no sentido de que funcionam como auxiliares ou consultores do litigante que o indicou. Também deles se exige, em alguns casos, habilitação profissional.

Conquanto o CPC tenha dispensado o perito de prestar o compromisso legal, o art. 827, da CLT, continua a exigir esse compromisso.

2. Perito e testemunha

Embora tenhamos, há pouco, esboçado alguns traços que distinguem o perito da testemunha, devemos agora aprofundar-nos nessa distinção. O perito e as testemunhas são pessoas que possuem funções distintas no processo; por isso, a doutrina costuma estabelecer as seguintes diferenças entre eles: a) a testemunha depõe sobre os fatos da causa, por ela presenciados ou que lhe chegaram ao conhecimento por intermédio de terceiros; já ao perito cabe esclarecer o órgão judicante a propósito dos fatos controvertidos na ação, mediante a prévia formulação de quesitos pelos interessados ou pelo próprio juiz; b) a testemunha é ouvida, quase sempre, acerca de fatos pretéritos, valendo-se, para tanto, de sua capacidade retentiva; o perito, ao contrário, constata o estado atual da coisa ou do objeto, utilizando-se, nesse mister, dos seus conhecimentos técnicos; c) não se admite, por princípio, que uma testemunha seja substituída por outra, cujo impedimento não se aplica ao perito; d) a testemunha, em regra, não pode se escusar de comparecer a juízo e de responder ao que lhe for perguntado (salvo nos casos expressamente previstos em lei), enquanto que o perito pode se recusar a exercer as funções para as quais foi nomeado; e) a testemunha não recebe nenhuma quantia para prestar depoimento, pois o que a lei prevê, apenas, é que a parte a reembolse as despesas efetuadas em decorrência do seu comparecimento a juízo; o perito, contudo, aufere honorários pelo trabalho realizado; f) a testemunha depõe em audiência (ressalvadas as exceções legais), sendo que o perito só tem de vir a juízo, para prestar esclarecimentos, caso as partes requeiram ou assim determine, de ofício, o juiz; g) quanto às testemunhas, incide o princípio da incomunicabilidade entre elas (CPC, art. 456); já o perito pode conferenciar com os assistentes, para efeito de elaboração do laudo; h) o fato de alguém ser indicado como testemunha decorre, quase sempre, da casualidade de haver presenciado certo acontecimento sobre o qual controvertem as partes; o perito, ao contrário, é nomeado especialmente em face de possuir conhecimento e competência técnicos acerca dos fatos

3. Espécies de prova pericial

São três as modalidades de prova pericial previstas em lei: a) exame; b) vistoria; ou c) avaliação (CPC, art. 464, *caput*).

a) No exame, a atividade do perito consiste em inspecionar, analisar, investigar pessoas, coisas móveis e semoventes. Das espécies de perícia, o exame é das mais frequentes no processo do trabalho. Assim, examinam-se, constantemente, assinaturas, escritas contábeis, documentos em geral etc. Raramente, o exame tem por objeto pessoas, embora do ponto de vista legal isto seja possível; somente a realidade prática poderá dizer da conveniência ou necessidade desse exame *in personae* na Justiça do Trabalho;

b) a diferença entre o exame e a vistoria está em que, nesta, o perito inspeciona imóveis (terrenos, prédios e o mais);

c) a avaliação, por sua vez, implica atribuir-se, estimativamente, um valor monetário às coisas (móveis ou imóveis), e aos direitos e obrigações que constituem o objeto da perícia. A avaliação, contudo, não se confunde com o arbitramento, pois aqui ocorre a apuração do valor da coisa, do direito, ou da obrigação, que é o objeto do litígio. Destarte, haverá arbitramento quando, por exemplo, inexistirem na sentença quaisquer elementos capazes de propiciar a sua liquidação, ou quando se tiver de fixar o valor do salário devido ao empregado e o critério apontado pelo art. 460, da CLT, se revelar insatisfatório etc. Tratando-se de bens penhorados, a avaliação é efetuada pelo próprio oficial de justiça (CLT, art. 721).

4. Classificação da prova pericial

Tendo como ponto de referência a existência, ou não, de ação em curso, podemos classificar a perícia em: a) judicial; e b) extrajudicial. A primeira é a mais comum. Deriva de ação promovida, sendo determinada de ofício ou a requerimento de uma ou de ambas as partes. É a essa espécie que se referem os arts. 464 a 480 do CPC; 195, § 2.º da CLT; e 3.º da Lei n. 5.584/70, entre outros dispositivos legais. Conquanto a perícia extrajudicial seja menos frequente, ela se verifica, por exemplo, na hipótese do art. 195, § 1.º da CLT, quando, objetivando caracterizar, classificar, ou delimitar as atividades insalubres ou perigosas, poderão as empresas e os sindicatos representativos das categorias profissionais interessadas requerer ao Ministério do Trabalho a realização de perícia em estabelecimento ou setor deste.

A perícia, por essa forma realizada, conterá um forte componente de prova pré-constituída, razão por que poderá a parte contrária requerer, em juízo, que uma outra seja efetuada por perito a ser indicado pelo magistrado. Produzida antecipadamente, contudo (na forma do art. 381 do CPC), a prova pericial será judicial, porquanto requerida ao magistrado e por este deferida.

Adotando-se como critério a existência de norma legal impositiva ou não impositiva, teremos a perícia: a) obrigatória; e b) facultativa. Exemplo típico de perícia obrigatória é a que concerne à apuração e classificação das atividades insalubres ou perigosas (quanto a esta, em rigor, só haverá apuração, pois o percentual é um só); tanto isto é certo, que estabelece o art. 195, § 2.º, da CLT: "*Arguida em Juízo insalubridade ou periculosidade, seja por empregado, seja por sindicato, em favor de grupo de associados, o juiz designará perito habilitado na forma deste artigo...*" (grifamos). Onde não houver perito habilitado, caberá ao magistrado requisitar a perícia ao órgão competente do Ministério do Trabalho (Delegacia Regional do Trabalho).

Tirantes as poucas exceções, de resto, no processo do trabalho a perícia é facultativa: a sua realização dependerá de requerimento do interessado, ou da iniciativa do próprio juiz. Convém, todavia, lançar mais algumas considerações a propósito da perícia obrigatória. Sucede que, em certos casos, nada obstante a lei determine a sua realização, o bom-senso recomenda não que se descumpra o mandamento legal, mas que se afirme já haver sido atendida a sua vontade. Argumentemos com um exemplo concreto. O empregado postula o adicional de insalubridade, digamos, em grau médio. Na convenção coletiva de trabalho, juntada por ele ou pelo empregador, há cláusula assegurando o direito de os empregados, que exerçam funções como a do "reclamante", perceberem, a título de adicional de insalubridade, percentual correspondente ao grau médio — exatamente o pleiteado na inicial. Ora, sendo autêntica a convenção juntada e apta para obrigar o empregador, não se justifica a determinação judicial para proceder-se à perícia. A instrução, no caso, ficará restrita à verificação quanto à função exercida pelo empregado.

Em outros casos, a matéria relativa à perícia também se torna exclusivamente de fato, como ocorreria, *v. g.*, na hipótese de o empregador, reconhecendo que em determinada seção do estabelecimento mencionado na inicial há atividade perigosa, alegar que o autor não trabalhava na referida seção. Daí por que, na espécie, a prova se resumirá à matéria factual, consistente na verificação de ter ou não o autor trabalhado naquele local. O meio probante, em princípio, será testemunhal.

Enfim, malgrado a lei exija, em certos casos, a prova pericial, é preciso que o juiz verifique se, em concreto, o objetivo que anima a imposição legal não foi atendido, em virtude de certos fatos, circunstâncias, ou peculiaridades que possam ser, legitimamente, invocados.

5. Indeferimento da prova pericial

Como reitor soberano do processo (CLT, art. 765) o juiz necessita de poderes para coibir postulações meramente procrastinatórias, formuladas pelos litigantes; por isso, a lei lhos concedeu (CPC, art. 139, III). O exercício desse poder específico, porém, constitui faculdade do magistrado, que o exercitará sob os inafastáveis ditames da sensatez e oportunidade.

Em determinados casos, entretanto, o indeferimento de pedido dessa natureza não decorre do arbítrio do julgador, mas do comando coagente da própria lei, como acontece, por exemplo, em matéria de prova pericial. Tanto isto é verdadeiro, que o § 1.º do art. 464, do CPC, dispõe que ele indeferirá a produção dessa prova técnica quando: a) o fato probando independer de conhecimento especial, técnico ou científico; b) for desnecessária em face de já haver sido produzida outra prova; c) a verificação for impraticável. Analisemos essas situações:

a) as razões do veto legal são de ordem lógica e pragmática, pois quando a prova do fato controvertido puder ser feita mediante documentos, ou pelo testemunho comum das pessoas, não se justifica a prova pericial, em regra mais demorada e onerosa. Diríamos, inclusive, que essa prova, eminentemente técnica, tem caráter estrito, porquanto o seu deferimento não se dá com a mesma amplitude que ocorre em relação aos demais meios probantes (*ibidem*, inciso I);

b) por outro lado, se a demonstração da verdade do fato alegado já foi feita, é palmar que, a partir daí, a prova pericial (ou mesmo outra qualquer) será de todo inútil. É necessário verificar, todavia, se a prova fora feita por meio efetivamente idôneo; se não o foi, deverá o magistrado deferir a realização da prova pericial. Seria o caso, *e. g.*, de testemunhas haverem afirmado que a atividade exercida no estabelecimento do réu era insalubre: ora, as testemunhas constituem, sabidamente, meio inadequado para a prova desse fato, motivo por que caberá ao juiz determinar (em algumas hipóteses, como esta, até mesmo de ofício) a realização da perícia — único meio idôneo para tanto (CLT, art. 195, § 2.º); (*ibidem*, inciso II);

c) por fim, em certas circunstâncias, embora a prova pericial fosse, por princípio, exigível, não se haverá de deferi-la, por ser impraticável. Isso ocorreria, *v. g.*, no caso de o objeto da perícia já não existir (documentos destruídos, prédios demolidos etc.), de tal sorte que a realização dessa prova seria, acima de tudo, impossível; ou *impraticável* (*ibidem*, inciso III).

Havendo, todavia, sinais ou vestígios da coisa destruída, ficará ao prudente arbítrio do juiz deliberar quanto à realização da perícia.

6. Requerimento de perícia

O processo do trabalho, ao contrário do civil, não possui uma fase saneadora específica, prevista em lei. É na audiência em que, em regra, o juiz do trabalho toma conhecimento do teor da petição inicial e da resposta do réu e, consequentemente, dos requerimentos que as partes formularam quanto à produção de provas, e, em particular, da pericial. Assim, o momento processual em que o juiz do trabalho deve apreciar esses requerimentos é o da primeira audiência. Compulsando os autos, ele tratará de verificar se não ocorre qualquer das situações previstas pelos incisos I a III do § 1.º do art. 464, do CPC; em caso positivo, indeferirá, fundamentalmente, o requerimento, devendo a mesma solução ser dada quanto aos outros casos que há pouco mencionamos.

Se os fatos em que se apoia o pedido do autor dependerem de prova exclusivamente pericial, o juiz determinará, desde logo, a sua realização; embora difundida na prática, não se deve ordenar a retirada dos autos de pauta até a conclusão da perícia: é o conhecido adiamento da audiência *sine die*. Não nos parece correto esse procedimento, pois nada impede (ao contrário, tudo recomenda) que o magistrado designe outra data para o prosseguimento da audiência, em espaço de tempo suficiente para a realização da perícia. Esta audiência se destinará não apenas para, se for o caso, obter esclarecimentos do perito, mas para o encerramento da instrução, a apresentação de razões finais e a renovação da proposta conciliatória.

7. Providências judiciais

Se apenas parte do pedido depender de prova pericial caberá ao juiz deliberar, segundo a sua experiência e o que lhe parecer aconselhável, ordenar primeiro a produção da prova técnica e, depois, as demais, ou vice-versa. Ao deferir a produção da prova pericial, o magistrado deverá: a) nomear perito habilitado (segundo seja a espécie da perícia), intimando-o a vir prestar o compromisso legal; b) determinar que o perito indique o dia, o horário e o local em que terão início as diligências; c) fixar prazo para a entrega do laudo; d) facultar às partes, no prazo comum e preclusivo de cinco dias, a indicação de assistentes técnicos e a formulação de quesitos

Analisemos, a seguir, cada uma dessas providências.

a) Nomeação de perito habilitado e compromisso

Em geral, nas secretarias das Varas do Trabalho há uma relação de peritos, que o juiz consulta sempre que tiver de nomear algum deles para funcionar em determinados autos. O CPC determina a elaboração de uma lista de peritos, na Vara ou na Secretaria, a fim de que a nomeação seja feita de maneira equitativa (art. 157, § 2.º). No processo do trabalho a nomeação do experto é ato de livre escolha do magistrado.

O perito é único (Lei n. 5.584/70, art. 3.º, *caput*). Não há mais o perito *desempatador*, previsto no art. 129, do CPC de 1939. às partes assegura-se a faculdade de indicar assistentes técnicos (CPC, art. 471, § 1.º).

O perito, conforme dissemos, tem de ser pessoa *habilitada* ao exercício da função (CPC, art. 465). Deste modo, a caracterização e a classificação da insalubridade e da periculosidade deverão ser feitas por médico ou por engenheiro do trabalho, respectivamente (CLT, art. 195, *caput*). A propósito, a Orientação Jurisprudencial n. 165, da SBDI-I, do TST, estabelece: "Perícia. Engenheiro ou médico. Adicional de periculosidade e insalubridade. Válido. Art. 195 da CLT. O art. 195 da CLT não faz qualquer distinção entre o médico e o engenheiro para efeito de caracterização e classificação da insalubridade e periculosidade, bastando para a elaboração do laudo seja o profissional devidamente qualificado".

As perícias contábeis, por sua vez, só podem ser realizadas por intermédio de contador e não de técnico em contabilidade, por força do disposto no art. 25 do Dec.-lei n. 9.295, de 27 de maio de 1946, que foi regulamentado pelo Conselho Federal de Contabilidade pela Resolução n. 560/83.

Nomeado, o perito será intimado para comparecer à secretaria da Vara, a fim de prestar o compromisso legal. Embora o art. 466, *caput* do atual CPC dispense o termo de compromisso, entendemos que, no processo do trabalho, o perito está obrigado a firmá-lo, em virtude do disposto no art. 827, da CLT, segundo o qual "O juiz ou presidente poderá arguir os peritos *compromissados* (...)". Destacamos. Não sendo omissa a CLT, fica desautorizada a adoção supletiva do processo civil, no particular (CLT, art. 769).

Se, por dolo ou culpa, o experto prestar informações inverídicas responderá pelos prejuízos que ocasionou à parte e ficará inabilitado por dois anos a cinco anos para funcionar em outras perícias, sem prejuízo da comunicação, pelo juiz, ao órgão de classe, e das sanções penais aplicáveis (CPC, art. 158), que, no caso, consistirão em pena de reclusão, de um a três anos, e multa pecuniária (Cód. Penal, art. 342)

Deixando, o perito, sem motivo legítimo, de prestar o compromisso legal ou de cumprir o encargo no prazo fixado (CPC, art. 468, II), será destituído, sem prejuízo de comunicação à correspondente corporação profissional e de pagar multa estabelecida pelo juiz, segundo o valor da causa e o possível prejuízo decorrente do atraso do processo (*ibidem*, § 1.º).

b) Indicação do dia, horário e local em que serão iniciadas as diligências

Em geral, nas secretarias das Varas do Trabalho há uma relação de peritos, que o juiz consulta sempre que tiver de nomear algum deles para funcionar em determinados autos. O CPC determina a elaboração de uma lista de peritos, na Vara ou na Secretaria, a fim de que a nomeação seja feita de maneira equitativa (art. 157, § 2.º). No processo do trabalho a nomeação do experto é ato de livre escolha do magistrado.

O perito é único (Lei n. 5.584/70, art. 3.º, *caput*). Não há mais o perito *desempatador*, previsto no art. 129, do CPC de 1939. às partes assegura-se a faculdade de indicar assistentes técnicos (CPC, art. 471, § 1.º).

O perito, conforme dissemos, tem de ser pessoa *habilitada* ao exercício da função (CPC, art. 465). Deste modo, a caracterização e a classificação da insalubridade e da periculosidade deverão ser feitas por médico ou por engenheiro do trabalho, respectivamente (CLT, art. 195, *caput*). A propósito, a Orientação Jurisprudencial n. 165, da SBDI-I, do TST, estabelece: "Perícia. Engenheiro ou médico. Adicional de periculosidade e insalubridade. Válido. Art. 195 da CLT. O art. 195 da CLT não faz qualquer distinção entre o médico e o engenheiro para efeito de caracterização e classificação da insalubridade e periculosidade, bastando para a elaboração do laudo seja o profissional devidamente qualificado".

As perícias contábeis, por sua vez, só podem ser realizadas por intermédio de contador e não de técnico em contabilidade, por força do disposto no art. 25 do Decreto-lei n. 9.295, de 27 de maio de 1946, que foi regulamentado pelo Conselho Federal de Contabilidade pela Resolução n. 560/83.

Nomeado, o perito será intimado para comparecer à secretaria da Vara, a fim de prestar o compromisso legal. Embora o art. 466, *caput* do atual CPC dispense o termo de compromisso, entendemos que, no processo do trabalho, o perito está obrigado a firmá-lo, em virtude do disposto no art. 827, da CLT, segundo o qual "O juiz ou presidente poderá arguir os peritos *compromissados* (...)". Destacamos. Não sendo omissa a CLT, fica desautorizada a adoção supletiva do processo civil, no particular (CLT, art. 769).

Se, por dolo ou culpa, o experto prestar informações inverídicas responderá pelos prejuízos que ocasionou à parte e ficará inabilitado por dois anos a cinco anos para funcionar em outras perícias, sem prejuízo da comunicação, pelo juiz, ao órgão de classe, e das sanções penais aplicáveis (CPC, art. 158), que, no caso, consistirão em pena de reclusão, de um a três anos, e multa pecuniária (Cód. Penal, art. 342)

Deixando, o perito, sem motivo legítimo, de prestar o compromisso legal ou de cumprir o encargo no prazo fixado (CPC, art. 468, II), será destituído, sem prejuízo de comunicação à correspondente corporação profissional e de pagar multa estabelecida pelo juiz, segundo o valor da causa e o possível prejuízo decorrente do atraso do processo (*ibidem*, § 1.º).

c) Fixação de prazo para a entrega do laudo

O princípio (ou mero anseio?) da celeridade do procedimento trabalhista não pode ser postergado, mesmo nos casos de realização de prova pericial. Daí por que exige a Lei (n. 5.584/70, art. 3.º, *caput*) que o juiz fixe prazo para a entrega do laudo pericial, que variará conforme seja a complexidade da perícia. O art. 465, *caput*, do CPC, também exige que o magistrado, ao nomear o perito, assine, *de imediato*, prazo para a entrega do laudo. Costumeiramente, fixa-se o prazo de trinta dias; não há regra legal específica quanto a isto.

O importante é que sempre se estabeleça um prazo para tanto, não somente porque assim exige a Lei, mas por ser medida necessária para a programação e controle do procedimento. Excedido o prazo, sem que o perito tenha entregue o laudo, determinará o juiz a sua intimação, para que o faça ou justifique por que ainda não o fez. Poderá o perito, diante disto, solicitar uma dilação do prazo, expondo as razões do seu requerimento. Caso não entregue o laudo na data aprazada, nem requeira o elastecimento do prazo, deverá o magistrado destituí-lo, nomeando outro em seu lugar. A possibilidade de substituição do perito está expressamente prevista no art. 468, inciso II, do CPC.

Incumbe às partes, nos quinze dias que se seguirem à intimação do despacho de nomeação do perito, adotar as providências mencionadas nos incisos que serão a agora comentados (CPC, art. 465, § 1.º).

Arguição de impedimento ou de suspeição. Em uma ordem lógica, a primeira *providência* a ser adotada pela parte consistirá em arguir, quando for o caso, o impedimento ou a suspeição do perito (*ibidem*, inciso I). O art. 148 do CPC manda aplicar os motivos de impedimento e de suspeição não somente aos magistrados, mas também aos auxiliares da justiça (inciso II), entre os quais se incluem os peritos (art. 149)

d) Indicação de assistentes e formulação de quesitos

Indicação de assistentes técnicos. Considerando que, no processo do trabalho, como vimos, a nomeação do perito, no mais das vezes, é feita em audiência, na qual se encontram as partes, terão elas, a contar desse momento, o prazo comum e preclusivo de quine dias para indicar assistentes técnicos e formular quesitos (Lei n. 5.584/70, art. 3.º, parágrafo único, e CPC, arts. 465, § 1.º, inciso II, e 471, § 1.º).

A contrário do que se vem verificando em concreto, os assistentes não prestam compromisso legal, pois essa exigência só se concerne ao perito (CLT, art. 827).

Apresentação de quesitos. No mesmo prazo para a indicação de assistentes, como vimos, poderão as partes formular quesitos para serem respondidos pelo perito e pelos assistentes (CPC, arts. 465, § 1.º, inciso III). Esses quesitos nada mais são do que perguntas dirigidas aos técnicos que participaram da perícia. Pode-se afirmar, por isso, que são os quesitos que orientam a perícia e delimitam o seu campo, na medida em que os peritos e os assistentes não são obrigados a informar sobre fatos que não foram objeto de perguntas.

Somente em casos excepcionais deverá o magistrado permitir a formulação de quesitos e a indicação de assistentes além do prazo legal; a não ser assim, estar-se-ia permitindo uma injustificável desobediência ao despacho, o que seria deletério para as regras estabelecedoras da disciplina probatória em geral. A manifestação de certos setores da doutrina, entretanto, parece propender em sentido oposto, entendendo que o prazo de cinco dias não é preclusivo.

A partir do momento em que ficar ciente de sua nomeação, cumprirá ao perito, no prazo de cinco dias, praticar os atos descritos nos incisos I a III, do § 2.º, do art. 465, do CPC, que são os seguintes:

a) apresentar a sua proposta de honorários, sobre a qual as partes deverão manifestar-se no prazo comum de cinco dias;

b) exibir o seu currículo, juntamente com o comprovante de sua especialização quando ao objeto do exame que irá realizar;

c) fornecer os seus contatos profissionais — em especial o eletrônico — nos quais receberá intimações.

8. A questão da exigência de depósito parcial e prévio dos honorários periciais

Na vigência do CPC de 1973, alguns juízes do trabalho, logo após a nomeação do perito, costumavam determinar que uma ou ambas as partes depositassem, a título de antecipação parcial dos honorários, quantia para esse fim fixada. Não negamos a utilidade dessa medida porque, de certa forma, constituía um estímulo ao louvado, a par de lhe garantir, ainda que em parte, os honorários, cujo valor final seria arbitrado pela sentença. Nada obstante essa antecipação dos honorários visasse a motivar o perito, entendíamos que qualquer *imposição* aos litigantes, neste sentido, era arbitrária — para não dizer ilegal, ensejando, com isso, a impetração de mandado de segurança. Assim afirmávamos porque, a nosso ver, o art. 462, § 4.º do CPC, era manifestamente incompatível com o processo do trabalho, no qual vigorava, e ainda vigora, o princípio da gratuidade — embora parcial — do procedimento.

O fato de o empregado estar, em alguns casos, recebendo o benefício da justiça gratuita (que não se confunde com a assistência judiciária a que se referem o art. 14 e segs., da Lei n. 5.584/70), não invalidava o nosso argumento; seria de indagar-se: e quando ele não estivesse sendo beneficiário dessa justiça gratuita deveria antecipar os honorários periciais, mesmo que parcialmente, sabendo-se que talvez nem tivesse condições financeiras para fazê-lo? Não eram todos, afinal, que conseguiam ser favorecidos pela gratuidade judicial. O cotidiano forense nos vinha demonstrando, a mancheias, que a determinação do juiz para que o empregado realizasse o depósito para tal fim estava causado a este enormes transtornos, fazendo, inclusive, com que o despacho acabasse sendo desatendido e, em consequência, a realização da perícia fosse retardada em meses; quando não, o empregado chegava a desistir da produção dessa prova; ou — o que era mais grave — esta acabava sendo indeferida pelo magistrado.

Exigir-se essa antecipação somente do empregador-réu seria consagrar-se um tratamento de desigualdade que repulsa ao senso comum e fere o *caput* do art. 5.º, da Constituição Federal. É certo que se o trabalhador e o empregador, em certa hipótese, pretendessem atender à determinação judicial, efetuando o depósito, a questão perderia o interesse prático, porquanto anuíram com o ato do juiz, não se podendo reputar, aliás, que neste caso o propósito objetivo, a que essa antecipação visa, teria sido alcançado.

Todos esses nossos argumentos são mantidos em face do § 4.º do art. 465 do CPC atual, conforme o qual o juiz poderá autorizar (desde logo) o pagamento de até cinquenta por cento dos honorários do perito, ficando o remanescente para ser pago no final dos trabalhos, ou seja, depois de entregue o laudo e de prestados todos os esclarecimentos necessários, por parte do perito. Essa norma, reiteremos, é incompatível com o processo do trabalho.

Nos termos da Súmula n. 236, do TST: "A responsabilidade pelo pagamento dos honorários periciais é da parte sucumbente na pretensão relativa ao objeto da perícia". Posteriormente, esse entendimento jurisprudencial se converteu em norma legal (CLT, art. 790-B), acrescentando-se, apenas, a ressalva de que a parte sucumbente não será responsável pelo pagamento dos honorários periciais caso seja beneficiária de justiça gratuita.

O art. 790-B, a CLT, contudo, não responde a uma indagação inquietante: se a parte vencida no objeto da perícia estiver recebendo o benefício da justiça gratuita, quem será responsável pelo pagamento dos honorários periciais? Considerando que, na hipótese, a norma legal isenta o vencido do pagamento; que a imposição do pagamento à parte contrária, vencedora no objeto da perícia, se ressente de fundamento legal; que o perito não é obrigado a trabalhar de graça, desde sempre entendemos que a única solução jurídica e socialmente viável seria a imposição de pagamento à União, com fulcro no inciso LXXIV, do art. 5.º, e no art. 134, ambos da CF. Lembrávamos, ainda, que nos termos do art. 3.º, da Lei n. 1.060, de 5.2.1950, a assistência judiciária compreende, dentre outas isenções, "V – *dos honorários de* advogado e *peritos*" (destacamos).

Nossa opinião prevaleceu. O TST, por sua SBDI-I, adotou a OJ n. 387, para estabelecer: "Honorários periciais. Benefício da justiça gratuita. Responsabilidade da União pelo pagamento. Resolução n. 35/2007 do CSJT. Observância (DEJT divulgado em 9, 10 e 11.6.10). A União é responsável pelo pagamento dos honorários de perito quando a parte sucumbente no objeto da perícia for beneficiária da assistência judiciária gratuita, observado o procedimento disposto nos arts. 1.º, 2.º e 5.º da Resolução n. 35/2007 do Conselho Superior da Justiça do Trabalho — CSJT".

A Súmula, em seu enunciado, utilizou as expressões "justiça gratuita" e "assistência judiciária gratuita", como se fossem expressões sinônimas. A primeira é regulada pelo art. 790, § 3.º da CLT e se traduz na isenção do pagamento de custas, de emolumentos, e honorários e de outras despesas processuais; a segunda é regida pelos arts. 14 a 17 da Lei n. 5.584, de 26 de junho de 1970, consistindo na designação de advogado para patrocínio da causa sem pagamento de honorários pelo trabalhador. Nota-se, por isso, que a OJ n. 387 da SBDI-I do TST se equivocou ao aludir à assistência judiciária, pois a situação nela prevista é de justiça gratuita por implicar o não pagamento de honorários periciais, espécie integrante do gênero despesas processuais.

Pela Resolução n. 66, de 10 de junho de 2010, o Conselho Superior da Justiça do Trabalho regulamentou, no âmbito dessa Justiça Especializada de primeiro e segundo graus, a responsabilidade pelo pagamento e antecipação de honorários do perito, do tradutor e do intérprete, no caso de concessão à parte do benefício de justiça gratuita.

Estabelece o art. 2.º, *caput*, dessa Resolução, que a responsabilidade pelo pagamento dos honorários periciais, no caso de justiça gratuita, é da União, devendo, para isso, ser observados os requisitos expressos nos seus incisos I a III, quais sejam: I – fixação judicial de honorários periciais; II – sucumbência da parte na pretensão objeto da perícia; III – trânsito em julgado da decisão.

O § 2.º do mesmo artigo prevê a possibilidade de antecipação parcial do pagamento dos honorários periciais, cujo remanescente será pago após o trânsito em julgado da decisão, se a parte for beneficiária da justiça gratuita.

No caso de a perícia ser inconclusiva ou deficiente, a norma faculta ao juiz reduzir a remuneração do perito, inicialmente arbitrada. A lei, todavia, não indica o percentual de redução, ficando este a critério do juiz (CPC art. 465, § 6.º).

9. A escusa e a recusa do perito e dos assistentes técnicos

O art. 467, *caput*, do CPC, dispõe que o perito pode escusar-se ou ser recusado por impedimento ou suspeição.

A *escusa* é ato do perito, consistente no direito de não aceitar o encargo que lhe foi atribuído. A *recusa*, em sentido oposto, é a manifestação de discordância da parte quanto ao perito designado.

Tratando-se de *escusa*, deverá o perito, dentro de quinze dias da data da intimação, ou do impedimento superveniente ao compromisso, dirigir-se ao juiz e solicitar que o dispense do encargo, mencionando as razões que o levam a isso (CPC, art. 157, § 1.º). Não o fazendo, reputar-se-á que houve renúncia ao direito de escusa (*ibidem*). No caso de *recusa*, esta deverá ser arguida mediante petição (que mencionará a sua causa), na primeira vez que a parte tiver de falar nos autos ou em audiência. A recusa configura, assim, um incidente, que, por isso, deverá ser processado separadamente, embora sem suspensão do processo, sendo certo que se deverá ouvir o arguido no prazo legal, possibilitando-se a produção de provas pela parte recusante. Em seguida, o juiz resolverá o incidente, de cuja decisão, por ser interlocutória (CPC, art. 203, § 2.º), não caberá recurso (CLT, art. 893, § 1.º).

Aceitando a escusa ou acolhendo a impugnação (recusa), o magistrado nomeará novo perito (CPC, art. 467, parágrafo único). Com vistas a isso, consultará a lista a que se refere o § 2.º do art. 157 do CPC.

10. Substituição do perito ou dos assistentes técnicos

O perito pode ser substituído nas situações indicadas pelos incisos I e II, do art. 468, do CPC, a saber:

a) falta de conhecimento técnico ou científico. Se o *expert* não possuir conhecimento técnico ou científico que o habilite a desempenhar a função é elementar que não poderá ser aceito. Esse fato pode ser alegado, inclusive, como motivo de escusa, entendendo Moacyr Amaral Santos que o perito ou os assistentes poderão escusar-se, com apoio nesta causa, mesmo após o prazo de quinze dias previsto no art. 157, § 1.º, do CPC. Não vemos, contudo, razões lógicas para autorizar-se o magistrado a recusar os assistentes quando carecerem de conhecimentos técnicos ou científicos. Ora, ao juiz interessa a aptidão do perito que foi por ele nomeado; quanto aos assistentes, o eventual desconhecimento técnico ou científico acerca daquilo que constitui o objeto da perícia é questão que deve ficar restrita às partes que os indicaram, porquanto as consequências prejudiciais dessa insciência somente a elas diz respeito. Daí por que entendemos não deva o magistrado ingerir-se na escolha dos assistentes, a quem substituirá, todavia, na hipótese de não possuírem habilitação legal (e não aptidão ou conhecimento), quando este for o caso.

b) deixar de cumprir, sem motivo legítmo, o encargo no prazo que lhe foi assinado. Por outro lado, se o perito, injustificadamente, deixar cumprir o encargo no prazo que lhe foi fixado pelo juiz deverá ser substituído. Como da norma legal consta a ressalva "sem motivo legítimo", isso significa que o perito poderá requerer a dilação do prazo para a entrega do laudo sempre que por motivos alheios à sua vontade estiver impossibilitado de fazê-lo prazo originalmente fixado. É recomendável que o requerimento de prorrogação do prazo seja apresentado ao juiz antes do seu vencimento.

Na situação prevista na letra "a", a substituição do *expert* dar-se-á sem prejuízo de comunicação da ocorrência à corporação profissional respectiva e da aplicação de multa, fixada com vistas ao valor da causa e o possível prejuízo oriundo do atraso na tramitação processual.

No processo do trabalho, o perito será substituído, também, se, nomeado, não comparecer à Vara para prestar o compromisso legal (CLT, art. 827), tendo sido para isso regularmente intimado.

Considerando que o perito substituído não realizou o trabalho para o qual havia sido nomeado, deverá restituir, no prazo de quinze dias, os valores recebidos, sob pena de ficar impedido de exercer as suas funções em juízo pelo prazo de cinco anos.

Se o perito substituído não devolver o valor recebido, a parte que efetuou o adiantamento dos honorários poderá promover a execução contra o perito, com base na decisão que determinar a restituição do referido valor. A execução será processada na forma do art. 513 do CPC. A Justiça do Trabalho possui competência para essa execução, nos termos do art. 114, IX, da Constituição Federal. (CPC, art. 468, § 3.º).

11. Perícia mediante carta

Quando a produção da prova pericial tiver de ser efetuada mediante carta precatória ou rogatória, a nomeação do perito e a indicação dos assistentes técnicos poderá ser feita no juízo deprecado ou rogado, ao qual se tenha requisitado a perícia (CPC, art. 465, § 6.º). Caberá ao juízo deprecante ou rogante declarar o prazo dentro do qual a carta deverá ser cumprida, levando em conta a facilidade das comunicações e a natureza da diligência, no caso, pericial (CPC, art. 261).

A formação da carta obedecerá aos requisitos exigidos pelo art. 260 do CPC, podendo o juízo deprecante ou rogante mandar que sejam trasladadas quaisquer outras peças, bem assim instruí-la com mapa, desenho ou gráfico, "sempre que estes documentos devam ser examinados, na diligência, pelas partes, pelos peritos ou pelas testemunhas" (CPC, art. 260, § 1.º), valendo observar que, no caso específico da prova pericial relativa a documento, este será remetido no original, ficando nos autos a reprodução fotográfica (*ibidem*, § 2.º).

Dentre as providências que deverão ser tomadas pelo juízo no qual a prova será produzida, está a de comunicar ao deprecante ou rogante o dia, hora e local em que terá início a diligência, a fim de que este intime as partes, se for o caso.

12. O desempenho das funções de perito e de assistente

Dentro dos limites fixados para a perícia, poderão o perito e os assistentes técnicos atuar com ampla liberdade, por ocasião da diligência e para efeito de confecção do laudo, razão por que a lei lhes defere o direito de, especialmente: a) ouvir testemunhas; b) obter informações, solicitando documentos que se encontrem em poder da parte ou em repartições públicas; assim como, c) instruir o laudo com plantas, desenhos, fotografias e quaisquer outras peças necessárias à fundamentação do seu parecer (CPC, art. 473, § 3.º). Convém, observar, todavia, que sendo a função pericial marcada pela pessoalidade, não se consente que o louvado possa delegá-la a outrem, mesmo que este possua habilitação legal para o exercício da atividade. Afinal, quem prestou o compromisso foi o perito e sua escolha decorreu de ato criterioso do juiz. Demais, a delegação das funções subtrairia do magistrado o necessário controle processual, que lhe compete, privativamente, exercer.

Temos para conosco que a referência legal às testemunhas que poderão ser ouvidas pelo perito e pelos assistentes não tenha a acepção técnica que se possa imaginar, porquanto somente poderá funcionar como testemunha quem, não sendo incapaz, impedida ou suspeita, prestar o compromisso legal (CPC, art. 458, *caput*) e for advertida quanto às sanções penais que incidirão no caso de fazer afirmação falsa, calar ou ocultar a verdade (*ibidem*, parágrafo único). Somente o magistrado, como se sabe, tem poderes para tomar o compromisso e formular a advertência; daí por que entendemos que o art. 473, § 3.º, do CPC, há de ser interpretado no sentido de que o perito e os assistentes poderão ouvir informantes a respeito do objeto da perícia. Caso essas pessoas se recusem, sem motivo justificado, a prestar as informações solicitadas, poderá o perito ou os assistentes comunicar o fato ao juiz, requerendo-lhe a intimação, com o objetivo de compeli-las àquilo a que, voluntariamente, se negaram. Nesta hipótese, as informações serão prestadas diretamente ao juiz, sendo aconselhável que intime o perito e os assistentes para comparecerem à audiência em que serão ouvidos tais informantes, a fim de que, caso pretendam, dirijam perguntas a eles. Embora rara esta hipótese, nada obsta a que a medida seja determinada pelo juiz, desde que necessária para o esclarecimento dos fatos sobre os quais recai a prova pericial.

Podem, o perito e os assistentes, ainda, requerer a apresentação de documentos que se encontrem com as partes ou em repartições públicas; havendo recusa, comunicarão ao juiz, que determinará a exibição (CPC, arts. 396, 397 e 401) ou os requisitará (CPC, art. 438), conforme se trate deste ou daquele caso.

Permite-se, entretanto, que a parte ou o terceiro se escuse de exibir o documento solicitado, alegando um dos motivos relacionados nos incs. l a VI do art. 404 do CPC. Se a recusa for ilegítima, poderá o magistrado admitir, diante de circunstâncias relevantes e valendo-se de extrema prudência, como verdadeiros os fatos que, por intermédio da perícia, a parte contrária pretendia provar — por interpretação integrativa do art. 400 do CPC; sendo recusante o terceiro, o juiz fará com que sobre ele incidam, no que couberem, as disposições do art. 403 do CPC, inclusive, no que concerne à responsabilidade por crime de desobediência, pagamento de multa e outras medidas indutivas, coercitivas, mandamentais ou sub-rogatórias.

13. Perícia e atentado

Em determinadas hipóteses, como as da insalubridade e da periculosidade, o empregador, visando a frustrar o objetivo da perícia deferida, na ação ajuizada pelo trabalhador, modifica o estado de fato do local onde o exame será efetuado, seja retirando dali os aparelhos ou substâncias prejudiciais à saúde ou à integridade física dos trabalhadores, seja instalando filtros ou outros componentes capazes de neutralizar os efeitos perniciosos — tudo com o desiderato de levar o perito a concluir pela inexistência de agentes insalubres ou perigosos. Sabedor disso, deverá o empregado-autor valer-se do procedimento de atentado, previsto no art. 77, inciso VI, do CPC, que é compatível com o processo do trabalho e ao qual poderá prestar bons serviços desde que convenientemente utilizado.

O CPC de 1973 regulava, com certa minúcia, o procedimento do *atentado* nos arts. 879 a 881. O CPC de 2015 limitou-se a fazer esparsas referências a essa figura no art. 77, §§ 2.º e 7.º.

A ação de atentado será exercida no juízo por onde se processa o feito principal, ainda que os autos se encontrem no tribunal. A inicial será autuada em separado, obedecendo--se, a contar daí, ao procedimento da tutela cautelar requerida em caráter antecedente (CPC, arts. 301 e 305 a 310).

A sentença, relativa ao atentado, desde que acolha o pedido, ordenará o restabelecimento do estado anterior (retorno da coisa ao *status quo ante*), suspenderá a causa principal, proibirá o réu de falar nos autos até a purgação do atentado, e o advertirá de que a sua conduta poderá configurar ato atentatório à dignidade da justiça (CPC, art. 77, §§ 1.º e 7.º). Se o réu não cumprir a decisão, o juiz o condenará pela prática de ato atentatório à dignidade da justiça, sem prejuízo das sanções criminais, civis e processuais cabíveis, e de multa de até vinte por cento do valor atribuiído à causa (*ibidem*, § 2.º).

A propósito, o Código Penal considera crime contra a administração da justiça "inovar artificiosamente, na pendência do processo civil (logo, também, do trabalho) ou administrativo, o estado de lugar, de coisa ou de pessoa, com o fim de induzir a erro o Juiz ou o perito" (art. 347).

Realizado o exame pericial, o empregador estará autorizado a dar seguimento à atividade de eliminação ou redução dos agentes insalubres e perigosos.

É estranhável, porém, que os advogados trabalhistas se valham muito pouco desse profícuo procedimento cautelar previsto no CPC — posto à disposição do processo do trabalho pela porta da compatibilidade.

14. A lavratura do laudo

Num sentido ideal, a diligência deveria ser sempre realizada conjuntamente pelo perito e pelos assistentes; não veda a lei, contudo, que a averiguação seja individual, conquanto desaconselhável. Realizado que seja o exame, a vistoria, a avaliação, ou o arbitramento, o perito e os assistentes técnicos conferenciarão em caráter reservado a respeito dos fatos que motivaram a perícia; havendo acordo quanto à conclusão, lavrarão um só laudo, que será, portanto, unânime. Caberá, exclusivamente, ao perito redigir o laudo, lançando nele a sua assinatura, seguindo-se a dos assistentes técnicos.

Na prática, entretanto, rareiam os casos em que há consenso entre o perito e os assistentes; em geral, as suas conclusões divergem. Sendo assim, cada qual deverá escrever um laudo, em separado, indicando as razões em que se funda a sua conclusão.

15. Dilação do prazo para a entrega do laudo

A fixação do prazo para a entrega do laudo, tanto por parte do perito quanto dos assistentes técnicos, é exigência legal (Lei n. 5.584/70, art. 3.º, *caput*) que não deve ser preterida pelo juiz, cumprindo esclarecer que o prazo é comum; vale dizer, para os assistentes será o mesmo que foi assinado ao perito (Lei n. 5.584/70, art. 3.º, parágrafo único), sob pena de, excedido o prazo, o laudo ser desentranhado dos autos.

O art. 465, do CPC, declara que o juiz, após nomear o perito, deverá fixar, de imediato, o prazo para a entrega do laudo.

Seja pela complexidade da perícia, seja pelo acúmulo de serviços, ou por qualquer outro motivo ponderoso, o perito poderá requerer a prorrogação do prazo originalmente fixado para a entrega do laudo; acolhida a justificativa, o juiz prorrogará, por uma vez e pela metade, esse prazo, segundo o seu prudente arbítrio (CPC, art. 476).

Considerando que os assistentes deverão entregar os seus laudos no mesmo prazo estabelecido para o perito, resulta evidente que eles se beneficiarão do elastecimento do prazo deferido a este.

16. Apresentação do laudo

Tendo havido ou não prorrogação do prazo, o perito e os assistentes técnicos entregarão laudo unânime ou individual, conforme seja o caso, na secretaria da Vara. É inaplicável ao processo do trabalho a disposição do art. 477, *caput* do CPC, que determina a entrega do laudo pelo menos vinte dias antes da audiência de instrução e julgamento, porquanto, conforme pudemos ver exaustivamente, a Lei n. 5.584/70 determina que o magistrado fixe prazo para essa entrega, sem vinculá-lo, necessariamente, à audiência. Por mais forte razão, essa norma do CPC não incide no procedimento sumariíssimo trabalhista, pois aqui, por princípio legal, a solução do conflito deverá ocorrer no prazo máximo de quinze dias da data do ajuizamento da inicial (CLT, art. 852-B, inciso III). Fixado o prazo, o laudo deverá ser entregue na secretaria do juízo até o último dia do prazo.

Antes de ordenar a junção do laudo do perito aos autos o juiz o rubricará (CLT, art. 827), embora essa determinação da lei quase não seja observada na prática, provavelmente, porque não acarreta nenhuma subtração da eficácia e da idoneidade do laudo ou nulidade da sentença que nele se fundamentar. Essa formalidade não é exigida com relação ao laudo dos assistentes técnicos.

Juntados aos autos, o juiz determinará a intimação das partes para que sobre os laudos se pronunciem no prazo que lhes for assinado e que deverá estar em consonância com a extensão e a complexidade da perícia realizada. Essa intimação é imprescindível, pois somente assim se propiciará às partes, que desejarem esclarecimentos do perito e dos assistentes, requerer ao magistado que mande intimá-los a comparecer à audiência, para esse fim especialmente designada (CPC, art. 477, § 3.º). Para maior comodidade das partes é recomendável que o prazo não seja comum, mas, sucessivo, pois isto lhes permitirá retirar os autos, mediante carga, a fim de se manifestarem sobre o laudo. Reiterando o que disséramos em linhas pretéritas, julgamos aconselhável que o juiz, ao nomear o perito, apraze, desde logo, a realização da audiência em prosseguimento, exatamente porque, entregue o laudo, já haverá data fixada para a realização desse importante ato processual, com grande benefício para a celeridade do procedimento. Essa celeridade restaria desatendida, por certo, se houvesse adiado *sine die* a audiência.

17. O laudo e o princípio da persuasão racional

O legislador processual brasileiro de 1973 adotou o princípio da *persuasão racional* (ou do *livre convencimento motivado*, expressão mais adequada), conforme estava expresso no art. 131 daquele CPC. Isto significava que o juiz, estribando-se na prova produzida nos autos, formularia livremente a sua convicção jurídica acerca dos fatos que foram trazidos à sua cognição jurisdicional. O CPC atual, todavia, retirou o adjetivo *livremente*, ao redigir o art. 371, fazendo supor a determinados intérpretes que esse Código teria eliminado o princípio do livre convencimento motivado, previsto no Código revogado. Nada mais equivocado. Da conjugação do art. 371, do CPC, com o art. 765, da CLT, verifica-se que, ano menos nos sítios do processo do trabalho, o sobredito princípio continua vivo.

No sistema do CPC de 1973, o juiz não estava adstrito ao laudo pericial para formar o seu convencimento jurídico. Com vistas a isso, poderia valer-se de outros elementos constantes dos autos (art. 436). O CPC atual não se refere a essa faculdade (art. 479), apenas fazendo alusão ao art. 371 e enfatizando a necessidade de o juiz demonstrar na sentença os motivos que o levaram a acatar ou a rejeitar as conclusões estampadas no laudo pericial, levando em conta o método utilizado pelo *expert*. Isso não significa, entrementes, que se tenha vedado ao juiz a possibilidade de, rejeitando as conclusões do laudo, formar a sua convicção jurídica com base em outros elementos trazidos aos autos.

Sabendo-se que as conclusões constantes do laudo constituem mero parecer do perito, seria desarrazoado imaginar-se que pudessem constranger o juiz a acatá-las; fosse assim, estaríamos fazendo uma concessão ao passado, no qual o sistema das provas legais imperou por longo tempo; quando menos, estaríamos atribuindo ao perito função jurisdicional, em virtude da soberania do laudo elaborado. Tais argumentos, no entanto, não devem ser entendidos como fundamento para que o magistrado decida, sistematicamente, contra o resultado do laudo. Não podemos ignorar que a determinação judicial para que a prova técnica seja realizada decorre, exatamente, do fato presumido de o magistrado não possuir conhecimentos técnicos ou científicos capazes de propiciar-lhe uma perfeita percepção da matéria. Pode-se dizer, à vista disto, que haverá algo próximo a um ilogismo se, elaborado o laudo, o juiz dele discordar sem fundamentação jurídica, porquanto a realização da perícia pressupôs a insciência do magistrado em relação ao objeto da prova, ou a sua dificuldade em entendê-lo com a segurança que lhe é exigida. Pondera, por essa razão, Pestana de Aguiar (ob. cit., p. 410), que não cabe ao magistrado "tecer considerações técnicas inteiramente desapartadas da prova, máxime quando é presumido seu menor conhecimento, em relação ao técnico, da especialidade solicitada", embora admita o douto jurista possa o juiz, com apoio na prova, recorrer diretamente a fontes científicas "em sufrágio de sua convicção".

Evidentemente, essa incursão às fontes científicas somente deve ser feita em casos excepcionais e desde que as circunstâncias assim o aconselhem ou exijam; a não ser deste modo, o magistrado acabaria por prescindir do assessoramento técnico do perito, avocando, de maneira irregular, essas funções. Enfim, o que não se permite é que o magistrado discrepe, arbitrariamente, do resultado estampado no laudo, pois, na observação precisa de Carlo Lessona (ob. cit., p. 586-610), calcado em Stoppato, é inconcebível que "um Juiz culto, inteligente e sábio negue aquilo que se acha científica e logicamente demonstrado, ou que se repila o que estiver iniludivelmente assegurado, ou se subtraia arbitrariamente aos resultados de conhecimentos específicos, quando a estes correspondem os fatos".

Na prática, nem sempre haverá nos autos elementos técnicos capazes de justificar o fato de o juiz deixar à margem o laudo pericial para formar o seu convencimento jurídico com base nesses elementos. Seria, mesmo, de indagar-se: se esses elementos já estavam nos autos, por que motivo o juiz deferiu a realização da perícia, em vez de valer-se da faculdade que lhe atribui o art. 472? O que talvez possa ocorrer é de após a apresentação do laudo uma das partes (ou ambas) juntar aos autos elementos dotados de aptidão para sobrepujar o laudo pericial e servir como fundamento para a sentença. Ademais, em alguns casos esses elementos técnicos podem ser sido produzidos por encomenda de uma das partes, de tal arte que será desaconselhável ao magistrado basear-se neles para formar a sua convicção jurídica acerca dos fatos da lide.

18. Nova perícia

No sistema do CPC revogado, quando a matéria não estivesse suficientemente esclarecida no laudo, o juiz poderia determinar a realização de nova perícia, por sua iniciativa ou a requerimento da parte interessada. Cuidava-se, pois, de uma *faculdade* do magistrado. A redação do art. 480 do CPC em vigor, no entanto, permite a conclusão de que, agora, se trata de um *dever* do magistrado, pois a norma possui caráter imperativo: "O juiz *determinará*, de ofício ou a requerimento da parte, a realização de nova perícia quando a matéria não estiver suficientemente esclarecida" (destacamos).

Determinando a realização de uma nova perícia, o juiz deverá nomear perito diverso do anterior; designar o mesmo seria render culto ao ilogismo, pois o laudo por este elaborado não foi satisfatório.

De qualquer modo, acreditamos não ser possível, *em princípio,* deferir-se (logo, houve requerimento nesse sentido) a realização de uma terceira perícia, não apenas diante dos transtornos e inconvenientes que isso traria para o procedimento, mas, acima de tudo, porque a própria lei somente se refere à *segunda* perícia (art. 480, § 1.º). Nada obstante, em casos especialíssimos poderá o magistrado determinar de ofício a realização, pela terceira vez, dessa modalidade de prova, pois seria de certo modo constrangedor impor-lhe que formasse a sua convicção com base em duas perícias insatisfatórias, precárias ou inaptas, que não puderam ser salvas nem mesmo pelos esclarecimentos complementares ministrados pelo perito e pelos assistentes.

A segunda perícia não poderá inovar ou alterar o objeto da realização da primeira; nem haveria sentido lógico para que isso ocorresse, pois aquela visa, fundamentalmente, a suprir omissões ou a sanar falhas desta (CPC, art. 480, § 1.º). A lei, aliás, é suficientemente clara ao estabelecer essa pressuposição essencial.

Levando-se em conta as razões finalísticas da segunda perícia, parece-nos correto afirmar que, por princípio, não devem ser admitidos novos quesitos, porquanto isto poderia transfigurar o objeto da sua realização. Os novos quesitos, que entendemos não devam ser aceitos, estão no sentido de serem capazes de provocar uma deflexão do objeto da investigação pericial, fazendo com que recaia em fatos não compreendidos pela primeira. Destarte, nada impede que, sendo novos unicamente quanto à forma de serem redigidos, os quesitos sejam admitidos, pois, nesse caso, a reformulação da literalidade poderá contribuir para que a segunda perícia alcance os resultados que à primeira restaram frustrados.

É tarefa árdua, sem dúvida, que exigirá do juiz apurada argúcia e bom senso discernir entre serem esses quesitos novos quanto à finalidade que perseguem, ou, meramente, no que tange à forma com que foram redigidos. No primeiro caso, os indeferirá; no segundo, não.

Pergunta-se, contudo: a segunda perícia deverá ser efetuada pelo mesmo perito? Ora, se a primeira perícia foi insatisfatória em virtude de falha do perito (seja no desempenho das funções, por lhe faltarem conhecimentos técnicos ou científicos para realizá-la, seja por qualquer outra causa que lhe possa ser, legitimamente, imputável) este deverá ser substituído com fulcro no permissivo do art. 468, inciso I, do CPC, pois seria imprudente persistir-se com quem não soube se desincumbir com lealdade ou perfeição do encargo que lhe foi cometido.

Os mesmos critérios estabelecidos pelo juiz para a realização da primeira perícia deverão ser observado com vistas à segunda (CPC, art. 480, § 2.º). Se, todavia, a primeira perícia foi insatisfatória, exatamente em decorrência da precariedade dos critérios indicados pelo juiz, é elementar que esses critérios devem ser aprimorados, sob pena de a segunda perícia também apresentar o mesmo resultado insatisfatório da primeira.

A nova perícia não substituiu a primeira, podendo o juiz, diante disso, apreciar livremente o valor de uma e de outra (CPC, art. 480, § 3.º). É evidente que o magistrado deverá indicar, na sentença, as razões jurídicas pelas quais optou por um dos laudos, desprezando o outro. Essa fundamentação é, acima de tudo, uma exigência constitucional (CF, art. 93, inciso IX), estando reproduzida nos textos infraconstitucionais (CLT, art. 832, *caput*; CPC, art. 479).

Conforme afirmamos, a segunda perícia não substitui a anterior; quer dizer: o magistrado poderá acatar o resultado constante desta ou daquela, apreciando "o valor de uma e outra" (art. 480, § 3.º). A tendência que a generalidade dos casos sugere é a aceitação da segunda perícia, pois, quando da sua realização, os peritos e os assistentes ficaram cientes das omissões ou incorreções existentes na primeira e, por suposto, empenharam-se em saná-las. Entendendo, no entanto, que as conclusões contidas na primeira perícia estão mais conformes com os fatos que a motivaram, o juiz poderá adotá-las livremente, isto é, sem receio de dever obediência à segunda.

Em outras hipóteses, ainda, ele poderá fundamentar-se em ambas as perícias, seja porque se complementam, seja porque parte da matéria foi mais bem examinada pela primeira e parte pela segunda, seja por outra razão qualquer que possa ser invocada legalmente.

19. Perícia relativa à falsidade ou autenticidade de documento, letra ou assinatura

Quando o exame se destinar à apuração de autenticidade ou de falsidade de documento, ou for de natureza médico-legal, o perito deverá ser escolhido, preferentemente, entre os técnicos dos estabelecimentos oficiais especializados. Nesse caso, o juiz autorizará a remessa dos autos, contendo o material que será objeto da perícia ao estabelecimento referido (CPC, art. 478, *caput*), perante cujo diretor o perito prestará o compromisso legal (CLT, art. 827).

Não se aplica ao processo do trabalho o texto da norma legal *sub examen* no que se refere ao exame de natureza médico-legal; essa matéria não se insere na competência da Justiça do Trabalho.

Se a parte estiver recebendo o benefício da justiça gratuita, caberá aos órgãos e às repartições federais realizar o exame pericial — no prazo assinado pelo juiz — com preferência em relação aos demais exames (CPC, art. 478, § 1.º).

A prorrogação do prazo deverá ser objeto de requerimento fundamentado. Mais do que isso — acrescentamos —, o requerimento deverá ser apresentado antes de vencido o prazo original (CPC, art. 478, § 2.º).

Tratando-se de perícia relativa a autenticidade da letra (cada um dos caracteres do alfabeto, representativos dos fonemas ou sons na linguagem articulada) ou de firma (assinatura, autógrafo), poderá o perito requisitar, para efeito de comparação, documentos existentes em repartições públicas; na falta destes, requererá ao juiz que a pessoa, a quem se atribuir a autoria do documento, lance em folha de papel, mediante cópia ou ditado, palavras diferentes, para serem cotejadas com o objeto da perícia: são os denominados padrões homógrafos (CPC, art. 478, § 3.º).

A prática sugere que essas palavras ou frases da pessoa à qual se atribui a autoria devam ser escritas tanto em papel contendo linhas quanto em papel que não as possua, e que a pessoa as escreva algumas vezes sentadas, e outras em pé, a fim de que o perito possa concluir, com maior precisão, a respeito da autenticidade ou não do texto ou da assinatura.

Alguns Tribunais Regionais do Trabalho possuem um Setor de Perícias Grafodocumentoscópicas destinado, especificamente, à elaboração de exames tendentes à verificação de autenticidade ou falsidade de documento, letra ou assinatura, cujo funcionamento é regulamentado por provimento do órgão, no qual são fixados, inclusive, os emolumentos relativos à perícia, que serão pagos a final, salvo se a parte estiver recebendo o benefício da justiça gratuita, quando, então, deles ficará isenta.

Arguida que seja a falsidade, o incidente será processado na forma do art. 430 e seguintes do CPC. A sentença que o resolver (CPC, art. 433): a) declarará a falsidade ou a autenticidade do documento, da letra ou da assinatura, segundo seja a hipótese; b) declarando a falsidade, o juiz determinará, de ofício, por força do disposto no art. 40 do Código de Processo Penal, a remessa ao Ministério Público da segunda via do laudo, bem como uma cópia de outros documentos que entender necessários ao oferecimento da denúncia; esse procedimento judicial será necessário mesmo que as partes se conciliem ou transacionem, pois este fato não subtrai, absolutamente, o caráter criminoso da falsificação; c) atribuirá à parte vencida o pagamento dos emolumentos devidos em função da perícia e da remessa de peças ao Ministério Público, salvo se ela estiver recebendo o benefício da justiça gratuita (CLT, art. 790, § 3.º).

20. A falsidade do laudo

Se o perito fizer afirmação falsa, calar ou negar a verdade, estará cometendo o crime (contra a administração da Justiça) a que se refere o art. 342 do Código Penal, cuja pena será a de reclusão de um a três anos, e multa pecuniária. Embora seja de difícil ocorrência na prática, pode acontecer de o laudo ser falso; diante disso e considerando que se trata de um documento, poderá a parte interessada arguir-lhe a falsidade, processando-se o incidente na forma do art. 430 e seguintes do CPC, no que couber.

Caso a sentença tenha se fundamentado no laudo pericial, que veio mais tarde a ser declarado falso, poderá ser rescindida com fulcro no art. 966, inciso VI do CPC. Para que a rescisória seja admitida, contudo, há necessidade de demonstrar-se que a sentença não subsistiria sem o laudo declarado falso.

21. Produção antecipada da prova pericial

Desde que haja fundado receio de que venha a tornar-se impossível ou extremamente difícil a verificação de certos fatos na pendência da ação, ou que a prova a ser produzida seja suscetível de viabilizar a autocomposição ou outro meio adequado de solução do conflito, ou, ainda, o prévio conhecimento dos fatos possa justificar ou evitar o ajuizamento da ação, a lei permite (CPC, art. 381, incisos I a III, respectivamente) que a parte interessada requeira a realização de perícia antecipada. Trata-se da medida cautelar de produção antecipada de provas, e que abrange, também, o interrogatório da parte e a inquirição de testemunhas.

Particularmente, a prova pericial será efetuada segundo as regras e o procedimento estabelecido no art. 464 e seguintes do CPC. Se o juiz se convencer que o réu poderá tornar ineficaz a medida cautelar, poderá concedê-la liminarmente ou após justificação prévia por parte do requerente, que, no processo do trabalho, não necessitará prestar a caução (contracautela). Realizada que seja, os autos permanecerão na secretaria da Vara, facultando-se, todavia, aos interessados solicitar certidões (CPC, art. 383).

É elementar que a prova pericial — como as demais que sejam produzidas de maneira antecipada — não pode ser apreciada isoladamente (ou de imediato) pelo juiz, que deverá, por isso, reservar-se para fazê-lo na sentença de fundo, relativa à ação a ser ajuizada pelo requerente da medida cautelar.

22. Dispensa da prova pericial

O art. 472, do CPC, permite ao juiz dispensar a prova pericial quando as partes, na inicial e na contestação, apresentarem sobre as questões de fato pareceres técnicos ou documentos elucidativos que reputar suficientes. Entendemos que essa regra deva incidir também no processo do trabalho, mesmo nos casos de insalubridade e periculosidade, no qual, em princípio, o exame pericial e obrigatório (CLT, art. 195, § 2.º). É que a dispensa do exame pericial, na espécie, tem o inegável mérito de evitar, a um só tempo, o retardamento da solução do conflito de interesses e a condenação do vencido ao pagamento dos correspondentes honorários (CLT, art. 790-B).

Insistamos, porém: a dispensa do exame pericial só será legalmente possível se a petição inicial e a contestação estiverem suficientemente instruídas com documentos ou pareceres que justifiquem a dispensa daquela prova técnica. Nesse caso, estará atendido o princípio constitucional do contraditório, por forma a autorizar o magistrado a emitir a sentença de mérito com base nos referidos documentos ou pareceres. Em muitos casos, aliás, as partes têm requerido a dispensa da perícia, optando por fazer uso de prova emprestada, consistente em laudos técnicos elaborados em virtude de outro processo.

Note-se, contudo, que a dispensa do exame pericial não está subordinada à existência de prova emprestada, e, sim, à particularidade de constarem da inicial e da contestação pareceres técnicos idôneos ou documentos capazes de elucidar os fatos. É relevante assinalar, de qualquer forma, que a dispensa da perícia constitui mera faculdade do juiz, que, em razão, dela fará uso, ou não, segundo seu prudente arbítrio. Não podemos ignorar o fato os pareceres técnicos, a que se refere o art. 451, podem ter sido elaborados por encomenda da parte, motivo por que não são providos do mesmo caráter de neutralidade característico do laudo pericial.

Não menos importante é assinalar que a prova emprestada só pode ser utilizada negociadamente, ou seja, quando for aceita por ambas as partes. Isto corresponde a asseverar que essa modalidade de prova não pode ser imposta por uma das partes à outra. Admitir-se que a prova emprestada possa ser imposta será não apenas malferir o direito constitucional de ampla defesa, da parte que não concorda com a juntada dessa prova, como, se for o réu, impor-lhe uma condenação perpétua, uma vez que em todas as ações em que se discutir a matéria contida no laudo já se saberá o resultado do julgamento.

23. Substituição da perícia

Quando o ponto controvertido não apresentar grande complexidade, o juiz, por sua iniciativa ou a requerimento da parte, poderá substituir a prova pericial pela produção de prova técnica simplificada. Esta poderá consistir, inclusive, no depoimento do perito (CPC, art. 464, § 2.º).

Nos sistemas de *commom law*, a propósito, a prova simplificada é realizada mediante esclarecimentos do *expert witness* (expressão que pode ser traduzida como *testemunha-perito*). O CPC de 1973 permitia que as partes requeressem ao juiz a intimação do perito para comparecer à audiência, a fim de prestar esclarecimentos (art. 435), que tinham natureza meramente complementar do laudo elaborado. Agora, o perito pode vir a juízo, sem que haja confeccionado laudo, cujos esclarecimentos prestados, de maneira técnica e circunstanciada, substituirão o laudo. O grande benefício para o processo, quando for possível a aplicação do § 2.º do art. 464, consistirá: a) na economia de despesas (pois, mesmo que sejam devidos honorários periciais, estes serão de menor monta do que os pertinentes à elaboração de laudo); e b) na aceleração do procedimento, mercê de sua simplificação, ainda que tópica.

A prova técnica simplificada, conforme já dissemos, consistirá somente na inquirição, pelo juiz, de especialista em relação ao ponto controverso, que exija especial conhecimento cientifico ou técnico (CPC, art. 464, § 3.º).

O especialista, designado pelo juiz, deverá ter formação acadêmica específica na área sobre a qual recairá o seu depoimento. Esse profissional, ao prestar esclarecimentos, poderá fazer uso de qualquer meio tecnológico de transmissão de sons e imagens, com a finalidade de esclarecer os pontos controvertidos na causa (CPC, art. 464, § 4.º).

24. O depoimento do perito

Como dissemos em linhas anteriores, apresentado o laudo pelo perito, o juiz abre prazo — seja comum ou sucesssivo — para que as partes se manifestem a respeito. Quase sempre, uma delas impugna o laudo; quando não, ambas o fazem. Tem sido praxe, na Justiça do Trabalho, diante disso, o magistrado determinar que o perito se pronuncie, por escrito, sobre a impugnação. Não raro, apresentados os esclarecimentos pelo perito, o juiz abre, novamente, vista às partes. Há casos em que, novamente, o magistrado intima o perito para manifestar-se sobre a manifestação das partes — numa sucessão de intimações para lá e para cá, que só faz retardar a solução do incidente e a tramitação do processo.

Seria aconselhável, por isso, que, apresentado o laudo e vindo este a ser impugnado por uma ou por ambas as partes, o juiz designasse audiência, para a finalidade de, nela, o perito prestar os esclarecimentos necessários. Este é, aliás, o procedimento estabelecido pelo CPC, conforme demonstra o seu art. 477, § 3.º: "Se ainda houver necessidade de esclarecimento, a parte requererá ao juiz que mande intimar o perito ou o assistente técnico a comparecer à audiência de instrução e julgamento, formulando, desde logo, as perguntas, sob a forma de quesitos".

O perito e os assistentes somente estarão obrigados a comparecer à audiência se para isso forem intimados com a antecedência mínima de cinco dias. Quando a norma legal alude à formulação de *perguntas* sob a forma de *quesitos* está sendo tautológica, pois os quesitos nada mais são do que perguntas dirigidas pelas partes ao experto. Bastaria, portanto, que a lei dissesse que a as partes apresentariam quesitos. Com isso, teria dito tudo.

Na verdade, a CLT também prevê a possibilidade de o perito ser inquirido em audiência (art. 848, § 2.º), conquanto não trace o procedimento para isso. Pode-se aplicar, por esse motivo, o que é estabelecido pelo CPC, com umas poucas adaptações. Por exemplo, no processo do trabalho não haverá necessidade de as partes formularem, previamente e por escrito, as perguntas que desejam ver respondidas pelo *expert*. Essas perguntas poderão ser formuladas, oralmente, na própria audiência, levando-se em conta a simplicidade do procedimento trabalhista. Caso as perguntas sejam feitas por escrito, o juiz poderá-la indeferi-las, desde logo, sempre que as reputar impertinentes (CPC, art. 470, inciso I). Ficará reservado ao prudente arbítrio do magistrado, todavia, a aceitação, ou não, de perguntas orais, na audiência, que não constavam dos quesitos escritos.

Reiteremos: caso o juiz do trabalho entenda ser aplicável, por inteiro, o procedimento indicado pelo art. 477, § 3.º, do CPC, deverá esclarecer às partes que as perguntas, feitas por escrito, devem ser apresentadas em juízo de modo a permitir que o perito seja intimado com a antecedência mínima de cinco dias para comparecer à audiência (*ibidem*, parágrafo único).

Presente à audiência, o perito prestará os esclarecimentos necessários acerca do laudo. Nem mesmo o CPC traça um procedimento a ser observado, com vistas a tomar o depoimento desse auxiliar da justiça (CPC, art. 149). Para suprir essa omissão, pode-se adotar, em caráter supletivo, *mutatis mutandis*, o que é estabelecido para a inquirição das testemunhas. Assim, o próprio juiz poderá assumir a iniciativa de tomar-lhe o depoimento, sendo razoável que conceda, em seguida, essa oportunidade à parte que impugnou o laudo. Se ambas o impugnaram, o primeiro a formular perguntas ao perito será o autor.

Se o perito não comparecer, será inevitável o adiamento da audiência (CLT, art. 844, parágrafo único); não poderá o magistrado, contudo, determinar que ele compareça à outra audiência mediante condução coercitiva, pois esse constrangimento pessoal só pode ser imposto às testemunhas. O que ao juiz se consente, em tal caso, é destituir o perito, sem prejuízo da aplicação da multa a que se refere o parágrafo único do art. 468, § 1.º, do CPC, e de comunicação ao órgão fiscalizador do seu exercício profissional. Se ausente estiver qualquer dos assistentes, isto não impedirá a realização da audiência.

Ao contrário das testemunhas, o perito, no processo civil, antes de ser inquirido, não presta o compromisso de dizer a verdade do que souber e lhe for perguntado (CPC, art. 458, *caput*). Todavia, no processo do trabalho — convém esclarecer —, à diferença do processo civil (art. 466), o perito, ao assumir o encargo (CPC, art. 466) de efetuar o exame, a vistoria ou a avaliação (CPC, art. 464, *caput*), deve prestar o compromisso legal, como evidencia o art. 827, da CLT. Este compromisso, portanto, é prestado antes mesmo de o perito dar início às diligências, não se confundindo com aquele que se poderia imaginar que ele deveria realizar antes de prestar depoimento.

Embora não haja manifestação legal a propósito, temos para conosco que, ao ensejo da audiência, o juiz deverá providenciar para que os assistentes técnicos que não tenham ainda prestado esclarecimento não ouçam o depoimento do perito, ou mesmo dos assistentes da parte contrária. Extraímos o nosso entendimento do princípio que se insere nos arts. 385, § 2.º, e 456, ambos do CPC, que impõem a incomunicabilidade das pessoas que ainda não foram ouvidas, com a que está depondo. É certo que estamos sugerindo a separação do perito e dos assistentes na hipótese de terem sido divergentes os laudos elaborados; sendo um só laudo, porque unânime, não há fundamento para essa providência.

As respostas (ou esclarecimentos, como queiram) do perito irão integrar-se ao laudo, de tal maneira que o magiistrado, no momento de proferir a sentença, deverá levar em consideração este e aquelas, como se fossem um só corpo.

Tal qual o depoimento das partes e das testemunhas, o prestado pelo perito deverá constar da ata da audiência. Em que pese ao fato de o art. 477, § 3.º, do CPC, ser omisso a respeito do assunto, as perguntas que as partes desejarem formular ao perito, na audiência, devem ser feitas por intermédio do juiz, que as deferirá ou indeferirá, conforme as circunstâncias. A norma legal mencionada também é silente quanto ao direito de a parte ver transcritas na ata da audiência as perguntas que forem indeferidas pelo magistrado. Entendemos que essa transcrição deverá ser efetuada, desde que requerida pelo interessado, assim como ocorre em relação às perguntas dirigidas às testemunhas (CPC, art. 459, § 3.º).

Nos casos em que os esclarecimentos feitos pelo experto não forem satisfatórios — por mais que o juiz e as partes tenham se empenhado para que assim fossem —, o magistrado poderá designar a realização de nova perícia, desta feita, por profissional diverso do anterior. A realização de nova pericia não traduz imposição legal ao magistado, senão que uma faculdade deste.

Como elucida o art. 480, § 3.º, do CPC, a nova perícia não substituiu a primeira, podendo o juiz, diante disso, apreciar livremente o valor de uma e de outra. É evidente que o magistrado deverá indicar, na sentença, as razões jurídicas pelas quais optou por um dos laudos, desprezando o outro. Essa fundamentação é, acima de tudo, uma exigência constitucional (CF, art. 93, inciso IX), estando reproduzida nos textos infraconstitucionais (CLT, art. 832, *caput*; CPC, art. 489, inciso II).

Como afirmamos no início deste Capítulo, os juízes do trabalho, havendo impugnação do laudo pelas partes, costumam intimar o perito para manifestar-se, por escrito, sobre as alegações dos litigantes; os magistrados assim procedem, por certo, em razão da dificuldade de encontrar espaço nas pautas das audiências. Somente em situações extraordinárias, como quando os esclarecimentos por escrito no experto não são satisfatórios, é que têm designado audiência para ouvi-lo.

Capítulo XIV

A Inspeção Judicial

1. Considerações preambulares

Em regra, compete às partes produzir na presença do juiz a prova da veracidade dos fatos narrados na ação; essa trasladação para os autos do processo se faz pelos meios em direito admitidos (CF, art. 5.º, inciso LVI) e na medida do interesse dos litigantes em verem admitidos como verdadeiros tais fatos. Dito interesse constitui, a propósito, o conteúdo racional do encargo ou ônus da prova, que a lei processual distribui entre os litigantes (CLT, art. 818).

Sendo o magistrado, de conseguinte, o principal destinatário da prova, seria inadmissível que a lei não lhe permitisse vistoriar, diretamente, pessoas ou coisas, a fim de melhor formar a sua convicção jurídica acerca dos fatos controvertidos na causa (CPC, art. 481). Assim é que ele poderá, de ofício ou a requerimento da parte, realizar essa inspeção sempre que isto se fizer necessário para o esclarecimento de fatos relevantes para a solução da lide. Na inspeção, diz Chiovenda (*Istituzioni*, n. 342), "o Juiz colhe diretamente, por seus próprios sentidos, as observações sobre as coisas que são objeto da lide ou que com ela têm relação".

A inspeção judicial é também prevista em legislações alienígenas, nas quais varia a sua denominação: *inspección judicial*, *inspección ocular*, *acesso giudiziario*, *visita giudiziale*, *decende sur lês heux*, *inspection at a wee* etc. Ela, contudo, não se confunde com: a) o exame pericial, pois a inspeção se trata de reconhecimento feito pessoalmente pelo juiz, de quem não se exige nenhum conhecimento técnico ou científico; para tanto, bastam, apenas, as suas percepções sensórias comuns; b) a cognição privada do magistrado, porquanto aqui ele procede ao reconhecimento acompanhado pelas partes, seus representantes ou procuradores, podendo, ainda, fazer-se assistir por um ou mais peritos, cuja função será, somente, a de assessorá-lo. A ausência das partes, desde que tenham sido regularmente intimadas, não obsta a inspeção.

O CPC de 1939 não previa a inspeção judicial — que, aliás, é amplamente cabível no processo do trabalho, embora a sua utilização, na prática, seja infrequente. A vistoria, a que se referia o CPC de 1939 (art. 294, inciso V), não era a judicial, e sim, a realizada por perito, na forma dos arts. 129 a 132, daquele Código. Vale dizer, correspondia à atual perícia. O CPC de 1973 regulava a inspeção judicial nos arts. 440 a 443.

2. Conceito

Para Carlo Lessona a inspeção judicial é "o ato pelo qual o Juiz se traslada ao lugar a que se refere a controvérsia, ou onde se encontra a coisa que a motiva, para obter, mediante exame pessoal, elementos de convicção"; Erich Doring a tem como "o ato por meio do qual o Juiz, em vez de colher informações por intermédio de terceiros, toma ciência pessoal a respeito de um objeto concreto, com fins de esclarecimento" (*La prueba*: su práctica y apreciación. Buenos Aires: E.J.E.A., 1972, § 63, p. 216). Dela, ainda, disse Liebman (*Manual de direito processual civil*, 1959, 2.º v., n. 238): "é a atividade instrutória do Juiz destinada a examinar uma coisa ou lugar, a fim de tomar conhecimento de suas características".

Visando a contribuir para a consolidação do tema, sugerimos o seguinte conceito: inspeção judicial é o ato pelo qual (1) o juiz, (2) no curso do processo, (3) por sua iniciativa ou a requerimento da parte, (4) e com o objetivo de buscar esclarecimentos (5) acerca de fatos relevantes para a decisão da causa, (6) examina, diretamente, (7) em juízo ou no local em que se encontrem, (8) pessoas ou coisas, (9) utilizando-se, para isso, de suas percepções sensoriais comuns.

Dissemos:

(1) o juiz, porque essa inspeção constitui ato privativo do magistrado;

(2) no curso do processo, porquanto o inspecionamento somente poderá ser realizado após o ajuizamento da ação; a não ser assim, não se poderia justificar o fato de esse ato judicial destinar-se a obter esclarecimentos a respeito de fatos da causa. Ademais, não sendo a inspeção meio de prova, não se admite a sua realização em sede cautelar;

(3) por sua iniciativa ou a requerimento da parte, dado que a vistoria pode ser deliberada pelo próprio magistrado, de ofício, ou em face de requerimento de um ou de ambos os litigantes. Entendemos que o juiz não está obrigado a acolher o requerimento, pois a realização da inspeção constitui nítida faculdade que lhe confere a lei, conforme se conclui pelo emprego do verbo *poder* ("pode") na redação do art. 481 do CPC;

(4) e com o objetivo de buscar esclarecimentos, visto ser esse o pressuposto legal que autoriza a inspeção, constituindo, ao mesmo tempo, a sua finalidade. É evidente, contudo, que se a matéria estiver suficientemente esclarecida nos autos não haverá necessidade de o juiz proceder a esse reconhecimento;

(5) acerca de fatos relevantes para a decisão da causa, porque os fatos sem importância para o deslinde da controvérsia não devem ser eleitos como objeto desse ato judicial. Os fatos, além disso, devem ser controvertidos;

(6) examina, diretamente, quer dizer, sem a intermediação de alguém; o magistrado, aqui, é o sujeito da vistoria, é o próprio perceptor dos fatos;

(7) em juízo ou no local em que se encontrem, porquanto a pessoa ou coisa tanto pode ser trazida à presença do magistrado, para ser inspecionada, quanto este locomover-se ao lugar em que se encontra;

(8) pessoas ou coisas, pois estas são, por expresso pronunciamento legal, as destinatárias do exame judicial;

(9) utilizando-se, para isso, de suas percepções sensoriais comuns, exatamente porque do juiz não se exige, no caso, qualquer conhecimento especializado (técnico ou científico), mas, apenas, que possa apreender os fatos por intermédio das suas percepções sensórias ordinárias, entendidas como aquelas de que são dotadas as pessoas em geral.

3. Lugar da inspeção

O art. 483, do CPC, prevê as situações que autorizam o juiz a proceder à inspeção de pessoa ou coisa. São estas:

a) quando julgar necessário para a melhor verificação ou interpretação dos fatos que deva observar. O ônus da prova que a lei atribui às partes (CLT, art. 818) significa que elas devem, pelos meios previstos em lei, reproduzir nos autos a realidade dos fatos alegados em suas peças processuais. Muitas vezes, contudo, por mais que nisso se tenham empenhado os litigantes, ao juiz os fatos não parecem claros. Diante disso, ele poderá ir ao local em que se encontra a pessoa ou a coisa, a fim de melhor poder cientificar-se a respeito dos fatos da causa;

b) quando a coisa não puder ser apresentada em juízo sem consideráveis despesas ou graves dificuldades. Se o objeto for pessoa ou coisa móvel, a inspeção deverá ser feita na sede da Vara. Tratando-se de imóvel, o inspecionamento será feito, evidentemente, no lugar em que ele está situado.

Na Justiça do Trabalho, em regra, a inspeção judicial tem como objeto coisas imóveis, sendo de certo modo mais frequente nas ações aforadas por trabalhadores rurais, quando, em muitos casos, avulta a necessidade de o juiz efetuar a vistoria, com o objetivo de constatar, *in loco,* a localização e as características físicas do imóvel, a distância deste em relação ao lugar em que reside o empregado, as atividades que são ali desenvolvidas, a área de plantio e o mais, sem o que dificilmente poderia captar essas particularidades, pois os demais meios de prova resultariam inaptos para tanto.

Enfim, na Justiça do Trabalho a inspeção recai, quase sempre, em coisa imóvel, nada obstando, entretanto, que se realize com base nos demais incisos da norma legal em exame;

c) quando houver necessidade de reconstituição dos fatos essenciais da causa, o magistrado poderá inspecionar pessoas ou coisas. No processo do trabalho tem sido escassa a realização de inspeção judicial com fulcro neste inciso.

4. O ato de inspeção

A despeito de o juiz dever valer-se essencialmente das suas percepções sensoriais comuns, no momento da inspeção, permite a lei que ele se faça assistir por um ou mais peritos, a fim de melhor compreender os fatos relacionados ao objeto do exame (CPC, arts. 481 e 482).

Contrariamente a Moacyr Amaral Santos (ob. cit., p. 390), julgamos que na inspeção as partes não podem designar assistentes técnicos, porquanto não se trata de perícias; na inspeção, o perito se destina a assessorar, tecnicamente, o magistrado, não se admitindo, portanto, que as partes indiquem assistentes. O nosso entendimento, no particular, decorre do fato de que, sendo a inspeção um ato exclusivo do juiz, a existência de assistentes para as partes se torna incompatível com essa pessoalidade relativa ao magistrado. Devemos esclarecer, contudo, que o juiz poderá consentir, por mera liberalidade, que se designem assistentes, caso entenda aconselhável a sua presença no inspecionamento.

Como vimos, ao realizar a inspeção poderá o juiz ser assistido por um ou mais peritos, sempre que reputar necessário e desde que isto se justifique diante, por exemplo, da heterogeneidade de objetos a serem examinados. Há, assim, um fundamento lógico para a existência de mais de um perito numa só inspeção; oportuna, a respeito, a observação de Pestana de Aguiar (ob. cit., p. 428), de que a pluralidade de peritos, permitida por lei, "quer se referir à inspeção judicial que envolve mais de uma especialidade técnica".

Cumpre ao juiz determinar a intimação das partes quanto à data, hora e local em que será realizada a inspeção, pois é certo que estas têm o direito de assistir ao ato, prestando inclusive esclarecimentos e formulando observações que interessem à causa (CPC, art. 483, parágrafo único). Por este motivo, podem as partes se fazer acompanhar de técnicos, que as auxiliarão nos esclarecimentos e observações que pretendam formular ao juiz. Ao assim afirmar, não estamos incidindo em contradição com o que há pouco dizíamos, quanto à inadmissibilidade de *assistentes técnicos* na inspeção. Sucede que, efetivamente, não concordamos com a designação de *assistentes* que tais, segundo a maneira formal com que isto se dá no caso de exame pericial, em que os assistentes técnicos devem, até mesmo, responder aos quesitos que tenham sido elaborados. Sendo assim, o que na inspeção se permite às partes é que se valham de pessoas versadas na matéria que dá conteúdo ao inspecionamento, com a finalidade de se *consultarem* com elas sempre que desejarem contribuir para o esclarecimento dos fatos relevantes para a causa. Isto, todavia, não transforma esses auxiliares das partes em seus assistentes técnicos, segundo o significado próprio desta expressão na terminologia processual.

A ausência de intimação aos litigantes acerca do dia, hora e local da inspeção tornará nulo o ato porque, em se tratando de um meio de prova, a sua produção deve respeitar a alguns princípios regentes como, em particular, o do contraditório.

Censure-se, por isso, o procedimento adotado por alguns juízes, consistente em realizar a inspeção de surpresa, ou seja, sem o prévio conhecimento das partes. É sempre recomendável advertir que "As partes têm sempre direito a assistir à inspeção (...)", nos termos inequívocos do parágrafo único do art. 483 do CPC. Seria lícito, porém, ao magistrado realizar a inspeção de surpresa, estando presentes as partes? Digamos que o juiz resolva suspender a audiência de instrução, que estava sendo realizada, para dirigir-se a determinado local, com as partes e advogados, a fim de melhor inteirar-se das condições de trabalho do autor ou de verificar se as declarações da parte ou da testemunha são verdadeiras. A despeito de esse tipo de procedimento não dever ser estimulado, pelo caráter algo policialesco e sensacionalista que apresenta, devemos reconhecer que não será causa de nulidade processual, considerando-se a presença das partes ao ato de inspeção. Mesmo assim, deverá ser lavrado auto circunstanciado (CPC, art. 484).

Durante a inspeção, o juiz poderá ordenar a exibição de documentos que se relacionem com a coisa ou pessoa que esteja sendo examinada, bem assim colher informações de terceiros, sem que se atribua a estes a qualidade de testemunhas.

5. Inspeção cumulada com perícia

Havendo identidade ou mesmo semelhança de objetos, nada impede que a inspeção judicial seja efetuada simultaneamente à diligência do perito, nos casos em que ambos os meios de prova (inspeção e perícia) tenham sido determinados ou deferidos. Razões de ordem prática, por outro lado, sugerem que se utilize o mesmo perito nessa cumulação, sem que isto, todavia, implique fazer com que a inspeção e a perícia se confundam ou percam as suas características e finalidades traçadas por lei.

A conjugação, em um só ato, da inspeção e da perícia objetiva, marcadamente, a atender ao princípio da concentração, que por sua vez, tem a ver de perto com o da celeridade do procedimento.

6. O auto de inspeção

Concluída a inspeção, o juiz mandará ser lavrado um auto circunstanciado, em que se mencionará tudo aquilo que foi observado durante a diligência e que será útil ao julgamento da causa (CPC, art. 484, *caput*); desnecessário, por isso, que dele se façam constar observações irrelevantes ou impertinentes, que em nada contribuirão para elucidar os fatos.

Destinando-se o laudo a documentar a inspeção, é curial que nele o magistrado faça registrar, com minúcias, tudo quanto for proveitoso para o julgamento do feito, cuidando, porém, para não lançar aí as suas conclusões acerca dos fatos; fazê-lo, seria antecipar, de maneira irregular, a prestação jurisdicional. Desta forma, somente na sentença de fundo, que compuser a lide, é que o magistrado deverá apreciar e avaliar o laudo, com o objetivo de formar a sua convicção jurídica.

Nem sempre o auto é elaborado ato contínuo ao término da inspeção, pois determinadas circunstâncias assim o impedem. Diante disto, em poder das anotações que foram sendo feitas no curso da inspeção, o diretor da secretaria, ou escrivão, deverá lavrar o auto no primeiro dia útil subsequente, que será a seguir assinado pelas pessoas já mencionadas. Antes de assiná-lo, contudo, poderão as partes chamar a atenção do juiz para eventuais omissões ou equívocos relacionados aos fatos ali descritos, razão por que se torna recomendável, em certos casos, que o magistrado mande incluir nos autos, juntamente com o laudo, os assentamentos originais, feitos por ocasião da diligência, e que forneceram os elementos para a elaboração daquele documento da inspeção. Sem a observância desta regra de cautela o juiz poderia encontrar dificuldades em convencer-se das falhas apontadas, ou persuadir a parte de que essas falhas inexistem, segundo seja a hipótese.

Para que melhor sejam compreendidos os fatos nele mencionados, o auto poderá ser instruído com desenho, gráfico, fotografia ou qualquer outro documento que o juiz entenda necessário juntar (CPC, art. 484, parágrafo único).

Após ser lavrado pelo diretor da secretaria, o auto será assinado pelo juiz, pelas partes, seus representantes e advogados, pelo perito e pelas demais pessoas que tenham, de um modo ou de outro, contribuído para o esclarecimento dos fatos que motivaram a inspeção.

Capítulo XV

As Razões Finais

Encerrada a instrução processual, o juiz concederá aos litigantes oportunidade para apresentarem razões finais (CLT, art. 850, *caput*, primeira parte). Embora a norma legal disponha que cada um disporá, para isso, de "prazo não excedente de dez minutos", não haverá nulidade se o magistrado, em situações extraordinárias, conceder prazo maior, desde que seja igual para ambas as partes.

O momento processual, legalmente definido para a apresentação de razões finais, é extremamente oportuno, uma vez que consistirá na última manifestação que as partes farão em juízo, acerca de preliminares, das prejudiciais ou do mérito da causa, antes de ser proferida a sentença. Destarte, com base nas provas produzidas e na legislação aplicável, cada parte procurará lançar nos autos argumentos capazes de convencer o juiz quando do proferimento da sentença. Em muitas ocasiões, no entanto, as partes se limitam a efetuar razões finais "remissivas", ou seja, que se reportam aos fatos e provas existentes nos autos, culminando por pedir a "procedência" da ação, vale dizer, no caso do autor, o acolhimento dos pedidos formulados na inicial; do réu, a rejeição desses pedidos (CPC, art. 490). Há situações, todavia, que não se justifica malbaratar as razões finais com essas vagas remissões; com efeito, em determinados casos, como quando a causa contém matéria complexa ou inusitada, é sempre aconselhável que as partes se empenhem em demonstrar ao magistrado as razões jurídicas pelas quais esperam que a sentença seja favorável aos seus interesses.

O processo civil não possui, em rigor, uma fase de razões finais, semelhante à do processo do trabalho. O que o CPC prevê é uma fase de *debate* oral; com vistas a isso, "Finda a instrução, o juiz dará a palavra ao advogado do autor e do réu, bem como ao membro do Ministério Público, sucessivamente, pelo prazo de 20 (vinte) minutos para cada um, prorrogável por 10 (dez), a critério do juiz" (CPC, art. 364, *caput*). Nas razões finais trabalhistas não há debates, senão que manifestações unilaterais das partes. O § 2.º do art. 364, do CPC, autoriza o magistrado a substituir os debates orais por memoriais, sempre que a causa apresentar questões complexas de fato ou de direito, pelo prazo sucessivo de quinze dias, assegurada a vista dos autos. De algum tempo até esta altura, alguns juízes do trabalho vêm adotado o mesmo procedimento, inspirados na precitada norma do CPC. No que estão, segundo entendemos, equivocados. Justifiquemos a nossa opinião. No sistema do processo do trabalho, as razões finais devem ser apresentadas *antes* da segunda proposta de conciliação, como patenteia o art. 850, *caput*, primeira parte, da CLT. Ao permitir que os memoriais *substituam* as razões finais, o juiz do trabalho está fazendo com que estes sejam oferecidos *após* a segunda proposta de conciliação, acarretando, com isso, uma subversão processual, capaz de motivar a intervenção correcional.

O que nos parece possível, isto sim, é abrir oportunidade para que os litigantes, antes da segunda proposta de conciliação, apresentem razões finais orais (ainda que remissivas) – sem prejuízo de deferir-lhes a elaboração de memoriais quando a causa apresentar manifesta complexidade.

Neste caso, se houver alguma nulidade a ser arguida pela parte, em virtude de fato ocorrido na audiência de instrução, ela deverá fazê-lo não nos memoriais, e sim nas razões finais. Como as nulidades devem ser alegadas na primeira oportunidade em que as partes tiverem de manifestar-se nos autos ou em audiência (CLT, art. 795, *caput*), é evidente que ao fazê-lo, apenas, no momento dos memorais, encontrararão precluso o direito de alegar o ato nulificante do processo.

Se, entretanto, a despeito de nossa discordância, o juiz do trabalho simplesmente *substituir* as razões finais orais pelos memoriais, não há dúvida de que a parte poderá alegar alguma nulidade no ensejo dos memoriais, pois terá sido esta a primeira oportunidade que lhe foi concedida para falar nos autos. Nesta hipótese, não se há que cogitar de preclusão "temporal".

Em ações civis públicas, por exemplo, tem sido frequente o juiz do trabalho deferir a apresentação de memoriais, posteriormente o encerramento da audiência de instrução. A regularidade desse procedimento judicial dependerá de verificar se ele concedeu essa oportunidade sem prejuízo das razões finais, características do processe do trabalho, ou em substituição a estas.

A ausência de apresentação de razões finais, considerada em si mesma, não é causa de nulidade processual; a nulidade decorrerá do fato de não se haver concedido *oportunidade* aos litigantes, para oferecerem essas razões. Assim sendo, se, deferida essa oportunidade, a parte disser que nada tem a alegar em razões finais (nem mesmo em caráter remissivo), nenhuma nulidade haverá. Caso, entretanto, o juiz, por inadvertência, deixe de abrir essa oportunidade aos litigantes ficará provido do necessário interesse para alegar a nulidade do processo aquele a quem a sentença for desfavorável.

Na fixação do prazo para a apresentação de memoriais o juiz deverá agir com sensatez e sensibilidade, pois há casos em que o prazo de cinco dias será suficiente, ao passo que, em outros, dez dias serão irrisórios, diante da profunda complexidade da matéria debatida nos autos e da quantidade de fatos alegados na causa.

Os memoriais poderão ser apresentados em prazo comum ou sucessivo, iniciando-se, neste último caso, pelo autor. Em termos ideais de justiça, o prazo deveria ser sempre comum, a fim de evitar a indiscutível vantagem que terá aquele que falar por último. Do ponto de vista das partes, no entanto, o prazo comum lhes acarreta um certo transtorno de ordem prática, porquanto não poderão retirar os autos, em carga, considerando ser muito difícil, no mais das vezes, conseguirem dividir, entre si, o prazo.

Já nos pronunciamos acerca da substituição das razões finais orais por memoriais, no plano da Justiça do Trabalho. O que temos visto, em alguns juízos trabalhistas, é outro procedimento, consistente em aceitar razões finais por escrito. Em princípio, não haverá nulidade, pois embora a lei (CLT, art. 850, *caput*), preveja a apresentação oral dessas razões, no prazo de dez minutos para cada parte, o fato de serem apresentadas por escrito não as invalidam, não contaminam o processo de nulidade. Assim dizemos com fundamento no princípio da instrumentalidade dos atos processuais, materializado nos arts. 188 e 277, do CPC. Estabelece este último que quando a lei prescrever determinada forma, sem cominação de nulidade, o juiz considerará válido o ato se, "realizado de outro modo, lhe alcançar a finalidade". Não se nega que, na situação em exame: a) o art. 850, *caput*, da CLT, não comina de nulas as razões finais oferecidas por forma diversa da prevista (oral); b) estas, apresentadas por escrito, atingiram a sua finalidade.

Estamos a pressupor que as razões finais escritas sejam oferecidas no momento processual oportuno, ou seja, antes da formulação da segunda proposta judicial destinada a obter uma solução negociada (acordo) do conflito de interesses.

Afirmamos que, *em princípio*, a apresentação de razões finais escritas não seria causa de nulidade processual. Essa ressalva se destinou a chamar a atenção a determinadas situações específicas, e excepcionais, em que, *talvez*, a nulidade possa ser configurada. Digamos, por exemplo, que, aberta a oportunidade para a apresentação de razões finais orais (logo, em audiência), uma das partes as apresente, no ato, não apenas por escrito, mas contidas em dezenas e dezenas de páginas, nas quais fez um aprofundado exame das matérias de fato e de direito debatidas na causa. É elementar que se a parte fosse aduzir, de maneira, oral, tudo o que se contém no texto, necessitaria de mais de uma hora. A outra parte, por sua vez, disporia, apenas, de dez minutos para aduzir, oralmente, as suas razões finais, já que não imaginava que o juiz as aceitaria por escrito. Esse desequilíbrio poderia motivar a arguição de nulidade processual pela parte que apresentou as suas razões finais orais, como é de lei.

No caso em questão, o juiz poderia evitar a arguição de nulidade por uma destes modos viáveis, dentre outros: a) não aceitar as razões escritas da parte; b) aumentar o tempo para que a outra parte formulasse oralmente as suas razões finais; c) sugerir que ambas apresentassem razões finais orais, sem prejuízo de posterior oferecimento de memoriais (em prazo comum).

Situação algo delicada ocorre no litisconsórcio, em quaisquer de suas modalidades (ativo, passivo, misto, facultativo, necessário, simples, unitário). Sucede que, nos termos da OJ n. 310, da SDI-1, do TST, é "Inaplicável ao processo do trabalho a norma contida no art. 229, *caput* e §§ 1.º e 2.º, do CPC de 2015 (art. 191 do CPC de 1973), em razão de incompatibilidade com a celeridade que lhe é inerente". A referida norma do CPC dispõe, no *caput*: "Os litisconsortes que tiverem diferentes procuradores, de escritórios de advocacia distintos, terão prazos contados em dobro para todas as suas manifestações, em qualquer juízo ou tribunal, independentemente de requerimento". Em termos práticos, o que a sobredita OJ está a expressar é que, também nas razões finais, o prazo de dez minutos não será duplicado para os litisconsortes, ainda que os seus advogados não sejam os mesmos. Não havia nenhuma razão de ordem técnica — ou mesmo ética — para a SBDI-1, do TST, haver adotado a OJ n. 310. Em uma realidade marcada pelo fato de inúmeras Varas do Trabalho estarem proferindo sentença no prazo de um ou dois anos, contado da data do ajuizamento da inicial; em que os tribunais regionais consomem meses e meses para o julgamento de recursos; em que o próprio TST, não raro, leva anos para julgar as matérias de sua competência jurisdicional; em que a execução costuma demorar meses e meses, o veto estampado na OJ n. 310, quanto à possibilidade de ser elevado para *vinte minutos* o prazo para a formulação de razões finais pelos litisconsortes, no caso do art. 229, do CPC, soa, *data venia*, a irrisão. Não haveriam de ser, por certo, esses meros vinte minutos, que atentariam contra o princípio da celeridade. Há muitos casos, por exemplo, em que os interesses dos litisconsortes passivos são conflitantes entre si (um dos co-réus não admite a sua qualidade de sucessor do outro ou de integrante do mesmo grupo econômico etc.). Sendo assim, é evidente que a repartição dos dez minutos entre eles lhes acarreta manifesto prejuízo, restringindo-lhes, ademais, o direito constitucional de ampla defesa (CF, art. 5.º, inciso LV). Não se pode ignorar, ainda, dentre outras coisas, que: a) esse tipo de regime litisconsorcial (passivo) foi constituído por ato do autor; b) que os litisconsortes podem ser numerosos, agravando, ainda mais, o fato de não lhes ser computado em dobro o prazo para formular razões finais orais.

Não ignoramos o fato de o processo civil conter norma específica acerca do prazo para os debates orais, havendo litisconsortes ou terceiro interveniente. Dispõe, com efeito, o art. 364, § 1.º, do CPC, que neste caso "o prazo, que formará com o da prorrogação um só todo, dividir-se-á entre os do mesmo grupo, se não convencionarem de modo diverso". Em termos práticos, o que esta norma legal está a expressar é que o prazo normal, de vinte minutos, deverá ser somado ao da prorrogação, de dez minutos, perfazendo, assim, o total de trinta minutos, que será dividido entre os litisconsortes da mesma classe (ativos ou passsivos), embora o preceito legal mencionado faculte aos liticonsortes da mesma classe dividir esse prazo de modo diverso entre si. Ocorre que essa regra é de difícil aplicação ao processo do trabalho, pois a CLT não prevê a prorrogação dos dez minutos fixados para as razões finais (art. 850, *caput*).

Por esse motivo, entendemos que seria mais lógica a duplicação do prazo de dez minutos com fulcro em a norma genérica do art. 229, do CPC, que foi afastada pela OJ n. 310, da SBDI-1, do TST.

Destarte, em nome do bom senso e dos princípios de justiça bem faria o TST se cancelasse a, *data venia*, malsinada Orientação Jurisprudencial.

Fica aqui, mais uma vez, a sugestão.

Capítulo XVI

A Segunda Proposta de Conciliação

A preocupação do legislador em que as causas trabalhistas se resolvessem de maneira consensual — vale dizer, como produto exclusivo da manifestação da vontade dos litigantes — está reforçada pelo fato de o art. 850, *caput*, da CLT, determinar que o juiz, após a apresentação de razões finais, formule a segunda proposta conciliatória.

Não se pode afirmar, sob o ponto de vista estatístico, que o maior número de acordos ocorra na audiência de instrução, embora, teoricamente, esta contenha elementos muito mais concretos do que a primeira, com vistas a essa finalidade.

Assim dizemos, porque a segunda proposta destinada a obter uma solução negociadal do litígio é formulada pelo juiz após o encerramento da instrução e da apresentação das razões finais. Nesta altura, o magistrado terá diante de si os documentos juntados pelas partes, os depoimentos destas e das testemunhas, o laudo pericial (se for o caso), os últimos argumentos dos litigantes, etc. Isto significa que o magistrado, por sua experiência, já terá uma noção razoável a respeito de quem será vencedor, no todo ou em parte, na causa. Não se está a afirmar que, com base nesses elementos objetivos, e visando à formulação da proposta final de conciliação, o magistrado poderá prejulgar, de maneira expressa, a causa. Esse prejulgamento, talvez, fique no plano mental. O que estamos argumentando é que o juiz, tendo em conta os referidos elementos objetivos, estará mais seguro para ponderar: a) ao autor, que reduza o valor da sua proposta; b) ou ao réu, que aumente a sua, a fim de chegarem a um valor aceitável por ambos e, por essa forma, transacionem.

Há casos, por exemplo, em que o autor, na audiência inicial, manifestara pretensão de receber, a título de conciliação ou transação, determinada quantia — que fora rejeitada pelo réu; entrementes, com a conclusão da instrução processual, o juiz percebe que aquela proposta do autor é insustentável, diante das provas produzidas pelo adversário. Nesse momento, ele deve dirigir-se ao autor, e — insista-se uma vez mais: sem prejulgar a lide — ponderar-lhe que a situação já não é a mesma da audiência inicial, em que ele imaginava poder provar todos os fatos alegados na petição inaugural e, em razão disso, havia desejado receber uma certa quantia. Procedimento semelhante o magistrado deverá adotar em relação ao réu, toda vez que a instrução demonstrar que a sentença lhe será desfavorável em larga medida, hipótese em que o juiz lhe ponderará para aumentar o valor inicialmente ofertado para efeito de conciliação; ou que proponha algum valor a ser pago a esse título se até então se havia recusado a transacionar com o autor.

Lamentavelmente, não se pode deixar de reconhecer que, em certos casos, o fato de a execução poder ser mais demorada do que o próprio processo de conhecimento tem constituído poderoso argumento para que o autor acabe reduzindo o valor que deseja receber a título de conciliação. Aliás, *mutatis mutandis*, a demora no proferimento na sentença de mérito, no processo cognitivo, tem influenciado o seu espírito, para a mesma finalidade, por ocasião da primeira proposta conciliatória. É que o tempo — uma das dimensões da vida humana — atua de modo diferente no espírito do autor e do réu. Para este, muitas vezes, o tempo é um aliado; para aquele, não raro, é um carrasco inexorável.

Não podemos deixar de registrar, agora, um fato que, algumas vezes, ocorria em audiências por nós presididas (máxime, na de instrução). Sucede que, realizada a transação, e homologada, uma das partes, movida por uma compreensível curiosidade, indagava-nos qual seria o resultado do julgamento, caso fosse proferida a sentença de mérito. Procurávamos tergiversar na resposta, dizendo que o acordo fora a melhor solução para ambas as partes... Se revelássemos qual a nossa verdadeira opinião quanto ao provável resultado da entrega da prestação jurisdicional, seguramente estaríamos propiciando a que um dos litigantes imaginasse ter feito um mau acordo — o que seria algo indesejável. Somente em casos excepcionais — como nas causas em que a matéria era nova e, apenas, de direito — revelávamos qual era o nosso entendimento a respeito do tema versado na lide, o que significa dizer, sentíamo-nos algo à vontade para manifestar qual seria o resultado do julgamento.

Certa ocasião, deu-se o oposto: ao formularmos a primeira proposta de conciliação às partes, o autor de pronto a aceitou. O réu, todavia, sem manifestar-se a respeito, indagou-nos qual era o nosso entendimento acerca da matéria discutida na causa – que era, exclusivamente, de "direito". Dada a insistênca do réu, respondemos que o nosso entendimento era contrário ao sustentado por ele na contestação que nos havia entregue. Diante disto, para nossa surpresa, o réu nos disse de modo resoluto: "Então, doutor, aceito o acordo!". Se todos os réus agissem assim...

1. Nulidade por falta das propostas conciliatórias

Há algum tempo, a jurisprudência considerava nulo o processo em que não fossem formuladas, por duas vezes, nos momentos oportunos, as propostas de conciliação.

Tempos depois, passou-se a entender que somente haveria nulidade se não fosse realizada a segunda proposta conciliativa, ou seja, a que se segue às razões finais (CLT, art. 850, *caput*). Esta é, de modo geral, a atual posição da jurisprudência.

Em que pese ao fato de reconhecermos que a conciliação constitui o escopo fundamental da Justiça do Trabalho (CLT, 764), entendemos que a falta de quaisquer das propostas conciliatórias — inclusive, portanto, da segunda — não deveria ser causa de nulidade processual. Sabemos que estamos, com isto, a adotar uma atitude heterodoxa. Demonstremos, porém, as razões desta heterodoxia.

Ocorre que, no sistema do processo do trabalho, a nulidade só será declarada quando o ato inquinado acarretar *manifesto prejuízo* às partes. Esta é a regra cardeal, inscrita no art. 794, da CLT. Pois bem. A quem prejudicaria (de modo *manifesto*, enfatize-se) a inexistência de propostas judiciais destinadas a obter uma solução consensual, negociada, do conflito de interesses? A nenhum dos litigantes, por certo — até porque a conciliação pode emanar de ato *espontâneo*, por parte deles, como muitas vezes ocorre.

A declaração de nulidade do processo por ausência, digamos, da segunda proposta de conciliação, tem produzido, na prática, situações algo surrealistas. Ao tempo em que exercíamos a magistratura do trabalho, proferimos sentença condenatória do réu ao pagamento de determinadas quantias. Este recorreu, alegando, em preliminar, a nulidade do processo por falta da segunda proposta de conciliação (a audiência de instrução havia sido realizada por outro juiz). O Tribunal acolheu a preliminar, declarou a nulidade do processo e ordenou a designação de audiência para a formulação dessa segunda proposta, e a emissão de nova sentença de mérito. Na audiência, presentes as partes, indagamos ao réu se havia possibilidade de conciliação, ao que este respondeu, de maneira categórica: — "De jeito nenhum!". Em suma: a parte que obtivera a nulidade do processo, em decorrência de o juiz não lhe haver aberto oportunidade para manifestar a sua intenção de conciliar-se com o autor, ou não, ao ter, agora, essa oportunidade, recusa, com certa veemência, a proposta conciliadora formulada, deixando evidente que, em momento algum, estivera disposto a uma solução consensual do litígio. Nova sentença é proferida, de teor idêntico ao da anterior, exceto quanto à data de emissão; entre uma e outra decorreu o período de mais de um ano...

Na verdade, se a sentença foi proferida sem que o juiz, por inadvertência, haja tentado, por duas vezes, obter uma solução consensual do litígio, e esta falta for denunciada em grau de recurso como fundamento para o pedido de declaração de nulidade do processo, o tribunal, a nosso ver, deverá negar provimento ao apelo, pois a solução do conlfito, a esta altura, já se terá convertido, definitivamente, em jurisdicional, em virtude da emissão da sentença. Não seria correto, no entanto, afirmar que, neste caso, as partes teriam renunciado à conciliação (pois esta renúncia não é presumível, *de lege lata*), e sim, que a teriam recusado de maneira tácita.

Capítulo XVII

O julgamento

Mesmo no procedimento ordinário, a audiência, nos termos da lei, deveria ser uma e contínua, na qual — excepcionados o protocolo da petição inicial e a citação do réu — todos os atos do procedimento deveriam ser praticados, inclusive, o julgamento e a emissão da sentença (CLT, arts. 846 a 852).

Considerando a possibilidade de haver dúvida do leitor quanto ao fato de acabarmos de fazer alusão ao julgamento e à sentença como atos jurisdicionais distintos, devemos explicar as razões de nossa atitude.

O *julgamento*, em si, nada mais é do que o mero *resultado* objetivo da entrega da prestação jurisdicional; é o momento em que o juiz diz estar acolhendo ou rejeitando os pedidos formulados pelas partes (CPC, art. 490). A *sentença* constitui o ato formal pelo qual o julgamento se apresenta; formal, porque deve conter o relatório, a motivação e o dispositivo (CLT, art. 832, *caput*; CPC, art. 489, incisos I a III). No procedimento sumaríssimo dispensa-se o relatório (CLT, art. 852-I, *caput*). Nos tribunais, a separação do julgamento em relação ao acórdão se apresenta mais nítida: as sessões são de *julgamento*; proferido este, pelo órgão colegiado, competirá ao relator ou ao redator designado lavrar o correspondente *acórdão*.

Pois bem. No processo de conhecimento, por força de princípio legal, o julgamento e a sentença deveriam ocorrer na mesma audiência em que se encerrou a instrução do processo e em que foram aduzidas razões finais e a segunda proposta de conciliação (CLT, art. 850, *caput*). O acúmulo dos serviços judiciários, todavia, tem impedido o juiz de praticar tais atos decisórios na mesma audiência. Em razão disso, alguns juízes se limitam, nessa audiência, a pronunciar o resultado da entrega da prestação jurisdicional (julgamento), reservando-se para juntar a sentença em data posterior. Outros, nem sequer antecipam esse resultado, preferindo designar audiência específica para a publicação da sentença. Rareiam os que conseguem emitir a sentença ao final da audiência de instrução.

Nos casos complexos, aliás, é sempre recomendável que o juiz designe audiência específica para o proferimento da sentença, pois emiti-la na própria audiência de instrução será, muitas vezes, comprometer a qualidade desse ato de extrema importância para o processo e para as partes, levando-se em conta o pouco tempo de que disporá para elaborá-lo e as circunstâncias em que terá de fazê-lo. A necessidade de a sentença apresentar-se com qualidade jurídica satisfatória justifica o fato de vir a ser proferida em audiência posterior à de instrução.

No procedimento sumariíssimo, a lei também ordena a realização da instrução e o proferimento da sentença em audiência única (CLT, art. 852-C). Ao contrário do que se passa, na prática, no procedimento ordinário, no sumaríssimo a sentença vem sendo emitida na mesma audiência em que se realizou a instrução. Fica, porém, a dúvida sobre se essa norma legal estaria sendo cumprida caso o § 2.º do art. 852-I, da mesma CLT, não tivesse sido vetado pelo Presidente da República. O dispositivo vetado exigia que a sentença, quando condenatória, fosse expressa em valores *líquidos*. O veto presidencial fundou-se no argumento de que os juízes não disporiam tempo, na audiência, para se dedicar à elaboração de cálculos, com vistas à imediata emissão da sentença de mérito. Eis o teor do veto: "O § 2.º do art. 852-I não admite sentença condenatória por quantia ilíquida, o que poderá, na prática, atrasar a prolação das sentenças, já que se impõe ao juiz a obrigação de elaborar cálculos, o que nem sempre é simples de se realizar em audiência. Será prudente vetar o dispositivo em relevo, já que a liquidação por simples cálclulo se dará na fase de execução da sentença, que, aliás, poderá sofrer modificações na fase recursal".

Nada impede, todavia, que o juiz, por ato espontâneo, profira sentença condenatória em valores líquidos, sempre que encontrar condições materiais para isso. Idealmente, aliás, essa deveria ser a atitude dos magistrados.

Capítulo XVIII

Os fatos posteriores à audiência

Encerrada a instrução, aduzidas razões finais e rejeitada a segunda proposta de conciliação, como vimos, o juiz: a) profere, de imediato, a sentença; ou b) designa outra data para isso. Interessa-nos, em particular, esta segunda hipótese.

Pode acontecer de, entre o encerramento da audiência de instrução e a data aprazada para o julgamento, sobrevierem alguns fatos, que deverão ser levados ao conhecimento do magistrado, com vista à emissão da sentença.

O art. 493, do CPC, contém disposição a este respeito: "Se, depois da propositura da ação, algum fato constitutivo, modificativo ou extintivo do direito influir no julgamento do mérito, caberá ao juiz tomá-lo em consideração, de ofício ou a requerimento da parte, no momento de proferir a sentença". Cuida-se do denominado *ius superveniens* (direito superveniente). Esse evento posterior ao ajuizamento da inicial tanto pode referir-se a matéria de fato quanto a matéria de direito. O importante é que seja capaz de influenciar a formação do convencimento do juiz, no momento de emitir a sentença. Sendo assim, fatos despiciendos, irrelevantes, não devem ser considerados pelo magistrado, seja por sua iniciativa, seja mediante comunicação da parte. A Súmula n. 394, do TST, por sua vez, estabelece: "O art. 493 do CPC de 2015 (art. 462 do CPC de 1973), que admite a invocação de fato constitutivo, modificativo ou extintivo do direito, superveniente à propositura da ação, é aplicável de ofício aos processos em curso em qualquer instância trabalhista. Cumpre ao juiz ou tribunal ouvir as partes sobre o fato novo antes de decidir".

Se, por exemplo, a parte deixou de contraditar a testemunha (por desconhecer, no momento, a existência de qualquer causa legal para isso), mas, posteriormente, obtém prova documental de que a testemunha era, digamos, parente em primeiro grau do adversário, deve dar ciência ao magistrado, para efeito de o fato ser levado em conta no momento de proferir a sentença. Na situação em exame, justifica-se a juntada do documento comprobatório do parentesco, uma vez que a parte desconhecia quais seriam as testemunhas que o seu adversário levaria à audiência de instrução — sendo oportuno repisar que o processo do trabalho não exige rol prévio. No caso, o juiz deveria dar vista do documento à parte que levara a referida testemunha e, convencendo-se do parentesco, converteria a testemunha em informante, dando às suas declarações o valor que pudessem merecer (CPC, art. 447, § 4.º).

A este respeito, devemos referir uma situção algo anômala, que tem ocorrido no âmbito da Justiça do Trabalho. Trata-se daqueles casos em que o juiz acolhe a contradita da testemunha, passando a ouvi-la como informante, fazendo com que a parte que a indicara alegue, mediante protesto e em razões finais, a nulidade do processo por "cerceamento de defesa". A sentença é desfavorável a essa parte, que, por isso, interpõe recuso ordinário, reiterando a arguição de nulidade processual. O tribunal, entendendo que a contradita não deveria ter sido acolhida, e pretendendo evitar a pronúncia de nulidade processual, converte as declarações do informante em testemunho e julga a causa, no mérito, em favor da parte que recorrera, baseando-se, inclusive, no depoimento da referida testemunha. Ora, ao fazê-lo, o tribunal não se deu conta de haver perpetrado manifesta violação à lei, consistente em considerar como testemunha alguém que não prestou o compromisso legal de dizer a verdade do que soubesse e do que lhe fosse perguntado (CPC, art. 458, *caput*), nem foi advertida quanto às consequências penais de fazer afirmação falsa, calar ou ocultar a verdade (*ibidem*, parágrafo primeiro). No caso em exame, o tribunal deveria, isto sim, adotar uma destas duas atitudes: a) entender que o acolhimento da contradita fora correto, e, em razão disso, negar provimento ao recurso, no particular; b) entender, ao contrário, que o acolhimento foi injustificável e, em consequência, declarar a nulidade do processo, determinando a realização de nova audiência, pelo juízo *a quo*, a fim de que o antigo informante fosse ouvido na qualidade formal de testemunha, com atendimento às cautelas legais (CPC, art. 458).

Retornando ao tema dos fatos posteriores à audiência de instrução, devemos mencionar as situações em que o empregado postula a denominada "rescisão indireta" do seu contrato de trabalho porque, digamos, o empregador estaria a exigir-lhe a prestação de serviços superiores à sua força física; posteriormente à audiência de instrução, esse trabalhador comete a falta grave de ofensa física ao empregador, sendo, em razão disso, despedido por justa causa. Este fato superveniente deve ser levado ao conhecimento do magistrado, pois, certamente, influirá no resultado da entrega da prestação jurisdicional.

Enfim, todo e qualquer fato relevante para a causa, ocorrido após a audiência de instrução, deve ser levado ao conhecimento do juiz, pois a tutela jurisdicional deverá ser prestada de acordo com a situação dos fatos no momento em que a sentença for proferida.

Capítulo XIX

A audiência nos dissídios coletivos

1. Considerações introdutórias

Estabelece o art. 114, da Constituição Federal:

"§1.º (...)

§ 2.º Recusando-se qualquer das partes à negociação coletiva ou à arbitragem, é facultado às mesmas, de comum acordo, ajuizar dissídio coletivo de natureza econômica, podendo a Justiça do Trabalho decidir o conflito, respeitadas as disposições mínimas legais de proteção ao trabalho, bem como as convencionadas anteriormente.

§ 3.º Em caso de greve em atividade essencial, com possibilidade de lesão do interesse público, o Ministério Público do Trabalho poderá ajuizar dissídio coletivo, competindo à Justiça do Trabalho decidir o conflito."

O § 1.º desta norma da Constituição — inalterado pela EC n. 45/2004 — estabelece: "Frustrada a negociação coletiva, as partes poderão eleger árbitros". Foram extremamente raros, todavia, os casos em que as categorias profissional e econômica submeteram a solução dos conflitos coletivos à arbitragem (Lei n. 9.307, de 23-9-96). Por mais críticas que possa ter sofrido a Justiça do Trabalho, ao longo de sua existência, é nela em que as partes confiam. Por isso, a arbitragem não vingou no âmbito dos conflitos coletivos. No caso de negociação visando à participação nos lucros ou resultados da empresa, havendo impasse, as partes também poderão valer-se da arbitragem (Lei n. 10.101, de 19-12-2000, art. 4.º, II, §§ 1.º a 4.º). O Ministério Público do Trabalho também pode funcionar como árbitro, em sede de dissídio coletivo, desde que haja provocação das partes interessadas (Lei Complementar n. 75/93, art. 83, inciso XI).

Antes da arbitragem, pode haver *mediação*, seja privada ou pública. Quanto a esta última, dispõe o § 1.º, do art. 616, da CLT: "Verificando-se a recusa à negociação coletiva, cabe aos sindicatos ou empresas interessadas dar ciência do fato, conforme o caso, ao Departamento Nacional do Trabalho (leia-se: Secretaria de Emprego e Salário) ou aos órgãos regionais do Ministério do Trabalho, para convocação compulsória dos Sindicatos ou empresas recalcitrantes".

2. O requisito do comum acordo

Ao dispor que as partes somente poderão ajuizar dissídio coletivo de natureza econômica "de comum acordo", o texto constitucional nos coloca diante de, quando menos, três situações algo surrealistas, e de uma inconstitucionalidade. Demonstremos.

Em primeiro lugar, a expressão "comum acordo" (assim como "acordo mútuo") ainda que esteja no gosto geral, traduz injustificável pleonasmo vicioso, pois não se conhece acordo (comunhão de vontades) que não seja "comum"; acordo de um só, ou acordo contra a vontade da outra parte pode significar qualquer outra coisa, exceto convergência de manifestações volitivas, repositório de vontades comuns. Se o legislador houvesse referido, apenas, ao substantivo *acordo*, não só se teria feito entender, como prestado homenagem à acribologia (e não, à acirologia).

Em segundo lugar, o dissídio coletivo nada mais é do que o *conflito de interesses* que se estabelece entre as categorias econômica e profissional. Por isso, o dissídio sempre *antecede* ao ingresso em juízo, sendo equivocado supor que surja em juízo. Logo, o que se tem buscado significar com a correntia expressão: "ajuizar dissídio coletivo", é, na verdade, o ato de uma das partes exercer o seu *direito constitucional de ação*, com o escopo, geralmente, de obter, por meio de pronunciamento jurisdicional: a) com eficácia normativa, a instituição de novas condições de trabalho para os integrantes da categoria (dissídio econômico) ou a preservação das já existentes; b) a interpretação de norma legal ou de cláusula convencional, ou, ainda, a declaração da abusividade de greve (dissídio jurídico).

Em terceiro lugar, o aspecto mais caracteristicamente surrealista da norma constitucional em exame reside no fato de condicionar o ajuizamento do denominado "dissídio coletivo" a *acordo* entre as partes. Ora, é razoável presumir que, na prática, essa convergência de vontades dificilmente ocorrerá, o que corresponde a afirmar que rarearão os casos em que um dissídio coletivo de natureza econômica será submetido à apreciação dos tribunais do trabalho. Não cremos tenha sido essa a melhor forma de se estimular as partes à negociação, à solução consensual do conflito de interesses. Verifica-se, em face disso, que a despeito de o poder normativo da Justiça do Trabalho não haver sido anatematizado, banido (como muitos desejavam ou supõem), acabou sendo reduzido de modo expressivo.

Uma das formas de evitar-se, em alguns casos, o surgimento do quadro que acabamos de descrever seria mediante a construção do entendimento de que o "comum acordo", previsto no dispositivo constitucional em exame, não necessitaria ser: a) prévio; b) nem expresso. Desse modo, se, por exemplo, determinado sindicato de trabalhadores ingressasse com "dissídio coletivo" e a correspondente categoria econômica não alegasse, preliminarmente, a falta do requisito do "comum acordo", poderia interpretar esse silêncio como uma anuência tácita (e posterior) ao ajuizamento dessa ação constitutiva. No caso de o sindicato representativo da categoria econômica arguir a ausência desse requisito, o tribunal poderia pronunciar, *ex officio*, a inconstitucionalidade da norma que o exige, como veremos no próximo item. Por outras palavras, desse modo o "comum acordo" deixaria de ser um pressuposto de *constituição* da relação processual, passando a sê-lo de *desenvolvimento* dessa mesma relação. Assim, o processo de dissídio coletivo seria legitimamente instaurado sem a anuência da parte contrária, embora dependesse desse consentimento (que poderia vir na resposta do réu ou "suscitado") para que se desenvolvesse com regularidade. Seja como for, essa fórmula, conquanto engenhosa, não é perfeita, porquanto não resolveria o problema consistente na possibilidade de o "suscitado" não concordar com o ajuizamento do dissídio coletivo. Nesta hipótese, como dissemos, poderia o tribunal, *ex officio* ou por provocação do interessado, declarar, em caráter incidental, a inconstitucionalidade do § 2.º, do art. 114, da Constituição Federal, no tocante à exigência de "comum acordo".

Não se submetem à exigência de comunhão de vontades os dissídios de natureza, exclusivamente, jurídica, ou seja, destinados à interpretação de normas legais ou de disposições convencionais. Neste caso, a ação coletiva pode ser exercida por qualquer interessado que possua legitimidade.

2.1. Inconstitucionalidade do requisito

Conforme assinalamos há pouco, o legislador brasileiro, pouco afeito aos rigores da terminologia científica, costuma aludir a "ajuizamento de dissídio coletivo". Essa imprecisão terminológica não teria maiores consequências, não fosse a sua repercussão no altiplano constitucional. Com efeito, ninguém *ajuíza* dissídio coletivo; o dissídio, como sinônimo de conflito intersubjetivo de interesses protegidos pelo ordenamento jurídico, é pré-processual, ou seja, preexiste à provocação, pelo interessado, da atividade jurisdicional do estado. Portanto, o que se faz, em concreto, em sede de "dissídio coletivo", nada mais é do que exercer uma ação de natureza *sui generis*, para que o órgão jurisdicional competente: a) dirima o conflito de interesses, qualificado por uma pretensão resistida e insatisfeita, subsumida no estabelecimento de novas condições de trabalho; b) declare a abusividade, ou não, da greve; c) interprete cláusula constante de acordo ou de convenção coletiva de trabalho. Nestes dois últimos casos, o "dissídio" é de natureza jurídica, em contraposição ao referido na letra "a", ao qual se reconhece natureza econômica.

Lançadas essas considerações antepredicamentais, pode-se concluir que: a) ao *condicionar* o ajuizamento de "dissídio coletivo" (para utilizarmos a expressão do legislador) à existência de "mútuo acordo" (*sic*) entre as partes, a EC n. 45/2004 impediu que esse ajuizamento se desse de modo unilateral; b) ao assim dispor, na verdade, a sobredita Emenda inibiu o exercício do direito constitucional de ação, assegurado pelo inciso xxxv, do art. 5.º, da Constituição Federal — vale dizer, afrontou a própria Constituição.

Realmente, o art. 5.º, inciso xxxv, da Suprema Carta Política, foi produto de um poder constituinte *originário* (assembleia nacional constituinte), ao passo que a ec n. 45/2004 é filha de um constituinte *derivado*. Nesse sentido, é remansada a opinião da doutrina; se não, vejamos: "entende-se como poder constituinte *originário* aquele que é investido de atribuições as mais amplas, para a elaboração de Constituição, destinada a modelar a estrutura de um novo Estado (...) Em tais casos, o poder constituinte originário não estará limitado por qualquer norma constitucional, anteriormente existente ou em vigor, seja porque tenha sido extirpada ou suprimida determinada carta política, até então vigorante, seja por se tratar do surgimento dum novo Estado (...) Por sua vez, entende-se como poder constituinte *derivado* ou instituído, *aquele que se encontra limitado pelos preceitos existentes decorrentes de certa carta política em vigor*; em outras palavras, é o poder constituinte implícito nos próprios textos constitucionais, ou convocado e eleito, com o fim específico de proceder a determinada *emenda, reforma ou revisão da Constituição*" (Orlando Soares. *Comentários à Constituição da República Federativa do Brasil*. 11.ª ed. Rio de Janeiro: Forense, 2002. p. 5).

> "O poder constituinte *originário* costuma apresentar os três característicos: é *inicial* (porque não se funda noutro), *autônomo* (porque não se subordina a outro), *incondicionado* (porque não está sujeito a formas ou condições); enquanto o poder constituinte *derivado* (ou de revisão) é *secundário* (porque decorre de outro), é *subordinado* (porque é materialmente limitado por outro), e é *condicionado* (porque está sujeito às formas e condições postas pelo poder constituinte originário). (...) Sempre que a Constituição é elaborada por uma assembleia constituinte, o poder desta deriva de um ato de poder constituinte originário que a convoca e lhe habilita a estabelecer a lei fundamental. Vem o trabalho da assembleia constituinte integrar a manifestação do poder constituinte originário." (Manoel Gonçalves Ferreira Filho. *Comentários à Constituição Brasileira*. 3.ª ed. São Paulo: Saraiva, 1983. p. 22)

É certo que um poder constituinte derivado pode, mediante emenda, alterar disposições da Constituição oriunda de um poder constituinte derivado, exceto no que diz respeito a determinadas matérias, dentre as quais se destacam os *direitos e garantias fundamentais*. Como esclarece *José Afonso da Silva* (a que o ilustre jurista prefere denominar de constituinte de segundo grau), sobre as naturais limitações ou vedações ao poder reformador pela Constituição gerada pelo constituinte original: "a vedação atinge a pretensão de modificar qualquer elemento conceitual da federação, ou do voto direto, ou indiretamente restringir a liberdade religiosa, ou de comunicação ou de *outro direito e garantia individual*" (destacamos).

Não há qualquer possibilidade de dúvida razoável sobre o fato de o direito de ação integrar o elenco dos *direitos e garantias fundamentais*, assegurados pela Constituição de 1988, cujo Título II, aliás, possui essa denominação.

Pois bem. Considerando que:

a) o inciso XXXV, do art. 5.º, da Constituição em vigor, que assegura o exercício do *direito de ação*, está compreendido no Título II, versando sobre os *direitos e garantias fundamentais;*

b) o § 2.º, do art. 114, da Constituição, foi inserido pela Emenda Constitucional n. 45/2004, que é produto de um poder constituinte *derivado*;

c) as alterações constitucionais provenientes do poder *derivado* não podem modificar as normas da Constituição (que é derivante de poder *originário*), atinentes aos direitos e garantias fundamentais, a conclusão lógica, inequívoca e irreversível é de que o § 2.º do art. 114, introduzido pela EC n. 45/2004, é *inconstitucional.*

Não é desútil ressaltar a particularidade de o direito de ação traduzir manifestação característica dos Estados Democráticos de Direito, como é o caso da República Federativa do Brasil (Constituição Federal, art. 1.º, *caput*). Não menos importante é trazer à memória os fatos de: a) na vigência da Carta Outorgada de 1967 haver-se, por meio do Ato Institucional n. 6/99, excluído da apreciação do Poder Judiciário todos os atos praticados com base naquele Ato Institucional (art. 4.º), justamente porque o nosso País se encontrava submetido a um regime de exceção; b) as Constituições anteriores asseguravam a apreciação, pelo Poder Judiciário, de todas as lesões de direito; a de 1988, porém, revelando uma preocupação do constituinte, devotada à necessidade de ampliar essa garantia fundamental, deu um expressivo passo adiante, ao assegurar a apreciação jurisdicional não somente das lesões de direito, mas, da simples *ameaça* de lesão (art. 5.º, inciso XXXV).

É, precisamente, sob o pano-de-fundo dessa elogiável preocupação do constituinte brasileiro de, em nome dos imperativos de um Estado Democrático de Direito, alargar a possibilidade de acesso ao Poder Judiciário, que se destaca, como um evento patológico, como uma ameaça a esse ideal, o § 2.º, do art. 114, da Constituição, rudemente introduzido no corpo na Suprema Carta Política do País.

Com efeito, condicionar o exercício do direito de ação ("dissídio coletivo") à concordância da parte contrária significa, não apenas, atentar contra a lógica e o bom-senso; apresentar ao universo jurídico algo inusitado e teratológico, como, acima de tudo, desferir profundo golpe em um dos mais importantes *direitos fundamentais* que a Constituição atribui aos indivíduos e às coletividades, qual seja, o de invocar a prestação da tutela jurisdicional do Estado, com o escopo de promover a defesa de direitos e interesses ligados a bens ou a fatos da vida, lesados ou na iminência de sofrer lesão — ou, no caso de dissídio coletivo de natureza econômica, estabelecer normas e condições de trabalho para a categoria.

Nem se suponha que esse "comum acordo" traduziria uma nova *condição da ação*, de tal modo que não se justificaria a nossa alegação de inconstitucionalidade do § 2.º, do art. 114, da Constituição Federal. Sabemos que o legislador — inclusive, infraconstitucional — pode estabelecer determinados requisitos (condições) para o exercício da ação judicial, haja vista o disposto nos arts. 17, e 485, inciso VI, do CPC. Essas condições, entretanto, dizem respeito exclusivo ao autor, considerado em si mesmo, como titular de um direito público subjetivo (legitimidade e interesse processual) ou ao ordenamento jurídico (possibilidade jurídica do pedido). Destarte, atendidas, *pelo autor*, essas condições, ele estará liberado para provocar o exercício da função jurisdicional do Estado, com o objetivo de promover a defesa de direitos ou interesses ligados a bens ou a utilidades da vida. Contudo, chega a ser perturbadora dos princípios consagrados a ideia de atribuir--se à concordância da parte contrária o *status* de condição indispensável ao exercício da ação. Homessa! Como aceitar-se que o exercício de um *direito* (ação) de uma das partes fique subordinado a um *ato* (concordância) da outra parte? "Irrisão!" — diria Hamlet, indignado.

Por outro lado, o fato de o dissídio coletivo dito econômico ser de natureza constitutiva não pode ser erigido como pretexto para excluir da apreciação do Poder Judiciário uma lesão ou ameaça de lesão a direito, pois a instituição de novas condições de trabalho é um direito assegurado à categoria dos trabalhadores e não deixa de configurar também um direito dos empregadores, se considerarmos que a inexistência dessas novas condições pode conduzir à greve, em detrimento dos interesses da categoria econômica. Não podemos ignorar o fato de o insucesso das negociações coletivas caracterizar um conflito de interesses, para cuja solução deverá ser provocada a Justiça do Trabalho, com seu poder normativo.

Deste modo, no plano da realidade prática, incumbirá à parte interessada ingressar, unilateralmente, com a ação coletiva (dissídio), devendo, como providência destinada a impedir que a petição inicial seja, desde logo, indeferida, arguir, preliminarmente, em caráter incidental (no mesmo juízo de primeiro grau, portanto), a inconstitucionalidade do § 2.º do art. 114 da Constituição, por violação ao inciso XXXV, do seu art. 5.º, a fim de que a inicial seja admitida (desde que satisfeitos os demais requisitos legais), vale dizer, *de que o direito constitucional de ação possa ser exercitado*, e, assim, tenha curso o processo de "dissídio coletivo", vinculado ao seu objeto.

Mesmo na hipótese de se vir a reconhecer que o Ministério Público do Trabalho possui legitimidade para ingressar com dissídio coletivo de natureza econômica (situação algo imprecisa no texto constitucional) não ficam abalados os nossos argumentos quanto ao antagonismo do § 2.º, do art. 114, da Constituição (EC n. 45/2004 — poder derivado) com o inciso XXXV, do art. 5.º, da mesma Carta Política (poder originário).

Alguns escritores, porém, buscando contornar a inconstitucionalidade estampada na expressão "comum acordo", entendem que ela esteja a revelar a existência de uma *arbitragem judicial voluntária*. Discordamos dessa opinião. Primeiramente, porque nos parece, *data venia*, forçada e sem utilidade prática. Forçada, porque, em princípio, a arbitragem não é judicial, sendo, ao contrário, realizada por entidade privada; sem utilidade prática, porque, dependente de uma convergência de vontades das partes ("comum acordo"), essa suposta arbitragem dificilmente seria instituída, fazendo com que o conflito de interesses ficasse sem solução. Segundamente, porque o § 1.º, do art. 114, da Constituição, já prevê a possibilidade da instituição de arbitragem; sendo assim, não faria sentido o constituinte vir a cogitar, mais uma vez, de arbitragem, no § 2.º, do mesmo dispositivo constitucional.

Outros, visando a afastar o argumento de inconstitucionalidade do § 2.º, do art. 114, da Constituição, na parte em que alude ao "mútuo acordo", sustentam que a atividade dos Tribunais do Trabalho no exercício do poder normativo não é jurisdicional, mas legislativa, porquanto criadora de direitos. É certo que já se disse que a decisão normativa possui corpo de sentença e alma de lei, sendo, por isso, "confusionista de poderes" (Gallart-Folch). Entretanto, essa atividade é, tecnicamente, jurisdicional. Ocorre que, embora a tradição jurídica ensine que o vocábulo jurisdição (*iuris+dictio*) traduza o ato pelo qual o juiz diga com quem está o direito (preexistente, portanto), na verdade, a jurisdição, como no caso da *normativa*, compreende, também, a criação ou a manutenção de normas destinadas a reger, materialmente, as relações entre as categorias em conflito. Vale dizer, o acórdão normativo, proferido nos chamados dissídios coletivos econômicos, possui natureza *constitutiva*, sendo *declaratória*, nos dissídios ditos jurídicos. A particularidade de o acórdão normativo não produzir coisa julgada material, mas, apenas, formal, não pode ser invocada como argumento para negar-lhe o caráter jurisdicional.

Como estamos a discorrer sobre o dissídio coletivo econômico, não poderíamos deixar de dedicar alguma atenção ao novo texto constitucional, no que respeita ao poder normativo da Justiça do Trabalho. Estabelece o § 2.º do art. 114, que, ajuizado dissídio coletivo de natureza econômica, a Justiça do Trabalho poderá dirimi-lo, "*respeitadas as condições* mínimas legais de proteção ao trabalho, bem como as *convencionadas anteriormente*" (destacamos). A redação dessa norma não difere, substancialmente, da anterior. Desse modo, no exercício do seu poder normativo, a Justiça do Trabalho deverá respeitar não só as condições mínimas de proteção ao trabalho, previstas em lei, mas as normas provenientes de acordo ou convenção coletiva de trabalho, ou seja, normas produzidas pela manifestação volitiva, convergente, das categorias. Isto corresponde a afirmar, sob outro aspecto, que o Tribunal não estará obrigado a respeitar disposições constantes de acórdão normativo anterior. Percebe-se, pois, com nitidez, que o objetivo do constituinte foi o de preservar, no julgamento do dissídio coletivo, as cláusulas consensuais, como providência destinada a prestigiar o que se poderia denominar de "vontade jurígena" (fonte formal de direito) das partes, impedindo, dessa forma, de vir a ser desconsiderada por ato da jurisdição. É importante, contudo, não imaginar que as disposições contidas em instrumentos normativos consensuais (acordo ou convenção coletiva de trabalho) passam a integrar, de modo automático e definitivo, os contratos individuais de trabalho. Se assim fosse, os acordos e as convenções coletivas de trabalho não poderiam alterar essas cláusulas ou suprimi-las. Aliás, a Súmula n. 277, do TST, em sua redação primitiva, estabelecia que "as condições de trabalho alcançadas por força de sentença normativa vigoram no prazo assinado, não integrando, de forma definitiva, os contratos". Posteriormente, a redação da Súmula foi, radicalmente, alterada, passando a ser esta: "CONVENÇÃO COLETIVA DE TRABALHO OU ACORDO COLETIVO DE TRABALHO. EFICÁCIA. ULTRATIVIDADE (redação alterada na sessão do Tribunal Pleno realizada em 14-9-2012) – Res. n. 185/2012, DEJT divulgado em 25, 26 e 27-9-2012. As cláusulas normativas dos acordos coletivos ou convenções coletivas integram os contratos individuais de trabalho e somente poderão ser modificadas ou suprimidas mediante negociação coletiva de trabalho". Parece-nos que, ao assim dispor, o TST: a) desrespeitou o art. 5.º, inciso II, da Constituição Federal, conforme o qual somente por força de *lei* alguém poderá ser compelido a fazer ou deixar de fazer alguma coisa; b) também transgrediu o art. 2.º, da Constituição da República, que proclama a independência e a harmonia dos Poderes da União, sabendo-se que a competência para editar leis é do Legislativo Federal; c) infundiu extrema insegurança jurídica em certos segmentos dos jurisdicionados, surpreendidos que foram com a alteração radical do teor da Súmula n. 277.

Por outro lado, considerando que as disposições contidas em instrumentos normativos (acordos e convenções coletivas de trabalho e acórdãos) estão vinculadas à cláusula *rebus sic stantibus*, pensamos que a categoria econômica, demonstrando ter havido profunda alteração das condições de determinaram a inserção daqueles dispositivos normativos, poderá pedir ao Tribunal que conceda à categoria profissional menos do que previa a convenção coletiva ou o acordo coletivo de trabalho anteriores — exceto se essa diminuição implicar violação de norma de ordem pública, como seriam as respeitantes ao valor do salário mínimo, ao adicional noturno, à remuneração mínima das horas extras, ao gozo de férias anuais remuneradas etc. Em síntese, estendemos que expressão constante do art. 114, § 2.º, da Constituição Federal (EC n. 45/2004): "respeitadas as disposições (...) Convencionadas anteriormente" não elimina a possibilidade de ser invocada, em situações especiais, a cláusula *rebus sic stantibus*, sob pena de inviabilizar-se a continuidade das atividades empresariais.

Tem-se sustentado, aqui e acolá, que a nova redação dada ao § 2.º do art. 114, da Constituição Federal, teria eliminado o *poder normativo* da Justiça do Trabalho. O fundamento dessa opinião resisde no fato de a EC n. 45/2004 não haver reproduzido a expressão, constante da redação anterior, segundo a qual a Tustiça do trabalho, no julgamento dos denominados dissídios coletivos, poderia "estabelecer normas e condições" de trabalho aplicáveis às categorias em conflito. Não concordamos com esse entendimento. Em primeiro lugar, porque, pela *natureza* da ação, entendemos estar implícito na expressão atual: "decidir o conflito" o caráter *normativo* desse pronunciamento do Tribunal; em segundo, porque os Tribunais do Trabalho, em sede de dissídios coletivos, sempre *decidiram* essa espécie de conflito (afinal, o poder normativo não era exercido em abstrato, ou seja, sem que houvessem pretensões manifestadas por uma das partes e, quase sempre, resistidas pela outra); em terceiro, imaginar-se que o poder normativo da Justiça do Trabalho teria sido anatematizado pela EC n. 45 implicaria, a um só tempo: a) concluir que os órgãos da Justiça do Trabalho também não mais poderiam formular propostas conciliatórias, mesmo nas lides individuais, nem executar as próprias decisões, pois essas atribuições não se encontram mencionadas no texto do art. 114, da Constituição, com a redação imposta pela EC n. 45/2004 – o que, convenhamos, seria absurdo; b) deixar sem uma explicação razoável qual seria a finalidade prática da decisão emitida em tais dissídios.

3. Dissídio coletivo jurídico e greve

De qualquer modo, ainda que nossos argumentos não venham a prevalecer, no concerto da doutrina e da jurisprudência, não se poderá inibir o exercício de ação, destinada a obter um pronunciamento jurisdicional declaratório da *abusividade de greve*.

Para que os argumentemos, que iremos expender, mais adiante, sobre os dissídios coletivos jurídicos, possam ser adequadamente compreendidos, torna-se relevante rememorarmos, à guisa de prolegômenos, antigas lições acerca das sentenças declaratórias e das constitutivas.

1) *ação declaratória*. Por meio dela, o autor colima alcançar um pronunciamento jurisdicional que declare: *a)* a existência, a inexistência ou o modo de ser de uma relação jurídica; ou *b)* a falsidade ou a autenticidade de documento (CPC, art. 19, incisos I e II); essa espécie de ação é admissível mesmo quando já tenha ocorrido a violação do direito (*ibidem*, parágrafo único).

Reconhecida a relação jurídica material, a sentença será declaratória positiva; negada a relação, o provimento será declaratório negativo. Duas observações, neste momento, tornam-se recomendáveis. Em primeiro lugar, quando a pretensão do autor objetivar a declaração de autenticidade ou de falsidade documental, a sentença declaratória, em qualquer caso, terá conteúdo essencialmente *positivo*, pois dirá se o documento é *autêntico* ou é *falso*. Em segundo, será sempre *declaratória-negativa* a sentença que rejeitar os pedidos formulados pelo autor, mesmo em ação de natureza diversa (digamos que ele buscasse a *condenação* do réu e a sentença repelisse essa pretensão).

As sentenças meramente *declaratórias* (o autor poderia *e.g.*, pedir exclusivamente um provimento que declarasse a sua qualidade de empregado) são destituídas de eficácia executiva, valendo como simples preceito; com a prolação dessa espécie de sentença o estado cumpre e acaba, em face daquele caso concreto, a sua função jurisdicional. Daí vem que se o autor pretender fazer valer o direito que foi declarado pela sentença deverá invocar, mais uma vez e em ação distinta, a tutela jurisdicional do estado, com o escopo de tirar, desta feita, um provimento condenatório, que o autorizará, mais tarde, a deduzir uma pretensão executiva perante o mesmo réu.

Estabelecia, a propósito o art. 290, *caput*, do CPC, de 1939 que "na ação declaratória, a sentença que passar em julgado valerá como *preceito*, mas a execução do que houver sido declarado somente poderá promover-se em virtude de sentença condenatória"; embora essa regra não tenha sido reproduzida no texto do Código atual, isto não deve ser levado à conta de ter sido intenção do legislador atribuir eficácia de título executivo às sentenças tipicamente declaratórias. Estas, conforme sustentamos, continuam a valer como simples *preceitos*.

Pode ocorrer, no entanto, de o autor haver solicitado uma sentença apenas declaratória e esta, acolhendo o seu pedido, acrescentar um *plus*, consiste na imposição ao réu do pagamento de custas. Nesta hipótese, a eventual execução que vier a ser promovida terá como objeto, à evidência, somente as custas, na medida em que o mencionado *plus* implicou a condenação do réu à satisfação dessa despesa processual.

A falta de uma exata compreensão a respeito do contéudo das sentenças poderia levar à errônea inferência de que não seria possível a condenação ao pagamento de honorários advocatícios nas ações declaratórias; ora, a declaratividade, na espécie, figura como o objeto da ação, o seu "mérito", que em nada se relaciona com a circunstância de o réu vir a ser condenado ao pagamento daquela despesa processual, cujo fundamento reside no fato objetivo de sua derrota. Uma coisa, portanto, é o pronunciamento jurisdicional acerca da relação jurídica material deduzida em juízo (declaração); outra, a imposição, ao vencido, do pagamento dos honorários advocatícios e das demais despesas processuais exigíveis (condenação). É elementar que no cotejo entre as duas partes da sentença o destaque é para o conteúdo *declaratório* — realce que tem sido causa, como dissemos, da suposição de que o mesmo ato jurisdicional não possa conter, concomitantemente, uma parte condenatória.

2) na *ação constitutiva*, o autor persegue um provimento jurisdicional que constitua, modifique ou extinga uma situação ou uma relação jurídica; esta classe de sentença, contudo, opostamente à declaratória, não *cria* o direito: limita-se a reconhecer a preexistência do direito invocado pela parte, do qual resultarão efeitos constitutivos, como previstos na ordem jurídica. Parece-nos, por isso,

desapercebido de razão jurídica *Goldschmidt* ao asseverar que "la acción constitutiva es el tipo de una acción *sin derecho*". (*Teoría General del Proceso*. Barcelona: Editorial Labor, 1936. p. 27) (Grifamos)

Em regra, as sentenças constitutivas produzem efeitos para o futuro (*ex nunc*), ao passo que nas declaratórias e nas condenatórias ditos efeitos são retrooperantes (*ex tunc*).

Podem ser indicados como pressupostos da sentença constitutiva: *a)* um fato que constitua uma relação jurídica de caráter privado; *b)* a existência de um fundamento capaz de produzir a constituição; *c)* que a constituição possa ser conseguida mediante sentença.

É necessário, todavia, separar os casos em que a constitutividade dos efeitos somente será obtenível por força de sentença, daqueles em que esses efeitos podem ser normalmente produzidos por intermédio de ato volitivo das partes. No primeiro caso, a exigência de provimento jurisdicional constitutivo decorre da indisponibilidade da relação ou da situação jurídica, em virtude da sua importância para a sociedade, para as instituições etc.; no segundo, ausente esse interesse social, permite-se que a relação ou situação jurídica seja constituída, modificada ou extinta por ato das próprias partes, sob a forma de avença ou de qualquer outro negócio jurídico.

Exemplo característico, no direito material e processual do trabalho, de relação jurídica que apenas pode ser extinta por intermédio de provimento constitutivo é o da dissolução do contrato de trabalho de empregado garantido pela estabilidade no emprego, mediante sentença proferida em ação (e não "inquérito", como está na lei: CLT, art. 494, *caput*) especialmente posta em juízo pelo empregador. Como alteração possível por meio de ato das próprias partes, mencionamos a equiparação salarial concedida por ato voluntário do empregador.

A redação do § 2.º, do art. 114, da Constituição deixa evidente que a exigência de "comum acordo" só alcança os "dissídios coletivos" *típicos*, quais sejam, os de natureza *constitutiva*, por meio dos quais se buscam obter, em juízo, normas e condições de trabalho. São os dissídios a que doutrina e jurisprudência chamam de "*econômicos*" derivantes do poder normativo da Justiça do Trabalho.

Há, também, os dissídios coletivos de natureza *jurídica*, aos quais se tem atribuído a finalidade de extrair uma interpretação de cláusula de instrumento normativo ou de norma legal, observando-se, todavia, que essa espécie de dissídio não se presta "à interpretação de normas de caráter genérico" (TST, SDC, OJ n. 7). Em rigor, todavia, o objetivo dessa classe de "dissídio" é bem mais amplo, pois enfeixa toda e qualquer espécie de pretensão devotada à necessidade de obter, dos tribunais do trabalho, um pronunciamento sem conteúdo econômico imediato, vale dizer, de natureza, essencialmente, *declaratória* ("dissídio coletivo" de foro *jurídico*). Essa modalidade de dissídio está prevista no art. 1.º, *caput*, da Lei n. 7.701, de 21-12-88, ao aludir à competência do Tribunal Superior do Trabalho.

Nada autoriza a conclusão de que a EC n. 45/2004 teria anatematizado o dissídio coletivo de natureza jurídica, ou de que este se teria tornado inconciliável com a nova ordem constitucional. Tem-se dito, a esse respeito, que o mencionado dissídio teria sido banido da ordem jurídica, em virtude de a EC n. 45/2004 não fazer referência a ele; ora, o argumento é visivelmente falho, por ignorar o fato de o texto anterior à precitada Emenda também não fazer alusão a essa espécie de dissídio — e, nem por isso, haver-se negado a sua existência. A propósito, entendemos que o dissídio de natureza *jurídica* pode ser submetido à apreciação do Poder Judiciário por iniciativa, apenas, de uma das partes, porquanto a exigência do canhestro "comum acordo" está adstrita aos dissídios coletivos de natureza *econômica*, como evidencia a literalidade do § 2.º, do art. 114, da Constituição da República.

Quando um empregador ajuíza "dissídio" coletivo, com a finalidade de obter a declaração da abusividade de greve, não está, com isso, deduzindo uma pretensão de índole econômica, senão que *jurídica*, pois a atividade do Tribunal não consistirá em instituir novas condições de trabalho (ou de preservar as existentes), e, sim, em interpretar os fatos narrados na petição inicial, à luz da Lei n. 7.783/89. Essa subsunção dos fatos à norma legal incidente, não possui, assim, natureza constitutiva, mas, ao contrário, exclusivamente *declaratória* — traço que evidencia o caráter *jurídico* desse "dissídio".

Poder-se-ia, contudo, argumentar que, no fundo dessa declaração de abusividade da greve, se abrigaria um propósito econômico, de tal modo que o "dissídio" em foco não seria do tipo jurídico, segundo o binômio (jurídico ou econômico) consagrado pela manifestação doutrinária e jurisprudencial. Ora, esse mesmo argumento equivocado poderia ser utilizado em relação à interpretação de norma legal ou de cláusula convencional, porquanto, também neste caso, a interpretação não seria um fim em si mesmo, senão que um meio de preservar um interesse de índole econômica, ainda que mediato ou diferido.

Não admitir a possibilidade de a parte legitimamente interessada provocar um pronunciamento jurisdicional declaratório da abusividade da greve corresponderia, a um só tempo: a) vedar o exercício do direito constitucional de ação, inscrito, soberanamente, no inciso xxxv, do art. 5.º, da Constituição Federal (o § 2.º, do art. 114, trazido pela EC n. 45/2004, como vimos, é inconstitucional); b) permitir que uma norma legal (Lei n. 7.783/89) seja desrespeitada, em proveito de seus transgressores, estimulando-se, por essa forma, a rebeldia geral às leis, com inevitáveis repercussões deletérias no ordenamento jurídico e na vida em sociedade.

Mesmo que o dissídio coletivo venha a ser suscitado pelas categorias em conflito, mediante acordo (art. 114, § 2.º), o Ministério Público do Trabalho funcionará como fiscal da lei, nos termos do art. 854, da CLT, e 83, inciso IX, da Lei Complementar n. 75/93, sob pena de nulidade.

3.1. Greve em atividade essencial

Havendo: a) greve; b) em atividade essencial; c) com possibilidade de lesão do interesse público, o Ministério Público do Trabalho poderá suscitar "dissídio coletivo" (de natureza econômica). Os serviços ou atividades essenciais estão enumerados nos incisos I a XI, art. 10, da Lei n. 7.783/89, que dispõe sobre o exercício do direito de greve, e compreendem: 1) tratamento e abastecimento de água, produção e distribuição de energia elétrica, gás e combustíveis; 2) assistência médica e hospitalar; 3) distribuição e comercialização de medicamentos e alimentos; 4) funerários; 5) transporte coletivo; 6) captação e tratamento de esgoto e lixo; 7) telecomunicações; 8) guarda, uso e controle de substâncias radioativas, equipamentos e materiais nucleares; 9) processamento de dados ligados a serviços essenciais; 10) controle de tráfego aéreo; 11) compensação bancária.

Algumas observações complementares tornam-se necessárias:

a) em primeiro lugar, não nos parece que o § 3.º, do art. 114, da Constituição, esteja atribuindo legitimidade *exclusiva* ao Ministério Público, para instaurar "dissídio coletivo", no caso de greve em atividade essencial. Uma interpretação sistemática desse parágrafo, com o § 2.º, da mesma norma constitucional, nos conduz à conclusão de que, mediante acordo de vontades, também as partes envolvidas no conflito coletivo de interesses podem instaurar dissídio coletivo de natureza *jurídica*, mesmo que não se trate de atividade essencial e não esteja em causa possível lesão do interesse público. Assim, a prerrogativa que se cometeu ao Ministério Público foi a de instaurar, por ato *unilateral*, o sobredito dissídio; no tocante às partes, essa instauração só será possível por meio de ato *bilateral* — ressalvado o nosso entendimento de haver inconstitucionalidade do § 2.º, do art. 114, quanto à exigência de "comum acordo" para a realização desse ato;

b) a especificação legal das atividades consideradas essenciais, para efeito de incidência das normas legais pertinentes ao exercício do direito de greve, não deve receber uma interpretação excessivamente restritiva do *conteúdo* de cada um desses casos, sob pena de contrariar o próprio escopo do art. 10, da Lei de Greve, que foi o de colocar tais atividades a salvo das consequências dos movimentos paredistas. Tomemos como exemplo, para ilustrar o nosso argumento, a compensação bancária (inciso XI). Sabidamente, as empresas dedicadas ao transporte de valores, por não serem entidades bancárias, não realizam esse tipo de compensação. Logo, em princípio, o Ministério Público do Trabalho não poderia suscitar dissídio coletivo no caso de haver greve no setor das empresas de transporte de valores, pois as atividades destas, como dissemos, não são consideradas essenciais, sob a perspectiva da Lei n. 7.783/89. Todavia, uma greve promovida pelo sindicato representativo da categoria dos empregados dessas empresas poderia fazer com que ficasse gravemente prejudicado o serviço de compensação bancária, pois os documentos necessários a essa compensação ficariam retidos no interior das empresas de transporte, uma vez que os veículos destas (carros-fortes) estariam impedidos, pelos grevistas, de circular, ou seja, de se dirigirem aos bancos, para realizar entrega de documentos ou apanhar dinheiro e levá-lo ao Banco Central.

Seja como for, o Ministério Público detém legitimidade para, unilateralmente, ingressar com "dissídio coletivo" quando houver greve em atividade essencial, contanto que estejam presentes os requisitos do § 3.º do art. 114, da Constituição.

Novas ilações se impõem, diante da afirmação que acabamos de efetuar:

a) está revogado o art. 656, da CLT, na parte em que atribui legitimidade ao presidente do Tribunal do Trabalho para "instaurar a instância" de dissídio coletivo;

b) a regra contida no inciso VIII, do art. 83, da Lei Complementar n. 75/83, segundo a qual o Ministério Público do Trabalho poderá instaurar dissídio coletivo em caso de greve "quando a defesa da ordem jurídica ou o interesse público assim o exigir", deve ser interpretada em consonância com a atual redação do § 3.º, do art. 114, da Constituição, de modo a concluir-se que essa iniciativa do *Parquet* só se justificará nas situações em que a greve for deflagrada em atividade legalmente considerada essencial.

Embora a norma constitucional mencionada afirme constituir faculdade ("poderá") do Ministério Público o exercício dessa ação, entendemos que se tratará, na verdade, de um seu dever, sempre que estiver em causa a possibilidade de lesão ao *interesse público* ligado às atribuições institucionais que a constituição federal comete ao *Parquet*, quais sejam: a "defesa da ordem jurídica, do regime democrático e dos interesses sociais e individuais indisponíveis" (art. 129).

Como o § 3.º, do art. 114, da Constituição, está a atribuir legitimidade (embora, não exclusiva) ao Ministério Público para suscitar o impropriamente denominado "dissídio coletivo", no caso de greve em atividade essencial, havendo risco de lesão ao interesse público, devemos admitir a possibilidade de esse suscitamento derivar de: a) ato espontâneo do ministério público; ou b) de requerimento do interessado (ato provocado).

Problema haverá, entrementes, quando: a) não houver greve; ou, b) havendo, não seja em atividade essencial; ou, c) sendo-o, não houver possibilidade de lesão do interesse público; d) nem houver acordo entre as partes, para o ajuizamento de ação (dissídio) coletivo de natureza econômica. Em resumo, nesta última hipótese, nem o Ministério Público do Trabalho, nem as categorias em conflito, poderão promover "dissídio coletivo". Diante disso, indaga-se: quem solucionará esse conflito de interesses? Não se ignora a faculdade de as partes elegerem árbitros, nos termos do § 1.º, do art. 114, da Constituição, que foi preservado pela EC n. 45/2004. Em concreto, porém, não haverá essa arbitragem, seja porque não é obrigatória, seja porque as categorias sociais da produção (trabalhadores e empregadores) não estão afeitas a essa modalidade de solução heterônoma de litígios. A categoria dos trabalhadores, em particular, desconfia da arbitragem. Deste modo, se a negociação entre as partes não obtiver sucesso, ter-se-á um conflito de interesses coletivos não solucionado, cuja consequência poderá ser altamente perturbadora da paz social. Parece-nos, portanto, haver sido desastrada — para dizer o menos — a atitude do constituinte, neste aspecto.

Esse quadro preocupante só deixará de existir se reconhecer-se: a) *contra legem*, a possibilidade de o Ministério Público do Trabalho instaurar dissídio coletivo de natureza jurídica, ainda que a greve não se dê em atividade legalmente classificada como essencial; b) ou instaurar dissídio de natureza econômica, por sua iniciativa ou a requerimento do interessado, mesmo que a greve não ocorra em atividade essencial. Com a palavra, a doutrina e a jurisprudência.

À guisa de arremate, façamos uma síntese do resultado de nossa interpretação sistemática dos §§ 2.º e 3.º, do art. 114, da Constituição Federal:

a) o § 2.º, do art. 114, da CF, ao condicionar o ajuizamento do dissídio coletivo *econômico* ao acordo entre as categorias em conflito de interesses, não só atenta contra a lógica, como afronta o inciso XXXV, do art. 5.º, da mesma Constituição, que inclui a ação no elenco dos direitos e garantias *fundamentais*. O poder constituinte *derivado* (EC n. 45/2004) não pode modificar ou prejudicar os direitos e garantias fundamentais instituídos pelo poder constituinte *originário* (assembleia nacional constituinte);

b) a exigência de "comum acordo", contida no mencionado § 2.º, é inaplicável ao dissídio coletivo *jurídico*, no qual o pronunciamento jurisdicional não possui natureza constitutiva, mas, essencialmente, *declaratória*;

c) o dissídio coletivo destinado à obtenção de um provimento jurisdicional declaratória da abusividade da greve pertence à classe dos dissídios de natureza *jurídica*;

d) o Ministério Público do Trabalho possui legitimidade para suscitar dissídio coletivo: 1) jurídico, no caso de greve em atividade legalmente considerada essencial, sempre que houver risco de lesão do interesse público (art. 114, § 3.º); 2) econômico, mesmo que a greve não ocorra em atividade essencial.

4. A audiência

Somente depois de exauridas as possibilidades de autocomposição é que as partes poderão ingressar com "dissídio coletivo". Não estando devidamente comprovada nos autos essa tentativa de autocomposição, o processo será extinto sem resolução do mérito, ou seja, das reivindicações formuladas pelo autor.

Protocolada a petição inicial relativa ao dissídio coletivo, e estando essa peça de provocação da atividade jurisdicional em ordem, o Tribunal do Trabalho designará, dentro de dez dias, data para a realização da audiência de conciliação, mandando notificar a parte contrária mediante registro postal, com aviso de recebimento (CLT, arts. 844, *caput* e 841). O prazo de dez dias é máximo; em certos casos, como de dissídio coletivo com greve, a audiência constuma ser designada em menor espaço de tempo. O Ministério Público do Trabalho deverá ser sempre cientificado, com antecedência, da designação da audiência de conciliação, sendo-lhe remetidos os autos antes de distribuição a relator.

Será facultado ao empregador fazer-se representar na audiência por gerente ou preposto, que tenha conhecimento do dissídio, e por cujas declarações será responsável (CLT, art. 861). O legislador repete aqui, *mutatis mutandis*, o que havia disposto no art. 843, ao tratar dos dissídios individuais. Não incorreu, todavia, no equívoco de empregar o verbo *substituir*, fazendo correto uso do *representar*. Deve-se entender também que a representação do empregador (ou da categoria econômica), em dissídio coletivo, deve ser feita por empregado deste, por analogia à Súmula n. 377, do TST.

Comparecendo ambas as partes ou seus representantes à audiência, o presidente do Tribunal — ou quem por ele designado — solicitará que se ponunciem sobre as bases da conciliação. Se as partes não chegarem a um acordo, a autoridade judiciária que estiver presidindo a audiência apresentará aos interessados a solução que lhe pareça ser capaz de solucionar o conflito (CLT, art. 862). Havendo acordo, este será submetido à homologação pelo Tribunal, na primeira sessão (CLT, art. 863). Não sendo possível o acordo, ou se qualquer das partes deixar de comparecer à audiência, o processo será submetido a julgamento, depois de serem realizadas as diligências que o presidente do Tribunal considerar necessárias, e ouvido o Ministério Público do Trabalho (CLT, art. 864). Alguns regimentos internos de tribunais preveem a concessão de prazo, comum ou sucessivo, para a apresentação de razões finais.

Como se nota, em sede de dissídio coletivo o fato de as partes não comparecerem à audiência não lhes acarreta nenhuma consequência processual — ao contrário, pois, do que se passa nos dissídios individuais, em que a ausência do autor à audiência inicial conduz à extinção do processo sem resolução da lide; e a ausência do réu, à sua revelia e, provavelmente, à deflagração do efeito desta, consistente na presunção de veracidade dos fatos narrados na petição inicial (CLT, art. 844).

Como o poder de polícia é inerente ao exercício da magistratura, a autoridade judiciária, sempre que houver ameaça de perturbação da ordem, requisitará força policial para impedir que a ameaça se consume, ou, se a ordem já tiver sido perturbada, para que seja restabelecida (CLT, art. 865). Quem já participou de audiência destinada à conciliação, em dissídio coletivo, sabe ser costumeira a presença de trabalhadores e de empregadores, em grande número, na plateia, e que, não raro, uns e outros, às vezes, se manifestam de maneira ruidosa em face do que está sendo debatido entre os seus representantes legais e o magistrado que preside a sessão. Em situações como esta é que se revela necessário o exercício do poder de polícia do juiz, a fim de restabelecer a ordem e o silêncio no recinto. Em casos mais graves, o juiz pode determinar que todas essas pessoas se retirem do local, e não apenas algumas delas.

Ocorrendo que o dissídio verificar-se fora da sede do Tribunal, o presidente da Corte, caso repute conveniente, poderá delegar à autoridade local a atribuição de designar audiência de conciliação (CLT, art. 866). A autoridade local, no caso, é a de primeiro grau de jurisdição, podendo ser tanto o juiz do trabalho ou o juiz de direito, desde que este último esteja circunstancialmente investido na função de órgão de administração da Justiça do Trabalho (CLT, art. 668). O juízo delegado só terá poderes para tentar a conciliação e não para proceder à instrução. A esta conclusão se chega pelo fato de o art. 866, da CLT, fazer alusão, apenas, aos arts. 860 e 862, do mesmo texto legal, e não ao art. 864, que se refere às diligências a serem realizadas. Havendo acordo, a autoridade delegada remeterá os autos ao Tribunal, para efeito de homologação. Não havendo acordo, a referida autoridade, ao devolver os autos ao Tribunal, deverá fazer uma exposição circunstanciada dos fatos, apontando a solução que lhe parecer mais adequada (*ibidem*). O Tribunal, evidentemente, não fica vinculado a essa sugestão.

Este é, em termos simplificados, o procedimento legal a ser observado na audiência de conciliação dos dissídios coletivos. Os regimentos internos dos tribunais do trabalho, contudo, podem impor algumas alterações ao procedimento, desde que estas não conflitem com a Lei.

O julgamento será realizado não em audiência, mas em sessão do órgão competente do Tribunal, seja o Superior do Trabalho, seja um Regional, conforme for o caso.

Da decisão as partes serão intimadas mediante registro postal cm franquia; além disso, a decisão deverá ser publicada em jornal oficial, para conhecimento de todos (CLT, art. 867, *caput*).

É oportuno observar que mesmo no caso de "dissídio coletivo" o acórdão resolutivo deve ser juridicamente fundamentado, por força da regra genérica inscrita no inciso IX, do art. 93, da CF, assim enunciada: "Todos os julgamentos dos órgãos do Poder Judiciário serão públicos, e *fundamentadas todas as decisões*, sob pena de nulidade" (destacamos).

De resto, a Seção de Dissídios Coletivos do Tribunal Superior do Trabalho (SDC) adotou algumas Orientações Jurisprudenciais (OJs) sobre temas que dizem respeito a esta peculiar modalidade de conflito de interesses. A consulta a essas Orientações é sempre recomendável.

Projeto Gráfico e Editoração Eletrônica: Peter Fritz Strotbek – The Best Page
Projeto de Capa: Fabio Giglio
Impressão: Pimenta & Cia. Ltda.

